Carl Justi

Winckelmann sein Leben, seine Werke und seine Zeitgenossen

Carl Justi

Winckelmann sein Leben, seine Werke und seine Zeitgenossen

ISBN/EAN: 9783742815941

Hergestellt in Europa, USA, Kanada, Australien, Japan

Cover: Foto ©ninafisch / pixelio.de

Manufactured and distributed by brebook publishing software (www.brebook.com)

Carl Justi

Winckelmann sein Leben, seine Werke und seine Zeitgenossen

Winckelmann.

Sein Leben, seine Werke und seine Zeitgenossen.

Von

Carl Justi.

Zweiter Band.
Zweite Abtheilung.

Leipzig,
Verlag von F. C. W. Vogel.
1872.

Winckelmann in Italien.

Mit Skizzen
zur
Kunst- und Gelehrtengeschichte des achtzehnten Jahrhunderts.

Nach gedruckten und handschriftlichen Quellen dargestellt

von

Carl Justi.

Zweite Abtheilung

Leipzig,
Verlag von F. C. W. Vogel.
1872.

Vorwort.

Nach sechs Jahren ist es mir endlich vergönnt, die alte Schuld zu lösen. Es muß mich mit Freude und Dankbarkeit erfüllen, daß ich die wichtigere und für Leser wie Autor angenehmere Hälfte dieser Lebensgeschichte nun in einer Gestalt veröffentlichen kann, deren Idee mir bei Herausgabe des ersten Bandes wohl in unbestimmten Umrissen vorschwebte, obschon ich damals kaum die Gunst der Umstände zu hoffen wagte, welche sich zur Verwirklichung jener Idee vereinigen mußten.

Erst in die letzten dreizehn römischen Jahre Winckelmanns fällt sein wissenschaftliches Lebenswerk; denn in der Dresdener Schrift von 1755 kam, wie er selbst, doch wohl zu schroff sagte, „nichts auf seine Rechnung". Mit der Analyse seiner Schriften und Lehren hatte ich vor nun schon zehn Jahren diese Arbeit begonnen; alles dagegen was sich auf Schauplatz und Nebenpersonen, Denkmäler und Zeitgenossen bezieht, wurde in den Jahren 1867—71 auf italienischem Boden gesammelt. Dieß war der bei weitem mühsamere, aber wie ich glaube, dankenswertheste Theil der Arbeit; die Zustände eines Orts, den Stand eines Alterthumsfelds, eines Museums in einem bestimmten Jahre anschaulich festzustellen, die originellen Menschen, unter welche uns der Verfolg dieser Lebensgeschichte versetzt, und die selbst in ihrem Vaterlande heute kaum mehr gekannt sind, der Gegenwart wieder lebendig zu machen,*) forderte das beharrlichste Suchen; oft lieferte das Beste der

---

*) Se (gli storici) avessimo considerato che con la lunghezza del tempo si spengono le città, e si perdono le memorie delle cose, e che non per altro sono scritte le istorie che per conservarle in perpetuo, sarebbono stati più diligenti a scriverle in modo, che così avessi tutte le cose innanzi agli occhi di chi nasce in una età lontana, come coloro che sono stati presenti, *che è proprio il fine della istoria.* Guicciardini, Ricordi 143.

Zufall, aber der Zufall, welcher nur dem Suchenden aufstößt. Ohne die Gelegenheit zu längerem Aufenthalt an zahlreichen großen und kleinen Orten, zu welchem mich kunsthistorische Studien, der Hauptzweck jener italienischen Reisen, veranlaßten, ohne den zweijährigen Urlaub also, für dessen Gewährung ich hiermit dem preußischen Cultusministerium meinen Dank auszusprechen mich gedrungen fühle, hätte ich auf die Ausführung dieses Theils nach jener Idee verzichten müssen.

Die Gefälligkeit und das Interesse, welches die mit der Aufsicht bibliothecarischer und archivalischer Schätze betrauten italienischen Gelehrten meinen Absichten entgegenbrachten, kann ich nicht genug rühmen; und ich betrachte es als den schönsten Nebengewinn meiner Arbeit, durch sie dieser liebenswürdigen Nation viel näher gekommen zu sein, als ohne dieß der Fall gewesen wäre. Soweit meine Erfahrung geht, dürfte man kaum irgend anderswo, nicht einmal im Vaterland, eine solche Erleichterung und zuweilen Versüßung seiner Mühen hoffen, wie in diesem „Lande der Menschlichkeit". Fast die einzige Ausnahme machte Rom, nämlich die noch in päbstlichen Händen befindlichen Institute. Es ist ein nicht genug zu beklagender Schaden für die Wissenschaft, daß die Schätze der vaticanischen Bibliothek und des Archivs nicht im September 1870 (wo es wohl ohne Consequenzen mitgegangen wäre) von den edlen Rittern, die damals die Stadt Rom befreiten, nicht den Krallen jener Drachen entzogen wurden, ehe so manche der päbstlich-jesuitischen Geschichtsfälschung unbequeme Documente beseitigt werden konnten.

Indem ich hiermit von dem Buche Abschied nehme, verabschiede ich mich zugleich von Kiel, wo es mir beschieden war, in dem verwichenen Jahre (dem einzigen leider! das ich dort weilte) dem vorliegenden Bande seine Gestalt zu geben. Nur als flüchtiger Gast lebte ich am Ufer der blauen Ostsee, das ich kaum verlassen haben würde, wenn mir nicht durch die Berufung an die Rheinuniversität die lange gewünschte Wirksamkeit als Lehrer der Kunstgeschichte eröffnet worden wäre.

Bellevue in Düsternbrook bei Kiel, den 22. October 1872.

C. Justi.

Inhaltsverzeichniß.

Erstes Buch.
Römische Lehrjahre.

Erstes Capitel. Das erste römische Jahr. Erste Abtheilung 3
§ 1. Neues Leben 3. — § 2. Von Dresden bis Rom 6. — § 3. Eindruck der Stadt 9. — § 4. Villen und Gärten des Monte Pincio 16. — § 5. Tivoli 22. — § 6. Raphael Mengs 26. — § 7. Antiquarische Converfation 32. — § 8. Der Statuenhof im Belvedere 35. — § 9. Ein Manuscript über die Statuen des Belvedere 37. — § 10. Neue Bearbeitung der Beschreibung 44. — § 11. Apollo 47. — § 12. Der Torso des Hercules 52. — § 13. Die Gruppe des Laocoon und der sogenannte Antinous 58. — § 14. Schluß 59. — § 15. Uebergang von den Beschreibungen zum System 61. — § 16. Platonische Studien 66. — § 17. Die Abhandlung von den Ergänzungen 71. — § 18. Winckels 79. — § 19. Wendung 85.

Zweites Capitel. Römische Gelehrtenrepublik. 65
§ 20. Der Prälat Giacomelli 88. — § 21. Der Cardinal Paffionei 92. — § 22. Camaldoli 98. — § 23. Beim Cardinal Archinto 104. — § 24. In der Cancellerie 111. — § 25. Römische Converfationen 117. — § 26. Baitani 126. — § 27. Im Collegio Romano 128. — § 28. Ein Francisfcaner 132. — § 29. Paciaudi und Corfini 133. — § 30. Capitolinifche Anstalten für Wiffenschaft, Kunft und Alterthum 135. — § 31. Architectur 146. — § 32. Der Pabst 150.

Drittes Capitel. Erste Reise nach Neapel. 153
§ 33. Anstalten und Absichten 153. — § 34. Von Rom nach Neapel 159. — § 35. Eindruck Neapels 160. — § 36. Am Hof von Neapel 167. — § 37. Der Graf Firmian und der Minister Tannci 171. — § 38. Pater Piaggi und die Papyrus 175. — § 39. Portici und das Museum 180. — § 40. Die Villa des eretrischen Philosophen 186. — § 41. Die Gemälde 190. — § 42. Die Grotesken 196. — § 43. Gelehrte Gesellschaft 198. — § 44. Die Triarier parthenopeifcher Philologie 201. — § 45. Die herculanifche Academie 205. — § 46. Capo di monte 212. — § 47. Caferta 215. — § 48. Pästum 218.

Viertes Capitel. Morruz und das dessischs Capitel. 222
§ 49. Das Conclave von 1758 und der neue Pabst 222. — § 50. Philipp von Stosch 227. — § 51. Der Neffe Stosch 236. — § 52. Floren 237. — § 53. Florentiner Figuren 241. — § 54. Etruscheria 245. — § 55. Das Gemmenwesen 250. — § 56. Geschichte der Description 252. — § 57. Vorbereitung in Rom 258. — § 58. Aufnahme 262. — § 59. Etruskische Academie 267. — § 60. Der Abate Gracci 270. — § 61. Kleine Aufsätze für die Deutschen 274. I. Die Erfindung 276. — § 62. II. Die Schönheit 278. — § 63. III. Die Grazie 283. — § 64. Schluß 289.

Fünftes Capitel. Der Cardinal Albani. 291
§ 65. Eintritt ins albanische Haus 291. — § 66. Aus dem Leben des Cardinals Alexander 297. — § 67. Albanische Antikensammlungen 302. — § 68. Die Villa Albani 305.

Sechstes Capitel. Künste und Künstler. 312
§ 69. Neue Perspective 312. — § 70. I. Archäologische Freunde 315. — § 71. II. Kunsthandel 317. — § 72. III. Restauration 321. — § 73. IV. Maler 324. — § 74. Der Parnaß 330. — § 75. V. Poesie, Musik und Theater 337. — § 76. VI. Gesellschaft 341. — § 77. VII. Architectonisches 317. — § 78. Die Anmerkungen über die Baukunst der Alten 352. — § 79. Aesthetik der Baukunst 355. — § 80. Piranesi 382.

Siebtes Capitel. Zwei Reisen nach Neapel. 366
§ 81. Reiseplan 366. — § 82. Neue Herculanensia 371. — § 83. Pomperi's Aufgang 375. — § 84. Villeggiatur zu Castel Gandolfo 377. — § 85. Das Sendschreiben an Brühl 380. — § 86. Incidentien 383. — § 87. Pompeji im Jahr 1764 387. — § 88. Das Theater von Resina und die „Nachrichten" 395. — Das Pasquill 399.

Zweites Buch.

Römische Meisterjahre.

Erstes Capitel. Das antiskalische Antiquariat. Zweite Abtheilung 3
§ 90. Lage und Stimmung 3. — § 91. Dresden und Braunschweig 7. — § 92. Hof und Kirche unter Clemens XIII 12. — § 93. Paffioneis Ende 16. — § 94. Der Cardinal Spinelli 19. — § 95. Das Commissariat der Alterthümer 23. — § 96. Das Scrittoria an der Baticana 27. — § 97. Constantin Ruggieri 31. — § 98. Engländer 34. — § 99. Montagu 37. — § 100. Franzosen; Barbet 40. — § 101. Die Schweizer 48. — § 102. Ein Freundschaftsparoxymus 57. — § 103. Die Abhandlung von der Fähigkeit der Empfindung des Schönen 60. — § 104. Angelica Kaufmann 70.

Zweites Capitel. Die Geschichte der Kunst des Alterthums 74
I. Präliminarien. § 105. Ueberblick 74. — § 106. Vorläufer 76. — § 107. Neuere Kunstgeschichte 78. — § 108. Windelmann's Ansichten von italienischer Malerei 82. — § 109. Der Graf Caylus 86. — § 110. Buffon 95.

Inhaltsverzeichniß.

II. Entstehung und Plan. § 111. Der erste Entwurf (1756—59) 97. — § 112. Zweite Bearbeitung (1759—61) 101. — § 113. Idee und Methode; sostematischer Theil 107. — § 114. Historischer Theil 113.

III. Lehrtheil der Sculptur. § 115. 1. Vorbetrachtungen zur Theorie der Schönheit 118. — § 116. 2. Schöne Natur 124. — § 117. 3. Perioden der Zeichnung 127. — § 118. 4. Die Schönheitslinie und die Proportionen 134. — §§ 119. 5. Das Ideal 142. — § 120. 6. Griechischer Topus 150. — § 121. 7. Character, Portrait 154. — § 122. 8. Ausdruck und Handlung 159. — § 123. 9. Supranaturalismus 167. — § 124. Schluß 175.

IV. Historischer Theil 179. — § 125. Von der Kunst unter den Aegyptern 180. — § 126. Von der Kunst unter den Phöniciern und Persern 184. — § 127. Von der Kunst unter den Hetruriern 186. — § 128. Ursachen des Vorzugs griechischer Kunst 189. 1. Das Moderne 190. 2. Antikes 192. — § 129. Die Freiheit 195. — § 130. Epochen griechischer Plastik 198. — § 131. Der ältere Stil 200. — § 132. Der hohe Stil 202. — § 133. Die beiden Grazien 205. — § 134. Der schöne Stil 208. — § 135. Von der Malerei der Alten 212. — § 136. Von der Kunst nach den äußeren Umständen der Zeit 215. — § 137. Die Kunst unter den Römern; Schluß 219. — § 138. Ueber Sprache und Stil 224.

V. Aufnahme und Einwirkung. § 139. Stimmen der Kritik 229. — § 140. Lessing 234. — § 141. Weg der Kunstgeschichte durch Europa 240. — § 142. Die Kunst der Zeit 252.

Drittes Capitel. Nachträge und Nachklänge 257
§ 143. Das Jahr 1764 257. — § 144. Blick auf die letzten Jahre 260. — § 145. Die Allegorie I. Entstehung und Aufnahme 262. — § 146. II. Allegorischer Zeitgeschmack 267. — § 147. III. Theorie der Allegorie 270. — § 148. IV. Allegorienregister 273. — § 149. Die „Anmerkungen über die Geschichte der Kunst" 280.

Viertes Capitel. Hohe Gäste und Schüler 290
§ 150. Der Antiquario nobile 290. — § 151. Nordische Orientale 293. — § 152. Beziehungen zu Preußen 299. — § 153. Ruf nach Berlin 307. — § 154. Der Cardinal Stoppani 312. — § 155. La Rochefoucauld und der Graf von Stargardt 315. § 156. Der Fürst von Dessau 318. — § 157. Der Erbprinz von Braunschweig 327. — § 158. Besuch der Frau Mengs 332.

Fünftes Capitel. Die Monumenti 340
§ 159. Anfänge 340. — § 160. Ausführung 345. — § 161. Gesichtspunkte der Auswahl 352. — § 162. Die Kupfer 356. — § 163. Grundsätze der Auslegung 359. — § 164. Fehler in der Methode 361. — § 165. Trattato preliminare 370. — § 166. Porto d'Anzo.

Sechstes Capitel. Vierte Reise nach Neapel 380
§ 167. Neue Beziehungen im Süden 380. — § 168. Rückfall 384. —

§ 169. Sicilien 385. — § 170. Sir William Hamilton 389. — § 171. Die Bäder 391. — § 172. Pompei im Jahre 1767 397. — § 173. Der Ausbruch des Schus 402.

Siebtes Capitel. Letzte Entwürfe und letzte Reise 406
§ 174. Neue Kunstschulen 406. — § 175. Der dritte Band der Monumenti 409. — § 176. Neue Ausgabe der Kunstgeschichte 412. — § 177. Charakteristik der neuen Kunstgeschichte 415. — § 178. Deutsche Gesellschaft 421. — § 179. Letzte Reise 426. — § 180. Ende 431.

Zweites Buch.
Römische Meisterjahre.
1763—1768.

Erstes Capitel.
Das apostolische Antiquariat.

§ 90.
Lage und Stimmung.

Wenn man beobachtet, wie in jenen dreizehn römischen Jahren Winckelmann sich in seinem Elemente fühlte, wie Italien ihm ein zweites Vaterland geworden war, wie er nicht mit Unrecht sein Leben von der Uebersiedelung an datirte: so scheint uns seine Römerfahrt wie die Berichtigung eines Versehens, welches das Schicksal bei seiner Geburt begangen hatte. Wenige Menschen hat es gegeben und wird es geben, welchen die dortigen Dinge, Menschen und Zustände eine so reiche Quelle vielfältigsten Genusses und tiefsten Behagens werden können, von der Luft, dem Wein und den Broccoli bis zu Gärten, Bergen, Meeresufern; von der marmornen bis zur lebendigen Bevölkerung. Und nicht bloß seine Neigungen und seine Idiosyncrasie, sein Streben und Planen, auch die Fügungen des Zufalls schienen darauf gerichtet, ihn hier von Jahr zu Jahr fester zu gründen; sein Leben zeigt uns ein stetiges, körperliches und geistiges Hineinwachsen in dortiges Wesen, Einwurzeln in jenem Boden.

Amor a nullo amato amor perdona: die Neigung, die er Rom und Italien entgegenbrachte, wurde ihm vergolten. „Ich bin, durfte er sich rühmen, geehrt und geliebt, und glaube zwar Neider, aber wenige Feinde zu haben; hingegen viele und große Freunde, und viel thätigere als in Teutschland". Und so gelang es ihm denn endlich, nach sieben Jahren, in Rom, als öffentlicher Beamter, festen Fuß zu fassen. Dieser Erfolg bewies, daß er längst in der Gelehrtenwelt wie am Hofe ein Mann von Ansehen und Geltung war. Hohe Gönner, sein eigenes weltkluges und tactvolles Benehmen haben dabei mitgeholfen, ein augenblickliches Zusammentreffen günstiger Umstände war erforderlich, aber es wäre doch nicht geschehen ohne die „allgemein festgesetzte gute Meinung".

Er gestand damals, er habe der Eifersucht der Italiener gegenüber anfänglich harte Stände gehabt: „ich bin durch viel Proben gegangen; aber ich habe mich nichts irren lassen". Wie die mächtigste Beredsamkeit die ist, welche eigene Leidenschaft in ihre Worte hineinwirft und doch die Leidenschaft mit kalter Berechnung als Mittel verwaltet: so ist die vollendete Politik die, welche in die Rolle, die man spielen muß, Bestandtheile des eigenen Characters — der angeborenen Rolle — aufnimmt. Auch Windelmanns Erfolge in der römischen Meinung beruhten auf der Verbindung unverstellter Offenheit und Einfachheit, die seinem Character natürlich war und übrigens allen bedeutenden Menschen eigen ist, mit einer geschmeidigen Accomodation an Menschen und Zustände, die ihm freilich sympathisch, also verständlich waren. „Ich bin allezeit den geraden Weg gegangen, durch alle Feinheit der Römer mitten durch, und bin dahin gelangt, wo ich nicht gedachte. Ich kenne die Nation und weiß, wie man sie nehmen muß... Die Demuth und Bescheidenheit und wenig reden ist meine Regel gewesen, und noch; aber wo es unumgänglich nöthig war, auch mit Ungestüm zu reden... Man bequemte sich nach meiner Höflichkeit in Reden und Sichten, und jetzt ist man gewohnt, zu hören, was ich gedenke... Nunmehr ist der Weg zu allem was man hier kann offen".

Zwischen die zweite und dritte Reise nach Neapel fiel jenes Ereigniß, in sein fünfundvierzigstes Lebensjahr. Sehr bescheiden war das Amt (dem bald ein zweites folgte), was das Einkommen betrifft, aber ehrenvoll und ganz für ihn gemacht. Da, scheint es, habe es seine ganze Seele durchdrungen müssen: Hier ist mein Reiseziel, mein Ankerplatz, die fernste Seemark für mein ruhend Schiff.

Und doch, lenkt man den Blick zurück von jenen großen Zügen, die seinem Leben ihr Gepräge geben, verfolgt man jene kleinsten Theile, aus denen es sich zusammensetzt, so wird der Vorstellung einer von der Vorsehung gewollten und von ihm selbst mitgewollten Prädestination für Rom alle Augenblicke widersprochen. Der Plan der Vorsehung war es wohl, dem wir diese dreizehn Jahre und was darin liegt verdanken, aber er selbst hat sein möglichstes gethan, diesen Plan zu durchkreuzen, das mühsam begonnene Gewebe wieder aufzulösen. Sein Bleiben in Rom erscheint uns nur als Resultat einer Reihe von Zufällen, die es glücklicherweise immer wieder vereitelu, daß er den, in drei Fällen angenommenen Rufen nach dem Norden folgt.

Aber wie dieser Mann ein halbes Leben lang nach einem Ziele getrachtet und ihm solche Opfer gebracht hat, wessen Denken, Dichten, Genießen, Forschen, Schreiben, sich ganz um einen bestimmten Ort bewegt, wo er eine schon mit Erfolg belohnte und noch größeren verheißende Wirksamkeit gefunden hat, um einen Ort reich an positiven Anregungen und frei von lästigen Obliegenheiten: von

§ 90. Lage und Stimmung.

dem sollte man glauben, daß er jede auch noch so günstige Einladung nach auswärts wie eine Anfechtung des Argen abwehren werde. Manche meiner Leser, die zu der Kunstwelt irgendwelche Beziehungen haben, denen in der Atmosphäre künstlerisch-archäologischen Verkehrs wohl ist — in einer wie die des Albanischen Hauses, endlich die, welchen vergönnt war, die Freiheit und Schönheit römischen Lebens zu kosten, sie werden durch nichts in dieser Erzählung mehr befremdet sein, als durch die wiederkehrenden Ausbrüche der Unzufriedenheit, durch die Bereitwilligkeit, jede Gelegenheit zu ergreifen, die ihn Rom entführt. Selbst viel verwöhntere als er würden, zwischen eine solche Wahl gestellt, leicht soviel Philosophie zu ihrer Verfügung finden, um sich mit dem hier geforderten Maaß von Entsagung zu vertragen. Wenn man weiß, welche reiche, wissenschaftliche Thätigkeit mitten im vollen Zuge durch eine Trennung von Rom abgebrochen worden, und wie verzweifelt unglücklich der Mensch geworden wäre, dem muß er vorkommen wie einer, der nachtwandelnd an einem Abgrunde hergeht und von Zeit zu Zeit auf den Rand zuschreitet, jedesmal aber noch von seinem Dämonium abgelenkt wird.

Das soll damit nicht geläugnet werden, daß seine Lebensphilosophie allerdings etwas auf die Probe gestellt wurde. Aber er hatte ja versichert, daß ihm an Reichthum, Rang, Titeln nichts liege; — wäre es anders gewesen, so hätte er die Reiseroute seines Lebens gewiß anders angelegt; — nun geschah ihm wie er geglaubt hatte. Denkt man freilich an das, was die Welt so nennt, so sollte man ihn für seinem großen Meister halten in der Kunst sein Glück zu machen. Mit vierzig Jahren beharrlicher Arbeit, rastlosen Wanens, mit seinem Talent, seiner Beweglichkeit und Unbeweglichkeit hatte er es endlich dahin gebracht, Haushofer eines Cardinals zu sein mit zehn Scudi monatlicher Pension und gelegentlichen Geschenken von Freunden. „Ich bin nicht glücklich, gesteht er, nach dem gemeinen Begriff der Menschen zu reden... Ich muß mich nothwendig gewöhnen, mit dem wenigern, welches ich richtig erhalte, auszukommen; denn ich sehe voraus, daß die Dürftigkeit meine treue Gefährtin sein wird, von der ich mich auch nicht trennen will". In der Neujahrsbetrachtung von 1761 gratulirt er sich fast, daß er „anfange sehr gleichgültig gegen den Geschmack zu werden", weil er nun um so leichter sich „immermehr einkörnaten" könne. Trotzdem sei er zufrieden (10. April): „Ein anderer würde es in gleichen Umständen nicht sein, der nämlich nicht gelernt hat, das Nothwendige von dem weniger Nothwendigen zu unterscheiden. Ich genieße das größte menschliche Glück, Gesundheit; was verlange ich mehr? Alles übrige sehe ich sehr gleichgültig an... Ich preise Gott daß ich Gesundheit und ein zufriedenes Herz habe, welches nicht für Geld zu kaufen ist... O selige Freiheit, die ich endlich Schritt zu Schritt im völligen Genuß in Rom schmecken kann!" (21. Februar.)

Indeß Versicherungen der Zufriedenheit sind oft ebenso bedenklich wie Versicherungen der Ehrlichkeit. Die epiktetischen Sentenzen erwiesen sich doch nicht als hinreichend tröstlich, jeden Wunsch einer Verbesserung niederzuschlagen; und so schlingt sich durch sein römisches Leben — neben den Reiseprojecten — eine Kette von Verhandlungen mit deutschen Höfen, die oft dem Abschluß nahe sind, immer aber zuletzt vereitelt werden; wenn aber diese deutschen Aussichten zuletzt zerfließen, so taucht in der Regel der Gedanke des Eintritts in den Priesterstand auf.

Dieser Gedanke verfolgte ihn in der That von Anfang an wie eine Versuchung: die Macht der Umgebung, das Pariathum des Laien in jenem Pfaffenreich, die Erwägung, daß dieß „l'unique chemin de s'avancer ici" sei, lockten ihn immer wieder, mit jenem Gedanken zu spielen; sobald freilich eine Gelegenheit sich meldete, siegte die Antipathie. Wir hörten zu seiner Zeit, wie schon im Frühjahr 1757 ein räsonnabler Augustinerorden Reiz für ihn hatte; sein Freund und Beichtvater Basquez war ja General dieses Ordens und Prior des Klosters S. Agostino, wo die Bibliotheca Angelica stand. Wieder Ende 1759 glaubte er, „die traurigen Umstände in Dresden und die weitausstehende Noth in Sachsen würden ihn nun endlich nöthigen, Messe zu lesen: — der Cardinal (Albani) erbietet sich, mir das erste vocante Beneficium, das von ihm abhängt, zu geben. Werde ich genöthigt, diesen Schritt zu thun, Addio patria". Zwar bekennt er, die Verstellung in diesem Punkt — dem einzigen — „koste weniger als man glaubt", aber wenn er daran sollte, sein „Haupt der Scheere zu bequemen", so kam immer wieder das Veto jenes Dämoniums, und so steht sein Bild, Gott sei Dank, wenigstens von dieser Frage unentstellt da. Einmal wollte Albani mit einer Pension von 20 Scudi auf eine Parochie anfangen; aber „so wohlfeil verkaufe ich meine Freiheit nicht". Ein Canonicat an der Bocca della Verità schlug er aus, weil er frei bleiben wollte.

Der Abatentitel und das Abatenkleid — die er seit 1757 annahm — hatten damals gar nichts zu bedeuten. Es gab in Rom viele Abaten mit Frau und Kindern — einer von ihnen war sein Freund Giovan Battista Visconti, der Vater Ennio Quirino's — sie sangen in Concerten, gaben im Parterre den Ton an, sie schienen die weitaus überwiegende Mehrzahl der männlichen Bevölkerung Roms zu bilden. „Diese ehrwürdige Benennung, belehrt Winckelmann selbst seine deutschen Freunde, ist nichts als ein unbedeutender Titel, welchen man Personen, die wie ich im kurzen Mantel und Kragen gehen, giebt und welche zu keinem Breviario verpflichtet. Denn ich bin der Kirche nicht geweiht, genieße auch nichts von derselben."

§ 91.
Dresden und Braunschweig.

Gefährlicher erklangen die Rufe aus Deutschland, und am gefährlichsten war hier Dresden. Winckelmann lebte in Rom sechs Jahre lang als Pensionär, und seit 1761 als förmlich ernannter, wenn auch noch unbesoldeter Beamter des Hofs. Die Pension (in den ersten drei Jahren 200, bis Neujahr 1762 hundert Thaler) kam aus der Hand des Königs; es war so wenig, daß er sich nicht als Geber genannt wissen wollte; und doch hatte Winckelmann davon einen Rothpfennig von hundert Thalern beim Maler Maron zurückgelegt (27. Januar 1759). In Briefen von dort erhielt er den Titel Pensionaire du Roi, der ihm sehr verdrießlich war, später wählte man das besser klingende Antiquaire de Sa Majesté le Roi de Pologne. Der römische Aufenthalt galt als eine vorübergehende Reise, wie man sie öfters Künstler (z. B. Dietrich, Casanova, Mengs) machen ließ; und ohne den siebenjährigen Krieg hätte man ihn auch nicht länger als zwei Jahre dort gelassen. Er selbst gefiel die Verpflichtung der Dankbarkeit und Schuldigkeit gegen Sachsen, sein zweites Vaterland.

Wieviel Werth man in Sachsen auf Winckelmanns Besitz legte, beweist schon allein die Thatsache, daß man ihn während der Kriegskalamitäten stets im Auge behielt. Es war jedoch nicht mehr der alte Churfürst (dem er seine Reise verdankte), sondern der Churprinz Friedrich Christian und seine Gemahlin, — nebst dem Kreise der nächsten Vertrauten, durch welche Winckelmann mit jenen in Fühlung blieb, besorgt, sich sein Capitälchen von Gunst zu erhalten und gelegentlich zu mehren. Außer Hagedorn also, der Leibarzt Bianconi und der alte Mentor des Prinzen, der Graf Wackerbarth. An Berührungspunkten würde es nicht gefehlt haben. Wer Rom so gründlich gesehen hatte wie der Churprinz, und in den eindrucksfähigsten Jahren, für den gab es kaum ein genußreicheres Gespräch als mit einem jüngeren Pilger der ewigen Stadt. Wir hörten von des Prinzen Besuch bei den Albani's; in Rom erinnerten sich Viele noch des Eifers und der Gründlichkeit, mit der der kränkliche, achtzehnjährige junge Mann die Denkmäler der Stadt Tag für Tag, nicht wie Reisecuriositäten, sondern wie in einem ernsten Lehrcursus aufgesucht und betrachtet hatte. Kurz vor seiner Abreise von Neapel hatten die Scavi in Resina begonnen; er hatte für Winckelmann Empfehlungen an seine Schwester, die dortige Königin geschrieben, damit er ihm darüber berichten könne, und diese „résonnirenden Relationen", mit welchen er ihn von Zeit zu Zeit auch über römische Entdeckungen unterhalten, hielten den Namen des Gelehrten immer wieder aufgefrischt. Auch seine Aufsäße in der Monatsschrift waren, wie er hörte, sehr huldreich aufgenommen worden.

Schon im Jahre 1757 war ihm vertraulich mitgetheilt worden, daß der Prinz habe ihm die Stelle eines Garde de son cabinet (Münzsammlung) bestimmt, die bisher Hofrath Richter bekleidete und vor ihm Algarotti gehabt hatte. Dies geschah zu derselben Zeit, als jener mit seiner Gemahlin in dem von Preußen besetzten Dresden sehr eingezogen lebte, auf den Umgang und Briefwechsel mit Personen seines Hofstaats beschränkt. Gerade zu der Zeit, als Winckelmann jene herculanischen Briefe und andere „schriftliche Aufsätze von italienischen Sachen die Alterthümer betreffend", nach Dresden schrieb, starb jener Hofrath (Juni 1758). Bianconi, von dem er noch kurz vorher gemeint, „helfen werde er nicht, aber er könne schaden" (29. Januar 1758), bemühte sich mit Erfolg, ihm diese Stelle zu verschaffen, wenn auch erst nach dem Frieden*). So lob Winckelmann in jenem Sommer das Ende seiner welschen Reise in ziemlicher Nähe und nahm sich vor, Italien noch recht zu nützen. „Meine Umstände bekommen ein anderes Ansehn... Diese Hoffnung, die man mir von Dresden aus freiwillig und ohne mein Suchen gemacht hat, verändert mein ganzes System... Es scheint, daß ich möchte bald zurückgerufen werden". Aber jener Frieden schien nie kommen zu sollen. Als er den Antrag des Cardinal Albani erhielt, schien alle Hoffnung auf Sachsen zu Ende. „Leipzig, schreibt er den 29. September 1759 an Stosch, sagt man, ist schon wieder übergangen. Ich muß und will mein Leben in Rom beschließen: es mag also gehen wie es will, ich werde mich freuen, wenn es gut ist, aber mich nicht todt grämen, wenn es übel steht. Gut kann es nicht werden". Allein in Dresden war man sehr befremdet über dieses Engagement, und er mußte sich gegen den Commerzienrath Walther rechtfertigen (22. Mai 1760): „Ich versichere Sie aufrichtig, daß ich mein Vaterland allem Glück in der Welt hätte vorziehen wollen, und auch mit mündlichem Unterricht mich allen und jedem ohne Entgeld hätte anzuopfern wollen... Aber ich konnte nicht noch einige Jahre auf den Trost Israels warten, wie mir angedeutet worden, und ich würde mit dem heruntergesetzten Gehalt der mir zugedachten Stelle in der Residenz keine große Figur haben machen können". Er rechnet indeß darauf, für alle Fälle, wenn ihn Rom im Stiche lasse, in Dresden „die Hoffnung seiner Ruhe sicher zu haben", oder wenigstens seine Pension. „Da es scheinen könnte, daß es eine Person,

---

*) Bianconi schreibt an seinen Bruder Michele den 23. Juni: Spero ebe farò avere la sua [Richter] carica a W... di ciò non vi mostrate intro con esso, benchè prudentemente non posso dubitare dell' esito. Und den 24. Juli: State certo (un detto fra noi) che W. avrà il posto di Richter, ed io ne sarò la sola cagione: ma questa installazione non si farà che alla pace. Intanto badi egli a studiare, e non si dubiti di veruna cosa.

welche mächtig ist" (Heineken, der aber bald darauf stürzte) „nicht gern sehen möchte, daß man mir künftig die mir bestimmte Stelle eines königlichen Hof=
raths und Antiquars in Dresden gebe, so wird man mich wenigstens mit einer hinlänglichen Pension zufrieden stellen müssen, und alsdann will ich mein Leben in Ruhe hier beschließen."

Jetzt kamen aber noch andere Einladungen aus dem Norden. Sogar „ein Wink aus Kopenhagen" kam; Kopenhagen aber reizte ihn nicht; es „würde mich von der übrigen Welt abschneiden". Aufregender war ein Schreiben aus Braunschweig. Braunschweig lag seinem Jugendland nahe; eine demüthigende Scene aus der dunklen Zeit hatte in seiner Erinnerung eine tiefe Spur zurückgelassen, auch deßhalb würde eine Rückkehr in ehrenvoll= einflußreicher Hofstellung nicht ohne Reiz gewesen sein. Der Hof Carl I (1735 † 1780) zu Braunschweig erinnerte durch königliche Pracht, durch die welsche Künstlercolonie und selbst durch die Mätressen und die Alchymie an den Hof August II. Der Herzog, ein feingebildeter, gutmüthiger, aber leicht= sinniger und verschwenderischer Herr, liebte und verstand die schönen Künste; er gründete das Museum und die italienische Oper unter Leitung Nicolini's und das französische Ballet. Der Geheimrath von Feronce, der später (seit 1773) die rechte Hand des Erbprinzen und Mitregenten war, als dieser die durch seines Vaters Wirthschaft dem Bankerott nahgebrachten Finanzen des kleinen Staats mit Erfolg zu reorganisiren unternahm, war schon damals eine einflußreiche Person am Hof; ihn hatte Stosch bei seinem Besuch in Braunschweig für Winckelmann zu interessiren gewußt; in einem Brief vom 2. Mai 1761 bath ihm dieser „für die gute Meinung gegen ihn, und dessen Bemühung einem ehrlichen Manne behülflich zu sein". Es finden sich in Paris verschiedene Entwürfe zu Briefen an Feronce, denen zufolge man ver= langt hatte, Winckelmann solle direct an den Herzog schreiben, ihm seine Dienste anbieten und erklären, welche Beschäftigung er übernehmen könne. Winckelmann erwiderte, „daß er wohl annehmen, nicht aber verlangen kann: denn dieses wäre wider die Schuldigkeit und Dankbarkeit (gegen Sachsen) ge= handelt, jenes aber stehe in seiner Gewalt". Er verhehlt nicht, daß ihm der Churprinz bis jetzt nur expressions vagues de grace et de protection gemacht habe. Er erbietet sich (6. Juni 1761) dem (Erb=)Prinzen, „wenn er sollte nach Italien gehen wollen, durch Unterricht zuzubereiten zum wahren Verständniß des Gründlichen in den Alterthümern und in der Kunst, in Form von Sendschreiben, entweder im Teutschen oder Italienischen, und dieses richtig alle Woche... Wir könnten auf diese Art Freunde werden, denn es bindet nichts mehr, als ähnliche Neigungen".

Ueber die Leistungen, die man von ihm erwarten könne, drückt er sich folgendermaßen aus. Quant aux services que la cour ... peut attendre de moi, je n'en saurais rien dire: ou que Vous me prenez pour lettré, ou pour savant dans littérature grecque, ou pour antiquaire, ou pour grand connoisseur en la peinture et en la sculpture et en architecture, si je possédois toutes ces qualités en un degré éminent, la cour se pouvoit tout au plus vanter d'avoir une personne distinguée et unique dans son genre. Mais cela ne rend aucune utilité réelle à l'état, et l'antiquaire ou le garde de cabinet du prince est un homme dont on peut bien se passer. — Mais je pourrois être utile indépendamment de la charge, en formant dans la jeunesse le bon goût du vrai et du beau dans les beaux-arts, et c'est un talent qu' on ne peut acquérir au-delà des monts. . . . Après tant d'années que j'ai mises à perfectionner l'histoire de l'art, . . . et après toutes les recherches que j'ai fait dans les beaux-arts, je tiens avec Socrate, qu'il est plus noble de tracer les connoissances qui embellissent et élèvent l'esprit dans l'ame des hommes que sur la carte.

Endlich entschloß er sich doch, den verlangten Brief an den Herzog zu schreiben. Aber durch den in einem der Schreiben gebrauchten Namen „Langrave" war er wunderlicher Weise auf die Meinung gekommen, die Einladung komme vom Hofe zu Cassel, und er richtete die (noch auf der dortigen Stadtbibliothek vorhandene) Antwort vom 13. Juni 1761 an den Landgrafen Friedrich II von Hessen, diesem Fürsten bietet er seine Dienste an. —

Den Vortheil brachte ihm diese Verhandlung, daß er nun Sachen gegenüber etwas anspruchsvoller auftreten konnte. Seit dem Anfang 1760 lebte der Churprinz mit seinem Hof in München. Er gab dem Grafen Wackerbarth durch Menge von dem Antrag Nachricht, ohne jedoch Braunschweig zu nennen, ja er „ließ es in Zweifel, ob es vielleicht gar der König von Preußen sein möchte", fordernd, daß er im Fall einer Anstellung von keinem Menschen, Minister oder wer derselbe sei, sondern allein von S. Hoheit eigenem Befehl abhänge und denselben unmittelbar erhalte. Der Graf starb, ehe der Brief ankam, am 3. Juli 1761; der Churprinz erbrach ihn und that sofort einen entscheidenden Schritt. Er ernannte Windelmann zum Aufseher seiner Musei und zu seinem Antiquarius, ohne Abhängigkeit von Jemand mit Genuß aller damit verknüpften Ehren und Vortheile. Es ward ihm freigestellt eine andere Berufung anzunehmen, wenn ihn die Noth dränge, mit der Bedingung, an seinen Hof zurückzukommen, wenn er gerufen werde; schließlich ließ er ihm schreiben, — „daß er sich bemühen werde, daß ich künftig mit Vergnügen an seinem Hofe stehen solle".

Auch ersuchte er ihn jenen antiquarischen Briefwechsel fortzusetzen, und an Bianconi zu adressiren.

Anfangs war unser Freund etwas aufgeregt: „nunmehr bin ich auch

kein Bild mehr und werde künftig Herr Hofrath heißen, wie mein Vorgänger, wenn ich will".

Wäre Winckelmann diesem Rufe gefolgt, so würde er in die Nähe einer
Dame gekommen sein, deren Aehnlichkeit er nach dem eigenen Bekenntniß von
Italienern jenseits der Alpen vergebens gesucht hätte, und deren Dienst und
Umgang für manchen alle Herrlichkeit der äußeren Dinge in Zwen in
Schatten gestellt haben würde. Sie kannte ihn bereits aus seinen herculia-
nischen Briefen, die mit für sie bestimmt waren: denn es ist die Churprinzessin,
Marie Antonie, eine bayrische Prinzessin, eine der bedeutendsten und interessan-
testen Fürstinnen des Jahrhunderts (geb. 1724, vermählt 1747 † 1780).
Algarotti in seinen Briefen an den Abate Pasquini zu Siena kann kaum
Worte der Bewunderung finden für eine deutsche Prinzessin, die italienische
Verse macht, mit denen keine Verse italienischer Fürstinnen den Vergleich
aushalten; sie ist erschienen um zu zeigen, daß auch unsere Zeit ihre Vittoria
Colonna, ihre Gambara hat, eine Tochter Apollo's, die dem Parnaß mehr
Ehre macht als alle neun Musen zusammen. Sie war es, von der Friedrich
der Große schrieb (7. Januar 1766): Je ne vois qu' une personne en Saxe
à la quelle j'ai voué mon admiration, il n' y a que Vous, madame,
tout le reste ne m'est rien. Von Person zwar war sie allerdings nicht
gerade durch Reize des Geschlechts ausgezeichnet, „die größte und robusteste
Dame in Dresden", männlich in ihren Gewohnheiten und Erholungen, verwegen bis zur Ctourderie, sodaß sie nur durch stets wiederholte Wunder
schweren Verletzungen und dem Tode zu entgehen schien. Aber sie bezauberte
durch die Lebhaftigkeit und den Geist ihrer Unterhaltung; sie erwarb sich die
Bewunderung der Anspruchsvollsten, den Enthusiasmus der Critischesten durch
ihre künstlerischen Leistungen; ein außerordentliches, fast allseitiges Talent
hatte sie in der Schule der ersten Meister, eines Scarlatti und Hasse, und
durch ihre Energie weit über das Maaß des Dilettantismus hinaus ausgebildet. Sie sang mit einer zwar schwachen, aber vollkommnen und im
Stil der besten Zeit ausgebildeten Stimme; sie dichtete und componirte
Oratorien, Cantaten und zwei Opern, Talestris die Amazonenköniginn und
den Trionfo della fedeltà, worüber ihr Friedrich schrieb, daß sie allein
Werke zu liefern im Stande sei, die Hasse und Metastasio nur in Gesellschaft zu geben vermöchten. Als der König ihr einst von einem neuen Sänger
seiner Oper, Conciolini schrieb und dessen bei Italienern seltene, gute Action
lobte, konnte sie ihm erwidern, daß er ihre Schule in jenem Künstler gelobt
habe, da sie ihn gebildet. Sie malte auch in Pastell, z. B. ihr eigenes Bild,
und die Reorganisation der Academie der bildenden Künste fällt in die Zeit,
wo sie die Verwaltung, das Finanzwesen und die Verhandlungen mit den
auswärtigen Höfen leitete. —

Vor der Hand trat jedoch in Winckelmanns Lage keine Aenderung ein. „Da die Stelle nicht unter drei Jahren, nach geschlossenem Frieden, besetzt werden wird, und auch jene Absichten vielleicht auf entfernte Zeiten gehen, so könnte vielleicht beides zu spät sein, denn man sucht mich hier zu behalten" (15. August). Und im November lautet es noch herabgestimmter: „Unterdessen sehe ich ein, daß es Zeit gebraucht, ehe man überflüssige Leute mit Kosten kommen läßt, wir sehen auch noch dem Krieg kein Ende, und es ahnt mir, ich werde in Rom mein Leben kümmerlich aber zufrieden beschließen". Wirklich war es dieser Moment der Retardation, wo die Gelegenheit zu einer öffentlichen Anstellung in Rom eintrat und ergriffen ward. —

Diesen Einladungen gegenüber scheint eine kurz darauf wahrscheinlich durch den Grafen Firmian gekommene Offerte aus Wien wenig Reiz für ihn gehabt zu haben. Jene rühmliche Anzeige der Description im Journal étranger hatte auch dort auf ihn „aufmerksam gemacht", und es wurde ihm „von weitem ein Antrag gemacht, auf welchen er seine Bedingungen gab". Dieser Antrag kam von dem prachtliebenden Erzbischof (seit 1757) Migazzi seinem Palletliner, geb. 1711, der Rom als Auditor der Rota (1746—51) kennen gelernt hatte, und später als Gesandter in Madrid den Tractat von Aranjuez mit dem spanischen und sardinischen Hof abschloß (1752). Fünfhundert Gulden völlig freies Gehalt sollte er haben, wenn er zur Gesellschaft zu ihm geben wolle. Er lehnte ab und schrieb Firmian seine Gründe.

§ 92.
Hof und Kirche unter Clemens XIII.

Wer die Chronologie vergessen hätte und von Winckelmann in Rom, von den Päbsten des Jahrhunderts der Aufklärung und von jenem als apostolischem Beamten läse, dem würden sogleich die einst hochgefeierten Namen der humanen Päbste, der Lambertini, Ganganelli, Braschi beifallen. Aber die bizarre Zufallslaune hat es gefügt, daß es gerade die dunkelste Zeit päbstlicher Politik war, die Jahre des trotzigen desperaten Kampfes mit den Kronen um eine dem Untergang geweihte Sache — die Jahre Clemens XIII, wo dem Gründer der Archäologie vom heiligen Stuhl Anerkennungen mancher Art zu Theil wurden.

Die welthistorischen Kämpfe, welche den Inhalt alles dessen bilden, was damals aus Rom und über Rom geschrieben wurde, sind der Hintergrund, auf dem sich die Schriftstellerisch so fruchtbaren letzten zehn Jahre unseres Landsmanns in der heiligen Stadt bewegten. Er vermied es sich um diese Kämpfe zu bekümmern und davon zu schreiben, theils aus Gleichgültigkeit, theils weil er seit 1760 dem Hofe des Nepoten und dem Pabst selbst nähergekommen war; seitdem mußte seine Sprache in diesen Dingen jene Zurückhaltung beobachten, die auf so schlüpfrigem Boden bei jedem von selbst sich einstellt.

Clemens XIII hatte einen guten Kopf für Geschäfte, und im Verkehr die insinuanten Formen des Venezianers. Er war ein vortrefflicher Bischof, aber kein Pabst, und er wußte es. Ihn drückte außer ängstlicher Frömmigkeit eine so demüthige Bescheidenheit, ein so tiefes Mißtrauen in sich selbst, daß er vorausbestimmt war, wie Benedict XIII, sammt Staat und Kirche einem herrschsüchtigen Minister in die Hände zu fallen. Diesen fand er denn auch nach Archinto's Tod in dem Florentiner Torrigiani. Ein hartnäckiger, heftiger, gewaltthätiger Mann, sorwee wie Bonifaz VIII nennt ihn Tanucci, ohne dessen Gelehrsamkeit, so rauh und grob, wie der Pabst gütig und höflich war; der bald in allen Zweigen selbstherrisch waltete und dem verzagten, ungewissen Geist des Pabstes sich unentbehrlich machte. Er überzeugte den Cardinalnepoten, daß er sich durch Betheiligung an den Geschäften in diesen schweren Zeitläuften den Haß der Stadt, der Cardinäle, der Höfe zuziehen werde und noch größeres Unheil beim Ableben des Oheims, daß er ihm daher die Last dieser odiosità abtreten müsse, die er aus Liebe zu Neffe und Onkel gern sich aufbürden wolle. Selbst Cardinäle und Gesandte litten unter seinen Zornausbrüchen, die er Offenheit nannte; ein Gesandter sagte, er beschle sich vor jeder Audienz Gott, daß er ihn mit Langmuth waffne, um alle seine Impertinenzen ruhig hinzunehmen. Im Jahre 1767 ersuchten sämmtliche Gesandte den Staatssecretär um Festsetzung bestimmter Stunden für Audienzen, weil sie es müde waren, Stunden lang in Torrigiani's Antecamera zu sitzen; er schlug es ab, und so stellten sie ihr Erscheinen im Palast ein.

Aber Clemens XIII und sein Minister waren bestimmt, die antijesuitische Stimmung der katholischen Welt zu reizen und bis zu dem Grad zu erbittern, der erreicht werden mußte, um die Aufhebung des Ordens zu wagen. Clemens XIII, schreibt Biancom, hat in wenigen Jahren alles das Ansehen verloren, welches seine Vorgänger Jahrhunderte von Arbeit und Politik gekostet hatte.

Die Freigeisterei erhob ihr Haupt höher denn je. Damals unterzeichnete Voltaire seine Briefe häufiger mit den Worten Ecr. linf. Auf einen und denselben Tag, den 3. September 1759, fiel die Verdammung der Encyclopädie und die Verbannung der Jesuiten aus Portugal. Am 17. April 1761 reichte der Abbé Chauvelin beim Pariser Parlament die erste Anklage gegen die Constitution der Gesellschaft Jesu ein, als der guten Ordnung und Zucht der Kirche und den Maximen des Königreichs entgegen. Am 3. September 1762 antwortete der Pabst mit dem ersten Breve an die französischen

Cardinäle zu Gunsten der Jesuiten, die er für den der Kirche nützlichsten Orden achtete, und erklärte im geheimen Consistorio die Beschlüsse des Parlaments für null und nichtig.

„Von den Händeln, so schreibt Winckelmann 1760, eines kindischen Pabstes und thörichter Priester mit mächtigeren und gescheiteren als sie sind, glaube ich, wird Ihnen wenig gedient sein, ich würde dieselben auch entweder verkehrt oder nur halbwahr schreiben. . . . Das Pfaffenreich nähert sich seinem Sturz und Untergang auf allen Seiten, und man befürchtet schon hier, daß das Haus Oesterreich, wenn es sollte Frieden bekommen, dem Pabste Ferrara nehmen werde; ja die Cardinäle selbst prophezeien, daß in dreißig Jahren der Pabst nichts mehr außer den Ringmauern von Rom werde zu sagen haben"*). Aber solche Dinge sterben eines langsamen Todes. So sehen wir oft Menschen, denen seit Jahren das Todesgift in allen Gefäßen treibt, mit der Dauerhaftigkeit einer Mumie der Gnade der Auflösung widerstreben und am schlüpfrigen Saum des ihnen längst gähnenden Schlundes sich festklammern, in den ringsum die Lebensvollen und Lebenswürdigen hinab gleiten. „Der Pabst, schrieb Friedrich der Große an d'Alembert, kommt mir vor wie ein alter Seiltänzer, qui voulant refaire les tours de sa jounesse ne casse la cou. Gleichwie Rom, so hoffte Tanucci (1761), mit seinem Schatten von Wissen und mit der Ignoranz der Jahrhunderte einst keinen Wunderbau aufgerichtet hat, so wird derselbige zu Grund gehen durch die Unwissenheit der Kirche und durch die Wissenschaft der Weltlichen, weil unumquidque dissolvitur eodem modo quo colligatum est. Und spottend erwidert ihm der Abate Galiani: Es ist das Privileg Roms sich für die ewige Stadt zu halten. Das alte hatte die Auguren des Gottes Terminus und der Göttin Fortuna, das neue hat die Pforten der Hölle auf die es sich baut; Selbstvertrauen ist ja die innerste Qualität aller ungeschickten (inetti) Fürsten.

Die Gewissenhaftigkeit des Pabstes griff sogar in die Vergnügungen der Römer ein, an denen doch die ganze Welt, wenigstens die reisende, selbst die ketzerische, ein Interesse hat. Er verbot die öffentlichen Bälle beim Carneval, der ganz melancholisch wurde; und die Römer hätten nun fast gewünscht, daß der alte Prospero, der Späße so gut machte wie verstand, doch die Jahre des heiligen Peters erreicht hätte. Im Jahre 1762 setzte Rom, Italien und die katholische Welt die Frage in Aufregung, ob der Carneval am Montag geschlossen werden müsse, da auf den Dienstag die Vigilie des Apostels

---

*) La macchina, amico, va in rovina (lo parlo di quella de' preti), in cinquant' anni non vi sarà forse nè papa, nè prete. La fermentazione è arrivata all' orlo della pila, che bulla e versercia (per parlar toscano), e Roma diventerà un deserto. 26. Februar 1766.

§ 97. Hof und Kirche unter Clemens XIII.

Matthias fiel. Der h. Apostel Matthias hat hauptsächlich dadurch in die Kirchengeschichte eingegriffen, daß sein Tag sich öfters störend in den Schluß des Carnevals legte. Benedict XIV pflegte den Erlaßapostel ohne Umstände in die Fasten zu versetzen; und um diesen Dispens bat jetzt der König von Hispanien, der am letzten Tag des Carnevol ein prachtvolles Hoffest zu geben pflegte, und der Erzbischof von Neapel, der einen Agenten sandte, weil er sich vor dem läßen Pöbel von Neapel fürchtete. Der Cardinal Spinelli unterstützte das Gesuch; der Pabst berief die Congregation des heiligen Uffiz, auf dessen einmüthiges Zureden (ot tu Brute?) er geneigt schien, nachzugeben; als aber der Agent bei dem Cardinalsnepoten die Entscheidung abholte, stand am Rand des Memorials, non al concede.

Damit hingen denn auch einige Reformen zusammen, welche die alten Götter moralisiren sollten. „Diese Woche (Februar 1760) wird man dem Apollo, dem Laocoon und den übrigen Statuen im Belvedere ein Blech vorhängen, vermittelst eines Drahts um die Hüfte; vermuthlich wird es auch an die Statuen im Campidoglio kommen. Eine eselsmäßigere Regierung ist kaum in Rom gewesen, wie die jetzige ist... Bouchard fängt an mit Leinwand zu handeln, weil jetzo, da die Tummheit und die eselsmäßige Einfall auf dem Throne sitzt, kein Mensch Bücher kauft"*). Er wollte damals etwas aufsetzen „von den Schicksalen der Werke des Alterthums zu unsern Zeiten."

Der einst so furchtbare Orden war jetzt in der Wahl eines Opfers zur Ehre Gottes auf Rom beschränkt, und mußte mit einem armen Buchhändler vorlieb nehmen. Es war Windelmanns Freund Pagliarini, der ein antijesuitisches Pasquill l lupi amascherati gedruckt hatte, doch nicht in seiner Officin, sondern beim portugiesischen Gesandten Almada, dessen Archivar er war; auch sollte er ausländische Drucksachen gegen den Orden verschrieben haben. Torrigiani ließ ihn ins Gefängniß werfen und seine Druckerei schließen.

„Man hat ihn, schreibt Windelmann den 3. Januar 1761, gebunden aus seinem Hause geführt, da er kaum von einer gefährlichen Krankheit sich in etwas erholt hatte, und er sitzt schon einen Monat, ohne jemanden sehen noch sprechen zu können. Man kann nicht hinter die Wahrheit kommen; er

---

*) Li avvanzi dell' arte statuaria antica corrono ora più che mai risico d'essere trattati col zelo di S. Gregorio e di Adriano sesto. S. S. à fatto ricuoprire con grembiali dipinti tutta la parte nobile de' putti e angiolini di Ciro Ferri e di Maratta nel palazzo, o le statue nel Belvedere, l'Apollo e Laocoonte etc. restano come Adamo di Alberto Durero colla foglia di latta appresa. non ostante che la Sua Scrupolosità non le vedrà mai. Non è poco che non le abbia fatte castrare all' uso di serraglio del Gran Turco. Il Sig. Card. Albani vi si conforma in tanto che non fa rimettere i entali troncati alle statue che fa rintaurare, ma senza coglioni non le vuole. Windelmann an Bianconi 1. Sept. 1758.

war mein Freund, und ich nehme unendlich viel Antheil an seinem Unglück". Der Jesuitengeneral verlangte, daß Vagliarini nach den alten Gesetzen Roms gerichtet werde, welche auf den Druck von Satiren die Galeren setzten. Es wurde beschlossen, jedenfalls die Sentenz zu verhängen, um ihn mit der Infamie der Strafe zu brandmarken. Im November wurde er wirklich zu sieben Jahren Galeren verdammt, „welches so gut ist als der Tod, in der tödtlichen Luft am Meer. Man glaubt aber, er werde vom Pabste Gnade erhalten. Gott lasse keinen Menschen in der unbarmherzigen Priester Hände gerathen! Genus implacabile vatum!" Tanucci bat für ihn bei Torrigiani. Die Strafe wurde nach gethanem Fußfall vom Pabste aufgehoben. Er hatte vier Monden unter Strolchen im Kerker gesteckt. Tanucci wies den Cardinal Orsini an, ihn mit allem Nöthigen versehen nach Neapel zu befördern; König Carl wolle ihm alles ersetzen. Der Gesandte Portugals theilte ihm dort mit, daß ihn sein König zum portugiesischen Edelmann und Legationssecretär mit lebenslänglicher Pension gemacht habe, außer Schadenersatz und einer Summe für Equipage und Dienerschaft. Damals sagte man, „Bourbonenhaß und keine Vergebung" sei der Jesuiten elftes Gebot; laut und heftig erscholl von allen Punkten der katholischen Welt zum Vatican der Ruf nach ihrer Vernichtung.*)

§ 93.
Passionei's Ende.

Und während der General Ricci solchergestalt in Rom lobte, was machte unser aller Freund Passionei? von dem nun sich zuflüsterte, daß er der Autor der entlarvten Wölfe sei; der sämmtlichen antijesuitischen Satiren und Kupfer aushob und der die Bulle ihrer Unterdrückung — seinen canonischen Refrain — stets im Brevier mit sich führen sollte? Ach! zu seiner Zeit war ihre Stunde noch nicht gekommen. —

*) Im Jahre 1760 circulirte in Rom eine „Sequenz", in der dem Pabst vorgehalten wird:

Di tal razza la semenza
Esser deve affato spenta;
Quasi di nuovo, se sementa! — —

Non si prenda sonnolenza,
Nè idea falsa di clemenza,
Nummen scrupol di coscienza. —

Poi con gente sì esecranda
Tua nulla pietà di banda
E al supplizio ormai la manda. —

Chè se indugi, oh Dio ch' aspetto!
Chè verran fino al tuo letto
A strapparti il cor dal petto.

Son maligni, son prevosti,
E fora ò che tu preventi
Finchè assalto non sian opresti.

Mai perdona a questa gente
Di reo cor, d' iniqua mente:
Del perciò ridurla a niente.

§ 93. Paffionei's Ende. 17

Windelmann war seit der Verbindung mit Albani, für deffen Feind Paffionei galt, etwas mit dem Pascha von Goffombrone auseinandergekommen. Er hörte in Florenz, daß dieser „sehr empfindlich" über das Engagement sei: — „ich bin mir aber der nächste, und will nicht als ein Bedaut meine Zeit verlieren!" Am 23. October 1759 besuchte er ihn noch einmal „in aller Eile" auf Camaldoli, als auch noch manchmal bei ihm. Aber seit 1760 zog er sich zurück, angeblich „um nicht glauben zu machen, daß ich andere nöthig habe; — — und es soll Niemand sich rühmen, daß ich seit einigen Monaten eine Cioccolata von Jemand angenommen hätte". Im Februar 1761 indeß verliert Paffionei noch einmal einen schönen Tante an Ihn in Folge einer Wette, daß er das martorellische Dintenfaß durch Fragianni bekommen wolle.

Zu jener Zeit ward gegen einen Katechismus (Exposition de la doctrine chrétienne) des P. Mésenguy aus Beauvais von den Jesuiten beim heiligen Stuhl Klage erhoben und eine Congregation zu deffen Prüfung niedergesetzt. Paffionei nahm sich des nach Jansenismus riechenden Buches mit bekanntem Eifer an, als er aber sah daß er überstimmt werden würde, verließ er den Quirinal, um fern vom Hof im Eremo zu grollen. Bald vernahm er, daß der Pabst dem Jesuiten Lazzarini die Anfertigung des Verdammungsbreve übertragen habe. Er wollte es nicht glauben. Aber am 15. Juni 1761 erhielt er, so erzählt Monsignor Garampi in einem Brief an Olivieri vom 17. Juni, eine trockene Ambasciata, das Breve zu unterzeichnen, bei Vermeidung des Unwillens Seiner Heiligkeit (S. S. se ne sarebbe risentita). Er zögerte einige Zeit; da aber das Breve umgehend zurückfolgen sollte, und der Kutscher unten wartete, so unterschrieb er, aus Furcht sein Secretariat zu verlieren. „Aber den ganzen Tag über dauerte ein so heftiger Zorn, daß am nächsten Morgen ein Anfang von Apoplexie sich zeigte, er weigerte sich einen Aderlaß zu nehmen und verlor am Abend die Sprache". Dramatischer ist folgender Bericht. Als er mit dem Cardinal Sciarra und dem Prinzen von Palestrina an Tafel saß, erschien der Substitutus Brevium und übergab den Act mit dem Befehl zu unterschreiben. Es traf ihn wie ein Donnerschlag; er versank in ein langes, tödtliches Schweigen; dann fuhr er auf und stürzte aus dem Zimmer. Der Servite Balboriotti ging ihm nach, — ein alter Pfaffe, der Macht über ihn hatte und ihn herumzukriegen ausgewählt war. Er quälte ihn, bis er nachgab. Der Cardinal Scanderbeg ergriff die Feder, unterzeichnete das Breve, ohne es eines Blicks zu würdigen, mit Schluchzen, und schleuderte die Feder fort mit den Worten: E' fatto della Santa Sede! Das waren seine letzten Worte, von krampfhaften Zuckungen ward er ergriffen, denen ein Schlag folgte: die linke Seite und die Zunge waren gelähmt. Seitdem kehrte nur in Zwischenräumen das Bewußtsein wieder.

Juſti, Windelmann. II. 2. 2

wußtfein wieder; er starb am 5. Juli und liegt begraben in seiner Titularkirche S. Bernardo in den dioclezianischen Thermen.

Bei der Kunde dieses Todes war Jubel unter der Heerde des heiligen Inigo. „Der heilige Ignatius, flüsterte man sich lächelnd zu, hat einen langen Arm!" „In ihm, schreibt Rami, geht eine große Stütze der Wahrheit verloren". Um dieselbe Zeit starben noch zwei andere gelehrte und gemäßigte Cardinäle und es hieß: wann wird die Kirche wieder Leute haben wie Orsi, Tamburini, Passionei? Wir hoffen nicht sie zu erleben, vielleicht erst unsere späten Enkel.

Von Passionei's Bibliothek sagte man anfangs, der Papst wolle sie kaufen und im Quirinal zum öffentlichen Gebrauch stehen lassen. Er verbot etwas daraus zu entfremden, die Corsini's sollten einige Manuscripte für sich gerettet haben. „Ich kenne dieselbe besser als irgend jemand, schreibt Windelmann, und es würde ein Verlust für mich sein, wenn dieselbe außer Rom ginge". Mit der Vaticana vereinigt, wäre sie freilich „so gut als vergraben". Paciaudi, der gerade den Auftrag erhalten hatte, eine neue Bibliothek für Parma zu schaffen als Ersatz für die nach Neapel gegangene Farnesische, verhandelte ebenfalls mit den Erben. Endlich kaufte sie der Augustinergeneral Vasquez und vereinigte sie mit der Bibliothek bei S. Agostino, die von ihrem Gründer, dem Prälaten Angelo Rocca (1545 † 1620) Angelica heißt. Die Kupferstichsammlung erwarb der Cardinal Sciarra für die Kaiserin.

Windelmann empfand diesen Tod als „einen großen Verlust". „Ich habe einen großen Freund in ihm verloren, und Herr Usteri kann bezeugen, wie lieb er mich hatte". Aber Albani wurde Passionei's Nachfolger an der Vaticana, und dieß eröffnete seinem Freund den Weg zu der päbstlichen Bibliothek.

§ 94.
Der Cardinal Spinelli.

Nach Passionei's Hingang hielten die Jesuiten für ihren bedeutendsten Feind im heiligen Colleg den Neapolitaner Joseph Spinelli; jedenfalls war er nun der bedeutendste Cardinal. Er begegnet uns in Windelmanns Briefen erst Ende 1762; aber die Bekanntschaft war viel älter. Vielleicht ward sie vermittelt durch Passionei, der Spinelli hochhielt (und er war mit seiner Hochachtung sehr sparsam); vielleicht auch durch Paciaudi. Dieser hatte mit dem Cardinal viele Jahre zusammengelebt, als sein unzertrennlicher Begleiter auf der Villa in Torre del greco, in den Bädern und auf seinen amtlichen Reisen im Königreich und im Kirchenstaat. Als er nach Parma ging, wurde Windelmann vielleicht zum Ersatz herangezogen. Für Spinelli war es Bedürfniß, solche rührige Gelehrte in seiner Nähe zu haben, er fand ein Vergnügen darin, sich ausführlich von ihren Forschungen (die er oft selbst anregte) erzählen zu lassen. So lud er im Jahre 1757 den bekannten Etruscologen Passeri zu sich, indem er ihm, bloß für den Genuß seiner Unterhaltung, Haus, Tisch, Bedienung, Carosse und Reisekosten anbot. Barthélemy rechnete die in Spinelli's Gesellschaft verbrachten Stunden zu seinen angenehmsten römischen Erinnerungen.

„Vierzehn Tage nach dem neuen Jahre, schreibt Winckelmann am 1. Januar 1763, werde ich mit dem Herrn Cardinal Spinelli auf ebensoviel Tage nach Ostia am Meere in dessen Bisthum gehen und hoffe in Gesellschaft dieses vernünftigen Mannes, welcher mir nicht weniger als mein Herr (der ihm feind ist) wohl will, vergnügt zu sein. Er will daselbst auf meine Angaben graben lassen, und vielleicht bin ich so glücklich etwas zu finden". Er kam am 16. zurück und schrieb: „Ich bin in Ostia die zehn Tage des Carneval, nebst den Patres Jocquier und le Sueur, mit dem Cardinal Spinelli sehr vergnügt gewesen . . In den Ruinen des alten Ostia ließ ich verschiedene Versuche mit Nachgrabungen machen, und wenn wir künftiges Jahr wieder dahin kommen, soll die Arbeit wieder vorgenommen werden. . . . Ich habe eines der größten Basreliefs in der Welt daselbst entdeckt, welches zugleich eines der seltensten und schönsten ist: denn es stellt den Theseus vor, wie er die Schuhe und den Degen seines Vaters findet, in sieben Figuren. Ich habe es für mein italienisches Werk gezeichnet". Dieses Relief kam in die Villa Albani. Dabei brachte ihn zum zweitenmale seine antiquarische Neugier in Lebensgefahr. „Ich begab mich mit bloßen Füßen in eine Grotte voll Wasser, um ihre Construction genau zu untersuchen; da mir das Wasser bis an die Knie reichte, ging ich wieder hinaus und zog mich ganz aus. Ich begab mich nun noch einmal an meine Untersuchung, als ich aber in einen engen Gang gerieth, wo das Wasser höher war als ich selbst, so löschte die Fackel im Wasser aus, und nur mit vieler Mühe konnte mir der außerhalb der Grotte stehende Bediente wieder heraushelfen". Noch spät erinnerte er sich gern der kurzen Zeit des Umgangs mit diesem sonst nicht eben zugänglichen Mann, jener Tage, als er unter den Wenigen war, „mit welchen er die Landluft außer Rom genoß".

Joseph Spinelli stammte aus einer alten süditalienischen Adelsfamilie, seine Mutter war eine Imperiali, und sein Oheim der bekannte Cardinal Joseph Renato Imperiali, von dem die große Bibliothek dieses Namens in Rom stammte. Ein Vetter von ihm war der Prinz von Torsia in Neapel, in dessen mit einem Aufwand von 120,000 Ducaten gegründeter Bibliothek „die Vergoldungen mehr als die Bücher kosteten, und gerade Linien nicht existirten".

Hört man von den früheren Thaten dieses Kirchenfürsten, so wundert man sich, Windelmann in seiner Gesellschaft zu finden, wenn man nicht gar an der Identität des brüsseler Nuntius und des neapeler Erzbischofs mit diesem „vernünftigen Mann" zweifelt. Denn seine Vergangenheit war die eines Zeloten. In Flandern war er es, der den berühmten Bernhard van Espen wegen Beziehungen zu dem jansenistischen Bischof von Utrecht von seinem Katheder in Löwen vertrieb, und die Annahme der Bulle Unigenitus als Bedingung der Ertheilung von Lehrstühlen oder Pfründen durchsetzte. Er erwirkte bei den Generalstaaten die Zulassung zweier apostolischer Vicare für die Missionen in Belgien und Herzogenbusch, und hetzte den Churfürsten von der Pfalz gegen den Heidelberger Catechismus und gegen seine reformirten Unterthanen. Als Erzbischof von Neapel (seit 1734) war er sechzehn Jahre lang durch Stiftung von Lehranstalten, Academien, Visitationen eifrig thätig für Bildung und Zucht seines Clerus und seiner Diöcesanen. Als Curiosität hat die Geschichte der neapolitanischen Kirche von ihm aufbewahrt, daß er auch einmal gepredigt hat, sehr gehaltvoll, und da er ohne Uebung war, nach mühsamem Memoriren. Er gab dem Chor der Metropolitankirche seine jetzige barocke Gestalt; die in der Glorie schwebende Assunta ist von Bracci.

Spinelli erlangte großen Einfluß am Hofe Carl III und in Folge davon viele Feinde. Die Zerwürfnisse zwischen dem heiligen Vater und dem katholischen König in Folge der spanischen Werbungen von 1737, als der Cardinal Acquaviva mit allen Spaniern und Neapolitanern Rom verließ, hatte Spinelli glücklich beigelegt. Man sprach 1750 in Rom von der Gründung einer Primazia in Neapel, als obersten Appellhofs für die Bischöfe beider Sicilien. Da bereitete er sich durch einen unbesonnenen, natürlich von Rom aus eingegebenen Schritt seinen Sturz. Längst machte ihm der wachsende Unglaube Sorgen; er ängstigte den König mit Erzählungen von den vielen tausend Atheisten und noch mehr Ketzern, die in Neapel verborgen sein sollten. Er verfolgte das Haupt der dortigen Aufklärung, den Abate Genovesi; endlich ließ er zwei Priester im erzbischöflichen Gefängniß einkerkern, mit dem Gebot ihre Irrthümer abzuschwören. Er hielt den Moment einer Aufregung des religiösen Fanatismus für geeignet, das heilige Amt in Neapel einzuführen. Er ernannte die Räthe und Notare; er ließ ein Siegel für die Processe anfertigen, und über die Thür des dazu ausersehenen Hauses die Worte setzen Santo Uffizio. Diesen Namen nun hat das Volk von Neapel nie ertragen können: Bürgerkriege sind darüber geführt worden, mit großen Opfern hat man diese Freiheit von den spanischen Königen erkauft. Nur in Palermo durften Ketzer gefoltert und verbrannt werden. „Wunderbar, ruft Colletta, dieß leichtgläubige, abergläubische, unwissende Volk erhebt sich auf den bloßen Verdacht hin in hellem Aufruhr, vergißt und bedroht die Autorität des Monarchen, belagert und besiegt in den eigenen Quartieren zahlreiche Truppen! Und nicht etwa, wie sonst, der Pöbel, in blinder Wuth oder aus Liebe zu Aufruhr, auch nicht die Gebildeten aus Aufklärung und Freiheitsliebe, sondern alle Stände, alle Classen, die wohllebigen Stände und die schlichten Landleute in einmüthigem Eifer, von gemeinsamem Instinct getrieben. Dasselbe Volk, das gestern die Vertreibung der Hebräer verlangte, die neuen Parfüßer empfing und beschenkte, die Knochen der fünf neuen Heiligen theuer bezahlte, es murrt beim Anblick der Tafel am erzbischöflichen Palast, erhebt sich und bedroht zwei Cardinäle mit dem Tode".

Die Minister und der Adel ergriffen die Gelegenheit, Spinelli zu vernichten. Man ließ bewaffnete Bauernhaufen in die Stadt kommen; und der Erzbischof war schon nach Torre del greco entflohen, ehe der König noch eine Ahnung hatte von dem was unter seinen Fenstern vorging. Als er eines Tages austritt, sah er sich auf dem Largo del palazzo von einem unabsehbaren Volksgewühl umringt, und das Gebrüll erscholl: Kein heiliges Uffiz! Es erschien der Delegirte des Volks, und brachte die alten Gesetze und Verträge in Erinnerung. Der König war aufs tiefste erschüttert von diesem Schatten einer Revolution, der sich vor ihm aufrichtete; einen unauslöschlichen Haß faßte er von Stund an gegen Spinelli. Er übergab die Untersuchung dem Rath der Seggi, und es kam zu einem großen Proceß, welchen der Marchese Fragianni (diesi war der Eletto del popolo) in der kön. Kammer von S. Chiara führte. Dieser Mann war ein großer Hasser der päbstlichen Anmaßungen und des Ordens Jesu. Der König erließ ein Edict, in welchem er das Verfahren des Erzbischofs streng tadelte, die geheime geistliche Gerichtsbarkeit aufhob und seine Tafel herabschlagen ließ. Spinelli verließ Neapel und wurde vom Hof, sogar mittelst Drohungen, bestimmt, seine Entlassung einzureichen.

Er ging nach Rom und kaufte den Palast Caroli am Apostelplatz, in dem er die Bibliothek Imperiali zum öffentlichen Gebrauch aufzustellen beschloß; bis zu dessen Einrichtung bewohnte er den Palast Doria am Corso. Der Pabst entschädigte ihn durch das Cardinalsbisthum von Palestrina, dann von Porto, endlich von Ostia und Velletri, und durch das Decanat.

Vielleicht hatten jene erschütternden Erlebnisse seinen Eifer gedämpft; wenigstens hört man von nun an nur mit fast unvermischtem Lob und Hochschätzung von ihm sprechen, als von dem Ersten unter den Cardinälen höherer Ordnung, welche sich in der Schule der Nuntiaturen bilden. Neben der früheren priesterlich-censorischen Strenge trat nun auch bei seinem Wesen nie fremd gewesene Humanität, welche hier die Färbung neapolitanischer Liebenswürdigkeit trug, in der freilich auch ein Beigeschmack von Falschheit war,

freier zu Tage: man bewunderte an ihm die Verbindung dieser, wie es schien, unverträglichen Eigenschaften.*)

Bei der letzten Pabstwahl (1758) hatte er die Gewandtheit eines vollkommenen Conclavstrategen entwickelt; er wäre beinahe selbst Pabst geworden; wenigstens hatte er Frankreich für sich, und Steinville sagte einst dem Duca di Cerisano, er habe den Spinelli stets unter allen für der Tiara am würdigsten gehalten, für ganz gemacht die kirchlichen Unruhen in Frankreich zu stillen, auch sei es ja für die Bourbonischen Mächte ehrenvoll und nützlich zugleich, einen ihrer Unterthanen zum Pabst zu haben. Aber da stellte sich jener unglückselige Vorfall in Neapel zwischen dem Cardinal und das höchste Ziel clericaler Ambition. Carl III mit der ihm eigenen Zähigkeit der Abneigung war gewillt, alles daran zu setzen, um Spinelli abzuwenden. In ihm war, wie Firmian schreibt, die Idee festgewurzelt, daß unter einem Pabstthum Spinelli's sein Reich heilloser Zerrüttung anheimfallen müsse, weil jener sicher seinen Haß gegen den neapeler Hof werkthätig äußern werde. Er verschaffte sich durch ein eigenhändiges Schreiben die Exclusive Spaniens, die Orsini dem Conclav mittheilte. Spinelli beschloß nun, wenigstens seinen Einfluß bei der künftigen Regierung sicher zu stellen. Er wußte daß Cavalchini als Jesuitenfreund die Exclusive Frankreichs habe; aber er trat keiner Partei bei, um nach dessen Schiffbruch als Gegendienst ihre Stimmen für Rezzonico sondern zu können, der als Creatur Clemens XII auch die Corsini's für sich hatte.

In Folge davon erfreute sich Spinelli in der ersten Zeit ungemessenen Credits bei Clemens XIII, mit dem er jeden Sonntag Abend eine Conversation hatte. Nach Archinto's Tode wurde ihm das Staatssecretariat angeboten, er lehnte ab, wegen der voraussichtlichen Zerwürfnisse mit Spanien und Neapel. Dieser Hof war über seinen Einfluß „unglaublich verlegen", hoffte jedoch, „daß des Cardinals feurige Denkungsart ihn mit den übrigen Ministern bald entzweien werde", wie auch, in Folge von Torrigiani's Parteinahme für die Jesuiten, schon im Sommer 1759 geschah.

Winckelmanns Anstellung war des Cardinals letzte That. Er galt dafür, daß ihn nichts froher mache, als die Gelegenheit, Freunden wirksam zu helfen. „Mein Gönner, der große und gelehrte Cardinal-Decan Spinelli, dem ich jene Stelle zu danken habe, starb wenige Tage nachher, zu meinem äußersten Betrübniß, im 69sten Jahre... Es ist der größte Verlust für mich in Italien". Er erlag einem Frühlingsfieber, das ihn am Freitag Abend

---

*) Uomo di abilità, di mente, e piuttosto dotto, ma di una rigidissima morale, e rigurista, di ottimi costumi, ma non troppo sincero, con moltissimi nipoti. (Charakteristik der Cardinäle vom 5. März 1757 im Wiener Archiv.)

überfiel und nach vier Tagen, am 12. April 1763, hinstreckte. Seine Reste ruhen in SS. Apostoli.

§ 95.
Das Commissariat der Alterthümer.

Am 30. März 1763 starb unerwartet der Abate Ridolfino Venuti, Antiquar der apostolischen Kammer oder Oberaufseher aller Alterthümer in und um Rom (Delegato sopra la conservazione delle antichità di Roma, auch Sovrintendente dell' Antichità, oder Commissario delle Antichità della Camera apostolica, Romanarum antiqnitatum praeses), welches Amt er 19 Jahre bekleidet hatte. Der Posten war ein sehr gesuchter. „Diese Stelle, schreibt Winckelmann, welche monatlich zwölf Scudi, und mit den incertis funfzehn Scudi beträgt, giebt wenig oder nichts zu thun, und also können Sie sich vorstellen, wie viele Concurrenten zu derselben gewesen, von denen ein jeder einen oder mehr Cardinäle auf seiner Seite hatte". Der sich am meisten Hoffnung gemacht war unser armer Abate Bracci, dem aber diesmal seine Engländer nichts halfen.

Die Stelle ist eine Gründung des sechzehnten Jahrhunderts; im Jahre 1534 war es, als Latino Giovenale Manetti († 1553) von Paul III die Aufsicht über die römischen Alterthümer erhielt, er führte auch Kaiser Carl V bei seinem Besuche der Stadt (A. v. Reumont, Geschichte der Stadt Rom III 2, 353). Eine neue Bedeutung hatte die Stelle erhalten seit Clemens XI, und von da an war sie auch immer durch den Einfluß der Albani's vergeben worden. Gleich nach seiner Thronbesteigung (1701) erließ er ein Edict, welches, alte Verordnungen erneuernd, die Ausführung von Statuen, Gemälden, Bronzen, Gemmen verbot, ein zweites (1704) sagte dazu Mosaiken, Inschriften, Handschriften, Documente jeder Art. Funde von Alterthümern mußten dem Commissär der Alterthümer Franz Bartoli, dem Sohn und Nachfolger des bekannten Pietro Sante Bartoli, angezeigt und durften nur mit seiner Erlaubniß und nach genommener Zeichnung versetzt oder verbraucht werden. Inschriften wurden Monsignor Franz Bianchini gemeldet, Manuscripte den päbstlichen Archivaren. Als Beweggründe werden angeführt der Glanz der Stadt, der durch solche alte Erinnerungen wächst, und das Studium der Geschichte. Die Veranlassung des zweiten Edicts war die Idee des christlichen und des Inschriftenmuseums, welche dem Pabst von dem verewigten Prälaten eingegeben worden war, aber leider nicht über die Anlage hinauskam.

Der Antiquar der päbstlichen Kammer, so schildert Winckelmann die Pflichten des Amts, mußte ein schriftliches Zeugniß geben, dasjenige zu

belästigen, welches zwei Assessores auf das Memorial an den Cardinal Kämmerling geben. Ueber Gemälde sowohl als Marmore, welche aus dem Lande gehen. Diese Assessores sind des Präfecten oder Präsidenten Untergebene und verpflichtet diese Sachen zu besehen: er nicht wie jene; aber ihm steht es frei, alles von neuem zu besehen und jener Urtheile ungültig zu machen. Ferner mußten ihm a ripa, wo die Sachen eingeschifft wurden, alle Kasten geöffnet werden, welche bis zu seiner Besichtigung nicht völlig verschlossen und verschlagen werden können. Seine Pflicht ist ferner, über alle Alterthümer in und um Rom ein wachsames Auge zu haben. Es darf Niemand ohne seine Erlaubniß nach Alterthümern auch in seinem eigenen Grunde graben. Es muß ihm daher alles gezeigt werden, und was aufblickt, bleibt ihm nicht verborgen.

Jener Venuti tritt schon nebst seinen zwei Brüdern bei der Gründung der Academie von Cortona auf. Die Familie war eine der ältesten Cortona's, und weist seit dem Mittelalter eine Reihe berühmter Namen auf, in der Literatur und im Feld, war aber damals ziemlich verarmt. Marcell trat in Carl III Dienste und leitete die Anfänge der herculanischen Ausgrabungen, die er auch beschrieben hat (1748); Philipp ging in Sachen des lateranischen Capitels nach Bordeaux, traf Montesquieu nahe und lebte später als Probst zu Livorno, wo er nach dem Muster der florentinischen eine Societá Colombaria gründete. Ridolfino ging nach Rom und studirte Rechte und Antiquitäten. Der Cardinal Albani machte ihn 1735 zu seinem Gentiluomo und Hausantiquar (ajutante di studio). Er schrieb für ihn die Erklärung seines Münzcabinets; und nach dem Tode des Abate Franz Palazzi wurde er dessen Nachfolger als apostolischer Antiquar. Nach seinem Tode gab Stephan Piali die von ihm verfaßte Topographie Roms heraus, eine Compilation mit Zugrundlegung Nardini's, die in schwierigen Fragen nur den Dissens der Antiquare referirt, und vom Herausgeber mit Piranesi's Einfällen bereichert ist. Mehr als in der Topographie galt sein Urtheil in Bestimmung alter Bildnisse, auch bei Windelmann. —

Venuti konnte mit den 160 Scudi Gehalt und dem was ihm Albani gab, nicht auskommen; besonders da die Rentkammer des Cardinals zuweilen ihre Zahlungen einstellte; man hört zufällig, daß dieser ihm im März 1750 vierzehn Monate schuldete. So war er auf die Führung der Fremden angewiesen; darunter begegnet uns 1753 der Erbprinz Christian Friedrich von Brandenburg-Anspach, der Herzog Carl Eugen von Würtemberg mit seiner Gemahlin, der Prinzessin Elisabeth Sophie von Brandenburg Culmbach, 1750 die Markgräfin Friederike Sophie von Bayreuth, die Schwester Friedrich II, und ihr Gemahl. Schatullen, kostbare Dosen mit Ducaten statt Tabak gefüllt, waren der Lohn solcher Dienste. Dieses Geschäft des Cicerone galt in

§ 96. Das Commissariat der Alterthümer.

Rom nicht für unbedingt reputirlich. Auch noch in unsern Tagen wurden die, welche verstanden die Rolle des Jaqualo de place in der Gewandung des besten Gesellschafters, Gourmands, Poeten und Witzbolds zu spielen, und nur die vornehmste, reichste und schönste Welt in graziösester Weise über den Leidensweg durch die römischen Museen hinwegzuhelfen sich hergaben, von Römern nur spöttelnd genannt. Wir hören von Windelmann, „daß Venuti, aus einem alten adeligen Haufe, aus Rothburst, in die ihn sein Unverstand gebracht, sich herunterlassen müssen, Fremde in Rom zu führen, welches ihm von Personen, die denken wie sie sollen, übel ausgelegt wurde".

Windelmann meldet seine Ernennung am 9. April, den folgenden Mittwoch wird er in Amt und Pflicht genommen.*) „Diese Stelle, schreibt er triumphirend, ist mir vor vielen anderen, die sich ängstlich und kräftig darum beworben, ertheilt worden... Meine beiden Gönner sind endlich übermächtig worden". Die Einladungen nach Dresden, Braunschweig, Wien wurden ohne Zweifel als Hebel verwandt, um diese Gönner in Bewegung zu setzen. „Es ist die schönste Stelle, die ich mir hätte wünschen können... Ich habe mehr erlangt als ich verdiene, und als ich im Traum mir bilden können". Er nennt sie „ansehnlich", d. h. ehrenvoll, sie setze ihn in Stand, die kleinen Klässer, wenn er wolle, zu züchtigen.

Um zu begreifen, welches Ansehen ein Präsident der Alterthümer in Rom sich geben konnte, muß man sich erinnern, daß die bildenden Künste dort das einzige profane geistige Interesse waren. „Um die flüchtige Aufmerksamkeit des Römers zu fesseln, bemerkt ein Reisender, muß man ihm von Malerei, Sculptur, Münzen vorreden, dieß ist die einzige Unterhaltung, die er des Anhörens werth achtet." Wer sich in Rom in den Ruf eines Protectors der schönen Künste zu bringen wußte, dessen Name hatte einen guten Klang, er mochte sonst eine Bestie sein. Darin waren alle Päbste übereingekommen, mochten sie jesuitisch oder freisinnig sei, mochten sie ihre Neffen zu Fürsten machen oder knapp halten, daß sie für die bauliche und bildnerische Pracht der Stadt sorgten; dicht am Rande des Grabes zu Fürsten der Kirche erhoben, beeilten sie sich, ihren Namen und Familienwappen auf Denkmälern zu verewigen. Man hörte zuweilen in den Conversazionen der Monsignori eine historische Apologie des Pabstthums vortragen, die sich auf diese Thatsachen berief: den Cultus der Kunst, sagte man, den einzigen wahrhaft nützlichen, würde Europa nicht gekannt haben, wenn Rom, d. h. der

---

*) La carica vacante di Deputato sopra la conservazione delle Antichità di Roma, per la morte seguita ultimamente del Canonico Venuti, è stata conferita al Sig. Abb. Gio. Winckelmann Sassone, Familiare dell' Emo Alessandro Albani. Diario ordinario 16. Aprile 1763.

heilige Stuhl sie nicht protegirt hätte. Wer daher die päbstliche Macht angreife, der greife alle Künfte an. —

Winckelmann wollte also suchen, „die Stelle zu einer höheren Würdigkeit zu erheben". Längst hatte er ja beschlossen, die Fremden sovielals möglich zu fliehen, „als Störer meiner Ruhe und Räuber meiner Zeit". Ich habe ein Gelübde gemacht, mich selbst und die Stelle, die ich bekleide, nicht wie Venuti zu erniedrigen und einen Führer der Fremden zu machen ... und keinem Menschen, außer mündlichem Unterricht, als Führer zu dienen". Nur wo er ganz außerordentliche Talente finde, werde er, was ihm möglich sei, ohne alle Absicht mit Vergnügen thun. Dieser Vorsatz war freilich schwer durchzuführen. Wie konnte er sich Fremden von Distinction entziehen, welche vom Cardinal oder vom Pabst selbst ihm zugewiesen wurden, zumal da die Stelle „wenig oder gar nichts zu thun gab, vielleicht zehn Stunden im Jahre", — wenn er Alles den Assessoren überließ. Er mußte befürchten, daß ihm Nachtheil daraus erwachse, wenn er, als Antiquario des Pabstes, in einem solchen Fall (z. B. bei dem Herzog von York) zurückgesetzt würde. Bei derartigen Gelegenheiten hatte er auch die üblichen Geschenke des päbstlichen Hofs, unter denen Alterthümer nie fehlten, vorzuschlagen. Er muß drei Jahre später gestehen, „daß er für unzählige Fremde die Zeit unnütz und unerkannt verloren habe, und erst jetzt Vortheil aus seiner Stelle zu ziehen anfange".

Nur selten begegnen uns unter den mannigfaltigen Thätigkeiten dieser Jahre Spuren, daß er die specifischen Rechte und Pflichten seines Amtes auszuüben Gelegenheit fand. Er will dem Canonicus Boschi zu Tivoli den Proceß machen (November 1763), weil er den Fund einer Gruppe, Amor und Psyche, nicht angegeben hat, auch, was verdächtig sei, den Ort nicht anzeigen will. Er „wird nimmermehr zugeben, daß ein so schönes Stück wie jener Pallaskopf (S. 317) aus Rom gehe" (August 1764). Als Jenkins im Auftrag des Londoner Lorde für 2000 Zechinen die zwei Barberinischen Leuchter gekauft hatte (die später der Anfang des clementinischen Museums wurden), versagte er ihm, Pflicht halber, die Erlaubniß, sie aus Rom zu führen. „Das übrige steht bei meinen Obern". Auch sonst gewann er im Kunstdepartement Einfluß. Er hoffte Menge eine Arbeit in S. Peter auszuwirken (7. Juli 1765).

Von nun an sah Winckelmann seines Bleibens in Rom. Mit dem fast ebenso hohen Gehalt vom Cardinal (monatlich 26 Scudi, „folglich mehr als mir deutsche Fürsten, da ich nur ein Deutscher bin, geben würden"), hatte er sein „nothdürftig Brot" für die übrige Lebenszeit, „denn noch einmal soviel macht in Teutschland nicht soviel". Wie froh ist er, die Aussicht auf ein deutsches Hofleben nun abschütteln zu können! „Ich entsage der Thorheit des Hofs .. und allem Glanz in Teutschland ... Ich schenke allen

§ 96. Das Scrittorat an der Baticana.

Häfen ihre Penfionen für Franzofen, für Genever und Welfche, die mögen fie die Künfte lehren... Ich kann und muß mich jetzt der füßen Hoffnung, meinem Vaterlande nützlich zu werden, begeben... Mein Entschluß ist gefaßt, niemals aus Rom zu gehen... Rom ist mir das Vaterland geworden, Rom zu verlaffen, ist mich von meinem Liebsten trennen... Ich habe seit der Zeit meine niedrige Hütte aufgeschlagen, wo man mir wohl will, um in diesem Lande der Menschlichkeit meine Jahre, fern vom Kriegsgeschrei und in Ruhe zu genießen... ich will meine Tage in Ruhe hier beschließen." Wie aus sicherm Hafen sah er auf das Toben des Kriegs im Vaterlande. „Meine Hände hebe ich alle Morgen auf zu Dem der mich dem Verderben entrinnen laffen und in dieses Land geführt hat, wo ich die Ruhe, ja mich selbst genieße, und nach meiner eigenen Willkür lebe und handle". Da er nun einen festen Boden unter seinen Füßen fühlte, so regte sich auch der Wunsch, sich eine Umgebung zu schaffen, seine Räume zu füllen. Seine Jugendliebhaberei an schönen Classikerausgaben meldete sich wieder; er spricht von einer auserlesenen Sammlung griechischer Dichter, darunter einem äußerst seltenen Sophocles (Paris bei Turnebus 1552). Die Freunde wurden dafür bemüht. Leonhard Usteri sendet einen schönen Dante, den er in Marochino binden laffen will. Bollmann soll ihm den Pariser Ariost in vier Duodezbänden (1746) mitbringen; bei der Gelegenheit könne ihm Wille ein paar Kupfer von seiner Arbeit überwachen. „Ich habe mein Zimmer mit Busti von den besten Statuen genommen austapeziert, und selbst eine kleine Sammlung von Alterthümern angefangen von den Geschenken des Cardinals... Meine Sammlung von griechischen Münzen und Kupfern wächst auch allmählich an".

§ 96.
Das Scrittorat an der Baticana.

Da das Commiffariat nur ein spärliches Einkommen abwarf, so dachten die Gönner, um nichts halb zu thun, einen Posten an der päpstlichen Bibliothek damit zu verbinden. Hier war es nun zur Zeit freilich schwer einzubringen, da die dreizehn Stellen besetzt, und für einige sogar schon Expectanten da waren. — Schon im Mai 1759 will er ein Scrittorat, das ihm bei Archinto's Einfluß an höchster Stelle nicht habe entgehen können, ausgeschlagen haben, „um einem unterdrückten Gelehrten (?) zu helfen".

Das Beamtenpersonal dieser kostbarsten und barbarischst verwalteten Bibliothek der Welt bestand aus einem Cardinalbibliothecar oder Protector (seit 1761 Albani), aus zwei Custoden, dem ersten oder großen (seit 1735 Joseph Simon Affemanni, † 1768) und dem kleinen (Bottari); neben

Scriptoren, zwei für die lateinische, zwei für die griechische Sprache, zwei für die hebräische und einem für die syrische und arabische Sprache (Stephan Evodio Assemani). Diese Stellen wurden durch apostolische Breven ertheilt, wegen deren Unwiderruflichkeit im Fall der Unfähigkeit Coadjutoren mit Nachfolge gesetzt wurden. Zwei Buchbinder bestimmte der Cardinal, zwei Scopatori oder Famuli der erste Custode. Für die Scrittoren wurde eine Bewerbung ausgeschrieben, der Cardinal entschied mit Beihülfe der Custoden, und bei dem orientalischen mit Zuziehung der betreffenden Lectoren an der Sapienza und Propaganda. Die Scrittori sollen die Handschriften catalogisiren, die durch Alter der Zerstörung entgegengehenden copiren, Collationen machen, unedirte Schriften griechischer Väter, Kirchenhistoriker und Dogmatiker ins lateinische übersetzen; auch sollte die Herausgabe zweckmäßiger Werke von ihrer Seite gern gesehen werden, da solche Scrittori der Bibliothek ziemen, die statt bezahlter Arbeiten für Fremde, literarische Meisterwerke (praeclaros ingenii labores) für den gemeinen Nutzen liefern.

Die Freiheit der Benutzung war sehr eingeschränkt, die oft sehr liberale Erweiterung derselben hing ganz ab von persönlichen Zufälligkeiten. Montaigne führte (1581) ein Edelmann, der ihn einlud, sich anzusehen und herauszunehmen was er wolle;*) später war es unbedingt verboten, die Handschriftenschränke zu durchsuchen. Scholl traf (1600) eine Menge Gelehrte, die uneingeschränkt studirten; dagegen fand sie Nicolaus Heinsius (1651) für Fremde fast verschlossen. Montfaucon saß darin von früh bis Abends und nahm sich das Essen mit, Muratori ließ sich von seinen Freunden Abschriften machen und scheint nach Blume sogar Handschriften mitgetheilt erhalten zu haben.**) Gute Tage waren die der Bibliothecare Quirini und Passionei. Aber nach des letztern Tode ist, wie Winckelmann schreibt, „weil er sich zu viel Freiheit angemaßt, durch einen Bannfluch untersagt worden, die Bücher außer der Bibliothek zu geben". Die Cedola Clemens XIII Aucorelle I nomini l'ontefici „unterwarf die Benutzung solchen Beschränkungen, daß auch der ungefälligste und übelwollendste Bibliothecar sich schämen würde, solche Bestimmungen buchstäblich anzuwenden". Während man früher die Erlaubniß des Pabstes nur für wichtige Sachen nöthig hatte, so sollte von nun an das Lesen und Copiren überhaupt nur durch ein Billet des Staatssecretärs, nicht aber vom Cardinal oder den Custoden erlaubt werden können; und

---

*) Je la vis sans nulle difficulté; chacun la voit ainsi, et en extrait ce qu'il veut, et est ouverte quasi tous les matins. c si fus conduit partout et convié par un Gentilhomme, d'en user quand je voudrois.

**) Intesi che a Palazzo erano molto in collera contro di V. P. Riba per avere communicato copia del codice Farsense al Sigr. Muratori... Giovedì passato ne parlai con un prelato, che sta a palazzo, il quale mi disse, che questo accusa quasi quasi lo aveva fatto vacillare la mitra episcopale in capo. Card. Tamburini an Quirini 7. Juli 1723.

§ 96. Das Scriptorial an der Vaticana. 29

ebenso streng wurde die Anfertigung von Auszügen oder Abschriften seitens der Beamten untersagt. Aber auch Albani pflegte, wie des Musikers Burney Beispiel zeigt, Freunde auf wirksame Weise dem ersten Custoden zu empfehlen. Man erhielt sogar in den Vacanzen Zugang, wo sich's bequemer und unge: störter studirte; der Orientalist Adler erzählt, wie er oft ganz allein auf der Bibliothek war, wenn die Scopatoren Geschäfte hatten, und des langen Sitzens müde, sich durch Spazierengehen in den langen Gängen erholte, und wie ihm so die Vaticana der allerangenehmste Aufenthalt in Rom ge: worden sei und ihn noch in Gutzdden setze, wenn er an sie denke. Aber dieß waren Ausnahmen; sonst war diese Bibliothek (nach Windelmann, „wie die Geizigen, welche nur haben wollen und nicht genießen; und man kann von derselben sagen, was Plato von Sparta sagt: es gehe alles Gold der Griechen dahin, aber nichts wieder heraus". Cataloge waren nur den Beamten einzusehen erlaubt, aber man gab jedem, was er forderte.

Seit der Cardinal Alexander Bibliothecarius S. R. E. geworden war, wünschte er, Windelmann zum Custoden machen zu können; aber dazu war wenig Aussicht. Doch gelang es ihm, im Jahre 1763 wenigstens in der Vaticana Fuß zu fassen. Zunächst wandte man eine „Kriegslist" an, „ihn in die Bibliothek zu sehen, ungeachtet kein Platz ledig war". Am 29. April ward er vom Cardinalbibliothecar dem Pabste vorgestellt (ieri ebbi l'onore di baciare la zampa santa di S. S.), es handelte sich um den Auftrag, ein Register über die deutschen Handschriften der Heidelberger Bibliothek zu machen, als Scrittore della lingua teutonica, mit einer außerordentlichen Pension von fünfzig Scudi (nach einer anderen Stelle sind es elf monatlich); die Absicht aber ist, mich hier zu binden. Damit sollte die Aufsicht über das im Sommer zu eröffnende vaticanische Museum der profanen Alterthümer verbunden werden.

Diese kleine Stelle, zu der er am 2. Mai die Ernennung erhielt, war nun freilich nicht ohne Pflichten, nämlich zu den festgesetzten Arbeitsstunden in der Bibliothek zu erscheinen, d. h. die Hälfte des Jahres vom November bis zum Juni, mit Ausnahme Sonntags und Donnerstags, von 9—12 Morgens; und da der Weg von den Quattro Fontane zum Vatican eine Stunde betrug, so ergaben sich fünf Stunden, eine lästige Steuer auf die so kostbare römische Zeit. Die Verpflichtung war indeß nur, zur gehörigen Stunde da zu sein; — „nicht sowohl zu arbeiten, als mich auf meinen Posten zu sehen... Es sind unserer dreizehn, von welchen ein jeder etwas neues bringt, um einige Zeit zu plaudern"... Hier hörte er die gelehrten Neuig: keiten, „aber mit halben Ohren".... „Es ist Niemand, der mir das geringste befiehlt". Trotzdem, oder vielmehr wegen dessen seufzt er: „Ich verliere die edelste Zeit unwürdig". Er hätte nun zwar Gelegenheit gehabt zu sammeln, aber der Widerwille in Rom seine Tage mit Collationiren zu verlieren, war unüberwindlich.

Er harrte aus, weil man ihm die Anwartschaft auf ein Scrittorat versprach. Dann nämlich war er hinlänglich, auf seine Lebenszeit, versorgt. Denn „die päbstlichen Breven sind unverletzlich und heilig, und man kann kein durch sie erhaltenes Amt verlieren, ohne die größten und abscheulichsten Verbrechen begangen zu haben... Dann kann ich meine Tage in dem Lande der Menschlichkeit endigen, wie ich wünsche und hoffe, und tausche mit keinem Gelehrten in Teutschland, denn die Freiheit, die ich genieße, ist uneingeschränkt, und Niemand fragt mich was ich mache".

Das in Aussicht gestellte Scrittorat war das hebräische. Der Inhaber desselben war 74 Jahre alt (un vecchio malandato e scombussolato). Vielleicht nahm er zu diesem Zweck die hebräische Sprache wieder auf und begann das Studium des Arabischen mit dem Ritter Montagu; in Neapel finden wir ihn versenkt in des Maroniten Michael Cassiri Recension der arabischen Codices des Escurial (1760). Aber sonderbar! es stellte sich plötzlich heraus, daß dies Scrittorat bereits vergeben war.

Da er nun keine Lust empfand, in deutschen Sachen zu arbeiten, so verfiel man auf die Expectanz des griechischen Scrittorats. „Ich werde eine andere Person zu hieten suchen und hoffe einen päbstlichen Befehl zu erhalten zur Verfertigung der mangelnden Register der griechischen Manuskripte (es waren die der Königin Christine) und eines Generalregisters aller Codices dieser Sprache in den vier Bibliotheken der Vaticana. „Wenn dieses, (schreibt er Walther), wo ich von dem Obervorsteher der vaticanischen Bibliothek (Assemanni) vielen Widerstand finden werde, gelingen sollte, so wollen wir beide auch bald mit etwas griechischem ans Licht treten". Wirklich erhielt er in der heiligen Woche 1764, wo der Pabst die Vaticana zu besuchen pflegt, durch ein losbares Breve die Anwartschaft auf das griechische Scrittorat, und die Anweisung des völligen Gehalts von 16 Scudi monatlich.

Hier hatte er Collegen in den beiden griechischen Scrittoren oder Professoren, Franz Mariani und Bernazza, die „zur Noth einen Kirchenvater langsam buchstabiren konnten". Am meisten verstand Bernazza, ein Grieche aus Scio; diesen schlug er zu Collationen vor, z. B. Reiske für den Demosthenes; er kenne wenigstens die Sprachregeln, obwohl er den griechischen Redner gewiß nie gelesen habe; auch war er, seit er aufgehört hatte dürftig zu sein, sehr losbar geworden. „Er hat indeß ein scharfes Auge und arbeitet mit großer Redlichkeit".

Da nun der erste Custos Assemanni kein Griechisch verstand, so wäre es jetzt Winckelmanns Obliegenheit gewesen, den Catalog der griechischen Manuscripte zu machen, der auf den Assemannischen der Orientalia hätte folgen sollen. Aber daran, erklärte er am 16. Februar 1766, werde er im Ernst nicht einmal denken, nimmermehr sei ein Blatt jenes Catalogs zu hoffen. Der Hauptgrund sei die Eifersucht auf diese Schätze; man wollte sie nicht bekannt machen. Doch war einmal die Rede davon, Windelmann von Seiten des päbstlichen Hofs eine Vollmacht zum Ankauf von Manuscripten im Orient zu ertheilen, um jene Zeit, als Montagu durch Rom kam.

Als der Ruf nach Persin in Rom bekannt wurde, bot ihm der Pabst sogar die Anwartschaft auf den ersten erledigten Custodenposten an, also die erste und „ziemlich einträgliche" Stelle, nebst einer außerordentlichen Pension bis zur Erledigung. Aber selbst die Expectanz des Scrittorats hat Windelmann nie angetreten, und seit dem November 1766, als die deutschen Fürsten in Rom waren, entbond ihn der Cardinal auch von der Verpflichtung, Pladerei nennt er es, in der Bibliothek zu erscheinen. „Die Vaticana habe ich stillschweigend aufgegeben", schreibt er den 17. Februar 1767. Als der Erfolg der „Monumenti" seine Zukunft gesichert zu haben schien, erklärte er, „von den römischen Tropfenbelohnungen weiter nichts anzunehmen". Ohnehin bekam er aus der Vaticana „alles, ohne einen Schritt hineinzuthun".

§ 97.
Constantin Ruggieri.

Der Abend dieses glücklichen Jahres 1763, das unserm Freund eigentlich erst die römische civitas bescherrte, wurde durch ein erschütterndes Ereigniß verdüstert, den Verlust eines edlen Freundes. Das Leben des Abate Constantin Ruggieri zeigt uns die römischen Zustände von ihrer dunklen Seite; das Loos, welches dem uneigennützigen, weltfremden Gelehrten dort beschieden sein konnte. Geboren zu Sant' Arcangelo bei Rimini 1714 hatte er in Rom die Advocatur lernen sollen, aber sein Genius zog ihn zu den Alterthümern, heiligen und profanen, zu Diplomatik und Kirchenhistorie. Für den jungen Geschichtsforscher war damals zu Rom eine wahre Academie der Saal des berühmten Prälaten Justus Fontanini auf dem Pincio, wo denn auch der junge Constantin allabendlich von Trastevere aus hinpilgerte. Bald galt er für den ersten Kenner römischer Archive, er schrieb eine Anleitung zu ihrem Gebrauch; kein Cardinal, kein Letterato, kein Klostermann jeglichen Ordens, der nicht für dahin einschlägige Arbeiten seinen Rath, seine Hülfe gesucht hätte.

Der Cardinal Ottoboni übergab ihm die zweitausend Handschriften seines Oheims Alexander VII zu ordnen. Es ist die Bibliothek Marcell II, die dem Cardinal Sirletti vermacht, dann von Askanio Colonna gekauft wurde und durch Joh. Angelo Altemps auf die Ottoboni's überging. Ruggieri catalogisirte die griechischen Codices und besorgte später die Einverleibung dieser von Benedict XIV erworbenen „Ottoboniana" in die Vaticana. Dann wurde er Conservator der Bibliothek Imperiali, damals im Besitz des Neapler Principe di Francavilla, und da lernte er dessen Better Spinelli, den Präfecten der Propaganda kennen, der ihm die Aufsicht über die große Druckerei dieser Anstalt übergab. Ihre orientalische Abtheilung verdankt Ruggieri eine völlige Neugestaltung. Auch in diesem wichtigen Amt blieb er aber in völliger Armuth.*)

Seine besten Jahre gingen hin in Ausführung gelehrter Wünsche und Grillen des Pabstes und des Cardinals seines Patrons. Der Bolognesser Benedict XIV wollte eine Geschichte seines ehemaligen Bisthums, und trug sie dem Manne auf, der ihm als Amanuensis bei allen Ausfertigungen den archivalisch-historischen Apparat zu beschaffen hatte. Er entdeckte 1756 in den Diarien der Imperialischen Bibliothek, daß die Eintragung der Bulle Unigenitus als Glaubensregel in die Acten des Lateranconcils eine Fälschung sei, und der alte Pabst, erstaunt und aufgebracht (sonderbarer Schwärmer!) war um so geneigter, zur Beilegung des unseligen Streites die Hand zu bieten. Von dem Schatz der Anecdota, die er für sich gesammelt, profitirten, Dank seiner maßlosen Gefälligkeit, nur die Freunde. Der Druck seiner ersten, Ottoboni gewidmeten Dissertation aber den Bischof Hippolyt von Portus mußte unterbrochen werden, und die bis S. 80 abgezogenen Bogen wurden dem Feuerwerker der Engelsburg für die Girandola am Peters- und Paulsfest verkauft. So verlief sein Leben in „Frohn ohne Lohn"; nicht nur arm blieb er, sondern selbst ohne den eitlen Trost, einen „Namen" zu hinterlassen. In einer kurzen Correspondenz mit Muratori aber die Constantinsinschrift von Spello (wo er aus der Sprache beweisen will, daß sie gefälscht sei — mit Unrecht), bittet er den Probst von Modena, der sein critisches Urtheil bewundert hatte, ja seinen Namen zu verschweigen, weil in Rom schleichenden Feinden alles ein Vorwand werden könne (perchè si sta in Roma, dove pur troppo c'è chi va cercando, come si suol dire, pampini per attaccarsi. 21. Oct. 1733).

Zu Ruggieri's zahlreichen Freunden gehörte auch Windelmann. Ein Brief aus Florenz vom 3. October 1758 ist voll von Ausdrücken inniger Freundschaft und Verehrung; er nennt ihn den ersten Ehrenmann unter seinen Freunden.**) „Ein Mann, der sehr viel und mit großer Heftigkeit sprach. Meine Freundschaft gegen denselben war eine wahrhaftige starke

---

*) Als Gaetano Marini die Präfectur des vaticanischen Archivs erhielt, schrieb ihm ein Freund: E' vero che N. S. credeva di avervi fatto cardinale, ma gli è pub per avvenire, che Ruggieri con prefettura si ampia era potentissimo.

**) Non posso pensare a Roma senza un istinto simpatico verso il più gran galantuomo nel quale la mia buona sorte mi ha unito di voglia e di sentimenti.

§ 97. Constantin Ruggieri.

Passion, und ich glaube nicht, daß man mehr Freund sein kann, als ich es gewesen bin. Mein Geist war beständig um ihn. Herz und Sinn trugen mich zu ihm, und mein Geist eilte ihm entgegen, wenn ich ihn erblickte. Seine Freundschaft gegen mich war der meinigen ähnlich; und er redete von mir wie von einem außerordentlichen Menschen, und weil sein Wort von großem Gewicht war, habe ich ihm sehr viel meiner Achtung zu danken".

Ruggieri war sehr kurzsichtig, er trug den Kopf etwas auf die linke Schulter geneigt; wenn man ihm begegnete, so erschien er stets in der Haltung und mit der Miene tiefen Nachsinnens, die aber gleich aufglänzte, so bald er eine befreundete Stimme hörte. Wie viele Melancholiker war er, wenn Gesellschaft ihn aus seinem dunklen Element hervorzog, sehr aufgeräumt, gesprächig, scherzhaft und wahrhaftig; dabei aufbrausend, aber schnell zu begütigen.

Trotz seiner einflußreichen Gönner (wie Passionei, Tamburini, Orsi, Stoppani, Ganganelli, Migazzi) fehlte es dem selbstlosen Manne im fünfzigsten Jahre an den Mitteln zum sorgenfreien Leben. Der elende Lohn so vieler Mühen, die Zerrüttung seiner häuslichen Interessen, Zerwürfnisse mit Brüdern, Rivalitäten, Beleidigungen mächtiger Gegner, die ihn in den Verdacht des Jansenismus brachten, hatten schon lange an ihm genagt, als ihn der plötzliche Tod Spinelli's, auf den seine Hoffnung besserer Tage gebaut war, unheilbar erschütterte. Seitdem war er ein gebrochener Mann. Er verfiel dem Verfolgungswahn, sein Gedächtniß litt, er sah sich von finstern Gedanken wie von Dämonen überfallen, und vergeblich suchte er Schutz in der Religion. Von einer Erholungsreise nach Todi, Perugia, Assisi in Begleitung des Augustiners Antonio Giorgi kam er zurück abgezehrt und mit den Spuren tiefen Seelenleidens in Blicken, Geberden, Seufzern. Amaduzzi der den alten freundlichen Empfang fand, aber tödliche Schwäche und Spuren von Geistesverwirrung entdeckte, eilte sich mit den Freunden zu berathschlagen, da kam die Schreckensbotschaft, daß er in der Morgendämmerung des 11. November durch einen Pistolenschuß in den Hals seinem Leben ein Ende gemacht habe.*)

---

*) Tandem Romam versus iter denuo ingressus, incredibile est quam crebro, et quanta cum *** sepoctatissimi admiratione turbatos oculos, et gemitu gravidem in *** lum tolleret, alta suspiria ex imo pectore duceret, et pavidus interea, ac tremens forte ad avertendas mentis, quam staltescere praesentiebat, invitas tentationes, ac terriculamenta salutiferum crucis signum christiano more ingeminaret, quibus certissimis antiquae pietatis indiciis iter omne absolvit; donec Romam ad d. T]. Idus Novembris praedicti anni pertingit. Sequenti die, nulla iniecta mora, de ejus adventu commonefactus ipsum invisi, atque ab eo amplexu, osculis, ac caeteris amicitiae blanditiis exceptus sum. Verum ita me percullit et corporis macies, et animi jam evanidus ardor, quo plurimum antea praestiterat, ut mihi tum de omnimoda mentis alienatione, quin jam progredi corporet, tum de brevi ipsius interitu timor obrepuerit. Amaduzzi in der Raccolta Calogeriana 1770 S. 99. Un si onest' uomo non meritava di morire all' Inglese, schreibt Passeri an Olivieri den 22. November.

„Jetzt bekomme ich, schreibt Winckelmann den 12. Novbr., die betrübte Nachricht, daß einer meiner besten Freunde, die ich auf der Welt hatte und der beste in Rom, außerhalb (der Stadt) auf englische Weise mit einem Pistolenschuß aus dieser Welt gegangen… Er war bereits ehe er aus Rom ging, in die äußerste Melancholei gefallen, die ihn ganz verzehrt hatte. Diesen Verlust kann ich in Rom nimmermehr ersetzen". „Ich war ganz untröstlich", schreibt er später; und: „Ich lebe außer dem Cardinal ohne Freund, nachdem sich der einzige, den mein Herz in Rom hatte … erschossen."

§ 98.
Engländer.

Seit einem Jahre etwa hatte Winckelmann angefangen, Fremde als gelehrter Führer in Rom zu geleiten. Solche unentbehrliche und gut honorirte Dienste galten seit Jahrhunderten als selbstverständliches Geschäft der römischen Antiquare überhaupt und des apostolischen insbesondere; wer hätte sie sonst leisten sollen? Francesco Bianchini, Gori, vor allem Ficoroni waren in diesem Geschäft europaberühmt. Und wer konnte sich in Rom der Macht der Tradition entziehen! Das neue Amt, das er nobel machen wollte, zog ihn nur tiefer in das Ciceronenthum hinein; auf seinem jetzigen Standort fiel er jedem Fremden ins Auge, und wenn er mit den Empfehlungen auch noch so rücksichtslos verfuhr und seine Person noch so kostbar machte: unter so vielen stieß er noch immer auf Leute genug, denen er nicht ausweichen konnte, ja um die er sich beinahe bewarb.

Auch die längeren oder kürzeren Curse, in welchen die alten und neuen Curiositäten Roms nach Arrondissements abgegangen wurden, waren durch die Ueberlieferung festgestellt. An die ziemlich anstrengende Tagesfahrt knüpfte sich eine große Tafel im Albergo oder in dem gemietheten Palazzo, und da auch Tivoli und Albano im Programm standen, so waren solche Engagements sehr zeitraubend. —

Unter den Reisenden nahmen durch Zahl und Reichthum die Engländer den ersten Rang ein. Bei den Engländern von einer gewissen Stufe der gesellschaftlichen Scala an gehört die Reise nach Italien schon zu den Dingen, deren Auest de rigueur war. Viele blieben Jahre lang, einige ihr ganzes Leben in Rom. Sie standen mehr in Ansehen als irgend eine andere Nation und nicht bloß wegen ihrer Pfunde; — obwohl ihr Aeußeres dem Italiener ziemlich den Eindruck einer Caricatur machte. Clemens XIII bezeugte einmal, bei Gelegenheit eines von Engländern begangenen rohen Excesses, sein Erstaunen, wie wenig man sonst von dergleichen höre, trotz der Jugend der meisten, ihrer Entfernung vom Vaterland, und dem Fehlen jeder

§ 99. Engländer.

Aufsicht. Es erschien den Italienern, wenn sie an die üppischen und einheimischen Zerstreuungen seiner jungen Nobili dachten, achtbar, wie diese Fremden ihre Kunstschätze aufsuchten und durch methodische Gründlichkeit den Mangel an Geschmack und Empfindung zu ersetzen suchten; wie sie, so sehr sie sich für die klügste und mächtigste Nation der Welt hielten, ihrer Sprache und Sitte Aufmerksamkeit schenkten, Originale und Copien ihrer Kunst als edelsten Schmuck der Paläste mitführten, ja wie es ihnen zum Bedürfniß wurde, Eindrücke Italiens durch Nachbildungen zu einem beherrschenden Zug der Umgebung ihres künftigen Lebens zu machen, sich auf ihren Landsitzen ein Kleinitalien zu schaffen. Es gab auch bereits eine Colonie britischer Maler und Bildhauer in Rom, mäßige, fleißige Leute, die meist vom Copiren lebten und in der Regel ihre hundert Pfund jährlich verdienten.

Auch durch Windelmanns Briefe zieht sich eine Reihe vornehmer Engländer, denen er seine Worte für Guineenklang verkaufte. Er muß ihrem großartigen Unternehmungsgeist auch im Gebiet der archäologischen Entdeckung alle Anerkennung zollen, nicht minder ihrer Bereitwilligkeit auf den sich regenden reineren Geschmack thätig fördernd einzugehen. „Glauben Sie mir, dieses ist die einzige Nation welche weise ist... Was für arme elende Ritter sind insgemein unsere deutschen Reisenden dagegen!" Männer wie Sir Horace Mann in Florenz, Hamilton in Neapel, der dalmatische Adam, Henry, Jenkins, der „berüchtigte" Willes, der edle Hollis, (dessen gute Achtung für ihn ein Panegyricus sei) und so manche Erzoriginale, gehörten zu den erfreulichsten Abwechslungen in den zahlreichen römischen Personalerinnerungen. Und Windelmann hatte nichts von Anglomanie. Bei seiner Neigung für südliches Wesen machte ihn das phlegmatische Temperament, die hölzernen Manieren, der steife Ernst leicht ungeduldig, Steinkohlenseelen nennt er die gewöhnlichen Engländer und sucht von ihnen loszukommen. In einer Gesellschaft Britannier (darunter Lord Robert Spencer), wo er genöthigt ist mitzuessen, „lachte von allen Niemand drei ganzer Stunden"! Wie verschieden von der Art römischer Großen war die inhumane Sitte des Engländers, jeden den er bezahlt als Sclaven, als keines Affectionsverhältnisses würdig zu achten. „Ich vermeide diese inhospitable Nation wo ich kann ... in der Gesellschaft der Cherossini rede ich mit keinem Engländer". Die Schönheit der Engländerinnen sträubt er sich zuzugeben, die schöne Lady Spencer, die schönste unter denen, die er gesehen, finde viele ihresgleichen in Rom (November 1763). „Leben Sie fröhlich, wünscht er Stosch, wenn es möglich ist, unter einem verkehrten, närrischen Volk, und ohne Sonne, heiteren Himmel, seine Lust und gutes Wasser".

Am wenigsten wollte er gelten lassen, daß Engländer über Geschmackssachen mitreden könnten. Er fand unter ihnen Menschen, die in Beziehung

3*

auf den Schönheitssinn von der Natur geradezu übergangen schienen. „Ein junger Britte vom ersten Range gab im Wagen nicht einmal ein Zeichen des Lebens und seines Daseins, da ich ihm eine Rede hielt über die Schönheit des Apollo und anderer Statuen der ersten Classe." Er war gespannt darauf, ob sein Vorurtheil widerlegt werden würde durch die ihm als ein Meisterstück angepriesenen Elemente der Critik des Schotten Henry Home, die allerdings sogar Lessing übersetzen wollte. „Ich glaubte viel Neues zu finden, und fand einen kleinen metaphysischen Schwäher. Es ist auch ein Capitel von der Schönheit, welches ein Grönländer hätte schreiben können. Ich sehe, die Natur thut nicht mehr Wunder in England, als bei uns ... In die Kunst mische sich der Britte nicht; und wir werden auch nimmermehr, so wenig als unsere Nachkommen, erleben, daß die Kunst, wie sich einige Engländer schmeicheln, Italien verlassen und nach England gehen werde". (1. Januar 1763).*) —

Mit zwei sehr seltsamen traf er im Jahre 1762 zusammen. „Ich habe jetzt (schreibt er den 17. December 1762) mit einem Lord Baltimore, welcher Herr von ganz Maryland und Virginien ist und sich mir gleichsam aufgedrungen hatte, zu gehen... Es ist ein Mensch von etwa vierzig Jahren, welcher verheirathet gewesen mit einer Tochter der Duchess Bridgewater, von der er keine Kinder hat, wohl aber von andern Frauenzimmern, und eine führt er mit sich... eine schöne junge Engländerin... Er hat dreißigtausend Pfund Sterling jährliches Einkommen, die er nicht zu genießen weiß. — Mein Lord ist ein Original das eine Beschreibung verdient; es ist der außerordentlichste Engländer, den ich unter so vielen bisher kennen lernen. Er glaubt er habe zuviel Verstand, und Gott könnte ein Drittheil in Stärke verwandeln... Es ist einer von den bestialischen, unglücklichen Engländern, die alles in der Welt milde sind. Die Villa Borghese sahen wir in einer halben Viertelstunde, nichts als die Petersskirche und der vaticanische Apoll hat ihm gefallen". (Sharp der zwei Jahre später kam, erklärte den sterbenden Fechter für die ergreifendste von allen Statuen und Malereien Roms.) „Aus diesem Grunde geht er nach Constantinopel zu Lande, wo er einige Jahre, warum weiß er selbst nicht, bleiben will". Am 29. Januar heißt es dann: „Meinen Lord habe ich nach vierzehn Tagen sitzen lassen, weil er mir dermaßen unerträglich wurde, daß ich ihm meine Meinung sagte". Dieser Narr in Folio hatte sich, wie Lamberg erzählt, vorgenommen beständig zu

---

*) Aehnlich Voltaire: „C'est un effet admirable du progrès de l'esprit humain, qu' aujourd'hui il nous vienne d'Ecosse des règles de goût dans tous les arts, depuis le poème épique jusqu'au jardinage. L'esprit humain s'étend tous les jours, et nous ne devons pas désespérer de recevoir bientôt des poétiques et des rhétoriques des Iles Orcades". Home hatte Racine und den Garten von Versailles critisirt.

reifen, weil er nicht wiffen wollte, wo er begraben werden würde. Sechs Jahre fpäter tauchte er in Wien auf mit einem Harem von acht Frauen, in dem zwei Neger (corregidori) die Polizei machten. Mit Hülfe feines Arztes ftellte er Experimente darin an, indem er die fetten mit fauren Speifen, die mageren mit Milch und Fleifchbrühe fütterte. Als ihn der Polizeichef erfuchte anzugeben, welche von den acht Signoras feine Frau fei, erklärte er, „er fei Engländer, und wo man ihn über feine Ehe zur Rechenfchaft ziehe, pflege er, wenn er fich nicht boxen könne, fofort abzureifen".

Von gleichem Schlag fand Windelmann den Herzog von Roxburgh (Rosbury). Diefen fchildert uns Cafanova als den fchweigfamften Menfchen den er gekannt. Er war ihm als fehr unterrichtet, ja geiftreich und muthwillig gefchildert worden; „aber eine unüberwindliche Schüchternheit gab feiner Erfcheinung etwas unausfprechlich Albernes. Auf Bällen, in keinen Gefellfchaften, kurz überall beftand feine Höflichkeit in einem Haufen von Reverenzen. Wenn man das Wort an ihn richtete, fo antwortete er in gutem Franzöfifch, aber mit möglichft wenig Worten, und feine blöde Haltung zeigte deutlich, wie unbequem ihm alle Fragen waren. Eines Tags, als ich bei ihm aß, fragte ich ihn einiges über fein Vaterland, was mit ein paar Sätzen zu fagen war, er antwortete mir fehr gut, aber erröthend wie ein junges Mädchen, das zum erften mal in der Welt auftritt".

Am 5. März 1763 fchreibt er Walther als Grund des Auffchubs der neapelfchen Reife: „Ich wurde von drei englifchen Herren, dem Duke of Gordon, dem Lord Hope und dem Chevalier Steaphenfon erfucht jeden insbefondere in Rom zu führen, welches ich theils meines Nutzens wegen, theils weil es der Befehl S. Eminenz war, nicht ausfchlagen konnte. Ich werde auch nach Oftern zween anderen Lords eben hierin dienen müffen".

§ 99.
Montagu.

Der feltfamfte und extravagantefte felbft unter den Engländern war nach dem Urtheil der Zeitgenoffen der Ritter Charles Wortley Montagu (geb. 1713), der Sohn der bekannten Lady. Er erfchien im Sommer 1762 zu Rom auf feiner Durchreife nach dem Orient. „Er ift, fchreibt Windelmann, ein großer Gelehrter in Mathematik, Phyfik und fonderlich in morgenländifchen Sprachen, und gedenkt, aftronomifche, phyfikalifche, botanifche, gelehrte ꝛc. Entdeckungen zu machen. Es ift derfelbe in der Jugend mit feinem Vater, welcher Botfchafter an der Pforte war, lange (1716—19) in Conftantinopel gewefen, und der erfte Europäer (wie er fagt) an welchem die Einpfropfung der Blattern verfucht worden ... Voltaire redet von ihm in den Lettres sur les Anglois, sur l'Inoculation etc. … Er reist mit einer Dame, die seine Verwandte sein soll. Nichts hat mich mehr an ihm befremdet als die Fertigkeit, mit welcher er deutsch spricht. Er hat in Leipzig studirt. Vielleicht kommt mir der Thurm, mit ihm nach Aegypten zu gehen". Die Reise nach Griechenland und Asien war „beinahe beschlossen". Er lernt mit ihm arabisch und ist nahe daran, sich den Bart stehen zu lassen und einen Turban aufzusetzen; denn Montagu wollte nach Aegypten und durch Arabien gehen und trat bereits zu Rom in Part auf. Er gedachte sich sonderlich am rothen Meer ein ganzes Jahr aufzuhalten; die ganze Reise aber war auf zehn Jahre zugeschnitten. —

„Montagu, sagt Bianconi, hatte mit keinem Menschen Aehnlichkeit in der Bizarrerie seiner Ideen und Gewohnheiten, und eigentlich wollte er auch sich selbst nicht ähnlich sein, so besorgt war er, für einen Menschen wie andere gehalten zu werden. Mit den seltensten Gaben verband er die lächerlichsten Vorstellungen; mit dem logischsten Kopf vertrug sich absolute Inconsequenz, neben den umfassendsten Kenntnissen und überraschender Gelehrsamkeit zeigte er sich in tausend Fällen unbekannt mit den gemeinsten gesellschaftlichen Bräuchen und dem gewöhnlichen Lauf der Dinge. Zuweilen machte er Halt in seinen Ungereimtheiten; des Glanzes seiner Geburt sich erinnernd, nahm er einen Ton von Würde an, der wirklich imponirte; aber gar bald machte ihm der Respect seiner Untergebenen und die Freundschaft von seines gleichen Langeweile, dann trieb es ihn herabzusteigen und vermischt mit dem untersten Pöbel zu leben".

Schon in den Knabenjahren meldete sich dieser Drang in die niederen Classen einzutauchen; aber eine gewisse Zeit war es ihm nicht möglich, in seiner socialen Sphäre auszuhalten. Er entfloh der Westminsterschule und gab eine Gastrolle als Straßenlehrerjunge; dann als Fischerbube; dann lief er einem Schiffscapitän, einem Quäker zu, mit dem er nach Oporto fuhr, desertirte aber und lebte einige Jahre als Maulthiertreiberjunge in Portugal, bis ihn ein Zufall entdeckte. Die Familie, auf sein unruhiges Wesen eingehend, sandte ihn auf Reisen, nach Westindien. Zugleich aber meldete sich ein unbegrenzter Wissenstrieb, und überall mit glänzendem Erfolg, besonders in alten Sprachen. Bei seiner Rückkehr nach England schien er so vernünftig geworden, daß man ihn ins Parlament wählte, und hier soll er gezeigt haben, daß auch ein Geschäftsmann, ein Patriot und Redner in ihm stecke. Man stellte ihm eine große Zukunft in Aussicht, sprach von einer glänzenden Partie, als die Kunde erscholl, er habe eine Wäscherin geheirathet, von der er, als sie ihn zu langweilen anfing, nicht anders loskommen konnte, als indem er sich von Haus und Vaterland für immer verbannte. Der Vater († 1761) enterbte ihn zu Gunsten seiner Schwester, der Lady Bute, er erhielt jedoch tausend Pfund Jahrgehalt, und nach dem Tod der Mutter zweitausend.

Es giebt keine Rolle auf der Lebensbühne, die er nicht probirt hätte. Auf dem Continent versuchte er den Herrendienst, in Feld und Cabinet, unter den Herzögen von Cumberland und Braunschweig; dann ruhte er sich aus in den vorrigsten Studien. „In Deutschland, schrieb er Lami, habe ich meine Lehrjahre in der Cavallerie durchgemacht, in der Schweiz und in Holland das Feld bestellt. Ich schämte mich nicht Postillon und Fuhrmann zu werden; ich versuchte in Paris das lächerliche Metier des petit-maître, ich wandelte zu Rom in Pfäffchen und verkündigte zu Hamburg Gottes Wort in der großen Halskrause. So habe ich nach und nach alle Rollen versucht, die Fielding in seinem Julian gezeichnet. Mein Loos war das einer Guinee, bald zwischen den Fingern einer Königin, bald im Sack eines schmierigen Hebräers".

Als sich in Folge von Warburton's, des bekannten Apologeten, Berufung auf die sinaitischen Inschriften eine Controverse entspann, beschloß Montagu, an Ort und Stelle, durch Copie und Erklärung der Inschriften diese Angelegenheit zum Abschluß zu bringen. Auf der Hinreise war es, wo Windelmann ihn, und zwar sehr genau kennen lernte. Er schrieb ihm auch, zuerst von Aleppo, und diese Briefe wurden zu Paris gedruckt. Zwei Jahre währte die Reise von Alexandrien über Cairo nach dem Sinai; in Palästina hat er Ausgrabungen veranlaßt und der Gesellschaft der Alterthümer Münzen geschickt. Aber die Inschriften schienen ihm nicht zu entziffern, oder doch die Mühe der Entzifferung nicht zu verlohnen.

Dagegen war es ihm beschieden, in anderer Weise die Welt von sich reden zu machen. Montagu pflegte sich, seinem Bedürfniß steten Wechsels entsprechend, überall, wo er weilte, mit einer Tochter des Landes zu verheirathen; so hatte er eine Spanierin, zwei Griechinnen besessen. Er war ein Mustergatte, aber nur bis zum Tag der Abreise, dann ließ er sie ohne alle Cerimonien sitzen. Also ähnlich wie Heinrich VIII, nur daß Montagu nicht so gewissenhaft war, die früheren Frauen köpfen zu lassen. In Alexandrien im Haus des dänischen Consuls, machte er bald die Entdeckung, daß in dessen schöner Gemahlin die ihm für diese Reise bestimmte Frau gefunden sei. „Er schickte diesen nach Holland, oder besser zu reden, er vermochte ihn, dahin zu gehen, unter dem Vorwand, des Montagu Sachen dort in Ordnung zu bringen, in Summa, unter einem erdichteten Vorwand. Einige Monate nach dessen Abreise zeigt Montagu einen Brief vor mit der Nachricht von des Consuls Absterben, heirathet dessen Frau in der dort üblichen Form und fährt sie auf seinen Reisen durch Syrien mit sich. Jetzt hat der dänische Resident zu Constantinopel Nachricht erhalten, daß der

Conful frisch und gesund zu Tegel in Holland sei; und Montagu wird auch in türkischen Ländern nicht sicher sein". Es hieß sogar, er sei gespießt worden wegen seiner schändlichen That.

Er erschien jedoch im Herbst 1765 wohl und gesund zu Pisa. „Er ist zu Jerusalem aber dem heiligen Grabe katholisch geworden, und hat hier, wo nichts seltener als Geld ist, vom Pabst eine Pension von tausend Scudi monatlich verlangt, worüber man billig lachen müssen".

Aber es zog ihn mächtig nach dem Osten zurück. Schon hatte er manche morgenländische Sitten angenommen und einen arabischen Begleiter mitgebracht. Im Frühjahr 1769 reiste er durch Macedonien nach Constantinopel, erhielt eine Audienz beim Sultan und kam nach Jahren als orthodoxer Muselmann nach Venedig zurück. Hier lebte er in tiefer Eingezogenheit, in gewissenhafter Nachahmung türkischer Sitten und Beobachtung moslemischer Bräuche, bis auf die kalten Waschungen vor Sonnenaufgang und die Gebete nach Osten. Hamilton und Moore gelang es in seine Clause vorzudringen; er empfing sie oben an der Treppe und führte sie durch mehrere auf venezianische Weise möblirte Zimmer zu einem inneren Gemach in ganz anderem Stil. Hier gab es keine Stühle, die Gäste nahmen auf einem Sopha Platz, er selbst ließ sich mit gekreuzten Beinen auf einen Kissen am Boden nieder. Ein junger Neger saß ihm zur Seite, ein würdiger Greis mit langem Bart reichte den Caffee. Dann wurden aromatische Harze in einem Silberpfännchen verbrannt, er sog den Duft mit Wollust ein und rieb ihn mit der Hand in seinen Bart. In seinen Reden und Manieren fand Moore eine Mischung französischer Lebhaftigkeit und türkischer Gravität, er sprach seltsam fesselnd. Vom türkischen Wesen war er ganz eingenommen, er pries ihre Redlichkeit, Gastfreundschaft, ihren Edelmuth, ihr Glück und vor allem die vernünftige Stellung der Weiber in der Gesellschaft. — Montagu starb zu Padua, wo er im Kloster der Augustinereremiten begraben liegt, am 30. April 1776.

§ 100.

Franzosen; Watelet.

Unter den Nationen, die in Rom ihre Colonie unterhielten und alljährlich ihre Pilger schickten, betrachtete Winckelmann die Franzosen anfangs mit dem wenigsten Wohlgefallen. Dieß rührte noch aus Churfachsen her. Er bediente sich der damaligen Hofsprache mit wenig Sicherheit, und sah sich dadurch vielfach gehemmt, zurückgesetzt gegen windige Glücksritter. Er gedenkt mit Bitterkeit der „deutschen Prinzen, denen übel wird, wenn sie nur deutsch reden hören", der deutschen Höfe, „wo ein französischer Harlekin mehr als ein wahrer Deutscher gilt". Alle Nationalitäten erscheinen in der Fremde nicht zu ihrem Vortheil, besonders wenn sie glauben ihren Rang nie genug bemerklich machen zu können, statt sich Mühe zu geben, fremde Zustände verstehen zu lernen. Goldoni war erstaunt, in Paris keine von den lächerlichen Figuren wiederzufinden, die ihm aus seinem Vaterland im Gedächtniß waren. Der Franzose erschien in Rom, zwischen solcher Vergangenheit, und selbst neben dem Italiener, ungleich deplacirter als in deutschen Residenzen, wo er wirklich eine Zeit lang, wie er sich schmeichelte, als civilisirende Potenz auftrat. Dem Italiener mißfiel das gallische Hacken ener, der Mangel an Ruhe (flemma), ihr unbesonnenes Gebahren, dreist bei Frauen, verwegen bei Männern, ihre gesellschaftlich unerträgliche Sucht, überall die Herren zu spielen, das Wort zu führen, alles an Paris zu messen, ihre Keckheit über alles abzuurtheilen. Palombe hatte aus einer viermonatlichen italienischen Reise acht Bände gemacht, worin er Künste, Politik, Sitten, Verwaltung, Geographie und Naturgeschichte ergründete: „Il n' y a qu' un Français à qui Dieu puisse accorder de ces faveurs-là". Gleichwohl war die französische Bildung in wachsender Ausbreitung begriffen. Das epochemachende Werk Beccaria's (1765) war das erste auffallende Beispiel ganz französischen Stils mit italienischen Worten, wie es schon längst englische Musterschriftsteller gab, die französisch mit englischen Vokabeln schrieben.

Die französische Academie, fast ein Jahrhundert (1666) alt, hatte im Palast Mancini ihren Sitz. Die Eleven wohnten im Entresol, der Director Charles Natoire aus Nismes in der zweiten Etage, die erste war für die Feste und Ceremonien des Gesandten bestimmt. Die Malerei wurde gelehrt nach dem System der de Piles und Felibien, dessen Kräftigkeit durch Anschauung italienischen Stils und italienischer Execution sich bewähren sollte. Die ehrgeizigen jungen Männer, erzählt der Maler Füßli, die wußten daß diese Regeln zu Hause allein zu Erfolg führten, nahmen sie unbesehen an, so verschieden ihre persönlichen Neigungen sein mochten; daher jene Gleichförmigkeit, die der Mittelmäßigkeit so nahe steht. Nach einer entzückten, begierigen Schau der Wunder Roms machten sie alle denselben Cursus durch: sechs Monate Vatican, gleich getheilt zwischen Michelangelo's Fierté und der correcten Grazie Raphaels, sechs Monate zwischen den academischen Tugenden Hannibal Carracci's und der Reinheit der Antike, für deren Studium eine reiche Gypssammlung bestimmt war.

Im August 1756 setzte sich die Academie kein Ruhmesdenkmal in der Nationalkirche S. Luigi de' Francesi, deren Inneres vor kurzem durch Anton Derizet mit prächtiger Marmorbekleidung erneut worden war. Das Tafelbild, die Apotheose des heiligen Ludwig, war nach Natoire's Carton von dem römischen Freskomaler Anton Bicchierai ausgeführt worden. Ueber dieses

Bild war nur eine Stimme. Die schlechte Zeichnung, erklärte Mengs, übersteigt alle Begriffe, Proportionen sind nicht vorhanden, ebensowenig Perspective, die Farbe ist hart und fleckig, die Gewandung ohne Bestimmtheit und Durcharbeitung. Der Heilige steht in voller Rüstung vor dem Heiland! Endlich schnitt eine Linie von Figuren die Composition quer entzwei. — Welcher kaum faßbare Grad beschränkter Suffisance gehörte dazu, dieses flaue Machwerk in einer großen römischen Kirche aufzustellen! Der unterste römische Maler, sagte man, von denen welche mitzählen, hätte es besser gemacht.

Dieses Armuthszeugniß im Können paßte nun vortrefflich zu den Ansprüchen, als deren Organ kürzlich der Marquis d'Argens aufgetreten war. In seinen Réflexions critiques sur les différentes écoles de peinture war zum erstenmale der Primat angefochten worden, den die Italiener und alle Welt bisher für unanstaßbar gehalten hatten. Aber da man mit so vielen préjugés aufräumte, sollte man nicht auch die italienischen Maler einmal um ihre Legitimation fragen? d'Argens' flüssige Feder gab sich gern dazu her, den Pariser Malern diese Höflichkeit zu erweisen; er brauchte nichts dazu, als de Piles und d'Argenville's Abrégé zu durchblättern. Es werde dem Teufel leichter, spottete er, Gott und seine Heiligen zu preisen, als einem Italiener, einen Franzosen zu loben, und doch hätten jene heutzutage kaum einen Maler und Bildhauer selbst vom Rang der Mittelmäßigkeit. Er vergleicht nun die Franzosen mit den großen Italienern, in achtzehn Parallelen, in denen immer der Franzose gewinnt. Raphael und Lesueur, Tizian und Blanchard, Correggio und Mignard, Rubens und Lemoine, Rembrandt und Le Trose père. Le Brun's Zeichenmanier sei so groß und correct wie die Michelangelo's, aber weniger übertrieben, gleichmäßiger und graziöser.

Diese alberne Spielerei, sollte man meinen, sei nur zum Lachen gewesen; aber die Italiener waren sehr aufgebracht und die Academie von S. Luca wollte etwas geschrieben haben, fand aber Niemand als den alten schwachen Ridolfino Venuti (1755). Die einzige richtige Antwort wäre gewesen, beider Sachen nebeneinanderzuhängen; was, wie Venuti bemerkte, selbst die Generalpächter in Paris ebenso wie der stolze Duc de Tallard sich wohl hüteten. Wie könne man so unwissend sein, achtzehn Maler, die alle ein und dieselbe französische Manier haben, mit Meistern ganz verschiedener Stile wie jene Italiener zu vergleichen! Wenn die Franzosen sich auf ihr Colorit beriefen, so erklärte Venuti, ohne Zeichnung, Disposition und Zauber des Accords komme ihm das Colorit vor wie ein prachtvolles Sattelzeug auf dem Rücken eines Esels. „Des Abbé Venuti Widerlegung (risposta) des d'Argens, schreibt Winckelmann an Hagedorn, ist ein elender Wisch; hier in Rom aber wird viel daraus gemacht. So groß ist hier die Unwissenheit".

Nun aber erschienen in dem Palast Moncini nicht bloß die preisgekrönten

§ 100. Franzosen; Batelet.

Sklaven, sondern alle Vagabunden, Ausgewiesene begehrten unter Berufung auf die Landsmannschaft ein Asyl.

Was kann den, welchem Pietät, Sinn für Eigenthümliches, Begeisterung für den einzigen Weg gilt zum Heiligthume der Kunst, verletzender berühren, als beschränkter bornirter Dünkel, freche, künstlich aufgeschraubte Tadelsucht! ein Pavian, der Raphael langweilig findet und Michelangelo bespöttelt! „Einer gewissen Nation ist Rom gar unerträglich. Ein Franzose ist unverbesserlich: das Alterthum und er widersprechen einander ... Ihre Academie ist eine Gesellschaft von Narren, und ein junger Römer machte ein Wappen für dieselbe, nämlich zwei Esel, welche sich tragen, weil den Eseln alles gefällt.. Alle Franzosen sind hier lächerlich, als eine elende Nation, und ich kann mich rühmen (1750), daß ich mit keiner von der verachtungswürdigsten Art zweifüßiger Creaturen eine Gemeinschaft habe... Die Nation ist gar nicht gemacht, etwas Ernsthaftes zu treiben... Ein Franzos, sowie die Nation jetzt ist, ist ungeschickt ein großer Künstler, ein gründlicher Gelehrter zu werden: ja kein Franzose kann eine andere Sprache, ohne Lachen zu erwecken, reden lernen..... Ihre nervi optici, mit den Gehörnerven, müssen eine zähere Bekleidung, als wir, haben... Sie verstehen nur die Kindereien von Höflichkeiten, nicht aber das Wesentliche, welches der Italiener besser weiß... Keiner kann ein ehrlicher Mann sein... Unter anderen Dingen, für die ich Gott preise, ist auch dieses, daß ich ein Deutscher und kein Franzose bin."

Dergleichen ließ er sogar drucken. Nachdem er in der Abhandlung von der Grazie Bernini abgethan, fährt er fort, „Von Rom kannst du, mein Leser, sicher auf andere Länder schließen.... Ein gepriesener Pagel, Girardon und wie die Meister in ong heißen, sind nicht besser. Was der beste Zeichner in Frankreich kann (Boucharbon), zeigt eine Minerva in einem Kupferstiche zu Anfang der geschnittenen Steine von Mariette". Nachdem er die schmachtende Venus des Pigalle in Potsdam verhöhnt hat, fragt er: Sollte man glauben, daß ein solcher Mann in Rom einige Jahre unterhalten wurde, das Alterthum nachzuahmen? —

Auch einen seit kurzem bekannten und beliebten französischen Kunstschriftsteller hatte Windelmann gelegentlich modernen Mißverständnisses der Antike als Prügelknaben herausgegriffen, Batelet, einen „Scribenten, welcher gebunden und ungebunden über die Malerei singt und spricht"; was er schwerlich gethan haben würde, wenn er diesen Mann persönlich gekannt hätte.

Claude-Henri de Batelet (1718 † 85) war der Sohn eines Generalpächters, der er mit 22 Jahren beerbte. Der junge Mann sah in seinem Vermögen nur das Mittel zur Ausführung eines Plans, der ihm vor drei Jahren in der ewigen Stadt aufgegangen war, dem er fünfzig Jahre treu blieb, und dem er, wie der Verfasser seiner Lebensskizze sagt, ein genußreich seines Leben verdankt (une vie voluptueusement innocente). Betrachten, Studium, Genießen der Kunstwerke, Förderung junger Talente, das war der Inhalt seines langen Lebens. Er lernte zeichnen, ätzen, bossiren, meißeln, weil ohne Praxis auch der unterrichtetste Liebhaber kaum soviel wisse, als ein mittelmäßiger Artist. Er erwarb sich einen allseitigen Geschmack, er liebte alle Künste, er zog Schriftsteller und Künstler an sich heran, er war selbst beides, nicht mit dem glänzenden Erfolg, der den Neid herausfordert, sondern mit jenem Halbtalent, das Nachsicht heischt, ohne Aufsehen und Stürme Achtung erwirbt, und auch ohne den Ruhm, die Mußestunden einer bescheidenen Häuslichkeit, eines wohlwollenden Freundeskreises ausheitert. Etre chéri, sagte er, vaut mieux qu'être vanté. Dieser Kreis sammelte sich in dem reizenden englischen Garten von Moulin Joli am Seineufer, den eine befreundete Dame nach seinem Plan — er war Verfasser eines Versuchs über Gärten — angelegt hatte.

Das Lehrgedicht L'art de peindre sollte zugleich den Kenner, den Künstler, den Denker und den Dichter zeigen. Lange hielt er es im Portefeuille zurück, las es in Privatkreisen, in der Malercabinet, ehe er es in einer prächtigen Quartausgabe (1760), und dann in einer niedlichen, wohlfeilen veröffentlichte. Was er lehrte, war zwar weder neu gedacht, noch originell und hinreißend gesagt; es war einer der letzten mattesten Nachklänge einer ausgelebten Kunstweisheit — „erlesene Farben und ausgebreitete Garben" — aber er meinte es mit der Kunst so gut, die Verse gingen glatt ein in pariser Ohren, und es ist so bequem, bekanntes noch einmal in neuen Reimen vorgesungen zu bekommen. Faciandi fand selbst Rom seines Lebens voll; der Genuese Pomellin machte eine Uebersetzung in italienischen Versen, welche nach dem Gehör der Florentiner noch besser waren als die französischen. Watelet schrieb auch Anmerkungen dazu, ebenso Artikel für die Encyclopädie; er erhielt zum Lohne Mirabeau's Stuhl in der Academie.

Winckelmann aber hatte sich ihn ausgewählt, als Autor der Gegenwart, um an seinen Irrthümern zu zeigen, wie sehr die Alten übertriebene Characteristik mieden, wie sie nie dem Character die Schönheit, eher die Schönheit dem Character opferten. Watelet hatte z. B. den Faunen „eine schwere und unbehende Proportion, große Köpfe, kurze Hälse, hohe Schultern, kleine und enge Brust, dicke Schenkel und Knie, und ungestalte Füße" zugeschrieben; am Mars sollte das geringste Fäserchen die Stärke, die Kühnheit und das Feuer, welches ihn erregt, ausdrücken; und die Helden sollten hervorstechen durch „vom Fleisch abgefallene Glieder, dürre Beine, einen kleinen Kopf, kleine Hüften, einen kleinen Bauch, kleinliche Füße und eine hohe Fußsohle". Solchem wunderlichen Nonsense gegenüber war es allerdings schwer, satiram non scribere. „Woher in der Welt sind ihm diese Erscheinungen kommen!"

§ 100. Franzosen; Basler.

Hätte er doch schreiben mögen was er besser verstanden! Ist es möglich, sich so niedrige und falsche Begriffe von Künstlern des Alterthums zu machen! Dieses ist eine Ketzerei in der Kunst, die sich zuerst in dem Gehirn des Verfassers erzeugt hat".

Der alles dieß verbrochen, erschien zu Neujahr 1764 plötzlich in eigner Person an der Spitze einer Pariser Reisegesellschaft in Rom. Er brachte Briefe mit von Barthélemy und Caylus in Paris, Paciaudi in Parma. Der einzige Franzose stand vor ihm (wie er selbst gestand), „qui personellement ait lieu de se plaindre de moi". Er wußte damals übrigens noch nichts von seiner Ablenkung in dem soeben erschienenen deutschen Buche. Ihn begleitete seine Freundin und Schülerin Marguérite le Comte, die Frau eines Gerichtsprocurators, die Windelmann „als eine große Kennerin gerühmt worden", und die ein Porträt des Cardinal Albani radirte; — und der Abbé Lepelle, Lector der Sorbonne und Großvicar, Batelets früherer Lehrer. „Morgen, schreibt er (5. Januar) werde ich anfangen, denselben an einige Orte hinzuführen. — Es ist ein Mann nahe an fünfzig Jahren, reich und liebenswürdig".

Zu diesen Franzosen gesellt sich alsbald ein deutscher Verehrer — Allemands grands admirateurs — in dem Innsbrucker Landschafter Franz Edmund Weirotter (1730 † 71), später Professor zu Wien, damals (nach Füßli) „ein kleines, artiges, à la française aufgestutztes Männchen, das nicht eigentlich wußte, ob er Johann Windelmann, oder Batelet, und besonders Madame Comte mehr vergöttern sollte". Dieser flotte Tyroler war vor vier Jahren mit leerem Beutel und Kopf, und ohne Französisch nach Paris gekommen; jetzt hatte er schon ein hübsches Oeuvre von hundert Kupfern aufzuweisen. Dieß alles war ein Werk Wille's, der sein Talent erkannte und ihn zum Landschaftzeichnen anleitete. Wille rühmt selbst seine äußerst geistreiche Manier; er taufte ihm Zeichnungen und sogar sechs Platten ab, die er herausgab unter dem Titel Vues de la Seine und Boucher widmete. Beim Abschied hatte Weirotter ihm unter strömenden Thränen gedankt, vier Jahre sei er ihm ein Vater gewesen.*) Besseren Empfang konnte man bei Windelmann nicht finden, als wenn man mit Grüßen und Kupferstichen von Wille kam. „Ihre drei bewundernswerthen Blätter (im Salon 1763 hatte Wille die Liseuse nach Terburg und den Joueur d'instrumens ausgestellt, das dritte war vielleicht die Dévideuse) erregten natürlich den Wunsch in mir, alle Ihre Werke zu besitzen. Ich werde sie über meinem Schreibtisch aufhängen, um sie als Schöpfungen meines Freundes immer vor Augen zu haben".

---

*) Il est poli, bemerkt Wille, vif, souple en toute occasion, mais on l'accuse de n'être pas en toute occasion des plus sincères.

Bisher kannte er nur Porträts von Wille; aber das des Prinzen von Wales hatte er geäußert: „Ich bin erstaunt, daß menschliche Kunst so weit geht". Er hatte sich lange nach ein paar Kupfern von seiner Arbeit gesehnt. Als Daul sendet er Wille die Kunstgeschichte, „Erz für Gold". Wille ist „ein Mann, welcher der Kunst und dem deutschen Namen Ehre macht". Wille und Mengs seien den Deutschen das was Leibniz war. Er beklagt sich aber, daß der Ueberbringer „im ersten Monat keinen großen Werth auf seine Freundschaft zu legen geschienen, vielleicht nach dem Beispiel der jungen Franzosen, obwohl er ihm bei verschiedenen Gelegenheiten seinen guten Willen und seine Achtung bewiesen, ihm auch nützlich gewesen sei". Er machte Windelmann ein Geschenk eigener Arbeit, radirte Landschaften, welche dieser „zu den besten in dieser Art" rechnete: „dieser junge Künstler werde seinem Vaterlande Ehre machen". Weirotter hat indeß nur Zeichnungen und über zweihundert Radirungen hinterlassen.

Windelmann scheint sich nicht mehr genau erinnert zu haben, in welchen Ausdrücken er Watelet über Helden und Faunen belehrt hatte. Von einem Poeten und Franzosen dazu hätte er sonst nicht hoffen können, daß sie ihm verziehen werden würden. Sein erster Gedanke beim Erscheinen des reichen, feinen Monsù war vielmehr, ihm auch mündlich „anzuzeigen, wo er sich in seinem beliebten Fache vergangen". Watelet war ein sanfter, gütiger, redlicher Mann; angeborne Kränklichkeit erleichterte ihm die Tugenden der Friedfertigkeit und Bescheidenheit. Er übte jene Höflichkeit, „welche fremde Selbstliebe mit der eignen stets auf dem Friedensfuß zu erhalten weiß"; man lobte ihn, daß er nicht nur zu reden, sondern auch anzuhören verstehe. Windelmann selbst fand nichts an ihm von der fatalen Rechthaberei der academischen Gelbschnäbel, die stets über alles mögliche eine fertige Meinung haben, aber ohne sich je zu Gründen herabzulassen; er schien ihm von jenem bollore durch die Jahre geheilt zu sein.

Er führte die kleine gewählte Gesellschaft seit dem 5. Januar an einigen Orten, auch in der Villa. „Ich brachte ihn in tiefes Nachdenken (er sagt auch, m'avvidi della confusione), da ich ihm die Eigenschaften der Faune in der Villa Albani zeigte". Ihm aber den Werth kines Poems die Augen zu öffnen, schien ihm nicht unmöglich, aber schwer, considerato active et passive. Allerdings sei er nicht bloß ein Liebhaber, sondern ein Kenner; er nennt das blasse Gedicht sogar schön, wenn auch etwas zu allgemein gehalten, natürlich abgesehen von den antiquarischen Schnitzern (qualche errore au poco massiccio). Er bereute, daß er gerade diesen „liebenswürdigen Mann" es entgelten lassen, wenn ihn die Tollheit der Deutschen, alles

§ 100. Franzosen; Watelet.

französische Gemengsel brühwarm wie es zu ihnen kommt, zu überseßen, aufgebracht habe, sich in etwas harten Ausdrücken zu fassen, indeß vertrage sich ja das Lob der Person mit dem Tadel des Werks. „Ich habe es suchen gut zu machen durch unendliche Höflichkeiten, welche ihm durch mich von meinem Herrn erwiesen sind". Wie zeitgemäß diese Härte war, bewies das Erscheinen einer deutschen Uebersetzung Watelets in demselben Jahre, von Lehninger, dem Verfasser des unter dem Titel Abrégé bekannten Catalogs der dresdener Gallerie. Ein Brief von Mengs beruhigte ihn, er ist ihm „ein Evangelium, eine Sprache des delphischen Dreifußes, ein Schild in seiner gerechten Critik". Noch ganz anders verfuhr Diderot mit seinem Landsmann; frostig, kraftlos, farblos, ungeschickt nennt er das Gedicht; „man lernt nichts, behält nichts, kann nichts citiren; kein Gedanke, keine practische Vorschrift, keine Beispiele, nichts, gar nichts. Wenn dieß Poem mein wäre, ich würde alle Vignetten herausschneiden, hinter Glas machen und das übrige ins Feuer werfen". In diesem Kreise urtheilte man sehr herbe über die französische Malerei der Gegenwart. Ils n'ont ni esprit, ni élévation, ni chaleur, ni imagination (1759), im Colorit sei die französische Schule fast stets schwach und falsch gewesen.

Schon früher war Winckelmann gewahr geworden, daß es noch Franzosen anderen Schlags gebe als die sich am Tiber eingenistet hatten. Fast wider seinen Willen machte er eine Reihe von Bekanntschaften, die wie ausgewählt schienen, jenes Vorurtheil zu entkräften. In Barthélemy, Caylus, Mariette lernte er gleichstrebende Freunde von Kunst und Alterthum kennen, und was mehr war, gelehrige Leser, lobende Beurtheiler, ja Ueberseßer seiner Schriften. Es entstand ein Briefwechsel, „welcher mir lieb ist, ungeachtet ich die Nation nicht liebe" (27. März 1761). Seit dieser Zeit verstummen die Ausbrüche der Franzosenfresserei. Bald zählte er Franzosen zu seinen Freunden — Clérisseau, Desmarest. Paris tritt nun in eine ganz andere Beleuchtung. Nun ist es ihm nicht mehr gleichgültig, als er vom Haß der dortigen Artisten gegen ihn hört, weil er Pigalle und den älteren Adam (den Hersteller der Familie des Lycomedes) hart angegriffen habe. Er muß zugeben, daß er mit die dankbarsten, empfänglichsten Leser in Frankreich findet. Schon bei seinen Lebzeiten fingen ja die Franzosen an, à la grecque zu künsteln. Wie bald hatte sich die Physionomie der Malerei verwandelt! An die Stelle des sybaritischen Olymps Ludwigs XV trat eine gallo-römische Welt, wo nicht nur die rosigen Amoretten und üppigen Nymphen Boucher's, Lancret's, sondern auch die in den reineren Luftschichten wohnenden Grazien der Malerei gründlich ausgeräuchert waren. — Zu der Zeit als der Herzog von La Rochefoucauld von einer Expedition nach Griechenland auf Kosten des französischen Hofes sprach, die Winckelmann leiten sollte, war es schon so weit gekommen, daß er sich entschloß, die neue Ausgabe der Kunstgeschichte in französischer Sprache erscheinen zu lassen.

§ 101.
Die Schweizer.

Durch die zehn letzten römischen Jahre zieht sich ohne Unterbrechung der Verkehr mit den Zürchern, zuletzt waren es deren fünfe, theils in Briefen, theils in einer Reihe von Besuchen. Sonderbar, aus weiter Ferne knüpfen sich die innigsten Beziehungen zu einem Kreise, der ihm jenseits der Alpen ganz fremd gewesen war, und dieser Kreis ist bestimmt, ihm nun, im welschen Lande, den Verkehr mit dem Vaterland fast allein zu repräsentiren, oder zu ersetzen. Der briefliche Verkehr mit den ihm sonst viel näher liegenden sächsischen und preußischen Kreisen ging wenig über ein gelegentliches Auffrischen alter Erinnerungen hinaus; alte Kohlen, von denen man bisweilen die Asche abbläst; hier haben wir Affectionsverhältnisse jener Art, aus denen man periodisch seine geistige Nahrung zieht. Der Egoismus könnte diesen Verkehr von Winckelmanns Seite für ein Geben ohne Aequivalent des Empfangens halten; aber sein Gemüth bedurfte der Erregung durch zahlreiche Beziehungen dieser Art, und die Vertheilung der Affection an viele Objecte schwächte nicht ihre Wärme. Man hat übrigens nicht ohne Grund bemerkt, daß die Persönlichkeit dieser Männer gewöhnlich bedeutender war, als ihre schriftstellerischen Erzeugnisse.

Auch in der Schweiz, wenigstens in der protestantischen, wo bisher nur französische Sprache und Bildung geherrscht, hatte sich seit dem Anfang des Jahrhunderts, in Auflehnung gegen französische Unbilden, Anmaßungen und Religionsverfolgungen, ein freier, patriotischer Geist zu regen begonnen; in literarischen Vereinen, deutschen Gesellschaften fand er ein Organ, und im Lesen der Engländer und der Alten suchten die sehr kümmerlich beginnenden belletristischen Bestrebungen einen Anhalt. Der freimüthige, vaterlandsliebende, antifranzösische mit Anspielungen auf Antikes gefärbte Ton in den Briefen dieser Schweizer berührte Winckelmann ungemein sympathisch.

Der Anfang war von den Schweizern ausgegangen, und in einer Weise, die Winckelmanns Herz an der schwächsten Stelle im Sturm eroberte. Ein Geschenk, geheimnißvoll, überraschend, schmeichelhaft weckte lebhafte Empfindungen der Dankbarkeit, der Rührung. Es kam aus der Schweiz, dieß regte die alten, theuren, aus Cornelius Nepos stammenden Schulideen von freien Republiken, Republicanern und deren Tugenden an: er dachte und fühlte in den Phrasen alter Rhetoren über jene böotischen Diminutivstaaten, mit Seitenblicken auf den Despotismus des Landes des Copernicus, Kant,

§ 101. Die Schweizer.

Herder erzogen hat, die für die Befreiung der Menschheit mehr gethan haben, als alle Schweizercantone der Vorzeit und der Zukunft.

Die Schweiz ist das Land, „wo die Freiheit auf stolzem Thron sitzt", „das Vaterland der Tugend, der Freundschaft und der Vernunft". Nach Zürich gedenkt er sich beim Tode seines Herrn zu wenden, um sich selbst allein zu genießen und sein Leben (in Zwingli's Vaterland!) in einem katholischen Kloster vor der Stadt zu beschließen. „Die ganze Stadt ist erbötig, an meine Aufnahme zu gedenken, und mich persönlich einzuholen" (12. August 1764).

Johann Georg Wille (1715 † 1808), der größte Kupferstecher seiner Zeit, war im Juli 1736 mit G. F. Schmidt nach Paris gekommen, von da ab ununterbrochen dort geblieben und nach und nach zu einer sehr angesehenen Stellung gelangt. Seit 1755 war er als Franzose naturalisirt. Alle Künstler die durch Paris kamen, alle vornehmen und fürstlichen Reisenden, die irgend fähig waren, an der bildenden Kunst ein Interesse zu nehmen, rechneten es sich zur Ehre, sein Haus, Quai des Augustins 35, aufzusuchen. Zu jener Zeit übte er die Kunst fast mehr als Liebhaberei, denn als Erwerbsquelle; er stach Gemälde, die ihn ansprachen und seinem glänzenden Grabstichel Gelegenheit gaben, sich zu zeigen; er widmete sie Freunden. Kein strebender Jüngling bat vergebens um seinen Rath, er theilte ohne Zurückhaltung alle Vortheile seiner Kunst mit; sein bedrängter Maler Klopfle umsonst an seine Thür. So half er wiederholt dem Dresdener Boeting, und setzte in das Tagebuch die Worte: Selon mon coeur, je voudrois l'assister beaucoup, quoique je ne le connoisse pas autrement; mais il est artiste malheureux, cela me suffit.

Wille hatte an der Uebersetzung der Schrift von der Nachahmung im Journal étranger Theil und erkundigte sich in Rom nach Winckelmann, dem er seine Hochachtung versichern ließ. Er sandte ihm auf seine Bitte jene Uebersetzungen, sowie auch die Critik des Wegs in Marmor zu arbeiten (f. 1, 417 ff.); Winckelmann vertraute ihm die handschriftliche Beschreibung des Apollo. Er hatte unter dem Eindruck des eben ausgebrochenen Kriegs und des vorausgesetzten Aufhörens der Pension, Andeutungen über seine äußere Lage gemacht, über die Verhinderung seiner Reise nach Neapel durch Geldmangel. Dieß war ohne Nebenabsichten geschehen; aber Wille theilte es Füßli mit, der schon manchem in solcher Lage geholfen hatte.

Hans Caspar Füßli (1706 † 81) gehörte einer Zürcher Familie an, die seit dem Anfang des 17. Jahrhunderts der Schweiz eine Reihe von Künstlernamen geschenkt hat. Er ging mit achtzehn Jahren nach Wien, wo er als beliebter Bildnißmaler in die beste Gesellschaft kam, und dann auf Empfehlung Schwarzenbergs an dessen Schwiegersohn, den Markgrafen, nach Rastadt. Als er mit vierzig Jahren nach Zürich zurückkam, begann er selbst, mit bescheidenen Mitteln, ein Haus zu machen in der Art der Großen, unter denen zu leben er sich gewöhnt hatte. Ein reiches Kupferstichcabinet lieferte die Basis für Kunstgespräche, Correspondenzen wurden unterhalten mit den Ersten der damals aufgehenden Nationaldichtung (auch Kleist, Klopstock, Wieland), junge Künstler auf alle Weise gefördert. Der Wunsch zwei Franken, dem Schlachtenmaler Rugendas in Augsburg (auch der Thiermaler Riedinger gehörte zu dem Kreise) und Kupezky in Nürnberg, ein Denkmal zu setzen, gab den Anstoß zu den großen biographischen Sammlungen, dem räsonnirenden Kupferstecherlexicon u. a. So wurde das Haus des Stadtschreibers des Züricher Raths eine wahre Academie. Seine Kinder hatten das Familientalent geerbt; Rose und Lise waren Blumen- und Insektenmalerinnen, Hans Rudolph ging nach Oesterreich und führte ein bewegtes Leben, Hans Heinrich aber trug den Malerruhm der Füßli weit über die Grenzen der Schweiz hinaus.

„Sein Haus, so schildert es ein Zeitgenosse, war der Zufluchtsort der Künste, der Freiheit, der guten Gesellschaft. Alle Tage versammelten sich bei ihm Leute von jedem Rang und Alter; in abwechselnder Gestalt ging das Gespräch vom scherzhaften Ton zum ernsthaften über, von den Gegenständen der Kunst zu politischen und moralischen Untersuchungen, allemal mit sinnreichen Einfällen und Anecdoten belebt. In der Mittelmäßigkeit äußerer Umstände ist es Füßli gelungen, Talent und Verdienst besser als soviel Reiche und Große zu beschützen. Eine Menge armer Schüler hat er nicht nur großmüthig unentgeltlich unterwiesen, sondern auch für dieselben Reisegeld einsammeln lassen und ihnen den Weg zu vortheilhaftem Beruf erleichtert. Ueberhaupt machte ihn natürliche Thätigkeit sehr gefällig und dienstfertig. So sehr er sich selbst vergaß, so sorgte er für andere. Unfähig für sich selbst an der Thür zu klopfen, schämte er sich nicht Collecten zu sammeln, wenn er zur Unterstützung eines Unglücklichen irgend etwas beizutragen im Stande war".

Ein solches Geschenk, es waren 15 Zechinen, überraschte Winckelmann, als er von Pästum nach Neapel zurückkam. Kurz vorher war vom Züricher Dichterkreis die Rede gewesen. Im salernitanischen Meerbusen hatte der Hamburger Bollmann Stellen aus Geßners Idyllen (1756) hergesagt. „Herr Füßli, von welchem ich nichts wußte, hatte mir eine große Freundschaft ohne Absichten, mit dem Verlangen unbekannt zu bleiben, erwiesen. Ich bekam, da ich zu Neapel war, einen Wechselbrief zu Beförderung meiner damaligen Reise. Nachdem habe ich erfahren, aus welchen Händen er kam". In die stürmischen Ausbrüche der Dankbarkeit mischt sich etwas Verlegenheit, denn inzwischen hatten sich seine Umstände als lange nicht so verzweifelt herausgestellt, wie er geschrieben.

§ 101. Die Schweiger.

„Freund, ruft er Wille zu, mit dem mich eine geheime Zuneigung unter einem entfernten Himmel verbunden: ich schrieb schon zu Anfang unserer schriftlichen Unterredung mit der Vertraulichkeit eines Freundes, und dieses war allein die Absicht, wenn ich etwas, so mir nicht mehr bekannt ist, von meinen Umständen gemeldet habe, die keinen Purpur rührten; ich schien verlassen zu sein.... Freund, welcher der Menschlichkeit Ehre macht und den Werth der höchsten menschlichen Tugend erhöht! wie soll ich antworten? Wie soll ich annehmen, was Sie mir schenken! Stolz über mein Vaterland, fruchtbar an Freunden, und über den, den niemals mein Auge gesehen, gehe ich in Betrachtung Gott so ähnlicher Seelen fast bis zur Empfindung eigener Würdigkeit, zu welcher mich Freunde erhöhen".

Daß die Aussicht, einen Bericht über die mit so viel Spannung erwarteten herculanischen Entdeckungen in Verlag zu bekommen, zwar nicht als Hauptbeweggrund, aber als Nebengedanke mitwirkte, ist wohl gewiß. Wille empfahl ihm die Orelli-Geßnersche Buchhandlung, deren Mitbesitzer Füßli war; ein Ducaten wurden für den Bogen in Aussicht gestellt.

„Sie haben, schreibt er Füßli, im Verborgenen allein mit Ihrem und meinem Freunde das hohe Vergnügen genießen wollen, ein Beförderer meiner Bemühungen um die Kunst zu sein: ein Freund sein zu wollen, dergleichen kaum mehr zu denken sind, aber wie Gott nicht sichtbar zu werden.... Die Welt wird ein Paradies und das Leben eine Wohllust durch Kenntniß von Menschen erster Größe wie mein Füßli ist, und ich werde auch in großen Trübsalen wünschen zu leben, um solchen Freund von Angesicht zu Angesicht zu kennen. Unterdessen bilde ich mir dessen Bild und werde ein Schöpfer von seiner Gestalt nach der Idee von dem was das schönste und würdigste in der Welt ist, um nach demselben meine Hände auszustrecken". Das Geschenk (dessen er nicht mehr bedurfte), so meldet er Wille, „bleibt bis zur Verfügung derer, die es gegeben, bei mir...."; und Füßli: „ich werde den Werth einer großen That zu verringern scheinen, wenn ich nicht ihre völlige Absicht, Anwendung und Gebrauch in ihrer Kraft lassen wollte".

„Freund, fährt er fort, Sie müssen ein Beispiel der Tugend unter den Menschenkindern werden; — und ich, Ihr Verehrer (denn näher kann ich mich zu Ihrem Verdienste nicht erheben) muß darauf denken.... Freund! mit einer tugendhaften Seele begabt! Ihre Großmuth schiene vielleicht bei ... Verschwiegenheit zu gewinnen, aber die Freundschaft würde dabei verlieren". Er wünscht die Dankbarkeit auszudrücken durch das werthvollste was er, wie er glaubte, zu geben hatte: die Zuschrift eines Buches; aber es ließ ihm keine Ruhe: und so beschloß er die Zürcher mit dem Verlag der Kunstgeschichte zu beschenken. In der Vorrede dieses Werks (vom Juli 1763) hat er ihnen

4*

gedacht, „da die Tauſbarkeit an jedem Ort löblich iſt, und nicht oft genug wiederholt werden kann".

Nun kann man ſich vorſtellen, welchen Empfang Jeder der aus dem Zürcher Kreiſe kam, im Palaſt an den vier Brunnen fand. „Für Euch Zürcher will ich Schuhe und Strümpfe durchlaufen; ſtutzt nur immer Eure Jugend zu, dieſe Reiſe zu thun". Der erſte den man ihm zuſchickte, war Leonhard Uſteri, im Anfang 1761, der, wie wir hören, Münzen und Kupfer-ſtiche Mare Anton's ſammelte. Dieſer ließ ihm die Idyllen Salomon Geßners zurück, und Winckelmann ſpricht von ihnen, als ſei ihm hier zum erſten male deutſche Poeſie, ja überhaupt leſbarer deutſcher Stil ins Ohr geklungen. Bodmer hatte richtig prophezeit, „die Deutſchen würden daran eine große Idee von den Zürchern bekommen, gleich als ob die Luſt hier poetiſch wäre". „Es iſt wahrhaftig ein kühnes Unternehmen geweſen, ſchreibt er am 17. Ja-nuar 1761, dieſe Lieder in ungebundener Schreibart zu dichten; aber Sie haben auch, mein Freund, allen die Hoffnung benommen, dergleichen nach Ihnen zu wagen. Sie ſind ſo ſchön, daß ich mich nicht enthalten kann, Ihnen Gedanken zu rauben, welche Sie über lang oder kurz erkennen werden; ich verwahre mich mit dem vorläufigen Geſtändniß. Geſtern habe ich meinem Freunde, Herrn Mengs, die Hälfte derſelben vorgeleſen, und er freut ſich, als ein eifriger Patriot unſeres Volks, daß unter demſelben Seelen mit ſo maleriſchen, harmoniſchen, zärtlichen und tugendhaften Empfindungen geboren ſind, und denen der Himmel das Talent verliehen, dieſelben mit eben dem Gefühl auszudrücken und in andern zu erwecken. Mein theurer liebens-würdiger Geßner! Ich weiß, was Schreiben vor ein ſchweres Werk iſt, und Roscommon hat nach meiner Meinung Recht, wenn er ſagt: In allen Dingen, in welchen das menſchliche Geſchlecht ſich hervorgethan hat, iſt das größte Meiſterſtück der Natur, gut zu ſchreiben". Auch Leſſing fand, daß Geßner „ungemein ſchön und richtig ſchriebe".

Geßner ſandte nun auch ſein Hauptwerk, den Tod Abels. „So wie Völkern, lautet die Dankſagung (20. Juni 1761), mit welchen die Sonne handelt wie die römiſche Geiſtlichkeit mit den Laien, denen ſie anſtatt Brot und Wein nur Brot allein giebt, eine Flotte Canarienſect willkommen ſein würde: ſo erwünſcht iſt mir und meinen Freunden, hungrig nach Meiſter-ſtücken unſerer Nation, Ihr Geſchenk gekommen. Der Herr Cardinal, welcher es in Perſon mit mir von der Poſt holte, und es mit eigener Hand auf-löſte, wünſchte auch wegen des wunderſchönen Drucks, was mir erlaubt iſt, leſen zu können". (Später iſt Geßner mehrfach ins Italieniſche überſetzt worden.) „Ich kann nur Erz gegen Gold erwidrigen." In der franzöſiſchen Ueberſetzung Huber's (1761) hatte er bereits die beiden erſten Bücher beendigt. „Ich würde Sie beneiden, mein Freund, wenn der Neid in dem Cardinal

Bellarmin seinem Catechismus nicht unter die Todsünden gesetzt wäre". Es scheint als ahne er etwas von den gewaltigen Schritten, welche die deutsche Dichtung machte, und die ihm zu begleiten versagt ist. „Ich bin leider einer von denen, welche die Griechen Spätklugen nennen; Erziehung, Umstände und Mangel haben mich zurückgehalten". Charakteristisch bleibt immerhin die Verehrung des Lehrers idealer Griechenschönheit für diese reinen, süßen, weichen, aber jeder Farbe und Körperlichkeit allzusehr baaren, blassen Nachklänge Theocrits.

Wenn Windelmann an Gehner schrieb, so nahm er sich ganz besonders zusammen; ausgesucht seine Gedanken sollten es sein, in ebenso gewählten Ausdrücken und sorgsam ausgeführten Bildern. Hierin verräth sich, wie viel mehr es ihn beunruhigt, einem Dichter, einem genialen Menschen gegenüber in günstigem Licht zu erscheinen, als etwa einem Fürsten oder Minister. Das Lob des „delphischen" Gehner ist ihm „wie ein Morgenthau dem dürren Lande".

Gehner wünschte seine Schriften mit Windelmanns Namen zu schmücken und zugleich diesem selbst eine Ehre zu erweisen, indem er sich wunderlicher Weise einen Aufsatz über den Vorzug der lateinischen und deutschen Buchstaben erbat. In einem Werk der Dichtkunst als Vorredner über lateinische Buchstaben zu stehen, war nicht nach Windelmanns Geschmack, besonders da er es in diesem Fall mit den Gothen hielt; er erwiderte mit italienischer Freiheit: „Ich besorge, es werde mir ergehen wie den Statuen, welche auf sehr hohen Basen stehen, wo sie sich sehr verkleinern; oder wie einem Schiffe, welches auf einem Flusse etwas rechtes, und im Meere nichts scheint. Wenn ein mittelmäßiger Sänger allein singt, so gefällt er: aber in Gesellschaft von besseren findet er wenig Gehör. Ich bin hierin nicht so schnell, wie Sie glauben möchten; denn ich wollte im Gemälde nicht gern im Grund stehen und mich verlieren; und gleichwohl bin ich eitel genug zu versuchen, ob ich Bäume zum Schatten dienen, nicht Lichter zu erheben, sondern auszufüllen. Ich werde Ihnen mittheilen, was ich werde sagen können. Sie mögen es machen wie die Holländer, welche, sagt man, zuweilen Specereien verbrennen, um dieselben theurer zu machen; werfen Sie aus was Ihnen nicht gefällt. Das schlimmste ist, ich muß in gewisser Weise wider meine Neigung, nicht wider meine Empfindung reden; denn ich möchte selbst nicht mit lateinischen schönen Buchstaben gedruckt werden; und man würde sagen, ich predige gegen mich selbst". —

Endlich kam eine Gelegenheit, dem lange zurückgehaltenen Taufbarkeitsbedürfniß nach Herzenswunsch zu genügen. Wohl keiner unter allen Pilgern Roms hat Windelmann lebhafter beschäftigt, als der junge Füßli, der schon im November 1762 angekündigt worden war, und zwar so, daß Windelmann fein „Verlaugen nach ihm" geftand, und schrieb: „Ich erbiete demfelben alles was ich weiß und kann, und foviel immer meine eingeschränkte Zeit erlaubt".

Hans Heinrich Füßli (1745 † 1832) war der Sohn des erften Herausgebers des großen Künftlerlexicons, Hans Rudolph (1709 † 93), der auch eine Kunftbibliothek und eine Gallerie von Künftlerbildniffen gefammelt hatte. Ein glänzendes Talent und ein frühreifer Verftand wurde durch die forgfältigfte claffifch-artiftifche Erziehung im väterlichen Haufe ausgebildet. Später erscheint er als beliebter Univerfitätslehrer und einflußreiches Regierungsmitglied, denn er war ein guter Redner. Fünfzehnjährig erhielt er als Nachfolger Bodmer's den Lehrftuhl der Schweizergefchichte, auf die er auch Johannes Müller in der Folge gebracht hat; ebenfo ftand er Hottinger mit Rath und That zur Seite. Wir erbliden ihn noch auf dem politifchen Theater in den Stürmen der Revolution, während der helvetifchen Republik und bis zum Beginn des Empire; dann aber zog er fich zurück und lebte bloß der Literatur (Leben Raphaels 1815), der Journaliftik und der Buchhandlung.

Windelmann hatte ihm ein Zimmer für zehn Zechinen monatlich gemiethet und denfelben Giacomo angenommen, der Leonhard Ufteri bedient hatte. Wie fchade war es, daß er gerade jetzt morgens in der Vaticana fein mußte, von feinem förmlich verfündigten Gelübde in Bezug auf Fremdenführung keine Ausnahme mehr machen konnte, und zudem über der fprachlichen Durchficht der Monumenti feufzte. Denn rafch reifte in ihm der Gedanke, fich den jungen Mann zu einem Miffionar feines Kunftevangelii heranzubilden, ihn „zu dem größten Alterthumsverftändigen jenfeits der Alpen" zu machen; fein natürlicher Hang zum Schulmeifter fchien fich wieder zu melden. Er war für ihn ein Phänomen: war es möglich, fo viel Bildung und Genie zu befitzen bei folcher Unverdorbenheit, unblafirter Derbeluft? „viel Wiffenfchaft, unvergleichliche Erziehung, angenehmes Wefen...*) Ein unschuldigeres Kind bei großem Talent und vielem Witz habe ich niemals kennen lernen. Er fcheint mir ein Bild der Tugend in Fleifch und Bein zu fein, und der erfte Menfch aus der goldenen Zeit. Sein Vater muß ein fehr weifer Mann fein, welcher nichts in der Erziehung verdorben. Ich habe mit demfelben faft wie mit einem Kinde gefpielt, und mit keinem Fremden bin ich mehr fo zu fagen handgemein worden; denn ich nahm mir gleichfam Vaterftelle über denfelben an; dabei aber habe ich ihm alles gefagt was ich weiß, und er hat alle meine Handfchriften gelefen". Er nennt ihn das „Milchlamm"; er bittet, ihn „grüßter Sohn" anreden zu dürfen: „da ich

---

*) — uno di que' soggetti rarissimi, che non capitano ogn' anno: avvenente, ginjale, eradito, dotato di spirito, e di buon gusto, d'un modo di pensare nobile, e disinvolto. 3. Febr. 1765 an Mengs.

an Sie mit vorzüglicher Liebe schreiben will und muß, so finde ich kein Unterscheidungswort, welches mehr als jenes das zärtliche Herz, das für Sie wallt, ausdrückte". Er kann nun, wie er den antiquarischen giro durch Hausunterricht ersetzen könne, Nachmittags in Villa Albani; aber nach Fraskati, Tivoli durfte er mitgehen; und endlich machte er es doch möglich, „in Absicht der vornehmsten Orte von seinem Gelübde abzugehen", ja einiges sah er mit ihm mehr als einmal. Nun verging selten ein Tag, wo sie sich nicht sahen, ja er wird unruhig, wenn ein solcher Tag kommt.

Füßli hatte bereits die Hinreise nach Windelmanns Rathschlägen eingerichtet, in Rom lebte er sich ganz in dessen Denkweise ein. Dieser hatte ihm schon nach Genf geschrieben: „Rom sei auf der ganzen Reise Ihr Hauptaugenwerf, und andere Orte nur Nebenzwecke, die Sie von Ihrem großen Ziel entfernen". „Ich ging also, sagt Füßli, gerade der Quelle auf Rom zu, ohne in den Städten, welche dahin führen, lange zu verweilen, und meinen Geschmack durch das Studium der Kunstschulen in denselben in Gefahr zu setzen. Ohne diese Vorsicht hätte ich vielleicht Raphaels richtige Zeichnung den reizenden Formen des schönen Correggio nachgesetzt. Ich hätte vielleicht in der täuschenden Carnation des großen Titians, der seinen Pinsel in die Farben der Natur getaucht, das allein Wesentliche der Kunst gesucht. Paul Veronese hätte vielleicht mein Auge an eine eitle Pracht gewöhnt, und mich dadurch von dem Gefühl des Wahren, Großen, Edlen und Schönen unwiederbringlich abgezogen. Michelangelo hätte leicht mein Gefühl für das Schöne verhärtet und meinen Geschmack verwildern können".

Kurz nach der Heimkehr schrieb er an Bögeli von den „glücklichen Tagen, die er an der Seite seines Lehrers und Freundes zugebracht: ich zähle sie unter diejenigen Tage meiner Jugend, in denen ich die meisten Früchte für die Zukunft gesät, an die ich beständig ohne Reue zurückdenken darf, und von denen ich noch in den letzten Stunden meines Lebens Zufriedenheit einernten kann. Windelmann hat mit einer väterlichen Sorgfalt die wankenden Begriffe des Schönen wie des Guten, des Geschmacks wie der Tugend in meiner jungen Seele festgesetzt. Denn die Art, wie Windelmann die Kunst lehrt, ist ein fruchtbarer Quell von vielen Kenntnissen: Er schließt immer von den Werken der Kunst auf die Menschen, von diesen letzteren auf jene. So entwickelt er den Character verschiedener Nationen, Roms und Griechenlands insbesondere, durch ihre verschiedenen Epochen; die politischen und moralischen Grundsätze leiten sich daraus her".

Außer dem Echo Windelmanns (vgl. Seite 17 und 19) begegnet man in jenem Briefe auch den Spuren Casanova's, der versprochen hatte, Füßli in den Gemäldegallerien das Verständniß der neueren Kunst „nach dessen großer Kenntniß" zu öffnen. „Domenichino, der zärtliche, durch Leiden geprüfte

Domenichino, ist der erste Künstler für das Herz; Correggio der Maler einer übermenschlichen Grazie; und daß diese in einem Werk für viele Mängel schadlos halten könne, beweist Baroeci. Guercino's Gemälde, in denen zuweilen „wahrhaft griechische Schönheiten" vorkommen, beweisen dieß auch, „wie unsicher ein sich selbst überlassenes Genie wandle". — Dagegen Michelangelo die Schönheit immer der anatomischen Richtigkeit und der Favoritabsicht, Schrecken oder Abscheu zu erregen aufgeopfert hat. „Eine gewisse ungeheure Größe" will er ihm nicht absprechen; aber „er war ein Sturmwind, der die schönen Tage Raphaels verkündigte". „Ungezähmt, bissartig, wüthend" nennt er das Genie Salvators, in dessen Seele „nie ein freudiger Gedanke aufgestiegen sei, dessen Werke erschüttern und Schauer erregen wie ein nahes Ungewitter, auf dessen Gegenständen der Fluch des Allmächtigen zu ruhen scheint".

Wie ganz dieses weiche, märchenhaft sentimentale Wesen in Winkelmanns Sinn war, beweist der Umstand, daß er schon nach einem Monat „versichert ist, es solle jenseits der Berge kein Mensch sein, welcher mit mehr Einsicht, Erfahrung und Geschmack aus Italien gereist sei, und es würden nach einem Aufenthalt von einigen Monaten auch in Rom selbst wenige sein, denen dieser würdige Jüngling nicht Lectien geben könnte... Euer Vaterland wird sich künftig rühmen können, den größten Kenner zu besitzen, welcher richterlich wird entscheiden können. Einen solchen Kenner zu ziehen, ist noch keinem Fürsten gelungen, soviel mir wissend ist; es ist auch das Fürstengeschmeiß (!) nicht würdig dieses Vorzugs; ja es sollte mich meine Dienstwilligkeit gereuen, wenn nicht sein Vaterland vornehmlich den Genuß von ihm haben sollte. Die ganze Stadt sollte einen Beitrag thun zum Behuf desselben, um sich dessen mit mehrer Gerechtigkeit und Anforderung rühmen zu können".

Er hatte Füßli nach dessen Heimkehr manches zärtliche Schreiben nachgeschickt; auch ein „Sendschreiben von dem Nutzen einer römischen Reise nach der Rückkehr ins Vaterland" wollte er ihm widmen; aber auch dieser Freund reihte sich bald den „vergeßlichen Leuten" an, die nicht antworten; und selbst auf die Dedication der herculanischen „Nachrichten" schrieb er „auf solche Art, daß ich merkte, es wäre nicht geschehen, wenn er hätte weniger than können". Doch hat er das Andenken jener Tage dankbar bewahrt; und Matthison im „Abend am Zürchersee" singt nach spät von den „Edlen" die

„wie einst, im Lenz deiner Tage die schöne
Seele Winckelmanns, dich geliebt."

Er hatte einen wenig Jahre älteren, gleich ihm Heinrich getauften, ihm aber sehr ungleichen Vetter, den später so berühmt gewordenen Maler, einen

Sohn Hans Caspars. Dieser war damals auf dem Wege nach England, das später seine zweite Heimath wurde. Winckelmann wurde um Empfehlungsbriefe angegangen. Dieser Heinrich Füßli übersetzte einige seiner kleinen Schriften ins Englische; ein ähnliches Vorhaben mit der Kunstgeschichte ist die Veranlassung gewesen zu deren dritter und letzter Bearbeitung. Als ihm Winckelmann einmal nicht schnell genug antwortet, fragt er diesen, ob er kein Freund sein wolle oder nicht? „Ist dergleichen Gewaltthätigkeit in Bekanntschaften bei Euch Gebrauch, so ist es mir zu verzeihen, wenn ich diese Frage selten finde." Auch er hatte sich eine italienische Lehrzeit vorgesetzt, kam aber erst nach Winckelmanns Tode, und je länger er dort weilte (acht Jahre), je mehr fand er, daß er sich zur Antike und zur welschen Malerei kein Verhältniß geben könne. Ein Freund Lavaters, selbst ein Sturm- und Drangmann, wollte er ein Kraftgenie auf der Leinwand werden, indem er den Michelangelo etwa so verzerrte und überspannte, wie Klinger den Shakespeare. In seinem Gehirn drängte sich ein nordischer Hexensabbath von Gestalten und Scenen des Grauens, des Ungeheuren, des Wahnsinns, der Traum- und Geistersphäre, den auch die klare Luft und die reinen Linien des Südens, die stille Hoheit der Griechenbilder nicht mehr bannen, nicht mehr verscheuchen konnten.

§ 102.
Ein Freundschaftsparoxysmus.

Rom gleicht (wenigstens für einen Mann in Winckelmanns Stellung) einem tropischen Bergstrom, dessen Bette sich im Frühling brausend anfüllt und das übrige Jahr trocken liegt, belebt nur durch einige Sumpflachen, etwas kümmerlich fortkriechende Vegetation und allerlei Gethier. Wer so wie er alljährlich mit einer immer neuen Schaar von Fremden aller Zungen in oft sehr nahe Beziehung tritt — wochenlang, täglich, auf Ausflügen und bei Tafel —, und dann für immer, oft mit Genugthuung ihre Spur verliert, bisweilen aber auch vergebens Lebenszeichen von ihnen beschwört, während er längst mit andern sich neutralisirenden Reiseeindrücken vergessen ist: ein solcher Mann führt eine gesellige Existenz, in der das Element des Wechsels doch zu ausschließlich waltet, und oft dürstet sein Herz nach etwas Innigerm, Bleibendem. Er bläst als Schulmeister sein Stückchen immerdar mit demselben Pathos, aber die Wiederholung wird selten belebt durch das erfrischende Entgegenkommen der Jugend. Selten begegnet ihm etwas tröstliches. Je nach dem Temperament unterzieht man sich der obligaten Tour mit allen Aeußerungen der Langeweile, Stumpfheit, spöttischer Tadelsucht, oder man bemüht sich, die Urtheile, Bewunderungen und Phrasen des jeweiligen Kennerthums mit stets promptem Enthusiasmus nachzuexerciren.

„Nichts kann schrecklicher sein, sagt auch Goethe, als der gewöhnliche Fremde in Rom. An jedem andern Orte kann sich der Reisende eher selbst suchen und auch etwas ihm Gemäßes finden; wer sich aber nicht nach Rom bequemt, ist dem wahrhaft römisch Gesinnten ein Greuel". „Es ist ein Jammer, schreibt Winckelmann 1762, anzusehen, was für Leute man hierher sendet... Die mehrsten haben keinen eigentlichen Endzweck und sangen in Rom an wie einer, der sich an eine mit unzählbaren Speisen überladene Tafel setzt, von allem essen will und durch den Anblick der Menge selbst fast einen Ekel bekommt.... Alle Cavaliere kommen als Narren her und gehen als Esel wieder weg".

Wie die Wolken am Mond, so ziehen diese Figuren an ihm vorüber, selten kann er den Schein seines milden Lichts klar ergießen. Grade weil ihm lebende Mittheilung stets Bedürfniß blieb, weil ihm bei empfindungsfähigen Jüngern so wohl, so expansiv und beredt zu Muthe war, mußte ihn der Rest so unglücklich machen.

Während der Engländer entweder die von seinen neuesten Guiden durch Stempel beglaubigten Phrasen wiederholt oder sein Selbstdenken in bizarren Grillen behauptet; während der Franzose durch die Aeußerlichkeit glänzt mit der er die hohe Vorzeit und das Ideal geistreich in den Stand herabzieht, parodirt; während der Italiener auch hier seinen raschen seinen Blick bewährt, der mehr instinctiv, als durch Cultur erworben ist: so bemüht sich der Deutsche am meisten, eigenthümlich zu empfinden, bringt es aber oft nur zu Plattheiten oder tiefsinnigen Unklarheiten, die er in breiten Worten ausdrückt. Aber die Deutschen traten in Folge des Krieges bis zum Jahre 1764 unter der römischen Fremdenschaar ganz zurück.

Im Sommer 1762 besuchte ihn ein junger liefländischer Edelmann, Friedrich Reinhold von Berg. Dieser schien ihm von dem Schwarm der Fremden sehr verschieden: eines der „außerordentlichen Talente", für die er gern aus seiner Zurückhaltung heraustrat; ja er nahm sich vor, einmal zu zeigen, „daß er, wenn er wolle, eine Person bekannt und denkwürdig machen könne". Aber diesmal war es wohl weniger das Talent, als die äußere Erscheinung des sehr jungen Mannes, die, während er „kaum angefangen hatte ihn kennen zu lernen", eine Zuneigung entzündete, die so schwärmerisch, empfindlich und eifersüchtig war, wie Liebe. Und diese Leidenschaft (denn das war es beinahe) war im ersten Augenblick fertig: „ein unbegreiflicher Zug zu Ihnen, dem nicht Gestalt und Gewächs allein erwekt, ließ mir von dem ersten Augenblick an, da ich Sie sahe, eine Spur von derjenigen Harmonie fühlen, die über menschliche Begriffe geht und von der ewigen Verbindung

§ 102. Ein Freundschaftsparoxysmus.

der Dinge angestimmt wird . . . . die Uebereinstimmung des Geistes meldete sich, da ich Sie das erstemal erblickte". In Frascati hatte er Bergs Namen „in die Rinde eines prächtigen und belaubten Ahorns geschnitten", — „wo ich meine nicht genutzte Jugend in Ihrer Gesellschaft zurückrief und dem Genius opferte". So kurz der Umgang gewesen war, so war doch der Abschied Winckelmann „einer der schmerzlichsten seines Lebens", er vergleicht seinen Zustand mit der Untröstlichkeit einer Mutter, der ihr Sohn „zum gegenwärtigen Tod" auf dem Schlachtfeld entrissen wird. „Ich war verliebt", gesteht er später selbst.

Es war nichts anderes als eine Wiederkehr und zwar die letzte jener seltsamen sentimentalen Ueberreizung, der sich Winckelmann in seiner Jugend langdauernd verfallen zeigte. Solche Zustände der Gefühlsexaltation gehören zu den psychologischen Problemen, die ihre Wurzel tief in die Sinnlichkeit und ihre Capricen hinunterstrecken; unter gewissen Umständen können sie jedoch als eine Flamme dienen, die in der frostigen Temperatur des Lebens dem Herzen die ihm sonst fehlende Wärme zuführt. Wir wollen hier den dunkeln Wurzeln nicht nachgraben, obwohl die Sache nicht damit erklärt ist, wenn man sich in Goethe's optimistischer Weise, in leichtem Vorbeigehn, daran freut, daß er „nirgends belebter und liebenswürdiger" sei, als in den „flüchtigen Augenblicken, wo beide Bedürfnisse der Freundschaft und der Schönheit zugleich an einem Gegenstande Nahrung fanden". So erscheint dieser Zustand allerdings in den zärtlichen, Berg nachgeschickten Briefen, die uns sehr überschwenglich dünken, obwohl er sich Gewalt angethan haben will, „um nicht mehr zu sagen; wie er würde gethan haben, wenn er seiner Passion hätte folgen können".

„Alle Namen, schreibt der 47jährige Mann, die ich Ihnen geben könnte, sind nicht süß genug und reichen nicht an meine Liebe; und alles was ich Ihnen sagen könnte, ist viel zu schwach, mein Herz und meine Seele reden zu lassen. Vom Himmel kam die Freundschaft und nicht aus menschlichen Regungen. Mit einer gewissen Ehrfurcht näherte ich mich Ihnen; daher ich bei Ihrer Abreise des höchsten Gutes beraubt schien. Was hätte ich nicht schreiben müssen, wenn nur unter hunderten meiner Leser ein einziger dieses Geheimniß begreifen könnte! Mein theuerster Freund, ich liebe Sie mehr als alle Creatur, und keine Zeit, kein Zufall, kein Alter kann diese Liebe mindern; aber entfernt zu sein, ohne sich mit Briefen erreichen zu können, ist mir fast schmerzhafter als selbst der Abschied..: Machen Sie mich bald mit einer Antwort beglückt. Eine jede Zeile von Ihrer Hand ist mir eine heilige Reliquie".

Wie wenig Berg über den Troß der Touristen hervorragte, und folglich, unter welcher thörichten Berauschung jene Ausbrüche geschrieben waren, beweist Winckelmann selbst durch die ihm nachgeschickte „Predigt". „Sie eilten nach Monatsfrist aus Rom, welches Sie kaum halb und in der Flucht gesehen, wie u. a. das Campidoglio beweist, um noch in Florenz an sechs Wochen zuzubringen, nachdem Sie bereits vorher zwei ganze Monate daselbst verloren. Ich habe mich äußerst gekränkt, daß ich nicht einmal einen einzigen Tag gewinnen können, um Ihnen besonderen Unterricht zu geben, wie ich mir doch beständig ausgebeten hatte; denn in einer Menge, wo alle einen andern Weg gehen, sind gewisse Dinge verschwendet und weggeworfen. Ich hatte Ihnen einen ganzen Monat vom Morgen bis auf den Abend geben wollen; allein Rom gefiel nicht mehr, und alle Gedanken waren schon in Florenz. — Theuerster Freund, die wahre Liebe zu Ihnen läßt mich dieses schreiben: denn ohne dieselbe wäre es mir gleichgültig sein, wo und wie Sie Ihre Zeit am angenehmsten zu vertreiben vermeinen... Diese Bekümmerniß ist um so viel reiner, da ich nicht das Glück haben werde, Sie in meinem Leben wiederzusehen. Es nützt zwar Ihnen nichts, wie bekümmert ich auch sein mag; aber unangenehm kann es Ihnen nicht sein, daß ein Mensch, der viel denken kann, beständig an Sie wie ein Vater an seinen Sohn denkt".

Ein Brief aus Paris beruhigt ihn; Berg spricht darin von seiner Neigung zum stillen Landleben, von seiner Abneigung gegen den St. Petersburger Hof, von dem er ein ziemlich grausiges Bild entwirft. Dann aber antwortet er nicht mehr, dankt nicht einmal für die gleich zu nennende Schrift; nun heißt er der „pflichtvergessene Liefländer"; noch bitterer wird er, als ihn der Baron bei einer Begegnung in Rom umgeht und „einen sehr unbequemen Weg" vorzieht. Als er sich aber nach Jahren bei Gelegenheit der Vermählung seiner erinnert (Mai 1767), ist alles wieder gut: als wahrer „Freund des Bräutigams" jubelt er, daß dieser nunmehr Vater werde von schönen Kindern — „nach Ihrem so geliebten und mir ewig gegenwärtigen Bilde"; wie er ihm früher zugerufen hatte: „Erwecken Sie Söhne und Enkel nach Ihrem Bilde".

§ 103.

Die Abhandlung von der Fähigkeit der Empfindung des Schönen (1763).

Diese kurze Bekanntschaft wurde zur Veranlassung einer kleinen Schrift. Winckelmann bewies daß er wirklich dessen fähig war, was er einst bei Gelegenheit des schönen Florentiners behauptet hatte. — Indem er sich dem Schmerz des kaum begonnenen und schon zerrissenen Seelenbundes überläßt, bietet sich eine Linderung dar durch Ableitung des aufgeregten, sehnsüchtigen

§ 102. Die Abhandlung von der Fähigkeit der Empfindung des Schönen.

Zustandes in beredten Worten an die Adresse des Entfernten. Aber gewöhnliche Briefe genügen nicht: monumentale s. z. s. sollen es sein, „ein Denkmal ihrer Freundschaft, rein von aller ersinnlichen Absicht", eine Abhandlung an sich werthvoll durch neue bedeutende Gedanken; die Zeit, die sie kostete, war ja eine Ausdehnung des geistigen Zwiegespräches, der Beschäftigung der Phantasie mit der Person, der sie gewidmet werden sollte. Sie sollte nebenbei auch das nützliche zum angenehmen gesellen, dem Junker, freilich etwas post festum, den Kopf zurechtsetzen über das „nützliche Reisen in Italien". Er begann sie zu Castello, ein Fieberanfall unterbrach ihn; der Brief Bergs im Anfang Winters erinnerte ihn an sein Wort; endlich wurde eine Abhandlung daraus, die „umständlicher ausfiel als es die anfängliche Meinung war", aber „die mit Wucher bezahlte Schuld hebt den Vorwurf" (Winkar). Mitte Juni 1763 ging das Manuscript nach Leipzig ab.

Diese Abhandlung erschien dicht vor der Kunstgeschichte, die sie ankündigte. „Das Format wird das größte sein, welches zu finden ist, damit dieselbe an die Geschichte der Kunst, welche auf Michaelis erscheint, kann gebunden werden". Sie war eine Ergänzung des großen Werks: in zwei Quartanten war System und Historie der schönen Formen geschildert worden; auf 32 Seiten sollte nun auch die psychische Function, das Organ für die Auffassung jener Formen analysirt werden. Winckelmann will sich vernehmen lassen über den Hauptpunkt der Aesthetik des Jahrhunderts, über das Thema der zahlreichen Tractate und Essays on taste, sur le goût; denn der „gute Geschmack" ist nur ein anderes Wort für „Fähigkeit der Empfindung". Von einem Einfluß der Theorien und critischen Versuche jener Zeit ist übrigens in dem Schriftchen kaum eine Spur: hier spricht ein bloßer Beobachter seine Erfahrungen aus, ohne metaphysischen Hintergrund, ohne psychologische Basis.

Wir hörten, daß Winckelmann sein durch arme Schlucker etwas heruntergebrachtes Amt etwas vornehmer machen wollte; er hätte gern das ihm nun einmal anklebende Cicerouenthum veredelt, zur Höhe seiner Person erhoben. Auch in anderen Sphären hat man oft, gesettet an einen nicht ganz zur Ueberzeugung stimmenden Beruf, sich mit dem Pflichtbewußtsein zu vertragen gesucht, indem man dem Beruf eine ideale Deutung gab, die man in einigen seltenen Fällen so glücklich war, allgemein anerkannt zu sehen; abgelebten Institutionen einen neuen, lebendigen Gedanken unterlegte, als deren von einer erziehenden Vorsehung gewollten wahren Sinn. Die Ausbildung der Empfindung für das Schöne, die Erziehung auserwählter, besonders begabter Jünglinge zu dessen Erkenntniß, u. e. W. die Idee einer ästhetischen Erziehung war es, die Winckelmann gern als Kern seines Berufes — ein ideales Ciceronenthum — betrachtet hätte. Und dieß war ihm die liebste Beschäftigung auf Erden, er wünschte, daß ihm solche Reisende aus dem Norden geschickt würden. „Erwecken Sie diesen Trieb" (nämlich nach Italien), ermahnt er Heyne, „wo Sie seine Sinne bemerken".

Es ist eine Lieblingsidee Winckelmanns, daß Schönheit des Körpers und der Gemüthsart zum Sinn für das Schöne, zu dessen Hervorbringung disponirte, diese Fähigkeit ankündige. Gleich bei seinem ersten Auftreten äußerte er, daß nicht weniger als eine so schöne Seele wie die Raphaels war, in einem so schönen Körper erfordert worden sei, die Schönheit der Antike wieder zu empfinden und nachzuschaffen. So heißt es hier: „Es ist diese Fähigkeit in wohlgebildeten Knaben eher als in anderen zu suchen, weil wir insgemein denken wie wir gemacht sind, in der Bildung aber weniger, als im Wesen und in der Gemüthsart; ein weiches Herz und folgsame Sinne sind Zeichen solcher Fähigkeit. . Da sich auch das wahre Schöne der menschlichen Figur insgemein in die unschuldige stille Natur einzukleiden pflegt, so will es durch einen ähnlichen Sinn gefühlt und erkannt werden. Hier ist kein Pegasus nöthig, durch die Luft zu fahren, sondern Pallas, die uns führt". So erschien das Thema der Schrift in einer inneren Beziehung zu ihrer persönlichen Veranlassung: „Ihre Bildung ließ mich auf das was ich wünschte schließen, und ich fand in einem schönen Körper eine zur Tugend geschaffene Seele, die mit der Empfindung des Schönen begabt ist".

Diese Idee nun gehört zu einem Kreis verwandter Ideen, die alle, wie die Figuren eines schattenlosen Gemäldes, in ein reines Licht des Schönen getaucht sind. Wie an südlichen Küsten alles dunkle, undurchsichtige, feste, die kahlen Gebirge, das öde Meer zu lichter, farbiger Wesenheit verklärt wird, so treten wir beim Lesen dieser Blätter in einen Bezirk, an dessen Pforte die mühsame Arbeit, die düstre Gelehrsamkeit, die heftige Leidenschaft, das unruhige Verlangen vergebens anklopft:

„wie im Leben, so im Dichten
ist das höchste Gut die Gnade":

Gunst des Himmels, Ruhe des Gemüths, Freundschaft, schöne Bilder die uns umgeben wie die Luft so wir athmen, das ist der Blumenpfad der uns zum Tempel des Schönen führt.

Jene Idee erscheint weniger „seltsam" (wie sie der Recensent in der Bibliothek der schönen Wissenschaft nannte), wenn wir den Satz damit in Verbindung bringen, daß das erste Werkzeug alles Geschmacks der „äußere Sinn" ist, während ihr „Sitz" der innere ist. Die Tugend dieses Werkzeugs ist „Richtigkeit des Auges, das die wahre Gestalt — Farbe sowohl als Form — und Größe der Vorwürfe beurtheilt".

Dieser Tüchtigkeit des sinnlichen Organs entspricht in der Seele oder Einbildungskraft die Frost, Deutlichkeit und Dauer des Gedächtnißbilds, „die lebhafte Bildung des betrachteten Schönen... Ihre Kraft wächst wie das

§ 101. Die Abhandlung von der Fähigkeit der Empfindung des Schönen.

Gedächtniß, durch Uebung... Das empfindlichste Gefühl kann diese Eigenschaft unvollkommener, als ein geübter Maler ohne Gefühl haben, dergestalt, daß das eingedrückte Bild allgemein lebhaft und deutlich ist, aber geschwächt wird, wenn wir uns dasselbe stückweise vorstellen wollen, wie es mit dem Bild des entfernten Geliebten zu geschehen pflegt".

„Es ist diese Fähigkeit, wie der poetische Geist, eine Gabe des Himmels, der sie allen vernünftigen Geschöpfen, aber in sehr verschiedenen Graden gegeben hat. Wo sie nicht ist, prediget man Blinden die Kenntniß des Schönen, wie die Musik einem nicht musicalischen Gehör... Sie bildet sich aber so wenig als die Gabe der Dichtkunst, von sich selbst, und würde ohne Lehre und Unterricht leer und todt bleiben." Aber auch „vernachläßigte Erziehung kann dieselbe nicht ersticken, wie ich hier an meinem Theile weiß. Sie ist etwas aristocratischer Natur; auch hier sind „wenige auserwählt". In ihrer Vollkommenheit ist sie sogar sehr selten; einige scheinen in der Austheilung derselben von der Natur übergangen zu sein, noch andern ist das Schöne und das Mittelmäßige gleich willkommen. Diese Seltenheit kann man schon abnehmen aus dem Mangel an Schriften, welche das Schöne lehren, „solche sind seit Plato bis heute leer, ohne Unterricht und von niedrigem Gehalt".

Jener unentbehrliche Unterricht besteht aber keineswegs in vielem Wissen. „Es wickelt sich dieselbe eher an großen als kleinen Orten aus, und im Umgang mehr als durch Gelehrsamkeit: denn das viele Wissen, sagen die Griechen, erweckt keinen gesunden Verstand, und die sich durch bloße Gelehrsamkeit mit dem Alterthum bekannt gemacht haben, sind auch derselben weiter nicht kundig geworden."

Denn die Stimme des Gefühls unterscheidet sich durch ihre Unmittelbarkeit von dem an Muster sich lehnenden Urtheil des Verstandes (goût de comparaison) und von dem künstlichen Licht der Grundsätze. Jene ergeht auf den ersten Blick, wo dieser erst über das Wahrgenommene brüten und Beziehungen aller Art herbeirufen muß. „Fertig und schnell muß der innere Sinn sein, weil die ersten Eindrücke die stärksten sind, und vor der Ueberzeugung vorhergehen: was wir durch diese empfinden, ist schwächer. Dieses ist die allgemeine Rührung, welche uns auf das Schöne zieht, und kann dunkel und ohne Gründe sein, wie mit allen ersten und schnellen Eindrücken zu geschehen pflegt, bis die Untersuchung der Stücke die Ueberzeugung zuläßt, annimmt und erfordert. Wer hier von den Theilen auf das Ganze gehen wollte, würde ein grammaticalisches Gehirn zeigen, und schwerlich eine Empfindung des Ganzen und eine Entzückung in sich erwecken".

Nicht Geschäftigkeit, nicht Arbeit im Schweiß des Angesichts und für die Noth, sondern freie Muße ist es, in der dieß Gefühl gedeiht. „Dieser Unterricht ist nicht für junge Leute, welche nur um ihr nothdürftiges Brot lernen, und weiter nicht hinausdeuten können, ... sondern für die, welche selbst die Fähigkeit, Mittel, Gelegenheit und Muße haben; und diese sonderlich ist nöthig. Denn die **Betrachtung der Werke der Kunst** ist, wie Plinius sagt, für müßige Menschen, d. i. die nicht den ganzen Tag ein schweres und unfruchtbares Feld zu bauen verdammt sind. ... Die mir gegönnte Muße ist eine der größten Glückseligkeiten, die mir das gütige Geschick durch meinen erhabensten Freund und Gönner in Rom finden lassen, welcher solange ich bei und mit ihm lebe, keinen Federstrich von mir verlangt hat, und diese selbige Muße hat mich in Stand gesetzt, mich der Betrachtung der Kunst nach meinem Wunsche zu überlassen".

Das Kunstgefühl ganz liegt in einer mittleren Region des psychischen Lebens, gleich weit entfernt von der Arbeit des Verstandes wie von dem Feuer der Leidenschaft und dem Interesse des Bedürfnisses. „Der Vorwurf dieses Gefühls ist nicht was Trieb, Freundschaft und Gefälligkeit anpreisen, sondern was der innere feinere Sinn, welcher von allen Absichten geläutert sein soll, um des Schönen willen selbst, empfindet". Daher es kein günstiges Symptom ist, wenn die Erregbarkeit vornehmlich weiblicher Schönheit gegenüber bemerklich wird, zu der die Stimme der Natur hinzieht, während auf Seite der Männer die vollkommenere Form ist. „Ich habe bemerkt, daß diejenigen welche nur allein auf Schönheiten des weiblichen Geschlechts aufmerksam sind, und durch Schönheiten in unserem Geschlecht wenig oder gar nicht gerührt werden, die Empfindung des Schönen in der Kunst nicht leicht eingeboren, allgemein und lebhaft haben".

Eine andere Probe ist, daß sie nicht bloß durch Erscheinungen der Wirklichkeit, sondern auch durch bloße Schattenbilder angeregt wird, ja in diesen „ihren vornehmsten Gegenstand findet". ... Mehr Empfindung wird zum Schönen in der Kunst als in der Natur erfordert, weil jenes, wie die Thränen im Theater ohne Schmerz, ohne Leben ist, und durch die Einbildung erweckt und erseßt werden muß.

Aber obwohl sie über der trüben Sphäre der Leidenschaften liegt, so ist doch das ihr günstige Lebensalter keineswegs das Alter der Abkühlung und Ermattung der Leidenschaften. Sie soll das „feurige" der Jugend haben, und deshalb „zeitig geübt und auf das Schöne geführt werden, ehe das Alter kommt, in welchem wir uns entseßen zu bekennen, es nicht zu fühlen".

Das Wort „Empfindung" soll hier nichts lyrisches mitandeuten. Empfindung bezieht sich hier ganz auf Form, auf Gegenständliches im Raum. „Das wahre Gefühl des Schönen, sagt er in einem sehr bezeichnenden Bild, gleicht einem flüssigen Stoffe, welcher über den Kopf des Apollo gegossen wird, und denselben in allen Theilen berührt und umgiebt". Auch hat dieser Sinn eine Analogie zu seinem Gegenstand. Wie das Schöne in der Harmonie der

§ 103. Die Abhandlung von der Fähigkeit der Empfindung des Schönen. 65

Theile besteht, deren Vollkommenheit ein sanftes Steigen und Sinken ist, so wird es auch in unserer Empfindung gleichmäßig wirken, und dieselbe mit einem sanften Zuge führen, nicht plötzlich fortreißen".

Wie nun diese Fähigkeit von der Natur einer schönen Seele in schönem Leibe ertheilt wird, so bedarf sie auch eines sympathischen Climas, einer Atmosphäre des Schönen, um aufzublühen. Hierin liegt das Geheimniß ästhetischer Erziehung. Aber nicht nur das Auge des Knaben soll an Beobachtung und Vergleichung des Schönen gewöhnt werden, auch „Herz und Empfindung soll durch Erklärung der schönsten Stellen alter und neuer Schriftsteller, sonderlich der Dichter, rührend erweckt und zu eigener Betrachtung des Schönen in der Kunst gewöhnt werden... Diese Empfänglichkeit entdeckt sich, wenn in Lesung eines Scribenten die Empfindung zärtlich gerührt wird, wo der wilde Sinn überhinfährt, wie dieses verschiedentlich geschehen würde in der Rede des Maneus an Tiomedes, welches die rührende Vergleichung des menschlichen Lebens mit Blättern ist, die der Wind abwirft und die im Frühling wiederum hervorsprossen".

Democrit sprach das räthselhafte Wort, „wir sollten die Götter bitten, uns angenehme Erscheinungen zu geben". Er erklärte die Theophanien aus Bildern höherer, den Menschen an Größe und Schönheit überlegener Wesen, die sich von ihren Originalen loslösen, im Universum herumschweben und im Traum und Wachen zu unseren Sinnen gelangen. Zu solchen glücklichen Bildern rechnet Winckelmann „die Basreliefs und alten Gemälde, welche Santes Bartoli gestochen, die sogenannte Bibel des Raphael: diese zwei Werke werden einem unverwöhnten Auge sein was eine richtige Vorschrift der Hand ist, und da die ungeübte Empfindung dem Epheu gleicht, welcher sich ebenso leicht an einen Baum, als an eine alte Mauer anhängt, ich will sagen, das Schlechte und das Gute mit gleichem Vergnügen siehet, so soll man dieselbe mit schönen Bildern beschäftigen".

Er nennt ferner die griechischen Münzen des Golzius; die angenehmste und lehrreichste Beschäftigung aber seien die Abdrücke der besten geschnittenen Steine; und da die Deutlichkeit aus dem Gegensatz erwächst, so soll man moderne daneben halten, „um aus beider Vergleichung den Begriff des wahren Schönen in den alten, und den irrigen Begriff desselben in den mehrsten neuen Arbeiten zu zeigen".

„Es ist also, schließt er, diese Thätigkeit als eine seltene Gabe des Himmels zu schätzen, welche die Sinne zum Genuß des Schönen und des Lebens selbst höchst fähig gemacht hat, als dessen Glückseligkeit in einer Dauer angenehmer Empfindungen besteht". Der in den letzten Worten ausgesprochene Epicureismus ist im Ton des Ganzen. Es liegt etwas über der Schrift wie jener volle ruhige Daseinsgenuß, der mehr zum südlichen Himmel und zum Leben der Alten als zum nordischen und modernen Wesen zu passen scheint. Es gehört zur wahren Humanität, noch von etwas anderm zu wissen als dem Wechsel von Arbeit und Zerstreuung. Die Arbeit sollte zur eigensten Aeußerung, Darstellung, Lust unseres Selbst werden, und die Ruhe zu einer Thätigkeit die reicher ist als die unruhige Geschäftigkeit. Bilder solchen Vollgefühls befriedigter Existenz, die allem Genuß der schönen Welt ringsum offen ist, und zugleich in voller sinnender Geistesarbeit ruht, zeigen uns manche Gestalten antiker Plastik und pompejanischer Gemälde. —

Der Brief war zu einer „Abhandlung" geworden; es spricht nicht mehr der Freund zum Freund, sondern der Autor zum Publicum, der Kunstlehrer zur Zeit, ja wir scheinen sogar zuweilen den „Präsidenten der Alterthümer" zu vernehmen. Auf dem Titel steht: „Johann Winckelmanns, Präsidenten der Alterthümer in Rom, und Scrittore der vaticanischen Bibliothek, Mitglieds der königl. Englischen Academie der Alterthümer" u. s. w. Dieser Titel verkündigte alle den Teutschen im Norden die Beförderung ihres Landsmanns im fernen hohen Rom. Es war sein erster Titel, inmitten eines Volks fremder Zunge errungen. „Was für ein Ruhm, hieß es nun, für unsere Nation, daß man einen Teutschen würdig gefunden, ihm die Aufsicht über die Alterthümer anzuvertrauen, und wie üblich ist es von Herrn W., daß er seine Muttersprache, die so viele kleine Geschöpfe von unseren Landsleuten in fremden Ländern vergessen zu haben affectiren, immer noch wählt, seine Einsichten in jedem Theile der Wissenschaften der Welt mitzutheilen". „Präsident der Alterthümer" klang im fernen Teutschland ganz anders als in Rom, wo übrigens die bescheidenere Bezeichnung üblich war; Hagedorn lächelte über diesen Präsidenten. Aber ein Präsident der Alterthümer zu Rom durfte sich, so schien es, erlauben, großen Künstlern, weltberühmten Gelehrten, ja ganzen Nationen über den Bart zu fahren. Die einzigen, die Lob empfahen, sind die Freunde, Mengs, Albani, Casanova „der größte Zeichner in Rom nach Mengs"; natürlich außer den Alten, von denen wir aber hören, daß man sie nur da, wo der Präsident der Alterthümer ist, kennen lernen kann. Wenn man Präsident geworden ist, darf man sich entschädigen für frühere übermäßige Bescheidenheit durch den Meisterstolz:

Same superbiam quaesitam meritis!

So erhalten ihre Censuren nicht nur der Graf Malvasia („der sich nicht entsieht vorzugeben, daß die Caracci sich verdorben durch die Nachahmung des Raphael, dieser Schwätzer, der den großen Raphael einen urbinatischen Maler nennt nach der pöbelhaften Sage, daß dieser Gott der Künstler Gefäße bemalet"), nicht bloß der berühmte Maffei („welcher sehr seicht im griechischen war, und den finstern und gezwungenen Nicander dem Homer gleich schätzte, um etwas fremdes zu sagen und von sich glauben zu machen daß er keinen

§ 103. Die Abhandlung von der Fähigkeit der Empfindung des Schönen.

Held gelesen und verstanden"): sondern auch „der größte Alterthumskundige unserer Zeiten", Stosch, wegen seiner Rangordnung der Statuen (s. S. 232 f.); nicht nur Bernini, dem die Empfindung des Schönen in der Bildhauerei von der Natur versagt war, und sämmtliche neapolitanische Maler, die „kaum der Zeit werth, dieselben zu untersuchen", sondern auch Michelangelo, der „um sich gelehrt zu zeigen, in den Figuren der großherzoglichen Gräber sogar die Unanständigkeit derselben übersehen habe". Er möchte der neueren Malerei ein Sündenregister aufsetzen. Um zu beweisen, daß die Künstler bei Farben nicht auf gleiche Weise zu sehen vermögen, führt er an „das überhaupt schlechte Colorit des Poussin, und das traurige des Guercino; das ins gränliche fallende Fleisch des Barocci", ähnliche verkehrte Idiosynkrasien in der Formgebung sind „das gesenkte Profil des letztern, das kleine Kinn des Peter von Cortona, das lange Oval und die langen Figuren des Parmegianino".

Dann mustert er die Museen Europa's und kommt zu dem Ergebniß, „daß das Schöne in der Kunst anderwärts nur einzeln sei; er mag Dresden den Besitz eines Raphaels „von der besten Manier" nicht mehr gönnen; nur in Rom kann die Empfindung des Schönen „völlig richtig und verfeinert werden".

Daß er nun das Recht hatte, solch hochfahrenden, tadelnden Meisterton anzustimmen, dieß konnte er am Ende der Schrift zeigen, wo er auf das „besondere Schöne" eingehen will, d. h. auf das Schöne in Malerei, Bildhauer- und Baukunst. Er will „nur einzelne Blumen und Kräuter suchen"; um so freier war er also, eigenthümliche Beobachtungen auszuwählen; aber wir müssen gestehen, daß diese, selbst vom Standpunkt jener Zeit aus betrachtet, zwar im Sinne der neuesten Strömung des Geschmacks waren, z. B. der Rückkehr zum Cinquecento in der Architectur, der Abwendung von Manierismus in der bildenden Kunst, aber ein durchdringendes, originelles Kunsturtheil vermissen lassen.

Was er von malerischen Grundsätzen aufstellte, ist nur das Echo der Mengsischen, so z. B. wenn er warnt, in starken Verkürzungen Schönheit zu suchen, die finstern Schatten des Caravaggio tadelt, in der Composition Weisheit (d. i. einer Versammlung von gesittigten und weisen Personen zu gleichen), Gründlichkeit (daß nichts müßig und leer in derselben sei), und Vermeidung der Wiederholungen in Handlung und Stellung fordert. Es macht sich hierin bemerklich der beginnende Einfluß nordisch-germanischer Solidität gegenüber der feurigen, flüchtigen, bloß auf Effect ausgehenden Weise der romanischen Malerei der letzten Jahrhunderte; und diese Lehren die damals in Rom zu predigen begonnen wurden, kamen in der nächsten Generation zur unbestrittenen Herrschaft.

Aber wenn diese Grundsätze nun an einzelnen Geschmacksurtheilen sich zu erproben hätten, so wäre es mit ihrer Sicherheit nicht besonders bestellt. Heute versteht man es kaum noch, wie er „Guido's Apollo in der berühmten Aurora nichts weniger als eine schöne Figur" nennen konnte, und „gegen den Apollo des Mengs wie einen Knecht gegen dessen Herrn". „Tiepolo macht mehr in einem Tag als Mengs in einer Woche; aber jenes ist gesehen und vergessen, dieses bleibt ewig". Die Zeit hat anders geurtheilt: Jedermann geht an Mengs' Gemälden gähnend vorüber, und Niemand wird ohne Interesse die Fresken Tiepolo's, des letzten Venezianers, im Palast Labia zu Venedig ansehen.

Dann geht er auf die einzelnen Elemente der Malerei über. „In der Zeichnung ist die Schönheit der Probirstein". Charakteristisch ist hier die These, daß Raphael und die neueren Maler ihre Schönheit der Nachahmung des Alterthums zu verdanken haben. „Da die Raphaelische Schule, welche nur wie die Morgenröthe hervorkam, aufhörte, verließen die Künstler das Alterthum, und gingen, wie vorher geschehen war, ihrem eigenen Dünkel nach". Die Bologneser Eclectiker suchten allerdings neben anderem auch die Reinheit der Alten, aber mit unzureichendem Erfolg. „Domenichino studirte die Alten mehr als alle Nachfolger der Caracci . . . im Nackenden aber hat er die Raphaelische Reinigkeit nicht erreicht". Ebenso Guido, obwohl er „die Schönheit kannte". „Guercino band sich nicht an die Strenge der Zeichnung der Alten. . . Seine Bilder sind edel, aber nach seinen eigenen Begriffen entworfen. Albano ist der Maler der Grazia, aber nicht der höchsten, welcher die Alten opferten, sondern der unteren: die Köpfe sind mehr lieblich als schön".

Wahrhaftig, wenn man aus der gelegentlichen Benutzung eines antiken Kopfs oder einer Relieffigur folgern dürfte, daß alles Kunstgold solcher Meister aus antiker Quelle geborgt sei, und wenn man den Werth eines Geniewerks danach abmessen müßte, wieweit es mit einer fertigen alten Form zusammengetroffen ist: wie einfach und leicht würde die Kunst! Die Mängel der Bologneser scheinen also nur daher zu kommen, daß sie noch etwas für sich zu sagen hatten; und erst der völlige Bankerott in dieser Beziehung war es, der die neuere Malerei zur Höhe der Resignation brachte, die Windelmann hier predigt.

Am sonderbarsten sind die Bemerkungen über das Colorit. Es erhält seine Schönheit „durch eine fleißige Ausführung". „Alle großen Maler haben nicht geschwinde gearbeitet". „Rubens' Colorit ist gegen das des Correggio und Tizian, wie das ächte Porzellan gegen eine durchsichtige Glascomposition". Die Krone aller Gemälde im kleinen in der Welt ist die Verklärung Christi im Palast Albani, „welche die Gewißheit und Zuversicht zeigt, wo der freie Pinsel nichts verliert im nahen und viel weiter wirkt als der Pinsel in Ge-

§ 102. Die Abhandlung von der Fähigkeit der Empfindung des Schönen. 69

mälden, welche fleißig geendigt und gelect sind". Aber diese Transfiguration ist eine geistlos ängstlich gepinselte Copie mit gänzlich verwaschenem Character und Ausdruck. — Endlich sind uns auch die allegorischen Marotten am Schluß nicht geschenkt, in der Hinweisung auf „besondere eigenthümliche Gedanken" in Kunstwerken, welche zuweilen wie lesbare Perlen in einer Schnur von schlechteren stehen, denn unsere Betrachtung sollte anheben von den Wirkungen des Verstandes; wie in der Jo des Correggio der lechzende Hirsch des Psalmisten, und der Köcher unter der christlichen Lampe über dem Bett in Pouffin's letzter Oelung, deutend auf die feurigen Pfeile des Bösewichts; der Gipfel der Abgeschmacktheit ist das Lob von Domenichino's Zündenfall in der Gallerie Colonna, wegen der „stufenweisen Stellung der Figuren in einer Kette von hinübergehender Handlung". —

Der Stil in diesem doch theilweise philosophirenden Versuch ist weniger philosophisch, als philologisch. Die allgemeinen Sätze treten auf in kurzen Sentenzen mit mehr originellen, ja seltsamen, als klaren Worten, ohne Begründung und Erklärung; er eilt zu Beispielen und Bildern, die stets mit gelehrter Ambition aus möglichst entlegenen Quellen geholt sind. Man höre Sätze wie die folgenden: „Die meisten sind wie die leichten Theile, welche ohne Unterschied von einem geriebenen electrischen Körper angezogen werden, und bald wiederum abfallen; daher ist ihr Gefühl kurz, wie der Ton in einer kurzgespannten Saite... Auf solche Menschen wirken die wahren Schönheiten der Kunst wie der Nordschein, welcher leuchtet und nicht erhitzt; man sollte beinahe sagen, sie wären nach der Art der Geschöpfe, welche wie Zanchuniathon sagt (!), keine Empfindung haben. Wenn auch die Schönheit in der Kunst lauter Gesicht wäre, wie nach den Aegyptern Gott lauter Auge ist, würde es dennoch so in einen Theil vereint, viele nicht reizen". So alexandrinisch wie hier wird er übrigens selten. Es ist der sonderbarste Satz, den er je geschrieben hat.

Auch dem Recensenten in der Bibliothek der schönen Wissenschaften (X, 251 ff.) gab die kleine Schrift zu allerlei Ausstellungen Anlaß; obwohl er und andere im ganzen sich sehr dankbar aussprachen. „Wieviel (heißt es in den Leipziger Zeitungen von gelehrten Sachen 1764 S. 243 f.) müßten wir auch nicht aus diesen wenigen Bogen abschreiben, wenn wir die feinen Betrachtungen, welche sie enthalten, sammeln wollten". —

Besser angewandt wäre jene Dedication gewesen bei einem jungen Edelmann, der ein Jahr nach v. Berg in Rom eintraf: Dalberg, Domherr zu Mainz, ein schöner Mann (grand et tout a fait bel homme nennt ihn Wille). Liebenswürdig sei er, von gutem Geschmack, vieler Einsicht und Wissenschaft; nach seiner Rückkehr wolle er das Griechische studieren, „er reist mit vieler Würdigkeit, aber Frankreich will er nicht sehen". Wirklich beabsichtigte er ihm eine ähnliche Abhandlung „von dem verdorbnen Geschmack in Künsten und Wissenschaften" zu widmen. Es ist der spätere Fürst Primas.

§ 104.
Angelica Kauffmann.

Im Anfang des Jahres 1763 kam eine junge deutsche Malerin nach Rom, um die höchsten Schöpfungen der neueren Malerei kennen zu lernen. Vorher hatte sie zu Florenz in den Uffizien in einem ihr eingeräumten abgesonderten Zimmer copirt; einige Monate später folgte sie einer Einladung nach Neapel, wo sie diese Studien in der farnesischen Gallerie auf Capo di Monte fortsetzte. Sie wollte sich zur Historienmalerin ausbilden. Es ist möglich, daß Windelmann sie dort getroffen hat und ihr zugesehen, wie sie Tizians Paul III und Correggio's Danae malte; gewiß ist, daß nach ihrer Rückkehr in die ewige Stadt (am 12. April 1764) das Porträt unseres Freundes ihr erstes Gemälde war. Diese Aufnahme geschah im Auftrag eines schweizer Freundes, eines ihrer Verehrer, der stets von ihr sprach „wie von einer Muse, die aus freundlicher Erscheinungen und huldvoller Gespräche gewürdigt hatte". „Caspar Füßli ließ mich von der geschickten Hand eines deutschen schönen Mädchens zu Rom in Oel malen"; eine „seltene Person" nennt er sie auch. Es war am 13. Juli geendigt, und kostete 30 Zechinen; schon vor der Vollendung hatte sie angefangen, es in Kupfer zu ätzen, und dieß war einer ihrer ersten Versuche in dieser Art: „ein anderer arbeitet es in schwarzer Kunst, um mir ein Geschenk mit der Kupferplatte zu machen".

„Das Mädchen, von welchem ich rede, erzählt er weiter, ist in Costnitz geboren, aber zeitig von ihrem Vater, der auch ein Maler ist, nach Italien geführt worden, daher sie welsch so gut als deutsch spricht; sie spricht aber dieses als wenn sie in Sachsen geboren wäre. Auch spricht sie fertig französisch und englisch, daher sie alle Engländer, welche hierher kommen, malet. Sie kann schön heißen, und singt um die Wette mit unsern besten Virtuosen." In ihrem Atelier sah man später ein Bild, sie selbst unschlüssig zwischen den Genien der Tonkunst und der Malerei.

Angelica's regelmäßig schönes Gesicht, ihre großen blauen*) zugleich lebhaften und sanften Augen mit der seltsam „beredten" Bewegung der

---
*) Amorri nennt sie de Rossi; Klopstock, der sie als Thusnelda gemalt haben wollte, bittet sie, „ja ihre schwarzen Augen bei dieser Gelegenheit nicht in blaue zu verwandeln". 26. August 1770.

§ 104. Angelica Kauffmann.

Pupillen, boten noch in ihrem Alter einen Zauber, wie groß muß er bei der 22jährigen gewesen sein! Ihre Meisterschaft im Porträt (deren einige den Werken großer Maler an die Seite gestellt werden konnten), die Klarheit ihres Urtheils, ihre „männliche Seele" überraschte bei ihrer großen Jugend; ihrer Zartheit — „wie eine in sich zurückgescheuchte Taube". Später, nach dem langen Leben in der großen Welt, deren Modemalerin sie gewesen war, bewunderte man, wie sie doch stets eine reine Bestalin ihrer Kunst geblieben war; wie Herder sagte, „ein frommes Opferlamm ihrer Kunst", wie sie unter dem schönsten fremden Himmel ihr deutsches Gemüth behalten hatte.

In den Bergen von Chur, am Comer See (seit dem elften Jahre) hatte sie ihre erste Jugend verlebt; in Mailand hatte sie zuerst Gemälde der großen Zeiten gesehen, und nichts im großen Reich italienischer Kunst konnte ihr wohl congenialer sein, als die süßen, seelenvollen Gestalten und Köpfe der Borgognone, Leonardo, Luini, Marco d'Oggione. Musik, Gesang, die Dichter Italiens, Klopstock, Zeichnen, das war die geistige Luft, in der sie sich damals bewegte; und in einer solchen poetischen Sphäre, in einer „malerischen Ideenwelt, in einer eignen großen und fröhlichen Welt, die in ihr war", blieb sie stets von der Gemeinheit, aber auch vom Leben geschieden; nie hat sie die Pforten der Leidenschaft durchschritten, sie erschien stets als ein junges Mädchen.

Ein so eindrucksfähiges und geschmackvolles Wesen konnte an der Grazie der Antike nicht gleichgültig vorübergehen, und in der That hat auch der Geist griechischer Schönheit in ihrer transparenten Seele eine Lichtspur zurückgelassen. Damals fand man ihre Formen „voll Anmuth und ganz in griechischer Würde hingestellt"; in ihrer Gewandung insbesondere Aehnlichkeit mit Poussin, der sich ja auch nach den alten Statuen gebildet hatte. Die Manieren der bisherigen Kunstroutine sind bei ihr ganz verschwunden, noch mehr als bei Mengs, der damals nicht in Rom war und von dem sie also nichts lernen konnte.

Da war es gewiß interessant, daß Angelika, die dreißig Jahre später „in Rom den Ruhm behauptete, die erste ihres Geschlechts unter den Geschichtsmalern zu sein", bei ihrem Aufgang mit dem Lehrer „griechischen Geschmacks" zusammentraf. An Gesprächen über Schönheit und Grazie der Antike wird es nicht gefehlt haben, obwohl eine nähere Beziehung zwischen dem schüchternen und bescheidenen Mädchen und dem ein Vierteljahrhundert älteren Gelehrten nicht eingetreten zu sein scheint; der Ton, in dem er von ihr spricht, contrastirt auffallend mit jenen schwärmerischen Briefen an den albernen Junker.

Das Porträt Winckelmanns ist wohl ihr berühmtestes, jedenfalls ein außerordentlich glückliches, und wirklich für ihr damaliges Alter eine erstaunliche Leistung; übrigens hatte sie schon im neunten Jahre mit Erfolg in Pastell porträtirt. Es ist den übrigen Bildnissen desselben Gelehrten so wenig ähnlich, daß man sie zum Theil für Porträts verschiedener Personen halten könnte. Aber wer war treu, Maron, Mengs, Casanova, oder Angelica? Ihre Treue dürfen wir wohl nicht bezweifeln; aber sie hat über das Bild des Gelehrten einen Geist, eine Eleganz ergossen, die in den andern vollständig fehlt. Nicht immer war sie hierin so glücklich, Goethe sagt von seinem Bild: „es ist immer ein hübscher Bursche, aber keine Spur von mir". — Sie besaß die Kunst, nicht bloß die Formen, sondern auch die Gemüthsart zu treffen; sie wußte den der Physiognomie günstigsten Gesichtspunkt aufzufinden; sie erspähte eine malerische Attitude, die der Person eigenthümlich, wenn auch sonst nicht; sie entdeckte und ersann eine Wendung, eine Haltung, einen sprechenden Blick, der andern entging; sie ordnete die Draperie, unabhängig vom Modegeschmack, mit weiblichem Geschmack. So erfaßte sie einen jener Augenblicke, wo Grazie Winckelmanns Erscheinung beseelte, wie der, in welchem er seine Worte über die beiden Grazien der Griechen schrieb, wo vor dem Lehrer der Kunst der Schustersohn aus Stendal verschwand, dessen derbe Structur wir in den knotigen Händen gewahr werden. — In demselben Jahre wo sein bedeutendstes Geisteserzeugniß in die Welt ausging, wurde den Freunden diese feinsinnig geistvolle Auffassung seiner Züge geschenkt. — Sie ätzte es auch in Kupfer, was anfangs Reiffenstein thun wollte; Winckelmann dachte dieß schöne Bildniß der „Allegorie" vorzusetzen.

Angelica hatte bis dahin nur das Porträtfach geübt. Daß sie sich davon losmachen konnte (was bekanntlich nicht leicht ist, besonders bei solchem Erfolg), ist ein Beweis ihrer Willensstärke und ihres Talents. Fünfzig Guineen erhielt sie für ein Bildniß. Angelica hatte nicht viel Saiten auf ihrer Lyra, aber die Töne welche sie anstimmte, waren ganz ihr Eigenthum. Es gehörte wohl jene große Ehre der Kunst dazu, daß auch Talente wie sie, die in früheren Zeiten gewiß ganz dem Zug tonangebender Coryphäen gefolgt wären, sich so auf eigene Füße stellen, einen eigenen Stil und eine eigene Kunstwelt sich schaffen konnten. Sie ist die einzige Malerin, die dieß vermocht hat. Ein neuer Geist kündigte sich an. Während bisher der Gegenstand nur Vorwand gewesen war, um die Darstellungsformen, Effectmittel der Schule, und die der Einbildungskraft des Künstlers sympathischen Formen anzubringen, sodaß man ein guter Maler und doch eine Bestie sein konnte, so fing man jetzt an zu glauben, daß die wahren Künstler nicht bloß zahlen müssen mit dem was sie thun, sondern auch mit dem was sie sind. So begann Angelica von Innen mit einem dichterischen, historischen Zuge, der sie lebhaft berührt hatte. Dann lebte sie sich in die Begebenheit hinein, sie machte sich die Situation lebendig, hegte die Scene mit weiblicher Wärme, bis sie malerische Gestalt gewonnen hatte. Dieß geschah zuweilen in

§ 101. Angelica Kauffmann. 73

Moment, die Scene von Goethe's Wanderer stand gleich nach der Vorlesung so lebhaft vor ihr, daß es, wie sie sagte, von ihrer Seite nichts weiter bedurfte als einer treuen Copie. So war es wieder die Seele, aus der die Composition hervorkam; sie war „eine Dichterin mit dem Pinsel". Dieß poetische Element, die Erfindung, der Ausdruck der Psyche des Künstlers war ein neues Element. Von jetzt an wurde unter den Malern nach poetisch-historischer Bildung gefragt und gestrebt; und Herder schien Angelica „vielleicht die cultivirteste Frau in Europa". Sein und Goethe's Bild standen ihrer Staffelei gegenüber, zur Erinnerung an die köstlichsten Momente ihres Lebens.

Die anmuthigste Leichtigkeit (franchezza) der Execution kam ihr dabei zu Hülfe. Goethe schreibt ihr ein „unglaubliches, und als Weib wirklich ungeheures Talent" zu. Diese hohe Gabe malerischer Sprache gab ihr das Erkühnen, und das was sie selbst war, das Recht, zu ihrer Zeit zu reden. Denn alles was sie malte, war ein Spiegel ihres reinen, zartgestimmten Gemüths. „Alle ihre Werke, sagt Reinhart, sind von dem Hauche einer Seele belebt, welche bloß dasjenige im Raume wiedergab, was sie selbst war". „Jedes Bild, sagt ein anderer ihrer Verehrer, ist ein Ausdruck ihrer schönen Seele, ein Engel gab ihr Namen, Griffel und Farbenschmelz". Eine Madonna nannte sie Herder, „eine schweigende sinnliche Grazie". So kam nun freilich in ihre Frauengestalten eine „eigene unnachahmliche Weiblichkeit", ein Hinschmachten, ein rührendes Ergeben, das alle männlichen Kenner einnahm, aber ihre Männer schienen doch „so züchtig und blöde wie verkleidete Mädchen". Und so machen ihre Bilder auf uns den Eindruck einer vergangenen Mode, sie erinnern an die Zimmer unserer Großeltern; wenn man auch an vielen noch immer Freude haben kann, in einzelnen Augenblicken, wie an allem was „rein, verfeinert, distinguirt", geschmackvoll, empfunden ist. Man nannte sie einst „eine liebliche Erscheinung jener Zeit der dämmernden Morgenröthe eines besseren Geschmacks".

Zweites Capitel.

Die Geschichte der Kunst des Alterthums.

I. Präliminarien.

§ 105.

Ueberblick.

Der Gedanke eines Werks mit dem Titel „Geschichte der Kunst" war Winckelmann unter den ersten Eindrücken der römischen Denkmälerwelt aufgegangen. Die Ausführung dieses Gedankens hat von da an nie aufgehört ihn zu beschäftigen. Eigentlich ist das Werk nie zum Abschluß gekommen, der Tod zerriß einen Faden, den er wer weiß wie lange noch fortgesponnen hätte.

Rom ist es gewesen, dem wir die Inspiration auch dieser Geschichte verdanken, wie einst Villani's Chronik, zu jener Zeit die Erzählung des römischen Verfalls, und bald darauf die der römischen Anfänge. Zu den Geistern verschiedener Art, welche den römischen Boden (nur Geisterseherm sichtbar!) umschweben, gehört vor allen die Muse der Geschichte. So unerreichbar groß, bis zum unfaßbaren, erscheinen hier die Reste alter Cultur, so unermeßlich was durch eine fast ebenso unbegreifliche Zerstörung verschwunden ist, daß der Gedanke sich unser bemächtigt, das größte sei gewesen, und das beste für uns, das tröstlichste, sei dieß Gewesene zu betrachten. In Rom fühlt man sich mehr als auf irgend einem andern Fleck der Erde als Angehöriger der alten Welt; und das Alter wendet sich rückwärts, der Jugend zu, wie hohe Bäume ihre Wipfel dem Aufgang zuneigen.

Dieß Werk ist in mehreren, vier, zum Theil noch vorhandenen Bearbeitungen, Anläufen, zu seiner schließlichen Gestalt — die ihm nicht mehr sein Urheber selbst ertheilte — herangewachsen. Die erste Kunstgeschichte war vor den Reisen nach Neapel und Florenz fertig; äußere Umstände und erweiterte Einsicht bestimmten den Verfasser zur Zurückziehung des schon übergebenen Manuskripts des ersten Theils, im Herbst 1759; und eine zweite Bearbeitung. Ende 1761 im Ganzen vollendet, traf im Frühjahre in Dresden ein, erschien aber wegen des Kriegs leider erst vor Weihnachten 1763 im Drucke. Kaum aber hatte er die beiden Quartanten in Händen, so sprach er schon von der Nothwendigkeit einer neuen Ausgabe. Und da die starke erste nicht sobald vergriffen war, so konnte er sich nicht enthalten, seine Zusätze und Verbesserungen in einem besonderen Werk, den Anmerkungen (1766) bekannt zu machen. Das Erscheinen einer französischen Uebersetzung (1765), das Project einer englischen gaben den Anreiz zu einer vierten Bearbeitung, die um dem alten Verleger zu entgehn, in französischer Sprache zu Berlin herauskommen sollte. Die fast vollendeten Vorarbeiten sind zur Zeit verschwunden, aber von den Herausgebern der Wiener Kunstgeschichte (1776) benutzt worden.

„Wie oft, rief Winckelmann schon im Frühjahr 1762, habe ich die Geschichte der Kunst abgeschrieben, und wieviel Stöße von den ersten Entwürfen!" Die Ausmalung des Tableaus durch Einschaltung neugefundener oder neuerlauter Denkmäler war es besonders, welche dieses Nachtragen endlos machte. Sonderbar! gleich nach der ersten Skizze will er unter die Presse (1758); und noch zehn Jahr später möchte er ein „ganz neues Werk" daraus machen. So steht die Kunstgeschichte denn auch als eine sehr ungleiche Arbeit vor uns: ein Gemälde, in dem einige Figuren bloße Umrisse geblieben sind, während anderen die ausgesuchteste, caressirteste Vollendung zu Theil geworden ist: classische Capitel, würdig der Nachwelt, und ganz provisorisches, Roth- und Ausfüllungsskizzen.

„Wir finden ihn immer in Thätigkeit. Daß seine Werke so wie sie da liegen, erst als Manuscript auf das Papier gekommen, und sodann später im Druck für die Folgezeit fixirt worden, hing von unendlich mannichfaltigen kleinen Umständen ab. Nur einen Monat später, so hätten wir ein anderes Werk, richtiger an Gehalt, bestimmter in der Form, vielleicht etwas ganz anderes" (Goethe).

Dieß lag auch in der Natur des Werks: es enthielt Dinge, mit denen nie abzuschließen ist, und solche über die eine erste Intuition den Berufenen endgültig erleuchtet. Das eine liegt in dem was man später den Geist der Antike, und damals griechischen Geschmack nannte; dieß ist zugleich dasjenige was von Winckelmanns eigenthümlichem Genius, seiner Empfindungsweise abhing; es bezieht sich auf Eigenschaften, an denen die Werke des Alterthums alle mehr oder weniger theilhaben. Es ist das philosophische. Das andere, eigentlich historische ist bei einem beweglichen Forschergeist, einer so unerschöpflichen Fundgrube gegenüber, und bei unablässigem Lesen der Alten, unvermeidlich in stetem Werden begriffen; auch heute noch ist ja jede Kunstgeschichte des Alterthums nur eine vorläufige. —

Dieses Werk nun, „an welches er alle Kräfte gewandt und alle Segel ausgespannt" (27. Februar 1762), in dem er das beste was er geschaut und gedacht, niederlegte, dieß ist es vor allen andern, auf welchem der Ruhm seines Namens ruht, es ist eigentlich der Rechtsgrund einer so ausführlichen Erzählung seines Lebens. Indem er die griechische Kunst, bis dahin ein versiegeltes Buch, wieder aufschließt, ihre menschliche, ewige Bedeutung fühlbar macht: so wird nun auch überall da wo dieß Bewußtsein von dem unvergänglichen Werth dieser Kunst für Humanität lebendig ist, seines Wirkens dankend gedacht, sein Bild mit Interesse betrachtet. Er hat seinen Namen mit der griechischen Kunst so eng verknüpft, daß (nach dem Bilde eines englischen Dichters, das große Fahrzeug sein Poet durch das Meer der Zeiten mit sich fortführt.

§ 106.
Vorläufer.

Dieses Werk nun, als das erste in seiner Art, als eines der frühsten und gepriesensten Denkmale unserer werdenden Nationalliteratur, und das selbst innerhalb der seitdem so erweiterten Wissenschaft noch durch kein gleich großartig angelegtes und mit solch schriftstellerischer Meisterschaft vollführtes verdunkelt worden ist: dieß Originalwerk stellt uns in erster Linie die Frage nach den Bedingungen seiner Entstehung. Man will die Wurzeln sehn, durch die es mit der gelehrten Literatur der nächstvorhergehenden Zeit zusammenhängt.

Solche Bedingungen liegen theils in der Bildungsgeschichte des Verfassers — dessen Studien griechischer Literatur und neuerer Geschichte, dessen angeborener Sinn für plastische Kunst und schriftstellerische Darstellung der Inhalt und das Interesse seines früheren Lebens in Teutschland sind — theils aber in den oft sehr unscheinbaren und wenig bekannten Beiträgen solcher Forscher welche die Wildniß etwas gelichtet, Orientirungspunkte angegeben, einige Fermente der Erkenntniß hingeworfen hatten.

Wenig hat die Kunstgeschichte den Schriften zu danken, welche im Titel mit ihr zusammentrafen, z. B. die Kunstgeschichte des Malers P. Monier*), Durand's Erläuterung der Künstlernotizen in Plinius. Windelmann bemerkte mit Recht, „daß die Kunst an diesen Historien wenig Antheil habe; denn ihre Verfasser haben sich mit derselben nicht genug bekannt gemacht und konnten also nichts geben als was sie aus Büchern oder von Sagen.

---

*) Histoire des Arts qui ont rapport au dessein ... où il est traité de son origine, de son progrès, de sa chûte, et de son rétablissement. Ouvrage utile au public pour savoir ce qui s'est fait de plus considérable en tous les âges, dans la Peinture, la Sculpture, l'Architecture et la Gravure, et pour distinguer les bonnes manières des mauvaises. Paris 1698.

hätten hatten". Das wegen des darin gesammelten Stoffs bedeutendste Werk über alte Kunst waren des Franz Junius drei Bücher von der Malerei der Alten (zuerst 1637), denen 1694 ein Künstlercatalog folgte, der über ein Jahrhundert als Hauptshülfsmittel des Studiums griechischer Kunst galt. Junius war eins der ersten Bücher, die sich Windelmann in Rom anschaffte. Man spürt in diesem Werke eine Zeit, eine Umgebung, wo die Malerei des höchsten Glanzes und Ansehens sich erfreute (vgl. II, 7, 3): es ist geschrieben in England, wo der Verfasser dreißig Jahre im Arundelschen Hause lebte, und Carl I gewidmet; Rubens' und van Dycks beifällige Urtheile sind vorgedruckt. Dieses in elegantem Latein geschriebene Werk ist eine Art Philosophie der Kunst, nur daß des Autors Gedankengang sich bescheidet nichts zu sein als der Faden, an dem classische Aussprüche, Vorschriften, Beispiele, Sentenzen aller Art die in näherer und entfernterer Beziehung zur Kunst stehen, aufgereiht werden und zwar durcheinander aus allen Zeiten, von Homer bis auf Proclus und Isidor. Schon auf Hugo Grotius machte es den Eindruck eines römischen Mosaiks, und Rubens bewundert die saubere, schöne Ordnung, in welcher es Junius gelungen sei, diesen unermeßlichen alterthümlichen Gedankenschatz anzustellen. Trotz dieser philologisch compilirenden Manier hat das Werk keinen historischen Character; nicht einmal der Gedanke scheint ihm je gekommen zu sein, uns die eigenthümlichen Kunstformen und Kunstzustände des Alterthums nahezubringen; „da er Rom nicht gesehen (bemerkt Windelmann), und die Kunst nicht sein Werk gewesen, so hat er vieles nicht verstanden und auf vieles nicht gemerkt". Seine Erörterungen schweben in einer gewissen allgemeinen Höhe über dem Gegenstand: in der Moral und Pädagogik der Kunst, in den Grenzbezirken der bildenden und redenden Künste ist er zu Hause; kurz sein Werk kommt aus der Bücherwelt und wendet sich an die Bücherwelt.

Zu der Zeit als Windelmann an seinem Buche arbeitete, erschien das Werk eines jungen Franzosen, der gleich nach dessen Erscheinen starb, — Goguet's Ursprung der Gesetze, Künste und Wissenschaften (1759), ein Werk dessen Werth er sofort erkannte und aussprach; er nennt „das ihm werthe Buch" (ein Geschenk Usteri's) „eine von den besten Schriften nicht allein der Franzosen, sondern auch unserer Zeit". Dieses Werk zieht in den technologischen Abschnitten auch das Technische der schönen Künste heran; aber sein Zweck ist Erklärung der Anfänge; der Gesichtspunkt seiner Untersuchungen ist der des Anthropologen und Culturhistorikers, nicht des Aestethikers und des Liebhabers. Goguet wies u. a. darauf hin, daß es ein Weltalter gegeben, wo die zeichnenden Künste, welche jetzt dem Vergnügen und dem Luxus dienen, den höheren, nützlichen Zweck hatten: Ausdruck von Gedanken, Ueberlieferung der Kenntnisse auf die Nachwelt zu sein, kurz die

Schrift zu erkennen. Er hat bereits in den sogenannten Donnerkeilen (pierres de foudre) die früheren Stellvertreter des Eisens erkannt, und das Stein- und Kupferzeitalter als eine allgemeine, auch die jetzigen europäisch-asiatischen Culturvölker umfassende Culturperiode gekennzeichnet. — Diese Originés der Kunst aber standen außerhalb des Winckelmann'schen Plans, den sie ergänzen. — Doch hat Goguet in den wenigen Bemerkungen, die er über griechische Kunst zu machen Anlaß findet, einen guten geschichtlichen Blick gezeigt; wenn er die gänzliche Verschiedenheit des griechischen Tempelstils in römischen Ruinen von den echten althellenischen Ordnungen behauptet; oder wenn er zeigt, daß die Griechen alle Schönheit und Reichthum der Baukunst für öffentliche Gebäude reservirten und Paläste gar nicht besaßen; und daß sie in den schönen Künsten ebenso glorreich waren, wie sie dem äußern Comfort dienenden vernachlässigt hatten.

Die Kunstgeschichte besteht aus zwei sehr verschiedenen Hälften, einer systematischen und einer erzählenden. In der Theorie der Schönheit, welche in der ersteren abgehandelt wird, trifft Winckelmann mit den Lieblingsuntersuchungen der damaligen Aesthetik zusammen. Die Lehre vom Idealschönen (beau idéal) war eine herkömmliche Ressource nicht bloß italienischer Academiker, Poeten, Essayisten über Malerei; auch für die Lehre von der Mäßigung im Ausdruck fehlt es nicht an Vorgängern, wie er sie denn schon fern von Rom mit unübertrefflicher Klarheit ausgesprochen hatte. In einem Punkt tritt Winckelmann jenen „Analysen, Untersuchungen über den Ursprung der Vorstellungen des Schönen, der Tugend, des Erhabenen" u. s. w. besonders nahe: in der Zurückführung der schönen Formen auf Linien, — obwohl die Verbindung dieser Linientheorie mit dem Begriff des Ideals und der „Ruhe" durch den Begriff der „Unbezeichnung" ihm allein eigen ist. Das was seine Aesthetik vor den etwas blassen Versuchen der Engländer auszeichnete, war die enge Beziehung auf ein gegebenes, und ein gegebenes von canonischer Bedeutung — feste Gußformen für den flüssigen Stoff der philosophischen Meditation.

§ 107.

Neuere Kunstgeschichte.

Wie kam es, daß man eine Kunstgeschichte zuerst an der antiken Plastik versuchte? Ein Blick auf den Denkmälerapparat mit dem Winckelmann gearbeitet, die bloße Möglichkeit der bekannten, erst nach ihm aufgestellten These, daß von Phidias bis auf Hadrian in jener Kunst keine Bewegung stattgefunden habe, beweist wie wenig die vorhandenen Reste ein solches Un-

brauchten zu ermuthigen geeignet waren. Viel näher hätte es gelegen, das beliebte Schema der Erzählung des „Steigens und Sinkens" einmal auf die neuere Kunst anzuwenden und dafür die „Lebensgeschichten der Maler" etwas ruhen zu lassen. Rubens schon in jenem Brief an Justus (vom 1. August 1637) war der Meinung, da wir die Werke der alten Maler nun nun doch einmal bloß in der Phantasie wohl oder übel nahe zu bringen vermöchten (wie Traumbilder erschienen sie uns; ihre aus bloßen Worten gebildeten Umrisse entschlüpften, wie Eurydice, unseren Armen, die Hoffnung täuschend; alle seine Versuche, sie nachhaltend wiederzugeben, scheiterten): so möchte er, einen ebenso fleißigen Tractat über die italienische Malerei gedruckt zu sehen, deren Originale noch heute vor aller Augen dastehen; davon verspräche er sich einen ganz andern Nutzen.

Man wird einwenden, daß in jener Zeit das Interesse, das Verständniß für die neuere Kunst vor ihrem Gipfel, seitens Correggio und Raphael aufhörte; indeß hat es auch während der hohen Fluth des Manierismus manche gegeben, die ihre Rate nicht gebeugt hatten vor Baal, und die den Geist Giotto's, Masaccio's und Ghiberti's so gut spürten, wie unsere weise Zeit. Wie mancher Urtheile von Italienern wie Bonnotti, Biancoui und Ausländern, besonders Engländern, ließe sich in dieser Beziehung zusammenstellen; wie manche sichtliche Sammlungen von Handzeichnungen verkauft man gerade jener Zeit. Ihnen an steht diejenige des Cardinal Leopold von Medici, welche 170 Meister umfaßte und die ihm Baldinucci in mehr als hundert Bänden chronologisch ordnete. Diese Bände, bemerkt Letzterer, enthalten eine Art Geschichte*), indem man auch ohne Text, durch bloßes Betrachten, die Fortschritte der Kunst wahrnehmen, ja auf Grund des zweifellosen Zeugnisses der eigenen Hand jedes Künstlers beurtheilen könne, welchem von ihm die Kunst irgend eine Verbesserung verdanke. Er kam durch diese Arbeit auf die Idee eines Stammbaumes, der von Cimabue nach 13 Trescuolen hin die auf die lebenden herabreichen sollte, im Verlauf der Arbeit aber erwuchs aus einem chronologischen Register zwar keine Künstlergeschichte, aber jene reiche biographische Notizensammlung, die 1681 zu Florenz herauskam. Ich erwähne solche Bestrebungen hier, weil diese Studien und Sammlungen von Einfluß auf die erste Gestaltung der antiken Kunstgeschichte gewesen sind; kunstgeschichtliche Pläne und Skizzen sind zwar für die neueren und christlichen Zeiten gemacht worden, die Ungunst des Zeitgeschmacks hat ihre Ausführung gehindert, aber sie kamen der historischen Erkenntniß der Antike zu Statten.

---

*) Pareva a me, che questi suoi fatti libri, ordinati per la successione de' tempi fossero per avere un non so che della storia.

„Vom Ursprung, Fortgang und Wachsthum der Geschichte der Kunst (schreibt Winckelmann) können sich diejenigen mehr als andere einen Begriff machen, welche die seltene Gelegenheit gehabt haben, Gemälde und sonderlich Zeichnungen von den ersten Malern in Italien bis auf unsere Zeit zu sehen. Vornehmlich wenn man eine ununterbrochene Reihe von Zeichnungen von mehr als dreihundert Jahren wie mit einem Blick durchlaufen und übersehen kann, wozu ein Theil der großen Sammlung von Zeichnungen Cavaceppi's eingerichtet ist, und wenn man aus denselben die Stufen der neueren Kunst, mit denen welche sich in der Kunst der Alten entdecken, vergleicht, so erlangt man deutlichere Begriffe von dem Wege zur Vollkommenheit unter den Alten". Die Familie Albani war bis 1762 noch im Besitz der Zeichnungen Clemens XI; die Bibliothek Corsini enthielt dreißig Bände Originalskizzen, Pensieri und Zeichnungen berühmter Meister; die Kupferstichsammlung war nach Schulen der Maler geordnet mit Anschluß der peintres graveurs.

Versuche, der Vagheit unserer Vorstellungen von dem Stil alter Künstler durch moderne Parallelismen etwas aufzuhelfen, waren damals nichts seltenes. Je weniger man über die Sache selbst zu sagen weiß, desto regsamer ist die Phantasie im Auftreiben von Vergleichen und Beziehungen. So verfuhr Turnbull, um das „kostbare und mißbrauchte Papier" des Texts zu keinen antiken Gemälden zu füllen; er übergießt den Leser mit einem metaphysisch-überschwenglichen Phrasenstaubregen über die Aehnlichkeit Raphaels mit Apelles, Bonarroti's mit Euphranor, Zeuxis' mit Tizian, Parrhasins' mit Correggio u. s. w. Mit viel mehr Kenntniß und Geschmack als Durand hatte der Graf Caylus in seiner Abhandlung über den Character und die Manier der griechischen Maler (1753) versucht, die laconischen Charakteristiken des Plinius aus seinen Anschauungen neuerer Malerei mit etwas künstlerischem Inhalt zu erfüllen.

Ein zusammenhängendes, critisch geprüftes Bild des Gangs neuerer Kunst hätte ohne Zweifel zu manchem Aufschluß über die alte Kunst Fingerzeige gegeben. Und für solche Universalansichten war Rom ganz der Ort. Denn wenn man auch die Bewegungen der Kunst bis zu ihrem Höhepunkt anderwärts studiren muß: ihre höchsten Schöpfungen hat die neuere Kunst in diese Stadt gestiftet: ja unter der Inspiration ihrer Umgebung geschaffen. Raphael und Michelangelo so gut wie ihren Vorgängern und Epigonen, den umbrischen und toskanischen Quattrocentisten, und den bologneser Restauratoren hat Rom allein, nicht bloß Aufgaben gestellt, sondern einen Schwung, eine Großheit der Gedanken und Formen eingehaucht, die sie anderwärts wohl kaum gefunden hätten.

Franz Bianchini's Plan eines christlichen Museums (1703 begonnen), welches nach der Zeitfolge die Kirchengeschichte durch gleichzeitige Kunstwerke begründen und veranschaulichen sollte, — ein Plan, von dem uns das 1752 erschienene Prachtwerk seines Neffen Joseph einen Begriff giebt, wäre unter günstigen Umständen ein Werk von hoher kunsthistorischer Bedeutung geworden.

Die älteste Idee einer quellenmäßig illustrirten Geschichte der neueren Malerei aber stammt vielleicht von dem römischen Oratorier, P. Sebastian Resta aus Mailand (1635 † 1714), den Gheyi einen Mann von heiligem Leben und von Kindesbeinen an leidenschaftlichen Sammler nennt. Seiner warmen Verehrung für die alten Kunstweisen verdankt man die Erhaltung des köstlichsten Restes des Cuattrocento in Rom, der Himmelfahrt des Melozzo da Forli, einst in der Tribune der Apostelkirche. Er erkannte die Wichtigkeit der Handzeichnungen für die Critik, besonders der älteren Meister, — „die wir verehren müssen als die ersten Schimmer (albori) des Genius; — in ihnen erkennt man diese Vorläufer der Morgenröthe des fünfzehnten Jahrhunderts besser als in ihren übermalten und geschwärzten Gemälden". Seine fürstlich reiche Sammlung war bestimmt, die Geschichte der Malerei vom 13. bis zum 17. Jahrhundert vor Augen zu führen. Er nannte sie Parnasso de' Pittori und theilte sie nach dem Vorbilde des Vaters der Geschichte. Nach dem räsonnirenden Catalog, den er 1707 zu Perugia herausgab, setzte er Crato z. B. über das Cuattrocento, als das Zeitalter der Liebe, des Strebens*); Leonardo (über dessen Leben er geschrieben) war der Eckstein zwischen dem Fleiß des alten und der vollendeten Meisterschaft des neuen Jahrhunderts. Polyhymnia, die Muse des unsterblichen Ruhms, giebt er Michelangelo; Urania ist die „bewegliche Intelligenz für Raphaels himmlische Idee"; Thalia die Göttin der Sinnenannehmlichkeit der Venezianer; zuletzt kommt Klio als historische Muse der Eclectiker. Aber die albobrandinische Hochzeit, „erschienen unter Clemens VIII zur Tröstung unsrer Sehnsucht", steht über allen, als „das einzige, vollkommene Gemälde der alten Zeiten und ihrer heroischen Manier".

Einige Grundlinien philosophischer Kunstgeschichte enthielten endlich die Betrachtungen von Mengs, der nicht müde wurde zu schildern, wie die Malerei sich von dem kleinlichen trockenen Stil bloßer Naturnachahmung durch Michelangelo zur Großheit erhoben, und wie die Trias Raphael, Correggio, Tizian, jeder seinen Theil, von den vornehmsten an, zur Vollendung geführt, sodaß den spätergekommenen nur noch die Nachahmung, und dann die Praxis übrig blieb. —

---

*) L'amabile prefettura del secolo amorum, desiderovo e studioso dall'arte, che tanto fatigò per investigare la sustanza, e per acquistare per sé, e per noi l'emulerna del disegno.

§ 108.
Winckelmanns Ansichten von italienischer Malerei.

Von solchen vergleichenden Gesichtspunkten aus hat nun auch Winckelmann die neuere Kunst in Rom fortwährend beschäftigt. Seine Ansichten über ihren Gang, soweit er sie ausgesprochen hat, waren folgende. Er glaubte gefunden zu haben, „daß das Schicksal der Kunst überhaupt in den neueren Zeiten in Absicht der Perioden dem im Alterthum gleich sei; es seien ebenfalls vier Hauptveränderungen in derselben vorgegangen".

1. In den Anfängen der neueren Kunst war der Stil trocken und steif, — bis auf Michelangelo. Die Zeichnung des Mittelalters war wie die ägyptische, die altherrurische und -hellenische „ideal und mager", einfach; aber diese Einfachheit ist nicht die „hohe Einfalt" der Schönheit, sie ist eine gofferia. Als man nun das Mißverhältniß zwischen dieser Simplicität und dem Reichthum der Naturformen gewahr wurde, griff man zunächst zu dem entgegenliegenden Fehler: nach der entnervten, schwindsüchtigen Zeichnung gefiel die übertriebene (caricata), in Formen und in Handlung. Statt der Schönheit, die sich der Kunst noch versagte, erfreute man sich an der Zierlichkeit; die Quattrocentisten „endigten ihre Werke mit unglaublicher Geduld, und suchten durch die Ausführung der allerkleinsten Sachen einen Glanz über ihre Werke zu verbreiten". Er fand an den Grabmälern des Sansovino (in S. Maria del Popolo) und anderer Bildhauer zu Anfang des 16. Jahrhunderts „die Figuren alle mittelmäßig; aber die Zierathen seien dergestalt ausgearbeitet, daß sie unsern Künstlern zum Muster dienen könnten". Sonach hatte die praeraphaelitische Kunst „eine Einfalt und Reinigkeit, die desto mehr zur Verbesserung geschickt ist, je ungekünstelter und unverdorbener sie sich erhalten hat. Wie der Weg zur Tugend rauh und eng, so ist der Weg zur Kunst, und zwar welcher zur Wahrheit derselben führt, strenge und ohne Ausschweifung und muß so sein . . . Die Altväter der Kunst annoch in der Kindheit derselben haben den Umriß ihrer Figuren mit einer genauen Bestimmung angegeben, und begnügten sich nicht, wie diejenigen welche man Maschinisten nennt (d. i. die große Werke geschwind ausführen), ihre Figuren aus dem gröbsten zu entwerfen und das übrige dem Glück des Pinsels zu überlassen. . . . Durch solche strenge Zeichnung gelangte dieselbe endlich zur Richtigkeit, und der Meister offenbarte sich in den zuverlässigen, kaum angedeuteten Zügen auch der kleinsten Figur. . . So war Italien damals ein fruchtbarer, nicht erschöpfter, aber auch nicht vernachlässigter Boden, welcher durch eine besondere Bearbeitung den verschlossen gewesenen Reichthum seiner Fruchtbarkeit ausläßt."

Die übertriebene Zeichnung kam durch einen einzigen Künstler, in dessen Werken dasjenige aufs frappanteste in die Erscheinung getreten sein soll, was man sich nach einzelnen für hetrurisch geltenden Werken als Nationalstil dieses Volks vorstellte. „Die Eigenschaften der alten hetrurischen Künstler blicken noch itzo hervor in den Werken ihrer Nachkommen und entdecken sich unparteiischen Augen der Kenner in der Zeichnung des Michelangelo, des größten unter ihnen. ... Auf dem Wege des genau bezeichneten Umrisses, der sich in der Härte offenbart, und durch die Gewißheit der Kenntniß, wo alles aufgedeckt vor Augen liegt, würden die Künstler in den neueren Zeiten, durch den scharfen Umriß und durch nachdrückliche Entdeckung aller Theile von Michelangelo zu ihrer Höhe gelangt sein, wenn die Bildhauer auf dieser Spur geblieben wären". Denn diese Parallele zwischen Alten und Neuen erstreckt sich bloß auf die moderne Malerei, nicht auf die Plastik, deren Geschichte sehr kurz sei: „sie blühte in Michelangelo und Sansovino und endigte mit ihnen; Algardi, Fiammingo und Rusconi kam aber hundert Jahre nachher"; das beste der Modernität könne sich nicht neben dem Mittelmäßigen der Alten sehen lassen; wahrscheinlich weil die Sculptur weniger geübt wurde, und folglich auch in ihr große Meister weniger Gelegenheit sich zu bilden gehabt haben.

2. Die Herstellung der Kunst unter Julius II und Leo glich ihrer Erhebung unter Pericles. Wie in den Zeiten vor und nach Phidias fing diese Wiederherstellung nicht in einzelnen Ländern an, um sich von da in andere auszubreiten, „sondern die ganze Natur der Menschenkinder schien damals in allen Ländern rege zu werden, und große Erfindungen thaten sich mit einemmale hervor. Raphael ist es, in dem die Antike wieder geboren ward, zwar nicht im Ideal, aber im Contour und in der Action. Schon in Dresden hatte er seine vorzügliche Größe in der „edlen Einfalt und stillen Größe" erkannt. Wenn er edle griechische Formen seinen Lehrern veranschaulichen will, so verweist er sie auf die Handzeichnungen Raphaels. „Die Hand des Bildhauers der Niobe, der Hand die jene hohe Einfalt des Umrisses schuf, welche die Gestalten über Sterblichkeit und Stoffwelt hinauszurücken scheint, ist verwandt „die fertige Hand des großen Raphael, die seinem Verstand als ein schnelles Werkzeug gehorchend, mit einem einzigen Zuge der Feder den schönsten Umriß des Kopfs einer heiligen Jungfrau entworfen und unverbessert richtig zur Ausführung bestimmt hinlegen würde". Auch die rothen Figuren campanischer Gefäße erinnern ihn an Raphaels erste Entwürfe jener Gedanken, „in denen der Umriß eines Kopfs, ja ganze Figuren, mit einem einzigen unabgesetzten Federstrich gezogen sind". Man unterscheide noch jetzt die Zeichnungen des Penni, genannt Fattore, die denen seines Lehrers am nächsten kommen, bloß an den oft abgesetzten Linien der Um-

schreibung der Figuren, die in des Meisters ersten Gedanken, wie diese selbst, eine aus der anderen fließen und geschrieben heißen können.

Nun ist allerdings die Einfalt, in welcher Raphael die Alten nachgeahmt, „eine marmorne Manier, d. i. ein todtes steinernes Wesen genannt worden"; wie der geschmacklose Malvasia in Bologna von seiner manieru statuina sprach, und einem Mangel an Rundung und Reiz (vaghezza), „weil ihm die Sicherheit der Zeichnung und die richtig und streng angegebenen Figuren Raphaels gegen die Weichheit der Umrisse und gegen die rundlich und sanft gehaltenen Formen des Correggio hart und steif geschienen." Nach Windelmann beruht dieß Urtheil aber auf einem ähnlichen schiefen Geschmack, wie der Vorwurf der Härte, welcher einst der Kunst von Poussin gemacht wurde.

Das Wahre ist vielmehr „daß sich im Anfang des 16. Jahrhunderts, als der goldenen Zeit der Kunst, die Grazie den Malern mehr als ihren Nachfolgern offenbarte ... Leonardo da Vinci und Andrea del Sarto, welche wenige Werke der Alten zu sehen Gelegenheit hatten, dachten und arbeiteten wie wir uns die griechischen Maler vorstellen müssen, und der Christus unter den Pharisäern von Leonardo ist wie die Madonna del Sacco des Andrea zu Florenz des Alterthums würdig. Ja in des Andrea Köpfen ist soviel Unschuld und wahre anerschaffene Grazie, daß ein Pythagoreer. sagen würde, es habe die Seele des Protogenes oder des Apelles in dessen Körper ihre Wohnung genommen".

3. Von dieser leonardesken Grazie unterscheidet sich die gefällige Grazie, welche der Vorzug des Correggio in der neueren Zeit war, wie des Praxiteles und Apelles im Alterthum. Aber die modernen Erzeugnisse des anmuthigen Stils sagten Windelmann offenbar ungleich weniger zu, als die geistesverwandten unter den alten. Er verräth eine ebenso bestimmte Abneigung gegen Correggio, wie gegen dessen Antipoden — den großen Florentiner. Selbst in der Madonna der heiligen Nacht vermißt er die „hohe Idee". Sein etwas affectirtes Lächeln, das etwas gesuchte Profil, vielleicht auch die schwierigen Künste der Verkürzungen, die nervöse Beweglichkeit, das Verschmelzen der Grenzlinien, das fast übermüthige Walten des Lichts, der Ausdruck höchsten Lebensreizes — für alles dieß fehlte ihm der Sinn. Er mochte zuletzt dem Correggio nur noch die komische oder satirische Grazie zugestehen: „von dieser neueren, nicht selten gezierten und vielmals übertriebenen Grazie bis zu der gefälligen Grazie der alten Künstler sei aber kein geringerer Sprung, als etwa von dieser bis zu der erhabenen Grazie des hohen Stils ebensals von wahren Kennern wird haben bemerkt werden können".

4. Nach einem Zwischenraume, der auf Raphael folgte, wo die Zeich-

§ 10⁹. **Ansichten von italienischer Malerei.**

tung selbst in der römischen Schule plötzlich in Barbarei herunterfiel und der üble Geschmack regierte, erhob sich der Stil der Nachahmer. „Den Caracci in Bologna gingen die Augen wieder auf; diese Periode geht bis auf Carl Maratta. Er scheint anzunehmen, daß diese bolognesische Restauration ihren Zweck vollkommen erreicht habe; in Hannibal z. B. „wurde der Geist des 16. Jahrhunderts nach langer Zeit von neuem erweckt; Caracci, Domenichino, Guido, Poussin sind ihm „Künstler ewigen Gedächtnisses". Eine neue Phase des Stils brachten sie freilich nicht: Eclectiker, „suchten sie die Reinheit der Alten und des Raphael, das Wissen des Michelangelo, mit dem Reichthum und Ueberfluß der venezianischen Schule und mit der Größlichkeit des lombardischen Pinsels in Correggio zu vereinigen". In ihren besten Leistungen liefern sie uns das würdigste Pendant zu der Grazie des schönen Stils der Griechen. Praxiteles und die ihm verwandten möchten sich in Absicht der Grazie gegen ihre Vorgänger verhalten haben, wie Guido gegen Raphael. Bei ihm und Albano „ist alles Grazie", sie sind „die modernen Praxiteles und Apelles". In Guido's Engeln findet er „Größe des Ausdrucks". —

Solche Analogien, die ihre Dienste gethan haben, als es noch darauf ankam, in einem unbekannten Lande einige Orientirungsstangen aufzustecken, lassen uns doch sehr bald im Stich, sobald wir die Gestalt der Dinge selbst näher ins Auge zu fassen vermögen. Wie hinkend ist z. B. die Zusammenstellung des Michelangelo mit dem archaischen Stil! Die Behandlung des Aeschylus verräth, daß eine Antipathie gegen das Mächtige, Erhabene, Leidenschaftliche überhaupt mit im Spiel war. Allerdings ist etwas austeres, strenges, abstoßendes in des Florentiners Größe, das mit einer nationalen Eigenthümlichkeit zusammenhängen mag; Luca Signorelli hat es ebenfalls. Aber diese Strenge ist sehr verschieden von der alterthümlichen Steifheit des hieratischen Stils. Dieser Stil rang noch mit den unzureichenden Darstellungsmitteln, die Michelangelo gerade mit souveräner Macht und Willkühr handhabte. Jene ältere Weise war in traditionellen Typen und Formen befangen, erst Phidias hat den Quell der Ideen und Ideale aus dem Felsen geschlagen. Wogegen Michelangelo alle Ueberlieferung abschüttelte; aus den Tiefen seines titanischen Innern warf er ein Riesengeschlecht in seine Zeit, und überließ es ihr, sich wohl oder übel in diese ungeberdigen Räthsel hineinzufinden. In der höchsten, seltensten Eigenschaft — die nur Einem in einem Zeitalter und in einer Nation beschieden zu werden pflegt, kann Michelangelo nur mit Phidias, Aeschylus und ihres gleichen verglichen werden: in der schaffenden Originalität höchster Ordnung, der übermenschlichen Großheit in Gestalt, Stil, Dimensionen. Aber nur Phidias redet nicht auch die herbe, rauhe, dunkle Sprache jener seiner Geistesverwandten. Seine Sprache war den Griechen, ja allen Menschen unmittelbar verständlich: seine Großheit war zugleich vollendete Schönheit.

§ 149.
Der Graf Caylus.

Kein Autor ist dem Grundgedanken der Kunstgeschichte so nahe gekommen wie der französische Graf Caylus (1692 † 1765), mehr noch als in seinen academischen Memoires in dem Recueil d'antiquités, den er in der letzten Zeit seines Lebens nach und nach ausgeben ließ (1752—1767, der siebente und letzte Band ist posthum). Kennte doch noch 1761 ein namhafter italienischer Antiquar sagen, Caylus habe die Geschichte der griechischen Plastik mit einer Genauigkeit und Gelehrsamkeit erzählt, daß er anderen nichts übrig gelassen habe (Paciaudi Monum. Peloponn. II, 17).

Caylus, aus der alten Familie Thubieres, die mit ihm erlosch, lebte nachdem er einige Campagnen mit Ehren bestanden, seit Ludwig XIV Tode als unabhängiger Edelmann ganz seinen Neigungen. Er besuchte Griechenland und die Levante (wo er mit einem Geleit des berüchtigten Räubers Coraxapali zu den Ruinen von Ephesus vordrang). Auf dem Rückweg, zu Rom (1717) war es, wo er im Strozzi'schen Hause sich die römische Liebhaberei für Anticaglien, besonders Gemmen aneignete. Fast ein halbes Jahrhundert lang lebte er von da in Paris, ein unermüdlicher Förderer strebender Talente, Freund Bouchardons und Vanloo's, ein gewandter Dilettant — in Radirungen nach Handzeichnungen großer Meister, in antiquarischer Correspondenz mit Italien und allen Provinzen Frankreichs, kurz als der erste Sammler und Forscher alter Kunst, der an der Academie der Künste über ein Menschenalter lang (seit 1731) das Studium der Antike predigte; — sonst gleichgültig gegen Ehre, und wenn auch von der Unfehlbarkeit seines Urtheils überzeugt (daher man ihn den Förderer der Künste und die Geißel der Künstler nannte), doch ein Feind der Schmeichelei, der Plassen auch — der Aerzte; philosophisch simpel in seinen Gewohnheiten, bürgerlich im Anzug, „kannte er keinen andern Luxus als die Freigebigkeit". Von 60000 Francs Einkünfte verbrauchte er nur 14000 für sich, alles andere war der Kunst, z. B. der Ausbildung armer, junger Maler gewidmet.

Winckelmann hat Caylus unter den Vorläufern seines Unternehmens zu nennen vergessen; man weiß nicht, ob aus dem bekannten Hang, gerade die, denen man in Verdacht kommen könnte, etwas zu verdanken, entweder zu ignoriren, oder heftig zu bestreiten, oder gegen ihre Verwandtschaft zu protestiren. In Privatbriefen verräth er wenig Liebe zu dem Grafen, obwohl dieser seine Freundschaft suchte, von seinen Schriften, z. B. der Description

„mit ungemeinem Lob" brach und eine Uebersetzung des herculanischen Send-
schreibens veranstaltete. Unser Gelehrter erzählt nicht ohne Genugthuung, daß
er den Franzosen die Aufnahme von Antiken in der Villa Albani „verhauen"
habe. Aber ein Brief an Bianconi verräth, daß er über Caylus' Verdienst
ein sehr bestimmtes Urtheil hatte: „ihm gehört zuerst der Ruhm, in das
Wesentliche des Stils der alten Völker eingedrungen zu sein".

In wichtigen Punkten kamen Beide überein, selbst in einigen Irrthümern.
Vor allem in der Forderung, die Antiken aus künstlerischem Gesichtspunkt zu
betrachten. Auch Caylus tadelt, daß man die Denkmäler bisher bloß als
Supplement und Beweis der Geschichte gebraucht habe, oder als isolirte Texte,
die für den längsten Commentar empfänglich sind und bei denen es schwer ist,
mit seiner Belesenheit keinen Mißbrauch zu treiben. Boshafte Leute hätten
sagen können, der Graf mache aus der Noth eine Tugend; seine mangelhafte
Erudition, besonders im griechischen, die er lebhaft beklagte, nöthigte ihn mit
fremder Hülfe zu arbeiten; z. B. Barthélemy's, Le Beau's, Baciaudi's,
namentlich bei Inschriften. Wo er sich auf Gelehrsamkeit einlassen mußte,
machte er deßhalb skeptische Zurückhaltung zu seiner Politik: „er hat, bemerkt
Winckelmann spöttisch, mit jener großen Ueberlegung geschrieben, die in einer
klugen Vorsicht besteht, nicht zu viel zu wagen; man sieht, daß sein Fuß oft
ignes suppositos cineri doloso betritt". Mußten hierauch seine Arbeiten in
antiquarischer Beziehung mit einer unheilbaren Oberflächlichkeit behaftet
bleiben, so wies ihn diese Lücke in seiner Ausrüstung um so gebieterischer auf
eine Behandlung der Denkmäler, in der er wie kaum einer der Lebenden als
sachverständig sprechen konnte. Er gab es auf, in den Monumenten nur Beziehungen zu Zeugnissen der Alten zu suchen, und zeigte dem antiquarischen
Publicum eine Erkenntniß, die rein aus dem, was man mit Augen sieht,
ohne fremde, gelehrte Hülfskenntnisse zu gewinnen ist, und doch ins Innerste
des Kunstwerks eindringt. Das nun was sich so unmittelbar aus dem monumentalen Thalbestand schöpfen läßt, ist der Grad des Wissens in den Künsten,
die verschiedenen Verfahrungsweisen, endlich die Manier. Diese ist vergleichbar
dem Stil, an dem man in einem Buche die Hand eines Autors erkennt, und
noch treffender mit der Handschrift. Zu dieser Art von Untersuchung ist nur
eines unerläßlich: Kenntniß der Zeichenkunst, Richtigkeit des Auges, Leichtigkeit in Auffassung eines Gegenstandes und Wahrnehmung seiner Fehler
und Schönheiten. .;

Man kann nicht läugnen, daß Caylus die Zergliederung der Antiken
als Kunstproduct mit mehr Kenntniß und umfassender durchgeführt hat, als
sein größerer Zeitgenosse, der bei allem Sinn für schöne Formen doch in
den zeichnenden Künsten zu sehr Laie war und zu wenig Interesse für das
Technische mitbrachte. Caylus kam in dieser Beziehung auch seine Stellung

an einem Mittelpunkt der Kunstindustrie zu halten. Er überzeugte sich je mehr und mehr, daß die Alten uns in der Technik ebenso überlegen gewesen seien, als im Geschmack, auch fand er, daß ihre Technik der Nachahmung der Natur zeitlich weit vorausgeeilt war. Er predigte unaufhörlich dem verbildeten Geschmack der Modernen den Stil der Einfalt und Größe, er vertheidigte ihr ideales Costüm, er wies nicht nur hin auf die Fundgrube malerischer Vorwürfe im größten Dichter Griechenlands (durch Lessings Polemik im Laocoon ist sein Name auch Laien bis heute in diesem Bunde bekannt geblieben): er fand, daß den Alten wenig verborgen war von dem was wir wissen, während uns der größte Theil ihrer Methoden abhanden gekommen ist. Nach einem Memoire von 1758 haben die Alten alle Zweige unserer Malerei ausgeübt, nur den großen Plafond- und Kuppelstil ausgenommen, und vielleicht die Emailmalerei. Dagegen von ihren mannichfachen Methoden der Glasbehandlung (z. B. für innere Decoration) und nur eine einzige bekannt ist: das Mosaik. Das größte und das kleinste suchte er wieder auszugraben: die Mechanik der Aegypter bei ihren Riesenbauten, die encaustische Malerei, die Glasfabrication.

Da er seinem Plan gemäß alle seine Betrachtungen auf Autopsie gründen mußte, so sah er sich freilich angewiesen auf das dürftige Pariser Inventar, meist Stücke die er selbst besaß und in dem Recueil stechen ließ. Die Geringfügigkeit dieser in allen Pariser Palais entdeckten oder von seinen römisch-neapolischen Agenten aufgetriebenen Anticaglien (die man in Rom kaum beachtet hätte, und bei denen doch manches unechte mit unterlief) steht freilich in seltsamem Contrast zu den Schätzen, in deren Mitte die Kunstgeschichte aufgebaut wurde. Die Pariser Schöngeister, wie Marmontel, verfehlten nicht, seine minutiösen Untersuchungen und seine antiken Babioles zu verspotten; er habe sich von Gelehrten, deren er sich angedrängt, Aufsätze schreiben lassen über diese Breloques, welche ihm die Trödler aufgehängt und so einen prächtigen Recueil aus Fadaisen zu Stande gebracht, die er für alt ausgab. Auch Winckelmann meinte, „er habe die Gabe von Nichts viel zu sagen": um so höher steigt unser Begriff von der Richtigkeit seines Auges, das mit solch armseligem Apparat soviel zu sehen vermochte. Freilich würde sein Erfolg ein anderer gewesen sein, wenn er seine Ansichten im Zusammenhang vorgetragen hätte, statt in der bequemen Form, einen graben wieder zur Ausfüllung eines Quartanten herangewachsenen Haufen unbedeutender und wenig anziehender Bronzepuppen und Terracotten mit Bemerkungen zu begleiten, die in einem platten, leblosen Stil geschrieben waren.*)

---

*) Avec ces goûts, qui paroissent supposer tant de délicatesse et de chaleur d'âme, il n'avoit pas l'air sensible; il écrivoit platement, sans imagination et sans grâce. Corresp. de Grimm I, 5.

§ 100. Der Graf Caylus.

Die Grundlinien aber des Systems, das er allenfalls hätte aufstellen können, möchten folgende sein.

Der Archäolog soll „treu den Geist und die Hand des Künstlers studiren, sich mit dessen Anschauungen (vnes) durchdringen, ihm in die Ausführung nachgehn, und so in den Denkmälern die Probe und den Ausdruck des Geschmacks sehn, der ein Zeitalter, ein Land beherrschte. Auf diesem Wege wird man zunächst sich eine sichere Vorstellung vom Geschmack der Alten bilden. Die Künste tragen den Character der Völker an sich, welche sie pflegten; sie geben uns ein Gemälde ihrer Sitten, der Tournure ihres Geistes so zu sagen. Dieser Eindruck eines Volksgeists erreicht eine solche Deutlichkeit, daß man von einem ausgegrabenen Stück, dessen Manier dem Land fremd ist, sicher behaupten darf, daß ein Fremder es gearbeitet hat.

Nach Feststellung des Nationalgeschmacks folgt eine zweite, schwerere Aufgabe: diesen Nationalgeschmack selbst in seinen Wechseln zu verfolgen, den Geschmack jedes Zeitalters zu finden. Der Geschmack eines Volks unterscheidet sich von dem eines andern wie die primitiven Farben; die Verschiedenheiten desselben in verschiedenen Jahrhunderten können den feinen Nüancen einer und derselben Farbe verglichen werden. Dieser Gang nun hat in allen Ländern eine gewisse Gleichförmigkeit: die Natur befolgt stets ein Gesetz: auf dem Weg von der Kindheit zur Reife besteht für alle eine Stufenfolge des Wachsthums. In diesem Gang aber entfaltet sich uns ein interessantes Stück (portion) des Menschengeistes: die Geschichte der Künste (1752).

Diese Geschichte erscheint ihm beherrscht von einem stetigen Zusammenhange: eine Nation empfängt die Kunst von der andern, drückt aber sofort und wachsend der übernommenen den Stempel ihrer Eigenheit auf, treibt sie weiter und giebt sie an eine dritte. Mit einer Freiheit, die aber meist auf Täuschung beruht, glaubt er die verschiedenen Grade der Abhängigkeit, Nachahmung, Originalität unterscheiden zu können. In diesem Punkt denkt er ganz anders als Winckelmann, der von einem solchen internationalen Stammbaum der Kunst nichts wissen mag und lieber eine unabhängige, simultane, einem innern Gesetz folgende Bewegung der Künste annehmen möchte. Caylus schwebt eine große Kette vor, deren Hauptglieder sich folgendermaßen gestalten. Die Künste bilden sich aus in Aegypten und zwar mit dem vollen Character der Großheit; sie setzen von da hinüber nach Etrurien, wo sie in den Detailpartien sich bereichern, freilich auf Kosten der Größe; sie gehen weiter nach Griechenland, wo das Wissen, verbunden mit der edelsten Eleganz sie zur höchsten Vollendung hinanführt, nach Rom endlich, wo sie bloß durch fremde Hülfe glänzen, eine Zeitlang ankämpfen gegen die Barbarei, und endlich in den Trümmern des Reichs sich begraben.

Was die Anfänge der Kunst betrifft, so versucht Caylus die (allein von

Namen historisch verdienende) Ansicht, daß eine Schöpfung überhaupt nicht und am wenigsten in den Anfängen stattgefunden habe. Alles führt uns auf die Langsamkeit und Mittelmäßigkeit des erfinderischen Genies, welches die Menschen sich zuschreiben. Nie ist etwas Ganzes (complet) an erster Stelle gefunden worden. Nie brachten die Menschen eine vollkommen neue Idee hervor: geborene Affen und Copisten, ahmen sie nach, schneiden weg und setzen zu an dem, was die Noth gelehrt. Ein einfaches Bedürfniß führt unvorhergesehener Weise auf ein rohes Mittel, dessen Entdecker der Zufall ist. Die lange Wiederholung dieser vom Zufall dargebotenen Bagatellen setzt in Stand, weitere Zufälle zu nützen, das verbesserte Mittel wird andern Mitteln angepaßt, und nach einem Jahrhundert rückt das Ergebniß vieler Zufälle in den Rang einer Erfindung und wird ein Grund, die Kraft des menschlichen Geistes zu bewundern.

Die ersten Versuche in den schönen Künsten gleichen dem Stammeln eines Kindes. Die Arbeit ist einfach und roh, trocken und herbe; sie zeigt Unwissenheit, Schwerfälligkeit und schlechten Geschmack. Aber die gefeierten Künstler Raphael, Leonardo würden sich ihr hohes Lob kaum verdient haben, wenn nicht die Geduld ihrer Vorgänger bei Urbarmachung des Bodens sie erst in Stand gesetzt hätte, das große und erhabene auszuführen. Denn alles ist successiv in den Künsten.

Diese stetige Bewegung nun führt zur Vollkommenheit, aber auch zum Verfall. Denn nicht bloß das aufrichtige Verlangen des Besseren treibt uns vorwärts, auch die Selbstliebe, die nach Auszeichnung trachtet ohne die Mittel anzusehn, der Neid, der das vorgefundene bekrittelt, die Prunksucht, welche die Zierathen häuft bis zur Unkenntlichmachung der Urform.

Wie also die Kunst unmerklich heranwächst, so erlischt sie auch nicht plötzlich: das Feuer der Talente wirft von Zeit zu Zeit, der sterbenden Flamme gleich, einige Blitze; man gewahrt Reste des Ateliers, der Gewöhnung, der Schulmanier, die dann und wann ein anziehendes Werk hervorbringen. Eine Art von Intelligenz behauptet sich mitten in der mit großen Schritten vordringenden und täglich einen neuen Posten besetzenden Ignoranz. Ein niederschlagendes Bild! „O Griechen! ruft er beim Anblick einer byzantinischen Elfenbeinarbeit aus, wenn ihr in einen so kläglichen Zustand herabgefallen seid, und das in eurem Land, was werden wir in einigen Jahrhunderten sein!" —

Aegypten ist die Quelle, aus der das Alterthum die Anfänge des Geschmacks geschöpft hat, — nicht bloß Griechen und Italer, auch Perser, Juden, Chinesen vielleicht. Aegypten gegenüber sind alle Völker der Erde Undankbare. Diese große civilisatorische Wirkung setzt allerdings eine Periode voraus, wo dieses Volk noch mit dem Ausland verkehrte, Handel, Colonisation

§ 109. Der Graf Caylus.

und Eroberung trieb, worauf es später mit weiser Mäßigung verzichtete, um sich in die Grenzen des eignen Landes einzuschließen.

Die ägyptischen Werke zeigen eine anfällige Gleichheit des Geschmacks, der Form und der Arbeit, wahrscheinlich weil bei dem wunderbar hohen Alter ihrer Cultur die ersten Versuche nicht bis auf uns haben kommen können. Ihre Kunst war zu gewohnheitsmäßiger Ueberlieferung geworden, fest ehrgeschlossen vom Aberglauben, dessen Bedenklichkeiten jedem Fortschritt den Weg verraten. Erst die Zeit der Ptolemäer änderte die alte Verfassung der Künste, und damit endigte das originale Aegypten; jene Austerität, welche der persischen Umwälzung und dem griechischen Verkehr widerstanden, war gelöst (obwohl die Verbindung mit Griechenland hatte ihnen die Augen geöffnet); jetzt erst wagten sie, eine Vervollkommnung der ihnen eigenthümlichen Formen zu versuchen.

Der Character dieser ägyptischen Originalkunst ist Größe und Gediegenheit. Ihre Architectur blendet nicht durch gefällige Harmonie, welche den Gegenstand, den sie schmückt, dem ersten Blick verbürgte, sondern durch jene solide, majestätische Bauart, der gegenüber die Tempel der Griechen wie mit Flitterkram behängte Kartenhäuser sich ausnehmen. Dieselbe Gediegenheit erkennt man nun auch in ihrer Bildhauerei wieder: es sind dieselben Entwürfe für die Nachwelt, verbunden mit einer Idee von Großheit, Adel, Hoheit und einer gewissen Herbe (rudesse) in den Details; sie haben stets große Massen und Wirkungen im Auge gehabt. Daher die Anlehnung der Statuen an den Pfeiler, die Verbindung der Beine, die Stützung der Figur durch compacte Haltung, wie bei der lauernden Sphinx. Dieser große Character zeigt sich auch in ihren Thierfiguren, z. B. Löwenköpfen; an einer Katze etwa er diese Verbindung von Einfachheit, Strenge und vollendeter Richtigkeit. In den Malereien der Aegypter gewahrt man zu seiner Ueberraschung, daß jener strenge plastische Stil conventionell war, und daß Volk in Wirklichkeit mehr Esprit und Eleganz besaß als man ihm zutraut. Die Nachahmung der Natur ist vollständiger und wahrer, sie haben den Details, der Bewegung und den hervorragenden Theilen Eingang verstattet.

Etrurien's Kunst blühte in den Tagen der ersten römischen Könige und bestand noch ein Jahrhundert nach der römischen Eroberung. Es war der Verkehr mit Aegypten, der den Etruskern die Augen öffnete und über die Roheit der Urvölker italischer Aboriginer hinaushalf. Aber ihre Nachahmung war keine sclavische, sondern eine Reminiscenz, die eine gewisse Originalität beiwahrte, und gar bald entfernten sie sich vom ägyptischen Wesen und begannen mit eignen Schwingen zu fliegen.

Anfänglich (1756) glaubte Caylus bei Salthermes unterscheiden zu können; später (1764) gesteht er, die äußerste Mannigfaltigkeit in ihren Mustern setze ihn immer aufs neue in Erstaunen. Kein Wunder, denn er versetzt alles nach Etrurien, was irgend einen Geschmack des Alterthümlichen hat, und die ganze griechische Basenmalerei dazu. Eine stetige Folge von der Unwissenheit bis zu dem erleuchteten Verfahren könne man nur bei ihnen aufzeigen. Ihr distinguirter Rang aber unter den Kunstvölkern, den sie unanfechtbar durch Schöpfung einer architectonischen Ordnung documentirten, der aber nie gebührendermaßen ans Licht gestellt worden ist, erinnert uns, wie glücklich von jeher Italiens Clima für die schönen Künste war. Diese glückliche, natürliche Begabung, und vollkommene Kunstkenntniß dazu, zeigen die Basen. Welche Reinheit in der Form, welcher Verstand in den Ornamenten, welche Leichtigkeit der Technik! In dem vertieften Gemmenschnitt, den sie ebenfalls zur höchsten Vollendung gebracht, offenbart sich am deutlichsten ihr eigenthümlicher Geschmack, der stets eine gewisse Trockenheit hat, eine Affectation im Detail der Muskeln (1759).

Die Etrusker haben andern Völkern, besonders den Griechen, einen Theil ihrer Ideen mitgetheilt. Wir erblicken sie erst roh ausgedrückt, dann entgröbert, verbessert, entwickelt, endlich vervollkommnet auf Denkmälern ihrer Nachfolger. Aber die griechische Kunst hat auch auf sie zurückgewirkt: Homer kam bei ihnen zu hohem Ansehn. Seitdem milderte sich die erste Strenge, sie eigneten sich die Darstellung des Nackten an; aber wenn gleich Nachahmer, wurden sie nie bloße Copisten.

Die Eifersucht der Sieger hat unwürdiger Weise durch Zerstörung ihrer Werke die Künste, die Talente und vielleicht die Tugenden dieses Volks in Vergessenheit begraben wollen. Je öfter man sich daher in ihre Denkmäler vertieft, um so mehr sieht man sich nichts als Problemen gegenüber: Zeit, Gegenstand, Veranlassung, alles bleibt Vermuthung.

Die Griechen haben, nach Caylus' Ueberzeugung, ebenfalls ihre Künste, wie ihre meisten Religionsideen, aus Aegypten geholt, ägyptische und etruskische Manier nachgeahmt, ja die Zeit knechtischer Nachahmung scheint von ziemlich langer Dauer gewesen zu sein. Aber sie hatten freilich ein viel feineres, delicateres Auge als ihre Lehrer. Sie verminderten deren Massen und gaben dafür den Theilen Eleganz und Gefälligkeit (agrément); sie fügten Grazie hinzu und die gelehrten Licenzen, die nur eine Superiorität sich erlauben darf, wie die Natur sie selten gewährt. Darauf aber bemühten sie sich zu vergessen, was sie den Aegyptern schuldig waren, die sie ungestraft zu bestehlen hofften, weil sie sich auf deren Verachtung oder Unthätigkeit verließen. So lebhaft war ihr Bewußtsein vom Verdienst der Erfinder, daß sie alles aufgeboten haben, uns glauben zu machen, daß sie fast alle Künste nur sich selbst verdankten. Dieselbe Eitelkeit, in der die Richtung ihrer Künste auf öffentliche Denkmale wurzelt, ertrug es nicht, daß die Nachwelt Zeuge sein sollte ihrer Kindheit und ihres Wachsthums in den Künsten; deshalb haben sie alle ihre Anfangswerke vernichtet.

Und doch hätten sie mit dem, was ihr eigenes und eigenstes war, zufrieden sein können. Die Eigenschaften der griechischen Zeichnung, — die andere Völker nie besessen haben — sind eine edle Einfalt (1756, S. 127), welche die Eleganz stets begleitet. Dieser Adel, diese Einfachheit, die sie mit soviel Fleiß wie Glück gesucht, erzeugt das Große und Erhabene; schwer ist sie und verlangt mehr allseitige Aufmerksamkeit, Genauigkeit und Richtigkeit als große Bewegungen. Präcise Zeichnung und breite (large) Ausführung haben sie allezeit höher gestellt als Reichthum des Stoffs und der Ornamente. So führten sie diejenigen Künste, die durch Naturnachahmung ergötzen sollen, zur Vollendung: und der Punkt ihrer Höhe ist das Zeitalter Alexanders, mit der Entfernung von welchem die Kunst abnimmt. In ihren Werken sind soviel Theile beisammen, in welchen sie sich ausgezeichnet, daß ihr Studium mit dem der Natur gleichen Schritt hält.

So ward Griechenland der Tempel der Künste, es glich von allen Seiten einer vollkommen geordneten Gallerie, die um so herrlicher war, da alle ihre Werke die schöne Natur nachahmten, und die passende Aufstellung das Verdienst verdoppelte. Kein Volk der Erde, das uns sympathischer wäre, keines von dem die Phantasie lieber alle Einzelheiten kennen lernen möchte.

Die Antike, die als Muster der Künste gilt, ist die griechische. Ihre Trümmer sind die einzige Quelle, wo Malerei, Bildhauerei und Baukunst mit Sicherheit den Reichthum und den großen Geschmack schöpfen können. Nur die griechischen Fragmente vermögen unsern Geschmack zu nähren, die Nacheiferung zu unterhalten, das Genie zu erwärmen. Alle welche sie zu Führern erkoren und ihnen sich näherten, hatten Erfolg, alle andern sind gescheitert. —

Kein Römer, behauptet Caylus, hat je Werke gearbeitet, die verdienten citirt zu werden. Dieses Volk hat nie etwas selbst hervorgebracht, und man könnte behaupten, es sei in keiner Gattung erfinderisch gewesen. Nur entlehnt haben sie, erst von den Etruriern, dann von den Griechen, zuletzt ägyptische Culte und Zierrathen. Vielleicht wenn sie die monarchische Regierung behalten hätten, würde der Geschmack sich gebildet und behauptet haben. Der wahre Geschmack, das Verlangen zu erforschen, zu genießen, die Lust sich an schönen Kunstsachen zu berauschen, hat sie nie bestimmt. Die sinnreiche Verfahrungsweise, die feinen Wirkungen des Geistes und der Hand in den Künsten, was waren sie für ein Soldatenvolk, das nur Patriotismus und kriegerische Ueberlegenheit achtete. Darin blieben sie immer Barbaren, daß sie fast stets die Kunde und Ausübung der freien Künste Sclaven überließen. Daher ist der römische Geschmack schwer, stumpf (wou), ohne Feinheit; sobald man etwas von Eleganz wahrnimmt, hat man Griechen vorauszusetzen.

Dankbar kann der Antiquar den Römern sein, oder vielmehr ihrem Aberglauben, denn der war die Schwachheit, der gerade Wurm dieser Welteroberer. Ihre Lararien sind die Magazine und Hülfsquellen der antiquarischen Zunft. Der römische Sinn für Sculptur erfreute sich an den privatesten, gewöhnlichsten, ja plattesten Darstellungen des Lebens; alle Dinge des Gebrauchs wiederholten sie im Kleinen; von keinem sonderbaren Volk, keinem bürgerlichen oder kriegerischen Gebrauch, keinem fremden Thiere konnten sie hören, ohne sein plastisches Bild herzustellen. Sonst legt er den Römern noch die Neigung zu starken Gegensätzen, zu lebhaften (faunischen) Erregungen und zur Allegorie bei. —

Dieß ist also das erste, freilich mit unsicherer Hand entworfene und nur in zerstreuten, gelegentlichen Aperçus niedergelegte Bild vom Gang der Kunst bei den Völkern des Alterthums. Eine schlimme Verzeichnung kam in dieses Bild durch die Gleichsetzung gewisser Stilphasen mit Nationalmanieren, z. B. des archaischen und archaistischen mit dem etruskischen. Daraus ergiebt sich zweierlei: einmal bleibt nun für die Griechen nur das Fervorwollendete übrig, das Reinschöne; und das Fehlen jeder Spur seines Werdens führt auf den abenteuerlichen Einfall einer absichtlichen Vertilgung ihrer gesammten Kunstvorzeit. Dann aber ergießt sich nun ein Reiz des Räthselhaften über die Etrusker; denn die ganze Mannichfaltigkeit vorphidiasischer Stilnüancen, und zugleich die Hälfte von dem Gesammtschatz der Stoffe, Motive, Darstellungsformen griechischer Kunst fällt ihnen zu. Welche Regsamkeit künstlerischen Fleißes, welch rastloses Weiterstreben, welche Aneignungsfähigkeit fremder Sage und Dichtung gegenüber! Noch auf eine andere wunderliche Eigenthumsauseinandersetzung verfiel er. Da er dem hohen Gemeinsinn der Griechen nur öffentliche Werke zutraute, so mußte er alle kleinen Kunstsachen auf Rechnung römischer Superstition setzen; und es ist zu verwundern, daß ihm der echt griechische Geist in vielem von diesem Kram entging, oder daß er an seinem Tag von der römischen Nichtigkeit in der Kunst nicht zweifelhaft wurde. —

Wie sich auf deutschem Universitätsboden ein feiner Kopf unmittelbar vor Winckelmann den Gang der alten Kunst vorstellte, zeigt Christ's freilich etwas schematische Tafel in den Abhandlungen über die Literatur (S. 43 f.). Erst kommt „der feine griechische Stil" von den ältesten Zeiten bis auf Alexander, und von da bis Griechenland durch römische Waffen seine Freiheit vollends verlor; dann „das geringere Griechisch" bis auf den gänzlichen Verfall, nicht lange nach Entstehung des Kaiserthums. Drittens „das ganz alte Römische" bis etwa auf das Ende der Kriege mit Antiochus, „das feine Römische" bis auf die Antonine; fünftens „das geringere Römische" bis etwas über die Zeiten Constantins herunter; und sofort das „erträgliche" und endlich das „schlechte" Byzantinische, seit Justinian.

§ 110.

Buffon.

Bei dieser Verwandtschaft in Geschmack und Grundgedanken kann man sich doch keine Männer denken, die als Schriftsteller so wenig Verwandtschaft hätten, als Caylus und Windelmann. Caylus war in einer Zeit wo gute Prosaiker nichts seltenes waren, ein sehr mittelmäßiger Scribent, sein Stil platt, ohne Anmuth und Gewähltheit, er war ebenso nachlässig formlos in seinen literarischen Mittheilungen, wie in seinem Anzug. Wer nach den Erfolgen des Schriftstellers trachtete, mußte Windelmanns Vorbilder überhaupt ganz wo anders suchen, als unter den Antiquaren.

Früher wurden Windelmanns Studien der neueren Literatur erwähnt, besonders Montesquieu's. Unter den wenigen, welche diesem, im Glanz des Talents, classischer Darstellung und europäischem Ruhm an die Seite gestellt werden konnten, ist Buffon, der Windelmann ebenfalls beschäftigt hat, wie seine Auszüge aus verschiedenen Jahren (1750 und 54) beweisen. Man stellte beide oft zusammen, Jemand schrieb Buffen l'esprit du style zu, und Montesquieu le style de l'esprit.

Es kommt häufig vor, daß unter getrennten Völkern, auch ohne jede directe Einwirkung, aber in derselben Zeit, ganz übereinstimmende Richtungen und Ideen, literarische Formen und Entwürfe, ja verwandt aussehende Persönlichkeiten erstehen: die Zeit scheint eine mächtigere Bedingung der Aehnlichkeit als Sprache und Staat; Erscheinungen derselben Nation aus verschiedenen Zeitläufen sind sich fremder als gleichzeitige Erscheinungen sehr verschiedenartiger Nationen. Aus diesem Gesichtspunkt erhält Buffon in den Präliminarien der Kunstgeschichte einen Platz; der Vergleichungspunkt liegt weniger im Stil, als in der schriftstellerischen Behandlung, beziehungsweise Ausbeutung einer bisher esoterischen Wissenschaft in literarisch-künstlerischer Richtung. Diese Analogie ist nicht ad hoc gemacht: was folgt, sind nur Stellen aus Buffon's bekannten Lobrednern, besonders aus Condorcet und Cuvier. Es wird sich zeigen, daß diese Characteristik wenig verändert auf Windelmann übertragbar ist, ja es ließen sich für jeden Satz fast wörtlich übereinstimmende Parallelen aus Windelmanns Characteristiken hersetzen. Nicht ein Spiel von Aehnlichkeiten soll aufgeführt, sondern die Zeitsignatur des Buches, seine Eingebung durch den literarischen Zeitgeist ins Licht gesetzt werden.

„Als Buffon's Ehrgeiz durch seine Berufung an den königlichen Garten auf die Naturwissenschaft gelenkt wurde, fand er eine unermeßliche Sammlung von Beobachtungen und Nomenclaturen vor; seine scientifische Phantasie empfand das Bedürfniß, und sein Genie fühlte sich stark genug, aus diesen zerstreuten Elementen ein System der Natur, eine Theorie der Erde, ein Kunstwerk der Sprache zu gestalten. Dieß Werk zu vollführen, wurde sofort das einzige Ziel eines Lebens ununterbrochener Arbeit und stetiger Erfolge". Dieß Unternehmen, bemerkt Flourens, könnte man für verwegen halten, da Buffon's Kenntnisse nur ein geringer Theil unserer jetzigen (1785) waren, und noch heute das Unternehmen ein verwegenes sein würde. Aber Buffon erhob sich über diese Bedenklichkeiten, die dem bloßen Forscher unüberwindlich erschienen wären, weil er sich im Besitz eines Mittels wußte, die Menschen zu fesseln.

„Buffon besaß den großen Sinn für das Ganze der Natur, die kosmische Phantasie der griechischen Naturphilosophen; er ging aus von einer Totalansicht der Natur, er drang in die Anfänge und in das Werden; er erlaubte sich den Gebrauch der Hypothesen und der Verfahrungsweise kühner Speculation; aber er hielt alles Uebersinnliche fern, und wollte, wie Cuvier sagt, den umfassenden Plan und die Eloquenz des Plinius, die tiefsinnigen Blicke des Aristoteles mit der Genauigkeit des Details neuerer Beobachter verbinden. Wo die Materialien nicht ausreichten, hat er oft durch Intuition wahrgenommen (il apercevait par la vue de l'esprit) was die Forschung später als Thatsache entdeckte. Er bewies den Werth und die Ueberlegenheit des schöpferischen Genies auch in den Wissenschaften, die sich seit Bacon beschieden hatten, nur Dolmetscher der Thatsachen zu sein, indem er eine Menge von Thatsachen wirklich gab, eine Reihe von Problemen stellte und durch seine großartigen Ansichten der Kette von Veränderungen, welche die Entstehung der jetzigen Erde herbeiführten, durch den Nachweis des Zusammenhangs der Geschöpfe mit Boden und Klima, den Grund legte zu den späteren Entdeckungen.

„Das Mittel aber, auf welches er die Hoffnung dieses Erfolgs und der Dauer seines Werts baute, war der Stil, d. h. die künstlerische Darstellung, auf die er unglaubliche Sorgfalt wandte. Sein Ruhm als Schriftsteller war ihm werther wie sein Ruhm als Naturforscher". Die Anzahl der Kenntnisse, das sind Buffons Worte, die Merkwürdigkeit der Thatsachen, selbst die Neuheit der Entdeckungen, sind keine sichere Garantie der Unsterblichkeit, — sie lassen sich leicht entführen, übertragen, können selbst gewinnen, in der Bearbeitung durch eine glücklichere Hand. Diese Dinge liegen außerhalb des Menschen, der Stil ist des Menschen selbst. Aber Buffon's Stil ist nicht weniger der Ausdruck seiner durchaus noblen Persönlichkeit, als des Gegenstands, „dessen Charakter er annimmt". Die Harmonie seines Stils ist nicht bloß eine Harmonie für das Ohr, sondern eine Analogie zwischen Gedanken und Lauten; seine Sätze sind sanft oder volltönend, majestätisch oder leicht je nach dem Gegenstand seiner Schilderung. Er malte, wo andere nur beschrieben hatten, daher nannte ihn Marmontel den „Coloristen des Stils". Er überraschte die Welt, indem er die große Beredsamkeit auf einen Gegenstand übertrug, dem sie bisher ganz fremd gewesen war. Er besaß das Talent, ein nicht weniger wichtiges, als das der Entdeckung, andern seinen Enthusiasmus einzuflößen, sie zu zwingen, dieselben Ansichten anzunehmen. So gelang es ihm ein Werk zu schaffen, das dauernd geblieben ist, obwohl man viele seiner Sätze als bloßes Spielwerk erkannt hat. Er machte die Naturgeschichte zur populärsten Wissenschaft, und durch ganz Europa; er vermehrte die Zahl der Forscher". —

In alle Kreise der Gelehrten drang damals dieß Bestreben, sich nicht mehr bloß an die Zunftgenossen zu wenden, sondern wo möglich die Früchte ihrer Arbeit dem Tempel der Nationalliteratur zu weihen. Wissenschaftlich mag der Gewinn oft ein zweifelhafter gewesen sein, aber der moderne gebildete Mensch hat dadurch gewonnen — er ist eigentlich durch diese Werke geschaffen worden — und ebenso die Nationalliteratur. Denn der Schriftsteller mußte Meister der Sprache sein, um für so ungewohnte Stoffe Darstellungsformen zu gewinnen.

II. Entstehung und Plan.

§ 111.
Der erste Entwurf (1756—59).

Zuerst in einem Briefe vom 28. November 1756 wurde dem Buchhändler Walther in Dresden beiläufig „ein sehr weitläufiges Werk, eine Geschichte der Kunst" angekündigt. Aber so weit aussehend und zeitraubend die Arbeiten dafür sein mußten, so knapp und bündig sollte das Buch selbst herauskommen. Ein „kleines Werkchen" sollte der „Versuch zu einer Historie der Kunst" werden, das er im Frühjahr 1758 zu Leipzig auslaufen zu lassen hoffte; auch dachte er wohl einmal, es in Rom lateinisch (Michaelis 1757) drucken zu lassen. Um alles was zur Kunst bis auf die barbarischen Zeiten gehört, beisammen zu haben, begann er nun, „alle alten Griechen von neuem völlig durchzulesen". Im März 1757 hatte er, wie es scheint, zu schreiben angefangen, aber damals schien es ihm schon „ein Werk von etlichen Jahren; — denn ich werde nach und nach die Stellen, welche die Kunst betreffen, mit den Manuscripten in der Vaticana vergleichen; und alsdann werde ich etwa ein Bändchen von einem Finger dick schreiben".

Es giebt wenig Werke, deren Entstehung man so auf Schritt und Tritt nachgehen kann. Man durchschaut die Triebfedern und die Operationen, denen ein unsterbliches Werk sein Dasein, seine Vorzüge verdankt, die Motive persönlicher Ehrliebe und selbstloser Begeisterung für die Sache, man bemerkt eine allseitige Sorge die, wie die Natur, im Größten und im Kleinsten, im Innersten und Aeußerlichsten gleich gegenwärtig ist, man versteht, in welchem Sinn ein solches Werk im ersten Moment fertig, und in welchem es in ewigem Werden begriffen ist, und endlich sieht man, wie die freie Schöpfung des Genius, wo sie ins materielle Dasein treten will, mit allen Miseren der Erde handgemein werden muß. —

Die Gliederung dieser ersten Kunstgeschichte war einfach, das antiquarische Detail quantitativ gering. Aber die allgemeinen Sätze (über Schönheit, Stil, Ursachen des Flors der Künste u. dgl.) standen schon alle da, fertig bis auf die letzte Feile. Dieß beweisen einzelne, damals brieflich mitgetheilte Abschnitte, z. B. von der doppelten Gratie (29. October 1757), von der Kunst der Hetrurier (10. December), vom Ursprung der Kunst (3. Febr. 1755).

Die Anfänge des Werks gehen noch tiefer zurück als zum 25. November 1756; sie fallen gleich nach seiner Ankunft am Tiberstrom. Die Marmorbilder Roms haben ihm beim ersten Besuch ihr Geheimniß anvertraut. Die Titel der damals oft angezeigten aber nie vollendeten Schriften haben, als kleine Nebenflüsse, den Strom des Hauptwerks verstärkt. „Ich habe sehr viel entworfen, schreibt er den 3. Februar 1755, welches zum Theil unnütz, zum Theil aber Stoff gegeben hat zu dem Werk, auf welches ich nunmehro ein ganzes Jahr gedacht habe". Von den Beschreibungen der Statuen im Belvedere wurden die besten ausgesucht, und als köstlichster Schmuck der Erzählung der Kunstgeschichte eingeschaltet; diese Episoden haben nicht wenig zum Erfolg des Werkes mitgeholfen. Die für sie unternommenen Untersuchungen — in Betreff der Zeitbestimmung — waren es auch gewesen, welche ihn auf die Idee der Kunstgeschichte gebracht hatten. Aber er findet nöthig, mit letzterer den Anfang zu machen, weil die andern Schriften vielen Lesern unverständlich gewesen sein würden (12. Mai 1757). Eigentlich hatte er sich so beeilt mit diesen Entwürfen, weil er gefunden, „daß es unumgänglich nöthig sei, an dem Orte selbst zu schreiben; die großen Vergebungen seiner Vorgänger rührten meist daher, daß ihnen erst nach ihrer Rückkehr aus Italien das Schreiben eingefallen sei".

Ein nützliches Vorstudium waren die entworfenen Beschreibungen römischer Villen und Paläste; durch sie gewann er die Uebersicht des Denkmälervorraths, er übte sich in jener gleichvertheilten Aufmerksamkeit, zu welcher sich der bloß genießende, oder der von bestimmten Problemen verfolgte Betrachter keine Zeit nimmt. Die Schrift von der Ergänzung förderte die kritische Säuberung der traditionellen Benennungen. Kurz Winckelmann unternahm damals für das ihm vorschwebende eine Anzahl jener Vorarbeiten, mit deren Herstellung —

als Basis einer Kunstgeschichte der Zukunft, noch jetzt gar viele Hände beschäftigt sind. —

Beim erneuten Lesen der Quellen, Pausanias obenan, pflegte er Stellen, die irgendwelche Thatsachen, Themen, historische und ästhetische Bemerkungen enthielten, auf Blättern mit Ueberschriften, die den Gesichtspunkt der Benutzung angaben, auszuziehen.*) Diese Punkte folgen ohne Ordnung, wie die Lectüre sie an die Hand gab. Obwohl er schon früh von dem Gedanken eines „Systema" beherrscht war, so verfährt er doch hier nach einer so breiten Methode der Aphorismen, als habe es mit jenem System keine große Eile, gewiß zum Gewinn des Werks, denn wenn das System einmal dasteht, so pflegen die Fenster der freien Beobachtung sich zu schließen.

Jene Gesichtspunkte waren äußerst mannichfaltig. Wir finden in den zufällig erhaltenen Blättern neben Notizen über Architektur, über die Zustände alter Staaten in gewissen Epochen (unter der Ueberschrift Status, z. B. Graeciae sub Sylla), Nachrichten über griechische Marmorarten, über Holzstatuen, Hermen, Vergoldung der Haare, bezeichnete und eingesetzte Augen, Gruppen aus einem Stück, Politur. Ferner die Titel: Siegerstatuen mit Porträtähnlichkeit, vom Ideal in Porträtköpfen, von der Klugheit der Künstler in Verdeckung der Fehler der Natur, von Statuen mit Inschriften, von Bildhauern, welche ihre Statuen zu ihren Werken gelegt, von schon vor alter Zeit verstümmelten Statuen, von antiken Copien alter Statuen, vom Urtheil über das Alter der Kunstwerke.

Ferner, von der Gelegenheit der alten Künstler die schöne Natur zu sehen, von Nebendingen in der Kunst, vom Ideal der griechischen Künstler, vom Wettstreit in der Malerei, vom Zeitalter der schaalen (latni) Nachahmer und Plagiarier. Endlich, daß die Malerei viel später als die Bildhauerei emporgekommen, von den Bildwerken woran Maler geholfen, von den Künstlern, welche Maler und Bildhauer zugleich gewesen.

Anderes bezieht sich auf griechische Sitten, welche auf die Kunst Licht werfen, z. B. de praerogativa et praemio pulchritudinis; über Erziehung und Unterricht; daß Worte die bei uns für obscön gelten, es bei den Griechen nicht waren; Ehrenbezeigungen gegen berühmte Männer; Zuversicht der Alten in Verkündigung eigner Arbeiten.

Diese Blätter bestätigen, daß Winckelmann bezüglich mancher Punkte Anstalten wie für eigne Abhandlungen machte, die schließlich mit einem Satz abgethan wurden. —

Die Liebe, mit der der Autor an seiner Schrift hing, verräth sich in den zum Theil aufopfernden, mannichfaltigen Bemühungen für ihre Vollkommen-

*) In der Pariser Sammlung 1269, 43 Blatt; 4257 Collectanea ad historiam artis, 36 Blatt meist aus Pausanias; auch 4259.

heit, von Meditation und Forschung, literarisch-monumentalem Apparat an bis auf Form und Ausstattung. Er hatte offenbar im Sinn, ein Geschichtswerk in der Art der Alten zu liefern, eines das sich dauernd behaupten und dem Loos aller Erzeugnisse einer noch in Bewegung begriffenen Wissenschaft entgehen sollte.

Er will zwar „nichts mit zwei Worten sagen, was mit einem geschehen kann, wo es aber auf eignes Denken, und auf Beschreibung im höheren Stil ankommt, sich auslassen"; denn sein Vorsatz ist, „ein vollkommenes Werk zu liefern, und das Denken und die Schönheit der Gedanken und der Schreibart aufs höchste zu treiben, . . . ein Werk, dergleichen in deutscher Sprache, in was vor Art es sei, noch niemals ans Licht getreten; um den Ausländern zu zeigen, was man vermögend ist zu thun". —

Solchen Büchern gegenüber — bei deren Entstehung eine Aufregung der Phantasie, eine Masse präsenten Gedächtnißvorrathes, eine Concentration der Denkkraft stattfindet, die ihrer Natur nach nur vorübergehend sein kann —, ist es dem Autor erlaubt, nachher, in der Ebbe der gewöhnlichen Geistesverfassung, sich selbst zu bewundern, worin man sonst, mit Leonardo da Vinci, das Zeichen eines schwachen Genies erkennen wird. Denn der große Geist steht über seinem Werk, und soll sich, wie Gervinus sagt, zum Schreiben nicht erheben, sondern herablassen.

„Mir sind, schreibt er im Mai 1755, nicht viele Bücher bekannt, in welchen soviel wichtige Sachen, fremde und eigne Gedanken, in einem würdigen Stile gefaßt sind". Der schöne Sänger Belli hatte geprahlt, als er in Rom zum erstenmal auf der Bühne erschien: die Römer sollen erfahren, was Schönheit ist und kann. „Ich wünsche, daß man aus meiner Schrift lerne, wie man schreiben und würdig sich und der Nachwelt denken soll. . . . Es wird die höchste Belohnung für mich sein (schreibt er in Stosch am 27. Juli 1758), wenn ich der Nachwelt würdig geschrieben zu haben erkannt werde".

Ebensoviel Sorge machte ihm die Ausstattung. „Der Verleger soll den Druck aufs allerprächtigste, wie ich es ihm vorschreiben will, veranstalten". Wie froh wäre er gewesen, wenn wirklich Wille in Paris (wie einst Oeser) sich dazu verstanden hätte, einige der Zeichnungen zu stechen! (15. Juni 1757) Das Buch würde dadurch sehr kostbar geworden, aber auch der Scheere der Sammler anheimgefallen sein! Während der Reise nach Neapel versprach Mengs, die Angelegenheit der Zeichnungen zu beaufsichtigen. Er glaubte siebzehn Vignetten nöthig zu haben (5. August 1757); nur seltene und noch nicht gestochene oder sonst bekannt gemachte Basreliefs sollten gewählt werden, theils die er selbst besprochen, theils die es sonst verdienten. Im August sollte begonnen werden, im November wird daran gearbeitet; er zweifelt, ob man in der Schweiz geschickte Künstler habe, die Zeichnungen, an welchen er weder

§ 111. Der erste Entwurf.

Kosten noch Fleiß sparen wollte, wenigstens ätzen zu lassen. „Ich will in dem ersten Werke von seiner Art in neuerer Zeit und in einer Historie der Kunst des Alterthums mich nicht mit deutschen barbarischen oder französischen Fratzen-Figuren beschandflecken" (6. Oct. 1759). Die Auslagen für diese Kupfer, mit Ausnahme derer auf den Titelblättern, verlangte er von Walther vergütet.

„Winckelmann, bemerkt A. W. Schlegel, legte ungemeinen Werth auf das Aeußere. Alle seine Schriften, selbst die kleineren Abhandlungen, sind in 4° erschienen, in großem leserlichem Druck und mit Kupferstichen verziert. Nach dem Maßstab dessen, was man damals im typographischen Fach zu leisten gewohnt war, zeichnen sie sich vortheilhaft aus. Diese Sorgfalt auf würdige Form ist nicht ohne Einfluß auf ihr Schicksal gewesen. W. erklärte dadurch stillschweigend, daß sie nicht bloß eine Unterhaltung für den Augenblick, sondern ein Besitzthum für die Dauer sein sollten, und der Erfolg hat seine Ansprüche bewährt".

Eine beständige Beigabe zu dieser jahrelangen Beschäftigung waren die Händel mit dem Hofbuchhändler Walther in Dresden. Da seit Polykrates nun einmal auf alle menschlichen Freuden ein Dämpfer gehört, so müssen wir es in Ordnung finden, daß auch bei einer, sonst in allen ihren Phasen den Verfasser so glücklich machenden Arbeit als Dämpfer ein kön. polnischer Geheimer-Commerzienrath auftritt.

Winckelmann, der von Carlyle's Lehre nichts gewußt zu haben scheint, „daß Schweigen das Element ist, in dem große Dinge sich zusammengestalten", der seine Einfälle in Bezug auf Reisen, Bücher, Berufungen mit dem nächsten Posttag gleichzeitig womöglich in alle vier Winde auszutrompeten pflegte, hatte von dem noch ungelegten Ei dieses seines wichtigsten Werks zuerst an seinen Verleger geschrieben, bald nachher auch, im Mai 1757 einen förm- lichen Antrag folgen lassen. Diese voreilige Verpfändung seines Worts hatte er bald aus mehrfachen Gründen zu bereuen. Bei dem damals schon aus- gebrochenen Kriegsbrand hätte er keinen unpassenderen Verlagsort als eine sächsische Stadt wählen können. Das Erscheinen des Werks wurde dadurch um mehrere Jahre verzögert. Mitten in seiner Armuth und bei den selbst- gemachten und fortdauernden Unkosten will dieses „Kind im Handel" „keinen gewissen Preis bedingen"; der Buchhändler möge ihm, „nachdem der Abgang sein werde, nach Belieben ein Geschenk machen, in Geld und andern Sachen". Aber damals schien ihm neben der lebhaften Sehnsucht, seine Arbeit „aufs allerprächtigste wie die Breitkopf'sche Druckerei fähig ist" gedruckt zu sehn, alles andere Nebensache.

Als er Walther jenen Antrag machte, war er bereits mit Wille und den Jüngern in Verbindung gekommen. Er benutzte deren Vorschläge zu einem gelinden Druck auf jenen Geschäftsmann. „Die kaiserliche Academie zu Augsburg hat mir durch Herrn Wille in Paris einen Vorschlag thun lassen und sich erboten, es aufs prächtigste drucken zu lassen und für den Bogen einen Ducaten zu zahlen. Es findet sich auch in Zürich ein Buchhändler, welcher vielleicht noch höher geben würde; es ist mir aber nicht um den sehr geringen Gewinnst zu thun". Doch hätte er nun gar gern sein Buch im Besitz jener warmen, thätigen Freunde gesehen; und nach monatelangem Warten auf Antwort hielt er sich berechtigt (es war kurz vor der Abreise nach Toscana), das Manuscript Geßnern, Füßli's Schwiegersohn, und zwar ohne Entgeld und Gegengeschenk zu überlassen, das sollte sein Dank sein: „ich entschloß mich, ihm meine Schrift zu schenken, das Allerliebste was ich habe und gehabt habe. Ich mache H. Geßner keine andere Bedingung als eine gewisse gesetzte Anzahl Exemplare". Er theilte diesen Beschluß Walther am 26. September 1755 mit und suchte ihn mit der Verheißung der zweiten, gewiß bald nöthigen, und sehr erweiterten Auflage zu besänftigen. Er hatte indeß die Rechnung ohne den Wirth gemacht, als er Stolch um dieselbe Zeit ankündigte: „meine Schrift wird zu Zürich unter Aufsicht H. Füßli's, Stadtschreibers des Raths gedruckt werden".

Es kam ihm alsbald die Mittheilung zu, „daß es dem Hofe mißfallen würde, wenn er, zumal in den jetzigen Zeitläuften, diese Arbeit in der Schweiz drucken ließe, und daß er allen Verdacht eines preußischen Herzens (welches man mir mit Unrecht Schuld giebt) vermeiden müsse"*). Walther gab vor, er habe schon die Privilegia darüber erhalten, auch versicherte er, Hagedorn wolle für das Buch Sorge tragen, und versprach eine Zechine für den Bogen. „Ich weiche gar leicht dem ersten Eindrucke, und ich versprach den Verlag H. Walther".

Als er im Anfang 1755 nach Neapel reiste, fehlte nur „die letzte Hand", besonders am Stück von der Malerei; in Toscana suchte er einzelne ihm fehlende Nachrichten über etruscische Kunst. Um seinen Kopf frei von dieser Sorge zu machen, will er Ende September schließen und Anfang Winter die anderthalb Alphabete starke Schrift unter die Presse bringen. Noch von Florenz aus übermachte er Walther den ersten (systematischen) Theil, wartete aber mehrere Monate lang vergebens auf Antwort. Walther war mit der Schrift nicht zufrieden, sie schien ihm zu klein. Der Autor war in großer Unruhe. Als nun ein Brief Hagedorns ankam, der die Einladung des Leipziger Buchhändlers Dod übermittelte, Aufsätze für die „Bibliothek der schönen

---

*) Nach dem Journal Wille's vom 6. November 1759 schrieb Füßli: que M. Winckelmann a reçu ordre de la cour de Saxe pour faire imprimer son nouvel ouvrage en Saxe, et non ailleurs.

§ 111. Der erste Entwurf. 103

Wissenschaften" zu schreiben, und einen Louisd'or für den Bogen bot, so entschloß er sich, Dyk die Handschrift zu überlassen. Er läßt sie also Walther abfordern und nach Leipzig schicken. „Ich suchte Leute, welche mir entgegenkamen". „Der erste Theil, schreibt er den 19. August, liegt schon seit einiger Zeit in Leipzig, um gedruckt zu werden".

Aber Monate lang harrte er vergebens auf Antwort. In dem Gewirr zweifelnder, aufgeregter Gedanken unterwarf er die Sache einer neuen Erwägung. Er nahm den zurückbehaltenen historischen Theil des Manuscripts zur Hand, und konnte sich nicht enthalten, ein Capitel nach dem andern umzuarbeiten. Rasch reifte der Entschluß, der ganzen Ausgabe Einhalt zu thun, und eine neue Bearbeitung vorzunehmen. Durch das Erscheinen der Description war für das Renommée vor der Hand gesorgt, aber diese Arbeit hatte ihn auch „viel klüger gemacht", er möchte es nun „so hoch treiben, wie möglich". Er suchte also die Handschrift von Dyk zurückzubekommen (Juli 1759), er wolle sie nie im Deutschen ans Licht stellen, ließ er sagen, oder sie wenigstens völliger ausarbeiten und alsdann auf eigne Kosten drucken lassen. Ein Contract war nicht gemacht worden; „nach dem römischen und nürnberger Recht ist es, wie man mir sagt, das Meinige". Im Fall von Schwierigkeiten dachte er daran, sie dem Churprinzen zu schenken, „damit das Spiel ein Ende habe". „Die Leute waren es nicht werth, nach dem Evangelio". „Blutsauger" nennt er die Buchhändler, „Bestien, die ihn um seinen blutsauren Schweiß bringen wollen". Er fürchtet, „daß eine Handvoll Blätter, durch Vorschub guter Seelen, welche dieselben vor den Mäusen bewahrt, gedruckt werde. In einem Nest voll Magisters (Leipzig), die nicht wissen, wovon sie schreiben wollen, steht dergleichen Waare in Gefahr". Er erhielt das Manuscript von Dyks Wittwe ohne Schwierigkeit zurück, und, „in den höchst bedrängten Zeiten", drei schöne holländische Ducaten Honorar dazu. Er war nun „äußerst beschämt, daß er dieß Honorar gefordert hatte; ich hätte das Überschickte verdoppelt als ein Geschenk zurückgegeben, wenn es hätte füglich geschehen können".

Aber zugleich hatte Walther, der von der Uebergabe des Manuscripts an Dyk gehört, seine Ansprüche aufs entschiedenste erneuert (September 1750), er insinuirte, daß Windelmann es von ihm zurückgezogen habe, „um ein paar Thaler zu erschleichen". So entschloß er sich denn doch, auch die zweite Bearbeitung Walther zu lassen (7. October 1759), angeblich (aus der Noth eine Tugend machend) „aus keiner andern Ursache, als um sein Wort zu halten", mit dem Beding, daß er ihm die Kupfer und Zeichnungen ersetze; im stillen aber dachte er, daß „in einem Jahr viel Wasser ablaufe", und daß er sie, „wenn Frieden werden sollte, auf seine Kosten in Berlin drucken lassen könne"; sonst aber „wolle er ihm den Druck so kostbar machen durch die Kupfer, daß er entweder abstechen, oder alles von Heller zu Pfennig bezahlen solle". Er erhielt auch durch Hagedorn das Manuskript zurück.

§ 112.
Zweite Bearbeitung (1759—61).

Dieser Verwirrung verdanken wir den Besitz der Kunstgeschichte in einer viel vollendeteren Gestalt. Als er das Werk wieder vor Augen nahm, löste es sich ihm unter den Händen auf. Später pries er daher jene Störungen als ein Glück, — „denn ich machte ein neues Systema, und warf die ganze Schrift um, auch aus Besorgniß daß dieselbe möchte abgeschrieben sein, und ohne mein Wissen gedruckt werden können". Ganz natürlich mußten die Kenntnisse bei einem Menschen, welcher auf einen Punkt all sein Trachten, Suchen und Lesen gerichtet hatte, in einem Jahre ungemein wachsen. „Ich habe in Gesellschaft des Cardinals Albani ... und bei den erwünschten Gelegenheiten, die weder Fremde noch Römer haben können, sehr viel mehr erfahren und nachgedacht ... Ich kann sagen, daß nicht leicht ein Mensch soviel und so oft und mit so vieler Bequemlichkeit als ich gesehen, zumal da ich Wagen und Pferde in meiner Gewalt habe, und mir alles geöffnet wird. Es sei genug zu sagen, daß ich sieben Jahre mit allen benöthigten Hülfsmitteln, die nicht leicht Jemand gehabt hat noch haben wird, an derselben gearbeitet" (16. Februar 1762).

Da er nun schon als antiquarische Autorität galt, so kostete es ihn keine Selbstverläugnung, „behutsamer zu verfahren ... mit einem Fuß von Blei zu gehen". Mit einem Werk, welches das erste in seiner Art sei, könne man nicht langsam genug gehen; „ich habe, schreibt er am 19. September 1759, keine Eile mit derselben, sie soll noch einige Jahre liegen... Mein Vergnügen soll sein, nachdem sie in vielen Monatsschriften angekündigt worden, sie für mich zu lesen, und zu wissen was andere nicht wissen und denken mögen".

Als er nach Beendigung der Correctur des Catalogs im Mai 1760 die Arbeit wieder aufnahm, entwarf er den jetzigen sehr detaillirten Plan, zu dessen Ausführung er zwei Jahre nöthig hielt. „Mein theurer Geßner, wenig Menschen haben wie ich Gelegenheit und Begierde gehabt, die Alterthümer und Kunst ... zu erforschen, aber ich bin wie jener Tänzer des Alterthums, welcher beständig ging ohne von der Stelle zu kommen. Morgen verwerfe ich zuweilen was ich gestern richtig erkannte" (25. April 1761).

Im Juli 1760 war schon „ein ganz anderes Werk" daraus geworden. „Anfänglich war diese Geschichte ein Handbuch, jetzt ist dieselbe ein Werk geworden". Im Sommer 1761 stand er zum zweitenmale vor dem Abschluß. Michaelis sollte der Druck beginnen. Die zweite neapolische Reise brachte Beschreibungen der neuen Gemälde. Er wunderte sich selbst über die Kenntnisse, die er in diesen letzten drei Jahren erworben (27. März 1761). „Wenn Sie diese Arbeit künftig sehen werden, so wird es Ihnen und anderen lieb sein, daß ich so lange daran gekünstelt habe" (an Stosch 30. August 1760).

Während dem ging das Zeichnen und Stechen immer fort. Eine Vignette kostete ihn vier Zechinen. Im October 1759 ließ er an der vierten Platte arbeiten, — „und ich werde fortfahren alles was ich erschwingen kann, an dieses mein Erbtheil (denn sonst habe ich nichts) zu wenden". — Wieviel hätte er darum gegeben, wenn er den Mann in Dresden hätte lohnen können! Als die Braunschweiger Anträge die Aussicht eröffneten, „mit auswärtigem Beistand sein Leben noch einige Jahre in Italien in Ruhe hinzubringen", knüpfte er sogleich die Unterhandlungen mit den Züricher wieder an. Da er nun nicht nach Sachsen zurückkehre (so rechtfertigt er sich), so könne er die Schrift nicht unter seinen Augen drucken lassen; es sei aber nicht möglich, sie aus der Entfernung zu beaufsichtigen; alle Posttage werde er zu erinnern und zu erklären haben, alle gedruckten Bogen müsse er zur Anfertigung des Registers haben. Als jenes Project sich zerschlug, schrieb er wieder an Walther, der eine Zechine für den Bogen bot. Im December 1761 schickt er zwei Hefte ab durch Graf Firmian und den sächsischen Gesandten in Wien; im Mai wurde ihre Ankunft gemeldet. Seitdem war ihm sein Werk für Jahre aus den Augen gerückt.

Inzwischen klangen die Kriegsdepeschen immer bedenklicher. „Der zunehmende Geldmangel in Sachsen, schreibt er den 18. Juni 1762 an Volkmann in Hamburg, läßt mich befürchten, daß nicht allein der Druck werde gehemmt werden, sondern auch daß ich für alle meine Arbeit ganzer vieler Jahre hindurch schwerlich das geringe Honorarium zu hoffen habe". Er bat nun Volkmann, ihm einen Verleger in Hamburg zu suchen, seine Bedingungen seien: Schreibpapier, größtes Format (wie Cantemirs Geschichte der Größe und des Verfalls der ottomanischen Macht 1745), einen Louisdor für den Bogen, Ersatz des Verlags für Zeichnungen und Kupfer, 20 bis 30 Zechinen Vorschuß zur Bestreitung der rückständigen Kupfer. Volkmann bemühte sich sehr, wollte sogar 150 Thaler für die Platten selbst hergeben; aber sein Brief mit diesen Vorschlägen ging verloren. Nun schrieb er Ende Juni noch einmal an Geßner; da erschien ein Brief Walthers, der sich zu der „Beihülfe" bereit erklärte.

Als das Jahr 1763 zu Ende ging, war das Werk schon Jahrelang diesseits der Berge, und wir sehen den Autor in Zweifel, ob es je an die

Oeffentlichkeit kommen werde. Oft kündigt sich die endliche Erreichung eines Ziels an durch eine Ermattung, eine resignirte Stimmung, — wie im Gegentheil nach altem Glauben Sicherheit und Ueberhebung dem Fall vorangeht. Die Kunstgeschichte war schon in den Händen des Publicums, das in ihr aufgestecke Licht ergoß sich bereits überall wo deutsch gelesen wurde, und ihrem Vater, überdrüssig des langen Wartens, ärgerlich so manche inzwischen gewonnene Einsicht ihr nicht zu Gute kommen lassen zu können, war der Gedanke an sein Kind fatal geworden, ja er gab ihm seinen Fluch.

Die Ausgabe sollte von neuem gehemmt sein, hieß es den 25. Januar 1764, „ich weiß nicht warum, und ehe ich Nachricht auf ein Schreiben bekomme gehen 40 Tage vorbei, ... ich bin müde an dieselbe zu denken, mehr als hundert Briefe habe ich deswegen geschrieben". Und zwei Wochen später: „Ich weiß nicht was aus der Kunstgeschichte geworden ist . . . Es ist diese Arbeit nun aber zwei Jahre aus meinen Händen und Augen, in welcher Zeit dieselbe ansehnlich hätte vermehrt werden können, und noch jetzt ist sie nicht erschienen; daher es mir ein Ekel ist weiter davon zu schreiben. Che vada in tutta la malora l'opera che m'ha occupato tanti anni senza frutto!"

Sie war dem Churfürsten Friedrich Christian zugeschrieben, der eben den Thron seines Vaters bestiegen hatte; er starb, ohne sie erblickt zu haben. Warum war er dem Rath Firmians nicht gefolgt, sie dem Kaiser zu dediciren? es wäre von großen Folgen gewesen in Absicht geistlicher Benefizien im Mailändischen. Er schrieb noch hastig an Walther, erhielt aber unmittelbar danach die Mittheilung, daß das Werk bereits der Churfürstin Marie Antonie überreicht worden sei.

Uebrigens fand, wie Winckelmann später behauptete, der geh. Commercienrath noch ein Mittel, ihn um einen Theil des Honorars zu prellen. „Der Preis war gesetzt, einen Louisdor für den Bogen zu zahlen, er schickte mir einen Ducaten, weil (wie er sagte) der Preis desselben auf einen Louisdor gestiegen sei. Das unschuldigste Kind hätte ihm darauf antworten können; ich bin es aber mit Stillschweigen übergangen". —

Man sieht aus dieser Erzählung, daß Winckelmann sich in diesem Handel als Opfer seines Verlegers betrachtete; aber man darf wohl sagen, eine solche Natur würde an jeden, auch den nachgiebigsten, billigsten Geschäftsmann angerannt sein. Abgesehen von dem letzten Stückchen, über welches das Urtheil suspendirt bleiben muß, worüber hatte er sich Walthern gegenüber zu beklagen? Hätte Walther irgendwo incorrect gehandelt, er würde sicher nicht verfehlt haben, sich wiederholt lebhaft darüber zu beschweren. „Ich weiß, schrieb er ihm, ich habe mit einem Manne zu thun, der die wahre Ehre kennt, der mein Freund ist und mich lieb hat" (25. November

1756). Dem Buchhändler war der Verlag anfänglich ohne Honorar, bloß gegen ein freies Geschenk „angetragen" worden; später versieht er sich, ohne Schwierigkeit scheint es, zu einem Ducaten für den Bogen; in Bezug auf die kostbare Ausstattung, die stets zunehmende Zahl der Kupfer hat er ebenso wenig gesorgt; er lieferte das Manuscript zurück, obwohl er mißtrauisch sein durfte, da der Autor so eben versucht hatte, ihm den Verlag zu entwinden. Das alles mitten in den Kriegscalamitäten. Zu derselben Zeit hatte er sich bei Hof für Fortzahlung der Pension verwandt, Geschenke von Büchern und Geldvorschüsse an Winckelmann gemacht, der seine Beschämung gesteht, „in den höchst bedrängten Zeiten ohne dringende Noth Gelegenheit dazu gegeben zu haben" (28. November 1756). — Diese Verhandlungen zeigen vielmehr in fast komischer Weise, daß wenn Winckelmann sich selbst „ein Kind im Handel" nannte, er nicht nur einfältig war wie ein Kind, sondern auch ebenso wankelmüthig. Sein Verleger mußte Geduld mit ihm haben, wie mit einem Kinde. Das Kind verschenkt seine Spielsachen, seinen Putz, um ihn in der nächsten Stunde wieder als sein eigen zu behandeln. Wahrlich, wenn unserem Gelehrten bei seinen sonstigen reichen Gaben ein Organ fehlte, so war es das handelsrechtliche. Erst ist man großartig splendid, verschenkt in generöser Aufwallung was erst im Entstehn ist, verfügt über viele Jahre von Geistesarbeit, entäußert sich eines Eigenthums, auf dessen geschäftliche Ausnutzung eine sehr problematische Zukunft zum Theil gegründet werden konnte. Aber soll nun soviel Hochherzigkeit, nach Ablauf jener „Gebelaune", sich durch die Rücksicht auf einen Menschen, dem man nichts schuldet, der uns gleichgültig, ja fatal ist, gewirrt finden, besonders wenn jene Rücksicht einem neuen, schöneren, freundschaftlichen Impuls, und auch unserem Interesse, dem rascheren, reichlicheren Ernten des wohlverdienten Lohns blutsaurer Arbeit den Weg versperrt? Warum soll ich, wenn mir der erste Beschenkte nicht mehr gefällt, das Verschenkte nicht an einem anderen verschenken, den ich so gern beschenken möchte, und sollte? Ich beanspruchte ja keine Verbindlichkeit, oder doch nur eine verhältnißmäßig geringe, ganz in den freien Willen gestellte, dafür bin ich aber nun auch an keine gebunden.

§ 113.
Idee und Methode; systematischer Theil.

Der Titel des Werks verheißt eine „Geschichte der Kunst", und zwar soll nach der beigefügten Erklärung diese Geschichte „den Ursprung, das Wachsthum, die Veränderung und den Fall derselben, nebst den verschiedenen Stilen der Völker, Zeiten und Künstler lehren". Allein gleich der erste Satz der Vorrede ist eine Verwahrung gegen die Erwartungen, mit welchen man dann an das Buch herantreten müßte: „die Geschichte der Kunst, welche ich zu schreiben unternommen habe, ist keine bloße Erzählung der Zeitfolge und der Veränderungen in derselben", sondern die Absicht des Geschichtschreibers ist, „den Versuch eines Lehrgebäudes zu liefern". Diesen Versuch enthält der erste Theil des Werks, „die Untersuchung der Kunst nach dem Wesen derselben" (wobei allerdings auch die orientalische und etruskische Kunst besprochen wird); während der zweite von der Kunst nach den äußeren Umständen der Zeit unter den Griechen erzählt, sodaß also erst in diesem zweiten, dem Umfang und dem Gehalt nach weit geringeren Theil, die Geschichte der Kunst Griechenlands zur Sprache kommt. Diese Haupteintheilung stand ihm von Anfang an — schon im November 1757 — fest. Ganz richtig bemerkt Herder in den kritischen Wäldern: „Winckelmann, ein Lehrer griechischer Kunst, ist selbst in seiner Kunstgeschichte mehr darauf bedacht, eine historische Metaphysik des Schönen aus den Alten, absonderlich Griechen zu liefern, als auf eigentliche Geschichte".

Sonach ist dieser erste Versuch einer Kunstgeschichte weder allein, noch vorherrschend vom historischen Gesichtspunkt geschrieben, ja es wird der historischen Betrachtung — der Verfolgung des zeitlichen Verlaufs, des ursächlichen Zusammenhangs — im Vergleich mit der Einsicht in das „Innere" oder „Wesentliche" der Kunst nur ein secundärer Werth beigelegt.

Der erste oder systematische Theil bietet uns ein reiches Programm: eine Theorie der Schönheit oder Aesthetik der Sculptur, eine Analyse des Ideals der alten Künstler in seinen Details und nach seinen besondern Typen, eine Beschreibung der Stilformen der griechischen und außergriechischen Kunst, eine Uebersicht der Ursachen, welche den Flor der Künste beförderten, auch ein antiquarisches Capitel von der Kleidung der Alten.

Wenn Winckelmann von dem Neuen, Originalen in seinem Buche spricht, so hat er meist dieses „Systema" im Auge. Ein „Lehrbuch" will er liefern, welches „bestimmt und gesetzmäßig lehrt", und zwar das „Systema der alten Kunst". Er arbeitet einen 14 Quartseiten füllenden Inhalt aus: „ich habe eine strenge Ordnung gewählt, welche soviel als möglich systematisch in einem Lehrbuch und in der ersten Schrift dieser Art sein muß". „Ich bin nicht eitel, bekennt er Hagedorn, aber ich weiß wie wichtig ein Systema dieser Art ist, woran mancher gewampelt hat, aber keinen Saft gefunden". Nach fast dreihundert Jahren (versichert er Gessner, 28. April 1761) sei endlich einmal Zeit gewesen, daß sich Jemand an dieses System der Kunst wagte: „nicht die unsrige dadurch zu verbessern, die es in wenigen, welche dieselbe treiben, fähig ist, sondern jene betrachten und bewundern zu lehren".

Er hat sich sein Ziel sehr hoch gesteckt. Nicht bloß den Gegenstand der Kunstwerke soll diese Historie deuten, nicht bloß ihren Stil und dessen Nüan-

ern characterisiren und den Kreislauf ihres Lebens beschreiben: das Ganze der Grundsätze und Maximen, nach welchen die Alten gearbeitet, ihre ästhetischen und technischen Regeln soll sie aus den Werken zu folgern wissen, nicht zu reden von den religiösen, sittlichen, poetischen Elementen, welche in die Kunst mit hineinspielen. Es ist ein Unternehmen, bei dem die Gelehrsamkeit des Alterthumskenners, die Anschauungsfülle des römischen Antiquars, die Erfahrung des Bildhauers, das Denken des Philosophen zusammenarbeiten müssen. Der Historiker wagt es, die von ihm erschlossenen Sätze als unter den Griechen gültige Principien, wie aus dem Munde ihrer Künstler auszusprechen.

Es gehört zu den Humoren von Winckelmanns Schicksal, daß er, der einst unter Baumgartens philosophischem Katheder schlummernd gesessen, dessen profane Augen in dem Gott des philosophischen Halle nur einen „Kloz" sahen, der da meinte, „die ganze Wissenschaft der Metaphysik verdiene kein Nachdenken" (7. December 1763), und dessen Lehrschriften von der Zucht ebensowenig wie vom Staub der Schule mit sich führen — gleichwohl den Hauptzweck seines Werks in einer Theorie des Schönen suchte, und so dazu gekommen ist (ähnlich wie es manchen skeptischen und mystischen Hassern der Philosophie ergangen ist, denn die philosophische Muse ist auch darin ein ungewöhnliches Weib, daß sie ohne Empfindlichkeit ist), in der Geschichte der Aesthetik, wenn auch nicht einen ordentlichen Fauteuil, aber doch das Stühlchen eines außerordentlichen Ehrenmitglieds vergönnt zu bekommen.

Winckelmanns Werk ist wohl das erste Beispiel der von nun an häufigen Vermischung, ja Rollenverwechselung von Geschichte und Theorie. Die Geschichte fing an die Literaturgattung zu werden, wie sie (nach Renans Worten) jedes Zeitalter sich wählt, „als seinem Vorwand alles zu sagen, für die feinsten Gedankenwendungen einen Ausdruck zu finden".

Ein Band zwischen beiden lag in der Folge der Stile. Diese Folge nämlich zeigt uns die Schönheit — die nur Eine ist und sein kann — in ihrem Werden, als letzte Frucht immer vervollkommneter Erfahrung, immer glücklicherer Versuche die Natur zu erreichen. Die Entdeckung dieses Gesetzes war Winckelmanns Stolz. Die Untersuchung des Stils in der Kunst sei „gleichsam eine neue Entdeckung, wovon man sich vorher nichts träumen ließ" (18. Juli 1764); seine Originalität liege in der Darstellung „des Stils der alten ägyptischen, hetrurischen und griechischen Bildhauer" (20. November 1757). Diese Betrachtung aber der „vier Zeiten und vier Stile" der griechischen Kunst ist ganz besonders geeignet, uns in das Verständniß der Schönheit einzuführen.

Sodann aber war ihm die griechische Kunst allerdings canonisch. Der Rang der ihr angewiesen worden, war ein so hoher, daß sie dadurch über das geschichtlich besondere und bedingte völlig hinausgerückt erscheint. Von ihr reden, sie schildern, heißt soviel als das ewige Wesen des Schönen schildern: „von der Kunst der Zeichnung der Griechen handeln, ist dasselbe, wie von der Schönheit handeln nach allen ihren Theilen". Der Verfasser der ersten Geschichte der Aesthetik (1858) hat Winckelmanns Lehrweise deshalb mit der theologischen und ihrer „untrüglichen Offenbarung", seinen „felsenfesten Glauben an die Allgemeingültigkeit der antiken Welt" mit dem „Eifer für die wahre Kirche" verglichen. Ein anderer tadelt „den unbefriedigenden Kreislauf der Gedanken, der in seinen Versuchen zur Theorie wiederkehre, die Alten zu preisen, weil sie das wahre Schöne gekannt, und wahres Schöne das zu nennen, was die Alten gebildet".

Dagegen spricht sich ein gleichzeitiger Zergliederer des Seelenlebens ganz übereinstimmend aus. Condillac giebt der Kunstgeschichte ebenfalls die Bestimmung, uns Schönheit zu lehren. Da nun die Kunst ihre Anfänge und ihren Verfall gehabt hat, so wird sich das Schöne an dem Höhepunkt (terme) des Fortschritts finden. Diesen Punkt nun vermag ein Volk nicht zu erkennen, wenn es ihn noch nicht erreicht hat; es verliert das Urtheil über ihn, wenn es ihn nicht mehr einnimmt; aber wenn es in ihm steht, so fühlt es ihn nur. Um ein Urtheil über ihn zu haben, muß man also die Künste beobachten bei einem Volke, wo sie nach und nach Kindheit, Wachsthum und Verfall gehabt haben. Die Vergleichung dieser drei Alter wird uns den Begriff (idée) des Schönen geben und den Geschmack bilden; aber man müßte gewissermaßen alles Gesehene zu vergessen suchen und jedes dieser Zeitalter mit durchleben".

Winckelmann hat sich auch selbst keineswegs die Gründe schenken wollen, wenn er jene Canonicität griechischer Kunst behauptete. Es sollte aber rationell und natürlich zugehn. Jene Ausführungen über den „Einfluß des Himmels in die Bildung" (119 f.), „von den Gründen und Ursachen des Aufnehmens und des Vorzugs der griechischen Kunst vor andern Völkern" (127 f.) waren bestimmt, „die Verehrung der Denkmale der Griechen von dem ihr von Vielen beigemessenen Vorurtheil zu befreien", als lege man ihnen „bloß durch den Moder der Zeit ein Verdienst bei". Wenn nämlich gezeigt würde, daß die Schönheit der Griechenbilder, auch da wo sie uns idealisch vorkommt, ein Spiegelbild ihrer Natur war, sodann, daß das Clima ihres Landes, mehr als das irgend einer Zone der Erde, die Entfaltung normaler Natur, zugleich feiner und großer Formen beförderte, die dann Sitten und Einrichtungen vollendeten, und wenn endlich nachgewiesen würde, daß diese Formen ganz mit den einfachsten, anerkannten Principien des Schönen — der Einheit im Mannichfaltigen — stimmten, ja als deren reinste Exemplification in die Augen leuchteten: dann würde aus das System

§ 113. Idee und Methode; systematischer Theil.

griechischer Künstler nicht mehr als ein national-conventionelles erscheinen, sondern als in der Morphologie des Menschen und den zeitlosen Gesetzen ästhetisch werthvoller Formen begründet (φύσει, nicht νόμῳ).

Nur der Blinde in der Kunst kann sich einbilden, daß irgend eine Norm des Schönen sich ergrübeln oder erschauen lasse neben oder über dem was der Genius gefunden hat. Und wenn wir Winckelmanns Schilderung betrachten von jener merkwürdigen, wohl nie wieder zu hoffenden Conspiration der Umstände, welche die Erfolge Griechenlands möglich machten: schöne Race unter glücklichem Himmel, physische Erziehung, Gelegenheit zum Studium, Achtung und Antriebe der Kunst, Gunst religiös-politisch-gesellschaftlicher Zustände, Schwung des Geistes durch Freiheit und materielle Förderung durch Wohlstand, nun, so werden wir uns glücklich nennen, daß uns wenigstens Trümmer dessen geblieben sind, was nur durch so wundersame Fügung einst in Erscheinung treten konnte, glücklich, daß wir durch andächtige Vertiefung in diese Trümmer wenigstens auf einige Umrisse jenes Ganzen, auf die dämmernde Ahnung jener Schönheitswelt geführt werden, die wir als uns so innig zu eigen gehörend empfinden, und die uns doch sonst nie im Traume vorgekommen wäre; denn wenn wir den Zugang durch die Denkmäler nicht hätten, welcher sollte sich uns aufthun? —

Ein Werk von dieser Tendenz mußte natürlich in erster Linie auf Anschauung gegründet werden. Die Geschichte der Kunst soll das was sie lehrt „aus den übriggebliebenen Werken des Alterthums soviel als möglich zu bestreiten suchen". Dieß ist es, woran man bisher noch nicht gedacht hat. „Fast kein Scribent führt in das Wesen der Kunst: selbst von den Allerklügsten hat kein einziger in das wahre innere Wesen der Kunst hineingeschaut (15. Juni 1757)... Diejenigen welche von Alterthümern handeln, berühren entweder nur dasjenige, wo Gelehrsamkeit anzubringen war, oder wenn sie von Kunst reden, geschieht es theils mit allgemeinen Lobsprüchen, oder ihr Urtheil ist auf fremde und falsche Gründe gebaut".

Winckelmann war aus Ekel vor diesen Compilatoren, „um zu vermeiden etwas zu sagen, was andere gesagt haben, um Original zu sein", sehr zurückhaltend mit Aufnahme bloßer Büchernachrichten. Er hat manches als leeren Notizenkram übergangen, woraus spätere Forschung, mittelst Benutzung eines freilich viel reicheren Denkmälervorraths älterer Kunstalter, nicht bloß gelehrte, sondern künstlerisch anschauliche Kunde untergegangener Werke erschlossen hat. Die Verzeichnisse der Werke der Bildhauer, die Inschriften, die Notizen der Alten über Stil und Manier, die Beschreibungen, von homerischen Schilden, Kupsesschlafen und Apollothronen an bis auf die riesenhaften Goldelfenbeinwerke der goldenen Zeit — er hat sie kaum des Nachdenkens werth befunden. Der Gebrauch der Copien zur Vergegenwärtigung verlorner

Werk war erst in den Anfängen, ebenso die Verwendung gleichzeitiger Arbeiten zu Reconstructionen und der Analogie. Literarische und monumentale Kunstgeschichte gingen noch abgesonderte Wege.

Winckelmann suchte also den Vorzug seines Buchs viel weniger in der Belesenheit, die allen damaligen Lesern, auch Lessing so auffiel, als in der Denkmälerschau und in dem Kunstsinn, den er zu ihr mitbrachte. Wenig spricht er von seiner „Sammlung der Nachrichten alter Scribenten über die Kunst", aber sehr oft äußert er sich glücklich über die Gunst, die ihm in Rom zu Theil geworden, „wo er sieben Jahre mit allen benöthigten Hülfsmitteln die nicht leicht jemand gehabt hat noch haben wird, an derselben gearbeitet, und alle Gelegenheit gehabt, die Werke mit Muße zu untersuchen". Beweis von der Liebe zur Kunst, die von Jugend auf seine größte Neigung gewesen, von seinem inneren Beruf der sich allezeit gemeldet habe, obwohl ihn Erziehung und Umstände in ein ganz entferntes Geleis geführt hatten; endlich spricht er „von einem gewissen feinen Geist, der ihn, als er dieß Buch schrieb, auf mächtigen Schwingen in Betrachtung des Schönen erhob; das sei die Seele der ganzen Kenntniß der Kunst, die der Himmel nicht verschwenderisch verliehen" (an Geßner 28. April 1761). Damit nun tritt er nicht bloß auf als Forscher, der sich neben andere, seine Mitarbeiter reiht, als Ueberlieferer überkommener und von ihm gemehrter Kenntnisse, sondern im Bewußtsein dieser inneren und äußeren ganz singulären Ausrüstung stellt er sich, er allein, allen andern gegenüber, und redet als Meister, von dem wir nur zu lernen haben, wie wir auch was er lehrt, nur von ihm lernen können.

Am liebsten hätte er bloß auf die Denkmäler gebaut; aber dieß war nicht durchzuführen. Am breitesten ist die monumentale Basis bei dem Ideal und den Typen; es giebt aber auch Abschnitte, wo die Prüfung des Materials nur zu dem Ergebniß führt, daß aus ihm nichts zu ermitteln sei; und wichtige Theile ruhen auf reiner Vermuthung. Diese Vermuthungen lehnen sich an Nachrichten der Alten, an die aus neuerer Malerei und hellenischer Poesie geschöpften Analogien.

„Ich habe mich mit einigen Gedanken gewagt, welche nicht genug erwiesen scheinen können; — aber Muthmaßungen, die sich wenigstens durch einen Faden an etwas Festem halten, sind aus einer Schrift dieser Art ebensowenig, als die Hypothesen aus der Naturlehre zu verbannen; sie sind wie das Gerüste zu einem Gebäude, ja sie werden unentbehrlich, wenn man, bei dem Mangel der Kenntniße von der Kunst der Alten, nicht große Sprünge über viel leere Plätze machen will". Und einige seiner genialsten Blicke befinden sich unter diesen Muthmaßungen.

Freilich mußte hiernach die Ausfüllung jenes detaillirten Schema's, des

„Inhalts", den er sich ausgearbeitet, eine ziemlich ungleiche werden. Es sind darin Etui's voll Juwelen, und Facon's capsulae inanes. Ein solches Werk, das eine Wissenschaft erst begründet, und doch auch schon etwas wie ein fertiger, ornamentirter Bau sein will, ist vergleichbar einem colonisirenden Staat, der an einzelnen Punkten eines fremden Landes Forts und Emporien anlegt, und durch eine mehr ideelle als reale Occupation erst den Nachkommen das Eroberungs- und Assimilationswerk vermacht, ja aufnöthigt. Es giebt Paragraphen, die auf wenigen Seiten die Quintessenz jahrelanger Arbeit der Anschauung und Forschung zusammenziehen; Citate aus denen andere eine Abhandlung gemacht hätten, sind „einfach hingesetzt"; wichtige Lehrpunkte mit laconischer, ja äniginatischer Kürze ein für allemal erledigt; während dann wieder manche Marmore und Gemälde ihre ausführliche Beschreibung nur der Neuheit oder einer neu aufgefundenen Beziehung verdanken; und einige werden gründlich erörtert, bloß um zu beweisen, daß ihre bisherige Tacirung aufzugeben ist. Dasselbe Werk, das ein abgeschlossenes, für die Dauer berechnetes Lehrbuch sein sollte, wird gelegentlich auch zum Magazin für antiquarische Miscellen und Bulletins der Savoi.

Doch wer wollte mit ihm darüber hadern, verdanken wir doch dieser Parteilichkeit für die Denkmäler, daß uns in der Kunstgeschichte das monumentale Rom des 18. Jahrhunderts, von dem seitdem soviel nach Paris, Neapel, Florenz, München und England verstreut ist, — nicht in einem Catalog, sondern in einem lebendigen, farbenreichen Gemälde erhalten ist.

§ 111.

Historischer Theil.

War, solchergestalt im ersten oder systematischen Theil das „Wesentliche der Kunst" abgehandelt worden, was konnte für den zweiten, die Geschichte der Kunst im engern Sinn, übrig bleiben? Nach dem Wesentlichen, so scheint es, das Unwesentliche. Selbst die Folge der Stile, sowie die Ursachen des Wachsthums der Kunst waren bereits besprochen. Der Geist war abgethan, die „äußeren Umstände" waren noch übrig. Das Götterbild war fort, nur die Basis, die Nische, die Zellenwände, der Altar mit der Asche darauf boten sich dem Anblick dar.

Nachdem wir das Eine Schöne kennen gelernt, in dem alle Wünsche beseligt endigen, und in dessen beweglichem Mittelpunkt alle Radien der Natur und Kunst zusammentreffen; erhalten wir nun das Naturgesetz stetiger Bewegung: „in der Kunst ist, wie in allen Wirkungen der Natur, kein fester Punkt zu denken". Da sich Winckelmann aber für zu gut hielt, um Künstler-cataloge und andere längst zusammengestellte Gelehrsamkeit zu wiederholen:

so kam er, ganz im Geist damaliger Philosophie der Geschichte, auf die Idee, jene Taten und Epochen alter Kunst, die er z. B. bei Plinius vorfand, in ursächliche Beziehung zu der gleichzeitigen Staats- und Culturgeschichte zu bringen. Hatte also der erste Theil die immanente, in der Natur der Zeichenkunst überhaupt begründete Folge der Kunstformen gelehrt, so wird nun von den transscendenten Ursachen gehandelt, welche auf Wachsthum, Blüte und Verfall der Kunst eingewirkt haben.

Nachdem er dort im Sinn jenes glänzenden Werks Montesquieu's einen „Geist" der Kunst des Alterthums geschrieben, ließ er nun auch „Betrachtungen über Ursachen der Größe und des Verfalls" folgen.

„Die Wissenschaften, ja die Weisheit selbst, hängen von der Zeit und ihren Veränderungen ab, noch mehr aber die Kunst, welche durch den Ueberfluß und vielmehr durch Eitelkeit genährt und unterhalten wird". Diese unedleren Triebfedern hat er jedoch in jener Darstellung ganz zurückgestellt, deren beherrschender Gedanke vielmehr in der Behauptung ausgesprochen ist, „daß es die Freiheit sei, durch welche die Kunst emporgebracht wurde"; und neben der Freiheit der Friede, weil „die Künste ohne eine besondere glückliche Ankleinung niemals emporkommen können"; und die Kunst gegen Krieg, Revolutionen u. dgl. „sehr empfindlich" ist.

Aber auch in dieser historischen Partie ist Winckelmanns Behandlungsart mehr philosophisch als historisch. Es ist weniger das Werden der Kunst als ihr Wesen, was ihn interessirt, weniger das Detail, wie z. B. das Leben der Artisten und der große empirische Stammbaum der Kunst, als jene Grundzüge, die sich allenfalls auch a priori gewinnen lassen; weniger die Anfänge als die Vollkommenheit; weniger die ethnographische Mannichfaltigkeit, als die hellenische Classicität.

„Die Geschichte der Künstler, welche von vielen andern zusammengetragen worden, hat man hier nicht zu suchen, denn sie hat auf die Erkenntniß des Wesens der Kunst wenig Einfluß".

Die Anfänge der Kunst fallen sogar strenggenommen außerhalb der Kunstgeschichte in keinem Sinn; denn die ersten Versuche in der Kunst sind noch kein Stil. Er macht also diese Anfänge (heilige Säulen, Hermen) zusammen mit dem Material ab, im Capitel „vom Ursprung der Kunst".

In Bezug auf diese Anfänge hat auch kein Volk mehr Anspruch auf Originalität als ein anderes. „Die Kunst scheint unter allen Völkern, welche dieselbe geübt haben, auf gleiche Weise entsprungen zu sein, und man hat nicht Grund genug, ein besonderes Vaterland derselben anzugeben", wenn auch die Erfindung der Kunst nach dem Alter der Völker und der Zeit der Einführung des Gottesdienstes bei ihnen sehr verschieden war. „Unter Aegyptern, Hetruriern und Griechen wird beim Ursprung der Kunst unter jedem Volke kein Unterschied gewesen sein". Winckelmann denkt sehr skeptisch von der internationalen Genealogie der Kunstformen und Typen: „diejenigen welche von dem Ursprung eines Gebrauchs oder einer Kunst und deren Mittheilung von einem Volk auf das andere reden, irren insgemein darin, daß sie sich an einzelne Stücke, die eine Aehnlichkeit mit einander haben, halten und daraus einen allgemeinen Schluß machen".

Aber auch im Fortgang der Kunst zeigt er sich der Annahme solcher Uebertragungen abgeneigt. Nach ihm scheint die Kunst, sobald nur die äußern Umstände ihre Entwickelung freilassen, überall ein und dasselbe innere Bildungsgesetz auszuführen. Selbst bei zeitlich zusammentreffenden Bewegungen, wie im Zeitalter des Pericles, will er lieber als eine äußere Einwirkung annehmen, „daß die ganze Natur der Menschenkinder damals in allen Ländern rege wurde, und die großen Erfindungen sich mit einem male hervorthaten".

Der Historiker darf sowenig wie der Naturforscher nach ästhetischen Werthbegriffen parteiische Wahl üben. Nach Winckelmann „kann die Abhandlung von der Kunst der Aegypter, Hetrurier und anderer Völker unsere Begriffe erweitern" (d. h. befriedigt die Wißbegierde, ist höhere Curiosität) „und zur Richtigkeit im Urtheil führen" (d. h. zur Kennerschaft anleiten), „die von den Griechen aber soll suchen, dieselben auf Eines und auf das Wahre zu bestimmen, zur Regel im Urtheilen und Wirken" (d. h. Normen des Geschmacks und Muster des Studiums liefern, sie ist also ernste Angelegenheit und Pflicht.)

Die Wechsel der Kunst folgen einem durch Einfachheit und logische Durchsichtigkeit einnehmenden Schema, einem Gesetz das sich von selbst zu verstehen, und nicht erst mühsam durch Induction gewonnen zu sein scheint.

„Die Künste, welche von der Zeichnung abhängen, haben wie alle Erfindungen mit dem Nothwendigen angefangen; nachher suchte man die Schönheit, und zuletzt folgte das Ueberflüssige: dieses sind die drei vornehmsten Stufen der Kunst" (A necessariis artificia ad elegantiora deflexioma Cicer. Tusc. q. 1).

Cicer: „Die ältesten Nachrichten lehren uns, daß die ersten Figuren vorgestellt was ein Mensch ist, nicht wie er uns erscheint, dessen Umkreis, nicht dessen Ansicht. Von der Einheit der Gestalt ging man zur Untersuchung der Verhältnisse, welche Richtigkeit lehrten, und dieses machte sicher, sich in das Große zu wagen, wodurch die Kunst zur Großheit, und endlich unter den Griechen zur höchsten Schönheit gelangte. Nachdem alle Theile desselben vereinigt waren, und ihre Ausschmückung gesucht wurde, gerieth man in das Ueberflüssige, wodurch sich die Großheit der Kunst verlor, und endlich erfolgte der völlige Untergang derselben".

Den Weg der Kunst vom rohen Steinfetisch bis zur idealischen Statue schildert uns Windelmann sehr plausibel, wenn auch schwerlich richtig. „Bei den Griechen hat die Kunst, obgleich viel später als in den Morgenländern, mit einer Einfalt ihren Anfang genommen, daß sie . . . die ersten Erfinder der Kunst scheinen können". Erst war es ein unbearbeiteter Kloß, dann ein viereckiger Stein, eine Säule; solchen setzte man mit der Zeit Köpfe auf und nannte sie Hermä, d. h. große Steine; dann merkte man auf dem Mittel desselben den Unterschied des Geschlechts an, bis Dädalus die untere Hälfte dieser Bildsäulen in Gestalt der Beine von einander sonderte.

Selbst das Material der Plastik gehorcht diesem Stufengang: „Die Kunst und die Bildhauerei fingen an mit Thon, hierauf schnitzte man in Holz, hernach in Elfenbein, und endlich machte man sich an Stein und Metall".

Das muß man loben an Windelmann, und darin ist er ein Kind seines Jahrhunderts, daß es bei allem (wohlbegründeten) Enthusiasmus in seiner Geschichte überall klar, causalmäßig und natürlich zugeht. So unerreicht die griechische Kunst ist, so vollkommen sie der Natur ihre Geheimnisse abgelauscht hat, ja über die Natur hinaus in eine geistige Welt gedrungen ist und von dorther Urbilder herabgeholt hat: dennoch kann von jedem ihrer Schritte auf diesem Weg Rechenschaft gegeben werden: die Kette der mannichfaltigen Bedingungen, die in Natur und Cultur liegen, bricht nie ab. Kein mystisches Helldunkel, kein metaphysischer Wortkram.

„Da der Mensch allezeit der vornehmste Vorwurf der Kunst und Künstler gewesen ist, so haben diese in jedem Lande ihren Figuren die Gesichtsbildung ihrer Nation gegeben. . . . Die Gesichtsbildung aber und selbst die Statur wird gebildet durch das Clima, d. h. die Wirkung der verschiedenen Lage der Länder, der besonderen Witterung und Nahrung in denselben. . . . Je mehr sich die Natur dem griechischen Himmel nähert, desto schöner, erhabener und mächtiger ist dieselbe in Bildung der Menschenkinder. . . . Zum Einfluß auf die Bildung kommt der Einfluß auf die Denkart, den Erziehung, Verfassung und Regierung eines Volks ausüben". . . . Die ideale Plastik ruht auf der einfachen Thatsache, daß der Polytheismus Idole fordert: „die Kunst fällt zusammen mit der früheren oder spätern Einführung des Gottesdienstes".

„In Kleinasien und im Archipel, wo der Himmel heiter, die Witterung beständiger und gleicher ist, als selbst in Griechenland, war das schönste Geblüt der Griechen; hier wurde ihre Sprache reicher an Selbstlautern, sanfter und musicalischer, unter dem Himmel welcher den Homer erzeugt und begeistert hat. Aber diese Jonier waren nicht im Stande, sich zu einem mächtigen freien Staate zu erheben. In Athens Democratie erhob sich der Geist eines jeden Bürgers; hier floß, wie ins Meer die Ströme, alles zusammen;

§ 114. Historischer Theil.

mit den Wissenschaften ließen sich hier die Künste nieder; hier nahmen sie ihren vornehmsten Sitz und von hier gingen sie in andere Länder aus". Dieß ist der Stammbaum der Kunst von den heiligen Steinspellern bis auf Dädalus, und von Homer bis auf Phidias. —

Die Trennung eines systematischen und eines historischen Theils war einer von den glücklichen Gedanken der Kunstgeschichte. Sie war freilich durch die Beschaffenheit des Stoffs aufgedrängt. Was er von Aufschlüssen über alle Kunst zu geben hatte, hätte nur zum kleinsten Theil in einem historischen Bericht seine Stelle finden können. Wie viele Beobachtungen hatte er an dem römischen Denkmälervorrath gemacht, über Stil und Character der Antike, über ihre Grundsätze und Typen, aber wie wenig zeigte sich von diesem Schatz zur Vertheilung in Zeitabschnitte geeignet! Und die in diesem Chaos noch versteckten Originale, Repliken, Nachbildungen zu kunstgeschichtlichen Zwecken auszusondern, dazu war das Auge der Wissenschaft noch nicht bewaffnet.

In Folge dieser Trennung kann der Autor nun auf dem einen Blatt ebenso rein und ganz Erzähler sein, wie auf dem andern Theoretiker, Lehrer. Jene Rede vom Griechenthum und vom Ideal, von der Grazie, von den Göttern und Heroen, sie zieht in schönem, freiem, zusammenhängendem Gedankenlauf, wie eine Offenbarung an dem durch die Fülle neuer, geisterhebender und geschmackveredelnder Wahrheiten geblendeten Leser vorüber. Dagegen der Bericht des zweiten Theils nun nichts als Geschichte ist, in stetiger Bewegung, in die nur selten ein beschreibender Ruhepunkt eingelegt wird.

Und keines von beiden möchte man missen. Wenn uns Geschichte erzählt wird, verlangen wir vom Wirklichen und seinem natürlichen ursächlichen Zusammenhange zu hören, nicht mehr und nicht weniger, nicht von angeblichen Ideen, für welche die Ereignisse und die handelnden Personen nur die Executoren, die Verleger gleichsam wären, und die der Philosoph auch ohne so viel Mühe, ja vollkommener als der im Staub der Einzelheiten wühlende Forscher mit leichtem Gedankenspiel aus der zufälligen Hülle herausschält; wobei es ihm, der ja der Geschichte selbst nachzuhelfen hat, auf eine Handvoll nicht ankommt.

Aber der Freund der Kunst, des Schönen wünscht dann noch etwas anderes zu sehen als jenen ewigen Wechsel, jenen Strom der Gestalten, welche die Zelle „hebt und verschlingt", die bunte Gallerie der Geschichte mit ihren ethnographisch-antiquarischen Curiositäten. Wie wir da wo wir Wahrheit und Wissen suchen, nicht wissen wollen was alles einst von Menschen behauptet worden ist und wird, sondern was ist, wobei das Wann und Wie uns gleichgültig ist: so wollen wir auch in der Kunst nicht bloß constatiren, wie jene Nation gebaut und dieses Jahrhundert gemalt hat. Das Schöne ist, wie das Wahre, zeitlos. Ein Bedürfniß unserer Menschheit, ein

Bedürfniß des Vollkommnen ist es, das sich auf das Schöne richtet; es findet sich sympathisch berührt durch des athenischen Weisen hohe Worte vom Ewigschönen und dessen Abglanz in der Erscheinung; dieses Verlangen nach dem Einen, Höchsten, Befestigenden, diese ahnungsvolle Sehnsucht ist es die in der Kunst der Griechen ihre Erfüllung begrüßt.

III. Aesthetik der Sculptur.

§ 115.

1. Vorbetrachtungen zur Theorie der Schönheit.

Der Kern des Werks ist nach der Ansicht seines Urhebers zu suchen in dem Stück „Vom Wesentlichen der Kunst". Darin aber wird vornehmlich gehandelt von der „Zeichnung des Nackten", und diese wieder gründet sich auf die Kenntniß und auf Begriffe der Schönheit: „Schönheit ist der höchste Endzweck und der Mittelpunkt der Kunst" — dieser Satz ist Windelmann, Lessing, Mengs und ihrer Zeit gemeinsam.

Windelmann legte hohen Werth auf diese theoretische Leistung. Er hofft, daß seine Abhandlung „einiges Aufsehen machen solle", in ihr habe er „die höchsten Kräfte von Nachdenken und Ausdruck zu zeigen gesucht, und sie könne dennoch vor der heiligen Inquisition (!) gelesen werden". Er hält was er gesagt „nicht für Muthmaßungen". Nichts hat er sehnlicher gewünscht als daß es ihm gelingen möchte, das Wesen der Schönheit zu ergründen, den Schleier dieses offenbaren Geheimnisses zu heben, die Antwort zu geben, die einst Socrates aus jenem glänzenden Universalgenie Griechenlands, Hippias, vergebens herauszuziehen gesucht, und die Plato's philosophische Muse in ihren wundersamsten Eingebungen nur durch Bilder und Geschichten mitgetheilt hatte, Bilder aber, die Jahrtausende ihm nachzudenken und nachzuträumen suchten.

Diese Theorie hat einst eine große Wirksamkeit ausgeübt, sie genoß zwei Generationen hindurch eine wenig angefochtene Autorität. Archäologen und Kenner Deutschlands und Welschlands, Frankreichs und Englands schworen nicht höher; Philosophen haben ihre Sätze in das System verschmolzen, und große Poeten sie in Versen ausgemalt; Künstler haben nach diesen Canones ihre Conceptionen gemodelt und allen die von der Kunst geistig und leiblich lebten, vom Gelehrten bis auf den Ciceronen, galt sie als Lehrbuch.

Diese Theorie faßte die Ideen früherer Meinungen mit dem Zug ihrer

§ 116. a. Vorbetrachtungen zur Theorie der Schönheit.

Zeit zusammen, deshalb fand sie solchen Anklang; aber betrachten wir sie als Ganzes, so hatte sich doch noch in Niemandes Kopf je etwas ähnliches zusammengefunden.

Sie schließt sich an den bei den Italienern und von dorther auch sonst herkömmlichen Idealismus, aber sie verknüpft mit ihm die auf ganz anderen Wegen gefundene Linientheorie. Archäologie und Speculation befruchten sich wechselseitig. Andere suchten in solchen Theorien eine Completirung ihres philosophischen Systems, eine Probe ihrer metaphysischen Hypothese: Windelmann war der Gegenstand, der Stoff Zweck, die Erkenntniß nur eines von den Mitteln, jenen Gegenstand von allen Punkten der Peripherie aus zu durchdringen, ihm mit allen Organen nahe zu rücken; mit Recht, denn die Kunst beschäftigt alle Kräfte menschlicher Natur. Ein wenig Logik und viel empirische Anschauung räumlicher Formen; die feinen Nüancen welche des Kenners Privileg sind; jener Zauber anmuthiger Bildungen, der von der Sinnlichkeit in den Geist emporzusteigen pflegt und moralische Ideale sich zugesellt; auch ohne etwas Metaphysik, Poesie und Religion geht es nicht ab; übersinnliche Lichter und das Lämpchen des Antiquars. —

Windelmann mußte der Metaphysik einige Worte schenken. Aber wo frühere ganz in metaphysischen Begriffen einheimische Zeiten sowenig erreicht hatten, sollte da das skeptische Jahrhundert glücklich sein? Er selbst war von der Skepsis berührt. „Bei wenig Dingen sind wir in deren Wesen hineinzuschauen vermögend... Ein bejahender Begriff aber erforderte Kenntniß des Wesens... Die Geometrie besitzt solche Begriffe: sie geht und schließt vom Allgemeinen auf das Besondere und Einzelne, und von dem Wesen der Dinge auf ihre Eigenschaften... Es hat „Weise" gegeben, welche den Ursachen des allgemeinen Schönen nachgedacht haben, indem sie dasselbe in den erschaffenen Dingen erforscht und bis zur Quelle des höchsten Schönen zu gelangen suchten"... Aber sollte dieß Verfahren hier anwendbar sein?

„Ein jeder Begriff besteht auf einer Ursache, die außer diesem Begriff in etwas anderem gesucht werden muß: die Ursache der Schönheit aber kann nicht außer ihr, da sie in allen erschaffenen Dingen ist, gefunden werden. Unsere Kenntnisse sind Vergleichungsbegriffe: das Schöne aber kann mit nichts höherem verglichen werden".

Stünden diese Sätze (deren wunderliche Dunkelheit uns nicht bedauern läßt, daß er seinen Fuß selten auf diesen Boden gesetzt) in einem vierzig Jahre später erschienenen Buch, so würden wir glauben, es gehe darauf los, die Schönheit der sogenannten „endlichen Verstandeserkenntniß" (der damals von den Auserwählten der Philosophie der Stuhl vor die Thür gesetzt wurde) zu entziehen, und mit ihr in irgendwelche „intellectuelle Anschauung" hinaufzuschweben, sie zum „Göttlichen" zu befördern, denn mit der Ertheilung dieses

Characters war man damals sehr freigebig, obwohl uns bei jenem „Göttlichen" alles eher als göttlich zu Muthe wird.

Aber Windelmanns Denken war zu sehr von griechischer Façon, er bleibt gern beim Begreuzten, und gedenkt zur rechten Stunde der „Unvollkommenheit" unseres Loses, spricht auch wohl den Alten zu Gefallen von der „Materie", die an jener Unvollkommenheit der Menschheit Schuld sei. Denen welche das Schöne in der „vollkommenen Uebereinstimmung des Geschöpfs mit dessen Absichten und der Theile unter sich und mit dem Ganzen" gesucht haben, hält er mit Mengs entgegen: „das wäre gleichbedeutend mit der Vollkommenheit, für welche die Menschheit kein fähiges Gefäß ist (non è capace)". —

Aber ebensowenig mag er Schönheit freilich für durchaus endlich, meßbar halten. „Die Schönheit fällt nicht unter Zahl und Maaß". Daß es keinen geometrisch deutlichen Begriff von ihr giebt, zeigt schon die Verschiedenheit des Urtheils: „gäbe es einen, so würde die Uebezeugung von der wahren Schönheit leicht werden". Deshalb kann er auch in den Proportionen kein Aequivalent der Schönheit finden. „So wie die Gesundheit ohne anderes Vergnügen kein großes Glück scheint, so ist es, eine Figur schön zu zeichnen, nicht hinlänglich, daß dieselbe in der Proportion richtig sei, und sowie die Wissenschaft vom guten Geschmack und von Empfindung gänzlich entfernt sein kann, ebenso kann die Proportion, welche auf Wissen besteht, in einer Figur ohne Tadel sein, ohne daß dieselbe dadurch schön ist. Viele Künstler sind gelehrt in der Proportion, aber wenige haben das Schöne hervorgebracht, weil hier der Geist und das Gefühl mehr als der Kopf arbeitet".

Alle — „die Schönheit ist eins von den großen Geheimnissen der Natur, deren Wirkung wir sehen, und alle empfinden, von deren Wesen aber ein allgemeiner deutlicher Begriff unter die unerfundenen Wahrheiten gehört. . . Es kann leichter, wie Cotta beim Cicero von Gott meint, von der Schönheit gesagt werden, was sie nicht ist, als was sie ist. . . Es fehlt uns die Regel und der Canon des Schönen, nach welchem das Häßliche beurtheilt wird. . . Ja, die Schönheit liegt über unsern Verstand hinaus (è superiore al nostro intelletto)".

Diese Erklärung wird manchen Leser, den das „Wesen", das „Wesentliche" in der Ueberschrift besorgt gemacht hatte, beruhigen. Wo sonst dieses geradeswegs von den Entitäten und Entelechien der alten Schulmänner abstammende Wort erscheint, da kann man darauf schwören, daß Metaphysik kommen wird, d. h. hohe tönende Worte, halb leer, halb verworren.

Windelmann tröstete sich leicht über diesen seinen skeptischen Rückzug, indem er bemerkte, daß die wirkliche Einsicht durch jene Rechenmeister und Wortklauber kaum je erweitert oder verfeinert worden sei, und daß ihre

Begriffe oft mit seichter Kenntniß und stumpfen Sinnen zusammen beständen. „Wenn auch das Schöne in allgemeinen Begriffen könnte bestimmt werden, so würden sie dem, welchem vom Himmel das Gefühl versagt ist, nicht helfen".

Wurde er aber gedrängt, so hatte er nichts gegen die bekannte Erklärung: Einheit im Mannichfaltigen. Doch dieß war nur eine vage Formel, in der eine große Zahl von Formen Platz fand, von denen nur wenige ästhetischen Werth hatten, und diese herauszufinden, gab die Formel keine hinreichenden Winke. —

Je mehr Winckelmann sich hier skeptisch aussprach, um so mehr war ihm daran gelegen, daß man wisse, diese Skepsis erstrecke sich bloß auf die metaphysische Begründung unserer Ansichten des Schönen, auf die logische Ableitung seiner Eigenschaften, Formen aus dem allgemeinen Begriff. Nichts wäre seinem Sinn mehr entgegen gewesen, als der gemeine Wahn, daß auch der Inhalt jener Begriffe, die Formen denen wir ästhetischen Werth zuschreiben, willkürlich seien, kurz daß über den Geschmack nicht zu streiten sei. Der Widerstreit im Geschmack und in der Kunst Einzelner wie ganzer Völker und Racen ist ihm zufolge kein Beweis gegen das Vorhandensein einer in der Natur und in der Sache liegenden Norm schöner Formen, nicht einmal gegen die Uebereinstimmung des Gefühls selbst, wenn es nur von fremden trübenden Einwirkungen befreit würde.

Daher sucht er die angebliche Thatsache jenes Widerstreits des Geschmacks zu beseitigen. „In der allgemeinen Form seien beständig die mehrsten und die gesittetsten Völker in Europa sowohl als in Asien und Africa übereingekommen: daher seien deren Begriffe nicht für willkürlich angenommen zu halten, ob wir gleich nicht von allen Gründe angeben können".

Er hätte sich auch berufen können auf die große Thatsache der Kunstgeschichte, daß stets das unvollkommene Mannichfaltige, sobald das Eine Schöne sich zeigte, gleichsam auf sein Recht der Existenz verzichtet hat — wie die Geschichte aller Renaissancen alter und neuer Zeit beweist.

Er zeigt ferner, wie die Formen gewisser Völker, die uns Kaukasiern häßlich erscheinen, häßlich an sich sind. Es sei darin eine grundlose Abweichung vom Einfachen und Natürlichen, eine Uebertreibung oder Verkümmerung. Die Schönheit liegt also in der rechten Mitte, und er hätte sich auf des Aristoteles Schilderung der Tugenden als Mittel zwischen einer Ueberschreitung und einem Zurückbleiben berufen können.

„Wenn unter zwei Linien die eine von der andern ohne Grund abweicht, thut es dem Auge wehe".... Bei Sinesen, Japanesen z. B. verletzt die schräge Richtung ihrer Rasenaugen den erwarteten Parallelismus derselben mit der Horizontallinie des Augenknochens, die mit der senkrechten Nasenlinie das Kreuz bildet", diese Basis und Grundlage des Gesichts, von der jene also abfällt. „Die geplättete Nase der Calmücken ist ebenfalls eine Abweichung: denn sie unterbricht die Einheit der Formen, nach welcher der übrige Bau des Körpers gebildet war, und es ist kein Grund, warum die Nase so tief gesenkt liegt und nicht vielmehr der Richtung der Stirn folgen sollte. Der aufgeworfene schwülstige Mund, welchen die Mohren mit den Affen in ihrem Lande gemein haben, ist ein überflüssiges Gewächs [ἔλλειψις]... welches die Hitze ihres Climas verursacht; die kleinen Augen der entlegenen nördlichen und östlichen Länder sind in der Unvollkommenheit [ἔλλειψις] ihres Gewächses mitbegriffen, welches kurz und klein ist". Diese Begründung einer Thatsache, weil kein Grund für das Gegentheil vorhanden sei, gehört übrigens auch zu den rostigen Waffen der alten Metaphysik.

„Man werde zugeben müssen, bemerkt er noch, daß je stärker die Aehnlichkeit an einzelnen Theilen mit der Bildung der Thiere sei, desto mehr die Form von den Eigenschaften unsres Geschlechts abweiche". Wirklich hat man gemeint, die Griechen hätten ideale Formen auf diesem Wege gesucht, indem sie dem specifisch Menschlichen in der Richtung seiner Entfernung vom Thierischen nachgingen, z. B. in dem großen Kinn, dem tiefliegenden Auge, der senkrechten Stirn.

In vielen Fällen ist aber der Widerstreit des Geschmacks nur scheinbar, weil es nicht eigentlich ein Widerstreit des Geschmacks ist, sondern die Sinnlichkeit das Geschmacksurtheil verfälscht hat.

Winckelmann berührt hier den Unterschied des Schönen und Angenehmen, indem er dem Schönen das beilegt was Kant Interesselosigkeit nannte. „Zwar ist die Kunst der Zeichnung und der Malerei, wie die Poesie, eine Tochter des Vergnügens: das Vergnügen ist dem Menschen nicht weniger nothdürftig, als die Nothdurst in eigentlichem Verstand"; aber die „Schönheit ist verschieden von der Gefälligkeit".

Die Ursache der Geschmacksirrthümer liegt oft „in unseren Lüsten, welche bei den mehrsten Menschen durch den ersten Blick erregt werden; und die Sinnlichkeit ist schon angefüllt, wenn der Verstand suchen wollte, das Schöne zu genießen: alsdann ist es nicht die Schönheit, die uns einnimmt, sondern die Wollust. Dieser Erfahrung zufolge werden jungen Leuten, bei welchen die Lüste in Wallung und Gährung sind, mit schmachtenden und brünstigen Reizungen bezeichnete Gesichter, wenn sie auch nicht wahrhaft schön sind, Göttinnen erscheinen, und sie werden weniger gerührt werden über eine solche schöne Frau, die Zucht und Wohlstand in Geberden und Handlungen zeigt, welche die Bildung und die Majestät der Juno hätte". Noch leichter ist diese Bethörung, wenn ein Kunstgebilde mit der Natur in die Schranken tritt. —

§ 116. 4. Vorbetrachtungen zur Theorie der Schönheit. 123

„Denn weil ausgebildete Schönheiten in der Kunst weniger reizen als die in der Natur selbst, so werden auch jene, wenn sie nach Begriffen hoher Schönheit gebildet, und mehr ernsthaft als leichtfertig sind, dem unerleuchteten Sinn weniger gefallen, als eine gemeine hübsche Bildung, die reden und handeln kann". Nun aber „bilden sich die Begriffe der Schönheit bei den meisten Künstlern aus solchen unreifen ersten Eindrücken, welche selten durch höhere Schönheit geschwächt und vertilgt werden, zumal wenn sie entfernt von den Schönheiten der Alten, ihre Sinne nicht verbessern können". Er vergleicht diesen Vorgang mit der Bildung der Handschrift in der Jugend. Er hätte auch an den Hang erinnern können, vor dem Leonardo die Künstler warnt, den Typus ihrer eigenen Gestalt wiederzugeben.

Endlich beruft er sich noch auf die geringe Bedeutung der Farbe, nämlich der des Materials in der Plastik. Die Farbe trage zur Schönheit bei, sei aber nicht die Schönheit selbst, sondern erhebe dieselbe überhaupt und ihre Form; die Farbe des Metalls, des schwarzen oder grünlichen Basalts sei der Schönheit alter Köpfe nicht nachtheilig, obwohl die weiße Farbe, die sich empfindlicher macht, einen schönen Körper verschönere. Die „Bildung" macht das Wesen der Schönheit aus, und über dieses werden die Sinne, die erleuchtet sind, ohne Widerspruch leicht vereinigen können, während man über blond oder braun freilich ewig uneins sein wird. So wird ein geübtes unbestechliches Auge an einem argzugerichteten griechischen Torso mehr Genuß finden, als an einer makellosen, spiegelglatten, eleganten römischen Nachahmung. —

Da wir nach dem Obigen nun nicht in der Lage sind, wie in den mathematischen und deductiven Wissenschaften, vom Allgemeinen auf das Besondere und Einzelne, vom Wesen der Dinge auf ihre Eigenschaften zu schließen, so bleibt nur der inductive Weg übrig: „wir müssen uns begnügen, aus lauter einzelnen Stücken wahrscheinliche Schlüsse zu ziehen ... Unsere Begriffe von Schönheit bilden sich durch einzelne Kenntnisse, die, wenn sie richtig sind, gesammelt und verbunden uns die höchste Idee menschlicher Schönheit geben". Obwohl man im Vortrag den synthetischen Weg vorziehen kann, „da man die Kenntniß allgemeiner Sätze vor einzelnen Bemerkungen, obgleich aus diesen jene erwachsen ist, in aller Methode voraussetzen muß".

Diese Induction nun sollte sich gründen auf eine Revue [ἐπαγωγή] von nichts weniger als dem gesammten Apparat der Archäologie. Er wünschte, sich alle Nachrichten von Statuen und Bildern und zugleich alles was von diesen übrig sein kann, nebst der unendlichen Menge erhaltener Werke der Kunst auf einmal gegenwärtig vorstellen zu können. „Ohne diese Sammlung und Vereinigung derselben unter einem Blick ist kein richtiges Urtheil zu fällen: wenn aber Verstand und Auge alle Werke sammelt und in einem

Raum zusammenlegt, sowie das auserlesende der Kunst in dem Stadio zu Elis in vielen Reihen geordnet stand, befindet sich der Geist wie mitten in demselben".

Jemand dürfte nun einwenden, auf diesem Wege könne nur der Stil der Sculptur, wenigstens der griechischen, oder auch das „classische Ideal" gefunden werden, diese erhabenere, vielleicht aber nicht die einzige Tochter der Schönheit. Nicht mit Unrecht tadelte Rumohr, daß Winckelmann nie dahin gelangt sei, die Schönheit des Begriffs vom Schönen der Anschauung zu unterscheiden. Aber damals dachte noch Niemand daran, daß es mehrere Gesetze des Kunstschönen, einen malerischen Stil und einen plastischen, ein romantisches Ideal und ein modernes geben könne. Aus der antiken Plastik schöpfte man unbedenklich den Canon für die ganze bildende Kunst. Es ist ein Axiom Winckelmanns: die Einheit des Schönen. „Was nicht schön ist, kann nirgends schön sein.... Die die Schönheit als würdigen Gegenstand ihrer Betrachtungen gewählt und angesehen haben, können aber das wahre Schöne als nur Eines und nicht mancherlei, nicht zwistig sein". Hierin schließt er sich alle ganz an jene bei den englischen Critikern (wie Hutchelon, Home) siebenden Räsonnements, die unter dem Titel Standard of taste die Zweifel an einer Regel des ästhetischen Urtheils widerlegen. Diese Auffassung ist ein charakteristischer Zug der Kunsttheorien des Aufklärungsjahrhunderts, sie hängt zusammen mit dem was man später das „Unhistorische" seiner Bildung nannte. In leidenschaftlichem Widerspruch damit behaupteten die Romantiker das Recht der historischen Mannichfaltigkeit in der Kunst, indem sie das Allgemeingültige der Wissenschaft vorbehielten, und Schleiermacher erfand dafür eine Formel, indem er die Kunst „der eigenthümlichen oder differentiirenden Vernunftsthätigkeit" zuwies.

§ 116.

2. Schöne Natur.

In dieser letzten Wendung tritt der Archäologe hervor und nimmt gleichsam dem Philosophen den Gedankenfaden aus der Hand. Jene deutschen Erwägungen führten unvermerkt von der Metaphysik in die Empirie, von der Theorie zur Historie, vom Begriff des Schönen zu den Maximen griechischer Bildhauer. Die Gründe, welche Winckelmann zu haben meinte, wenn er die Schöpfungen der letztern zur alleinigen Erkenntnißquelle des Schönen machte, sind zum Theil enthalten in seiner Lehre von der schönen Natur.

Der Begriff der schönen Natur kommt an zwei Stellen vor: bei den Ursachen des Vorzugs griechischer Kunst, deren erste die „Bildung" der

Griechen ist, und bei den Stilperioden, wo die Nachahmung der Natur den vorwärtstreibenden Impuls giebt.

„Die Kunst hat im Alterthum, wie unter den Neueren, eine Gestalt nach der Bildung der Menschen angenommen... Die Künstler haben in jedem Lande ihren Figuren die Gesichtsbildung ihrer Nation gegeben... Vieles also was wir uns als idealich vorstellen, war bei den Griechen Natur.... Wenn nach einem englischen Schriftsteller von Stande nur die Italiener die Schönheit malen und bilden können, so liegt in den schönen Bildungen des Landes selbst zum Theil der Grund zu dieser Fähigkeit... Kurz, der Einfluß des Himmels muß den Samen beleben, aus welchem die Kunst soll getrieben werden".

Nun aber war der hellenische Typus wirklich die regelmäßigste und großartigste Entfaltung menschlicher Gestalt, von der wir Kunde haben. Um diese Behauptung wahrscheinlich zu machen, geht er von der Beobachtung aus, daß die Natur nach dem Süden hin in der Bildung immer glücklicher und stattlicher werde: „wo die Natur weniger in Nebeln und in schweren Dünsten eingehüllt ist, giebt sie den Körpern zeitiger eine reifere Form; sie erhebt sich in mächtigen, sonderlich weiblichen Gewächsen". Dieß hat Winckelmann in Italien selbst beobachtet: „es finden sich in den schönsten Ländern von Italien wenig halbentworfene, unbestimmte und unbedeutende Züge des Gesichts, wie häufig jenkeits der Alpen, sondern sie sind theils erhaben, theils geistreich, und die Form des Gesichts ist mehrentheils groß, völlig, und die Theile desselben in Uebereinstimmung... Diese vorzügliche Bildung ist so augenscheinlich, daß der Kopf des geringsten Mannes unter dem Pöbel in dem erhabensten historischen Gemälde könnte angebracht werden; und unter den Weibern dieses Standes würde es nicht schwer sein, auch an den geringsten Orten ein Bild zu einer Juno zu finden. Neapel... hat häufig Formen und Bildungen die zum Modell eines schönen Ideals dienen könnten, und welche in Absicht der Form des Gesichts und sonderlich der stark bezeichneten und harmonischen Theile desselben, gleichsam zur Bildhauerei erschaffen zu sein scheinen".

Es ist aber weniger die Wärme als die Gleichmäßigkeit der Temperatur, welche dieser Formentwicklung günstig ist, — „die Milde, der gleichmäßige Himmel... Unschöne Bildungen wirkt die Natur allgemeiner, je mehr sie sich ihren äußersten Enden nähert, und entweder mit der Hitze oder mit der Kälte streitet, wo sie dort übertriebene und zu frühzeitige, hier aber unreife Gewächse von aller Art hervorbringt. Je mehr sie sich dagegen dem Mittelpunkt nähert, desto regelmäßiger bildet sie ... desto schöner, erhabener und mächtiger ist sie in Bildung der Menschenkinder ... desto heiterer und fröhlicher wird' sie, und desto allgemeiner ist ihr Wirken, in geistreichen und

witzigen Bildungen, und in entschiedenen und vielversprechenden Zügen. …
Und da sich die Natur nun, nachdem sie stufenweise durch Kälte und Hitze
gegangen, in Griechenland, wo eine zwischen Winter und Sommer abge-
wogene Witterung ist, wie in ihrem Mittelpunkt gesetzt: so wird sie hier ihre
Menschen aufs feinste vollendet haben. Wahrscheinlich war das schönste Geblüt
der Griechen, sonderlich in Absicht der Farbe, unter dem ionischen Himmel
in Kleinasien, unter dem Himmel, welcher den Homer erzeugt und begeistert
hat. Denn hier und auf den Inseln ist der Himmel viel heiterer, und die
Witterung beständiger und gleicher als selbst in Griechenland. Und diese
Formen haben auch soviele Umwälzungen nicht ganz zerstören können: auch
nach der Vermischung mit fremdartigen Bestandtheilen durch soviele Jahrhunderte ist noch jetzt das heutige griechische Geblüt wegen dessen Schönheit
berühmt".

„Folglich (schließt er) sind unsere und der Griechen Begriffe von
Schönheit, welche von der regelmäßigsten Bildung genommen sind, richtiger
als welche sich Völker bilden können, die von dem Ebenbild ihres Schöpfers
halb verstellt sind". —

Ueber dieß alles ließe sich viel streiten. Die damals so beliebte Ansicht
vom Einfluß der Luft auf das Volkswesen stand schon bei den alten Naturphilosophen; das Clima bildet nach Polybius die Sitten der Völker, ihre
Gestalt und Farbe. Cicero glaubte, die Köpfe wären um so feiner, je dünner
die Luft, und nach Hippocrates formt der glückliche Himmel Griechenlands
unter Menschen die schönsten und wohlgebildetsten Geschöpfe und Gewächse.
Den Alten war diese Ansicht sehr natürlich, da sie sich die Seele selbst, das
belebende und plastische Fluidum, als eine „warme, trockene Luft, einen feurigen
Dunst" vorstellten.

Ohne diesen Einfluß des Climas zu läugnen, zumal für die langen,
vorhistorischen Zeiträume, in welchen die Bildung unserer Racentypen stattfand,
ist doch für die kurzen Zeitmaße der Geschichte, welche wir übersehen, die
Abstammung fast allein maßgebend. Die Racen- und Völkertypen besitzen
eine solche Dauerhaftigkeit und Widerstandskraft allen Wechseln des Wohn-
sitzes gegenüber, daß von den historischen Sitzen eines Volks kaum ein
Schluß auf die Wirkungen des Climas gemacht werden kann. Winckelmann
beruft sich auf die Franken in Gallien und die Gothen in Spanien für seine
Hypothese, daß die Natur eines jeden Landes auch neuen Ankömmlingen
dieselbe ihr eigne Gestalt gebe, wie früher den Eingebornen; aber was sind
einige Tausend Erobererhorden über einheimische Millionen zerstreut! Bestehen
nicht in Hindostan nun schon Jahrtausende lang die stärksten nationalen
Contraste, die unser Planet aufweist, unvermischt und unverwischt neben-

einander? Der hellenische Typus ist in ganz andern Thälern als denen Krea-
tiens und Anatoliens gewachsen. —

Die von der Natur gelieferte Form aber wurde dann auf alle denkbare
Weise veredelt und vervollkommnet durch die Civilisation. „Alles was von
der Geburt bis zur Fülle des Wachsthums in der Bildung der Körper, zur
Bewahrung, zur Ausarbeitung und zur Zierde dieser Bildung durch Natur
und Kunst eingeflößt und gelehrt werden, war zum Vortheil der schönen
Natur der alten Griechen gewirkt und angewandt". Denn den Griechen war
die Parteilichkeit der Natur für sie kein Geheimniß, und sie befolgten die
kluge Maxime, die Wahl der Lebensziele ihrer Begabung anzupassen. „Die
Griechen waren sich dieses ihres Vorzugs vor andern Völkern bewußt, und
bei keinem Volk ist die Schönheit so hoch als bei ihnen geachtet worden".

„Kein Neuerer, sagt Rumohr, hat wohl mit so antikem Sinn das
Schöne und Bedeutungsvolle der Naturformen empfunden, so ungeduldig ihr
wahres Verhältniß zur Kunst geahnt".

§ 117.
3. Perioden der Zeichnung.

Sonst kommt der Begriff der schönen Natur noch vor bei Gelegenheit
der Perioden griechischer Kunst, in deren Charakteristik die Veränderungen der
Zeichnung das maßgebende sind.

Die Zeichnung ist zuerst geradlinig und einfach, dann stark und übertrieben, hierauf erhaben, von hoher Schönheit, endlich von gefälliger, lieblich.
Alle diese Wechsel aber kommen her von wiederholten Anläufen zur Annäherung
an die Natur, mit Abwendung von den bis dahin geltenden, conventionellen
Systemen. Naturwahrheit ist also die treibende Kraft im Leben der
schönen Künste.

Dieß spricht Winckelmann sehr klar und bestimmt aus in folgenden merkwürdigen, von baconischem Geist erfüllten Sätzen, die vielleicht manchen in
seinem Munde überraschen werden:

„Die Kunst wird sich bei den verschiedenen Völkern auf einerlei Art
gebildet haben, das ist, mit Nachahmung der Natur, welche der Vorwurf
derselben ist. Von dieser, als ihrer Führerin, da sie kaum auf den Weg
gebracht worden, trennte sie sich und folgte ihren eigenen Fußstapfen, bis sie
sich endlich verwirrt (verirrt?) fand und sich genöthigt sah, von neuem zu
ihrer Führerin zurückzukehren und zu den Grundsätzen, von welchen sie ab-
gewichen war.

„Die Kunst ist zur Vollkommenheit gelangt auf der Bahn die allezeit
die größten Menschen in ihrer Art betreten haben: dieser Weg ist, selbst die

Quelle zu suchen, und zu dem Ursprunge zurückzukehren, um die Wahrheit rein und unvermischt zu finden. Die Quelle und der Ursprung der Kunst ist die Natur selbst, die, wie in allen Dingen, also auch hier, unter Regeln, Sätzen und Vorschriften sich verlieren, und unkenntlich werden kann. Was Cicero sagt, daß die Kunst ein richtigerer Führer als die Natur sei, kann auf einer Seite als richtig, auf der andern als falsch betrachtet werden. Nichts entfernt mehr von der Natur als ein Lehrgebäude und eine strenge Folge nach demselben". Vom Lysipp insbesondere wird gerühmt, er sei verfahren — „wie zu unseren Zeiten in der Philosophie und Medicin geschehen ist: er fing da an, wo die Kunst angefangen hatte: in der Philosophie geht man jetzt auf Erfahrungen, und man schließt nicht weiter als das Auge geht und der Cirkel reicht; da fingen die ersten Menschen an".

Das Winckelmann'sche System der Kunstperioden geht indeß nicht bis auf die Uranfänge zurück. Denn „der älteste Stil sind nicht die ersten Versuche der Nachahmung der Natur (von denen freilich auch nichts übrig geblieben ist), sondern die Werke, in welchen die Kunst bereits ihre Form erlangt und in ein System gebracht war".

Seit Rumohr versteht man unter Stil „ein zur Gewohnheit gediehenes Eingehen in die inneren Forderungen des Stoffs, in welchem der Bildner seine Gestalten wirklich bildet, der Maler sie erscheinen macht". Derselbe Kunstkenner zeigt, wie das Wort stile, von den Italienern zuerst auf Vortheile künstlerischer Darstellung übertragen, von Winckelmann nach seiner höheren Ansicht erweitert wurde, indem er die Manier, den Stil der Italiener in Verbindung dachte mit gewissen Richtungen des geistigen Sinnes auf Edles, Gefälliges, oder Anderes.

1. „Der ältere Stil war auf ein Systema gebaut, welches aus Regeln bestand, die von der Natur genommen waren, und sich nachher von derselben entfernt hatten und idealisch geworden waren. Man arbeitete mehr nach der Vorschrift dieser Regeln als nach der Natur, die nachzuahmen war: denn die Kunst hatte sich eine eigne Natur gebildet".

In diesem älteren Stil waren die Regeln despotisch streng. Es war eine Art draconischer Gesetzgebung. Die Aegypter machten sich nie frei davon. „Man stelle sich ihr Systema in Absicht der Figuren wie das Systema der Regierung zu Creta und zu Sparta vor, wo von den alten Verordnungen ihrer Gesetzgeber keinen Fingerbreit abzuweichen war; ... sie arbeiteten nach einer in Statuten gesetzten und angenommenen Regel wie nach einem und demselben Muster".

Und nicht anders war es in den Anfängen der Kunst bei den übrigen Völkern. Auch bei den Hetruriern war die Kunst damals „wie ein schlechtes

§ 117. e. Perioden der Zeichnung.

Lehrgebäude, welches blinde Nachfolger macht und nicht zweifeln noch untersuchen läßt".

Dieser ältere Stil aber, der bei den Griechen bis auf Phidias geht, hat zwei ziemlich bestimmt zu unterscheidende Phasen.

In jener starrgesetzlichen Kunst der Aegypter war „die allgemeine und vornehmste Eigenschaft der Zeichnung (des Nackten) das Gerade, oder die Umschreibung der Figur in wenig ausschweifenden und mäßig gewölbten Linien. In der großen Einheit ihrer Zeichnung sind die Knochen und Muskeln wenig, Nerven und Adern aber gar nicht angedeutet." Von den Elementen des Schönen war also die Einfachheit da, aber es fehlte die Mannichfaltigkeit, und mit ihr die Grazie und das Malerische.

Ganz ähnlich war der Umriß in den ältesten Werken der Hetrurier: derselbe „senkt und hebt sich wenig, die Muskeln sind wenig angedeutet, weshalb ihre Figuren dünne und spillenmäßig aussehen." Selbst „unter den Griechen waren die ersten Züge einfältig und mehrentheils gerade Linien"; obwohl Winckelmann dieser „platten Art zu zeichnen" nur auf Münzen begegnet ist.

Dann aber warf sich die Zeichnung auf eine ganz entgegengesetzte Darstellungsweise. Die hetrurischen Künstler, und gleichzeitig mit ihnen die Verbesserer der griechischen Kunst, „da sie zu größerer Wissenschaft gelangten", verließen den ersten Stil. Die Eigenschaften und Kennzeichen dieses zweiten alterthümlichen Stils sind „eine empsindliche Andeutung der Figur und deren Theile.... Die Muskeln sind schwülstig erhoben und liegen wie Hügel; die Knochen sind schneidend gezogen, und allzu sichtbar angegeben, wodurch dieser Stil hart und peinlich wird".

Die gesetzliche Strenge begegnet uns auch hier, aber sie war weniger hieratisch-conventionell, als wissenschaftlich stilistisch. Ihre Ursache lag ja in den angestrengten gründlichen Naturstudien dieser Zeit. „Da die Wissenschaft in der Kunst vor der Schönheit vorausgeht, und also auf richtige strenge Regeln gebaut, mit einer genauen und nachdrücklichen Bestimmung zu lehren anfangen muß, so wurde die Zeichnung regelmäßig aber eckigt, bedeutend aber hart und vielmals übertrieben, ... mächtig aber ohne Grazie... In dieser Härte offenbart sich der genau bezeichnete Umriß, und die Gewißheit, wo alles aufgedeckt vor Augen liegt. Denn die Zeichnung führt nicht durch schwebend verlorene und leicht angedeutete Züge, sondern durch männliche, obgleich etwas hart und genau bezeichnete Umrisse zur Wahrheit und zur Schönheit der Form".

Dieser etruskische Stil kann manierirt genannt werden, „welches nichts anderes ist als ein beständiger Character in allerlei Figuren. Da nun einerlei Character kein Character ist, so könnte man auf die hetrurischen

Künstler das was Aristoteles an Zeuxis tadelt, deuten, nämlich daß sie keinen Character gehabt haben". Bei den Griechen ist dieß der Stil, der wie es scheint der äginetischen Schule eigen blieb.

2. Es kam aber die Zeit, wo ein gereifterer Blick die Differenz zwischen dem System der Kunst und der Natur bemerkte. Es war in der Zeit der völligen Erleuchtung und Freiheit in Griechenland, als die Verbesserer der Kunst, Phidias obenan, sich über das angenommene System von idealischen Regeln erhoben und der Wahrheit der Natur näherten.

„Die Natur lehrte aus der Härte und von hervorspringenden und jäh abgeschnittenen Theilen der Figur in flüssige Umrisse gehen ... und sich weniger gelehrt als schön, erhaben und groß zu zeigen. ... Da nun außer der Schönheit die vornehmste Absicht dieser Künstler die Großheit gewesen zu sein scheint, so kann ihr Stil der große genannt werden..." Ferner waren jene Meister, z. B. Polyklet, Gesetzgeber in der Proportion ... In einer vollkommenen Uebereinstimmung der Theile und in dem erhobenen Ausdruck suchten sie die Schönheit; mit strengen Begriffen der Schönheit also fing die Kunst an, wie wohleingerichtete Staaten mit strengen Gesetzen, groß zu werden... Sie suchten mehr das wahrhaftig Schöne, als das Liebliche. Und da nur ein einziger Begriff der Schönheit, welcher der höchste und sich immer gleich ist, und jenen Künstlern beständig gegenwärtig war, kann gedacht werden, so müssen sich diese Schönheiten allezeit diesem Bilde nähern und sich einander ähnlich und gleichförmig werden".

Und so stellt sich noch einmal, zum letztenmale, das Gesetz, diesmal freilich in Gestalt des erhabenen Ideals selbst, zwischen Natur und Kunst. Ein altes, herbes, ungefälliges System war verdrängt worden durch ein System hoher Schönheit, aber doch ein System, und einer Schönheit mehr der Maaße und der Verhältnisse, als der Linien. Ideal, Großheit, Richtigkeit treten in eine gewisse Spannung mit Natur, Anmuth, Wellenlinie. „Da in der Kunst vieles idealisch geworden war, d. i. da die größten Meister das Schönste und das Höchste zu erschaffen suchten und sich davon ein Bild gemacht hatten, welches über die Natur erhaben war, so wird es geschehen sein, daß sich dieses Bild von der Natur entfernt hatte, die selbst in ihren Theilen nicht mehr völlig kenntlich war... Und da die Meister das Maaß eines jeden Theils auf dessen Punkt worden gesetzt haben, so ist nicht unglaublich, daß dieser großen Richtigkeit ein gewisser Grad schöner Formen aufgeopfert worden ... ihre Großheit kann in Vergleichung gegen die Umrisse der Nachfolger eine gewisse Härte gezeigt haben: das Gerade blieb der Zeichnung dieses Stils noch einigermaßen eigen, und die Umrisse gingen dadurch in Winkel".

3. Erst im dritten oder schönen Stil wurde der Bann des Gesetzes vollkommen gebrochen; der Gegensatz zwischen Kunst und Natur fiel. Die

§ 117. v. Perioden der Zeichnung.

Contouren wurden fließend, undulirend, die Charactere mannichfaltiger. Lysipp hat den Ruhm, die Natur mehr als seine Vorgänger nachgeahmt zu haben. Er führte die Kunst, vornehmlich auch durch anatomische Untersuchungen, zur Beobachtung und Nachahmung der Natur zurück, die in dem Ideal seiner Vorgänger in ihren Theilen nicht mehr völlig kenntlich war.

Doch war diese letzte Befreiung griechischer Kunst keine Aufhebung der früher entdeckten Gesetze. „Die nächsten Nachfolger der großen Gesetzgeber in der Kunst verfahren nicht wie Solo mit den Gesetzen des Draco, sie gingen nicht von jenen ab: die Formen des vorigen Stils blieben auch in diesem zur Regel, denn die schönste Natur war der Lehrer gewesen: sondern wie die richtigsten Gesetze durch eine gemäßigte Erklärung brauchbarer und annehmlicher werden, so suchten diese die hohen Schönheiten, die von Statuen ihrer großen Meister wie von der Natur abstracte Ideen und nach einem Lehrgebäude gebildete Formen waren, näher zur Natur zu führen, und eben dadurch erhielten sie eine größere Mannichfaltigkeit".

In der Zeichnung wurde nun alles Edige vermieden... Porthasius' größter Vorzug bestand in dem schönen Umriß, in dessen Rundung, und in Licht und Schatten.

4. Hiernach war nun eigentlich kein Fortgang mehr zu denken: „da die Verhältnisse und die Formen der Schönheit auf das höchste ausstudirt, und die Umrisse der Figuren so bestimmt waren, daß man ohne Fehler weder herausgehen noch hineinlenken konnte: so war der Begriff der Schönheit nicht höher zu treiben. Es mußte also die Kunst, da sie nicht weiter hinausging, zurückgehen." Zwar geht der Verfall der Kunst noch in derselben Richtung fort, wie ihr Steigen; aber der Naturalismus, nach dem man nun trachtete, war bereits Manier, und das was man als Fehler beseitigen wollte, erschien nur der Verweichlichung als Fehler. „Es wurden durch die Bemühung alle vermeinte Härte zu vermeiden, und alles weich und sanft zu machen, die Theile, welche von den vorigen Künstlern mächtig angedeutet waren, runder, aber stumpf, lieblicher, aber unbedeutender". —

In diesen Sätzen ist der Kern der antiken Stilgeschichte enthalten. Daß sie keine erschöpfende Beschreibung und Motivirung der Wandlungen hellenischer Plastik sind, sieht heutzutage Jedermann. Diese Darstellung gründet sich fast allein auf Beobachtung der Formen, vornehmlich der Linienbehandlung, während die Erfindung, und ihre Richtung ganz außer Acht gelassen wird.

Die griechische Plastik gleicht hiernach dem Zögling einer Kunstschule, der damit anfängt, Vorbilder mit kindischer Zauberkraft ohne Verständniß nachzuahmen, hierauf seine anatomischen Studien schülerhaft deutlich auszudrücken sucht, dann an Gypsen einen Blick für die Mängel des Modells gewinnend, schöne aber leblose Formen bildet, endlich aber durch Beobachtung der Natur sein Gefühl für die flüchtigen Nüanceu der Oberfläche des jugendlichen Körpers stufenweise verfeinert, diesen näher zu kommen für sein höchstes Ziel achtet, ohne daß er jedoch Norm und Leitfaden jener Epoche jemals aus dem Auge ließe.

Der Ursprung dieser Theorie liegt ohne Zweifel in Betrachtungen über die Epoche des Phidias und über das Verhältniß des Stils dieser größten Zeit zu der alterthümlichen Kunst und ihren herben Formen; oder wie es damals auch hieß, des griechischen Geschmacks zum etruskisch-italischen.

Die Geschichte bewegt sich nie in einem solchen stetigen Fortgang, wo jedes folgende das vorhergehende übertrifft und abthut, indem es keine volle Erbschaft antritt. Sie ist wohl eine Reihe von Gewinnsten, aber auch von Verlusten. So könnte in den Werken eines Meisters der volle Formenreiz zu vermissen sein, dafür aber die Kraft und Eigenthümlichkeit des Characters der von ihm geschaffenen Gestalten bei seinem geschmackvolleren Nachfolger verloren gehen.

Aber auch wenn man diese Geschichte nur als eine Reihe von Formwandlungen betrachtet, bleibt manches zu beanstanden. Jene undulirenden Linien können nicht als correcter Ausdruck der von aller Befangenheit befreiten Form gelten. Wie oft begegnen uns Antiken, Copien griechischer Werke, die nach einem von der Wellenlinie ganz verschiedenen Princip behandelt sind, und an denen doch keine Spur alterthümlicher Härte entdeckt werden kann. In Werken die auf der Höhe griechischen Formensinns stehen, sieht man möglichst große, einfache, oft sehr ebene Flächen sich berühren, in zwar nie harten und schneidenden, sehr edelgezogenen, aber doch sehr scharfen und präcisen Flächenwinkeln: diese Formen sind soweit als möglich von einer wellenförmigen Auflösung in ein gleichmäßiges Spiel concaver und convexer Curven entfernt. Es giebt freilich auch einen andern morphologischen Typus, der sich mehr zum Ausdruck der Bewegung eignet, wo rundlichere Formen, in starken Schwellungen, weniger auseinanderstoßen, als sanft aneinanderschmelzen. Aber in keinem von beiden Fällen haben es die griechischen Meister auf Hervorbringung gewisser Linien abgesehen. Erst als man zur Zeit der Restauration der Kunst die Meisterwerke Griechenlands selbst wieder wie eine andere Natur studirte und zergliederte, scheint man auf das Streben nach Linienreiz verfallen zu sein und an den überlieferten Typen gemodelt zu haben, vielleicht in der Hoffnung, selbst über praxitelische und lysippische Umrisse noch hinausgehen zu können, und Winckelmann hat an solchen Werken jene „immerwährende Ausfließung der Formen ineinander", jenes verschlungene Wellenspiel, vergleichbar den kaum sichtbaren Wallungen eines Glasflusses bewundert.

Der Urheber dieser naturalistischen Theorie galt oft als Stimmführer

§ 117. c. Perioden der Zeichnung.

derer, welche die Natur in den schönen Künsten als eine Sirene fürchten, die vom idealen Tugendpfad in blumige Sümpfe lockt, und der man wohl einmal einen Blick zuwerfen soll, aber wie Odysseus, nicht ohne gehörige Schutzmittel classischer Begriffe und Muster. Indeß Winckelmann hatte in sich auch Etwas, das die Sache der Natur führte. In der Wissenschaft folgte er ganz dem Zug der Zeit zu Empirie und Materie, und in den letzten Jahren sprach er zuweilen davon, sich von der Kunst zur Natur, zu physicalischen Studien zu wenden.

Diese Deduction ist jedoch nicht sowohl naturalistisch, als eine eigene Vermischung von Naturalismus und ausgebildetem Formensinn, der sogar etwas nach Manierismus schmeckt. Und darin trägt sie ganz die Signatur des Zeitmoments. Wir befinden uns in einer Uebergangszeit. Ein Jahrhunderte langes Kunstleben ist im Absterben begriffen; nach neuen Anfängen ist das Verlangen erwacht, obwohl noch kein Genie aufgestanden ist, den Grund zum Neubau zu legen. Man ist die ausgelebten Manieren und Motive satt, man strebt aus Verkünstelung zur Natur, aus Verbildung zur Einfalt zurück; es ekelt sie die Atelierroutine, „wo die Kunst wie eine flüchtige Substanz entwichen und das Handwerk als grober Bodensatz übrig geblieben ist" (Milizia). Zuweilen erschien die ganze reiche Vergangenheit, deren (nachahmende) Aneignung die Caracci als Weg zum Vollkommnen beschrieben, — ein Weg auf dem man soweit heruntergekommen war! — als ein schwerfälliges Rüstzeug, das die Bewegungen nur hemme: warum nicht lieber im leichten Waffenrock weitergehn, bloß mit seinem guten Schwert zur Seite? —

Auch hier machen sich die Regungen des revolutionären Geistes spürbar. Systeme galten als Ausgeburten der Selbstliebe und Brutstätten des Irrthums, Aphorismen und Observationen für die Methode der Wahrheit. Das bloße Abschütteln der Autorität, das „Selbstdenken" als solches war die Wünschelruthe der Erkenntniß. Regeln waren Krücken, die den Genius hemmen, das Gesetz der Feind der Freiheit, der Stil, der den Einzelnen hält und trägt, über sich und seine Beschränktheit und Schwäche, wo nicht Dürftigkeit und Gemeinheit erhebt, soll sich als beschränkendes Medium zwischen den Sinn und die Fülle der Dinge einschieben, ja selbst das Gesetz der Schönheit raubt uns etwas von der Freiheit der Aussicht in die Natur. Da nun, je weiter man zurückging, um so mehr der Einzelne und seine Freiheit zurücktrat vor dem Typus, der Ueberlieferung, so schien aller Fortgang der Kunst in stetem Kampf mit der Satzung errungen, die sich allezeit zwischen Kunst und Natur stellt.

Aber es war nicht die Rohheit, welche an der ihr lästigen Form rüttelt, es war noch jene Bildung, die sich Licenzen aller Art gestatten darf, weil ihr Formen aller Art zur zweiten Natur geworden sind, weil sie sich im

Besitz eines Tactes weiß, in dem alle Gesetze verschmolzen sind. Während man die simple Natur zu predigen begann, genoß man noch die Vortheile der großen ästhetisch-technischen Ueberlieferung: das im Erlöschen begriffene Kunstalter hatte, wie einen aus hundert Essenzen zusammengeschüttelten Parfum, eine Verfeinerung des Form- und Farbensinns, der ästhetischen Genußfähigkeit, einen für die Reize vieler Gewürze bedürftigen Geschmack zurückgelassen, der erst der nächsten Generation ebenfalls verloren ging.

Eine Analogie zeigt uns z. B. die Erscheinung Voltaire's. Er ist der Universalerbe der Traditionen und Bedürfnisse des classischen Zeitalters, in dessen schon bald überlebten Formen er, wenngleich sie lockerud, noch fortdichtet, das er als Geschichtschreiber verherrlicht. Aber sein lebhafter, beweglicher, mercurialischer Geist ist zugleich Typus des einfachen Menschenverstandes, des natürlichen Geschmacks, der unbefangenen Empirie, jenes Sinns vor dem jegliches Conventionelle und Positive, Schein und Unwahrheit sich auflöst und zerstiebt.

Dieses Doppelverhältniß nun giebt auch einen Schlüssel zu obiger Theorie. Die Schönheitslinie war das Stichwort zugleich für die Naturwahrheit, die Einfalt der Antike, wie für das Raffinement eines bis zum Manierismus verbildeten Formensinns. „Diese unmeßbare Linie — „welche die Algebra nicht bestimmen kann" — wurde als Schönheit freier Natur der Schönheit steifer Förmlichkeit entgegengestellt, in der Menschengestalt wie in den Lustgärten. Sie ist das Princip der Contouren Correggio's, des Günstlings des Jahrhunderts unter den Cinquecentisten, jener wallenden und flammenden Linien, die das aufgeregte Wesen der spätern Kunst so ansprachen. Sie ist es, welche den Pabstmausoleen und Engeln Bernini's bei aller Formverwilderung ein so merkwürdiges Leben giebt; sie war das Losungswort auch des Zopfgeschmacks, mit seiner Auflösung aller geraden Linien in gewundene, selbst in der Baukunst. Als Höchstes in der Kunst gilt das graziöse Schweben über allem Gesetz und aller Bestimmtheit der Formen, jene Kunst wo die Kunst selbst unter dem Schein des Spiels verschwindet; die Leichtigkeit der Meisterhand, welche für das Auge des Kenners die Originalzeichnung von der Imitation des geschicktesten Schülers unterscheidet.

§ 116.

4. Die Schönheitslinie und die Proportionen.

Diese Skizze der Stilfolge schon zeigt durchsichtig genug, was für eine Antwort Winckelmann bereit haben wird auf die Frage nach dem Wesen des Schönen. Ihn interessirte nur die Schönheit der Menschengestalt; wenig Trieb scheint er gespürt zu haben, aber das zu theoretisiren, was wir im Licht, in

§ 119. 4. Die Schönheitslinie und die Proportionen. 135

den Farben, in den regelmäßigen Figuren, in der Blume, in der Melodie und Harmonie schön nennen. „Es hat sich die Kunst vornehmlich mit dem Menschen beschäftigt, und könnte also mit mehr Recht als Protagoras vom Menschen sagen, daß derselbe das Maaß aller Dinge sei". Der Mensch ist wenigstens das Maaß des Schönen. —

Bis zur Mitte des Jahrhunderts pflegte man, wenn jene Frage in der Kunstlehre aufgeworfen wurde, auf die Maaßverhältnisse hinzuweisen. Die alten Künstler, die über ihre Kunst nachgedacht, hatten von der „Symmetrie" geschrieben, Polyklet hatte in Wort und That seinen Canon aufgestellt, die Philosophen hatten sich übereinstimmend erklärt. Pomponius Gauricus nannte sie sculptorum parens. Zahlverhältnisse hatten die Tractate der Neueren, Dürer oben an, für die Ursache des Wohlgefallens an der schönen Baukunst, der Musik, den bildenden Künsten erklärt. Auch die Engländer — die ersten, welche den so verschiedenen Phänomenen, für welche die Sprache das Wort „schön" hat, einen Begriff zu geben suchten, — begannen mit Symmetrie, Harmonie, Proportionen, Rhythmen, also den mathematisch-schönen Formen, deren Allgemeingültigkeit in der natürlichen und moralischen Welt zuerst Shaftesbury mit platonischer Salbung verständigt hatte. A compound ratio of uniformity and variety war die Definition.

Es mußte aber irgend einmal geschehen, daß einem Maler, der denken konnte und sich fragte, durch was für Mittel er auf die Gemüther zu wirken suche, was die Menschen in seinen Werken anspreche, Zweifel aufstiegen, ob sich sein Schönes, das Malerische, auf das Vergnügen am Regelmäßigen, auf jenes Schaukelspiel von Einförmigkeit und Mannichfaltigkeit zurückführen lasse. Das Malerische dünkt ihm eher das Gegentheil des mathematisch Regelmäßigen. Und dieß war die Sinnesweise der Zeit, die überall der steifen und förmlichen Regelmäßigkeit müde war. Das Wohlgefallen am Regelmäßigen, hieß es nun, ist ein bloß verneinendes, die porenlose Verletzung der Regel mißfällt, aber von diesem kalten Wohlgefallen, als bloßer Vorbedingung schöner Werke, ist das positive, lebhafte am Schönen ganz verschieden.

So wurden denn auch die Proportionen damals zum erstenmale förmlich angefochten, nachdem übrigens schon Bacon, wie an Zeuxis' angeblichem Schönheitseclecticismus, so an Dürer's Messungen starke Zweifel geäußert hatte.

Auch in Windelmanns Darstellung kommen die Proportionen vor; sie scheinen zuweilen fast wie das Staatsgrundgesetz der Kunst; aber sie entfernen auch wieder, heißt es, von der Natur; und sie allein können die Schönheit nicht geben, nur eine ihrer Bedingungen sind sie. „Die Proportionen können in einer Figur ohne Tadel sein, ohne daß dieselbe schön ist".

Freilich erstreckt sich ihr Einfluß in der alten Kunst ganz außerordentlich weil. „Es ist glaublich, daß die griechischen Künstler ... sowie die größeren Verhältnisse, also auch die kleineren durch genau bestimmte Regeln festgesetzt gehabt, und daß in jedem Alter und Stande die Maaße der Länge sowohl als der Breite, wie die Umkreise genau bestimmt gewesen. ... Diese genaue Bestimmung ist ... der Grund von dem ähnlichen System der Kunst, welches sich auch in mittelmäßigen Figuren der Alten findet. Denn ungeachtet der Verschiedenheit in der Art der Ausarbeitung, scheinen die alten Werke dennoch wie in einer Schule gearbeitet zu sein, und man sieht in der Zeichnung der alten Bildhauer, von dem größten bis auf den geringeren, eben dieselben allgemeinen Grundsätze".

Wenn aber so das Ideal durch die Proportion fixirt wird, der hohe Stil, ja der gemeinschaftliche Charakter griechischer Kunst auf sie zurückgeht, müssen sie dann nicht, wenn nicht die einzige, so doch die erste unter den Bedingungen der Schönheit sein? Wenn man zeigt, daß z. B. ein abgemagerter Mensch, oder eine hölzern gezeichnete Figur auch mit den Verhältnissen des Antinous nicht schön ist, so kann man doch auch behaupten, daß z. B. bei einer ganz verschleierten Gestalt, wo keine einzige Linie wahrzunehmen ist, Proportionen eine bestimmte, lebhafte Wirkung ausüben, während alle schönen Linien Fehler im Ebenmaß nicht wieder gutmachen können, und beinahe werthlos werden. —

Diejenigen nun, welche den Zweifel an der Proportion erhoben hatten, mußten eine andere Quelle der Schönheit aufweisen, und dieß war die Schönheitslinie. Hogarth, Burke, Mengs und Winckelmann haben Linientheorien entwickelt; wer war nun der Erfinder?

In gewissem Sinn ist sie viel älter als diese Zeit, und vielleicht so alt als der Zeichenunterricht überhaupt. Die Proportionen lassen sich wie alles was unter Zahl fällt, kurz und bündig lehren; mit den Umrissen kommt der Meister nie zu Ende. Immer zeigt sich wieder, wieviel unberechenbarer, schwerer, schöner der Contour eines lebenden Wesens ist, als z. B. eine Kreislinie, oder der eines Kindergesichts als der eines Alten. Den Schüler, der diese Linien hölzern (stieky manner) zieht, um keine anatomischen Kenntnisse zu zeigen, wird er vergleichungsweise auf die Windungen der Schlange, das Flackern des Feuers, die Wogen des sanftbewegten Meers hinweisen.

Aber nur in gelegentlichen Warnungen haben die lehrenden Maler diese Feinheiten in ihre Theorie gezogen. Alberti und Leonardo finden Schönheit und Reiz in der Vermeidung scharfer Winkel, raubumschriebener Musculatur; durch gefällige Lichter und sanfte, nicht dunkle Schatten soll man modelliren; wo Leggiadria sein soll, da müssen die Muskeln wenige und sanft, d. h. mit nicht zu großer Deutlichkeit gebildet, die Glieder zart und ausgebreitet (distesi) sein; die Verknorungen an Armen und Beinen aufgelöst (disnodate). Auch

§ 114. d. Die Schönheitslinie und die Proportionen.

Lodovico Dolce nennt Weichheit (tenerezza) das schwerste in der Malerei, und giebt den Muskelmalern zu bedenken, daß es leichter sei Knochen als Fleisch zu malen; er empfiehlt die Linien delicater, weicher Körper, wie sie Tizian bildete. Du Fresnoy stellte mit manieristischer Färbung die lodernde Flamme als Muster der Schlangenlinie auf;*) selbst Michelangelo sollte von gefälligen (grazioso) Bildungen die forma serpentina verlangt haben.

Hogarth's Analysis of beauty (1753) kann Winckelmann nicht unbekannt geblieben sein, obwohl sich weder in seinen Werken noch in seinen Kopieen ein Citat daraus findet. Da er aber alles was über diese Dinge geschrieben wurde, gelesen zu haben behauptet, so wird er auch dieß originelle Product bei reisenden Engländern oder beim Grafen Firmian irgend einmal gefunden haben.

Der Londoner Maler hat die Schönheitslinie gründlicher als alle andern analysirt, psychologisch und anatomisch, und einen umständlichen Erfahrungsbeweis aus Kunst und Leben für sie angetreten.

Er unterscheidet zwei Umrißlinien von ästhetischem Werth, die Wellenlinie oder Linie der Schönheit, und die Schlangenlinie oder Linie der Grazie. Jene besteht in einem Wechsel concaver und convexer Curven in einer Ebene, diese wird verdeutlicht durch den um einen Kegel gewundenen Draht. Am reichsten kommen sie vor an den Organismen, diesen lebendigen Maschinen, und um so reicher, je mannichfaltiger die ihnen angewiesenen Bewegungen sind. Er verfolgt das Verfahren Schritt für Schritt, durch das die Natur ihr Meisterwerk, das höchste, nie erreichte Ziel der Kunst, die Oberfläche des Menschen erbaut. Er beginnt mit dem Knochengerüste, bekleidet es mit dem Muskelkörper, dessen Umriß weniger eine Linie als eine Zusammensetzung gebrochener, flachgekrümmter Linien ist (wie die engrailings der Heraldik); er zeigt endlich wie die Natur die ungefällige Schroffheit dieser Schwellungen und Senkungen ausgleicht mit Hülfe der Fettlagen und der Haut, dieser weichen, glatten, elastischen Schaale, deren Geschmeidigkeit ein so anmuthiges Medium ist für die darunter liegenden Theile.

Ganz ähnlich sprach sich damals Edmund Burke aus, in den Untersuchungen über das Schöne und Erhabene (1757), die Kant so anregten. „Bei dem, was man schön nennt, beharren die Theile nie in derselben Linie, sie verändern die Richtung jeden Augenblick, und für ihre stetige Abweichung ist kaum ein Anfangs- und Endpunkt anzugeben". Der Irländer schildert den Reiz „jenes leichten, unmerklichen Anschwellens, jenes Wechsels einer auch

---

*) Membranaeque sinus ignis flammantis ad instar
Serpenti undantes flexu: ned brevia, plana,
Magnaeque signa, quasi sine tubere subdita tacta.
Ex longo deducta suant, non recta minutim. De arte graphica liber 1613.

im kleinsten Raum nie einförmigen Oberfläche, jenes täuschenden Labyrinthes, durch welches das unstete Auge schwindelnd gleitet, ungewiß wo es halte und wohin es geführt werde". —

Nennen zwei Künstler weniger Aehnlichkeit miteinander haben als Hogarth, der Chronist Londons und seines feinen und groben Pöbels, der erbarmungslose Realist, der Smollet mit dem Pinsel, und Mengs, der süßliche Verschmelzer Raphaels und Correggio's, dessen idealistisch vornehmem Pinsel kaum eine Spur entschlüpft von der Zeit und der Nation, in der er lebt? Und doch haben sie hier ein und dasselbe Bekenntniß. Auch Mengs bedient sich der Linien, um die Wandlungen des Stils in alter und neuer Kunst, die Unterschiede der Cinquecentisten und der Prachtstücke alter Sculptur zu erklären. Davon ausgehend daß die natürlichen Formen nichts Rundes und Quadratisches haben, theilt er die Linien des menschlichen Contours in gerade, concave und convexe. Wo gerade die Mehrzahl sind, bleibt der Stil trocken, bei musculösen Körpern herrschen die convexen, bei gracilen die concaven. Anmuth beruht auf dem Gleichgewicht der beiden letzteren, also der Wellenlinie. —

Diese Theorie verräth, daß sie von Malern, von Zeichnern genauer gesagt, herstammt. Bildhauer würden von ihrer Kunst aus schwerlich auf sie gekommen sein, auch Coloristen nicht. Diesen wird ihr Werk als Ganzes nicht von Linien, sondern von Farben, Lichtwirkungen aufgeben, und jenen als raube Form, die sie aus Thon kneten oder aus dem Block herausholen. Wenn ein Bildhauer sich so aussprächt, so würden wir reliefartige Conceptionen von ihm zu sehen erwarten, die nur einen Gesichtspunkt vertrügen. Es ist wahr, die neueren Bildhauer haben sich selten von malerischen Tendenzen losmachen können. Donatello erklärte: Ich kann Euch die Bildhauerkunst ganz in einem Worte lehren: Zeichnet! Winckelmann, der sich nur zeichnend in der Kunst versucht hatte, konnte sich auch plastische Schönheit kaum anders als mittelst der Abstraction der Linie einigermaßen zurechtlegen; wie wenn er die Schönheit der Niobe verdeutlicht durch Raphaelische Handzeichnungen (S. 53). Schon in der Dresdener Schrift stand ein Satz, der ganz mit Hogarths Maxime stimmt, daß die wahre Schönheitslinie zwischen den flachen und ausgeschweiften Curven genau in der Mitte liege (I. S. 390)*).

„Der Mensch also (in dieser Weise entwickelt er seine Ansicht endgültig) ist der höchste Vorwurf für den denkenden Menschen, — oder nur dessen äußere Fläche". Es ist die Schönheit der Form, welche der ersten griechischen

---

*) That golden mean, which, like the philosopher's stone, always eludes our grasp, yet always invites our wishes. Miss Burney, Cecily II, 4.

§ 115. 4. Die Schönheitslinie und die Proportionen.

Künstler Absicht war: „die Richtigkeit im Contour kann nur von den Griechen allein erlernt werden".

Diese schöne Form nun wird am reinsten dargestellt, präparirt gleichsam, in der Zeichnung. Unmittelbarer als sonst, reiner tritt in ihr des Künstlers Gedanke ans Licht. „In der Zeichnung nehmen wir die Fertigkeit wahr, mit welcher die Hand ihrem Verstand zu gehorchen und zu folgen fähig gewesen ist; den Geist der Künstler, ihre Gedanken nebst der Art dieselben zu entwerfen, können wir deutlicher an der Zeichnung als an dem ausgeführten Gemälde wahrnehmen". Er vergleicht die Zeichnung des Malers mit dem Modell des Bildhauers (wie schon Ghiberti gesagt hatte, die Kunst des Modellirens sei des Bildhauers Zeichnung): „Wie der Vorsprung des Rebensaftes der edelste Wein ist, so erscheint auf dem Papier (und in dem reichen Thon) der reinste und wahrhaftigste Geist des Künstlers; dahingegen in dem ausgeführtesten Gemälde (und in der geendigten Statue) das Talent in dem Fleiße und in der erforderlichen Schminke verkleidet wird". Der „Geist" aber, das „Gefühl" ist das Organ für die Hervorbringung, wie für die Auffassung des Schönen.

Also in der Linie liegt der Schönheit Quintessenz, in dieser in der Natur nicht existirenden und auch in keinem vollendeten Kunstwerke übrigbleibenden, aber unentbehrlichen Abstraction. Später hat er für die Form- oder materielle Schönheit, zum Unterschied von der des Ausdrucks oder der moralischen, die Bezeichnung Linienschönheit (bellezza lineare) gewählt.

Und zwar gelten ihm die Linien schöner Körper für schön an sich, sie haben ästhetischen Werth auch ohne die Beziehung ihrer Form auf das Wesen, von dessen Substanz, Bau, Leben, Function sie in der Natur das letzte Ergebniß sind; wir beurtheilen sie ohne Rücksicht auf das Ding, das sie einschließen. Wie nach Cicero der Giebel des Capitolstempels auch im Himmel schön sein würde, wo es nicht regnet. Es müßte, ähnlich der Symmetrie im Kaleidoskop oder in der maurischen Ornamentik, ein bedeutungsloses Spiel von Wellenlinien geben können, das ästhetisch gefiele. Auch nach Hogarth beruht der Beifall der Wellenlinie auf der angenehmen Bewegung des sie begleitenden Auges. Nach Winckelmann ist sie principiell ganz dieselbe an thönernen Geräthen und an lebendigen Gliedern. „Die alten hetrurischen Künstler waren zur Wissenschaft der Zierlichkeit der Form in ihren Gefäßen gelangt, bei aller Ungeschicklichkeit in der Zeichnung, d. i. sie hatten das was bloß idealisch und scientifisch ist, erkannt, da sie hingegen in dem wo die Nachahmung uns führt, unvollkommen geblieben waren".

Danach würde die Kunst in der ihr vorgelegten Natur solche Vorbilder, Altersklassen, Modelle zu suchen haben, in der jene Linien vorkommen. Denn als nachahmende Kunst kann sie ihre Form nicht wie Musik und Baukunst, frei schaffen. Natürlich ist „die sanfte Verjüngung, die in einer Säule schwer ist, noch schwerer in den mancherlei Formen eines jugendlichen Körpers. . . . Wie nur unter den unendlichen Arten Säulen in Rom einige durch eben diese Verjüngung vorzüglich zierlich erscheinen (von welchen ich mir besonders zwei von Granit gemerkt habe, die ich jedesmal von neuem betrachte): also selten ist eine vollkommene Form auch in der schönsten Jugend, die in unserem Geschlecht noch weniger als im weiblichen einen festen Punkt hat".

Aber welche Art von Curven ist nun die Linie der Schönheit? Die Wissenschaft der Linien heißt Geometrie, aber wir hörten schon, daß die Algebra hier incompetent ist, denn diese Linie „wird mit keinem Cirkel beschrieben und verändert ihre Richtung in allen Punkten". Auch „der feste und zierliche Contour der Walen ist durch eine Linie gezogen, die durch mehr Cirkel muß gefunden werden". Sie haben allezeit eine elliptische Form, und darin liegt ihre Schönheit.

Indeß wenn man das Schöne auch nicht messen kann, so kann man doch die Classe von Linien beschreiben, in der es liegt, den Gesichtspunkt angeben, nach dem wir diese Classe bilden. (La bellezza può ridursi a certi principj, ma non definirsi.) Das Hauptmerkmal dieser Classe ist „Mannichfaltigkeit im Einfachen"; „die Künstler fanden die Ursache der Schönheit in der Einheit, in der Mannichfaltigkeit und in der Uebereinstimmung; die Formen des schönen Bildes sind einfach, ununterbrochen und in dieser Einheit mannichfaltig, und dadurch sind sie harmonisch; ebenso wie ein süßer und angenehmer Ton durch Körper hervorgebracht wird, deren Theile gleichförmig sind". —

Hier ist auch der Punkt wo der Begriff des Erhabenen bei Windelmann vorkommt, in ganz anderem Sinn als bei Longin, Burke und Kant. Erhaben bezeichnet nicht die gemischte Empfindung, welche das überwältigend Große und Furchtbare erweckt, sondern es ist Größe durch Einfalt, im Gegensatz zu Kleinlichkeit durch Ueberladung.

„Durch die Einheit und Einfalt wird alle Schönheit erhaben, sowie es durch dieselbe alles wird was wir wirken und reden: denn was in sich groß ist wird, mit Einfalt ausgeführt und vorgebracht, erhaben. Es wird nicht enger eingeschränkt, oder verliert von seiner Größe, wenn es unser Geist wie mit einem Blick überseben und messen, und in einen einzigen Begriff einschließen und fassen kann, sondern eben durch diese Begreiflichkeit stellt es sich uns in seiner völligen Größe vor, und unser Geist wird durch die Fassung desselben erweitert, und zugleich mit erhaben. Dann alles was wir getheilt betrachten müssen, oder durch die Menge der zusammengesetzten Theile nicht mit einemmale übersehen können, verliert dadurch von seiner Größe, sowie uns ein langer Weg kurz wird durch mancherlei Gegenstände, welche sich

§ 119. d. Die Schönheitslinie und die Proportionen. 141

und auf demselben darbieten, oder durch viele Herbergen, in welchen wir anhalten können. Diejenige Harmonie, welche unsern Geist entzückt, besteht
nicht in unendlich gebrochenen, geteilten und geschleiften Tönen, sondern in
einfachen, lang anhaltenden Zügen. Aus diesem Grund erscheint ein großer
Palast klein, wenn derselbe mit Zierathen überladen ist, und ein Haus groß,
wenn es schön und einfältig ausgeführt worden". Daher der wunderliche
Satz, den wir umkehren würden, „daß der Apollo das Erhabene habe, welches im Laocoon nicht stattfinde". —

In österen Variationen hat dann Winckelmann, um die Unbestimmtheit
seiner Definition zu ergänzen, wetteifernd mit dem Stift des Malers und
der Sprache des Dichters jene Formen zu zeichnen versucht.

„Die Schönheit ist jedem Alter eigen, aber wie die Göttinnen der
Jahreszeiten in verschiedenem Grade; mit der Jugend aber gesellt sie sich
vornehmlich; daher ist der Kunst größes Werk diese zu bilden. In ihren
Formen ist jene „große Einheit, in der die Grenzen unmerklich eine in die
andere fließen, und von vielen der eigentliche Punkt der Höhe und der Linie,
welche dieselbe umschreibt, nicht genau kann bestimmt werden". „Je mehr
Einheit in der Verbindung der Formen und in der Ausfließung einer aus
der anderen ist, desto größer ist das Schöne des Ganzen. Ein schönes jugendliches Gewächs aus solchen Formen gebildet ist wie die Einheit der Fläche
des Meers, welche in einiger Weite eben und stille wie ein Spiegel erscheint,
ob es gleich allezeit in Bewegung ist und Wogen wälzt".

Daher bewundern die Künstler*) am Torso diese „immerwährende Ausfließung einer Form in die andere, und die schwebenden Züge, die nach den
Wellen des ruhigen Meeres sich heben und senken und ineinanderverschlungen
werden". Und in der Niobe ist „eine so große Einheit der Form und des
Umrisses, daß sie nicht mit Mühe gebildet, sondern wie ein Gedanke erweckt
zu sein scheint".

Das ist es worin die Schwierigkeit des Schönen liegt (χαλεπὸν τὸ
καλόν). „Die äußere Fläche des menschlichen Körpers ist für die Künstler
so schwer auszuforschen, wie von den Weisen das Innere desselben, und das
schwerste ist was es nicht scheint, die Schönheit, weil sie, eigentlich gesprochen,
nicht unter Zahl und Maaß fällt. . . . Das Verständniß des Verhältnisses
des Ganzen, die Wissenschaft von Gebeinen und Musteln ist nicht so schwer

---

*) Es sind die Künstler des Parodstils. Der Abbé de Marsy bricht diesen Ge-
schmack in folgendem auf N. N. Stosch' Drapperien gemünzten Berken aus:

Sint faciles panais ficus, sit grande volumen,
Sublimis amplique sinus, vaga linea, parvi
Anfractus: ut flamma, volent, ut lympha debiscent
Molliter, ut serpens tinnamo tramite currant,
Ac levetes palpent tactu leviore figuras.

und allgemeiner als die Kenntniß des Schönen. . . . Die Zeichnung eines jugendlichen Körpers, in welchem alles ist und sein, und nicht erscheint und erscheinen soll, ist schwerer als einer männlichen und betagten Figur, weil in jener die Natur die Ausführung ihrer Bildung geendigt, folglich bestimmt hat, in dieser aber anfängt, ihr Gebäude wiederum aufzulösen und also in beiden die Verbindung der Theile deutlicher vor Augen liegt. Auch der geringste Schatten wird hier zum Körper, und wer nur im geringsten vor der Scheibe vorbeischießt, ist ebensogut, als wenn er nicht hineingetroffen hätte. . . . Die Künstler also, die sich in Schwierigkeiten hervorzuthun suchen, sollten sich lieber in schönen als athletischen Körpern zeigen".[*]

Die gegliederten oder musculösen Formen verhalten sich demnach zu den jugendlichen, wie die ängstliche trockene Nachbildung des Schülers zu der so leichten wie sicheren Skizze des Meisters, diesem Gemälde im Keim; oder wie ein platter, die logische Verkettung handgreiflich heraushstellender, der Mittelmäßigkeit entgegenkommender Vortrag zu einem geistroll-rednerischen, der die Fugen verbirgt, und ein zufälliges Spiel der Gedanken scheint, so sehr er den Gesetzen der Sache wie unseres Auffassungsvermögens sich anschließt. Solche Formen gefallen aus einem ähnlichen Grund, wie ein schöner Körper an Reiz gewinnt durch ein transparentes Gewand, oder durch das Halbdunkel in das ihn Correggio taucht, oder durch den warmen, weichen Ton Tizianischer Carnation.

Hierin liegt die Wahrheit der Schönheitslinie. Hingegen kann die Wellenlinie, d. h. das Gleichgewicht concaver und convexer Linien, nicht als correcte Bezeichnung des Contours gelten. Der menschliche Körper und die Statuen der Alten, auch die graziösesten, bestehen aus convexen Linien, nur die kleinen, die Winkel verbergenden Verbindungslinien sind concav. Die Wellenlinie ist der Schönheitskontour des Manierismus.

§ 119.

3. Das Ideal.

Wer nach den bisher zusammengestellten Bemerkungen über griechische und südliche Typen, nach der Beleitung der Vervollkommnung der Zeichnung, sich eine Meinung über das Verhältniß von Kunst und Natur nach Windelmanns Begriffen bilden wollte, würde diesem Kunstgelehrten in eine ganz

---

[*] Insinuandomi i contorni delle figure giovanili insensibilmente l'uno nell' altro, è cosa difficilissima il cogliere i punti precisi della maggior elevazione delle linee che si descrivono, e do' siti ove l'una si combacia con l'altra; e colti che ano gli ha, è altrettanto più difficile il determinarli, poichè in si fatte figure tutto correre di ciò che si scerne nelle virili, ma cerca far apparir che vi sia. Trat. prel. XXXIX.

§ 110. e. Das Ideal.

andere Classe versetzen, als die in welcher er bekanntlich eine so hervorragende Stelle einnimmt. Jedermann weiß, auch wer sonst nichts von ihm weiß, wie eng sein Name mit dem „Idealismus" verknüpft ist, ja daß dieser, wohl in seiner unerfreulichsten productiven Gestalt sich vornehmlich auf ihn berufen hat. Selbst Hegel, dem der Idealismus in seine Aesthetik so paßte, gesteht (eingeschüchtert durch Rumohrs bekannte Philippica gegen „das titanische Vorhaben, die Naturformen zu verherrlichen und zu verklären", und dessen Spott über die „Flickerey der Werke des größten und ältesten Meisters en ronde bosse und basso rilievo"): „daß seit Winckelmann jene Sucht aufgekommen sei nach idealischer Darstellung, in der man die Schönheit gefunden zu haben glaubte, aber in Todtheit, Unlebendigkeit und characterlose Oberflächlichkeit verfiel". Der Gegensatz von Idealismus und Naturalismus sei durch Winckelmann wieder angeregt worden.

Wer soviel Kunstanschauungen hat um sich vergegenwärtigen zu können, um was es sich bei diesen Controversen jedesmal gehandelt hat, d. h. was für Manieren, Formen, Wunderlichkeiten und Einseitigkeiten ganz bestimmter und verschiedener Art sich hinter jenen allgemeinen Worten — wie Masken der Pantomime — versteckten: dem muß auch hier der Wunsch entstehen, jene allgemeinen Namen möchten nie erfunden worden sein.

Unter Ideal verstand man allerdings vornehmlich die Formen der Statuen, deren Gypse man in den Sälen der Academien zum Studium aufstellte und deren „marmorne Manier" man nur etwas belebte; aber auch was wir Stil nennen, edle, auf der Höhe des Gegenstands stehende Auffassung, Schönheitssinn überhaupt. Was man sich hingegen unter Natur dachte (und heute wieder anfängt darunter zu denken), sagt uns die Schilderung eines Bildes von Peter Bellotti in Mariette's Abecedario. Es war gemalt mit großer Sorgfalt, der Pinsel unübertrefflich schön, jede Sache mit Wahrheit behandelt, der Farbengeschmack sehr gut; aber um die Pestalin Thais darzustellen, hatte er sich das infamste und ekelhafteste Geschöpf zum Modell gewählt, das auf der Welt zu finden war. —

Alle alterthümliche Kunst stellt (bis zu einem gewissen Punkt und bei einigen Völkern ist sie nie über diesen Punkt hinausgegangen) nicht Individuen, sondern einen Typus dar. Aber nur in der griechischen Kunst ist der Typus, durch ein einzig glückliches Zusammentreffen von Umständen, im Lauf der Zeiten zu einem Ideal — einem Typus vom höchsten ästhetischen Werth — fortgebildet worden. Den Griechen galt jede Einseitigkeit der Beschäftigung, der geistigen und körperlichen, für unedel, banausisch, weil sie Geist und Leib ein besondres, unharmonisches, also unschönes Gepräge aufdruckt; gleichmäßige Ausbildung der menschlichen Natur im Verhältniß ihrer Grundbestandtheile zueinander, und dieser selbst, hielten sie für die des Freien allein würdige Existenz. In Uebereinstimmung hiermit hat man auch ihren künstlerischen Formensinn zu fassen. In ihren Bildern der Menschheit — der göttlichen, der heroischen, der geschichtlichen — wird das was den Einzelnen zum beschränkten Individuum macht, der Theil worin sein Characteristicum, seine Virtuosität, seine Einseitigkeit liegt, zurückgestellt sein gegen den Typus, welcher die Harmonie und Ganzheit der Menschengestalt repräsentirt, wo alle Theile in normalem Verhältniß stehen, und wie die Farben im Sonnenlicht, so die geistigen, wollenden, leidenschaftlichen und sinnlichen Bestandtheile der menschlichen Natur richtig abgewogen und verschmolzen sind.

Für die Kenntniß des Ideals der Gestalt ist allezeit die griechische Kunst und besonders ihre Plastik als Hauptquelle angesehen worden. „Nicht durch Vergleichung, sagt Buffon, nicht durch Messung einer großen Zahl von Körpern hat man die schöne Natur gefunden, sondern durch die Zeichenkunst: Gefühl und Geschmack haben vollbracht, was die Mechanik nicht vermocht; man legte Lineal und Zirkel bei Seite und hielt sich an das Augenmaß". In ihr fand man jenes vollendete Schöne, das nicht, oder nur schwer in der Natur zu finden ist, und das doch nicht außer der Natur liegt oder gar wider sie ist, weil es als ihre eigene Meinung angesehen werden kann, deren fragmentarischen und geheimnißvollen Ausdruck die Kunst nur nachhilft —

Solange der Begriff des Ideals existirt — und er geht bis auf die Zeit des Socrates zurück — hat man bezüglich desselben zwei Thätigkeiten unterschieden: Auswahl aus der Natur (judiciense élection — len hate, choisir — Compel), — die richtig gefaßt nur ein mechanischer Name ist für Ausbildung des Schönheitssinns durch reiche Erfahrung; und Darstellung der Idee, einer inneren Schauung, etwas das nur in des Menschen Hirn sich zusammengefunden hat. Je nachdem man nüchterner oder schwungvoller bildete oder räsonnirte, legte man auf dieß oder jenes mehr Gewicht, doch ohne das andere zu vergessen. Wie wäre auch eine Wahl zu denken, deren Gesichtspunkt nicht im Auswählenden, sondern im Material läge? Und wer würde den Künstler verstehn, der sich für den Ausdruck seiner Vision nicht aufs engste der allgemein verständlichen Formensprache der Natur anschlösse?

Wahr ist, daß die großen schöpferischen Zeiten der Kunst wenig vom Ideal gesprochen haben. Nur wo Leonardo die Künstler warnt vor dem Hang sich selbst und ihren Typus zu wiederholen, räth er, die guten Theile von vielen schönen Gesichtern abzunehmen, diese aber mehr nach der öffentlichen Stimme als nach dem eignen Urtheil zu wählen.

Aber seit Michelangelo in seinen Gedichten „in würdigen und erhabenen Ausdrücken" von der „hohen Schönheit" geredet hatte, „die ihm als treues Muster (esempio) in seinem Berufe verliehen sei, als „zweier Künste Leuchte und Spiegel", und diejenigen thörichte Richter genannt hatte, welche die

§ 119. c. Das Ideal.

Schönheit zu den Sinnen hinziehen, war der Idealismus in Italien die traditionelle Kunstphilosophie. Die Carracci zeigten, wie durch Wahl aus den größten Meistern ein Ideal der Malerei erreicht werden könne. Bellori lehrte, alle wahre Kunst ruhe auf Nachahmung von Ideen und gehe durch Auswahl der schönsten Formen über die Natur hinaus. Der Künstler, dessen Ideen gleichartig sind der göttlichen Idee, nach der die Naturdinge geschaffen wurden, ahmt den ersten Künstler nach, und bildet sich im Geist das Muster einer höheren Schönheit, nach der er die Natur verbessert (emendare). Die Kunst ist somit nicht bloß eine Nebenbuhlerin der Natur, sie ist ihre Vollenderin, und das ist ihr höchster Preis, deshalb zollen ihr die Menschen Liebe und Bewunderung. Sie ist die Sonne welche von Ost her die Memnonssäule beseelt, das Feuer welches das Prometheusbild zum Leben erwärmt.

In diesen und vielen ähnlichen Darstellungen geht die unlebendige Vorstellung eines zusammensetzenden Eklekticismus, von der die Anecdote des Zeuxis und der fünf Mädchen von Croton fabelt, her neben der Vorstellung jener begeisternden, Leben gebenden Intuition, wie sie ein Phidias gehabt haben muß und wie sie uns Dio Chrysostomus so beredt in der olympischen Rede schildert. Selten waren selbst bloße Rhetoren auf eine so unkünstlerische Ansicht verfallen, wie die von Lessing und Reynolds ist, welche im Ideal nichts als den Gattungstypus erblicken, oder wie der letztere sich ausdrückt, die Centralformen.

Mengs unterschied in aller Kunst zwei Thätigkeiten, eine mechanische und eine geistige, die erste ist die Nachahmung der Natur, zu ihr gehört ein richtiges Auge; die andere ist die Wahl, durch sie entsteht das Ideal. Das Ideal ist eine Darstellung von Dingen, für die es kein Original giebt, die wir im Geist erfaßt haben, ohne daß sie uns durch die Sinne gegangen sind; in der Zeichnung ist es eine übernatürliche Schönheit, hervorgebracht durch Vereinigung zusammenstimmender schöner Theile. Dieß Ideal aber findet sich in allen Theilen der Malerei, nicht bloß in Zeichnung, sondern auch in Composition, Ausdruck, Helldunkel und Colorit, es ist der erhabenste Theil der ganzen Kunst. „Wahl" und „Ideal" bezeichnen im Grunde nichts anderes als Erfindung, schaffende Kraft, das Poetische in der Malerei, das wozu Phantasie gehört. Daher das Lesen der Dichter empfohlen wird, um sich zu diesem Theil der Kunstthätigkeit anzuregen.

Jetzt nun Niemand läugnet, daß die Griechen allein dazu gekommen sind, eine Welt von Gestalten zu schaffen, die im höchsten Grade bedeutend, schön, lebensvoll, und doch Phantasiegebilde sind: so sagte Mengs mit Recht, daß sie ausgezeichnet waren vor allen Neueren im Theil des Ideals, und somit größer als alle.

Durch das Mißverhältniß dieser an sich ganz annehmbar klingenden
Sätze zu den wirklichen Leistungen besonders des philosophischen Malers selbst,
überhaupt aber des Manierismus der letzten (um die Mitte des 18. Jahrhunderts erlöschenden) Generationen der alten, und des noch viel trostloseren
Classicismus der ersten Generation der neuen Malerei ist dieser Idealismus
in äußersten Verruf gekommen; dennoch lag ihm, bei aller verrosteten Metaphysik und anstößigen Ausdrucksweise ein wahrer Kern zu Grunde. —

Auch nach Winckelmann sollte die Kunst keineswegs bloß die Bestimmung
haben, ihre Bilder bis zur Wahrheit und Freiheit der Natur zu führen.
Sie soll uns etwas zeigen, was die Natur nicht hat. Dieß ist das Idealische. „Idealische Bildung" steht im Gegensatz zur „individuellen, d. i. auf
das Einzelne gerichteten"; denn sie ist „eine Wahl schöner Theile aus vielen
einzelnen, und Verbindung in eins". Der Begriff des Idealischen aber ist
dem des Schönen übergeordnet. „Etwas kann idealisch heißen ohne schön
zu sein. Die Gestalt der ägyptischen Figuren, in welchen weder Muskeln noch
Nerven noch Adern angedeutet sind, bildet dennoch keine Schönheit". Der
farnesische Herkules ist „dichterisch über die Natur erhaben", aber nicht nach
den Regien des Schönen hin. Michelangelo, konnte er hinzusetzen, war der
größte Idealist der neueren Kunst, aber sein Ideal der menschlichen, zumal
der weiblichen Gestalt war gewiß nicht schön, nicht einmal natürlich und
ausdrucksvoll, sondern nur gewaltig.

Sein Begriff des Idealschönen enthält ebenfalls jene zwei Merkmale.
Die Kunst strebt einen Typus vollkommner Formen zu finden, sie sucht etwa
die gesundesten, zugleich kräftigsten und feinsten, ebenmäßigsten „Gewächse",
die Theile sammlet sie, deren Verein als ungehemmte Wirkung des plastischen
Gesetzes menschlicher Gestalt (wenn es eins giebt) gelten dürfte. Dann aber
will sie auch etwas darstellen was nicht in dem Gebiet dieses ihres einsam-
melnden Umschauens liegt, sie soll etwas das anders woher stammt mit jenen
Formen nur umkleiden, in ihnen die Sprache finden für einen Text, der nicht
im Buche der Natur geschrieben steht.

In diesen beiden Punkten liegt das Wesentliche von Winckelmanns
Ideallehre, während er über die Frage, inwieweit die Kunst über die Naturformen wirklich hinausgehe, sich wechselnd ausspricht und offenbar nie unternommen hat, ins Reine zu kommen. Davon später.

1. „Die Natur (so belehrt uns Winckelmann, ignorirend, daß die Wissenschaft längst verzichtet hatte, in dergleichen vortreffliche Absichten des allgemeinen Namens „Natur" eingeweiht zu sein) die Natur strebt bei der
Bildung ihrer Individuen nach dem Vollkommnen. Aber fast stets gehemmt

§ 119. c. Das Ideal.

durch die Materie und so manche Zufälligkeiten, **denen die Menschheit unter-
liegt**, kann sie ihr vorgestecktes Ziel nicht erreichen. Daher ist es **fast unmöglich**, einen Menschen von allseitig vollendeter Schönheit zu finden.
Dieser Unvollkommenheit hat der Instinct des Menschen abzuhelfen unternommen, indem er sich über sein Loos erheben und was die Natur unvollkommen gelassen, verbessern wollte". Die Kunst nimmt also der Natur die
Arbeit ab: aus der Peripherie unschöner Abweichungen strebt sie nach der
Mitte einer Normalform, einer Form welche den Bildungstrieb in seinem
durch verkümmernde oder übertreibende, äußere und innere Ursachen ungestör-
ten Wirken zeigt.

Die Methode ist freilich die eklektische. Allerdings „hat die Bildung
der Schönheit, selbst in Vorstellung der Götter, mit dem einzelnen Schönen,
in Nachahmung einer schönen menschlichen Gestalt angefangen. Aber da die
Natur und das Gebäude der schönsten Körper selten ohne Mängel ist und Formen
oder Theile hat, die sich in anderen Körpern vollkommener finden oder denken
lassen: so verfuhren diese weisen Künstler wie ein geschickter Gärtner, welcher
verschiedene Ableger von edlen Arten auf einen Stamm pfropft; und wie eine
Biene aus vielen Blumen sammelt, so blieben die Begriffe der Schönheit
nicht auf das individuelle einzelne Schöne eingeschränkt, wie es zuweilen die
Begriffe der alten und neueren Dichter, und der mehrsten heutigen Künstler
sind, sondern sie suchten das Schöne aus vielen schönen Körpern zu vereinigen. . . . Dieser Auszug der schönsten Formen wurde gleichsam **zusammengeschmolzen**, und aus diesem Inbegriff entstand wie durch eine **neue geistige
Zeugung** eine edlere Geburt".

Eigentlich führen also die Wege des rechten Naturalismus direct zum
Idealismus. „Die Griechen erlangten ihre idealischen Bilder, wären dieselb-
en auch nicht von schönen Körpern genommen, durch eine tägliche Gelegenheit
zur Beobachtung des Schönen in der Natur". Die beneidenswerthe Gunst,
deren die Griechen bei ihren Studien sich erfreuten, war es, welche ihren
Sinn für Formnüancen so empfindlich machte. Keine Wahrnehmung eines
glücklichen Einfalls der Bildnerin Natur ging ihnen verloren, sie schufen sich
einen Kreis von Vorstellungen der einzelnen Theile und ganzer Verhältnisse,
die eine Feinheit des ästhetischen Sinns voraussetzen, wie sie nur Jahrhunderte lange Uebung des Sehens und Schaffens gewähren kann; und diese
Formen waren so mannichfaltig und sie wurden derselben so mächtig, daß
es ihnen gelang, aus denselben bei jeder Aufgabe, für welche die Natur kein
Vorbild liefert, ein lebensfähiges, lebensvolles Gebilde zu combiniren.

„Es fället Bernini ein sehr ungegründetes Urtheil, wenn er die Wahl
der schönsten Theile, welche Zeuxis an fünf Schönheiten zu Croton machte,
da er eine Juno daselbst zu malen hatte, für angereimt und für erdichtet

ansah, weil er sich einbildete, ein bestimmtes Theil oder Glied reime sich zu
keinem andern Körper, als dem es eigen ist." Er bedrängt Bernini durch
das Dilemma, „entweder müsse er beweisen, daß sich die Schönheiten, die in
den künstlerischen Idealen der Alten vorkommen, alle zusammen in einem
natürlichen Individuum finden, oder aber, daß jene Vereinigung incongruent
sei". Ein Dilemma, zwischen dem sich Bernini leicht durchwinden konnte,
der hier (wie Rumohr bemerkt), obwohl Manierist, mit Recht für die „Einheit des Gusses" fürchtete. Die richtige Interpretation jenes oft vorkommenden Bekenntnisses der Künstler über ihren Eklekticismus giebt O. Jahn:
„Die Künstler fassen jeden einzelnen Zug mit scharfem und geübtem Auge
auf und empfinden ihn als lebendig anregenden, und während sie sich der
Nothwendigkeit eines unausgesetzten Naturstudiums wohl bewußt sind, übersehen sie am ehesten, daß sie dadurch nur der in ihnen schaffenden Kraft
Nahrung zuführen, über deren Natur und Wirksamkeit sie um so weniger zu
reflectiren pflegen, je unwiderstehlicher der Trieb in ihnen ist". Befolgte der
Künstler das eklektische Verfahren in seinem buchstäblichen Sinn, „er würde
sich entsetzen über die Mißgestalt; er würde es aber gar nicht zu stande
bringen". — Daß diese Auffassung Windelmann nicht fremd ist, lehrt die Betrachtung des zweiten Merkmals.

2. Ganz anders nimmt sich das Verfahren der Kunst aus, wenn man
von den ihr aufgetragenen Gegenständen ausgeht. — Der Kunst wurden Gestalten der Volksreligion, der Heldensage gegeben, für die sie verständliche,
ansprechende Formen finden sollte, Formen die sie in der Natur nicht parat
oder vorgezeichnet fand. Zu jenem ersteren Geschäft gehörte Geschmack und
Urtheil, zu diesem Phantasie und Begeisterung. Beide Thätigkeiten scheinen
schwer zu vereinigen, ja nur gegeneinander abzugrenzen, aber Leben und
Kunst sind selten so logisch, wie die Theorie sich wünschte.

„Die großen Künstler der Griechen sollten die Gegenstände heiliger Verehrung hervorbringen, welche, um Ehrfurcht zu erwecken, Bilder von höheren
Naturen genommen zu sein scheinen mußten. Zu diesen Bildern gaben die
ersten Stifter der Religion, welches Dichter waren, die hohen Begriffe, und
diese gaben der Einbildung Flügel, ihre Werke über sich und das Sinnliche
zu erheben".

Dieß ist jedoch weder etwas bloß griechisches, noch ein Bedürfniß des
Polytheismus allein. Denn „der Geist vernünftig denkender Wesen hat eine
eingepflanzte Neigung und Begierde, sich über die Materie in die geistige
Sphäre der Begriffe zu erheben, und dessen wahre Zufriedenheit ist die Hervorbringung neuer und verfeinerter Ideen". —

Eines leitet auf das andere. Dort führte die Natur ihre treuen Verehrer und Beobachter über sich selbst hinaus, unvermerkt in eine zweite Welt

§ 119. c. Das Ideal.

von Gestalten, deren höheren Adel Jedermann fühlt, der aus der wirklichen Welt unter sie tritt. Aber ebenso führen auch jene überschwenglichen Aufgaben, jene poetischen Visionen auf das Ideal. „Die Bildhauer, sagt Hemsterhuis, welche Apoll, Minerva und Venus darstellen sollten, waren durch ihren Beruf gezwungen, die Natur zu durchwühlen, die Schönheit aufs scrupulöseste zu erforschen, und damit die Natur selbst zu übertreffen".

Als die Griechen es wagten, von ihren Göttern ohne Symbole durch bloß menschliche Formen zu sprechen, und in ihnen Wesen darzustellen beschlossen, die sich unmittelbar und unverkennbar, sinnlich anschaulich, nicht bloß als vollkommene, sondern als übermenschliche, bezeugen sollten: so war freilich das erste, ihnen die fehlerlose, normale, und nicht bloß die normale, sondern die groß und reich entfaltete Natur zu geben. Ehe man erhaben sein kann, muß man wahr sein; wie man auch in der Moral erst ein ehrlicher Mann zu sein sich herablassen muß, ehe man ein Held oder ein Heiliger werden kann. Aber schon in der reinen Schönheit liegt etwas, was nicht nur über das Gewöhnliche und Gemeine, sondern auch über das Vertrauliche hinausrückt. Regelmäßig schönen Bildungen gegenüber fühlt man sich mehr in einen Zustand ruhiger Heiterkeit versetzt, als von Verlangen ergriffen; Bacon forderte für ausgezeichnete Schönheit somo strangenem in the proportion (aliquid minus conforme in compagine); kleine Fehler geben dem Gesicht etwas pikantes; und man hat bemerkt, daß zuweilen Frauen von auffallend abnormen Zügen die heftigsten Leidenschaften entzündet haben. Die welche griechische Schönheit kalt nennen, drücken damit aus, daß die vollkommene Form die sinnliche oder gemüthliche Annäherung fernhält.

Von beiden Seiten wird die Kunst auf Eine Form geführt werden, die freilich innerhalb ihres Umkreises noch eine Menge Modificationen zuläßt. „Es giebt nur Ein Schönes, wie es nur Ein Gutes giebt . . . . . es kann nur ein einziger Begriff der Schönheit, welcher der höchste und sich immer gleich ist, gedacht werden". So ist die Wahrheit Eine, der Irrthum mannichfaltig. „Die griechischen Künstler reinigten ihre Bilder von allen persönlichen Neigungen, welche unseren Geist von der wahren Schönheit ablenken". Was diese Reinigung bedeutet, erhellt aus den Fehlern der Neueren, welche sich jenen persönlichen Neigungen überließen (s. § 103 S. 67). Denn zur Schönheit gehört, daß es eine Gestalt ist, „die weder dieser noch jener Person eigen sei". Phidias wurde der Blasphemie angeklagt, weil er sein Bild in einer Nebenfigur des Palladschildes angebracht. Wie unermeßlich hoch muß das Cultusbild selbst über jedem Verdacht individueller Aehnlichkeit gestanden haben! Mit welcher Unbefangenheit überließen sich dagegen die Maler christlicher Zeit persönlichen Gefühlen! Die Griechen wollten Züge, die über dem menschlich individuellen, beschränkten zu schweben schienen. „Alles sogenannte Idee, sagt Jean Paul, der höhere Stil begreift stets das Allgemeine, das rein Menschliche und schließt die Zufälligkeiten der Individuen aus, sogar die schönen. Die Charactere erheben sich, indem sie sich entkleiden, wie verklärte, des individuellen Ansatzes". Das Göttliche in den Griechenbildern ist verwandt dem Eindruck des Meeresspiegels, wo kein Land sichtbar ist, oder des gestirnten Himmels, oder des Alpengipfels, wenn er sich in einsamer Höhe vor uns aufrichtet.

§ 120.
G. Griechischer Typus.

Welches waren nun die Formen, welche auf das physiognomische Gefühl der Griechen diesen Eindruck des Göttlichen machten? zu Hüllen göttlicher Wesen geeignet schienen? —

Winckelmann hat zum erstenmale unternommen, den Idealtypus im einzelnen genau zu beschreiben. Er selbst legt auf dieß Detail, als das schwerere, größeren Werth, als auf die allgemeinen Sätze. Diese wechseln so schnell wie der Geschmack, jenes erhält einen Antheil an der Dauer des Gegenstands, den es uns aufschließt. Auch ist ihm in diesem Punkte stets ungetheilter Beifall gespendet worden, wie z. B. Rumohr seine Auffassung des einzelnen Schönen höchst sinnvoll, seine Darstellung desselben von unerreichbarer Anschaulichkeit, von hinreißendem Feuer nennt, und Hegel rühmt, „daß er mit ebensoviel Begeisterung seiner reproductiven Anschauung als mit Verstand und Besonnenheit das unbestimmte Gerede vom Ideal dadurch verbannt habe, daß er die Formen der Theile einzeln und bestimmt characterisirte, ein Unternehmen das allein lehrreich gewesen sei".

Noch heute wird den Leser die damals ganz unerhörte Feinheit des Formensinns frappiren; ein Grieche schien wieder aufgelebt zu sein, wenige vermochten ihm zu folgen, vielen schien es ästhetische Feinschmeckerei, daß z. B. die Knie des Apollino der Tribuna „unter dem Vorzüglichsten" sein sollten; oder wenn er bewundernd bekennt, „keine einzige Figur gebe einen so hohen Begriff von dem was Anacreon einen Bauch des Bacchus nennt", als der vermeintliche Bacchus im Semicircolo der Villa Albani. —

„Diese Betrachtung des Einzelnen in der Schönheit, erinnert er, müsse vornehmlich auf die äußersten Theile der menschlichen Figur — Kopf, Hände und Füße — gerichtet sein, weil nicht allein in diesen Leben, Bewegung, Ausdruck und Handlung bestehe, sondern weil ihre Form das schönste sei, und den eigentlichen Unterschied des Schönen vom Häßlichen und der neuen Arbeit von der alten bestimme".

Zuerst das Antlitz. „Die vornehmste Eigenschaft einer hohen Schönheit ist das Profil — das „sanfte" Profil —, eine fast gerade oder sanft gesenkte Linie, welche die Stirn mit der Nase an jugendlichen, sonderlich weiblichen Köpfen beschreibt. Durch das gerade und völlige wird die Großheit gebildet, durch sanfte gesenkte Formen das Zärtliche". Daß es keine Form ist, die „ohne Grund aus den geraden Linien des ältesten Stils geblieben ist", beweise die starkgesenkte Nase an ägyptischen Figuren; es findet sich jedoch bereits auf dem lycischen Monument von Xanthos.

„Eine von den Schönheiten des Auges ist die Größe, so wie ein großes Licht schöner ist als ein kleines; die Größe aber ist dem Augenknochen oder dessen Kasten gemäß, und äußert sich in dem Schnitte und in der Oeffnung der Augenlieder, von denen das obere gegen den inneren Winkel einen runderen Bogen als das untere ... beschreibt. ... Die Augen formen an Köpfen im Profil gestellt, ... einen Winkel, dessen Oeffnung gegen die Nase steht: in solcher Richtung der Köpfe fällt der Winkel der Augen gegen die Nase tief, und der Contour des Auges endigt sich auf der Höhe seines Bogens oder Wölbung, das ist, der Augapfel selbst steht im Profil. Diese gleichsam abgeschnittene Oeffnung der Augen giebt den Köpfen eine Großheit, und einen offenen erhabenen Blick. ... Insbesondere Jupiter, Apoll und Juno haben dieselben groß und rundlich gewölbt und enger als gewöhnlich in der Länge, um den Bogen derselben desto erhabener zu machen. ... Auch liegen die Augen tiefer als insgemein in der Natur, und der Augenknochen erscheint dadurch erhabener, — um das Auge in der Ferne scheinbarer zu machen und an diesem Theile mehr Licht und Schatten hervorzubringen —; wodurch das Auge, welches sonst wie ohne Bedeutung und gleichsam erstorben gewesen wäre, lebhafter und wirksamer gemacht wurde".

„Die Schönheit der Augenbrauen besteht in einem dünnen Faden von Härchen ... welches ... in der Kunst die fast schneidende Schärfe derselben vorstellt ... Jemehr der Schnitt derselben groß und rundlich gewölbt ist — prächtig erhaben — und enger als gewöhnlich in der Länge; desto erhabener ist ihr Begriff".

„Eine schöne Stirn soll kurz sein, wie sie ist in der Blüte der Jahre, ehe der kurze Haarwuchs auf der Stirn ausgeht und dieselbe bloß läßt. Eine freie hohe Stirn ist dem männlichen Alter eigen. Der Haarwuchs soll um die Stirn herum rundlich bis über die Schläfen gehen, um dem Gesicht die eiförmige Gestalt zu geben. Die Haare selbst sind lockigt, groß.

„Das Maaß des Mundes — der nebst dem Auge der schönste Theil des Gesichts ist — ist gleich der Oeffnung der Nase; denn wäre sein Schnitt länger, so würde es wider das Verhältniß des Ovals sein, worin die in demselben enthaltenen Theile in eben der Abweichung gegen das Kinn zu gehen müssen, in welcher das Oval selbst sich zuschließt".

„Die Lippen sind bei den göttlichen Figuren, nach den Zeiten des ältesten Stils, nicht ganz geschlossen. Die untere Lippe soll völliger sein als die obere, wodurch zugleich unter derselben in dem Kinn die eingedrückte Rundung, eine Bildung der Mannichfaltigkeit, entsteht".

„Die Schönheit des Kinns besteht in einer völligen Wölbung desselben, welche durch die Unterlippe, wenn dieselbe kurz ist, desto mehr Großheit erhält", deshalb wurde es auch nicht durch Grübchen unterbrochen. Derselben „rundlichen Völligkeit" seiner gewölbten Form" wegen haben sie „die untere Kinnlade größer und tiefer heruntergezogen gehalten, als gewöhnlich ist". —

„Die Schönheit der Form der übrigen Theile wurde ebenso allgemein bestimmt. Die äußersten Theile (Hände und Füße) sind nicht schwerer in der Moral, wo die äußerste Tugend mit dem Laster grenzt, als in der Kunst, wo sich in derselben das Verständniß des Schönen des Künstlers zeigt".

„Die Schönheit einer jugendlichen Hand besteht in einer sehr mäßigen Völligkeit, mit kaum merklich gesenkten Spuren, nach Art sanfter Beschattungen, über die Knöchel der Finger, wo auf völligen Händen Grübchen sind. Die Finger sind mit einer lieblichen Verjüngung, wie wohlgestalte Säulen gezogen, und in der Kunst ohne Anzeige der Gelenke der Glieder.

„Eine prächtig gewölbte Erhobenheit der Brust wurde an männlichen Figuren für eine allgemeine Eigenschaft der Schönheit gehalten... Der Busen weiblicher Figuren ist jungfräulich und niemals überflüssig begabt: denn überhaupt wurde die Schönheit in dem mäßigen Wachsthum der Brüste gesetzt".

„Der Unterleib ist auch an männlichen Figuren, wie derselbe an einem Menschen nach einem süßen Schlafe und nach einer gesunden Verdauung sein würde, das ist ohne Bauch. Der Nabel ist nachdrücklich vertieft, sonderlich an weiblichen Figuren, an welchen er in einem Bogen, und zuweilen in einem kleinen halben Cirkel gezogen ist".

„Die Knie sind an jugendlichen Figuren nach der Wahrheit der schönen Natur gebildet, welche dieselben nicht mit sichtbaren Knorpeln zergliedert, sondern sanft und einfach platt gewölbet, und ohne Bewegung der Muskeln zeigt". —

Wenn man für diese einzelnen Beobachtungen — bei denen sich der Kunstliebhaber lediglich von dem Gegenstand und keinem Schönheitsgefühl leiten ließ — hinterher Principien suchen will, so wird man sich alsbald der bereits genannten erinnern — Einfachheit, Großheit. Daher die einfache Linie des Ovals, welcher Haarwuchs, Mund, Kinn sich unterordnen müssen — das große Auge, durch den scharfen Bogen der Brauen, die tiefe Lage, die kurze Stirn markirt — das völlige Kinn — die breite zurücktretende Fläche der Wangen, die durch das Profil, den großen tiefen Zug der Kinnladen, das

§ 120 C. Griechischer Typus. 153

vortretende Kinn bedingt ist — endlich der auffallendste Zug (wie ja die
Nase in jedem Gesicht der entscheidendste Theil ist): das Profil. Nase und
Stirn bilden zwar keine gerade Linie, aber sie nähern sich der graden Linie
soweit, daß sie „den Blick in Eins faßt" (Pfister).

Über diesen bedeutendsten Zug sind die Stimmen immer getheilt gewesen, und in ihm dürfte der Hauptantrieb liegen, gegen die Lehre von der
Einheit des Schönen zu protestiren. Einige haben dieß Profil nicht einmal
schön finden können, und nicht bloß Gottsched; andere haben gemeint, „daß es
alle Gesichter dumm mache" und seine Verehrung für blinden Antiquars-
glauben erklärt. Vielen ist es wenigstens nicht sympathisch: eine regelmäßige,
stolze, aber kalte Schönheit spreche aus ihm, es sei weder liebenswürdig,
noch seelen- und ausdrucksvoll. Gewiß ist, daß man holde Schwäche, Em-
pfindungsleben, alles was der Dämmerungsregion der Psyche angehört, wohl
nicht unter solchen Stirnen suchen wird. Man hat aufmerksam gemacht auf
die Schranken, welche diese Form, wie ein Damm, dem Ausdruck und Andrang
der Affecte entgegensetze. Andere deuteten es physiognomisch als stetigen
Zusammenhang zwischen dem Organ des Verstands und dem der Leidenschaft
und des Willens — Indem die Nase, meint Hegel, zum System des Geistigen hinübergezogen werde, erhalte sie selbst einen geistigen Ausdruck und
Character, und der Ausdruck des Geistigen stelle das bloß Natürliche ganz
in den Hintergrund; wie man denn auch in dieser Linie die diametrale
Entgegensetzung des menschlichen gegen das thierische Profil gefunden hat.

Schwerlich jedoch sind die Griechen durch solche physiognomische Grübe-
leien bestimmt gewesen; wie in allen übrigen Theilen, so war es auch hier
der rein räumliche, geometrische Ausdruck der Grosheit und Einfalt, welcher
so zur tiefen Form einladet. Mag uns dieß Profil sympathisch sein oder
nicht, sein Vorzug ist die hohe Reinheit der Form, diese giebt einem solchen
Antlitz einen Adel der Linien, der es zum Grundling der Plastik erheben
mußte. Es mag sein, daß solche Stirnen, die nicht abgeschnitten werden
durch die Augenbrauen, sondern in dem breiten santigen Rasenrücken sich
fortsetzen scheinen, daß solche Nasen die wie ein mächtiger Stamm aufsteigen,
um sich zur Stirnfläche auszubreiten — einen eigenthümlichen Ausdruck
ruhiger Kraft, gradliniger, selbst starrer Energie mit sich führen. Ein Wille
scheint dahinter zu stehen, der kein Schwanken kennt, und der einem Verstande
dient, in dem keine Unklarheit ist. Kein Zug ist geeigneter, ein Antlitz über
menschliche Beschränktheit und Besonderheit hinwegzurücken; die Linie ist wirklich
eine Mauer gegenüber den Undulationen der Stimmungen und Leidenschaften,
der individuellen Züge, der Schwächen und des Streits der Menschlichkeit. —

Nirgends übrigens steht man deutlicher als hier, wie schief es wäre,
das Ideal der Kunst dem Gattungstypus gleichzusetzen, den man doch als

Durchschnittsform lassen müßte. Dieß Profil ist gewiß auch früher, wie heute, im Süden und selbst bei den Griechen viel seltener gewesen, als das adlernasige. Man hätte überhaupt wohlgethan, diesen ästhetischen Begriff mit dem naturphilosophischen eines der Natur vorschwebenden Gattungstypus unverworren zu lassen, welchen letzteren man ruhig mit „plastischer Natur", „Musterbildern im göttlichen Intellect", „Widerstand der Materie", „Streben der Natur nach dem Vollkommenen", den Custoden und Conservatoren der Rumpelkammer der Metaphysik überlassen sollte. Das Ideal ist eine langsam gereifte Frucht der Natur und Geschichte, das ehe es Phidias oder wer sonst aus dem Marmor heraushohlte, weder Menschen noch Göttern je in den Sinn gekommen ist. —

Manches in den von Windelmann bemerkten Zügen beruht nicht bloß auf ästhetischer Beurtheilung des Naturschönen, sondern ist durch Stilgesetze der Plastik, besonders der Marmorplastik veranlaßt oder doch accentuirt worden, z. B. der etwas geöffnete Mund, der ohne diese Schattenlinie nicht deutlich sein würde; die Tiefe des Auges; vielleicht selbst die Weglassung gewisser Minutien der Oberfläche, auf deren illusorische Nachahmung sich die Manieristen soviel einbildeten — der Venen, Hautfalten, Sehnen; deren Uebergehen soviel zum Eindruck der Großheit aller Werke mithilft. Die Griechen haben nicht nur die für die Form bedeutungslosen Details ignorirt, sie haben selbst zu Gunsten der Wahrheit großer, für die Formcharakteristik bedeutender Partien die Buchstabenwahrheit kleiner Theile auch der Musculatur geopfert.

Die Großheit liegt jedoch nicht bloß in dieser Einfalt der Stilisirung im Gegensatz zur Kleinlichkeit. Die bildende Kunst hat überall, wo sie sich frei fühlte von den Banden hieratischer Tradition und ihrem innern Zuge folgen konnte, solche Bildungen gesucht, in welchen die gestaltende Kraft des menschlichen Baus frei und groß gewaltet hat, — jene „mächtigen, sonderlich weiblichen Gewächse", zu welchen „sich die Natur im Süden erhebt". Dieß sind die Gestalten, welche Raphael bei seiner Uebersiedelung nach Rom so gefestelt zu haben scheinen und von denen er uns in den Stanzen so herrliche Gruppen zusammengestellt hat.

Bei den höchsten Werken griechischer Kunst kam dann noch eine dritte Größe hinzu: der colossalen Dimensionen.

§ 121.

7. Character, Porträt.

Nachdem nun eine bedeutende, edle, harmonische große Form einmal gefunden, gefühlt, anerkannt und zu Ansehen gekommen war, schien natürlich für den Einlaß anderer Formen aus der unerschöpflichen Fundgrube der

Beobachtung nur noch ein enger Spielraum übriggelassen. Im hohen Stil, hörten wir, nähern sich die Bilder dem einen höchsten Begriff der Schönheit. Was ist (würde ein Enthusiast ausbrechen) die ganze Mannichfaltigkeit des menschlichen Thierreichs verglichen mit der Monotonie dieses Himmels? Die Einfalt des Innern des Pantheons (auch nach allen Plünderungen, die darüber hingegangen) wiegt sie uns nicht alle Kirchen Roms auf?

Allein der griechische Kunsthimmel zeigt uns keineswegs ein so einförmiges Schauspiel wie etwa das jüngste Gericht Michelangelo's. In der Kunst, der lauter bestimmte, wenn auch mythologische und poetische Individuen aufgegeben waren, hat merkwürdiger Weise die Idealität der Characteristik, selbst der Characteristik solcher Phantasiewesen, und der jede Vermengung verhüllenden Bestimmtheit keinen Eintrag gethan. Ihre Deutlichkeit und Consequenz hätte nicht größer sein können, wenn sie, wie die Bildnißmaler, Naturoriginale vor Augen gehabt hätten. Wie früher dem Naturalismus, so hat Winckelmann hier die Characterisirung griechischer Kunst mit aller der Entschiedenheit, welche die Sache forderte, zur Geltung gebracht. Wie dort in der Stilisirung, durch die sie ihre Gestalten mit dem Heiligenschein der Idealität umgaben, so zeigt sich nun auch in der Characteristik die alte Kunst der neuern mit ihren schwankenden und oftmals vagen und nichtssagenden Bezeichnungen unendlich überlegen. Ja es ließe sich zeigen, daß eben die Idealform, wie ein lichtes Gemälde zahlreiche feine Abtönungen, so jene zahlreichen Nüancirungen anzubringen und wahrzunehmen gestattete, während andere, auch edle und harmonische Formen, z. B. die Cäsarenphysionomie, so scharf ausgeprägt sind, daß man seine Unterschiede so wenig bemerken würde, wie die Localfarben in einem von schwarzen Schatten und grellen Lichtern beherrschten Gemälde. —

„Die höchste Schönheit kann auch den Göttern nicht in gleichem Maaße gegeben werden, so wenig als in den schönsten Gemälden von vielen Figuren alle die höchste Schönheit haben können, welches nicht mehr stattfindet, als in einem Trauerspiel nichts als Helden aufgeführt zu werden verlangen.

„Die Bildung aller Gottheiten ist wie nach einer von der Natur selbst angedeuteten Idea bestimmt und ist sich allenthalben in unzähligen Bildern ähnlich, so daß die Götter von Jupiter an bis auf Vulcan kenntlich sind wie Köpfe berühmter Personen; und so wie Antinous bloß aus dem Untertheil seines Gesichts und Marc Aurel aus den Augen und Haaren eines verstümmelten Cameo in dem Museo Strozzi erkannt wird, so würde es Apollo sein durch dessen Stirn, oder Jupiter durch dessen Haare und Bart, wenn sich Köpfe desselben finden, von denen weiter nichts vorhanden wäre... Der gebieterische Zug (um den Mund) und die großen Augen sind der Juno so eigen, daß man ein bloßes Profil (auf einem Edelstein) durch einen solchen Mund sicher auf eine Juno deuten kann".

Freilich bleibt Schönheit allezeit das unverletzliche Grundgesetz. Die Künstler strebten mit dem einer jeden Göttin eigenen Character die Schönheit in ihrem höchsten Grade zu verbinden. Nicht bei allen war Schönheit selbst das Characteristicum, wie bei Venus, die „unter den weiblichen Gottheiten als die Göttin der Schönheit obenan steht, daher häufiger als andere Göttinnen und nebst den Grazien und Horen auch allein unbekleidet dargestellt wurde". Bei andern schien der gegebene, etwa von Dichtern geschilderte Character jener Maxime zu widerstreben. Aber die Kunst machte sich kein Gewissen daraus, von den Poeten abzuweichen. „Die Parcen, welche Catull mit bebenden und zitternden Gliedern, im betagten Alter, mit runzligtem Angesicht, mit gebeugtem Rücken und mit einem strengen Blick bildete, sind das Gegentheil auf mehr als einem alten Denkmale". Bei Meleagers Tod erscheinen sie als „schöne Jungfrauen, mit oder ohne Flügel auf dem Haupte, unterschieden durch die ihnen beigelegten Zeichen.... Es sind sogar die Furien als schöne Jungfrauen mit oder ohne Schlangen an dem Haupt vorgestellt. Die Gorgonen sind, die Medusa ausgenommen, auf keinem alten Werk gebildet; ihre Gestalt aber würde der Beschreibung der ältesten Dichter nicht ähnlich sein, welche ihnen lange Zähne, wie Schweinshauer geben. Denn Medusa ist den Künstlern ein Bild hoher Schönheit geworden". „Die ältern Satyrn oder Silene haben in ernsthaften Bildern keine ins Lächerliche gesetzte Gestalt, sondern sie sind schöne Leiber in völliger Reife des Alters". „Damit der Schluß auf die allgemeine Kenntniß und Bildung des Schönen bei den Alten von dem was kaum derselben würdig scheinen könnte, bis auf die höhern Vorwürfe desto begreiflicher werde", endigt Winckelmann diese Betrachtung mit den weiblichen Larven, von denen sich Bildungen der höchsten Schönheit finden.

Der Autor vergißt hier allerdings, im Eifer gegen Kunstsophisten vom Schlag Watelet's (S. 11), hinzuzusetzen, daß jene Furien und Gorgonen, wenn auch sehr von ihrer angebornen mythologischen Wildheit zurückgekommen, doch immer Furien und Gorgonen blieben. Wären sie bloß durch Attribute characterisirt, so würde die Kunst jenem Kinderspielzeug gleichen, wo derselbe schöne junge Mann bald als Albaneser, bald als Husarenofficier oder als Bettler und Schöngeist costümirt werden kann, oder jenen Ateliers moderner Bildhauer, die wenn sie unter ihre Statuen Venus, Adonis, Amor schreiben, damit nur schöne Nudisten meinen.

Seine Meinung ist aber, daß die Unterschiede feine gewesen seien. Solche feine Unterschiede waren nun theils Unterschiede des Lebensalters, theils des größern oder geringern Theils im pathognomischen wie physiognomischen Character, theils waren es Züge, die außerhalb des Bereichs darstellender und symbolisirender Einwirkungen des geistigen Innern lagen, aber für den unmittelbaren sinnlichen Eindruck der Erscheinung desto einflußreicher waren.

Zuerst das Alter. „Die Jugend ist das Alter der Schönheit, aber die Jugend der Götter hat in beiderlei Geschlecht ihre verschiedenen Stufen und Alter … und in dieser Mannichfaltigkeit hat die Kunst alle ihre Schönheiten zu zeigen gesucht". Sie ist „ein Ideal, theils von männlichen schönen Körpern, theils von der Natur schöner Verschnittener genommen." Dieß Ideal fängt an bei den Faunen, als niedrigen Begriffen von Göttern. „Die schönsten Statuen der Faunen sind ein Bild reifer schöner Jugend, in vollkommener Proportion, und es unterscheidet sich ihre Jugend von jungen Helden durch ein gemeines Profil oder durch eine etwas gesenkte Nase. Bacchus ist ein schöner Knabe, welcher die Grenze des Frühlings des Lebens und der Jünglingschaft betritt … Im Apollo findet sich die Stärke vollkommener Jahre mit den sanften Formen des schönsten Frühlings der Jugend vereinigt … Diese Formen sind in ihrer jugendlichen Einfalt groß … einem edlen und zu großen Absichten geborenen Jüngling gemäß. Auf dieser Jugend blüht die Gesundheit, und die Stärke meldet sich wie die Morgenröthe zu einem schönen Tage … Die schöne Jugend im Apollo geht nachdem in andern Göttern stufenweise zu ausgeführteren Jahren, und ist männlich im Mercur und im Mars … Die Schönheit der Götter im männlichen Alter besteht in einem Inbegriff der Stärke gesetzter Jahre und der Fröhlichkeit der Jugend, und diese besteht in dem Mangel von Nerven und Sehnen".

Sodann die Seelensprache. „In der Venus wird durch das unten in etwas erhobene Augenlied das Liebäugelnde und Schmachtende in den sanft geöffneten Augen gebildet. Pallas, ein Bild jungfräulicher Züchtigkeit, hat die Augen mäßiger gewölbt und weniger offen, ihr Blick ist etwas gesenkt, wie in stiller Betrachtung. Die Schönheit in dem Blick der großen und rundgewölbten Augen der Juno ist gebieterisch; der Blick der Diana, die mehr als alle obern Göttinnen das Wesen einer Jungfrau hat, geht gerade vorwärts und in die Weite über alle Vorwürfe hinweg, er ist frei, munter und fröhlich".

Es ist die edlere oder niedere — menschlichere — Auffassung solcher pathognomischer Züge, welche den Unterschied der großen Classen idealer Wesen begründet. „In den Helden, denen das Alterthum die höchste Billigkeit unserer Natur gab, näherte sie sich bis an die Grenzen der Gottheit, ohne diese zu überschreiten und den sehr feinen Unterschied zu verwischen. Batnus auf Münzen von Cyrene würde durch einen einzigen Blick zärtlicher Lust (languida mollezza) einen Bacchus, und durch einen Zug von göttlicher Großheit (suffleienza divina) einen Apollo abbilden können. Minos auf

Münzen von Gnossus würde ohne einen stolzen königlichen Blick einem Jupiter voll Huld und Gnade (di maestà umana e benigna) ähnlich sehen". Der Ausdruck des Manns unterscheidet sich von dem des Helden durch „eine gewisse Unschuld und Einfalt, die mit einer besonderen Grazie verbunden war".

Es war nicht erst Leonardo da Vinci, der die Hülfe erkannt hat, welche den Malern die Haare leisten, selbst wo ihnen Häupter vorschweben, die der höchsten geistigen Ordnung angehören. Der Eindruck des Zeus-, des Apollokopfs würde gebrochen, ohne die Stirnlocken. Durch den Zeuswurf der Haare wurde in dessen Brüdern und Söhnen die Verwandtschaft und zugleich die Unterordnung angezeigt. Während sie bei Jupiter lang sind, ohne gerollte Locken, mähnenartig in sanft geschlängelten Zügen geworfen: so hängen sie bei Pluto und Serapis über die Stirn herunter, um deren Gestalt und Blick trüber zu machen; denn Jupiter wurde mit einem heiteren Blick gebildet, Pluto dagegen mit einer strengen Miene. Bei Aesculap, der sich bei größerer Aehnlichkeit mit seinem Großvater durch kleinere Augen, ältere Züge unterscheidet, ist der Bart auf der Oberlippe mehr bogenweis gelegt. Der Bart des Neptun ist krauser, über der Oberlippe dicker, die Haare lockiger.

Endlich entging den Alten nicht, welche Fundgrube characteristischer Züge die Thierwelt ist, sie bemerkten, daß Thierformen zum Theil an physiognomischer Energie das was die menschliche Form verträgt, überträfen, und sie scheuten sich nicht, in einzelnen Fällen thierische Theile derselben zuzusetzen, während in andern das Thierische nur durchscheint im Menschlichen, das es dann zuweilen nicht degradirt, sondern erhöht. Das eine war der Fall, wo sie Eigenschaften als vorwaltend und zwar mit dämonischer Allgewalt verbinden wollten, welche in den niedern Regionen der Menschennatur ihren Sitz haben; wie bei dem (vermeintlichen) Pan auf einer Münze Antigonus I, wo der volle Bart in dem zottigen Buchs dem Haar der Ziege gleicht, und bei den Faunen, wo sich das Thierische auf eine für den Eindruck der Gestalt im ganzen in den Hintergrund tretende Zuthat reducirte. Aber selbst bei der Conception der höchsten Göttertypen haben ihnen edle Thiere Studien geliefert. Eben im Zeuskopf „erscheint die ganze Gestalt des Löwen, des Königs der Thiere, nicht allein in den großen und runden Augen, in der Völligkeit der anwachsenden und zugleich geschwollenen Stirn und in der Nase, sondern auch in jenen Haaren, die gleich der Mähne des Löwen von dessen Haupte herabfallen, von der Stirn aber sich, aufwärts gestrichen, erheben, und getheilt, in einem engen Bogen gekrümmt, seitwärts wiederum die Spitzen niederbengen und sich herunterlenken, welches kein Haarschlag am Menschen, sondern gedachtem Thiere eigen ist. Am Hercules aber zeigt sich die Form eines gewaltigen Stiers in dem Verhältniß des Kopfs zum Halse, indem jener kleiner und dieser stärker als gewöhnlich in der menschlichen Proportion ist.

und so, wie sich der Kopf zum Halse des Stiers verhält, um in diesem Helden eine Stärke und Macht zu bilden, welche die menschlichen Kräfte übersteigen; ja man könnte sagen, daß auch die Haare auf seiner Stirn, die kurz, kraus und in die Höhe gestrichen waren, als ein allegorisches Bild, von den kurzen Haaren auf der Stirn jenes Thieres genommen sind".

So vortrefflich nun Winckelmann diese Methode der Characteristik, dieses Durchstöbern der Natur nach bildnerischen Ausdrucksformen beobachtet hat, so fand er doch auch nichts dagegen einzuwenden, wenn hier und da der Character der Schönheit geopfert wurde. „Die weisesten Künstler suchten das Ungestalte zu vermeiden und entfernten sich viel eher von der Wahrheit der Bilder, als von der Schönheit; auf einem Denkmal erscheint Hecuba, statt voll Runzeln und mit langen, schlaffen und hängenden Brüsten, als Frau, die kaum an die Rückkehr ihrer Blüte gelangt ist; und Medea auf der schönsten Hamilton'schen Vase ist nicht älter als ihre Tochter gebildet". (S. § 149.)

Ja sie gingen in der Bildung junger Helden, des Achill, Theseus bis zur Zweideutigkeit des Geschlechts. „Hercules findet sich in der schönsten Jugend vorgestellt, mit Zügen welche den Unterschied des Geschlechts fast zweideutig lassen; wie nach der Meinung der mit ihrer Gunst willfährigen Glycera die Schönheit eines jungen Mannes sein sollte". —

„Dem Ideal näherten sich endlich die alten Künstler auch in Köpfen bestimmter Personen, soweit es ohne Nachtheil der Aehnlichkeit geschehen konnte; und man sieht an solchen Köpfen, mit wie großer Weisheit gewisse Kleinigkeiten übergangen sind, die nichts zur Aehnlichkeit beitragen. Viele Runzeln sind nicht angedeutet, die nach den Jahren hätten daseyn müssen, und die da wo sie der Idee der Schönheit nichts nehmen, ausgedrückt sind, wie unter dem Kinn und am Halse an eben den Köpfen. Man beobachtete hier die Lehre der alten Weisen, das Gute so groß als möglich zu machen und das Schlechte zu verstecken und zu verringern. Man kann auf der andern Seite in Bildung bestimmter Personen diejenigen Theile, welche schön sind, und der Aehnlichkeit nichts geben noch nehmen, besonders hervorspielen lassen".

§ 122.
b. Ausdruck und Handlung.

Vom höchsten in der Kunst, von der obersten Schönheit, vom Ideal pflegen wir anzunehmen, könne nicht gesprochen werden, ohne das Sittlichschöne, den geistigen Ausdruck hinzuzunehmen. Kant wollte jene Durchschnittsform, welche der Technik der Natur gleichsam absichtlich zu Grunde liege, nur als unnachlaßliche Bedingung der Schönheit gelten lassen, das Ideal aber erst durch Hinzutritt der Vernunftidee entstehen lassen, wenn „Seelengüte, Reinigkeit, Stärke und Ruhe in körperlicher Aeußerung gleichsam sichtbar werden". Diese Ansicht ist nicht bloß modern. Schon Diotima im Gastmahl Plato's gilt Seelenschönheit für eine höhere Erscheinung der Idee als Gestaltenschönheit.

Auch Windelmann unterscheidet die „moralische Schönheit" von der materiellen oder Linienschönheit. Die moralische ist Schönheit des Ausdrucks. Ausdruck ist „Nachahmung des wirkenden und leidenden Zustandes unserer Seele und unseres Körpers, und der Leidenschaften sowohl als der Handlungen". Im weitern Sinn begreift er die Handlung mit in sich, d. h. dasjenige, was durch Bewegung der Glieder und des ganzen Körpers geschieht, im engern wird seine Bedeutung eingeschränkt auf „dasjenige was durch Mienen und Gebärden des Gesichts bezeichnet wird".

Die Tugend des Ausdrucks ist das was in der ersten Schrift „edle Einfalt und stille Größe" genannt wurde und jetzt auch „Grazie" heißt. „Der Grazie opfern, heißt bei Künstlern, auf die Gebärden und auf die Action in ihren Figuren aufmerksam sein"; wenigstens ein Theil der Grazie ist der „Wohlstand in Gebärden und im Handeln". Es ist dasselbe was den prosaischen Neuern, „welche nicht in die schöne Einfalt dieser großen Meister eingeweiht sind, in den Werken der Alten als Mangel an Handlung erschienen ist." Es war indeß schon damals eine Gegenströmung zu bemerken. Als Caylus im Jahre 1760 einen Preis für den Ausdruck an der Academie gründete, erhoben sich Stimmen in Paris, die behaupteten, er habe den jungen Künstlern dadurch einen schlimmen Dienst erwiesen. Der Character der Ruhe, der den Werken der französischen Schule so entgegengesetzt sei, aber den Alten und den großen Italienern characteristisch, sei vor allem andern zu studiren (Corresp. de Grimm. 1. Dec. 1760).

Aber mit einem an moderne Behandlungsweise gewöhnten Auge zuerst vor griechische Darstellungen handelnder und leidenschaftlicher Scenen tritt, dem geht es zuweilen wie Jemand, der aus dem Sonnenlicht in ein verhängtes Zimmer tritt, wo das Auge sich erst einzugewöhnen hat, um die Gegenstände im Dämmerlicht zu sehen, die doch bestimmt genug zu unterscheiden sind. Oft finden sich Scenen heftiger Aufregung, z. B. Orpheus' Trennung, wie Scenen ruhigen Gesprächs behandelt; gern wählen sie Momente, wo der leidenschaftlich-raschen Action ein nach innen gewandter sinnender Moment vorhergeht oder folgt, jene Momente der Besonnenheit, der Monologe, wo der Held sein Geschick, sich außerhalb stellend, beschauend fixirt; statt der Electrisirung des äußern Menschen durch die Vorgänge des Innern geben sie nur einen leisen Wink, eine Andeutung dieser unsichtbaren Peripetien. Und dieß war gewiß nicht bloß Stil (wie Lessing und Rumohr

§ 122. h. Ausdruck und Handlung.

wollten), sondern ihre Beurtheilung der menschlichen Natur und der Werthgrade ihrer Bestandtheile spielten mit hinein. Die Griechen, das erste philosophische Volk der Erde, und mit denen wir ein Jahrtausend philosophirt haben und noch philosophiren, taxirten das Intellectuelle anders und höher als wir. Sie dachten sich das ideale Leben, das Leben der Götter, laut Plato, „rein vernünftig", von Lust und Schmerz unberührt, und ihr größter Denker bewies, daß die Thätigkeit der Gottheit nur eine theoretische sein könne. Ihr Himmel, ihre Seligkeit war die Heiterkeit des reinen, klaren, freien Denkens. Diese göttliche Selbstgenügsamkeit, diese Unbeweglichkeit durch Außendinge war keine Klügelei einiger dem Leben entfremdeter Kopfmenschen. Diese Unterordnung der Region des Sinnen-, Affects- und Gefühlslebens, diese intellectuelle Impassibilität, diese göttliche Gemüthsruhe, diese national philosophische „Ataraxie" und „Apathie" schwebt auch auf der Stirn ihrer Marmorwesen. Und noch jetzt sind Reste davon an dem Südeuropäer zu beobachten, sie unterscheiden den italischen Romanen deutlich von dem celtischen. Eine ruhige Gelassenheit, die doch so aufgeweckt und sensibel ist, eine Grandezza aus Temperament, die doch voll beobachtender Feinheit ist, selbst im äußeren Handeln, eine gemessene Würde in Haltung, Gewandwurf, Tempo der Bewegung — ist uns Germanen, Galliern und andern Scythen fremd, und deshalb nennen wir jene Kunstwerke kalt; bis wir im Süden gewahr werden, daß solche Züge keine conventionelle Manier sind.

Winckelmann, der übrigens auf seine Theorie erst in einem Alter kam, wo „die Begierden in den Genuß der Ruhe eingeschränkt sind", hat sich kaum durch irgendetwas mit so großem Recht den Namen eines Originaldenkers verdient, als indem er den Begriff der Ruhe in die Theorie einführte. Denn seit über Kunst geredet wurde, hatten Künstler und Liebhaber, Philosophen und Rhetoren, Epigrammatisten und Critiker gewetteifert, Bewegung, Leben, Leidenschaft, so wahr, so hinreißend als möglich dargestellt, als die höchste, schwerste und dankbarste Aufgabe der Kunst zu feiern und zu empfehlen. —

Winckelmann, der soviel von keinem „Systema" sprach, mußte den Versuch machen, seine Theorie der Seelenschönheit mit jener der körperlichen in Zusammenhang zu bringen. Eine solche Begründung schien nicht schwer zu finden in einem Jahrhundert, zu dessen Lieblingsformen die Fratze gehörte, das sich auf Lustschlössern inwendig und auswendig von burlesken Fratzengesichtern angrinsen ließ, das, während die Kunst der Griechen das Gorgonenhaupt von Stufe zu Stufe zur Schönheit adelte, umgekehrt nicht ruhte, bis es selbst dem kalten weißen Marmor die Grimasse des Affects abgequält hatte, und das endlich noch aus China und Hindostan Fratzen borgte.

Leidenschaft entstellt. „Im Zustand der Leidenschaft verändern sich die Züge des Gesichts und die Haltung des Körpers, folglich die Formen, welche die Schönheit bilden, und je größer diese Veränderung ist, desto nachtheiliger ist dieselbe der Schönheit... Die Seele ist groß und edel nur im Zustand der Einheit, im Stande der Ruhe; wenn sie auch kenntlicher und bezeichnender wird in heftigen Leidenschaften" (d. h. bestimmte, auf ihre innern Zustände mit Sicherheit deutbare Züge annimmt.*) „Der Künstler, da er das schönste in den schönsten Bildungen wählen muß; ist auf einen gewissen Grad des Ausdrucks der Leidenschaften eingeschränkt, der der Bildung nicht nachtheilig werden soll".

Jene Einfalt also der Umrißlinie und des Ideals kehrt zum drittenmal wieder in der Seele und ihrer Leidenschaftslosigkeit. Winckelmann hat sich für diesen Begriff das sonderbare Wort „Unbezeichnung" (l'indefinito) geschaffen, das eine Gestalt bedeute, „die weder dieser noch jener Person eigen sei, noch irgend einen innern Zustand des Gemüths oder eine Empfindung der Leidenschaft ausdrücke, als welche fremde Züge in die Schönheit mischen und die Einheit unterbrechen (tolgono l'unità, e degradano o offuscano la bellezza)". Sie bestehe darin (sagt er nicht sehr klar), „daß die Formen weder durch Punkte noch durch Linien beschrieben werden, als die allein die Schönheit bilden". Sehr bekannt (obwohl weder das Bild selbst richtig ist, noch eine correcte Analogie der versinnbildlichten Sache, noch endlich des Autors eigene Meinung zutreffend ausdrückt) ist das dem Abbé Bonheurs entlehnte Gleichniß, „daß die Schönheit sein solle wie das vollkommenste Wasser aus dem Schooße der Quelle geschöpft, welches je weniger Geschmack es hat, desto gesunder geachtet wird, weil es von allen fremden Theilen geläutert ist".

Auf diese Motivirung der Ruhe durch die Besorgniß, die Leidenschaft werde die schönen Linien verwirren, hat z. B. Lessing sich beschränkt, während sie bei Winckelmann bloß ein Uebergangsglied ist, und nicht das einzige. Nach ihm besteht eine Wahlverwandtschaft zwischen Schönheit und Grazie: „die Stille ist die herrschende Gemüthsbeschaffenheit schöner Menschen, der Zustand, welcher der Schönheit wie dem Meere der eigentlichste ist; und die Erfahrung zeigt, daß die schönsten Menschen von stillem gesitteten Wesen sind. Im schönen Körper herrscht die Grazie mit großer Gewalt. Dieselbe Fassung wird in dem Bilde sowohl als in dem, der es entwirft, erfordert. Der Begriff einer hohen Schönheit kann nicht anders erzeugt werden, als in einer stillen und von einzelnen Bildungen abgezogenen Betrachtung der Seele". Er hätte auch die Beobachtung anführen können, daß vollkommen schöne Züge (die auch dem Verfall der Jahre zuweilen sehr lange widerstehen) oft gegenüber dem Stoß der Leidenschaft und ihren Verzerrungen eine gewisse Festig-

---

*) La Bellezza non potrà riconoscersi tutta in viso, se non a chi ha la mente serena e scevra da ogni agitazione, o almeno di quella tanta che suol alterare o disturbare i delineamenti de' quali son composte le belle forme.

§ 122. b. Ausdruck und Handlung.

keit zeigen, wie der Verfasser sich eines schönen neapolitanischen Landmädchens erinnert, der im heftigsten Schmerz die Thränen aus den Augen flossen, ohne daß die geringste Verzerrung des Weinens in ihren Zügen zu bemerken war. —

Aber das Leben, dessen Bilder der Inhalt der Kunst sind, in dem ihr Leben wurzelt, es nimmt auf diese Verwandtschaft keine Rücksicht. Das Leben ist voll Sturm und Drang, Schmerz und Jubel, That und Leidenschaft. „Der erhabenste Begriff der Schönheit könnte nicht beständig gesucht und erhalten werden, da im Handeln und Wirken die höchste Gleichgültigkeit nicht stattfindet, und göttliche Figuren menschlich vorzustellen sind... Die reine Schönheit allein kann nicht der einzige Vorwurf unserer Betrachtung sein, da in der menschlichen Natur zwischen dem Schmerz und dem Vergnügen auch noch Spielraum kein mittlerer Stand ist, und die Leidenschaften die Winde sind, die in dem Meer des Lebens unser Schiff treiben, mit welchen der Dichter segelt und der Künstler sich erhebt".

Und nicht immer wird das edle Metall der Schönheit durch die Legirung mit diesen Zusätzen des Lebens verschlechtert. „Die Grazie erscheint als Gesellin der Schönheit, sowie die drei Göttinnen derselben die Begleiterinnen der Göttin der Schönheit sind: denn die schönste Bildung würde ohne Grazie unbelebt sein, und bleibt ohne Reizung... Auch hier offenbart sich die große Lehre eines Empedocles von dem Streit und der Freundschaft, durch deren gegenseitige Wirkung die Dinge in der Welt in den gegenwärtigen Zustand gesetzt sind. Die Schönheit würde ohne Ausdruck unbedeutend heißen können, und dieser ohne Schönheit unangenehm; aber durch die Wirkung des einen in die andere, und durch die Vermählung zweier widriger Eigenschaften wächst das rührende, das beredte und das überzeugende Schöne... Die Seele sollte ruhig, aber zugleich wirksam, stille, aber nicht gleichgültig und schläfrig gebildet werden... Die Gestalt soll selbst wenn der Ausdruck die Schönheit überwiegen würde, schön heißen können"... Ja er geht soweit, die bekannte Sentenz des Demosthenes, daß Action das erste, zweite und dritte Erforderniß sei, auf die Kunst zu übertragen.

Die frühere Definition der Grazie als des „vernünftig Gefälligen" deutet ebenfalls an, daß erst durch dies bewegliche Element der Beifall des Schönen Lebhaftigkeit und Wärme gewinnt. —

Freilich fand die Kunst oft widerstrebende Elemente in den Sujets der Handlung; aber dann hatte sie Gelegenheit, ihre Weisheit zu zeigen. „Der Ausdruck wurde der Handlung gleichsam zugewogen, und die Schönheit war die Zunge an der Waage des Ausdrucks, und als die vornehmste Absicht desselben wie das Cymbal in einer Musik, welches alle anderen Instrumente, die jenes zu übertäuben scheinen, regiert".

Auch für den Ausdruck ist die Geschichte der Kunst lehrreich, denn die

11*

Kunst fand ihr Maaß nur Schritt für Schritt. Während in den Statuen der Aegypter die Handlung ganz fehlt, denn Arme und Hände „hängen längs den Seiten gerade herunter, liegen an ihnen wie fest angedrückt vereinigt": so liebten die Hetrurier „eine gezwungene Stellung und Handlung, die in einigen Figuren gewaltsam und übertrieben ist". Auch bei den älteren Griechen vermuthet er „einen nachdrücklichen Ausdruck der Handlung, heftige Handlungen und Stellungen", — wie ja die Heroen selbst „der Natur gemäß handelten und ohne ihren Neigungen Gewalt anzuthun". Im hohen Stil aber lehrten die Griechen die gewaltsamen Stellungen und Handlungen gesitteter und weiser machen. Es wurde Grundsatz, „das Gesicht der Götter und Helden rein von Empfindlichkeit und fern von inneren Empörungen, in einem Gleichgewicht des Gefühls, und mit einer friedlichen, immer gleichen Seele vorzustellen".

Jene Weisheit zeigte sich in verschiedener Weise, zuvörderst in Dämpfung allzustarker Accente der Mienen- und Geberdensprache. „Der Stolz im Gesicht des Apoll äußert sich vornehmlich in dem Kinn und der Unterlippe, und der Zorn in den Nüstern der Nase, und die Verachtung in der Oeffnung des Mundes: auf den übrigen Theilen dieses göttlichen Hauptes wohnen die Grazien; und die Schönheit bleibt bei der Empfindung unvermischt und rein, wie die Sonne, deren Bild er ist. . . . In den Geberden bricht die Freude nicht in Lachen aus, sondern sie zeigt nur die Heiterkeit von innerem Vergnügen. . . . Die Freude schwebt wie eine sanfte Luft, die kaum die Blätter rührt, auf dem Gesicht einer Bacchantin. . . . Das Bild des Bacchus ist ein schöner Knabe, bei welchem die Regung der Wollust (la sensazione del godimento) wie die zarte Spitze einer Pflanze zu keimen anfängt: seine Züge sind voller Süßigkeit, aber die schöne Seele tritt nicht ganz ins Gesicht. . . . Den Meergöttern wurde ein heiterer ruhiger Blick gegeben, indem sie dieselben gleichsam als Bilder der Meeresstille, wenn es einem gränlich blauen Himmel gleicht, vorstellten". Dagegen sehe man Michelangelo's leidenschaftlich-leidendes Tritonenhaupt.

Hier geht also die Action hervor aus der göttlichen Natur, deren Adel auch dem Ausbruch der Empfindung ein inneres Maaß ertheilt. In andern Werken ist es die Willenskraft, welche den Sturm innerer Bewegung hinabringt. Wenn bei den Göttern die Leidenschaft nur die Oberfläche kräuselt, so besteht dagegen der Held gewaltsame Erschütterungen, die er aber zurückdrängen kann. „In Vorstellungen des Leidens bleibt die größte Pein verschlossen. . . . Figuren aus der Heldenzeit und bloß menschliche Leidenschaften sind allezeit der Fassung eines weisen Mannes gemäß, welcher die Auswallung der Leidenschaften unterdrückt und vom Feuer nur die Funken sehen läßt" (wie beim Laocoon).

§ 122. b. Ausdruck und Handlung.

Doch gab es Ereignisse, wo der Seelenschmerz der menschlichen Natur zu stark war. Hier sollen nun die Künstler einen Weg eingeschlagen haben, von dem Winckelmann Beispiele in der Niobe und Hecuba gefunden zu haben glaubt. „Ihre Töchter sind in ihrer unbeschreiblichen Angst mit übertäubter und erstarrter Empfindung vorgestellt, wenn der gegenwärtige Tod der Seele alles Vermögen zu denken nimmt. Ein solcher der Gleichgültigkeit ähnlicher Zustand verändert keine Züge der Gestalt und Bildung, und der große Künstler kann hier die höchste Schönheit bilden, sowie er sie gebildet hat".

Das Höchste freilich liegt jenseits der Sphäre des Streits. Die göttliche Natur steht nach den Alten über dem Wechsel der Gemüthsbewegungen. Seelenruhe, Selbstgenügsamkeit, Sammlung eines auf sich selbst und das Denken seiner selbst zurückgezogenen Geistes, das ist das göttliche Leben: Indem die hohe Grazie die Bewegungen der Seele in sich verschließt, nähert sie sich der seligen Stille der göttlichen Natur, von welcher sich die großen Künstler ein Bild zu entwerfen suchten. Daher heißt sie „die Gesellin aller Götter". Denn die Gestalten ihrer Götter sind „unberührt von Empfindung ... In solcher Stille bildet uns der große Dichter den Vater der Götter, welcher allein durch das Winken seiner Augenbrauen und durch das Schütteln seiner Haare den Himmel bewegt". Kurz wenn die Alten in den Göttern die vollkommene Schönheit darstellen wollten, so strebten sie in Antlitz und Geberde eine Stille (placidezza) zu legen, die auch nicht das mindeste hatte von Aufregung (alterigia) und Trübung (perturbazione)".

Es scheint also, daß die Probleme der Kunst im Verhältniß zu ihrer Höhe sich vereinfachen und leichter werden. „Zu der Idee der höchsten Schönheit ist keine philosophische Kenntniß des Menschen, keine Untersuchung der Leidenschaften der Seele und des Ausdrucks nöthig. Wie der Zustand der Glückseligkeit d. h. der Entfernung von Schmerz und Genuß der Zufriedenheit in der Natur der allerleichteste ist, und der Weg zu demselben der geradeste, und ohne Mühe und Kosten kann erhalten werden: so scheint auch die Idee der höchsten Schönheit am einfältigsten und leichtesten.

Dennoch ist die Stille keine bloße Abwesenheit bestimmter Seelenzustände. Ja Winckelmann behauptet, in der Stille offenbare sich die Seele am reichsten, — während man sonst gerade, besonders in den redenden Künsten, in Handlung und Affect die Anlässe zur Aeußerung der innern Natur, die Reize zur Selbstzeichnung des Characters zu finden pflegt. „Je ruhiger der Stand des Körpers ist, desto geschickter ist er, den wahren Character der Seele zu schildern: in allen Stellungen, die von dem Zustand der Ruhe zulehr abweichen, befindet sich die Seele in dem Zustand, der ihr nicht der eigentlichste ist, sondern in einem gewaltsamen, erzwungenen... Die Stille und Ruhe ist in Menschen und bei Thieren der Zustand, welcher uns fähig macht, die wahre Beschaffenheit und Eigenschaften derselben zu untersuchen und zu erkennen, sowie man den Grund der Flüsse und des Meeres nur entdeckt, wenn das Wasser still und unbewegt ist", — oder, wie nur dann das Spiegelbild auf der Oberfläche erscheint. Und deshalb „erfordert der Ausdruck einer bedeutenden und redenden Stille der Seele einen hohen Verstand".

Gewiß, das Haupt des Zeus, der Pallas zeigt, obwohl außer einer bestimmten Handlung gesetzt, einen Reichthum psychischer Zustände und Eigenschaften, welcher durch jedes besondere Pathos nur verlieren könnte.

Dennoch bleibt der Begriff der Seelenschönheit bei Windelmann vorwiegend ein verneinender. Der positive Begriff z. B. Schillers, wonach sie die Schönheit ist unter dem Einfluß der Freiheit, der Ausdruck der Sittlichkeit, gegenüber der Schönheit, welche aus den Händen der Natur kommt, oder der architectonischen, — diesen Begriff berührt er zuweilen, ohne ihn jedoch zu ergreifen. Er spricht wohl vom Gefühl der Griechen für Anstand und Würde; — wie sie sogar einen geschwinden Gang in gewissem Maße wider die Begriffe des Wohlstandes hielten, wie die Action der Tänze nach dem Maaße der ältern Tänze abgewogen und gestellt wurde, und dann später den Tänzern selbst wieder zum Muster diente, „um sich in den Grenzen eines züchtigen Wohlstandes zu erhalten; wie die Würde der Haltung des freien Mannes auch auf Bildern der Kaiserzeit noch bewahrt wurde, wo Niemand etwas süffällig dem Kaiser überreiche, oder ihn mit gebeugtem Leib oder Haupt anrede".

Sonst aber erinnert seine Jugend des Ausdrucks an die ascetische Moral, der das Leben nicht Inhalt und Zweck des sittlichen Handels ist, sondern nur Schauplatz von Prüfungen und Versuchungen. Sein Kunstfreund ist zu vergleichen, wir wollen sagen, dem Liebhaber einer Schauspielerin. Er versäumt keinen Abend in Melpomene's Halle von ihrem Auftreten Zeuge zu sein, und ihre Erscheinung übt in zahlreichen Rollen auf ihn stets denselben unveränderlichen Reiz. Dabei bleiben ihm jedoch die Geschichten Antigone's und Esther's, der Stuart, der Athalia und die Jphigenie ziemlich gleichgültig. Diese Schöpfungen der Dichtung haben für ihn nur die Bedeutung, ihren Zügen eine schöne Belebung mitzutheilen, in Zärtlichkeit, Zorn, Andacht ihre Augen leuchtender, ihre Wangen geröthelter, ihre Stellung majestätischer, ihre Anmuth schmelzender zu machen, kurz ihre Gestalt mit dem genialischen Feuer zu durchglühen, welches die Aufregungen der Geselligkeit nie zu entzünden vermögen. Darein mischt sich jedoch die Besorgniß, die mörderische Wuth der Medea, der blutige Anschlag der Judith, die geheimen Qualen der Phädra und die Todesangst Desdemona's möchte einen finstern Zug in die holden Züge werfen, der ihn auf vierundzwanzig Stunden ihr Bild entstellen und ihn unglücklich machen würde.

*

§ 123.

9. Supranaturalismus.

Noch ein dunkler Punkt ist übrig. Die Idealität, dieß wichtigste Merkmal im Begriff der Kunst, ihr höchster Preis, erhob sich aus der Wahl des zerstreuten Schönen der Natur und der begeisterten Anschauung des Künstlers, dessen Gegenstände, Wesen des Mythos und der Epopöe, außer der Natur lagen. Tritt man aus dem Gewühl des Lebens in eine Versammlung ihrer Marmorgestalten, so glaubt man sich unter ein höheres Geschlecht versetzt, so unbedeutend, unförmlich, unedel dünkt uns die Wirklichkeit, und nicht bloß im modernen Rom wird manchem ein Wunsch aufgestiegen sein, wie der Kästner's, Pygmalion zugleich und Perseus zu sein:

„den Bildern gäb ich Geist,
die Blassen würden Stein".

Jedermann bekennt, daß die Figuren der Griechen vom echtesten Götteradel sind, daß wenn irgend etwas unter dem Mond, dann der Geist der sie schuf, ein Funke der Flamme war, die Prometheus raubte; Jeder sieht auch, daß ihn nicht bloß die unerreichbare normale Schönheit entzückt, man fühlt gegenüber dem Götterbild:

„ausgestoßen hat es jeden Zeugen menschlicher Bedürftigkeit".

Aber die Frage ist damit noch keineswegs entschieden, oder präjudicirt: ob Schönheit allein, ob Ebenmaß, feinsinnige Auswahl der Naturformen und lebendige Verschmelzung derselben zum Ausdruck einer poetischen Conception allein, also ganz natürliche Mittel es gewesen sind, welche jenen Eindruck höherer Natur zu Wege gebracht haben, oder ob die Kunst wirklich Formen geschaffen hat, die ohne Vorbild in der Natur waren, ja über ihre Fähigkeit hinauslagen? oder wenigstens die Naturformen veredelt habe, und somit als eine Verklärung der Natur durch den Geist angesehen werden könne.

Diese Frage hat bekanntlich die Kunstfreunde einst aufs heftigste entzweit. Nicht jene blassen Begriffe waren die Ursache solcher Heftigkeit, der Bannstrahle der Verdammniß und Ergüsse des Hohns, — sondern die Werke der Meister, die dahinter standen, und die einen mit Andacht, die andern mit Verachtung erfüllten. Die einen sahen in der „Verklärung der Natur" eine Blasphemie gegen ihre Gottheit, eine verwegene Selbstüberhebung, einen ebenso gefährlichen wie ohnmächtigen Wahn, der wie die Erfahrung zeige, nicht einmal die von jenen verehrte Schönheit hervorzubringen vermöge, sondern nur hohle Larven des Manierismus. Den anderen scheint jener Glaube so theuer, daß man sie um die Kunst und ihren Himmel bringen würde, wollte man sie desselben berauben; sie vermeinen der Kunst mit dieser ihrer

Theorie das köstlichste Rauchopfer darzubringen; jene Gestirne, die sonst soweit getrennte Bahnen verfolgen, Gott, Mensch, Geist, Natur, träten hier in Conjunction, die freilich auch zur Erzeugung solcher Wunderwerke unentbehrlich gewesen sei.

Winckelmann nun hat sich zu verschiedenen Zeiten über diesen Punkt ganz verschieden geäußert. Nach der in Dresden geschriebenen „Nachahmung" fand er 1755 in den Griechenbildern nicht nur den Inbegriff desjenigen, was in der ganzen Natur ausgetheilt ist, sondern auch, „wieweit die schönste Natur sich über sich selbst kühn aber weislich erheben kann"; und zwar nicht bloß in solchen „mehr als menschlichen Verhältnissen", wie die des Apollo; sondern er wagt zu behaupten, „daß sich die Griechen gewisse allgemeine Begriffe von Schönheiten sowohl einzelner Theile als ganzer Verhältnisse des Körpers gebildet hätten, die sich über die Natur selbst erheben sollten". Damals galt ihm noch die „beinahe gerade Linie des griechischen Profils" als Beispiel solcher „über die gewöhnliche Form der Materie erhabenen Begriffe".

Seitdem er aber den südlichen Menschenschlag und eine „schönere Natur der Menschenkinder" kennen lernte, die noch immer Formen bewahrt hatte, wie sie den alten Künstlern vorlagen, ging eine Aenderung in seinem Urtheil vor. Nicht bloß an Griechinnen fand er jenen alten Nationalzug wieder: bei seinem ersten Ausflug nach Tivoli entdeckt er zu seiner Ueberraschung, daß es dort „nichts seltenes sei, ein griechisches Profil zu sehen" (7. Juli 1756). In den ersten Früchten neuer Einsicht die er nach Deutschland sandte, trägt er schon „kein Bedenken", wenn die Bestimmung sinnlicher Begriffe der Schönheit von ihm gewünscht würde, „in Ermangelung alter vollkommener Werke und deren Abgüsse, dieselben nach einzelnen Theilen von den schönsten Menschen genommen, an dem Ort wo ich schreibe, zu bilden" (Erinnerung über die Betrachtung 1759).

In der Kunstgeschichte (1762) erfolgt eine klare Auseinandersetzung der beiderseitigen Ansprüche. Was die Schönheit der einzelnen Theile des menschlichen Körpers betrifft, so wird die Natur für den „besten Lehrer" erklärt; „denn im einzelnen ist dieselbe über die Kunst, sowie diese sich im ganzen über jene erheben kann ... Das Ideal findet nicht in allen Theilen der menschlichen Figur besonders statt; denn stückweise finden sich ebenso hohe Schönheiten in der Natur, als irgend die Kunst mag hervorgebracht haben, aber im Ganzen muß die Natur der Kunst weichen". Nur in vagerem Sinn konnte er also hier das Wort „Schöpfung" fortbestehen lassen: „indem sie sich soviele Vorstellungen der Schönheit aneigneten, die sie in diesem und jenem Individuum wahrgenommen, wurden sie fast neue Schöpfer".

Aber diese Zweifel rückten noch weiter vor, auch gegen die Idealität

§ 123. i. Supranaturalismus.

des Ganzen; nur dessen Seltenheit in der Natur schien ihm zu halten. „Es ist schwer, ja fast unmöglich, ein Gewächs zu finden, wie der vaticanische Apoll ist". In den „Anmerkungen", wo man das unwillkührliche Weiterarbeiten seiner Gedanken verfolgen kann, warnt er ausdrücklich, „das Ideal für einen bloß metaphysischen Begriff zu halten, welcher in allen Theilen der menschlichen Natur besonders stattfinde und nur allein im Verstand Eine gebildet werden". Das Ideal sei nicht auf einzelne Theile zu deuten, sondern von der höchsten möglichen Schönheit der ganzen Figur zu verstehen, welche schwer in der Natur in eben dem hohen Grad sein könne". Er hat bereits das Bedürfniß, die herkömmlichen Kern- und Kraftstellen des Idealismus zu bestritteln, Raphaels Aeußerung über die idea zu seiner Galathea in dem Brief an Balthasar Castiglione, und die Guido's über seinen Erzengel. Er bürdet ihnen jenen „Mißverstand" auf; und indem er die beiden Gestalten critisch beleuchtet, versichert er, schönere Weiber und Jünglinge sogar selbst gekannt zu haben und scheint sich den Muth der Wahrheit zuzuschreiben, indem er erklärt: „Ich scheue mich nicht zu sagen, daß beider Urtheil aus Mangel der Achtsamkeit auf das was in der Natur schönes ist, herrühre; ja ich erdreiste mich zu behaupten, daß ich Bildungen des Gesichts gefunden, die ebenso vollkommen sind als diejenigen, die unsern Künstlern Muster der hohen Schönheit sein müssen".

An dieser Stelle (1765) scheint ihn jedoch noch ein Rest von „Schen" zurückgehalten zu haben, belegte Muster mit Namen zu nennen. Dieß wagt er im Trattato preliminare (1767). „Die Natur, heißt es da, hat geformt, und formt noch alle Tage Gesichter, den Köpfen der erhabensten Schönheit zu vergleichen, wie man sie nur in Marmorn und Gemmen sehen kann; auch in unseren Tagen sieht man lebendige Nioben und vaticanische Apollo'"*).

So hat sich Winckelmann immer entschiedener von der Meinung einer Ueberschreitung der Naturformen abgewandt. Tiecks von Jahr zu Jahr wahrnehmbare Steigen der Schaale des Idealismus und Sinken derjenigen der Natur ist eine der interessantesten Thatsachen seines inneren Lebens. Dieser Proceß geht parallel seinem zunehmenden eignen Sehen in Natur und Kunst. Als er seine schroffsten Sätze idealistischer Tendenz niederschrieb, fehlte es ihm noch ganz an eignen Anschauungen, er dachte über die Kunst aus Büchern und unter Inspiration des „grauenhaftesten, leichenähnlichsten aller Manieristen" (Rumohr). Der Stubengelehrte, der mit blöden gleich-

---

*) La Natura ha formato sempre e va formando tutto giorno de' visi comparabili a quante teste della più sublime bellezza veder si possono scolpite ne' marmi e nelle gemme: anche a' di nostri si veggon vive delle Niobi e degli Apollini Vaticani. p. XXXII.

gültigen Augen an der „Natur" vorbeigeht, und dessen Enthusiasmus für Kunstwerke nur ein Nachdenken und Nachsprechen gelesener Theorien oder Poesien gegenüber dem Gelesenen ist, ihm scheint jenes Gerede von „gemeiner Natur" und „Verklärung derselben durch Kunst" etwas a priori einleuchtendes, selbstverständliches. Je weiter er vordringt zu den Originalwerken, je mehr sein Blick sich schärft für griechische Arbeit, je vertrauter er wird mit künstlerischem Schaffen, je mehr er sehen lernt in der Natur, desto zweifelhafter wird ihm jenes System; es theilt das Schicksal aller metaphysischen Kartenhäuser. —

Wenn aber der Kunsthistoriker, eingedenk italisch-römischer Bilder schöner Natur, jenem früheren Vorurtheil absagte, so scheint ihm dagegen in anderer Form der Supranaturalismus immer Bedürfniß geblieben zu sein. Die Thatsachen — Thatsachen, denen gegenüber man sich unschwer nachgiebig zeigt, — hatten ihm jenes Zugeständniß an den Naturalismus abgenöthigt; aber Jedermann wird es jenen bei seinem Debüt so entschieden verkündigten idealistischen Sätzen ansehen, daß sie seiner eigensten innersten Sinnesweise wahlverwandt waren. Solche Gedanken nun werden immer, auf dem einen Wege hinausgedrängt, auf dem anderen und in anderer Gestalt wieder zurückzukehren streben.

Mag die Natur im einzelnen über die Kunst sein, und selbst im ganzen ihr ebenbürtig: dennoch würde für Winckelmann die Kunst ihr Interesse so gut wie verloren haben, wenn man ihre Bestimmung auf — ich will nicht einmal sagen, Nachahmung der Natur, nur auf künstlerische Reproduction auch der schönsten Natur beschränkt hätte. Es war ein geheimer, unabweislicher Zug seines ästhetischen Gefühls, in ihren Gebilden höhere Naturen, eines vollkommneren, geistigeren Zustands theilhaftige Wesen anzuschauen; er suchte im Kunstwerk Nahrung für eine geistig-sinnliche, schwärmerische Empfindung, die halb der Sehnsucht eines irdischen Liebhabers glich, halb dem religiösen Entzücken des Mystikers. Liebe und Enthusiasmus sind dem Gefühl des Unendlichen verwandt; sie finden stets in ihrem Gegenstand etwas Unendliches, einen Abglanz des Göttlichen. Diese Schwärmerei aber war nicht jede, sondern nur ein gewisser Kreis von Gestalten zu nähren geeignet, solche, in welchen sinnliche Reize mit einem übersinnlichen, visionären Wesen sich vermischen, wo die zärtlichen Formen der Jugendblüthe so behandelt sind, daß das Stoffliche vergeistigt scheint; und diese Mischung zeichnet uns Winckelmann, da wo er auch in den Werken seiner Reise doch wieder von „über die Natur erhabenen Körpern" redet.

Die höchsten Gestalten der Kunst sollen als übernatürliche Wesen wenigstens erscheinen. „Die Idole sollen von höheren Naturen genommene Bilder scheinen". Die Darstellungsmittel liegen zwar ganz in der Sphäre des Na-

§ 123. I. Supranaturalismus. 171

türlichen; aber im Gebrauche derselben kommen die Künstler auf Verknüpfungen, auf Modificationen, die uns doch wieder unvermerkt über die Grenze des Natürlichen hinausführen. Denn „die großen Künstler der Griechen, die sich gleichsam als neue Schöpfer anzusehen hatten, ob sie gleich weniger für den Verstand, als für die Sinne arbeiteten, suchten den harten Gegenstand der Malerei zu überwinden, und wenn es möglich wäre, dieselbe zu begeistern, und dieß edle Bestreben derselben hat auch in den früheren Zeiten Gelegenheit zu der Fabel von Pygmalions Statue gegeben".

Das erste dieser Darstellungsmittel sind die Formen der Jugend. „Was konnte menschlichen Begriffen von sinnlichen Gottheiten würdiger und für die Einbildung reizender sein, als der Zustand der ewigen Jugend und des Frühlings des Lebens? Dieß war dem Begriff von Unabänderlichkeit des göttlichen Wesens gemäß, und diente dem Endzweck aller Religion, der menschlichen Seligkeit, da die Zärtlichkeit und Liebe, welche ein jugendliches Gewächs der Gottheit erweckt, die Seele in einen süßen Traum der Entzückung versetzen kann".

Die Kunst kann die Jugend darstellen, aber wie deren ewige Dauer? Diese ewige Jugend ist ein himmlisches Wunder; aber die Bilder solcher wunderbaren göttlichen Jugend können doch nur die der vergänglichen, menschlichen Jugend sein. Ist es nur der alte und ewige Zauber der Schönheit auf ihrem Höhepunkt? — aus der seit Platos Tagen dem fühlend-grübelnden Sinn stets etwas Ewiges entgegenstrahlte, in deren Farbe selbst unserem Dichter jene Jugend entgegenglänzte, „die uns nie verfliegt", und angesichts deren Dante fragte:

cosa mortale
come può esser sì adorna e pura? —

„Die Fröhlichkeit der Jugend (so begründet Winckelmann seinen Satz) besteht in dem Mangel der Nerven und Sehnen, welche sich in der Blüte der Jahre wenig äußern". Mit der Beseitigung solcher Theile (wie auch der Adern), in jenem sanften Linienfluß der Muskeln verschwindet der Anschein des Stofflichen, Zusammengesetzten, des Mechanismus, kurz die Bedingtheit der Gestalt. Wie man die Jünglingszeit das Alter des Idealismus genannt hat, weil sie den Druck des Realen und die Gedanken des Staubs noch wenig kennt und für Impulse der Ideen empfänglich ist: so tritt auch in ihren Formen das Erdartige, der Verwesung Verfallene unserer Hülle am weitesten zurück. An solche Eindrücke knüpft die Kunst an, und bildet die Formen noch etwas weiter in dieser Richtung fort.

Es liegt in der Abwesenheit jener Theile nach Winckelmann der Ausdruck der göttlichen Genugsamkeit, welche die zur Nahrung unseres Körpers bestimmten Theile nicht vonnöthen hat. „Dieses erläutert des Epicur Meinung von der Gestalt der Götter, denen er einen Körper, aber gleichsam einen Körper, und Blut aber gleichsam Blut giebt". Wie bezeichnend ist hier das Visionäre ausgedrückt, dem dieser Formgedanke zustrebt! „Das Dasein und der Mangel dieser Theile unterscheiden den sterblichen und den vergötterten Hercules. Im Torso hat der Künstler ein hohes Ideal eines über die Natur erhabenen Körpers, und eine Natur männlich vollkommener Jahre, wenn dieselbe bis auf den Grad der göttlichen Genugsamkeit erhöht wäre, gebildet. Er erscheint, wie er sich von den Schlacken der Menschheit mit Feuer gereinigt und die Unsterblichkeit und den Sitz unter den Göttern erlangt hat. Denn er ist ohne Bedürfniß menschlicher Nahrung und ohne ferneren Gebrauch der Kräfte vorgestellt. Es sind keine Adern sichtbar und der Unterleib ist nur gemacht zu genießen und nicht zu nehmen, und völlig, ohne erfüllt zu sein". So spielte die Betrachtung hier von dem übernatürlichen Gegenstand auf übernatürliche Formen hinüber, von einer sehr stilisirten Behandlung in ein phantastisches Modeln an den Naturformen. Und so lassen sich noch andere Punkte zeigen, wo Winckelmanns Gedanken wieder an dem scheinbar so fest gezogenen Grenzcordon des Naturalismus zerren.

„Polyklet, ein erhabener Dichter in seiner Kunst, suchte die Schönheit seiner Figuren über das wirklich Schöne in der Natur zu erheben; daher seine Einbildung vornehmlich mit jugendlichen Formen beschäftigt war, sodaß er seinen Geist mehr in der geistigen Blüte des Apollo als in der Stärke des Hercules, und in dem Alter eines Aesculap wird gezeigt haben".

Das Greisenalter der Götter wurde durch einen jugendlichen Ueberzug gleichsam verjüngt. „Im Jupiter, Neptunus und in einem indischen Bacchus sind der Bart, das ehrwürdige Haupthaar allein Zeichen des Alters, und es ist dasselbe weder in Runzeln, noch in hervorstehenden Backenknochen und in tiefen eingefallenen Schläfen angedeutet. Die Wangen sind nicht weniger völlig als an jugendlichen Gottheiten, und die Stirne pflegt sich dort gewölbter zu erheben, wodurch die sanfte Linie des Profils junger Schönheiten mehr gesenkt, und der Blick dadurch größer und denkender wird. Diese Bildung ist der Würdigkeit des Begriffs von der Gottheit gemäß, als welche keinen Wechsel der Zeit, noch Stufen des Alters annimmt, sondern wir müssen ein Wesen ohne alle Folge denken. ... Die Schönheit der Götter im männlichen Alter wurde in einem Inbegriff der Stärke gesetzter Jahre und der Fröhlichkeit, in den sanften Formen des schönsten Frühlings der Jugend gesucht", wie im Apollo.

Ob diese Verschmelzung des Greisenhaften und Jünglingsartigen natürlich möglich sei, ist schwer zu sagen, gewiß ist, daß noch Niemand im Zeus oder indischen Bacchus etwas von monströser Formenmengerei entdeckt hat. —

§ 123. 1. Guprarenaissance.

Aber nicht bloß verschiedene Lebensalter, auch Formen verschiedener Geschlechter wurden verschmolzen. Es giebt einen Punkt männlicher Jugend, in dem die Natur zwischen den Formen beider Geschlechter gleichsam unentschieden schwankt, und im Süden begegnet man nicht selten Jünglingsbildungen, in welchen dieses Schwanken länger dauernd, auffälliger ist als sonst, als ob sie zögere, diese holde Zweideutigkeit zu verlassen. Und solche Gestalten, in denen die Natur selbst unentschlossen zu träumen scheint, ziehen auch die Phantasie in ein träumerisches Sehnen, ähnlich wie jener Zustand der dem Erwachen der Liebe vorhergeht und den Praxiteles in seinem Eros personificirte, Winckelmann aber im Bacchus wiederfand, jenem schönen Knaben, „welcher die Grenzen des Frühlings des Lebens und der Jünglingschaft betritt, bei welchem die Regung der Wollust wie die zarte Spitze einer Pflanze zu keimen anfängt, und welcher wie zwischen Schlummern und Wachen, in einen entzückenden Traum halb versenkt, die Bilder desselben zu sammeln, und sich wahr zu machen anfängt".

Diese Gestalten nun hatten für Männer einen ganz eigenen Reiz, und Winckelmanns Einbildungskraft war gerade für diese Formen griechischer Kunst besonders empfänglich, ob zum Vortheil seines Formurtheils, ist die Frage. War es die Vereinigung der Reize beider Geschlechter, die den Systemgeist des Bekenners der Einheit des Schönen und des Ideals ansprach? War die ihm von Jugend auf eigene schwärmerisch-sinnliche Freundschaft im Spiel? Winckelmann vertheidigte die Superiorität männlicher Schönheit allezeit mit einer Entschiedenheit, die etwas Leidenschaftliches hatte. Man sagt, daß erotische Verehrer männlicher Schönheit sehr zweideutige Formen mehr reizen, als rein jünglinghafte, ja zuweilen zur seltsamsten Schwärmerei begeistern.

„In einigen jungen Helden haben sie sich so hoch in den Begriff der Schönheit erhoben, daß selbst das Geschlecht zweideutig ist". Im Bacchus haben sie die Formen einer Jugend von längerer Dauer im weiblichen Geschlecht der Männlichkeit eines schönen Jünglings einverleibt, und diese dadurch völliger (in den ausschweifenden Hüften), runder und zarter gebildet. . . . In seinem Gesicht zeigt sich „eine unbeschreibliche Vermischung männlicher und weiblicher schöner Jugend, und ein Mittel zwischen beiden Naturen, welches von einem aufmerksamen Betrachter empfunden wird". Im Trattato preliminare wird diesem Typus „die erhabenste Idee jugendlicher Schönheit" eingeräumt; er wird dem rein männlichen Jugendtypus geradezu vorangestellt.

Für Winckelmann hatte die Verwandtschaft dieses Typus mit den Eunuchenformen nichts abstoßendes. Dieß war der Geschmack des damaligen Welschlands, wo die Eunuchen der Oper für Männer, Weiber und Pfaffen Gegenstand einer wunderlichen Schwärmerei waren. Er beschreibt ihre Bildung als eine „mittlere Gestalt zwischen männlichen und weiblichen Gewächsen". Und so findet er endlich selbst für die Hermaphroditen ein anerkennendes Wort, sie sind ihm interessant als Beweis, „daß die alten Künstler in der aus beiden Geschlechtern vermischten Natur ein Bild hoher Schönheit auszudrücken gesucht haben; und dieses Bild war idealisch..., denn Hermaphroditen, dergleichen die Kunst hervorgebracht hat, sind vermuthlich niemals erzeugt". —

Bezeichnend ist, daß der Dolmetscher hellenischer Plastik sich an einer Stelle wirklich die göttliche Schönheit eines Eros, „die ein Ausfluß der Quelle der höchsten Uebereinstimmung scheine", durch den Vergleich mit der Erscheinung eines Engels veranschaulichte, dieses geschlechts- und characterlosen Wesens, von dem die christliche Kunst indeß zu einigen überaus anmuthigen Darstellungen Anlaß genommen hat, indem sie ihnen eben jene träumerische Jünglingsanmuth lieh (s. I. Seite 19).

So ringt Winckelmann mit Vorstellungen und Worten, um auszudrücken, wie materielle Vieltheiligkeit in der hohen Einheit des Umrisses verschwinde, Schwere im schwebenden Gang, Stoff in der Form, die wie ein Gedanke erwedt, wie mit einem gelinden Hauch geblasen scheine und mehr dem Gefühl als dem Gesicht offenbar werde.

„Mit solchen Begriffen wurde die Natur vom Sinnlichen bis zum Unerschaffenen erhoben, und die Hand der Künstler brachte Geschöpfe hervor, welche von menschlicher Nothdurft gereinigt waren, Figuren welche die Menschheit in einer höheren Würdigkeit vorstellen, und Hüllen und Einkleidungen bloß denkender Geister und sinnlicher Kräfte zu sein scheinen. Sie erhoben sich in das Reich unkörperlicher Ideen und wurden Schöpfer reiner Geister und himmlischer Seelen, die keine Begierde der Sinne erwecken, sondern eine anschauliche Betrachtung aller Schönheit wirken, denn sie scheinen nicht zur Leidenschaft gebildet zu sein, sondern diese nur angenommen zu haben".

„Die geistige Natur ist zugleich in ihrem leichten Gang abgebildet.... Der Schritt des vaticanischen Apollo schwebt gleichsam, ohne die Erde mit der Fußsohle zu berühren".

Ist nun die Vergöttlichung der Menschengestalt Vereinfachung: so lehrt ja die Theorie in ihrem supranaturalistischen Ende zu ihrem räumlich-linearen Anfang zurück. „Will man von den Helden zu den Göttern hinaufsteigen, so geschieht dieses mehr durch Abnehmen als durch Zusetzen, d. i. durch stufenweise Absonderung desjenigen, was ewig und von der Natur selbst stark angedeutet worden, bis die Form dergestalt verfeinert ist, daß nur alles der Geist in derselben gewirkt zu haben scheint".

Von den Engeln ist nur noch ein Schritt zu Gott, und so versteigt sich denn auch Winckelmanns Gedanke, Plato und Plotin nachklimmend, „mit

Betrachtung der von Gott ausfließenden und zu Gott zurückführenden Schönheit beschäftigt", zuletzt zu dem Satz: „die höchste Schönheit ist in Gott, und der Begriff der menschlichen Schönheit wird vollkommen, je gemäßer und übereinstimmender derselbe mit dem höchsten Wesen kann gedacht werden, welches uns der Begriff der Einheit und Untheilbarkeit von der Materie unterscheidet. Dieser Begriff der Schönheit ist wie ein aus der Materie durchs Feuer gezogener Geist, welcher sich sucht ein Geschöpf zu erzeugen nach dem Ebenbild der im Verstand der Gottheit entworfenen ersten vernünftigen Creatur." Er nennt die Schönheit auch „den höchsten Vorwurf nach der Gottheit".

Ist nämlich die Gottheit nach Plotins Lehre die höchste Einheit, könnte man sich in ihr die ganze Mannichfaltigkeit weltlicher Wesen verschmolzen denken, wie sie ja nur ein Ueberströmen ihrer Fülle sind: so ließe sich nach jener Definition der Schönheit dem Satz wohl ein Sinn abgewinnen, „daß die höchste Schönheit in Gott sei". Ein Analogon bietet uns Windelmann in einem Vergleich. „Sowie die Seele als ein einfaches Wesen, viele verschiedene Begriffe auf einmal und in einem Augenblicke hervorbringt, ebenso ist es auch mit dem schönen jugendlichen Umrisse, welcher einfach scheint und unendlich verschiedene Abweichungen auf einmal hat". „Ich schlug, sagt er, meine Augen nieder vor dieser Einbildung (nämlich die Schönheit, welche den großen Künstlern erschien, gebaut zu haben), wie diejenigen, denen der Höchste gegenwärtig erschienen war, weil ich diesen in jener zu erblicken glaubte. Ich ereiferte zugleich aber meine Zuversicht die mich erdreistet hatte, in die Geheimnisse derselben hineinzuschauen und von dem höchsten Begriffe der Menschheit zu reden".

§ 124.
Schluß.

Graf Caylus, der sonst wenig expansiv ist, bricht einmal aus gegen die Systeme, diese Krankheit des menschlichen Geistes, hervorgerufen und unterhalten durch krankenlose Selbstliebe, und beschreibt die Symptome dieser Krankheit in schreckenerregender Weise. Er spricht im Sinn seiner Zeit, dieses philosophisch-antiphilosophischen Jahrhunderts, das verständige Trockenheit und eingefleischter Doctrinarismus fortwährend anreizte, Systeme aus- und sich in dieselben einzuspinnen, während doch seine skeptische Unbeständigkeit, das Widerstreben gegen jede Einschränkung, der Drang nach Neuem immer wieder dazu trieb jene Bauten niederzureißen.

In Winckelmanns geistiger Ausrüstung war gewiß die Gabe der Systemfabrication keine der hervorragendsten. Die Systemmacher, mit denen er zusammengetroffen war, hatten ihn wenig erbaut. Ihm fehlte Uebung, Lust und Fähigkeit, seine Gedanken und Einsichten in Form von Schlußketten den Lesern aufzunöthigen; aber ihm fehlte auch jener Heroismus freiwilliger Blindheit gegenüber den Thatsachen, die nicht ins System passen. Er wäre nicht im Stande gewesen, sich den Blick in die Breite der Kunstwelt, das Schöpfen aus ihrer Fülle durch ein System verkümmern zu lassen. Dennoch, da ja selbst im Intellectuellen nicht bloß Verwandtes das Verwandte anzieht, sondern auch Gegensätze sich suchen, und man oft schätzt, was einem schwer wird oder versagt ist, so sehen wir auch Winckelmann oft von einem System reden, seinen Ehrgeiz im Aufbau eines Systems der Schönheit, der allen Kunst suchen.

Das was er zu Stande gebracht, bringt uns jenes Lob des Empedokles in den Sinn und dessen beide Principien der Bewegung, Ares und Aphrodite, durch die alle Dinge entstanden sind. Auch hier bemerkt man solche einander entgegenlaufende Kräfte, einen verteilenden, vereinenden, ausrottenden Systemgeist, und eine erweiternde, belebende und ernährende Erfahrung. Die nächste Zeit fühlte sich freilich gerade von dem ersteren angezogen.

„Die Natur — das waren etwa die Einflüsterungen des Systemgeistes — strebt in der Bildung des Menschen nach einer vollkommenen Form, die in dem Intellect des Schöpfers vorgezeichnet ist. Aber sie sieht sich durch eine widerstrebende Materie gehemmt; sie kommt ihrem plastischen Urbild nur stückweise nahe. Ihr Werk nimmt auf und vollendet der Menschengeist, der in der Kunst die Mängel der Natur ergänzt, indem er vermittelst Geschmack und Wahl die in der Natur zerstreuten schönsten Theile sammelt und ein vollkommnes Schöne daraus bildet, das Ideal. Die Kunst schaltet dabei mit der Natur vollkommen frei, in Trennen und Zusammensetzen, Entziehen und Hinzufügen, Dämpfen und Betonen. Sie componirt aus Stücken der Individuen ein neues Wesen. Sie erlaubt sich mancherlei Theile der Oberfläche zu beseitigen. Ihr Thun erscheint weniger als Schaffen, denn als Wegnehmen; keine lebengebende Kraft ist es, sondern eine formende, begrenzende. Sie folgt in der Zeichnung dem abstracten Gesetz einer Linie, die in derselben Weise nur aus demselben Grunde für menschliche Glieder und für Vasen gültig ist. Sie vermischt Eigenschaften verschiedener Lebensalter und Geschlechter, sie verwerthet Formen, die Folgen einer Verstümmlung sind, selbst thierische Erinnerungen fügt sie der menschlichen Form hinzu. Ihre Ideen und Inspirationen vollends stammen aus einer ganz andern Region als der Natur. Das Schöne, das sie so gewinnt, ist Eines, wie die Gattung, wie die Idee des Menschen im Schöpfergeist, wie die Wahrheit und die Tugend eine ist. Der Kunst sind freilich Individuen, besondere, wenn

§ 124. Schluß.

auch zum Theil poetische Wesen darzustellen übergeben; und diese Personen sind in mehr oder weniger aufgeregter Handlung begriffen. Aber Personen und Handlung sieht die Kunst nur an als Gelegenheit, uns ihre Idealform vorzuführen. Ausdruck und Character gesteht sie Bürgerrecht nur zu, soweit sie mit Schönheit sich vertragen. Schönheit steht über Wahrheit — des Characters, aber Aehnlichkeit — des Bildnisses, über Lebendigkeit — der Action. Die Schönheit die nur Eine ist, ist nämlich auch ihrer Form nach Einfachheit und Einheit, d. h. Auflösung des Contours in einen Linienfluß, zwischen dessen Curven sich keine Grenzen angeben lassen. Diese Linie ist geometrisch unbestimmbar, aber doch sehr bestimmt. Jede Abweichung von ihr würde das reine Licht der Schönheit trüben. Daher sind Individualität, Character, Affect, und was sonst zur gemeinen Natur gehört, Uebel, welche der Künstler soviel als möglich unschädlich zu machen hat, weil sie jene Schönheitslinie nur verwirren können. Er wird sie also dämpfen, auf leise Andeutungen herabsetzen, oder gänzlich ausschließen. Nur hie und da bedient er sich eines bescheidenen Zusatzes derselben, um die Monotonie des idealen Olymps der menschlichen Schwachheit zu Liebe etwas mannichfaltiger und interessanter zu machen. Aber das höchste ist die Stille der Gottheit, oder die heroische Niederkämpfung der inneren Empörung. Grazien, Horen und Parzen bequemen sich in der Kunst unter derselben Gestalt zu erscheinen; eine Jugend umkleidet Männer, Jünglinge und Greise; die höchsten Bilder jugendlichen Heldenthums lassen selbst den Unterschied des Geschlechts zweideutig. Denn auch die Zweiheit der Schönheit der Geschlechter wird der Einheit des Ideals zum Opfer gebracht. Der Triumph der Kunst ist nicht, wie es bisher bei Alten und Modernen hieß, daß ihre Gestalten wahr, lebensvoll, athmend, in Bewegung, Fleisch und Blut seien, sondern „wie reine Geister und himmlische Seelen", die gleich den müßigen Göttern Epicurs in ihren Intermundien, kein Blut haben, sondern „gleichsam Blut", und uns in einen sanften Traum der Entzückung versetzen. —

Allein die Anschauung, der Blick in die wirklichen Kunstwerke war bei diesem Manne viel zu mächtig, als daß ihn jenes System hätte abhalten können, irgend etwas zu sehen oder irgend etwas gesehenes auszusprechen. Er war das gerade Gegentheil derer, welche ihre Gedanken und Thatsachen nur auftreiben und zusammenraffen, um ihr Schema auszufüllen; um ihrem schwachen Ziegelbau oder Fachwerk mittelst Tünche, Studierathen oder Wasserfarben ein Ansehen zu geben. Er gehörte zu den Köpfen, die jeden Punkt, den sie angreifen, so lebhaft ergreifen, daß sie zur Zeit die übrigen verloren zu haben scheinen; sie scheinen dann vergessen zu haben, daß ihm kein Raum durch andere bestritten und beschränkt wird. Sie überlassen es der Folge, wie er sich mit jenen anderen Punkten auseinandersetzen werde, denen sie an ihrem Ort dieselbe Hingebung widmen. Was er auch vorhat, immer scheint er vor dem dominirenden Punkt des Ganzen zu stehen.

Ja, die Schönheit ist Eine, und Einem höchsten, sich immergleichen Begriff werden sich alle Gestalten nähern; die Künstler sollen ihre Bilder von allen persönlichen Neigungen reinigen; und je näher sie ihrem Ziel kommen, desto mehr werden ihre Gesichter unberührt sein von Empfindung, in göttlicher Stille.

Aber Action ist das erste, das zweite und das dritte Erforderniß in der Kunst. Schönheit ohne Ausdruck ist unbedeutend. Die Köpfe der Götter sind nicht weniger kenntlich characterisirt, als Bildnisse historischer Personen sein würden.

Das Geheimniß der Schönheit liegt in der Linie, einem räumlich faßlichen, das durch Bilder vom Seestrand, aus der Glashütte veranschaulicht wird. Ihr Werdeproceß ist eine Kette von Wechseln der Linien. Aber was sie durch solche Linien hervorbringt, ist ein übersinnliches: „reine Geister und himmlische Seelen". Sie fällt nicht unter Zahl und Maaß; und doch sind Proportionen das unerschütterliche Grundgesetz des Ideals und die Ursache des Gemeinsamen in der alten Kunst bis zu ihrem Erlöschen.

Die Natur ist im einzelnen über die Kunst und im ganzen, wenn auch selten, ihr gleich; die Kunst nähert sich der Vollkommenheit, indem sie sich der Natur, ihrem Quell und Ursprung nähert, und ihren eignen Regeln und System in demselben Maaße absagt; und doch bleibt das höchste Ziel der Dichter in der Kunst: „Über die Natur erhabene Körper" darzustellen.

Niemand wußte besser als er, daß die Natur das ewig unerreichte Muster der Nachahmung ist, von dem die Kunst das Auge nicht abwenden kann, ohne zu straucheln, der gegenüber sie auch nach ihren schönsten Erfolgen ihre Schülerschaft bekennt. Aber ebenso fest stand ihm, daß die Kunst dem menschlichen Geist und seinen Ideen Ausdruck leiht, Ideen welche nicht aus der Natur stammen; und daß sie die Naturformen wie Töne zusammendichtet zu Schöpfungen, von denen sich ebenfalls keine Originale in der Natur finden.

So nähert er sich seinem Gegenstand von allen Seiten. Jede Ansicht desselben kommt zu ihrem Recht, die räumlich-sinnliche, die mathematisch-meßbare, die ideal-poetische, die sittliche, die mystische, die naturalistische und die historische. Dennoch bleibt das Gefühl, daß noch ein unerkannter Rest übrig ist, daß alle diese Begriffe und Bilder zusammen den Gegenstand nicht decken. Denn die Kunst ist ein Unendliches. Sie bleibt eines der großen Geheimnisse der Natur, auf einen mathematisch deutlichen Begriff verzichtet er.

Jene Sätze scheinen sich schwer miteinander zu vertragen; aber sie sind nicht widersprechender als Leben und Kunst selbst, die, wie sie im Schaffen alle

§ 124. Schluß.

Theile der menschlichen Natur beschäftigt, so auch mit Werkzeugen aller Art begriffen werden muß.

Das aber, dem Winckelmann eigentlich zustrebte, war die Erkenntniß griechischer Plastik. Der Gegenstand war ihm letzter Zweck, ihn sich in jeder Beziehung genießend wie erkennend, nahe zu bringen. Alle eigenthümlichen Züge seiner Lehre sind Beobachtungen griechischer Kunst entsprungen; und deshalb ist diese Lehre so geeignet, uns auf deren Characteristica und Geheimnisse aufmerksam zu machen. Die Richtung ihrer höchsten erfinderischen Kraft auf Götter, ideale, übermenschliche Wesen; jene Vermählung der Begeisterung für sinnlich schöne Formen mit religiöser Andacht; die Idealität, dem griechischen Sinn für harmonische Ganzheit des Lebens im Gegensatz zu fanatischer Einseitigkeit so verwandt; das von den Neueren oft beneidete Naturgefühl, gegründet auf die schönste Menschenart und die reichste Gelegenheit der Beobachtung; die philosophische Besonnenheit beim Betreten des stürmischen Gebiets des Seelenlebens; endlich die Linie — die so oft die Verwunderung, das Studium und die Verzweiflung neuerer Bildhauer gewesen ist — das alles waren griechische Züge, die von Winckelmann freilich mit dem Anspruch der Allgemeingültigkeit aufgestellt wurden.

IV. Historischer Theil.

Fast alles worauf der Geschichtschreiber Werth legte, was er zusammenhängendes über Kunst gedacht, war in den systematischen Theil gekommen, aber nun konnte er sich der Pflicht nicht entziehen, die eigentliche Geschichte der Kunst nachzuholen, dieser Culturerscheinung am Faden der Zeit vom Anfang des Alterthums bis zu dessen Untergang nachzugehn. Zwar war die Kunst der Griechen seine „vornehmste Absicht", aber eine Kunstgeschichte des „Alterthums" konnte sich ausführliche „Stücke" von Aegyptern, Phöniciern, Persern, Hetruriern u. a. nicht erlassen. Freilich hatte er von der Kunst dieser Nationen nicht viel zu erzählen: der Orient war noch ein unentdecktes Land; von den Aegyptern (wo er noch am besten versehen war), lagen ihm nur wenige, schon in alten Zeiten nach Rom verschlagene Arbeiten vor; das Bild hetrurischer Kunst war verwirrt durch das alterthümlich-griechische; von Persien wußte er nur aus Reisebeschreibungen; von manchen andern Kunstvölkern, die seit einigen Jahrzehnten ein so anständiges Territorium in unserer Wissenschaft behaupten: von den Assyrern, näheren Vorläufern der Hellenen als die Aegypter, von den der Kunst Attica's so verwandten Lyciern (von

Indien zu schweigen, hat Windelmann nicht einmal die Namen. — Warum schrieb er also über die Kunst des Orients? — Es giebt Werke, die, im Gefühl abnehmenden Interesses, von einer Periode der Forschung den Saldo ziehen, sie für den Gebrauch der andern Dingen sich zuwendenden Mit- oder Nachwelt abschließen; und es giebt Bücher, die, ein Aufruf an die Zukunft, ebensoviel Probleme stellen und unerforschte Strecken abgrenzen, als Entdeckungen mittheilen. Heute zeigt ein Blick auf das Windelmann'sche Werk, die erstaunliche Vermehrung unserer Anschauungen und Kenntnisse im Lauf des nach ihm verflossenen Säculums: aber würden wir ohne jene erste, kühne Colonisirung dieß reiche Land unser nennen? —

Diese Geschichte steht in dem Buch etwas zerrissen. Der Orient wird im ersten Theil untergebracht, weil hier die Beschreibung des Stils Hauptsache war und der ägyptische dem griechischen vorausging; indem er zu Griechenland übergeht, tritt die Erzählung zurück vor dem System. Die äußere Geschichte der griechischen, ihre Uebersiedelung nach Rom und ihr Fortleben daselbst füllt den zweiten Haupttheil des Werks, „die Kunst nach den äußeren Umständen"; die altrömische Kunst endlich (bis zum Fall Macedoniens) folgt anhangsweise hinter dem System am Ende des ersten Theils.

§ 123.

Von der Kunst unter den Aegyptern

schrieb Windelmann, als man von ihrer Baukunst und Malerei noch kaum eine Ahnung hatte, vierzig Jahre vor der Offenbarung jener Wunderwelt durch die französische Expedition. Doch konnte man sich in Rom (und in Rom allein) seit einigen Jahren wenigstens vom Stil ihrer Plastik ein ziemlich deutliches Bild verschaffen, ja selbst von den wenigen Nüancen, die jener Stil erlebt. Im Jahre 1745 hatte Benedict XIV auf Veranlassung eines reichen Funds in dem sogenannten Canopus der tiburtinischen Villa einen ägyptischen Saal im Erdgeschoß des Capitolmuseums gegründet, und ebenfalls Canopus getauft. Es war das Zimmer am östlichen Ende des Atrio, in welchem jetzt der Camillus, das Pferd und andere Bronzen stehen.

Schon vor dieser Entdeckung neuägyptischer Arbeiten Hadrian'scher Zeit rühmte sich das Capitol einiger weit kostbareren, altägyptischen Werke, die nach Ficoroni's Notiz im Jahre 1714 in der Vigna der Verospi in den alten salustischen Gärten gefunden und gleich von Clemens XI angekauft worden waren. Zwei davon, Mneva, die Mutter Rhamses III von schwarzem, und eine ptolemäische Isis von rothem Granit, standen gleich am Eingang aus der Vorhalle des Museums in den Cortile; zwei andere, Ptolomäus Phi-

§ 125. Von der Kunst unter den Aegyptern.

Lobelphus und Arsinoe hatte der Pabst im Hof des Conservatorenpalastes, zu den Seiten der Roma, neben den gefangenen nordischen Königen, in bedeutungsvoller Gruppirung aufrichten lassen. Das Capitol vereinigte also damals (und bis zur Gründung des Gregorianums im Vatican im Jahre 1835, wo es seines Canopus beraubt wurde) alle Phasen ägyptischer Sculptur in lehrreichen Exemplaren.

Auch sonst sah man in Rom Arbeiten dieser Nation, z. B. im Palast Barberini, aus dem der Thoth Trismegistos nach München kam; das Museum Rolandi Magnini wird oft citirt. Der Cardinal Albani wollte ebenfalls seinen Canopus haben. Der Raum, in den man aus dem Mittelbogen des Semicircolo tritt, die Halle mit den zwei schmalen Flügeln vor der Gallerie des Caffeehauses, war einst der Canopus der Villa. Ein Theil ihres Inventars wanderte bei der französischen Plünderung nach Paris, und später nach München, darunter der colossale Antinous von rosso, Horus, mehrere Sphinxe und Priester. Aber die beiden werthvollsten, altägyptischen Werke — die schwarze Granitstatue der Göttin Paschi aus Sesostris' Zeit, und König Amasis sind noch heute in der Villa zu sehen.

Die Schlüsse, welche Winckelmann aus diesen Zeugen auf den altägyptischen Stil machte, gingen darauf, daß dieser Stil eine gesetzliche Befestigung, ja Erstarrung der ersten Phase des alten Stils und seiner geradlinigen Manier gewesen sei. Er hielt ihr System für so streng, „daß man jedes einzelne abgebrochene Theil einer Statue unterscheiden und sagen könne, ob es ägyptisch oder griechisch sei. Ein Bildhauer zeigte mir einen Schenkel nebst dem Knie einer knieenden Figur von gränlichem Basalt als eine ägyptische Arbeit; ich bewies ihm aber aus den ausgedrückten Knochen und Knorpeln des Knies, daß es ohngeachtet des ägyptischen Steins eine griechische Arbeit sei".

Die Ursachen dieses Stillstandes, dieser Selbstverbannung in den äußeren Vorhof des Tempels der Schönheit, hat der Geschichtschreiber mit Fleiß zusammengesucht. In erster Linie steht das streng conservative Wesen ihrer Cultur insgesammt. „Ihre Gesetze schränkten den Geist auf die bloße Nachfolge der Vorfahren ein und untersagten ihnen alle Neuerungen; sie bestanden auf strenger Befolgung der uralten Cultusanordnungen... Der Abscheu gegen alle fremden, sonderlich griechischen Gebräuche mußte ihre Künstler sehr gleichgültig gegen die Kunst unter andern Völkern machen; dieses hemmte den Lauf der Wissenschaft sowohl als der Kunst". Ein so vornehmes Stück der Kunst wie die Anatomie fehlte ihnen ganz: die Ehrfurcht vor den Verstorbenen verbot ihnen dieses Studium.

Auch die Kaste drückte die Künstler herab. „Ihre Künstler waren den

Handwerkern gleich und zu dem niedrigsten Stand gerechnet... Es wählte sich Niemand die Kunst aus eingepflanzter Neigung, und aus besonderem Antriebe, sondern der Sohn folgte ... der Lebensart seines Vaters, und einer setzte den Fuß in die Spur des andern, sodaß niemand scheint einen Fußtapfen gelassen zu haben, welcher dessen eigener heißen konnte. Folglich kann es keine verschiedenen Schulen der Kunst in Aegypten gegeben haben. In solcher Verfassung konnten die Künstler weder Erziehung noch Umstände haben, die fähig waren, ihren Geist zu erheben, sich in das Hohe der Kunst zu wagen: es waren auch weder Vorzüge noch Ehre für dieselben zu hoffen, wenn sie etwas außerordentliches hervorgebracht hatten. Den Meistern der ägyptischen Statuen kommt daher das Wort Bildhauer in seiner eigentlichen ersten Bedeutung zu".

Aber die Hemmungsursachen waren nicht bloß gesellschaftlicher Art. „Die Bildung ihrer Körper hatte nicht diejenigen Vorzüge, die den Künstler durch Ideen hoher Schönheit reizen konnte". Er nennt sie „eine Art sineffischer Gestaltung", die auch jede Mannichfaltigkeit ausschloß. Züge dieses Typus seien: platte und schräg gezogene Augen, platte Augenknochen, stark angedeutete und erhobene Backenknochen, kleinliches Kinn und dadurch unvollkommenes Oval, der Schnitt des Mundes und der Schluß der Lippen aufwärts gezogen; die Ohren höherstehend als die Nase, die Hände wie an Menschen, die nicht übelgebildete Hände verdorben oder vernachlässigt haben, platte Füße; — ein Bild das, durch parteiische Confrontation mit dem griechischen Ideal gewonnen, jenem schlanken, männlichen Typus schwerlich gerecht wird.

Noch in anderen Beziehungen soll im Nilthal keine der Kunst günstige Luft geherrscht haben. Sie seien ein Volk gewesen, „welches zur Lust und Freude nicht erschaffen schien". Eine falsch gelesene Zeile Strabo's verleitete ihn zu der Behauptung (bei der ihm doch sogleich bange wurde), daß die Musik in Aegypten nicht geübt worden sei! Sie hätten alle „durch heftige Mittel die Einbildungskraft zu erhitzen und den Geist zu ermuntern gesucht" (wie Hume die Verrücktheiten der Puritaner nicht übel aus der Verbannung des äußeren Cultusgepränges ableitete). „Ihr Denken ging das Natürliche vorbei und beschäftigte sich mit dem Geheimnißvollen. Ihre Melancholie brachte die ersten Eremiten hervor".

Endlich „konnten sie gar nicht ohne König leben"! Da nun ein umunschränkter Herr auch die Ehre der Statuen mit Niemanden in seinem Volke theilt, so konnte die Kunst aus dem bürgerlichen Leben wenig Nutzen und Wachsthum empfangen: „sie bestand mehrentheils auf die Religion; ihr Geist war durch Aberglauben an angenommene Gestalten gebunden, ihre Begriffe eingeschränkt".

§ 125. Von der Kunst unter den Aegyptern.

Nur in der Technik waren sie sehr weit: „alle Figuren sind mit unendlichem Fleiße geendigt, geglättet und geschliffen, und es ist keine einzige mit dem bloßen Eisen völlig geendigt, weil auf diesem Wege dem Granit und Basalt keine glatte Fläche zu geben war". Er bemerkte an zwei Obelisken, dem Barberini'schen und dem der Sonne, die damals noch am Boden lagen, daß die Figuren an der Spitze wie für das Sehen aus der Nähe ausgeführt waren. —

Eine innere Bewegung vermochte Winckelmann in den ihm vorliegenden Resten nicht zu entdecken; die Nüancen die er wahrnahm, waren dem Aegyptischen durch den Hellenismus von außen aufgedrängt worden. Die erste Zeit habe gedauert bis auf die Eroberung des Cambyses, die zweite, solange Eingeborene unter persisch-griechischen Regenten arbeiteten; — hierher setzt er, wegen ihrer gräcisirenden Form, die beiden Isis von schwarzem Basalt (Capit. Mus. 78 und 80). Dagegen die Nachahmungen ägyptischer Werke — die genauen und die griechisches mit ägyptischem vermischenden — vermuthlich sämmtlich unter Hadrian gemacht seien. „Das Ganze hat eine ägyptische Gestalt, aber die Theile haben nicht ägyptische Form; die Brust ist nicht platt, sondern mächtig und heldenmäßig erhaben"; er zählt diejenigen Muskeln und Knochen auf, welche, gegen die alte Satzung, im einzelnen angegeben sind. Der Marmorantinous im Capitol, die beiden Statuen von röthlichem Granit vor dem Palast des Bischofs von Tivoli, das Relief eines Opferzugs im Hof Mattei, — Werke, die bis dahin für altägyptische gegolten, hat Winckelmann dieser kaiserlichen neu ägyptischen Kunst zugewiesen.

Auf diese drei Nüancen geht der Vergleich der Kunst mit ihrem Lande, „einer großen veröden Ebene, welche man aber von zwei oder drei hohen Thürmen übersehen könne"; während die Kunst der Griechen gleich ihrem gebirgigen Lande nicht zu übersehen sei.

Winckelmann bemerkte übrigens, daß jene Unbeweglichkeit nicht so sehr dem Ungeschick ihrer Künstler zuzuschreiben sei, als einer speciell für Statuen geltenden Regel. An Obelisken nämlich und auf andern Werken sehe man, daß sie ihren Figuren auch Handlung geben konnten. Und die Malereien (die Winckelmann nicht kannte, wie er auch ihrer reliefs en creux nicht erwähnt) haben diese Beobachtung bestätigt: überraschend ist ihr Blick für rasche Bewegungen, ihre Unbefangenheit in deren Auffassung. Auch bemerkt er, daß die Bildung der Aegypter auf die Großheit ging, glaubt aber, daß ihnen die Grazie und das Malerische gefehlt habe. Endlich ist ihm ihre Meisterschaft in Thierfiguren nicht entgangen; in diesen, meint er, hätten sie mehr Freiheit gehabt sich zu zeigen. Diese Meisterschaft beruht auf ihrem Sinn für das Gesetzmäßige, Constante in Auffassung des Typischen jeder Art, des ethnologischen und des animalischen, während sie sich spröde und unzugänglich zeigten gegenüber dem Individuellen, Seelischen. Ihre Misstüler sind nicht weniger großartig modellirt wie jene Löwen der Capitolstreppe, der Fontana Felice und der Villa Borghese. Letztere nennt Winckelmann „mit vielem Verständniß, mit einer zierlichen Mannichfaltigkeit sanft ablautender Umrisse und flüssig unterbrochener Theile gearbeitet. Die großen Umbreher, welche an den menschlichen Figuren unbestimmt übergangen sind, erscheinen an den Thieren, nebst der Röhre der Schenkel und andern Gebeinen, mit nachdrücklicher Zierlichkeit ausgeführt". —

Wenn die Kunst Altägyptens einer weiten Ebene glich, so waren die Canopus des Capitols und der Villa Albani keine Pyramiden, von denen man dieses Gefülle hätte übersehen können, eins der imposantesten Schauspiele unter denen, welche Menschenhand ihren Ursprung verdanken. Räthselhaft, losgerissen standen diese dunkelfarbigen Kerle da, wie die Obelisken römischer Plätze mit ihren Hieroglyphen, neben dem in mehr als einem Sinn blendenden Licht griechischer Marmore. Kein Mensch hatte noch eine Ahnung von jener unersättlichen Bilderlust, welche die breiten Tempelflächen mit der Chronik ihres ganzen Lebens bedeckte; von der feierlich-überwältigenden Wirkung jener Colossalfiguren, die vom Steinrhythmus der Felsenbauten beherrscht scheinen, bis zum Verschwinden jeder eigenen Regung; — von dem geheimnißvollen Einklang endlich mit der tropischen und besonderen Natur des Landes, welche diese Obelisken, Säulen, Sphinxe und Pyramiden nicht weniger wie die Palmen, die Lotosblumen, den Nil und die Wüste geschaffen zu haben scheint.

Doch war Winckelmann zu sehr Grieche und Unitarier der Schönheit, als daß er auch dann Aegypten gegenüber den rein geschichtlichen Ton gefunden hätte. Er scheint anzunehmen, die Aufgabe der Charakteristik sei, auseinanderzuseten, daß die Aegypter keine Hellenen waren, und warum sie keine Hellenen werden konnten. Sein Bild dieser morgenländischen Welt liefert (wie von der andern Seite her das Moderne) die nöthigen Schattenpartien für seine Lieblingskunst. Er hat zuerst den Begriff des Orientalischen umschrieben: die starre Unbeweglichkeit und Unfreiheit der Satzung; die Wirkung des Despotismus und der fast ausschließlich religiösen Bestimmung der Kunst; ihre Neigung zu Symbolik und Räthsel; das Befangenbleiben der Kunst im Bann des Handwerks.

§ 126.

Von der Kunst unter den Phöniciern und Persern wußte der Geschichtschreiber „außer historischen Nachrichten und einigen allgemeinen Anzeigen nichts bestimmtes zu sagen", auch hegt er „wenig Hoffnung

§ 126. Von der Kunst unter den Phöniciern und Persern.

zu Entdeckungen großer und beträchtlicher Werke der Bildhauerei, aus welchen mehr Licht und Kenntniß zu schöpfen wäre". Aber da er einmal diesen Völkern ihre Rubrik in seinen Collectaneen angesetzt hatte, so konnte er sich nicht enthalten, die nach und nach eingelaufenen Notizen zu einem Capitel zu gestalten. Diese Notizen konnten wenigstens zu Vermuthungen führen über natürliche und gesellschaftliche Ursachen der Förderung oder Hemmung der Künste bei jenen Orientalen.

Er gedenkt der reizenden Küsten, welche die Phönicier bewohnten, des immer gleichen Himmels Carthago's, der Schönheit der Sophonisbe, Hasdrubals Tochter, des Namens jenes Volks in Kriegs- und Friedensgeschäften, ihrer Astronomie und Rechenkunst, vor allem ihrer Erfindungen. Sie bauten Salomo's Tempel und Königshaus. Ihr Handel führte die Arbeiten, sonderlich in Metall, ihrer Künstler durch alle Welt, es waren solche Arbeiten, „die allenthalben gefallen können". Aber die Carthager Münzen, das einzige was Winckelmann von Werken phönicischer Hand vorlag, die zehn Münzen von Valencia im florentiner Museum und die sicilischen mit punischer Schrift — nach denen, als von griechischen bloß durch diese Schrift unterschieden, die Carthager „Zierlichkeit und Einheit der Arbeit" gesucht haben sollen — sind Werke griechischer Stempelschneider.

Von den Juden glaubt er, mit Berufung auf Scaliger's Bemerkung, „daß sich keine Juden mit geplatschter Nase finden, daß ihre Bildung, wie die der Phönicier, zu schönen Ideen geschickt gewesen sei". Aber die Bildhauerei war ihnen untersagt, wenigstens die Bildung der Gottheit in menschlicher Gestalt. Wenn man indeß von tausend Künstlern in eingelegter Arbeit liest, die Nebucadnezar weggeschleppt, so muß man annehmen, daß sie trotz des gemeinen schlechten' Begriffs der Kunst, in Zeichnung und künstlicher Arbeit zu einem gewissen hohen Grade gestiegen seien".

So waren auch die Perser wohlgestaltete Menschen, nach Zeugnissen und Denkmälern von regelmäßiger, den Abendländern ähnlicher Bildung. Die Parther sahen bei Personen, die über andere gesetzt waren, auf Schönheit in der Person. Aber da unbekleidete Figuren zu bilden, wie es scheint, gegen ihre Begriffe des Wohlstands war, so wurde der höchste Vorwurf der Kunst, die Bildung des Nackten, von ihnen nicht gesucht. Ihr Gottesdienst war der Kunst ganz und gar nicht vortheilhaft: denn die Götter, glaubten sie, könnten oder dürften nicht in menschlicher Gestalt gebildet werden. Die Mithrasbilder sind aus der Kaiser Zeiten. Aber ihre phantastischen Flügelwesen oder Arimaspen beweisen, daß das Dichten und Bilder der Einbildung hervorbringen der Kunst auch unter einem Volke eigen war, wo die Einbildung nicht viel Nahrung gehabt hat.

§ 127.
Von der Kunst unter den Hetruriern.

Die etruskische Kunst hat für die geschichtliche Betrachtung mehr als einen Reiz. Außer dem Räthselhaften — als fast einzig übriggebliebener Spur des merkwürdigsten und dunkelsten der altitalischen Völker — ist sie lehrreich durch den Reflex, den sie uns von den Verstellungen und Wandlungen griechischer Kunst giebt, in ihren Anfängen, wo diese selbst noch von Kleinasien lernte, und auf Strecken, wo uns erbarmungslose Zerstörung der Originale beraubt hat. Endlich als ältestes Zeugniß italischer Genießeßigkeit bei großer Aneignungsfähigkeit. Die Betriebsamkeit des bilderfrohen Volks (man denke an die 2000 Statuen aus Volseua), dessen Originalität vornehmlich auf Luxusartikel ging, erhielt sich in fortwährendem Verkehr mit jenem schöpferischen Kunstvoll des Ostens: und alle jenseitigen Bewegungen versetzten es in Mitschwingungen. So begegnet uns hier im Dunkel einer fast verlornen Volksgeschichte dasselbe Schauspiel, welches uns später die Römer (diese ὀψιμαθεῖς alter Kunst) bei der großen Wanderung griechischer Kunst nach dem Westen, im hellsten Tageslicht und im Welteichsmaßstab geben. Diese Aneignungsfähigkeit geht in Cisten und Spiegeln bis zu Ebenbürtigkeit mit hellenischer Zeichnung; sonst freilich scheint die hellenische Form unter italischen Händen zu verwildern (imbastardito, sagte Stosch), oder von einem irdischeren Feuer ergriffen zu werden. —

Was Winckelmann von hetrurischer Kunst zu sagen weiß, ist freilich dürftig, und was schlimmer, es ruhte auf unsicherer critischer Basis. Als er die Gelegenheit gehabt hätte, in Toscana, hat er sich offenbar, absorbirt vom Stoschischen Catalog, nicht Zeit genommen, die damals eben von den Etruscologen aufgebäusten Thesauren auszubeuten, diese kleine Kunstwelt in Florenz, Volterra, Cortona zu befragen. Mit wieviel Mühe hat er neben den Statuen die Gemmen und Münzen für den kunsthistorischen Apparat gewonnen; aber Terracotten und Geräthen, Spiegeln und Vasen wandte er nur im Vorübergehen einen Blick zu: bei der Eile die er hatte, graute ihm vor einer Arbeit, wo sichtbare Resultate nur als Summe unendlich vieler unsichtbarer Minutien, also mit großem Zeitopfer gewonnen werden konnten.

Was die Aetiologie der Kunst betrifft, so fiel bei den Etruskern die Hemmungsursache des Despotismus fort: so eifersüchtig waren sie auf die Freiheit (unter ihren Wahlkönigen), und so große Feinde der königlichen Macht, daß letztere ihnen auch unter verbündeten Völkern verhaßt und unerträglich war. Die Freiheit, die Pflegerin der Künste, der große Handel zu Wasser und zu Lande, welcher jene beschäftigte und nährte, muß unter ihnen eine

§ 121. Von der Kunst unter den Hetruriern. 147

Nacheiferung mit Künstlern anderer Völker erweckt haben, sonderlich da die Künstler in allen freien Staaten mehr wahre Ehre zu hoffen und zu erlangen haben: in der Freiheit konnten sie das Haupt erheben.

Warum also hat ihre Kunst die griechische dennoch nicht erreicht? — Die Ursache lag in der Gemüthsart der Hetrurier, ihrem melancholischen Temperament (vgl. § 51) und den aus ihm hervorgegangenen Gebräuchen. Die Natur aber und ihren Einfluß auf die Kunst zu überwinden waren die Hetrurier nicht lange genug glücklich.

Was die Vorstellung ihrer Götter und Helden betrifft, so hatten sie, vermuthlich in Folge von Einerleiheit des Ursprungs, die meisten Götterbilder mit den Griechen gemein; er erwähnt die Bilder der Obergötter mit Flügeln und mit Donnerkeilen, wobei aber überall archaisch-griechische Werke eingemengt werden. Alle Helden seien sammt ihren Namen den Griechen entlehnt; und diese Bevorzugung fremder vor den eigenen Heroen erklärt er aus der Einführung des griechischen Epos und vergleicht die Verbreitung der südfranzösischen Literatur im Mittelalter, „als in der Provenza in Frankreich die ersten Romane, oder Helden- und Liebesgedichte in der mittleren Zeit gemacht wurden, aus welchen andere Völker, auch selbst die Italiener, die ihrigen zogen".

Von der Kunst der Zeichnung nun glaubt er, sie sei ihnen von den Griechen gebracht worden. Und als hier die ersten Versuche, in Folge der beständigen Empörungen, untergegangen waren, zur Zeit der dorischen Wanderung, blühten die Künste in Italien: unzählige ihrer Werke zeigen offenbar, daß sie gearbeitet worden, ehe die Griechen selbst etwas förmliches aufweisen konnten.

Drei Stile ihrer Zeichnung unterscheidet er: den älteren, den nachfolgenden und denjenigen, welcher sich durch Nachahmung der Griechen in Unteritalien verbessert hat.

Die Eigenschaften des älteren Stils sind erstlich die geraden Linien ihrer Zeichnung — daß der Umriß sich wenig senkt und erhebt, weshalb die Figuren dünne und spillenmäßig aussehn —, nebst der steifen Stellung und gezwungenen d. h. nicht natürlichen Handlung ihrer Figuren; zweitens der unvollkommene, dem altgriechischen ähnliche Begriff der Schönheit des Gesichts. „Die Form der Köpfe ist ein länglich gezogenes Oval, welches durch ein spitziges Kinn kleinlich erscheint; die Augen sind platt geschnitten und schräg aufwärts gezogen, und liegen mit den Augenknochen gleich, und der Mund zieht sich in dessen Winkeln ebenfalls aufwärts". Diese Gesichtsform, ebenso wie die Gewandung verrathen „eine angenommene Bildung oder Manier".

In diesem ersten Stil sind außer vielen kleinen Erzfiguren die Statue einer hochschwangeren Frau in Villa Mattei, vielleicht einer Vorsteherin der Schwangern und Gebärerinnen —, mit parallel geschlossenen Füßen. Ferner das älteste Basrelief in Rom, von großkörnigem griechischen Marmor, „die Erziehung des Bacchus durch Leucothea in Villa Albani. Der Stil des Gewandes zeige völlige Monotonie: dasselbe könne nicht einfältiger gedacht werden, die nur eingeschnittenen Falten seien wie mit einem Kamm gezogen. Diese parallel laufenden Einschnitte, je zwei einander genähert, gehen theils schnurgerade senkrecht, theils krümmen sie sich in sehr flachen Bogen... Die Hauptbaare sind in sanftgeschlängelten Furchen gezogen, über der Stirn aber und den Schläfen in reihenweis geordnete treppichte Löckchen, Ringelchen gelegt". Aber dieses Werk, ebenso wie die Erzstatue eines vermeinten „Genius" im Palast Borghese „von platter Zeichnung, ohne besondere Andeutung der Theile, mit gleichstehenden Füßen" ist archaisch-griechisch; während der „vermeinte Priester" in derselben Villa spät archaistisch ist.

„Diesen ersten geraden und steifen Stil verließen die etruscischen Künstler und suchten zur Nachahmung der Natur zurückzukehren, sie verfehlten aber den Weg. Denn sie überschritten die Grenze und verfielen wiederum in eine Manier. Dieser Stil ist durch die Bemühung bedeutend und gelehrt zu erscheinen, hart und übertrieben geworden". Es ist dieß der Stil der bis dahin und auch in der Folge für den characteristisch etruscischen galt (S. Seite 263). Er vergleicht ihn mit einem reißenden Gewässer, das ungestüm zwischen Klippen über Steine hinschießt. Denn Stellung, Handlung, Ausdruck und Bewegung ist gewaltsam: „um den gesuchten starken Ausdruck und die empfindliche Andeutung zu erhalten, setzte man die Figuren in Stände und Handlungen, worin sich jenes am sichtbarsten äußern konnte; man wählte das Gewaltsame, anstatt der Ruhe und Stille, und die Empfindung wurde gleichsam aufgeblasen, und bis an ihre äußersten Grenzen getrieben". Gemeinschaftlich mit dem ersten Stil hat dieser den Mangel an Grazie und die gesprungene Arbeit an den Haaren.

Hierher rechnet er in der ersten Ausgabe noch den Apoll im Capitol (T. III, t. 14); einen anderen im Palaste Conti, unter Innocenz XII Conti (1722) auf dem Vorgebirge Circee in der Marmornische eines kleinen Tempels am Ufer des Lago di Soreffa gefunden, der bei Ablassung des See's ins Meer zum Vorschein kam. Ferner die Diana aus Pompei (S. 375) und mehrere bedeutende Reliefs, den capitolinischen Brunnen mit den zwölf Gottheiten — denn eine bocca di pozzo werde schwerlich in Griechenland gearbeitet sein —, den großen dreieckigen Altar Borghese, die runde capitolinische Ara mit Apoll, Mercur und Diana, die viereckige mit den zwölf Arbeiten des Hercules vom Markt zu Albano, — weil der spitzige Bart des Helden und die ringelförmigen Löckchen bei Einführung der griechischen Kunst in Rom nicht mehr üblich gewesen seien.

Hier ward des Historikers Urtheil irre geführt durch Nichtbeachtung der allgemein verbreiteten Reproduction solcher alterthümlicher Formen durch alle Zeiten, besonders in gottesdienstlichen Werken. Alle genannten Werke sind von archaistischem Stil; nur die sogenannte Bestalia (oder Hestia) im Palast Giustiniani (jetzt bei Torlonia verborgen) ist wirklich alt, aber nicht etruskisch, sondern griechisch. Er hielt es für „nicht glaublich, daß man eine solche Figur, an der nicht einmal die Füße sichtbar sind, aus Griechenland nach Rom geführt habe".

Als sichere Zeugnisse etruscischer Kunstweise bleiben nur einige Gemmen übrig: die beiden stoschischen Carneolskarabäen der fünf Helden und des Tydeus (a. a. O.), Dehn's Achat mit Peleus, der sich die Haare an einem Brunnen wäscht, — und die bronzene Chimära in Florenz.

Zum dritten Stil endlich rechnet er die vier Aschenkisten aus Volterra, die 1761 in die Villa Albani gekommen waren. Hierher würden auch mehrere Bronzen der Uffizien gehören, diese aber verdanken die Nennung an dieser Stelle wohl nur ihrem Fundort: die Minerva von Arezzo, deren Kopf „dem griechischen völlig ähnlich" ist, der Genius von Pesaro (1530 gefunden) „eine der schönsten Statuen in Erz, welche sich aus dem Alterthum erhalten haben", und ein vermeinter Haruspex. —

Diese Aufzählung kann veranschaulichen, wie wenig Etruskisches Winckelmann kannte, wie schmal die Denkmälerbasis war, auf der er sein Gebäude errichtete. In der ersten Ausgabe des Werks fängt die Bermischung des Altgriechischen und des Hieratischen mit dem Hetrurischen erst an, sich zu entwirren; spätere Aenderungen zeigen, daß seine Zweifel am altitalischen Ursprung mancher dieser Werke im Zunehmen begriffen waren. Zum Endurtheil, ja selbst zur Instruction dieses hellenisch-italischen Eigenthumsprocesses war die Zeit nicht reif. Er selbst legte der Aufklärung internationaler Kunstbeziehungen zu wenig Werth bei. Dennoch hat ihm so weniges genügt, eine nahezu befriedigende Characteristik etruscischer Kunst zu skizziren. Wohlthuend berührt dabei, nach den abenteuerlichen Hirngespinsten der Etruscologen, die Nüchternheit seiner Ergebnisse. Die Tendenz aus den Werken ihrer Ahnen eine selbst der hellenischen an Alter und Bedeutung weit überlegene italische Urcultur und Urkunst abzuleiten, hatte den wirklichen Sachverhalt auf den Kopf gestellt. Diese Besonnenheit wurde ihm erleichtert durch seine Kühle gegenüber dem was er sich aus alten und modernen Zügen als Bild hetrurisch-toscanischer Geschmacks- und Geistesart zusammengesetzt hatte.

§ 125.
Ursachen des Vorzugs griechischer Kunst.

Nach diesen morgenländisch-italischen Propyläen betreten wir das Innere, die Kunst unter den Griechen.

Dort wurden uns bedeutende Anfänge vorgeführt: aber als die Zeit erschien, wo die Freiheit und Hoheit des Schönen aufgehn sollte, blieb die Kunst, wie von einem Bann ergriffen, an der Schwelle stehen. Daher fand der Geschichtschreiber sich aufgefordert, vornehmlich Hemmungsursachen aufzusuchen. Jetzt hingegen wird die Gunst der zu ihrer Aufnahme zusammenwirkenden Umstände so außerordentlich, wie die Erfolge. Nun wird für einige Zeit der Historiker zum Philosophen, die Erzählung zum System. Denn Schönheit, wie Wahrheit und Güte, gehören nicht in die Welt des Werdens und Vergehens: was schön ist, was wahr, wird nicht durch die Zeit und wechselt nicht in ihr, es ist. „Ich weiß es, sie sind ewig, denn sie sind". Für die geschichtliche Erzählung bleiben nur die äußeren Umstände übrig: d. h. die außerkünstlerischen Einflüsse, von welchen ihr Steigen und Sinken abhängt. In der Sammlung und Gruppirung solcher climatischen, sittengeschichtlichen, politischen Daten zeigt sich Winckelmanns historischer Sinn mehr als in Urkundencritik und wahrheitsgetreuen Bildern der Zeitalter, auf die er zu sprechen kommt. Er folgte dem Zug der Zeit, deren historische Lieblingsformen war: „Geist der Gesetze, Geist des mosaischen Rechts, Considerationen über Größe und Verfall".

Dieser Abschnitt ergänzt in einem Punkt die Lehre vom Wesen der Kunst. Die Theorie kannte nur schöne Formen, die abgeleitet werden vom „Geschmack der griechischen Künstler", jenem Sinn für Nüancen, für das poco più und poco meno. Jener Zeit war es noch ganz fremd, die Kunst einer „Sprache" gleichzusetzen, ihren Schlüssel zu finden in Culturelementen, deren „Offenbarung" sie ist, sie als „Ausdruck" des Ichs oder der Idiosynkrasie eines Künstlers oder einer Volksthümlichkeit zu deuten, das Schöne als die Idee oder das Göttliche in sinnlicher Erscheinung zu definiren. Dennoch war Winckelmann diese stoffliche Betrachtung nicht ganz fremd. Er war es, welcher zuerst auf die Communicationsfäden, die Gefäße gleichsam, welche der Kunst aus dem übrigen Volkskörper und seinen physisch-geistigen Gliedmaßen Leben zuführen, aufmerksam gemacht hat; er gab den Anstoß, Racentypus, öffentliche Sitte, Poesie, Sage, Philosophie, Religion zur Erklärung der Kunst, ihrer Vorstellungen, ihres Formvortrags heranzuziehen.

Das Stück „von den Gründen und Ursachen der Aufnahme und des Vorzugs der griechischen Kunst vor anderen Völkern" soll nachweisen, was die Griechen zu einem großen Kunstvolke gemacht hat.

1. Das Moderne.

In der nun vergangenen Zeit, als man noch an einen Begriff „Humanität" glaubte und oft im antiken Wesen dessen nahezu vollkommene Verwirklichung annahm, hatte man als Folie einen Begriff des Modernen, zu dem Montaigne die erste Skizze gemacht, in welcher Entfernung von Natur, Einfalt und Geistesklarheit, Verlust ursprünglichen Tacts und Maaßes, Herrschaft willkürlich ersonnener Abstractionen, kurz Verbildung die Merkmale waren. „Unlöblichkeit des Geistes, Unfruchtbarkeit, Stumpfheit des Gefühls, vornehmlich aber jenes unanschauliche Grübeln, jene Furcht vor Hingebung in sinnliche Eindrücke, welche das ganz einseitige Begriffsleben so leicht erzeugt" — so characterisirt Rumohr das Moderne in der Kunst.

An diesem Bilde des Modernen hat auch Windelmann mitgeholfen. Die Modernität war ihm allezeit das dunkle Thal, aus dem sein Blick zu dem Olymp griechischer Gestalten hinaufstrebte.

Persönliche Erlebnisse geben dem Bilde Farbe. Er war so glücklich, aus „der in Nebel und Dünste eingehüllten Natur des Nordens" nun den klaren Lüften und dem milden Himmel Griechenlands näher gerückt zu sein. Er freut sich an den mächtigen „Gewächsen" des Südens, der plastischen Modellirung ihrer Formen, dem kräftigen Dunkel ihrer Haare, und denkt dabei an nordische Bildungen mit ihrem Mangel an Einheit, an edler Verbindung, an Fülle, mit ihren mageren Spannungen und eingefallenen Höhlungen, an jene Gesichter mit halbentworfenen, unbestimmten und unbedeutenden Zügen. Er bedauert die Bildhauer, welche mit „der den Körper pressenden und hemmenden Kleidung, dem ängstlichen Zwang und Puz, der Einschränkung der Sitten durch einen gewissen bürgerlichen Wohlstand" zu kämpfen haben.

Unter jenem trüben Himmel erzeuge sich Melancholie, welche im Hang zum Gestaltlos-unendlichen, in der Poesie z. B. zu unmalerischen Bildern hervortritt, wie denen Milton's, „die dem Gehör groß sind, aber klein dem Verstand, und kein Vorwurf eines edlen Pinsels".

„Unser Geist — er wendet sich, im Sinn Locke's, gegen moderne Erziehung — wird, tho er abnimmt, unedel genährt; der unmündige Verstand, welcher wie eine zarte Rinde den Einschnitt behält und erweitert, wird mit bloßen Tönen ohne Begriffe unterhalten; das Gehirn das gleich einer Wachstafel nur eine gewisse Anzahl Worte und Bilder fassen kann, ist mit Träumen erfüllt, wenn die Wahrheit Platz nehmen will. Gelehrt sein, d. i. zu wissen was andere gewußt haben, wurde bei den Griechen spät gesucht, denn es war eine Eitelkeit weniger in der Welt, nämlich viel Bücher zu kennen... Das Ehrenwort Scribent wurde einigermaßen für verächtlich gehalten".

Gegen die moderne Moral richtet sich der Ausfall (vgl. Band I, S. 66) gegen die Tugenden, „durch deren Uebung unsere Begriffe sinken und erniedrigen", gegen die „niederträchtige Gebuld"; das Lob des Alterthums, das nur ungeschminkt bescheiden sein wollte, von einer selbstverläugnenden, gegen die menschliche Natur gewaltsthätigen Demuth aber keinen Begriff hatte.

Der Trug einer solchen Erziehung, die Schwächen zu Tugenden heiligt, begünstigt den Despotismus, der wieder seinerseits hebet, freies Denken lähmet, aus dem doch allein Großes in der Kunst kommen kann. Winckelmann schildert in erschreckend wahren, heute aber zum Glück kaum mehr verständlichen Ausdrücken, eine Hauptkalamität damaliger Kunst: „wie die Ehre und das Glück des Künstlers von dem Eigensinn eines unwissenden Stolzes abhänge, wie ihre Werke nach dem elenden Geschmack oder nach dem übelgeschaffenen Auge eines durch Schmeichelei und Nachsicht aufgeworfenen Richters gebildet werden, und wie die Kunst auf Kleinigkeiten oder auf Spielwerke durch Einschränkung des Orts (Cabinetmalerei, Porcellanpuppen), oder durch die Lüsternheit des Eigenthümers (Grünes Gewölbe) heruntergesetzt werde... Der Despotismus schränkt das Feld der Kunst ein, indem auf einer Person allein das Recht ruht, groß in seinem Volk zu sein und sich mit Ausschließung anderer verewigen zu können". Winckelmann hatte ja sieben Jahr lang das Treiben an einem Musterhof beobachtet. Der Verfall der Künste scheint ihm von der Emanzipation des modernen Fürstenabsolutismus zu datiren. „Es ist beinahe ein Jahrhundert verflossen, da ein großer Theil einer Nation mit Blindheit geschlagen, nichts als was neu war schätzte, und diese Periode heißt bei ihnen die güldene Zeit der Kunst... Es war diejenige Zeit, wo die eitle Pracht der Höfe überhand nahm, und die Verzärtelung, Faulheit und Knechtschaft der Völker beförderte. Die Schriften der Weisen aus Griechenland wurden sowenig als die Statuen ihrer Künstler angesehen".

2. Antikes.

Das Bild griechischer Zustände, welches Winckelmann dem gegenüberstellt, gehört zu den Glanzpartien seines Werks. Jene liebevoll-unbedingte Hingabe an das Griechenthum, die bald nachher allenthalben auftauchte, stützt sich zum Theil auf die hier gesammelten Züge. Wohl waren diese warm geschriebenen Blätter geeignet, den Leser einzunehmen: der Verfasser glaubte ebenso fest daran, wie er interessirt war Andere für seinen Glauben zu gewinnen. Vielleicht entspricht es nicht mehr unseren Ansprüchen an ein Geschichtsbild; es sind allgemeine, durch das Medium alter Schriftsteller und ihres Pathos gegangene Impressionen, Daten verschiedener Zeiten und Orte, die mit Phantasie zu einem schattenlosen Bilde ausgesponnen sind, vorgeführt im getragenen Ton eines Panegyricus.

Schon als Südländer mußte der Grieche „feiner" sein als wir. Der Südländer machte stets auf nordische Beobachter den Eindruck größerer Raschheit, Gewandtheit im Auffassen wie Anfassen der Dinge. Bacon fand sie im allgemeinen geistreicher (more ingeniosus) als uns, obwohl im Norden die Genies zu einer höheren Stufe sich erheben. Fontenelle stellt sich vor,

§ 129. Ursachen des Vorzugs griechischer Kunst.

in der Kälte existire die Phantasie und sonst sanfte gute Menschen nähmen eine Art Wildheit an. Du Bos will die Malerei und Bildhauerkunst dem Pole nicht näher rücken lassen als Holland, und selbst da sei die Malerei unmöglich. Auch Hume gedenkt der Meinung, daß die Einflüsse (?) nach dem Süden zu verfeinern, daß der Sinn für Schönheit und Eleganz mit jedem Breitengrad sich läutere. Winckelmann glaubte diese Erscheinung selbst in den Landschaften Italiens beobachtet zu haben; wie der Neapolitaner feiner noch und schlauer sei als der Römer, so der Sicilianer mehr als jener; der Grieche aber übertreffe selbst den Sicilianer. Freilich spricht man von Feinheit in sehr verschiedenem Sinn, wir werden den heutigen Griechen schwerlich um die Art Feinheit beneiden, welche ihn im Orient berühmt macht.

Hume hatte bemerkt, daß die Sprachen im Süden sanfter und melodischer sind, während die nordischen harsch und unmusikalisch seien (vgl. I, S. 149 f.) „Wie ihre Sprache malerisch ist, bemerkt Winckelmann, so hatten sie auch malerische Begriffe und Bilder… Ihre Sinne, welche durch schnelle und empfindliche Nerven in ein feingewebtes Gehirn wirkten, entdeckten mit einem male die verschiedenen Eigenschaften eines Vorwurfs und beschäftigten sich vornehmlich mit der Betrachtung des Schönen in denselben. Ihre Dichter von Homer an, reden nicht allein durch Bilder, wie die Dichter jenseits der Alpen, sondern sie geben und malen auch Bilder, die vielmals in einem einzigen Worte liegen, und durch den Klang desselben gezeichnet und wie mit lebendigen Farben entworfen werden".

Aber wie die Natur in Griechenland der Kunst vorgearbeitet und wie die Cultur ihre Arbeit fortsetzte, indem die Gymnastik der Bildung die große und männliche Contour gab, hatte Winckelmann schon in Dresden ausgeführt. Die Kunst verdankte die Hälfte ihres Erfolgs dem daß sie Spiegel dieser schönen Natur war. Gehörte sie nicht gewissermaßen selbst zu den Aeußerungen dieser? Schönheit erzeugt schöne Bewegungen, kennt ihre günstige Ansicht und was sie schmückt, erweckt den Wunsch ihr Bild festzuhalten, ein schönes Volk kennt den Werth der Schönheit und wird bald jenes große Mittel, sie zu vervielfältigen, zu steigern, die Kunst, üben lernen. „Die schöne Bildung der Griechen begeisterte die alten Künstler"; denn „Menschen von prächtigen und starkbezeichneten Formen scheinen gleichsam für Bildhauerei erschaffen zu sein".

Eine Kunst wie die griechische und die uns kaum begreifliche, ihren Werken selbst erst nach und nach abzulernende Feinheit des Formensinns, ohne die sie gar nicht möglich war, setzt eine sinnliche Denkart, eine Schätzung der äußeren Erscheinung voraus, die seitdem abhanden gekommen ist, und für immer. Als man noch „sinnliche Begriffe von Göttern" hatte, dachte man überhaupt vom Sinnlichen höher, man adelte die Sinnlichkeit, die seit der Alleinherrschaft des Geistes im Werthe gesunken ist, ja zum Theil mit dem Makel der Unreinheit behaftet. Von einer reichen, starken, schönen sinnlichen Erscheinung spricht man oft, nicht bloß bei dem Manne, in einem Ton der Ironie. Das Gegentheil jener sinnlichen Denkweise ist der teleologische Ernst, der, wenn er auch nicht ascetisch sich übersteigt, doch stets nur auf ferne, weitschichtige Ziele sich spannt, über das Dasein aber und die Gegenwart mit ihren einfachen realen Gütern hinweggleitet. Wir opfern die Gegenwart, die allein wirklich ist, der Zukunft, die theils nicht mehr unser ist oder die uns gleichgültig geworden ist, wenn wir sie erreichen.

Nur ein Schönheitscultus, getrieben von einem ganzen Volk Jahrhunderte lang — sammt allen Aergernissen in seinem Gefolge, den Fehlern seiner Tugenden — konnte jene Kunst erzeugen.

„Die Griechen waren sich ihres Vorzugs der Form bewußt, und unter keinem Volk ist die Schönheit so hoch als bei ihnen geachtet worden... Ja es war dieselbe fast ein Verdienst zum Ruhm, und wir finden in der griechischen Geschichte die schönsten Leute angemerkt... Beispiele der Schönheit wurden bereits in den ältesten Zeiten angeordnet; an dem Feste des philesischen Apollo war auf den gelehrtesten Kuß unter jungen Leuten ein Preis gesetzt... Spartanerinnen stellten Statuen des Apollo und Bacchus, des Narciß und Hyacinth, des Castor und Pollux in ihren Schlafzimmern auf... Weil sie das Gelernte dem worin die Natur sich vornehmlich äußert nachsetzten, waren die ersten Belohnungen auf Leibesübungen [statt etwa auf technische oder literarische Leistungen] gesetzt.

„Da die Schönheit dergestalt gewöhnlich und geachtet wurde, so suchte eine jede schöne Person durch diesen Vorzug dem ganzen Volke bekannt zu werden und sich insbesondere den Künstlern gefällig zu zeigen, weil diese den Preis der Schönheit bestimmten, und ebendadurch hatten sie Gelegenheit, die Schönheit täglich vor Augen zu sehen. Die schöne Natur zeigte sich unverhüllt, zum großen Unterricht der Künstler, deren Schule in den Gymnasien war" (S. I S. 391 f.).

Nur Völker, deren Dämon der Zweckbegriff ist (Goethe nannte ihn „absurd"), sind ebenso hart gegen die menschliche Natur in Andern wie gegen die in sich selbst. Die Griechen, welche ihre Fähigkeiten und Triebe harmonisch auslebten, waren human, oder in Winckelmanns Sprache, von „gütigem Wesen, weichem Herzen, fröhlichem Sinn, — Eigenschaften, welche zu Entwerfung schöner, lieblicher Bilder ebensowiel als die Natur zur Zeugung der Gestalt beitragen". Die Heiterkeit des Gemüths gab bereits in den ältesten Zeiten Anlaß zu theatralischen und andern Spielen, um, wie Pericles sagte, die Traurigkeit aus dem Leben zu verdrängen. Daher ihr Widerstreben gegen die blutigen römischen Schauspiele. Ein Dichter sagte, die Stadt Athen wisse allein Mitleid zu tragen; hier fanden Bedrängte allezeit Zuflucht.

„Menschlichkeitslehrerin einer Welt bewirken,
Ist nicht was Hellenenbrust verführt".   (Sch. v. H.)

„Es ist der griechischen Nation eigen, alle ihre Werke mit einem gewissen offenen Wesen und mit einem Character der Freude zu bezeichnen: die Musen lieben keine fürchterlichen Gespenster".

Ihre Humanität zeigte sich in Schätzung geistiger Vorzüge, und folglich auch der Kunst. „Bei den Griechen war ein weiser Mann der geehrteste, und dieser war in jeder Stadt wie bei uns der reichste bekannt. Und zu dieser Achtung konnten auch die Künstler gelangen; sie konnten Gesetzgeber und Fürsten werden, ja ihre Statuen neben die Götterstatuen gesetzt sehen. Die Belohnungen ihrer Werke setzten sie in den Stand, ihre Kunst über alle Absichten des Gewinns und der Vergeltung zu erheben, wie Polygnot ohne Entgelt die Poecile zu Athen ausmalte. Daher arbeiteten die Künstler für die Ewigkeit; denn der beste Arbeiter in der geringsten Sache konnte zur Verewigung seines Namens gelangen, wie denn die Griechen von den Göttern auch die Unsterblichkeit ihres Gedächtnisses zu erbitten pflegten. Wie sehr muß es die Nachahmung in der Kunst befördert haben, wenn ganze Städte, eine vor der andern, eine vorzügliche Statue zu haben suchten, deren einige bloß durch eine solche bekannt waren".

§ 129.
Die Freiheit.

Unter den veränderlichen Ursachen, welche die Kunst beeinflussen, ist die wichtigste die politische Freiheit. Der ganze Theil „von den äußeren Umständen" scheint nur geschrieben, um diese Hypothese zu begründen. „Aus dieser ganzen Geschichte erhellet, daß es die Freiheit gewesen, welche die Kunst emporgebracht hat". Dieß fing an der Geist der Zeit zu werden. „Es liegt nicht in der Natur eines Hofes, sagte schon Shaftesbury, den Geschmack zu verbessern, viel eher ihn zu verderben".

Wie aber hat man sich diesen Einfluß vorzustellen? — Theils geistig, auf die Denkweise, theils gesellschaftlich, durch Eröffnung eines größeren Feldes von Aufträgen. Er findet z. B. einen democratischen Zug in der unbeschränkten Gewährung öffentlicher Bildnißstatuen. „Niemals ist für Künstler unter irgend einem Volke von je an eine so häufige Gelegenheit gewesen sich zu zeigen; denn jedem Griechen stand der Weg offen, sein Andenken durch seine Figur mittelst der Kunst erhalten zu sehen; man konnte sogar die Statuen seiner Kinder auch in den Tempeln aufstellen. Eine Statue des Siegers, in dessen Gleichheit und Aehnlichkeit, an den heiligsten Ort in Griechenland gelegt, und von dem ganzen Volke gesehen und verehrt, war ein mächtiger Antrieb, nicht weniger dieselbe zu machen, als zu erlangen". Auch verdiente Bürger — in den Perserkämpfen — erlangten die Ehre einer Statue, abgesehen von den Priestern.

Durch die Freiheit ferner blieb die Kunst verschont mit den Launen der Mäcenaten. „Die Weisesten des ganzen Volkes urtheilten und belohnten die Künstler und ihre Werke in der Versammlung aller Griechen; und zu Delphos und Corinth waren Wettspiele der Malerei unter besonderen dazu bestellten Richtern... Der Gebrauch und die Anwendung der Kunst erhielt dieselbe in ihrer Großheit: denn da sie nur den Göttern geweiht und für das heiligste und nützlichste im Vaterland bestimmt war, in den Häusern der Bürger aber die Mäßigkeit und Einfalt wohnte, so war, was der Künstler machte, den stolzen Begriffen des ganzen Volks gemäß".

Noch lieber überließ sich Winckelmann der Betrachtung der Folgen der Freiheit auf die Denkart. „Durch die Freiheit erhob sich, wie ein edler Zweig aus einem gesunden Stamm, das Denken des ganzen Volks (l. I, S. 221). Nach Herodot war die Freiheit der Grund von Athens Größe. Sie pflanzte gleich in der Geburt selbst den Samen edler und erhabener Gesinnungen. . . . . Ihre Erziehung war bedacht, das Herz und den Geist empfindlich zu machen gegen die wahre Ehre, und die Jugend zu einer männlichen, großmüthigen Tugend zu gewöhnen, welche alle kleinen Absichten, ja das Leben selbst verachtete, wenn eine Unternehmung der Größe ihrer Denkungsart nicht gemäß ausfiel".

Ueber diese Hypothese läßt sich viel streiten. Athen und Florenz sind die großen Leuchten der Kunst, welche uns die Verfechter derselben vorhalten. Auch Windelmann vergleicht das democratische Athen mit Florenz, „wo die Wissenschaften und Künste in den neueren Zeiten nach einer langen Finsterniß anfingen beleuchtet zu werden". Italiens Kunstgeschichte ist angethan, und für sie einzunehmen. Freie Städte waren der Schooß seiner weltbekannten Schulen, während Rom und Neapel unfruchtbar blieben, und florentinische Kunst von dem Augenblick an sank, als ihr der kunstliebende Despotismus seiner mediceischen Herzoge neues Leben zu geben schien. Doch ist auch wahr, daß die beiden größten Florentiner die Ideen und die Erhebung zu ihren größten Werken nicht daheim, sondern in Mailand und Rom fanden, und in Rom sind fast allen dahingerufenen die Flügel gewachsen. Kann man bei Athens Herrlichkeit Perikles wegdenken? Leicht wird sich der Leser selbst die Rolle der Völker und Staaten aufstellen, wo bei monarchischem und despotischem Regiment diese Musen sich wohlgefühlt, bei gesetzlichem oder demo-

§ 129. Die Freiheit.

cratischem aber beharrlich abgelehnt haben sich niederzulassen, aller Einladungen und Lockungen ungeachtet.

Wahr ist, in einem reichen Städteleben erzeugen sich manche Bedingungen der Aufnahme der Künste: das Sichhervortreiben und Steigern der Talente durch Eifersucht, die Ansammlung technisch stilistischer Ueberlieferung in Zünften, der in engem Raum lebendige Gemeinsinn, welcher (wie der persönliche und Familienehrgeiz) die Reichthümer dem Schmuck der Stadt, des Palastes, des Grabmals, der Kirche zuwendet.

Doch wenn solche municipale Zustände das Wachsthum der Künste befördern; so drücken sie ihnen auch einen Zug der Beschränktheit auf; die Gleichheit und die republicanische Oeconomie kann diesen auch unbequem werden. Jener wunderbare Reichthum der Talente und der Regsamkeit, jenes Beisammensein so vieler bedeutender Menschen in Florenz' und Athens Mauern, war viel weniger eine Folge der Democratie, als ihre Ursache; bei gleichmäßig niedrigem Bildungsniveau ist die despotische Form ebenso natürlich, wie bei ungewöhnlicher Fülle eigenthümlicher Formationen die stramme Zusammenfassung der Regierungsgewalt fast von selbst zurücktritt, und zeitweise jenem Zerfall einer Nation in kleine Landschaften, Städte, und republicanischer Viel- und Selbstherrschaft Platz macht. Aber auch da gehört zu den höchsten Leistungen der Kunst immer etwas monarchische Prachtliebe, etwas Ansammlung der Mittel in einer Hand, etwas Ursprung der Ideen aus einem Kopf und Unbeschränktheit des Planens bei diesem Einen.

Gewiß ist nur Windelmanns Begeisterung für die Freiheit, sein Streben, diesem ihm theuern Begriff eine Huldigung darzubringen. Er gesteht, daß diese Freiheitsliebe etwas philologisch-antiquarisches habe: „die allgemeine Kenntniß der Griechen lehrte im 16. Jahrhundert denken wie sie, und durch die Weisen breitete sich der Geist der Freiheit aus, welcher, wie Hobbes lehrt, nicht leichter erstickt werden kann, als wenn der Jugend die Lesung der Alten untersagt würde". Seine kümmerliche Jugend, in deren Schmerzen er die Hand des bis zu ihm herabreichenden altpreußischen Despotismus empfunden zu haben glaubte, sein jetziges ungebundenes Leben unter dem Krummstab der Krummstäbe steigerte dieß Pathos. Von dem wirklichen Leben einer griechischen Stadt hatte man damals keinen Begriff. Keiner dieser philologischen Republicaner würde dort zwei Tage ausgehalten haben, und zwar wegen der Ausschließung der auch ihm unentbehrlichen persönlichen Freiheit. Windelmann schreibt wirklich die Aufhebung des Königthums in Griechenland der Aufklärung zu: „die Freiheit hat in Griechenland allezeit den Sitz gehabt, auch neben dem Thron der Könige, welche väterlich regierten, ehe die Aufklärung der Vernunft ihnen die Süßigkeit einer völligen Freiheit schmecken ließ". Aufklärung der Vernunft in Staaten, welche die Philosophen verfolgten und verbannten und den Sokrates tödteten!

Doch darf man nicht überſehen, was für ehrenwerthe Geſinnungen ſich unter jenem vagen Wort verbergen: die erſten Wallungen des Nationalgefühls gegenüber der Hof- und Cabinetswirthſchaft, das entfernteſte Morgengrauen des Verlangens nach politiſchem Leben, als noch die Millionen tiefe politiſche Nacht deckte. Freiheit war das Wort, welches jene nebelhaften Ahnungen und Regungen an einen Laut, an einen Gedanken knüpfte, ein Punkt, um den Gesinnungen, Gedanken, Vorſätze ſich cryſtalliſiren konnten. Auch das Würdegefühl der Kunſt, damals zur buhleriſchen Sclavin eitler Prunkſucht erniedrigt, erhebt ſich zum erſtenmal in jenen Sätzen, die nicht unbeachtet verhallten.

§ 130.
Epochen griechiſcher Plaſtik.

Dem heutigen Leſer der Kunſtgeſchichte kann es auffallen, daß Winckelmann, der doch von der griechiſchen Literatur her zur Kunſt gekommen war, nicht durch eingehendere Benutzung der Nachrichten und Inſchriften der Alten ſein Bild vervollſtändigte. Die Wahrheit iſt aber, daß ihm vor aller bloßen Büchergeſchichte ekelte. Es galt einmal, wenn auch mit noch ſo ſpärlichem Material, vorerſt eine Geſchichte aus Denkmälern aufzubauen, wofern jene ſchriftliche Ueberlieferung irgend einmal aufhören ſollte, bloßer Wortkram zu ſein. „Winckelmann", ſo bezeichnet Heinrich Meyer den beſonderen Nutzen und Vorzug des Werks (und noch heute iſt dieß der Eindruck jedes unbefangenen Leſers), „zeigte zuerſt, wie die Antiken, nach offenbaren Merkmalen, in einer ſteigenden und ſinkenden, von dem Geſchmack, dem Stil und der Arbeit geregelten Folge zu ordnen ſind; auf welchem Wege allein die in ſchriftlichen Nachrichten ſo mangelhaft auf uns gekommene Geſchichte der alten Kunſt nicht nur vollſtändiger, ſondern auch gleichſam lebendig in den Monumenten ſelbſt dargeſtellt werden kann".

Freilich ſehr langſam und mühſam waren die erſten Schritte bei dieſem Unternehmen! wie wenig datirbare Denkmäler brachte Winckelmann bei ſiebenjährigem Suchen in dem unermeßlichen Vorrath Roms zuſammen! Mit dieſen wenigen hat er ſeine Characteriſtik der Perioden gezimmert, die auch als er in der Folge weitere Denkmäler hinzufand, unverändert blieb. Auch heute noch ſteht die Zahl der beſtimmten Zeiten und Meiſtern zugeeigneten Denkmäler in keinem Verhältniß zum Geſammtbeſitz; doch ſind wir reich im Vergleich zu Winckelmanns Armuth. Die deutſche Wiſſenſchaft hat das Pfund, mit dem der Stifter begann, nicht vergraben.

§ 130. Epochen griechischer Plastik. 109

Man hat es daher von jeher mit Recht genial genannt, daß er trotzdem, durch abstracte Intuition, jene Characteristik in der Hauptsache richtig gegeben hat, und mit späteren Funden ziemlich übereinstimmend. Die Entdeckung allgemeinster Gesetze in Natur und Geschichte (was sehr verschieden ist von der Wort- und Formelproductivität der Metaphysik) gilt für die Prärogative des höchsten Grads wissenschaftlicher Befähigung. „Die größten Geister, sagt Algarotti, verallgemeinern; die großen Staatsmänner sprechen in Maximen, und die ersten Geometer führen alles auf Formeln zurück". Die „großen und allgemeinen Ansichten des Ganzen, die tiefsinnig angefaßte Unterscheidung der Fortgänge in der Kunst und der verschiedenen Stile", zu der er sich erhob, nennt auch F. A. Wolf „die Blume aller geschichtlichen Forschung". Seine Characteristik hat eine so hohe philosophische Einfachheit, daß sie ein Theil seiner Schönheits- und Linientheorie werden konnte (§ 117). Aber sie schwebt deshalb nicht in vager Allgemeinheit über dem Gegenstand. „Was Winckelmann (drückt sich hierüber ein zu früh der Archäologie entrissener seiner Forscher aus) über den hohen Stil des Phidias schreibt, und über den lieblichen Stil des Praxiteles, das sind Worte geschrieben für alle Zeiten, und nicht für die Kunstgeschichte eines Volks, sondern aller Völker. Und zwar sind sie geschrieben mehr divinatorisch, als abstrahirt aus einer vorliegenden Anschauung". Dem Philosophen muß indeß auch dieß Verfahren noch als Empirismus erscheinen, wenn auch „tiefer und geistvoller" (Fr. Vischer, Aesthetik § 531).

Goethe, als er auf dieß Werk zu sprechen kommt, wählt mit Berechnung hohe Worte. „Bald erhob sich W. über die Einzelheiten zu der Idee einer Geschichte der Kunst, und entdeckte als ein neuer Columbus, ein lang geahndetes, gedeutetes und besprochenes, ja man kann sagen, ein früher schon gekanntes und wieder verlerntes Land". Als Zeugniß dieses früheren Gekanntseins citirt er zwei Stellen römischer Schriftsteller, Quintilians parallelisirende Characteristik römischer Redner und griechischer Künstler, „bei der er ohne es zu wissen oder zu wollen, eine Kunstgeschichte selbst darzustellen genöthigt sei", deren summarische Sätze er, wie Goethe glaubt, aus der Unterhaltung mit römischen Kunstliebhabern schöpfte. Wenn dagegen Vellejus „das ähnliche Steigen und Fallen aller Künste" und besonders die Erscheinung, „daß sie sich nur kurze Zeit auf dem höchsten Punkte zu erhalten wissen", aus Nacheiferung, Neid, Bewunderung, Verzweiflung erklärt, so tadelt es der Dichter, daß er nur sittliche Ursachen angebe, findet übrigens, daß diese auch des Römers „großem Scharfsinn nicht genugthun". Er hätte als ältesten Gewährsmann wahrhaft geschichtlicher Betrachtung den Lucrez anführen können, der präciser als irgend einer das Gesetz aller Werke menschlicher Cultur ausspricht, ein Gesetz, gegen das selbst heute noch nicht bloß Theologen sich auflehnen. „Auch die bildenden Künste lehrte allmählich die Praxis und die unverdrossene Erfahrung des menschlichen Geistes, des Schritt für Schritt vorwärts strebenden. So zieht die Zeit allmählich Jegliches hervor, und die Vernunft stellt es auf ins Licht des Tags; denn eines mußte aus dem andern aufleuchten, bis sie durch Kunst zum höchsten Gipfel gelangten" (V, 1445 ff.).

Goethe selbst scheint das Verdienst der Hindelmann'schen Geschichtsauffassung in dem zu sehen, was er selbst von der Kunsthistorie fordert: „die ganze Kunst als ein Lebendiges (ζωον) anzusehen, das einen unmerklichen Ursprung, einen langsamen Wachsthum, einen glänzenden Augenblick seiner Vollendung, eine stufenfällige Abnahme, wie jedes andere organische Wesen, nur in mehren Individuen nothwendig darstellen muß".

Diese Vergleichung mit dem Zoon ist zur übersichtlichen Gruppirung der Thatsachen und zur Erfindung passender Ueberschriften brauchbar; sonst aber kann man es für keine besondere Erleuchtung halten, für Dinge, die in den hellen Regionen des Bewußtseins und absichtsvollen Handelns geschaffen werden, in Analogien mit vegetativen Vorgängen der organischen Natur den Schlüssel zu finden. Diese Neigung zum Herabziehen geistiger Dinge ins Natürliche war zu ihrer Zeit aus dem Wunsch entstanden, die äußerlichen, zufälligen und oft gemeinen Ursächlichkeiten zu verbannen, und zur Entdeckung einer höheren Gesetzmäßigkeit anzuleiten, im Gefühl wie Goethe sagte, „daß eine Nothwendigkeit hier im Spiele ist, die sich aus freien Elementen nicht zusammensetzen läßt". Es dürfte indeß die Zeit gekommen sein, jene „organische" Anschauung und Genossen mit Danksagung zu entlassen. Wie die Materie und die Kraft kein Werden und Vergehen kennt: so ist in der Geschichte, wissenschaftlich betrachtet, nichts von Blüte und Verfall, auch Perioden und Begriffe existiren nicht in ihr, was wir Blüte nennen ist oft der Anfang des Endes, was wir Verfall nennen, der Keim neuen Lebens, und der Strom des Geschehens und der Causalität steht nie stille. Das Wort „Entwicklung" hat soviel gedient, daß man es nun für Künste, Staaten und Wissenschaften emeritiren und Disciplinen wie der Embryologie überlassen darf, wo es zu Hause ist; und ebenso kann das Wort „Proceß", das schon genug zu tragen und auch in anderem Sinn immer wenig Segen gebracht hat, den Juristen und Alchymisten zurückgegeben werden.

§ 131.

Der ältere Stil,

welcher bis auf Phidias geht, begreift eine Anzahl sehr verschiedener Manieren in sich, es ist eigentlich kein Stil, sondern eine Reihe von Formen der Darstellung, ein langer Weg, nicht bloß der Zeit nach, sondern auch den inneren Wandlungen nach, länger als derjenige, welchen die Kunst von Phidias bis zu ihrem Ende durchmaß. Man braucht nur Namen aufzuzählen wie Metopen von Selinus, Apollo von Tegea, Denkmal von Xanthos, Agineten, oder sich die stetige Reihe der in den Vasenbildern erhaltenen Zeichenmanieren zu vergegenwärtigen. Winckelmann ahnte selbst, „da wir unter dem ältern Stil den längsten Zeitlauf der griechischen Kunst begriffen, so würden die spätern Werke von den ersten sehr verschieden gewesen sein". Somit ist dieser ältere Stil weniger ein bejahender, positiver, als ein (nach Kants Ausdruck) limitirender oder unendlicher Begriff: alles umfassend, worin die Kunst noch nicht die vollkommene Herrschaft über ihre Formen gefunden hat.

Ein damals noch unlösbares Problem war die Scheidung des altgriechischen Stils vom etruskischen: man glaubte ja in einer Anzahl griechischer Arbeiten Hauptkunden des Etruskischen zu besitzen. Beider Characteristiken sahen sich daher zum Verwechseln ähnlich. Dagegen eine andere Verwirrung wenigstens angefangen hatte sich aufzuklären: die des echt alterthümlichen und des imitirten alterthümlichen oder archaistischen. Winckelmann, obwohl er den etruskischen Stil noch hauptsächlich nach solchen archaistischen Werken characterisirte, war doch der Thatsache bereits auf die Spur gekommen, daß der alte Stil in mehr oder weniger genauer Nachbildung zu allen Zeiten für Bildwerke des religiösen Cultus in Anwendung blieb, und nicht bloß für diese, daß in römischer Zeit alle möglichen Manieren früherer Meister und Schulen reproducirt wurden.

„Man kann, warnt er, nicht behutsam genug gehen in Beurtheilung des Alters der Arbeit; und eine Figur, welche betrurisch oder aus der ältern Kunst der Griechen scheint, ist es nicht allezeit. Es kann dieselbe eine Copie oder Nachahmung älterer Werke sein... Bei göttlichen Figuren scheint der ältere Stil etwas angenommenes zu sein, zur Erweckung größerer Ehrfurcht... vermuthlich um denselben in solcher Gestalt ein höheres Alterthum und durch dieses mehr Verehrung einzuprägen... Wie die Dinge in der Welt vielmals im Cirkel gehen und dahin zurückkehren, wo sie angefangen haben, so bemühten sich die Künstler, den alten Stil nachzuahmen, welcher durch die wenig ausschweifenden Umrisse der ägyptischen Arbeit nahe kennt; ... einen diesem entgegengesetzten Stil könnte man in einigen Reliefs finden, welche wegen einiger Härte und Steife für betrurisch, oder für altgriechisch zu halten wären, wenn es andere Anzeichen erlaubten". Beneidenswerthe Zeit, wo man als modernes Analogon nur die in England beliebte Costümirung der Porträts à la Tod anführen konnte! —

Was nun aber den sicheren Denkmälerapparat dieses Stils betrifft, so erhalten wir freilich hier gleich an der Schwelle die entmuthigende (doch zum Glück voreilige) Erklärung, daß sich von Werken der Bildhauerei u. b. von

Statuen) dieses Stils in Rom nichts erhalten hat". (Sie gingen nur unter andern Namen.) Einige Vasen aus Neapel, einige Münzen von Großgriechenland und Sicilien, darunter die von Pästum mit dem Dreizackschwingenden Neptun „im sogenannten hetrurischen Stil"; die stoschische Gemme des sterbenden Othryades, die den Stil der Zeit Anacreons haben möge. „Die Arbeit ist mit Fleiß geführt, und es fehlt den Figuren nicht an Ausdruck; die Zeichnung derselben aber ist steif und platt, die Stellung gezwungen und ohne Grazie". Die Köpfe der Münzen sind gezeichnet wie der bekannte Palladkopf auf den athenischen: „kein Theil derselben hat eine schöne Form, folglich auch das Ganze nicht; die Augen sind lang und platt gezogen, der Schnitt des Mundes geht aufwärts, das Kinn ist spitzig und ohne zierliche Wölbung". Er bemerkt, Handlung und Stellung seien damals heftig gewesen: und hierfür sprechen manche Bilder der jagenden Artemis, der Pallas in Angriff, und zahlreiche Scenen des bacchischen Schwarms und blutiger Kämpfe zwei- und vierfüßiger Menschen. — Endlich die „Zierlichkeit" (für die er die Analogie unserer Quattrocentisten anzog) suchte man in der ebenso fein gefältelten und geplätteten, wie graziös getragenen und gehaltenen Gewandung.

Sonst, wenn er von einem „angenommenen Systema von (idealischen) Regeln" spricht, von der „Gewißheit der Kenntniß, wo alles aufgedeckt vor Augen liegt", von der „nachdrücklichen aber harten Zeichnung, in welcher sich der genau bezeichnete Umriß offenbare", von „Mangel an Grazie": so wird man zugeben, daß alle diese Merkmale von den Giebelgruppen Aegina's abgenommen sein könnten. Denn ihre Formen sind von vollkommener Kenntniß und herber Wahrheit, die Gesichter typisch (Windelmann bemerkt, das Gesicht an weiblichen Köpfen sei fast zweifelhaft S. 217), die Handlung ohne malerische Zufälligkeit, von pantomimischer Strenge.

§ 132.

Der hohe Stil

Im zweiten oder hohen Stil hatte sich die Zeit ausgedrückt, in welcher, nach dem einmüthigen Urtheil der Alten selbst, ihre größten Meister gewirkt. Aber für die Zeit des Phidias, Polyklet, Alcamenes war die Denkmälerwelt noch größer als für ihre Vorgänger. „Der Name des Phidias ist der Kunst heilig, weil dieselbe durch seine Schüler und ihre Nachfolger bis zur höchsten Vollkommenheit geführt wurde". Aber mehr als den heiligen Namen gab es auch fast nicht. „Zu einer deutlichen Bestimmung der Kenntnisse und der Eigenschaften des hohen Stils der großen Verbesserer der Kunst ist nach dem Verlust ihrer Werke nicht zu gelangen". Er ruft Analogien gleichzeitiger

Dichtung zu Hülfe, den Riesenschritt der Tragödie von Aeschylus zu Sophocles. So werde es mit dem Uebergang von Kalamis zu Phidias, von Ageladas zu Polyclet gewesen sein. „Aber die Zeit hat uns über beider Werke zu urtheilen beraubt".

Man war also auf Vermuthungen angewiesen. Ein Anknüpfungspunkt für diese lag in den Mängeln des bisherigen Stils und seines angenommenen Systems mit den harten Umrissen und der gewaltsamen Action. Diese also wird die Reform der großen Zeit beseitigt haben. Man näherte sich der Wahrheit der Natur. —

Aber „Annäherung an die Naturwahrheit" war wohl nicht das Wort. Wie ist die Kunst so eines geworden mit der Natur, als in jener herrlichsten Zeit Athens. Die Marmorgruppen der Parthenongiebel, welche doch nur unter Phidias Leitung gearbeitet wurden, von Künstlern verschiedener Richtung und Technik, die er schon ausgebildet vorfand, sie waren in dieser Beziehung die größte Offenbarung aller Kunst, die uns seit Windelmann zu Theil geworden ist. Jetzt erst lernte man die griechische Kunst von der Seite ihres Naturalismus kennen, und in einer Weise, von der Windelmann keine Ahnung gehabt. Er wähnt, jene Künstler hätten die Schönheit allein in der vollkommenen Uebereinstimmung der Theile gesucht, und der großen Richtigkeit einen gewissen Grad schöner Formen aufgeopfert. Obwohl er sonst nicht verkennt, „daß der Stil von einer Zeit in der Kunst sowenig als in der Art zu schreiben allgemein sein könne": so überträgt er doch hier das Trachten der Peloponnesier nach dem Gesetzmäßigen, Allgemeingültigen, Körperlichen, Canonischen, auf die attische Kunst, die stets vom Geist der Freiheit beseelt war, die poetischen Conceptionen Körper gab, und eine Sprache eigenthümlicher Menschen war. Aber auch von Polyclet und seiner Schule ist es schwerlich wahr, „daß ihre Zeichnung noch etwas vom systematischen gehabt habe und von dem was sich von der Natur entfernt" (Trau. prel. LXV). In jener Epoche wird durch alle hellenischen Kunstschulen ein Zug gegangen sein, wie der welcher um 1500 die italienischen ergriff. Ebenso kühn, so gründlich, so absichtsvoll scheinen ihre Meister sich von der herkömmlichen Behandlungsweise losgesagt zu haben, wie etwa Michelangelo von der Trockenheit und der andächtigen, körperlosen goffaggine der Quattrocentisten, oder wie Tizian von der Symmetrie und all der unmalerischen Peinlichkeit, Goldpracht, Messerschärfe und Emailglätte der alten Venezianer. Vielleicht liegt auch darin eine Analogie zu dem Gegensatz peloponnesischer und attischer Kunst, daß der Florentiner sich aus dem veralteten Stil in ein Ideal vollkommener Körperlichkeit warf, der Venezianer aber malerische Freiheit und Wirkung fand. Gerade so fühlten die Griechen damals, daß es mit jenen athletisch derben Normalkörpern, jener Zierlichkeit des Gefältels, jenen maskenhaften

Gesichtern und jenen typischen Attitüden genug sei... Nun ist in ihren Werken eine Freiheit von jeglicher Befangenheit, der Ueberlieferung und der Manier, wie sie selbst der griechischen Kunst bald wieder abhanden kam. Nie hat sich Psyche wieder so leicht himmelwärts erhoben, wie bei dieser ihrer ersten Bestügelung. Es ist eine Kunst, die der Natur so zu sagen ohne jeden Ballast gegenübersteht. Aber man möchte sagen, die Natur ist das wenigste! Das was sich hier eine Erscheinung gezaubert hat, die der Spiegel einfacher Natur scheint, waren die größten Gedanken, ein unendlicher Sinn für Anmuth und Schönheit und für malerische Freiheit. Die Stellungen scheinen für den Moment angenommen; der Marmor folgt mit der Geschmeidigkeit des Lebens allen Biegungen, Krümmungen, Pressungen, Senkungen des Fleisches. —

Winckelmann wußte, als er die Kunstgeschichte schrieb, nur zwei Werke dieses hohen Stils anzugeben: so unsicher war noch sein Blick. Das eine war die Pallas der Villa Albani, jetzt in München. In ihrem Kopf sei eine gewisse Härte, die aber besser empfunden als beschrieben werden könne; man könne in dem Gesicht eine gewisse Grazie zu sehen wünschen, wie dasselbe durch mehr Rundung und Lindigkeit erhalten würde. Vielleicht ist dies nur der der Pallas eigne (auch in der Colossalbüste am selben Ort wiederkehrende) Zug, — in dem jungfräulich Herbe, Streitbarkeit, und jene Geisteskraft, die ein Heer von Gedanken wie Titanen zu bändigen scheint, sich verschmelzen —; und was man auch von der Herkunft der Statue denken mag, gewiß ist, daß wir uns nicht vorstellen können, wie vielen Topus eine andere Zeit hätte finden sollen, als diese, welche für die hohen, königlichen, männlichgesinnten Weiber, die Amazone, die Here, die siegende Aphrodite ein so sichtbares Charisma hatte. —

Etwas verwirrt wurde die Characteristik in Folge des Versehens hinsichtlich des Scopas, durch das die Niobegruppe (wie er für das Original hielt) dem hohen Stil zufiel. Hier war nun freilich von jenem „Schein der Härte" nichts zu sehen, vielmehr eine „hohe Einfalt der ganzen Zeichnung", ein „gleichsam unerschaffener Begriff der Schönheit". Da sollte nun von der angenommenen Wesensstrenge dieses Stils eine Spur wenigstens zu finden sein in der Annäherung an einen einzigen, höchsten Schönheitsbegriff, in der „Aehnlichkeit der Köpfe der Niobe und ihrer Töchter, welche unmerklich, und nur nach Alter und dem Grade der Schönheit in ihnen, verschieden seien." Die Behandlung des Ausdrucks galt als Beweis, daß diese Künstler die Gesichter „rein von Empfindlichkeit und entfernt von inneren Empörungen, mit einer friedlichen immer gleichen Seele vorgestellt". Und richtig ist, daß in den höchsten Werken dieser Zeit Empfindung und Affect nicht tonangebendes Motiv sind, obwohl ja der Parthenon nicht nur ein Palladion enthielt, sondern auch einen Götterstreit und wilde Centaurenkämpfe. Aber die Panathenäenprocession zeigt, wie man sich auch in Scenen aus dem Leben von Individualisirung in gemessener Ferne hielt.

Der augenfälligste Mangel der Winckelmann'schen Theorie ist, daß der Gesichtspunkt der Linearschönheit sich allzu breit in den Vordergrund drängt. Wie seine Zeit kennt sein ästhetischer Begriffsapparat nicht die Erfindung, das Erschaffen von Charakteren, so gut er diese im einzelnen aufzufassen und zu schildern weiß. Daher fehlt das Hauptcharacteristicum dieser großen Kunstzeit — wie jeder genialen Zeit: die Originalität, die Feststellung göttlicher Typen, und zwar Typen höchster Ordnung, Typen, in denen eines jeden Ahnen für immer, unverbesserlich, schlechthin gültige Gestalt gewann. So lange die Menschheit das Göttliche im menschlichen Bilde darstellen zu können geglaubt hat, haben die Völker und die Jahrhunderte hier gefunden, was ihre Phantasie nie gefunden hätte, und was ihnen doch all ihres Verlangens nach Gegenwart des Unendlichen Erfüllung schien. „Das ist das Große im Zeus des Phidias, sagt Dio Chrysostomus, daß wer ihn geschaut, nie ein ander Bild in sich aufkommen läßt, also, daß er erst Hellas, dann alle Nationen um diese Gestalt versammelt hat".

§ 133.
Die beiden Grazien.

Diese Beschreibung des hohen Stils würde uns doch wenig befriedigen, wenn der Schriftsteller nicht durch eine Bemerkung des Plinius über die Grazie auf eine Gedankenreihe anderer Ordnung geführt worden wäre. Die Behauptung dieses Compilators, daß die Grazie durch Apelles und Praxiteles in die Kunst eingeführt worden sei, frappirte ihn. „Folglich, wird Jemand sagen, waren die Werke des Phidias, des Scopas, des Myre, des Polyklet ohne Grazie", ohne das „vernünftig gefällige?" Wirklich nennt er einmal ihren Stil „den hohen Stil ohne Grazie", und meint, „die Ursache des Fehlens der Grazie in den Werken des Phidias und Polyklet liege in der Höhe der Ideen, die sie gebildet, und in der Strenge ihrer Zeichnung". Aber es widerstrebte ihm tief, dem Phidias, der Niobe die Grazie abzusprechen, „die in der Einfalt und Stille der Seele wirkt", die seiner Ueberzeugung nach „über die Werke des Alterthums sich allgemein ergossen hatte". Er fragt sich ob es nicht auch im Alterthum geschmacklose Critiker gegeben habe. Die Lösung des Räthsels fand er in der Annahme einer zweifachen Grazie. Er erinnert daran, „daß die Grazien, wie die Musen, bei den ältesten Griechen nur in zwei Namen verehrt wurden". Zwar passen die Stellen, auf die er sich beruft, nicht ganz; aber der Gedanke, den er daran knüpft, dünkt uns mehr werth als jene Texte. Was also jene Gewährsmänner des Plinius Grazie des Apelles nannten, sei eine besondere Grazie, von der man eine andere, die er „hohe Grazie" nennen will, unterscheiden könne. „Ich habe gesucht, ohne nachtheilig von so großen Künstlern zu urtheilen, einen Unterschied dieser Grazie von einer höheren anzugeben". Dem Versuch, beide Begriffe gegeneinander abzugrenzen, verdanken wir eine der herrlichsten Stellen seiner Werke, eine wahre Leuchte der Kunst (s. t. 3. 65).

„Die Grazie des Phidias und seiner Zeitgenossen ist wie die himmlische Venus, von der Harmonie gebildet, beständig und unveränderlich. Eine Gesellin aller Götter, scheint sie sich selbst genugsam und bietet sich nicht an, sondern will gesucht werden; sie ist zu erhaben, um sich sehr sinnlich zu machen; denn das höchste hat, wie Plato sagt, kein Bild. Mit den Weisen allein unterhält sie sich, und dem Pöbel erscheint sie störrisch und unfreundlich, sie verschließt die Bewegungen der Seele in sich und nähert sich der seligen Stille der göttlichen Natur, von welcher sich die großen Künstler, wie die Alten schreiben, ein Bild zu entwerfen suchten. Dieser Grazie opferten die Künstler des hohen Stils. Mit dem Phidias wirkte sie in der Bildung des olympischen Jupiter, ... sie wölbte, wie in dem Urbild des Künstlers, den stolzen Bogen seiner Augenbrauen mit Liebe, und goß Huld und Gnade aus über den Blick seiner Majestät. Sie krönte mit ihren Geschwistern und den Göttinnen der Stunden und der Schönheit das Haupt der Juno zu Argos, als ihr Werk woran sie sich erkannte, und an welchem sie dem Polykletus die Hand führte. In der Solandra des Kalamis lächelte sie mit Unschuld und Verborgenheit; sie verhüllte sich mit züchtiger Scham in Stirn und Augen, und spielte mit ungesuchter Zierde in dem Wurfe ihrer Kleidung. Durch dieselbe wagte sich der Meister der Niobe in das Reich unkörperlicher Ideen und erreichte das Geheimniß, die Todesangst mit der höchsten Schönheit zu vereinigen: er wurde ein Schöpfer reiner Geister und himmlischer Seelen, die keine Begierde der Sinne erwecken, sondern eine anschauliche Betrachtung aller Schönheit wirken; denn sie scheinen nicht zur Leidenschaft gebildet zu sein, sondern dieselbe nur angenommen zu haben"..

„Die andere Grazie dagegen — die vornehmste Eigenschaft des folgenden Stils — ist wie die Venus von der Dione geboren, mehr der Malerei unterworfen, eine Tochter der Zeit, und nur im Gefolge der ersten, welche sie ankündigt für diejenigen, welche der himmlischen Grazie nicht geweiht sind (ehe non sanno i misteri ec.) Diese läßt sich herunter von ihrer Hoheit, und macht sich mit Willigkeit, ohne Erniedrigung denen, die ein Auge auf dieselbe werfen, theilhaftig: sie ist nicht begierig zu gefallen, sondern nicht unerkannt zu bleiben. Die Künstler des schönen Stils gesellten mit der ersten und höchsten Grazie die zweite, und sowie Homers Juno den Gürtel der Venus nahm, um dem Jupiter gefälliger und liebenswürdiger zu erscheinen, so suchten diese Meister die hohe Schönheit mit einem sinnlichen Reiz zu begleiten, und die Großheit durch eine zuvorkommende Gefälligkeit gleichsam geselliger zu machen". —

Dieser von Windelmann erfundene Begriff der hohen oder strengen Grazie klang seiner Zeit sehr fremd, denn sie räucherte einer ganz anderen Grazie; vielen schien sie ein Widerspruch im Beisatz. Voltaire z. B. war es selbstverständlich: le sérieux n'est jamais gracieux; il n'attire point; il approche trop du sévère qui rebute. Mengs erklärt sich in diesem Punkt aufs schärfste gegen seinen Freund. „Er nenne die Zeichnung Leonardo's, Andrea's, Guido's, Albano's schön, die des Correggio graziös; das Auftere aber vertrage sich nur mit dem erhabenen, höchstens mit dem schönen Stil, gar nicht mit dem süßen und anmuthigen, da Strenge und Anmuth sich schnurstracks entgegenlägen". Windelmann hatte zuerst wieder einen Reiz geahnt, der gewaltiger ist als der Reiz der süßen Blicke und der Wellenlinien des „Malers der Grazie"*).

Je mehr man kennen lernt von jener großen Zeit und an ihr seine Begriffe verbessert, um so klarer sieht man auch, daß in den angeführten Worten der Character der Kunst höchster Ordnung gegenüber aller Kunst zweiter Ordnung verzeichnet ist, — der Kunst die sich an die edlen Elemente menschlicher Natur wendet, an ihre Fähigkeit, Erhebung in dem zu finden, was sie zu demüthigen scheint.

Zeus, Here, Pallas, ausgeführt in der geisterhaften Größe und Pracht der Goldelfenbeinkunst — und für diese gedacht —, sie versinnlichten das Göttliche in seiner Ruhe, Erhabenheit, Ueberweltlichkeit, wo es uns des Gefühls seiner Gegenwart theilhaftig macht, indem es uns in den Staub der Endlichkeit niederwirft. — Die Kunst kann das Göttliche auch mittelst der Seelensprache darstellen, durch den Ausdruck jenes höheren Lebens, jenes gesteigerten Zustands, der Plato ein gottverhängter schien, mochten es nun die Musen sein, oder Eros, oder der Orakel- und Sühngott, oder Dionysos, die ihn gesandt. Letzteres war der Weg der folgenden Zeit.

Aber die Selbstgenugsamkeit, die sich nicht anbietet, sondern aufgesucht werden will, die zu erhaben ist um sich sehr sinnlich zu machen und der seligen Stille göttlicher Natur sich nähert, unwandelbar wie die Himmelsharmonie, die ungesuchte Zier, das Lächeln mit Unschuld und Verborgenheit, die Gestalten die kein Sinnenfeuer entfachen und nicht zur Leidenschaft be-

---

*) Den Alten war der Begriff nicht ganz fremd. Coeli aeque chorum sideribus comptum et coronatum suda tempestate vidimus, pictis noctibus severa gratia, torvo decore: suscipientes in hoc perfectissimo mundi, ut ait Ennius, clypeo, miris fulgoribus variata caelamina. Apul. de Deo Socr.

stimmt scheinen — nie sind Worte dem Geheimniß so nahe getreten, haben das Unaussprechliche einer Kunst fast verrathen, — die nichts zu wollen scheint und alles kann; die dahinauf sich verstieg, wo der Gedanke selbst nicht hinreicht, und was sie dort sah, mit solcher Machtvollkommenheit des Geistes und der Hand in die Körperwelt herabholte; die jungfräulich rein war, und gegen deren männlich-meisterliches Verwalten der Geheimnisse der Sinnen- und Geisterwelt alle Nachgebornen unmündig scheinen; die durch nichts den Sinnen entgegenkommt, und doch ein Unendliches uns sinnlich nahe bringt, fühlbar macht.

Als sie diese Worte vernahm, fing die Kunst an inne zu werden, daß sie gefallen, daß die Gnade von ihr gewichen war. So ist der Seele zu Muthe (nach der alten Sage), wenn ihr ein himmlischer Magier (der sich aus unendlich fernen Regionen zu ihr herabbemüht) das Bild ihres verlorenen, ja vergessenen Vaterlands weist, Gestalten voll Majestät und Reinheit und Schöne in lichten Bildern vorspiegelt, einst ihre Gespielinnen; ein Anblick, der in einem Moment das Wunder der Reinigung, neuen Lebens, der Heimkehr vollbringt.

§ 134.

Der schöne Stil.

Nach solchen Worten sollte man denken, daß des Autors Geschmack und Neigung ganz in der Richtung des hohen Stils liege. Aber wenn wir ihn nun von den Werken des schönen Stils sprechen hören, so zeigt sich die Macht der Gegenwart, die gewaltiger ist als die Ahnung des Entfernten, Entschwundenen, wenn auch Größeren. Im Reich der Gedanken mag er auf Seite der hohen Grazie gestanden haben, den Zauber geliebter Nähe hatte der schöne Stil für sich. Und es war nicht bloß das Helldunkel der Ahnung gegenüber der Tageshelle der Gegenwart. „Wenn man Windelmanns Kunsturtheile miteinander vergleicht (bemerkt A. W. Schlegel), so fällt in die Augen daß, wiewohl er mit Verehrung von dem hohen und strengen Stil redet, seine Neigung entschieden auf gefällige Ausbildung ging. Wie wenig sagt er von dem Kopf der Ludovisischen Juno, von der Niobe, und mit welcher Liebe verweilt er beim Sturz des Hercules, bei dem vaticanischen Apollo, lauter Werken des gelehrten und zierlichen Stils, worunter nichts aus der Zeit vor Alexander dem Großen herstammt".

„Von dem schönen (oder fließenden) Stil kann man mit mehr Zuversichtlichkeit reden als von dem hohen Stil: denn einige von den schönsten Figuren des Alterthums sind ohne Zweifel in der Zeit, in welcher dieser Stil blühte, gemacht, und viele andere, von denen dieses nicht zu beweisen ist, sind wenigstens Nachahmungen von jenen". Dieser Stil „hebt sich an von Praxiteles und erlangt seinen höchsten Glanz durch den Apelles und Lysipp." Letzterer soll denn endlich der Wellenlinie, wie wir schon hörten, zum völligen Sieg verholfen haben.

Nun wird man zwar zweifeln können, ob wirklich die ondulirenden Formen (z. B. des vaticanischen „Antinous"-Hermes) der Natur sowohl wie der Schönheit mehr gemäß sind als die mit Flächen und Winkeln (wie an dem sogenannten Doryphoros). Doch ist zuzugeben, daß jene sanften Linien z. B. einer weich angelehnten Satyrfigur nach Praxiteles oder eines Sauroctonos, von unaussprechlichem Reiz umflossen sind; und ebenso, daß jene stärker anschwellenden Wallungen an einem Schuber in Braccio nuovo im herrlichsten Einklang stehen mit dem Ausdruck rascher Action, athletischer Spannkraft der Muskeln.

Freilich wurden hier, wie bei dem älteren Stil, sehr verschiedene Schulen und Meister unter einen Begriff gebracht, der, wenn er für alle passen sollte, sehr vag sein müßte. Die Kunst des Praxiteles ist nach Form und Geist grundverschieden von der des Lysipp; der Laocoon kommt wieder aus einer anderen Sphäre; am Apollo und Torso ist schon der Geschmack der Kaiserzeit zu spüren.

Am besten paßt das Bild der zweiten Grazie wohl auf die zweite attische Schule, in der die Kunst mit Vorliebe das Gebiet des Empfindungslebens betrat; tragische und komische Affecte, begeisterte und sentimentale Zustände zu tonangebenden Motiven machte, welche selbst die Wahl der Formen bestimmten. „Das Mannichfaltige, erinnert Winckelmann, und die mehrere Verschiedenheit des Ausdrucks that der Harmonie und der Großheit in dem schönen Stil keinen Eintrag: die Seele äußerte sich nur wie unter einer stillen Fläche des Wassers, und trat niemals mit Ungestüm hervor. In Vorstellung des Leidens bleibt die größte Pein verschlossen. Die Kunst philosophirte mit den Leidenschaften".

Unläugbar sind die reizvollsten Schöpfungen die von der „gefälligen Grazie" inspirirten. Ihre Gebilde rühren uns unmittelbarer, lebhafter — erschütternder oder schmelzender. Jene der hohen Grazie sind dem profanen Sinn verschlossen, sie fordern eine Spontaneität der Erhebung; diese verlangen nur Empfänglichkeit, Saiten, die in Mitschwingungen versetzt werden können. Doch ist die Wärme, die sie ausstrahlen, keineswegs die Glut der Sinne und der Leidenschaft, oder nur in der Verklärung der Poesie, geläutert zum reinsten Duft, Hauche. Die Empfindung hat jene Jugendlichkeit, deren Genius uns erscheint im Eros des Praxiteles, noch unvergrößert und unbeschwert durch die zunehmende Materialität der folgenden Jahre. „Die Freude schwebt wie eine sanfte Luft, die kaum die Blätter rührt, auf dem Gesicht einer Penelopea". Es ist der herrliche Bacchuskopf im Saal des sterbenden Fechters gemeint, jenes Bild unendlicher Genußfähigkeit, aber im Zustand gesättigter Ruhe, wo die stürmischeren Wallungen der Freude nur noch sanft in der Phantasie nachzittern.

Diese gefällige Grazie wurde nach Winckelmann zuerst in der Malerei erzeugt und durch diese der Bildhauerkunst mitgetheilt. „Parrhasius der Maler ist durch dieselbe unsterblich, und der erste, dem sie sich geoffenbart hat. Es ist merkwürdig, daß der Vater dieser Grazie und Apelles, welcher sich dieselbe völlig eigen gemacht, unter dem wollüstigen jonischen Himmel und in dem Lande geboren waren, wo der Vater der Dichter einige hundert Jahre vorher mit der höchsten Grazie begabt worden war. Mit einer zärtlichen Empfindung begabt, die ein solcher Himmel einflößt.... kam Parrhasius nach Athen und wurde ein Freund des Sokrates, des Lehrers der Grazie, welcher dieselbe dem Plato und Xenophon entdeckte. Er war der erste, welcher den Figurenköpfen, die vor ihm eine harte und strenge Miene hatten, ein heiteres Wesen und die Grazie nebst mehrerer Zierlichkeit in den Haaren gab, und sein größter Vorzug bestand in dem schönen Umriß, in dessen Rundung, in Licht und Schatten".

Beide Arten der Grazie sind nur idealen und hohen Schönheiten eigen; obwohl die Grazie sich auch über Gestalten ergossen hat, die nicht die vollkommene Idee der Schönheit haben, um, was dieser abgeht, durch ihren Einfluß zu ersetzen. Diese ist die niedrigere Grazie, die vornehmlich Kindern eigen ist, als an welchen die Formen, die die Schönheit bildet, noch nicht völlig ausgeführt sind, und die also jener Grazie nicht fähig sein können. Wohl erst die Nachfolger haben, da sie die Zärtlichkeit und Gefälligkeit gesucht, auch die kindliche Natur einen Vorwurf ihrer Kunst sein lassen. Man könnte diese die komische, sowie jene die tragische und epische nennen. Die komische Grazie (grazia correggesca) ist in den Köpfen von Faunen und Bacchanten ausgedrückt durch ein spöttiges Lächeln, wodurch die Winkel des Mundes in die Höhe gezogen werden; und da wo diese Fröhlichkeit sich durch solche Züge bezeichnet findet, hat allezeit die Bildung ein gemeines gekrümtes Profil, oder eine vertiefte Nase". Winckelmann hielt den borghesischen Taurectanus für würdig das Original des Praxiteles zu sein, und glaubte in den Ringern zu Florenz das Symplegma der Kephisodor oder Heliodor zu sehen. —

Diese Gegenüberstellung des hohen und schönen Stils erinnert an mancherlei Parallelen aus der neueren Kunst (vgl. § 1051), noch mehr aus griechischer Dichtung. So unterschied der Rhetor Dionysius einen herben (αὐστηρός), einen blühenden und einen mittleren Stil. Der herbe der Pindar, Aeschylus, Thucydides habe eine stolze (αὐθάδες) Schönheit, Kraft und Würde, schroff hingelegte Kernworte ohne Sorge für Verbindung, Harmonie und das aesthetisch Gefällige; gehemmte Bewegung, Hang zum Alterthümlichen. Dagegen der elegante Stil der Hesiod, Sappho, Anacreon, Simonides und Euripides die Herbe und Kühnheit scheut, dagegen den Fluß wohlklingender, glatter Worte, Harmonie und Abgemessenheit der Periode liebt. Der mittlere der Homer, Herodot, Sophocles, Demosthenes, Democrit und Plato vereinigt das beste aus beiden, er ist, eben seiner Vollkommenheit wegen, schwer zu characterisiren, ja zu benennen; er erscheint characterlos, weil er nicht einseitig ist.

Allein unter allen solchen Analogien ist keine, die nicht, bei mancher frappanten Uebereinstimmung der Characteristica, ganz unpassende Züge hineinbrächte, keine kann Windelmann die völlige Originalität streitig machen. —

Von der vierten und letzten Periode ist wenig zu sagen. Bloßer Verfall ohne Erfindung neuer Darstellungsformen, wenn auch untergeordneter, giebt keinen Stil. Windelmann kann wohl ein Nachlassen, fast Erlöschen der schaffenden Kraft aufzeigen, aber keine falsche Manier, keine Veränderung der Grundsätze und des Geschmacks, kein Entschwinden der Technik und der Formenkenntniß. Die Kunst bricht fast mit einem mal zusammen, aber bis dahin zeigt sie sich, wenn auch in immer vereinzelteren Leistungen, auf ihrer Höhe. Die moderne Bastil könnte man insofern als Fortsetzung der alten betrachten, als sie für den Weg abwärts mit allen seinen Stationen manierirter Stilarten uns die Exempel liefert. Dagegen nach unserem Geschichtschreiber „dem Alterthum bis zum Falle der Kunst der Ruhm eigen blieb, daß es sich seiner Größe bewußt geblieben: der Geist ihrer Väter war nicht gänzlich von ihnen gewichen, und auch mittelmäßige Werke der letzten Zeit sind noch nach den Grundsätzen der großen Meister gearbeitet. Die Köpfe haben den allgemeinen Begriff von der alten Schönheit behalten, und im Stande, Handlung und Anzuge der Figuren offenbart sich immer die Spur einer reinen Wahrheit und Einfalt. Die gezierte Zierlichkeit, eine erzwungene und übelverstandene Grazie, die übertriebene und verdrehte Gelenksamkeit, wovon auch die besten Werke neuerer Bildhauer ihr Theil haben, hat die Sinne der Alten niemals geblendet".

Er leitet den Verfall der Kunst aus ihrer schlechthinigen Vollendung nach Inhalt und Form ab, die keinen anderen Weg als den der Nachahmung und des Eclecticismus übrig ließ. „Die Nachahmung aber schränkt den Geist ein; was man verzweifelt zu übertreffen, wird man auch nicht erreichen". So kommt Windelmann hier auf Begriffe, die er bei den früheren Epochen nicht verwandt hatte: Erfindung, persönliche Ursachen.

§ 135.
Von der Malerei der Alten.

Im Capitel von der Griechen Kunst steht auch ein Stück (das fünfte) unter obigem Titel. Das Werk würde wenig verloren haben, wenn dieses Stück weggeblieben wäre; es war nicht nur überhaupt unbedeutend, sondern auch mit Mängeln behaftet, die, als sie später offenbar wurden, fast im Stande waren, ihm die Freude an dem ganzen Buch zu vergällen. Schon in der Dresdener Schrift hatte ein Abschnitt über die Malerei gestanden, welcher als der am wenigsten glückliche unter allen betrachtet werden konnte. Es schien geschrieben zu stehn, daß hier eine zweite vermehrte Auflage jener lahmen Episode folgen sollte.

Hatten die Junius mit Stellensammlungen der Pictura veterum Foliauten gefüllt, „an welchen die Kunst geringen Antheil hatte": so wollte nun Winckelmann auch hier sich ganz auf Angeschautes gründen. Die Zeit schien gekommen. Freilich wird uns die hellenische Malerei in den herculanischen Wandgemälden durch späte Decorationsmaler übermittelt: es sind nur die letzten schwachen Wellenkreise der einst von gewaltigen Meistern erregten Gewässer. Aber da hieß es eben kunsthistorische Phantasie zeigen, in Copien zehnter Hand Grundlinien jener untergegangenen Originale ahnen.

Etwas der Art scheint ihm einmal vorgeschwebt zu haben. „Von der Malerei der Alten können wir zu unsern Zeiten mit mehr Kenntniß und Unterricht als vorher geschehen konnte, urtheilen und sprechen, nach viel hundert im alten Herculano entdeckten Gemälden. Bei dem allen müssen wir beständig .... von dem was dem Augenschein nach nicht anders als mittelmäßig hat sein können, auf das Schönste schließen, und aus glücklich schätzen, wie nach einem erlittenen Schiffbruch, einzelne Blätter zusammenzulesen". Nach einigen meist bekannten Notizen über die in Rom seit einem Jahrhundert aufbewahrten Gemälde kommt er auch wirklich auf die herculanischen zu sprechen, aber nur um uns die auf seinen beiden Reisen gesammelten Notizen aufzutischen. Der detaillirten und trockenen Beschreibung des Inhalts (nicht der Kunst) der 1761 gefundenen schönen Tafeln hat er einen so unverhältnißmäßigen Platz eingeräumt, weil er ein Beispiel geben will für die Regel, „man solle schreiben, oder nicht, was wir wünschten, daß die Alten geschrieben oder nicht geschrieben hätten"; d. h. so, daß der Leser von den Werken eine anschauliche, brauchbare Vorstellung bekommt. Doch wollte er wohl nur durch brühwarme Mittheilung dieses „Neuesten" dem Stück die Würze der palpitante attualità geben. Sonst aber hat er, weit entfernt durch Schlüsse, die er auf jenen Gemäldeschatz gebaut, zu Vermuthungen über

§ 136. Von der Malerei der Alten.

die große Vergangenheit der Malerei aufzusteigen, nicht einmal für jene spätere Kunst eine vollständige Characteristik in Angriff genommen.

So sinkt also hier die Haltung seiner Historie merklich. In dem Thema stehen solche Verzeichnisse und Miscellen in keinem Verhältniß. Spricht der Geschichtschreiber der alten Kunst so über die Malerei der Griechen? Nirgends ist die Ungleichheit des Werks auffälliger, überhaupt giebt es wenig Bücher, die aus Stoffen so verschiedener Qualität gewebt sind. Das Stück „vom Wesen der Kunst" z. B. war wie ein massiver Prachtbau für Jahrhunderte; dieses hier ist erst ein Vorrath von Ballen, Ziegeln und Spreu zu einem Zukunftsbau von zweifelhafter Zeit und Gestalt. Dort ein Ganzes von Wahrheiten und Geheimnissen des größten Kunstalters der Welt; hier einige Novitäten der Scavi.

Das schlimmste aber waren die Nachrichten von den so eben in Rom aufgetauchten, die herculanischen noch verdunkelnden antiken Gemälden, deren eines Mengs und die andern Casanova fabricirt hatte. Vom Ganymed stand geschrieben, „daß desgleichen niemals noch bisher gesehen worden", daß der Knabe „ohne Zweifel eine der allerschönsten Figuren sei, die aus dem Alterthum übrig sind"; die von Casanova scheinen ihm „aus der Kleidung" die ältesten von allen alten Gemälden zu sein. Er erzählt des breiteren die ihm aufgekundene Geschichte von ihrem Entdecker, „dem Ritter Tiel von Marsigny aus der Normandie, weiland Lieutenant von den Garde Grenadiers des Königs in Frankreich, der sie heimlich von der Mauer abnehmen ließ und diesen seltenen Schatz in vielen Stücken nach Rom brachte... Er starb schleunig im August 1761, ohne jemandem von seinen Bekannten den Ort der Entdeckung eröffnet zu haben, welcher noch itzo, da ich dies schreibe (April 1762) unbekannt ist... Man fand eine Quittung von 3500 Scudi, daß derselbe aus eben dem Ort drei andere Gemälde weggeholt" u. s. w. Drei Stücke nach den beiden ersten, drei Tänzerinnen und drei Töchter des Cecrops, die sich vor Pallas wegen ihrer Neugier entschuldigen, zieren den Anfang des fünften Stücks: das Quarto des Buchs reicht kaum für die Platten. Er hatte „sich das Geld vom Munde abgezogen", um seinem Werke diesen seltsamen Zierath zuzuwenden, — ein Denkmal, solange seine Kunstgeschichte existirt, wie er einst auf diesen welschen Klippen festfuhr.

Und doch konnte er sich aufgefordert fühlen, in diesem Punkte Vorsicht zu gebrauchen, da er einige Jahre vorher einen freilich sehr plumpen Betrug dieser Art selbst mit zuerst erkannt hatte. In der Mitte der 50er war ein mitteljähriger Venezianer Maler Joseph Guerra († 1761) (le plus fameux faussaire de nos jours nennt ihn Lacionti) mit alten Gemälden aufgetreten, er hatte nicht nur den Engländern und Teutschen, (z. B. der Markgräfin von Bayreuth vier), sondern auch dem Pater Contucci für das Kircherische

Museum eine ganze Anzahl (40) derselben verlauft; diese letzten sind wunderbarer Weise zum Theil noch heute dort zu sehen. Als Winckelmann nach Rom kam, waren diese Jesuitengemälde ein gewöhnliches Thema antiquarischer Unterhaltungen. Sie waren aber offenbar nicht bloß ohne irgend welche Bekanntschaft mit alten Gemälden, sondern auch ohne einen Gedanken an Betrug gemacht worden; nach Jeo sind es Decorationsbilder aus dem sechzehnten Jahrhundert, die Guerra von einer erlittenen Uebermeißung gereinigt hatte. Der verwundete Epaminondas, „eine lange abgezehrte Figur im Stil des Giotto", wird von Soldaten in eisernen Rüstungen aus der Schlacht getragen; überhaupt sind die Figuren stillenmäßig langgezogen. Bei einem Thiergefecht stützt sich der zusehende Kaiser auf den Knopf seines bloßen Degens. Contucci, der diese seine Kleinode nur aus besonderer Gefälligkeit zeigte, behauptete, sie seien von Sicilien, ja von Palmyra hergebracht worden. Paciaudi erzählte Winckelmann, sein Meister Apostolo Zeno habe solche Fälschungen eines zu seiner Zeit berühmten Venezianers, Pietro Fondi, besonders in Basen, benutzt, um seine Schüler an die Unterscheidung des Antiken und Modernen zu gewöhnen. Baldani zuckte die Achseln: „ich weiß nicht was ich Ihnen sagen soll; zuweilen muß man aufs Wort glauben und nicht gar zu tief die Alterthümer und die Geheimnisse der Jesuiten untersuchen wollen". Winckelmann kam durch die Bekanntmachung dieses Betrugs etwas mit dem Collegio Romano auseinander.

Guerra, durch seinen Erfolg aufgeregt, versuchte nun selbst solche Frescobilder zu produciren, wobei er die inzwischen veröffentlichten herculanischen, z. B. den Chiron, genau nachahmte. Es verbreitete sich das Gerücht, diese Bilder seien aus Herculaneum gestohlen; man hatte deren nach Neapel geschickt; in Neapel arbeiteten zwei Genueser Procurenten mit Hülse des Goldschmieds Gropalesi in diesem Fach, ganze Sendungen gingen nach Frankreich, und der neapelsche Hof beauftragte (Ende 1757) seinen römischen Gesandten mit Untersuchung der Sache. Der Duca di Cerisano erhielt Weisung, die Gemälde anzukaufen (er bot hundert Scudi für vier) und sich von Guerra eine Erklärung über seine Fälschung zu verschaffen, damit der Betrug veröffentlicht werden könne. Carl III wollte nicht, daß Jemand glaube, es seien irgendwo anderes als bei ihm Gemälde aus Ercolano, und ebensowenig daß, wie Guerra behauptete, bessere alte Gemälde als jene existirten. Der Gesandte hätte am liebsten den Maler verhaften lassen, dazu aber konnte er die Zustimmung des Staatssecretärs nicht erhalten; doch bekannte Guerra seine Urheberschaft und erbot sich ein neues Bild nach einem ihm aufgegebenen Sujet zu liefern; auch übergab er seine drei Imitationen Archinto. Cerisano verlangte nun bei jener Operation einige Sachverständige als Zeugen, unter dem Vorwand, man wünsche Guerra's Befähigung zur Restauration und Firnissung der neapolischen Gemälde, die sehr gelitten hatten, zu prüfen, aber dieß verweigerte Guerra, weil er dann sein technisches Geheimniß verrathen würde. (Er verstand den Ueberzug (tartre) nachzumachen, mit dem die Gemälde sich unter der Erde bedeckten, und die Farben durch Schmergelpulver zu fixiren). Nicht einmal der Kauf der Gemälde kam zu Stande, weil Arcinto die Geheimhaltung des Betrags wünschte, damit Guerra, der hiervon lebe, keinen Schaden habe! Der König von Neapel verlangte, daß in des letzteren Quittung stehe, da esso diplori con particolar segreto ad effetto di sargli apparire antichi, während die Käufer bestanden auf: c. p. a., essendosi ingegnato quanto ha potuto d'imitare l'antico; worüber Ceristano schreibt, er sasse nicht, wie man eine solche Gaunerei vertheidigen und verbergen wolle colle profesioni fine. Und so verlief diese Sache im Sande. Noch im Jahre 1760 kaufte ein Engländer solche Gemälde für 600 Scudi.

Also, war es denn mit Winckelmanns Kennerschaft wirklich so bestellt, wie sein alter Freund Heineken eben aus diesem seinem Unglück folgerte? Waren seine Merkmale, seine Criterien des Antiken so unvollständig, so vag? Hier waren Werke von Leuten, die er täglich den Pinsel führen sah, gemacht in der Absicht zu täuschen, alle gewiß ohne jeden Antheil, ich will nicht sagen des Genies, sondern künstlerischen Ernstes. Genügte also ein gradliniges Profil, einige archaistischen Reliefs nachgepinselte Falten, und eine mit Hülfe eines belesenen Abate aufgetrebene Diathe, um ihn in classisches Entzücken zu versetzen? Aber wer kennt nicht die Macht des Vorurtheils in solchen Urtheilen! ...

Wenn ihn einmal das wahrhafte Timonium im Stich ließ, so war dann eine Beimischt. Er der die Ehre und den Stolz der neuern Kunst, die italienische Malerei, in ihren Meistern, und Liebenswürdigkeit derselben schrieb, sollte man selbst einmal als einer Studie unterziehen.

§ 136.

Von der Kunst nach den äußeren Umständen der Zeit.

Der zweite und kürzere Haupttheil der Kunstgeschichte, die "Geschichte im engeren Verstand", wurde erst niedergeschrieben, als das Manuscript des ersten Theils schon nach Deutschland abgegangen war. Dieser Theil ist von ungleich geringerem Gehalt als der erste, von leichterer Arbeit, ärmer an Originalgedanken, und durch manche Irrthümer entstellt. Von den historischen Ideen, welche schon im systematischen Theil vollständig mitgetheilt worden waren, sollte hier die Ausführung und der Beweis geliefert werden. Großen wissenschaftlichen Werth kann man dem Grundgedanken dieses Theils nicht beilegen. Diese "äußeren Umstände" haben für die Kunstgeschichte nicht die

Bedeutung, daß man ihnen die Hälfte eines Geschichtswerks widmen sollte. Alle Potenzen des Culturlebens, ideale und reale, Handel und Poesie, Naturwissenschaft und Religion, Staat und Philosophie stehn in Wechselwirkung, für jede kann man leicht Analogien wie Bedingungen in allen andern finden; aber während jede aus dem ganzen Körper Leben zieht, hat sie auch ihr eignes Leben, und an diesem hat sich ihre Specialgeschichte zu halten. Der Meister bleibt sein säuberlich bei der Sache und ihrem innern Zusammenhang, der Dilettant schweift in deren Beziehungen zu andern hin und her und glaubt in sehr wohlfeilen Parallelen Aufschlüsse über sie zu finden.

So wollte Winckelmann also hier die Jahrhunderte der griechisch-römischen Geschichte durchmessen, um den Ursachen des Steigens und Sinkens der Kunst, soweit sie außerhalb der Kunst liegen, auf die Spur zu kommen; den Hintergrund, den Boden, die oft stürmisch und von ganz anderen Geistern bewegte Umgebung wollte er zeichnen, in welcher die stillen, meist einer sehr verschiedenen Welt angehörigen Bilder der Kunst stehen. Freilich waren des Verfassers Studien in diesem Felde nie so tief gegangen, um geschichtliche Gemälde der Zeiten herzustellen; bei Studien aber, die man ad hoc, und aus Quellen wie A. G. Baumgartens allgemeiner Welthistorie macht, wird man nicht anders können, als die Geschichte wohl oder übel für seine Ideen zurechtzurücken. Diese Schilderung ist längst veraltet, nur einzelne Stellen haben noch Interesse; sie sind im nachfolgenden wiedergegeben.

Auch der Ton steht hier von Anfang niedriger. „Die Kunst hängt noch mehr als die Wissenschaft von der Zeit und ihren Veränderungen ab; sie wird durch den Ueberfluß und vielmals durch die Eitelkeit genährt und erhalten." Dieß wäre der alte Gemeinplatz, daß Friede und Luxus die Künste nähren; und so scheint denn auch wirklich fast jeder Friedensschluß ein Signal zu sein für die Künstler, in ansehnlichen Gruppen hervorzutreten, während jeder Krieg als empfindlicher Schlag sie lähmt. Doch zeigt sich weiterhin, daß neben diesen wechselnden Einflüssen auf das äußere Gedeihen der Kunst, eine innere, geistige Ursache mit im Spiel ist: die Freiheit; diese ist es, durch welche die Kunst allezeit emporgebracht wurde.

Diese Freiheit hatte nun in Griechenland allezeit ihren Sitz, auch neben dem Thron der Könige, die väterlich regierten; und selbst in jener „betrübten" Zeit, als, nach der sosten Olympiade, siebzig Jahre lang Griechenland von verschiedenen Tyrannen (wenn auch humanen, die Gesetze respectirenden) überwältigt wurde, gab es soviel Freiheit, als die Kunst nöthig hatte. „Die Statuen der Sieger in den großen Spielen, mit welchen Elis auch schon vor dem Flor der Kunst angefüllt war, stellten soviel Vertheidiger der Freiheit vor: die Tyrannen mußten dem Verdienst das anerkannte Recht widerfahren

§ 136. Von der Kunst nach den äußeren Umständen der Zeit.

laſſen, und der Künſtler konnte zu allen Zeiten ſein Werk vor den Augen des ganzen Volks aufſtellen". —

Als aber die Tyrannen in Griechenland „vertilget", „die Söhne des Piſiſtratus verjagt und ermordet waren", „um eben die Zeit, da Brutus ſein Vaterland befreite": erhoben die Griechen ihr Haupt mehr als jemals, und es kam ein neuer Geiſt in dieſe Nation. Durch den Sieg bei Marathon, „welcher wunderbar in aller Geſchichte bleibt", erhob ſich Athen über alle Städte und wurde durch Anſehen und Macht der vornehmſte Sitz der Künſte und Wiſſenſchaften, alſo daß „die Kunſt mit Athen immer einerlei Schickſal gehabt und ihre Aufnahme vorzüglich von dem Wohlſtande dieſer Stadt abgehangen hat".

Dem Nationalkriege folgten die merkwürdigſten fünfzig Jahre Griechenlands. „Ein Grund zur Größe war gelegt, auf dem ein dauerhaftes und prächtiges Gebäude konnte aufgeführt werden: die Weiſen und Dichter legten die erſte Hand an daſſelbe, die Künſtler endigten es, und die Geſchichte führt uns durch ein prächtiges Portal zu demſelben... Alle Kräfte ſchienen in Bewegung zu kommen, und die großen Gaben dieſer Nation fingen an ſich mehr als jemals zu zeigen. Die außerordentlichen Menſchen und großen Geiſter, welche ſich von Anfang der großen Bewegung in Griechenland gebildet hatten, kamen jetzt alle mit einmal hervor. Herodot las ſeine Geſchichte zu Elis allen Griechen vor, Aeſchylus trat mit den erſten regelmäßigen Tragödien im erhabenen Stil ans Licht, man fing an, die Gedichte des Homerus abzuſingen, die erſten Comödien wurden durch Epicharmus aufgeführt, Simonides der erſte Dichter in Elegien gehörte unter die Erfinder dieſer großen Zeit, Gorgias gab der Redekunſt die Geſtalt einer Wiſſenſchaft, in Athen wurden zu Socrates Zeit durch Antiphon die erſten gerichtlichen Reden ſchriftlich aufgeſetzt, ja die Weisheit ſelbſt ward dort zuerſt öffentlich durch Anaxagoras gelehrt: das waren die großen Vorbereitungen zur Vollkommenheit der Kunſt, zu welcher ſie nunmehr mit mächtigen Schritten ging".

Die Jahre des Pericles waren die glücklichſte Zeit für ſie, ihr goldnes Zeitalter, die Epoche des Phidias und Parrhaſius, — wo die Eintracht arbeiten half, und das entſchiedene Verdienſt eines jeden die Eiferſucht entwaffnete. Das Unglück ſelbſt mußte zur Beförderung der Kunſt dienen, und die Verheerung und Zerſtörung der Stadt gab den Künſtlern Gelegenheit, ſich gleich anderen großen Männern zu zeigen. Und die Wirkungen dieſer der Kunſt heiligen Zeit dauerten noch fort während jenes Kriegs, der zur gänzlichen Entkräftung der Nation führte und mit dem Verluſt der Freiheit endigte; denn in ſeiner erſten Olympiade blühten die Meiſter des hohen Stils, Polyklet, Myro, Scopas, Pythagoras, Alkamenes. Und als Thraſybul der Erretter des Vaterlands von den Tyrannen der dreißig Tyrannen wurde, erwachte die Kunst von neuem, und die Schüler der großen Meister zeigten sich: Canachus, Naucydes, Tismed, Patroclus. —

Das letzte Alter der großen Leute in Griechenland fing an, als Epaminondas, der größte Mann aller Griechen, sein Vaterland Theben mächtig machte: Xenophon und Plato waren in ihren besten Jahren, und Demosthenes trat nach ihnen auf und redete unüberwindlich für sein Vaterland. Damals blühte Praxiteles, und eine Zeit nach ihm erschien Lysipp. Die besten dieser Dichter und Künstler waren noch von dem Stamm, welcher in dem Grunde der stolzen Freiheit gepflanzt war, entsprossen. Der Geist der Kunst war freilich ein anderer: Griechenland schmeckte die Süßigkeit der Freiheit ohne Bitterkeit, in einiger Erniedrigung, aber in Eintracht; und die fast erloschene Eifersucht, welche sie enthüllet hatte, ließ ihnen, wie wenn ihre Wuth in der Liebe aufhört, eine stolze Erinnerung der vormaligen Größe und die Ruhe übrig. Denn die Macedonier, die Feinde ihrer Freiheit, — aus deren Lande man ehemals nicht einmal einen nützen Leibeigenen haben konnte — hatten sich zwar über sie erhoben, begnügten sich aber, der Freiheit nur die Waffen genommen zu haben, und suchten fern von ihnen Abenteuer und andere Reiche. In dieser Ruhe überließen sich die Griechen ihrer natürlichen Neigung zum Müßiggang und zu Lustbarkeiten: und Sparta selbst ging von seiner Strenge ab: der Müßiggang füllte die Schulen der Philosophen, die Lustbarkeiten beschäftigten Dichter und Künstler, und diese suchten nach dem Geschmack ihrer Zeit das Sanfte und Gefällige, da die Nation in der Weichlichkeit ihren Sinnen zu schmeicheln suchte. Die Sitten beförderten die letzte Feinheit und den aufs höchste getriebenen Geist in den Werken des Witzes und der Kunst. —

Aber seit Alexanders Tod, in den Empörungen und blutigen Kriegen der Diadochenzeit, wurde der Horizont der Kunst nie wieder heiter. Da sie, die das Leben von der Freiheit erhalten, mit deren Verlust sinken und fallen mußte, so wird ihr Flor gewiß nicht länger als bis nach Alexanders Tod gedauert haben. Freilich wurde sie nach Africa und Asien gerufen, durch Ptolemäer und Seleuciden: aber unter einem ihr fremden Himmel wird sie schwerlich Wurzel gefaßt haben, und unter der Hofpracht mußte sie viel von ihrer Größe und ihrem wahren Verständniß verlieren. Wenigstens äußerte sich damals in der Literatur zuerst der verderbte Geschmack der Pedanten. Indem er das Siebengestirn mit dem Marinismus vergleicht, vermuthet er, „bei der Aehnlichkeit der Schicksale der Kunst und der Gelehrsamkeit werde es auch an Borromini's und Bernini's nicht gefehlt haben".

§ 137.
Die Kunst unter den Römern; Schluß.

Am Schluß des ersten Theils steht auch ein Capitel von der römischen Kunst, in welchem die Nachrichten über dieselbe zur Zeit des Freistaats gesammelt sind, die römische Männerkleidung beschrieben, namentlich aber die bei den römischen Antiquaren herkömmliche und auch auf die Ultramontani übergegangene Ansicht „von einer eigenen Art römischer Arbeit in der Kunst" widerlegt wird. Dieser Begriff eines römischen Kunststils sei, sowohl unsre jetzigen Kenntnisse gehen, nichts als Einbildung, ein Vorurtheil entstanden aus der unrichtigen Erklärung mythischer Bilder durch Begebenheiten der römischen Geschichte, und aus einer „unzeitigen Ehrfurcht gegen die Werke griechischer Künstler; denn da sich viele mittelmäßige Werke finden, entzieht man sich diese jenen beizulegen, und es scheint billiger, den Römern als den Griechen einen Tadel anzuhängen. Wir wissen, daß es römische Bildhauer und Maler gegeben hat, und es ist nicht unglaublich, daß es einige hoch in der Kunst gebracht haben und vielen griechischen zu vergleichen gewesen. Unter den griechischen Künstlern hingegen wird es auch mittelmäßige Gesellen, wie unter ihren Scribenten gegeben haben. Aber wird den Niemder für einen großen Dichter halten, als wer nur schön findet, was dunkel ist. Die Kunst wird ihren Niemder und ihren Aratus gehabt haben. Aber die Kunstwerke mit römischen Inschriften und die Statuen mit Künstlernamen sind nicht hinlänglich zum System der Kunst und zur Bestimmung eines besonderen von dem hetrurischen und griechischen verschiedenen Stils. In der allerältesten Zeit ahmten sie vermuthlich die Hetrurier nach, und in ihren späteren und blühenden Zeiten werden ihre wenigen Künstler Schüler der griechischen gewesen sein". —

Der letzte Abschnitt der Kunstgeschichte erzählt diese Nachgeschichte griechischer Kunst in Rom. Die Römer, schreibt er, „nahmen ein empfindliches Herz (?) an gegen die Freiheit eines anderen Volks, und T. Flamininus hatte im 33. Jahre seines Alters die Ehre, die Griechen für freie Leute zu erklären". In der Kunst muß dieß gleich zu spüren sein: wir brauchen nur die 155. Olympiade bei Plinius in die 145. zu verwandeln, so erhalten wir die Gruppe Antheus, Callistus, Polycles, Metrodor und vielleicht Apollonius Nestors Sohn, den Meister des Torso, eines der letzten vollkommenen Werke, welches die Kunst in Griechenland vor dem Verlust der Freiheit hervorgebracht hat. Zwar als seit Mummius Griechenland ein beständiger Raub der Römer geworden war (er giebt uns die Chronik dieser ersten Betheiligung der Römer an der Kunst); muß den Griechen der Muth gefallen sein, auf öffentliche

Werke der Kunst kosten zu verwenden. Doch wurden die Römer auch Beförderer der Kunst, weil ihre Prachtliebe eine Quelle zum Unterhalt der Künstler auch in den Provinzen war. —

Von der Zeit an, wo die Kunst nach dem Westen wanderte, wird die Erzählung ganz faßlos. Sie läßt sich auf in eine lockere Aneinanderreihung von historischen Notizen, Kunstbaisachen und Denkmälern, die unter verschiedenem Vorwand an die Faden der Staatengeschichte geknüpft werden. Chronologisch feste Denkmäler finden sich nur wenige; noch weniger will es gelingen, Folgerungen über Wandlungen von Stil und Geschmack aus ihnen zu ziehen. Gar oft giebt eine herkömmliche irrige (wiewohl berichtigte) Datirung, oder irgend eine äußerliche Beziehung den Vorwand, einem sonst unbestimmbaren Werk seinen Platz in der Erzählung anzuweisen. Die sogenannte Cleopatra im Belvedere z. B. kommt bei Augustus, der sogenannte Antinous ebenda bei Hadrian zur Sprache; der vaticanische Apoll und der borghesische Fechter bei Nero, weil sie von diesem aus Griechenland nach Porto d'Anzo gebracht seien; zwei aus Tibur geholte Mosaiken veranlassen eine Episode über das Mosaik und über die soeben in Pompei entdeckten Stücke des Diosceribes. —

Es paßte wenig in kein System über Krieg und Frieden, Despotenthum und Freistaat, Griechen und Römer, daß die restaurirte Kunst der letzten stürmischen Zeiten der Republik und der Kaiser zu loben sein sollte. „Die Kunst in der Freigelassenen Händen kann als eine der Ursachen ihres Verfalls angesehen werden". Aber die Münzen, Steine, Pasten zeigen fast ausnahmslos, seiner Philosophie zum Trotz, unablässige Trefflichkeit, und zwar gerade an seinen Criterien gemessen. Griechenland bietet in den letzten vorchristlichen Jahrhunderten überall nur „traurige Spuren der Verstörung". Aber in Cäsars Zeit sollen die Namen Stronghylion, der Meister der Amazone mit dem schönen Bein, der Maler Timomachus, Arcesilas, dessen Modelle so theuer bezahlt wurden, Pasiteles, Posidonius, Zodus und Zopyrus. Indeß braucht ja „der abermalige Fall des Flors der Kunst in Griechenland dieselbe in einigen einzelnen Künstlern nicht auszuschließen".

Während der Kaiserzeit setzten sich die Künste in Rom wie in ihrem Mittelpunkte und die besten Meister wandten sich hierher. Es wird nun alles zusammengestellt was von Luxus und Vandalismus, von aufmunterndem Interesse, Liebhabereien und Abgeschmacktheiten der Kaiser berichtet wird, und wir sehen die Kunst, solchen allerhöchsten Launen gemäß, wechselnd blühen und welken, aufleben und absterben.

Das Schweigen der Denkmäler sucht er wieder durch Parallelen aus der Geschichte der Literatur, und zwar des Stils, sowie der Baukunst zu ergänzen. Unter August schon sehen wir den guten Geschmack in der Schreibart sinken, besonders durch Gefälligkeit gegen Mäcen, der das Gezierte, das Spielende und das Sanfte liebte. In der Kunst will sich freilich keine Analogie dazu finden, außer den sogenannten Erotideen und dem Tempel des Augustus und der Roma zu Melassi in Carien! Aber die Statue des Germanicus in Versailles ist „eine sehr schöne Arbeit", und sein Kopf im Capitol „einer der schönsten kaiserlichen Köpfe". Wunderliche Bemerkungen entschlüpfen ihm: in Marc Aurels Schrift seien, „außer einer gesunden Moral, die Gedanken sowohl als die Schreibart gemein und eines Prinzen, welcher sich mit Schreiben abgiebt, nicht würdig" (giebt es einen Prinzenstil? soll der Unterthan oder Roturier mehr Ermunterung haben, schlecht zu schreiben, als Serenissimus, dem es beliebt, sich mit Schreiben „abzugeben"?); die vier griechischen Kirchenväter, Basilius u. s. w. sollen „die Beredsamkeit, die Schönheit der Sprache nach einem großen Verfall wiederum in die Höhe gebracht haben, so daß sie dem Plato und Demosthenes zur Seite stehen können" (Weihrauchqualm der Sacristei!).

„Wäre es möglich gewesen, die Kunst zu ihrer vormaligen Herrlichkeit zu erheben, so war Hadrian der Mann, dem es hierzu weder an Kenntniß, noch an Bemühung fehlte: aber der Geist der Freiheit war aus der Welt gewichen, die Quelle zum erhabenen Denken und zum wahren Ruhm war verschwunden". Dazu kam der ausgeartete Aberglaube und die christliche Lehre. „Die Zeit der Antonine ist in der Kunst, wie die scheinbare Besserung gefährlicher Kranker kurz vor ihrem Ende, in welchem das Leben bis auf einen dünnen Faden des Hauchs gebracht, dem Lichte einer Lampe ähnlich ist, welches ehe es gänzlich erlöscht, alle Nahrung sammelt, in eine helle Flamme auflodert und plötzlich verlöscht". Aber die Statue der bewaffneten Venus von Herodes Atticus, „die nicht das Süße und Verliebte, sondern etwas Männliches und eine Freude wie nach erhaltenem Sieg zeigt, ist ein Beweis, daß sich die Kenntniß des Schönen und des Stils der Alten nicht gänzlich aus der Welt verloren gehabt". Unter und nach Commodus soll endlich die letzte Schule der Kunst (die Hadrianische) und die Kunst selbst zu Grunde gegangen sein. Aber seine Münzen „sind in Zeichnung und Arbeit unter die schönsten kaiserlichen zu rechnen, und sein jugendlicher Kopf im Capitol macht der Kunst Ehre". — Eigentlich ist erst unter Septimius Severus die Sprache der Denkmäler unzweideutig im Sinn des Verfalls: vor den Reliefs seines Triumphbogens ist mit Händen zu greifen, daß man in rascher, abschüssiger Bewegung begriffen ist. Und doch taucht jetzt gerade der teuflische Caracalla auf, dessen Kopf „vielleicht Polykleip selbst nicht vortrefflicher gebildet haben würde". Und was soll man sich für eine Vorstellung machen von einer Verfallzeit, auf deren meiste Werke passen soll, was Longin von der Odyssee sagt, „daß man in derselben den Homer wie die untergehende Sonne sehe, von welcher außer ihrer Wirkung die Größe übrig bleibt"? — Den gänzlichen Verfall der Plastik legt er in die Zeit der großen Verwirrung durch die dreißig Tyrannen, obwohl die Baukunst noch blühte. Die traurige Chronik der Zerstörungen endigt mit Palämins Eroberung von Constantinopel.

Das Gemälde, welches hiermit schließt, hat das Verdienst gehabt, in beredter Sprache und mit allen damals zu Gebote stehenden historischen und philosophischen Gründen, noch mitten in einer Zeit der Hoffnung nach dem Muster Louis XIV, bezeugt zu haben, daß die Kunst der Alten, die herrlichste Kunst aller Zeiten, im Großen und Ganzen, und in ihren glorreichsten Werken eine Schöpfung des freien Griechenlands war, und das Pathos mit dem dieß geschah, darf nicht vergessen werden unter den Ursachen, die in der nächsten Zeit das Blut unsrer Kunst wieder erfrischt und erneuert haben. — Das Gemälde zeigt zuerst ein allmähliches Steigen, eine kurze wunderbare Blüte sodann, endlich einen langgedehnten Wechsel von Verfinsterung und Wiederaufleuchten, aber wie die Tage im Herbst, mit wachsendem Schatten.

Im Detail jedoch ist das Gemälde weder wahrscheinlich noch erfreulich. Es steht in auffallender Abgetrenntheit von der Sprache der darin ausgestreuten Denkmäler, die ihm Farbe und Relief geben sollten. Der gefeiertste Torso erscheint am Ende des freien Griechenlands! Jede Münze mit einem schönen Kopf (z. B. Pyrrhus, Demetrius Poliorcetes, Agathocles), jede Kunde von irgend welcher Kunstindustrie (Perres' Vasenfabrik in Syracus), von einem Brachstück (Hiero II Wunderschiff), von einer Statuencommission für die Villa des Atticus, giebt für die Kunst der Zeit günstigste Aspecten. Ja, wie hier geschieht, nur die schöne Form Criterium ist und die Erfindung übersehen, ja nicht einmal zwischen Geschmack und Technik unterschieden wird: da hätte der Aer der Kunst eigentlich der Dauer dieser technischen Ueberlieferung und also fast der alten Civilisation überhaupt gleichgesetzt werden müssen. Eine der Bisontischen ähnliche Geschichtsauffassung sollte man da erwarten.

Der Verfasser führt uns durch das Alterthum, um uns mit ermüdender Monotonie immerfort dasselbe Schauspiel zu zeigen: daß jeder Friedensschluß, jede Wiederherstellung der Republik eine Gruppe Künstler hervorzaubert, jeder Krieg dagegen und Verlust der „Freiheit" den Verderb des Geschmacks, den Fall der Kunst herbeiführt. Das Leben der Kunst hätte danach Aehnlichkeit mit dem heutigen großen Geld- und Geschäftsverkehr, der so empfindlich ist gegen jede Zuckung der politischen Welt. Manchmal möchte man, in der Ungeduld über die ewige Wiederholung, an Harlequin denken, der öfters in der Pantomime todt hinfällt, ja als steifer Leichnam von Pierrot aufgeladen wird, obwohl wir getrost sein können, daß er zur rechten Zeit wieder munter auf seinen Füßen stehen und sich Pierrot empfindlich fühlbar machen wird.

In Wahrheit hat die Kunst eine viel robustere Constitution. Sie ist keine Flur des Morgenlandes, die ein paar Tage Sonnenbrand ausdörren und einige Regengüsse wieder mit Grün und Blumen bedecken. Sie hat ihr eignes Leben und ihre weitverzweigten Lebenscanäle, und die Jahre dieses Lebens sind weit länger als die kurzen Jahre der Talente, welche Gunst und Geldfluß einer Friedensepoche hervorlockt. Dieß ihr Leben währt so lange als die Cultur, von der sie, als ihr Organ, geschaffen worden ist und die ihrer Bilderprache bedarf. Sein Pulsschlag ist langsam, — denn was Erfindung in Motiven, Darstellungsmitteln, Technik anlangt, so ist der menschliche Geist merkwürdig träge. Aber dafür ist dieser Vorrath, das Werk der Zeiten, auch so ungeheuer groß, daß er nur durch lange fortgesetzte Stöße des Schicksals zu Grunde gehen kann. Die fruchtbarsten Kunstalter waren oft angefüllt mit äußeren und inneren Fehden (die ja nicht bloß Zerrüttung, sondern auch einen Ueberfluß thätiger Kräfte anzeigen können), und zuweilen sank die Kunst von dem Augenblick an, wo Friede, Reichthum und Protection zu ihrem Heil sich verbündeten. Wie nach Chamfort im Leben der Einzelnen die Zeit nach den Jahren der Leidenschaften die productivste ist, — so befruchten vulcanische Ausbrüche die Erde —: so scheint nach Diderot auch der Lorbeer Apolle's am kräftigsten zu grünen, wenn er von Bellona mit Blut benetzt ward.

Somit kann das Erbe der Kunst so wenig durch kühne Speculation auf einmal verschwächt, noch auch, wie der Reichthum des Parvenu, auf einmal verschleudert werden. Ihr Leben überdauert Kriege und Friedensschlüsse, Verfassungen und Staaten; die großen Calamitäten werden quantitativ die Hervorbringung vermindern, aber nicht die edlen Theile bedrohen, ihre Richtung verändern, ihren Character verwandeln. Dagegen, wenn die Götterdämmerung ihrer Gestalten hereingebrochen ist, wenn ihre Mittel das menschliche Herz zu bewegen, verbraucht, ihre Formen ausgelebt sind: so wird weder öffentlicher Wohlstand, noch mediceische Hulgunst, noch freie Verfassung, noch Fleiß der Schulen, noch abgöttischer Heroencultus, noch hohe metaphysische Begriffe, noch Gelehrsamkeit, noch Reinigung des Geschmacks und Aufstellung edelster Muster vor allem Volk, einen lebendigen Sproß hervortreiben. Es heißt dann:

Vixi et quem dederat cursum fortuna peregi,
et nunc magna mei sub terras ibit imago.

§ 138.
Ueber Sprache und Stil.

Winckelmann hatte sich vorgesetzt, in der Kunstgeschichte nicht nur die Blüte seiner Forschungen alter Kunst zu vereinigen, sondern auch die Schönheit der Gedanken und der Sprache aufs höchste zu treiben. In dieser Biographie, welcher, was Winckelmann irgend gültiges und bleibendes gesagt hat, eingewoben werden sollte, sind Proben aller der mannichfaltigen Nüancen seines Stils vorgekommen, und an dieser Stelle reicht es hin, die Eindrücke des Lesers durch einige Winke zu restauriren.

Winckelmanns Begabung im Punkt der Form und des Stils zeigt sich nicht weniger in den allgemeinen Vorzügen der Sprache, die ihm, wenn er wollte und einen Gegenstand hatte, zu Gebote standen, sondern vornehmlich in der proteusartigen Verwandlungsfähigkeit seines Stils. Er hat für jede Sache und für jede Person eigne Linien und Farben.

Selbst in seinen Briefen kann man dieß beobachten. Diese Briefe sind wahre Briefe, sie haben die Haupttugend der Briefe in vollem Maaße: die Unmittelbarkeit. Sie sind ganz voll vom Augenblick und von der Person, die ihm vorschwebt, und soweit als möglich entfernt von der Zeit- und Raumlosigkeit der Abhandlung. Schon ihre Indiscretion und Nachlässigkeit in der Sprache beweist, daß er nicht entfernt an einen möglichen weiteren Gebrauch derselben und an andere Leser, als den Adressaten und zwar in dem Moment, dachte. Was er in ihnen plauderte, wäre ihm so fatal gewesen, an die Oeffentlichkeit gebracht zu sehn, daß er bei dem einigen Fall, der in dieser Beziehung zu seinen Ohren drang, sich vornehmen wollte, alle Correspondenz mit Deutschland abzubrechen. Daher sind die Briefe der treue Spiegel seines Innern, d. h. zu jener Stunde und im Verhältniß zu jener Person, also der rasch wechselnden Oberfläche, nicht der unbeweglichen Tiefe seines Innern. Aus ihnen schöpfen wir die für die Biographie unbezahlbaren Züge, welche uns Winckelmann als Menschen, — in seinen Schwächen und in seinen noblen Regungen malen. Die köstliche Naivetät, mit der er sie verräth, erinnert oft an den liebenswürdigsten Schriftsteller den es gegeben hat, Montaigne. Es ist nicht zu streiten mit denen, welche solche Menschlichkeiten nicht vertragen können und sie ausgemerzt sehen möchten, als kleinliche Herabziehung großer Männer (wahrscheinlich weil sie selbst, die bloß aus solchen bestehen, deren Berührung nicht vertragen würden), und die von Heroen nur geredet haben möchten, wie man in Lobreden an Schulfesten einen Ehrenmann zum Vorbild hinstellt. Aber auch das lichteste Bild gewinnt ja durch kleine Schatten nicht nur Wahrheit, sondern auch Leben und Relief.

§ 136. Ueber Sprache und Stil.

Diese Briefe, der treue Spiegel seiner inneren Regungen, die Ablagerung seiner neuesten Einfälle und Projecte, seiner Wechsel von Zärtlichkeit und Empfindlichkeit in der Freundschaft, haben vor unzähligen andern von ähnlicher Unmittelbarkeit voraus die Fülle und das Interesse des Inhalts. Nicht zwar des gelehrten, aber der Züge zum Bild seiner Zeit. Der Verfasser dieses Buches, der in sechs Jahren alles gedruckte und handschriftliche auf italienischen und deutschen Bibliotheken und Archiven über römische Zustände kennen zu lernen suchte, fand, daß die Gesammtheit dieses umfangreichen Materials nicht sehr viel mehr enthielt (abgesehen von der kirchlich-politischen Sphäre), als was in Winckelmanns Briefen aufbewahrt ist. Ihr Reiz liegt in der vollkommenen Unbefangenheit und Rücksichtslosigkeit eines Mannes, der der Heimath so weit entrückt ist, und dessen Briefe für die, mit welchen er zu leben hat, so gut wie nach dem Mond geschrieben sind.

Auch in diesen flüchtigen, am Posttag eilig hingeworfenen Blättern nun ist es merkwürdig, wie er für jeden einen andern Ton hat. Mit den alten Cameraden ist er der alte, familiäre, wie in der Studentenzeit, er schwatzt, prahlt von seinen Ehren, seiner Schlauheit, seinem Glück, wie man mit Leuten spricht, vor denen man kein Geheimniß haben kann und denen man doch zeigen möchte, „wie man's so herrlich weit gebracht"; hier schreibt er gewiß ganz wie er sprach. Zärtlich leidenschaftlich, in einer mit Poesie gesättigten Sprache sind seine Nachrufe an jugendliche Freunde; gewählt, bilderreich, kunstvoll schreibt er etwa an einen Dichter; eine gleichmäßige, sanfte Wärme in getragenem Ton nimmt seine Rede an gegenüber dem spät erworbenen Freund, mit dem er sich voller Uebereinstimmung auch in den Dingen der feinsten Empfindung bewußt ist. An andere Genossen, denen er sich dort in Florenz und Rom ganz aufgeschlossen hat, die seine Andeutungen verstehen und von denen er nicht zu besorgen hat, daß sie ihn mißverstehen, schreibt er sachlich, eilig, sans façon; ferner stehenden Respectspersonen möchte er mit reichlichen Nachrichten aufwarten und selbst einigermaßen zu seinem Vortheil erscheinen.

Auch wenn Winckelmann von Kunst und Alterthum lehrend schrieb, hatte er mancherlei Tonarten auf seiner Lyra. Den Reiz der Frische und Unmittelbarkeit haben am meisten seine Berichte über Funde und Ausgrabungen, wie die von Herculaneum; das Entzücken, in welches solche Novitäten den Alterthumsfreund versetzen, klingt nach in jenen Superlativen, die sich stets überbieten. In den Briefen an Bianconi kommen als Würze hinzu die Anecdoten über neapolischen und andern Unfug aller Art; dem Hofmann gegenüber gab er seinen Briefen etwas von der Färbung der Memoiren und der Lästerchronik. Die kleinen Aufsätze, wie die für die Monatsschrift, sind ebenso flüchtig, aber doch für das Publicum hingeworfen worden. Sie geben uns ein Bild davon, wie er als Cicerone Roms Denkmäler erklärte, solchen Fremden gegenüber, deren Bildung ihm die Mittheilung des besten was er hatte, der Mühe werth erscheinen ließ. Schneidend, wegwerfend, derb ist er gegen die Manieristen und gegen die modernen Bildhauer; geistreich unerschöpflich in Variationen jener Grundlehren, die er sonst in den großen Werken in unveränderlicher Fassung wiederholt; diese Blätter sind ein Spiegel jener ganz eigenen geistigen Regsamkeit, die nur in Rom sich entwickelt, wo Denken, Gelehrsamkeit und Anschauungen des Alten und des stets Neuenthdeckten sich gegenseitig beleben und erfrischen.

In der Kunstgeschichte, besonders in der letzten posthumen Redaction, sind auch viele solche Miscellen enthalten. Aber in dem Kern des Werks stand kein Stil nicht, wie in jenen, unter Einfluß der Vergegenwärtigung bestimmter Leser. Wo hätte er diese auch finden sollen? In die höheren Classen, an die Höfe, wo nur französische Literatur galt, hoffte er damals kaum einzudringen. Ebensowenig unter die Gelehrten, die er für stumpf hielt in Dingen der Kunst. Erst nach der Vollendung des Buchs lernte er persönlich, brieflich und durch Hörensagen Leute kennen, die jenem, ihm in Deutschland verborgen gebliebenen, nun rasch sich mehrenden Kreise angehörten, für welchen die erwachende Nationalliteratur existirte und den er sich schuf.

Das Publicum, welches er im Auge hatte, war zunächst ein ideales, „die Nachwelt", später erst fand er einige lebende Repräsentanten dieser Nachwelt. Weit mehr aber inspirirte seinen Stil der Gegenstand: dieses würdig zu schreiben, war sein Trachten, und sein Stil sollte stehn auf der Höhe der Geistesregion, in der die idealen Werke der griechischen Plastik schweben, viele selbst haben ihm die Zunge gelöst, und er findet für jedes einen besonderen Ton. Die zeichnende, plastische Beschreibung räumlicher Formen, die ahnungsvolle Nachbildung des Gedankens, der Vision des Künstlers, der hinreißende Ausdruck der durch Kunstwerke erregten Empfindung, alles steht ihm in gleicher Weise zu Gebote. Die Verschmelzung von Schwung und Kunst, Begeisterung ($\vartheta\varepsilon\iota\alpha\ \mu\alpha\nu\iota\alpha$) und Besonnenheit ($\sigma\omega\varphi\varrho\sigma\sigma\upsilon\nu\eta$,) erinnert ammeisten an Plato's Reden.

Ungleich mehr Raum als die Beschreibung nahm die Lehre ein. Er will uns das System der alten Kunst geben, und es soll aus dem Sinn der alten Künstler selbst geschrieben sein. Dieß hielt er für das schwerste und höchste. Seinen Sätzen merkt man es an, daß sie die langsam gereifte Frucht andauernder Meditation sind, der Funke der aus einer Menge von Anschauungen hervorschlug, soviel er nur sich gegenwärtig zu halten vermochte. Breite und Intensität des Denkens waren gleich groß. Diese volle Reife des Gedankens sammt der (für damalige Verhältnisse) Vollständigkeit des Apparats gaben ihm das Recht zu dem sehr positiven Ton. Er drückt sich so knapp

§ 135. Ueber Sprache und Stil.

und laconisch als wie möglich; diese Sätze sollen sich als bleibender Besitz dem Gedächtniß einprägen, wie die Aphorismen des Hippocrates. Er liebt das sentenziöse, kategorische viel mehr, als eine logische Verkettung der Gedanken; seine Sätze waren ja auch nicht durch Schlüsse gefunden, sondern aus Anschauungen abgeleitet, die er den Lesern nicht in die Hand geben konnte: sie mußten ihm glauben und vertrauen. Weit entfernt, dem Leser entgegenzukommen, durch dialectische Vorbereitung oder herablassende Verdeutlichung, nöthigt er über seine Sätze nachzusinnen, ihre Bedeutung zu suchen. Er spricht als Meister und giebt zu verstehn, daß man von ihm zu lernen und nur zu lernen habe. Er hatte die Anwesenheit in Rom für sich, und das Bewußtsein seines Berufs. Was er sagt, auch die Regeln, war stets das Bild einer gegenwärtigen Sache, oder einer Summe von solchen, nie ließ er sich verleiten, auf Leitern der Dialectik in die luftige, leere Region willkührlicher Gedankenerzeugung aufzusteigen. Was man ihm überall gleichmäßig anfühlt, ist sein Erfülltsein von dem unendlichen Werth des Inhalts, die Ehrfurcht vor demselben wie vor etwas Heiligem, und von der Bedeutung dessen was er, mit solchem Ernst, über ihn ersorscht. Er ist verloren in jenen Inhalt. Daher giebt es wenige Schriften, die bei aller Gewähltheit und Feile so wenig von Eitelkeit, soviel Weihe haben. Er spricht mehr mit den Dingen, als mit den Menschen. Es ist die Würde, der fast feierliche Ernst, den das Bewußtsein Prophet zu sein giebt. Sein Meisterstolz ist daher etwas ganz anderes als der schaale Gelehrtendünkel, der sich auf quantitatives Mehrwissen, oder auf die Handhabung des Handwerkzeugs und des Rothwelsch der Schule gründet. Er konnte wie Empedocles zugleich als Forscher und als Seher seine Lehren aussprechen.

Aus diesem Grunde hielt er sich auch frei von Polemik. Denn die gelegentlichen, kurzen Zurechtweisungen greifen in die Erörterung der Sache nicht ein, sie beziehen sich auf ganz Einzelnes, sie sind mehr ein Zug seiner Taktik, eine augenblickliche Herzenserleichterung (wie eine kräftige Verwünschung), als daß er das Bedürfniß empfunden hätte, sich mit andern auseinanderzusetzen, oder gar zu rechtfertigen. So tief er Angriffe empfand, kaum je hat er die Rücksicht auf fremde Meinung einen Satz, ja einen Ausdruck modificiren lassen. Monatelang ging ihm wohl ein Gegner im Kopf herum, er sprach von scharfen Geschossen, die er auf seinen Bogen lege, aber was zuletzt herauskam, war eine ruhig ablehnende Periode, oder ein derber Stoß im Vorbeigehen, ohne sich nur umzuwenden. Mit Recht hielt er es für unpassend, in einer Schrift von der Kunst und dem hohen Alterthum mit Menschen ein Gespräch anzufangen, deren Gedanken mit den seinigen keine Gemeinschaft hatten, Geschreibsel mit einer Erwähnung zu beehren, das er bereute, überhaupt gelesen zu haben.

„W.'s Stil, sagt Herder, ist wie ein Kunstwerk der Alten. Gebildet in allen Theilen, tritt jeder Gedanke hervor, und steht da, edel, einfältig, erhaben, vollendet, er ist. Geworden sei es wo oder wie er wolle, mit Mühe oder von selbst, in einem Griechen oder in W.: genug, daß er durch diesen auf einmal, wie eine Minerva aus Jupiters Haupt, dasteht und ist".

Winckelmann liebte indeß nicht den einfachen, planen, eigentlichen Ausdruck des schlichten Stils, dessen die logischen Köpfe sich zu bedienen pflegen. Wie auch in seinen italienischen und lateinischen Versuchen, strebt er vor allem nach Eigenthümlichkeit des Ausdrucks bis zum Seltenen, Neuen. Sprichwörtliche, dialectische Wendungen liebt er, Bilder und Vergleiche, die durch nicht gewöhnliche, zuweilen nur durch Gelehrsamkeit mögliche Ideenassociationen erlangt sind. Mit farbloser, wenn auch klarer und präciser Eigentlichkeit oder Allgemeinheit des Ausdrucks wäre er nie zufrieden gewesen. So zusammenhängend er denkt, er möchte alle Glieder der Gedankenkette in Beispiele, Anspielungen, Bilder, Citate kleiden. Wo er auf eine Idee Werth legt, oder auf eine Person, an die er schreibt, kann man sicher sein, daß er in den figürlichen Stil verfällt. Nur sehr selten indeß streift er ans geschmacklose, alexandrinische.

Im Saxban hat er den kurzen, raschbewegten, etwas französischen Rhythmus der Dresdener Schrift ganz verlassen. Vollwichtige Perioden, wie sie der griechischen und der deutschen Sprache gemäß ist; der Vordersatz etwa das sorgfältig ausgeführte Bild, der Nachsatz die Sache; oder jener die Facta, dieser die Maxime, jener die Beweise, dieser der Satz.

Ein ganz eigenes Loos war ihm gefallen dadurch daß er, als deutscher Schriftsteller, von dem lebendigen Gebrauch der Sprache, die er schrieb, fast ganz abgeschnitten lebte, ja nicht einmal durch Lecture mit ihr in Rapport bleiben konnte, und das zu einer Zeit, wo die Sprache in lebendiger Neubildung begriffen war. Er fühlte deutlich seine zunehmende Unsicherheit, und dachte sehr früh daran, italienisch zu schreiben. Für Kunstsachen war ihm das welsche Idiom viel geläufiger. Seine späteren Schriften, und mehr noch Briefe wimmeln von italienischen Worten, Wendungen, Satzformen; ja er schreibt zuweilen wie ein Italiener der seine Gedanken ins Deutsche mit Hülfe des Lexicons übersetzt hat. Er selbst „schämt sich nicht zu bekennen, daß er seiner eigenen Muttersprache nicht in ihrem völligen Umfang mächtig sei, und daß es ihm an vielen Kunst- und Handwerksswörtern fehle, die er leichter im Welschen habe geben können". Schlegel findet seine Prosa mehr veraltet, als die Lessings, obwohl in allen wesentlichen Stücken classisch. „Wir sind arm, sagt er, an musterhaften Prosaikern, W. ragt unter den wenigen hervor. Einfachheit und Strenge, eine gewisse alterthümliche Würde, und besonders eine großartige Ruhe in der Begeisterung sind die Tugenden seiner Schreibart.

Daneben hat sie aber fast alle grammatischen Unvollkommenheiten, die sich nennen lassen: schielende Ausdrücke, ungeschickte Wortstellungen, schleppende Wortfügungen, daraus entstehende Verworrenheit, und überhaupt eine gewisse Steifheit und Unbeholfenheit".

V. Aufnahme und Einwirkung.

§ 139.
Stimmen der Critik.

Im Jahre 1764 lebte schwerlich Jemand der „eine sachkundige Critik der Kunstgeschichte zu schreiben im Stande gewesen wäre. Man hatte vor allem aus ihr zu lernen: die wenigen, welche den gelehrten Apparat zu prüfen competent waren, waren incompetent in Bezug auf den noch wichtigeren monumentalen: auch vergaßen sie oder verschoben es oder achteten es für kleinlich und undankbar gegenüber dem wirklich betäubenden Eindruck des Neuen, das hier auf einmal dargeboten wurde. Wie viel kam hier zusammen! der erste Versuch einer neuen Wissenschaft, und gleich ein solches Meisterwerk; diese Stimme mitten aus einer fremden, für die Einbildungskraft mit soviel Reiz ausgestatteten Welt; der bald hinreißende, bald in anschaulicher Breite beschreibende, bald naiv erzählende Stil. Man vergegenwärtige sich die Dürftigkeit der damaligen Prosaliteratur, bei dem schon erwachten und in erster Linie der Nationalinteressen stehenden Wunsch sie emporzubringen.

Daher die Freude, ein solches Originalwerk von einem Deutschen geschrieben zu sehen. „Es ist eine Ehre für Deutschland (sagt die Bibliothek der schönen Wissenschaften, XI, 41 ff.), daß einer unter uns aufgestanden ist, der zuerst etwas Systematisches von der Kunst der Alten geliefert hat. Nicht nur uns, sondern auch den andern Nationen, wo die Künste blühen, fehlte es an einem solchem Werk". Auch die Leipziger Acta Eruditorum loben ihn, daß er sich der deutschen Sprache bedient und daß er sie, was bisher nur Hagedorn gelungen sei, dem Gegenstand gemäß spreche (ut lingua ipsa nitorem quendam, et accomodatam artium subtilitati exprimendae formam induat). Zu allererst nehme jetzt ein Teutscher, inmitten der Nation, die im antiquarischen Fache allen voran sei, ja zu Rom selbst, in Gelehrsamkeit, Schönheitssinn, Scharfsinn, Urtheil und Kennerschaft den obersten Platz ein; und könne, was er von den Italienern empfangen, diesen und den andern Völkern schon mit neuen originellen Zuthaten bereichert, zurückgeben. Auch

230 Zweites Buch II. Die Geschichte der Kunst. 3. Aufnahme und Einwirkung.

die Göttinger sprachen in diesem Sinn. Klotz gestand, kein Werk aus der Denkmälerkunde von soviel Genie, Gelehrsamkeit und Geschmack zu kennen, er hält den Pedanten eine nützliche Predigt*). Neben der Eleganz der Darstellung (auch die erste englische Stimme im Monthly Review rühmt, daß der gelehrte Autor vom Emporkommen und Fortgang der Künste in a very satisfactory and *entertaining* manner handle) imponirte anfangs am meisten die Gelehrsamkeit. „Man muß, sagt die Bibliothek, über die Belesenheit, die sich allenthalben zeigt, erstaunen, und es den gelehrten Kenntnissen des Herrn W. unendlich Dank wissen, soviel zerstreute und bisher unbekannte Nachrichten mit dem mühsamsten Fleiße gesammelt zu haben". —

Die Critik heftete sich zuerst an den zweiten, schwächeren Theil. Die Mängel der philologisch-critischen Methode und die daher entstandenen Versehen waren es, welche den deutschen Gelehrten zuerst einen Angriffspunkt und ihrem Bedürfniß des Durchcorrigirens und Fehleraufstreichens Gelegenheit zur Befriedigung darboten. Der erste der dieß unternahm, war der große Heyne in Göttingen. Seit Windelmann auf seinen Vorschlag 1764 zum Mitglied der Göttinger Gesellschaft der Wissenschaften ernannt war (in einem Briefe vom 22. December d. J. dankt er „für die Nachricht der ihm von der erleuchteten und berühmten Gesellschaft erzeigten Ehre, welches die erste öffentliche in seinem Vaterlande sei"), hatte er mit dem Göttinger Professor öfter Briefe gewechselt, ihm Nachrichten von Funden, epigraphische u. a. Miscellen mitgetheilt. Heyne war ihm aus Dresden als ein Mann von „munterem Geist" erinnerlich, er hoffte 1768 — „mit seiner ganzen Fröhlichkeit" — bei ihm zu sein, eine „sehnliche Wollust" nennt er dieß Wiedersehen.

Am dankenswerthesten war Heyne's Aufsatz über die Kunstepochen des Plinius, auf welche die Chronologie der Kunstgeschichte basirt war. Windelmann, der sonst wohl wußte, daß Plinius „in dem was die Kunst betrifft, kein Evangelist sei und vielmals nur von Hörensagen spreche", hatte die Olympiaden seiner Künstlergruppen unbesehen für die Epochen der Hauptwerke oder solcher äußerer Umstände gehalten, unter deren Zusammenwirken die Plastik emporgekommen sei. Heyne zeigte, daß die Chronisten, welche Plinius bei seiner Compilation ausschrieb, „die politischen Hauptbegebenheiten erst im Zusammenhang hintereinander erzählt, und nur da, wo der Verfolg

---

*) Eos, qui aut, quantus sit studiorum humanitatis ambitus, nesciant, quamque non intelligant, ipsi magnifice contemnunt, aut, quantum illud sit, se profiteri peritum et doctorem humanitatis, non capiant, tralatitia quaedam et formularia doctrina contenti, diabolariae suos de stilo Latino aut antiquis ritibus libellus pusillisper de manibus deponere, atque leuem librum, nisi penitus cognoscere, (nam hic sensus vix in istorum paedagogicum stuporem cadit:) certe evolvere cupiamus etc. Acta lit. 1764 I p. 336 ff.

der Sache Ruhepunkte darbot, die Namen großer Männer, welche um die Zeit gelebt hatten, eingeschaltet, daß seine Olympiaden also keine Kunstepochen, sondern Geschichtsepochen seien".

Auch sonst machte Heyne manche richtige Bemerkungen über Windelmanns Arbeiten, besonders deren Schwächen: die Freunde sind ja oft geschickter als die Feinde, das schlimmste an uns zu entdecken. Heyne wäre seinem Jugendfreunde gewiß sehr nützlich gewesen, wenn er dessen schmutzige Wäsche besorgt hätte: durch Controliren und Completiren seiner Citate, Corrigiren seiner Gedächtnißfehler, Fragezeichen neben gewagten Generalisationen. Er glaubte nun durch diese und andere Anzeichen uncritischen Verfahrens (oder der Eile, mit der Windelmann jenen Abschnitt gearbeitet) zu dem Urtheil berechtigt zu sein, „daß der ganze historische Theil wegen der unzähligen Unrichtigkeiten in großen und kleinen Sachen so gut als unbrauchbar sei"; er ging noch weiter, er sprach jenem selbst „die sonstigen Vorzüge deutscher Schriftsteller" ab, nämlich „Zuverlässigkeit und Festigkeit in Anführung der Nachrichten, Genauigkeit in Angabe der einzelnen Umstände, Vorsichtigkeit in Behauptungen, Mißtrauen bei allgemeinen Sätzen, die aus einzelnen Fällen gezogen sind, Bestimmtheit in den Zeiten, Personen und Localumständen."

Während man also bisher in Deutschland geglaubt hatte, in Windelmann einen das gewöhnliche Maaß weit überragenden Schriftsteller zu besitzen, so erfuhr man durch Heyne, daß er vielmehr unter dem Niveau dessen stehe, was als gemeine Tugend deutscher Gelehrten zu gelten pflegte. In diesen und andern Urtheilen ist eine durch die Sache nicht erklärliche Schärfe, eine berechnete, gerade den empfindlichsten Punkt: die moralischen Eigenschaften, die Sauberkeit eines Forschers verdächtigende Härte des Ausdrucks, die unzweideutig einen geheimen Haß, die Absicht herabzusetzen verräth. Die Quelle dieses Hasses wird für den Kenner der Menschen und der Heyne nicht schwer zu finden sein. Der Blick des Neides sticht um so giftiger, je sorgsamer er sich sonst verbergen zu müssen glaubt. Heyne läugnet nicht, „daß er sich lange über den Chor der blinden Verehrer geärgert habe, aber nicht den Muth gehabt, mit der Sprache herauszugehen. Daß es Windelmanns Geschichte der Kunst des Alterthums, fährt er fort, ein so classisches Buch sie sonst ist, an historischer Richtigkeit fehle, bemerkte man freilich in der ersten berauschenden Bewunderung nicht; und kaum wagte ich es einige Zeit nachher, mit der Berichtigung einer Anzahl dieser Unrichtigkeiten aufzutreten" (1771).

Zum Neid über Windelmanns Ruhm kam die gänzliche Verschiedenheit des Naturells. Nichts ist Heyne offenbar fataler als „Begeisterung", „Einbildungskraft", „Beredtsamkeit"; Worte wie „Freiheit", „erhabener Genius" gebraucht er meist in ironischem Ton; ja dieser Typus des deutschen Univerfitätsphilisters schreibt sich im Bewußtsein seiner völligen Erhabenheit über jene Schwachheiten in ein solches Gefühl der Ueberlegenheit hinein, daß er von „Behauptungen des guten (!) W." spricht. Auch Athen und Pericles, deren Vorstellung ja mit allen jenen ihm unangenehmen, ganz unbrauchbar und bedenklich scheinenden Dingen so eng verwachsen war, möchte er, wahrscheinlich Windelmann zu gefallen, eins anhängen; er schließt seine Besprechung des Processes des Phidias mit der Reflexion, „wenn man bedenke, wie das wenige was wir von dem ganzen Zeitlauf wissen, weder dem Phidias, noch dem Pericles, noch den Athenern sehr zur Ehre gereicht: wieviel lasse sich dann auf die Lobeserhebungen dieses Zeitalters und Athens rechnen, die mit sovieler Begeisterung und so großem Wortgepränge aufgeführt werden". Er kommt sich sehr weltklug vor, indem er mit der damals modischen Motivweisheit — dieser Philosophie der Gemeinheit — Windelmanns Aetiologie der Kunst meistert. Freiheit könne höchstens als „Ruhmbegierde" kunstgeinies wecken; denn Freiheit könne auch ein unthätiger, träger, „lämischer" Zustand sein, von vieler Unruhe und Bedrängnissen bengt werden. Wohlhabenheit und Prachtliebe seien die unentbehrlichen Bedingungen des Emporkommens der Kunst, nur daß man sie nicht für sich, sondern für den öffentlichen gemeinen Nutzen gebrauche. „Aber bei dem allen wird immer noch etwas gefordert, was die Prachtliebe auf Gebäude, auf Malerei und Bildhauerkunst, und nicht auf Schauspiele und andere Lustbarkeiten richtet; etwas was die Bemühungen erregt, Künstler erweckt, das Genie erwärmt, Wettstreit veranlaßt, Aufmunterungen giebt, und das ist weder Freiheit noch Clima, noch irgend etwas dem ähnliches, es ist immer etwas sehr Zufälliges, ein Hof, ein Fürst, eine Mätresse (!), ein Minister, ein Demagog" (man beachte die Gradation). — Also gerade dieser parfümirte und gepuderte Koth, den uns Windelmann als Ursache der Erniedrigung der Kunst ansehen gelehrt, schien dem kön. großbritannischen Hofrath das Mistbeet, auf dem sie treibe und gedeihe.

Bei dem allen bedachte sich Heyne keinen Augenblick, als die Casseler Gesellschaft der Alterthümer (1776) eine Lobschrift auf Windelmann ausschrieb, sich mit dem Mantel des Panegyristen zu drapiren und in so volltönenden Worten von dem großen Archäologen zu sprechen, daß die biederen Hessen ihm einmüthig den Preis zuerkannten und auszahlten. Er zeugt da von dem großen Verdienst der Kunstgeschichte, „daß sie das Studium des Alterthums in seinen rechten Canal geleitet, in das Studium der Kunst. Alles unmasse sie was für dieses Studium wesentlich sein könne und habe den Erfolg gehabt, die Begriffe der Alterthumsforscher und der Liebhaber auf das Ganze, den Umfang der Kunst zu lenken". Er schildert die vielseitige Ausrüstung, die monumental-antiquarische, geschichtlich-literarhistorische, technisch-ästhetische, die der Archäolog haben muß. Er entwirft das Bild des

§ 139. Stimmen der Critik.

wahren Archäologen, und seinen vor zehn Jahren verewigten Freund ins Auge fassend, weissagt er wie Bileam: „Mitten in diesem Meere von Kenntnissen muß sein Geist die völlige Wirksamkeit im Denken, Vergleichen und Beurtheilen behalten haben; sein Gefühl für das Schöne, Wahre und Große hat seine ganze Spannung, welche Natur und Verfeinerung und lange Uebung geben kann. Ein richtiger sicherer Blick, eine feurige, leicht zu entflammende, an die Herrschaft der Vernunft gewöhnte Einbildungskraft, ein fertiges, viel umfassendes Gedächtniß, mit der Kraft Aehnlichkeiten und Verhältnisse leicht zu bemerken und jeden Unterschied aufzufinden, ein sicherer und gereinigter Geschmack, der in jeder Gattung, jedem Zeitalter und jedem Stil der Natur, dem Wahren und Schönen treu bleibt: dies sind die charakteristischen Eigenschaften eines Geistes, den die Natur zum Antiquar bestimmt hatte". —

In der von Heyne angegebenen Bahn bewegte sich auch fernerhin der Antheil deutscher Gelehrten an der von Windelmann gegründeten Wissenschaft. „Die Kunstalterthümer, sagt Eduard Gerhard, die Christ und Klotz, Becker und Böttiger auch ohne Windelmanns Vorgang docirt haben würden, haben auch Heyne, Thiersch und Müller nicht weiter als zur sorgfältigen Scheidung der Kunstperioden auf Windelmanns Grundlagen fortgebildet".

Darum aber darf man nicht glauben, daß die hämischen Ausfälle des Göttingers die Deutschen herabzustimmen vermocht hätten. Noch zu Schlegels Zeit war es allgemeiner Ton, mit Verehrung von ihm zu sprechen. Herder hatte sein Anathema auf solche Schwärzung des Strahlenden gelegt: „Niederträchtig wäre es, wie die Gesinnung des Mörders selbst, wenn wir Deutschen dem großen unsterblichen Verdienst unseres Landsmanns durch kleinfügigen critischen Schnickschnack entgegentreten und ihm deshalb Lob absprechen wollten, weil er zwar ungeheuer viel, aber nicht alles geleistet. . . . Demüthig sollten wir, academische und unacademische Müssiggänger, seinem Genius für jede übernommene Mühe auch einer verfehlten Muthmaßung, auch eines unrichtig angezogenen Datums der Kunstgeschichte, danken. Der Hauptzweck der Geschichte ist nicht verfehlt. Ein prächtiger Tempel, im edelsten und reinsten Geschmack steht da; wundersam daß unter solchen Umständen Eine Hand ihn entwerfen und vollführen konnte; auch in seinen Fehlern und Mängeln höchst lehrreich".

Windelmann war sich dieser kleinen Mängel wohl bewußt. Er hatte dieß schon 1760 öffentlich bekannt: „er gestehe gern, daß er zuweilen einige Kleinigkeiten nicht völlig richtig angegeben habe, weil man oft dem Gedächtnisse zu sehr traue, oder Gänge an entlegene Orte ersparen wolle; aber wie es kein Schaden sei, auf der Jagd nicht alles Wild zu fangen, oder Fehlschüsse zu thun, so hoffe auch er wegen des Uebergangenen oder Verfehlten Entschuldigung zu verdienen."

§ 140.
Lessing.

Wie anders als Heyne drückte sich ein wirklich großer Mann, der Stolz unserer Nation, ein ebenbürtiger Richter aus!

Lessing erhielt das Werk während des Drucks seines Laocoon. Im XXVI. Stück kündigt er es an. Man kann sich die Stimmung eines Autors vorstellen, dem während des Drucks ein Buch zugeschickt wird, das von demselben Gegenstand, über den er selbst Behauptungen der einschneidendsten, principiellsten Art gewagt hatte, die ausführlichsten, größtentheils ganz neue Aufschlüsse giebt. „W. Kunstgeschichte ist erschienen. Ich wage keinen Schritt weiter, ohne dieses Werk gelesen zu haben. Bloß aus allgemeinen Begriffen über die Kunst vernünfteln, kann zu Grillen verführen, die man über lang oder kurz zu seiner Beschämung in Werken der Kunst widerlegt findet". Jenen Schritt hat Lessing nie gethan. Den „Gedanken über die Nachahmung" verdanken wir den Laocoon. Die Kunstgeschichte regte nicht den Grübler und Aesthetiker, sondern den Antiquar und Philologen Lessing an. Ein Buch lesen und es zum Object critischer Operationen machen, war bei Lessing eins. Wie ein Zeichenmeister kein Blatt eines Zöglings vor sich sehen kann, ohne richtigere, fließendere Linien hineinzucorrigiren: so konnte einem literarischen Erzeugniß gegenüber Lessings critischer Rothstift keinen Augenblick ruhig bleiben. Und er glaubte dann das Publicum auf solche Bemerkungen nicht warten lassen zu dürfen. So wurde auch seine Ankündigung der Kunstgeschichte, die er nicht ohne Absicht gerade diesem Werke beifügte, zu einer Reihe von Ausstellungen, Bedenken, Vorschlägen — über das Zeitalter des Laocoon, über die Deutung des borghesischen Fechters auf Chabrias (die er selbst bald zurücknahm), gegen die Uebertragung des rhetorischen Kunstworts Parenthyrses für zu hoch getriebenen Ausdruck auf die bildende Kunst. Aber er unterbricht sich selbst. „Doch ich enthalte mich, dergleichen Kleinigkeiten auf einen Haufen zu tragen, — Tadelsucht könnte es zwar nicht scheinen; aber wer meine Hochachtung für W. kennt, dürfte es für Rechthaberei halten". Ihm entgingen die kleinen Flecken beim ersten Durchblättern so wenig als Heyne; er soll zu einem Freunde gesagt haben, der ganze antiquarische Theil der Kunstgeschichte ruhe auf seichten Stützen; aber er giebt dem Tadel eine Wendung zum Lobe: „Bei der unermeßlichen Belesenheit, bei den ausgebreitetsten, feinsten Kenntnissen der Kunst, mit welchen sich W. an sein Werk machte, hat er mit der edlen Zuversicht der alten Artisten gearbeitet, die all ihren Fleiß auf die Hauptsache verwandten, und was Nebendinge waren, mit einer gleichsam verächtlichen Nachlässigkeit behandelten, oder gänzlich der ersten besten fremden Hand überließen. Es ist kein geringes Lob, nur solche Fehler begangen zu haben, die ein Jeder hätte vermeiden können".

Und was hat Winckelmann zu diesem unerreichten Meisterwerke deutscher Critik und Prosa, der gedankenreichsten, zusammenhängendsten, so zeitgemäßen wie wirkungsvollen Schrift Lessings gesagt? Oeffentlich hat er nur einmal in welscher Sprache im Trattato preliminare sich ganz kurz und mit academischer Vornehmheit über das Zeitalter des Laocoon erklärt; er nennt Lessing einen scrittore giudizioso ed erudito (p. LXXIX). Desto. lebhafter und wechselnder waren seine brieflichen Aeußerungen.

Winckelmann glaubte damals längst nicht mehr, daß er je von seiner unbedingten Geringschätzung ultramontaner Scribenten über Kunst eine Ausnahme zu machen nöthig haben werde. Die Laune des Zufalls und seiner Mißverständnisse hat uns eine Reihe von brieflichen Aeußerungen des einen Mannes über den andern belehrert (die man sich so gern in hoher Geistesgemeinschaft zusammenwirkend denken möchte), Aeußerungen die wegen des Vorzugs der Unmittelbarkeit schätzbar sein würden, wenn sie uns nicht den Menschen, den sie uns zeigen, etwas in der Menschheit Blöße zeigten. Jener hält anfangs Lessing, von dem er nie etwas gesehen hatte, für einen Studentenhofmeister, „einen jungen Bärenführer", und auf des Grafen Schlabrendorf Erbieten wegen eines Briefs an Lessing, meint er spöttlich, „als Dichter könnte ihm vielleicht mit Sonnetten gedient sein". Ihm sowie Klotz, die eine Critik der Allegorie geschrieben, nicht bloß in der Vorrede, sondern im Text seiner „Anmerkungen" zu antworten, weist er hochfahrend ab: wie der Verleger sich einbilden könne, daß er in dem Werke selbst eine Widerlegung zweier Hallenser einflicken werde, in einer Untersuchung des ehrwürdigen Alterthums und der erhabenen Kunst, die beiden ein Geheimniß bleiben müsse".

Als er aber den Laocoon zu Gesicht bekam, da fand er sich offenbar überrascht so ausgebreitetem und geistvoll gebrauchtem Wissen und noch mehr einem Stil gegenüber, der ihm nach seiner Kenntniß deutscher Literatur wie ein Wunder erscheinen sein muß. Wie er lebhafte Emotionen wie zurückhielt, so auch diese erste Bewunderung Lessings nicht. Er entschuldigt sich: er ziehe seine Meinung zurück, die ihm zu vergeben sei, da er von diesem gelehrten Manne (leider) vorher nichts gelesen habe, — „und wenn derselbe vor meiner Abreise aus Teutschland durch etwas bekannt gewesen, konnte ich ebenfalls nicht wissen, da mein Gehirn mit alten fränkischen Chroniken und mit Leben der Heiligen angefüllt war." Zu den Auszügen, die ihm Schlabrendorf geschickt, scheint ihm seine Gegengabe, eine früher versprochene Beschreibung der Villa Albani, in gar keinem Verhältnisse zu stehen. „Lessing schreibt wie man geschrieben zu haben wünschen möchte. . . . Wie es rühmlich ist, von rühmlichen Leuten gelobt zu werden, so kann es auch rühmlich werden, ihrer Beurtheilung würdig geachtet zu sein". Er hoffte, ihm auf die würdigste Art antworten zu können, ja er wollte ihm gleich schreiben. Dieß wurde zunächst durch die Nachricht von einer Reise Lessings verhindert, bald aber kehrte die alte Verstimmung zurück. Seine Abneigung vor Briefwechseln mit Deutschland und vor Lanzenbrechen mit deutschen Gelehrten, das ihm ganz unsympathische Wesen der Lessing'schen Dialektik, die Wahrnehmung der Schwäche seiner Kunstanschauungen und ein klein wenig Neid gegen Lessings Stil erklären solche Symptome der Uebellaune, wie den Ausspruch, der Laocoon möge „schön und scharfsinnig geschrieben" sein, „jedoch nicht ohne bekannte Fehler in der Sprache; aber seine Zweifel und Entdeckungen habe er viel Unterricht nöthig. Er komme nach Rom, um auf dem Orte mit ihm zu sprechen". Dann aber heißt es wieder schroffer: „Dieser Mensch hat so wenig Kenntniß, daß ihn keine Antwort bedeuten würde, und es würde leichter sein, einen gesunden Verstand aus der Ultramark zu überführen, als einen Universitätswitz, der mit Paradoxen sich hervorthun will". Zu sehr hatte er sich gewöhnt, als einzige Autorität zu gelten, als daß er einer so ebenbürtigen und scharfausgeprägten Größe neben sich hätte Platz machen sollen:

> der große Baum braucht überall viel Boden,
> und mehrere, zu nah gepflanzt, zerstoßen sich die Aeste.

Dies ist menschlich; aber wie viel edler erscheint doch Lessing, der bei der Nachricht von Winckelmanns Tode, in einer jener ihm so eigenthümlichen, aus erhabener Selbstlosigkeit und aus tragischer Bitterkeit gemischten Regungen, jenem, wie er schrieb, „mit Vergnügen ein paar Jahre von seinem Leben geschenkt hätte". Gleichwohl war er sich wohl bewußt, er möge ebenso ungern Winckelmann sein, als er oft Lessing sei. Er dachte sogar daran, eine neue Ausgabe seiner Werke mit Anmerkungen, lauterer als die Wiener Kunstgeschichte, zu veranstalten. —

Dies ist alles, was von der persönlichen Berührung beider Männer zu berichten ist! Dort lebhaftes, dauerndes Interesse an den Arbeiten, den Lehren, der Person des andern, empfangene Impulse für neue Felder der Forschung, Probleme zum Nachdenken, neben dem freiesten, vielfach überlegenen Urtheil: Verehrung, fast Liebe; hier nach einer vorübergehenden, durch Ueberraschung abgedrungenen Anerkennung, verdrießliche Abkehr, der Vorsatz, nichts weiter zu hören, zu sagen, zu verhandeln. Seltsame Anziehung und Abstoßung zweier geistesverwandter Männer, zu denen wir als zu Dioskuren von Kunst und Alterthum hinaufsehen! Dort der große, einfache, wahre Character, hier der eifersüchtige Virtuos. Man sollte denken daß Männer, die doch einsam standen in ihrer Zeit, den Tag als ein Lebensglück gefeiert hätten, wo sie sich entdeckten. So spricht Goethe, vielleicht eigener Erlebnisse gedenkend, den Wunsch aus, „daß Winckelmann in den Jahren des ruhigen Ueberblicks seiner Laufbahn sich mit Lessing verbunden hätte, um

§. 140. Lessing.

seine Grundsätze zu größerer Klarheit zu bringen und alle Bedingungen derselben genauer abzuwägen".

Beide, im Umgang mit den Alten großgeworden, hatten aus deren Dichtern ihren Geschmack, ihr Empfinden, aus den Philosophen ihre Grundsätze, ihren Verstand und Character genährt. Sie wirkten mächtiger als alle, die begonnene geistige Strömung in die Richtung des Alterthums zu lenken, und zwar ebenso durch ihren rücksichtslosen Kampf gegen das Moderne, wie durch Schilderung der Meisterwerke der Alten, durch Zergliederung der Praxis des Homer und Sophokles; und bei diesem Geschäft hatte nicht bloß Winckelmann „die Kunst selbst gerathen und die Hand geführt". Als in unserer Dichtung die Dämmerung noch mit der Finsterniß rang, kamen Critik und Geschichte, vor dem Schaffen und dem Leben, „wie ein Lichtstrahl aus dunklen Wolken von vortrefflichen Denkern herabgeleitet". Beide erhoben sich von Betrachtung der Kunstwerke und Praxis in der Poesie zu jenen „Haupt- und Grundbegriffen", deren ganze Herrlichkeit freilich, wie Goethe sagt, nur dem Gemüth erschien, auf das sie ihre unendliche Wirksamkeit ausübten, das durch sie eines überschwenglichen Wachsthums sich erfreute, und der Zeit, in welcher sie ersehnt, im rechten Augenblick hervortraten.

Viele fanden in diesen nichts weniger als kalten oder undeutschen Männern etwas Fremdes, etwas von der Marmorhärte und Marmorblässe der Antike, zu wenig modernes Helldunkel, die hohe Einfalt die sie lehrten, war zu hoch, zu unnachsichtig gegen das vielverschlungene Gewebe unsrer Schwächen, Tugenden und Bedürfnisse. Sie erschienen wie spätgeborene Söhne einer früheren Welt. Allerdings trafen ihre Pfeile eine solche Unzahl moderner Verirrungen ins Herz, daß sie auf einem Archimedespunkt außerhalb der Bewegung modernen Lebens zu stehen schienen: die malerische Sculptur (W.) und Poesie, und die philosophische, allegorische Malerei (L.); das kalte Vergnügen aus der Erwägung der Geschicklichkeit, wie es der eine, die Handwerksschätzung, wie es der andere nannte; die Glätte des Marmors und der Verse; die gallische Höflichkeit statt antiker Urbanität; die romantische Liebe statt der männlichen, uneigennützigen Freundschaft; die kalte Galanterie statt der menschlichen Empfindung; die moderne Erziehung, welche das Gehirn mit Träumen erfüllt und den unmündigen Verstand mit bloßen Tönen ohne Begriffe unterhält; eine Demuth lehrt, welche die edle Ehrbegierde erstickt (W.), und ein körperliches Bedürfniß in eine geistige Vollkommenheit verwandelt (L.).

Im Schwanken zwischen Willkür der Regel und Willkür der Natur, zwischen Befreiung von Verbildung und Verknöcherung, zu formloser Empfindsamkeit und genialer Selbstvergötterung, wiesen sie auf die Alten, „deren Vorrecht es war, in keiner Sache weder zu viel noch zu wenig zu thun", auf jenen Schwerpunkt, in dem die Griechen ihr beneidenswerthes Gleichgewicht gefunden hatten. Im Schönen, im Hellenenthum ist die Mitte gefunden zwischen allen Ausweichungen, ist der Streit ausgeglichen zwischen Verstand und Gefühl, Cultur und Natur, Freiheit und Tradition, Genie und Gesetz.

Auf solcher gemeinschaftlichen Basis aber war noch Platz für sehr verschiedene, ja entgegengesetzte Geistesart. Wie Plato und Aristoteles sich auf dem gemeinsamen Boden des sokratischen Idealismus gegenüberstehen, wie später Kant und Herder, Schiller und Goethe: so sind uns auch Lessing und Winckelmann Typen scheidenden Verstands und vereinigender Anschauung.

Hier der logische Kopf, der Künstler der Dialectik, der König der Critik, zur Erfindung und Entwickelung selbst der eigenen Gedanken angeregt durch Widerspruch; dort ein instinctiver, positiver Geist, alle seine Kräfte dahin vereinigend, eine bedeutende Erscheinung und Erfahrung vollendet, gewinnend, hinreißend, würdig darzulegen. Fast überall, wo Lessing ein bedeutendes Urtheil fällt, sieht man ihn Grenzbestimmungen vornehmen: zwischen Philosophie und Religion, Christengefühl und Theologie, wie zwischen redenden und bildenden Künsten, Witz und Genie. Er dessen höchstes Bedürfniß Erkennen der Wahrheit war, der der Poesie die Handlung, den Character, die Leidenschaft, die Accente der Natur wiedergewann, wollte in der Kunst nur Schönheit haben, nicht Wahrheit, nicht Action und Ausdruck; kein Lehrgedicht, keine Allegorie. Winckelmann dagegen strebte in dem Brennpunkt der Kunst alle Strahlen des Geisteslebens zu sammeln: im maßvollen Affectsausdruck der Statue las er Größe der Seele, Weisheit; er liebte die allegorischen Bilder, weil sie den Verstand beschäftigen; und das Entzücken gegenüber der hohen Schönheit schien ihm nicht verschieden von der Seligkeit der Religionen; die Einfalt des Contours offenbarte die mystische Einheit Gottes; überall divinirte er aus Werken der Dichtung Züge ihrer verlorenen Kunstzeitgenossen; und er selbst übertrug Kunstwerke in Hymnen in ungebundener Rede.

Jene persönlichen und polemischen Beziehungen und diese tiefe Verschiedenartigkeit der Naturen war einst Veranlassung, alle welche mit solchen Dingen sich abgaben in zwei Heerlager zu spalten. Nach den einen hatte Lessing — so schreibt Herder — Winckelmann unverzeihliche Fehler gezeigt, ihn philosophiren gelehrt, ihm die Grenzen und das Wesen der Kunst gewiesen, und aufgedeckt, daß seine Kenntniß der Alten ein schwankender Grund sei. Den andern war Lessing ein witziger Kopf, ein Schulphilosoph, der mit ein paar Unzen Baumgartenscher Philosophie den Weltweisen aller Zeiten tropen wolle. — Aber auch als diese Controversen längst verhallt waren, mußte man sich, bei allem Respect vor Lessings „bis dahin kaum übertroffener Verstandesschärfe", doch sagen, daß die Schönheitsbestimmungen, welche er auf Winckelmanns Bahn versuchte, „mit unendlich geringerer Sachkenntniß und beinahe ohne alles eigene Gefühl des Schönen" ersonnen waren. Als er sein Hauptwerk schrieb, besaß er fast gar keine Anschauungen, er kannte die Kunst nur aus Büchern, selbst die Gruppe, deren Namen es führt, hatte er nur in Kupfern vor sich gehabt. Viele Thatsachen in seinem Leben führen auf die Annahme, daß die Betrachtung von Werken bildender Kunst weder zu seinen Bedürfnissen gehörte, noch ihm besonderen Genuß gewährte, ja ihn nur ästhetisch beschäftigt hat. Oft versäumte er unschätzbare Gelegenheiten; dafür vertraten ihm zuweilen die Umstände den Weg, wenn er wollte. In Berlin hatte er sich vorgenommen, in Italien die Antike zu studiren, ja in Griechenland die classischen Gegenden und die noch übrigen Denkmäler kennen zu lernen. Während er im Vaterland keine Heimath fand, kam ihm zuweilen der Gedanke, in Italien zu leben und zu sterben. Er wäre dort vielleicht vor Langweile gestorben. Die Reise, die er viele Jahre später als Begleiter des Herzogs Leopold machte, hatte mit dem was er geplant, nichts zu thun. Merkwürdig ist daß gerade die Gemmen, mit denen er sich so gründlich beschäftigt, und die damals fast das einzige Authentische waren, woran man in Deutschland Stil und Kunst der Alten studiren konnte (wie denn nach Winckelmann ihre Abdrücke „zur Kenntniß des Stils und der Schönheit ungemein viel helfen können"), ihm von dicker Seite ganz verschlossen geblieben waren. Die Gemmenkunde diente ihm bloß als Hebel in seinen Controversen; in einem Stoßseufzer aber ihre dann freilich mögliche Trockenheit nennt er die antiquarischen Untersuchungen überhaupt „ein sehr trauriges Studium". Er überredet sich sogar, in Zusammenhang mit seiner Grille, daß Bilder im Kleinen nur symbolische Bilder seien, „die Gemmen seien schädlich für das Kunstauge, da die Schönheit sich in so kleinen Figuren nicht deutlich genug empfinden lasse, um auf die Ausführung im Großen einigen Einfluß haben zu können".

Vielleicht fehlte Lessings beweglichem, scheidendem und schließendem Intellect jene beschauliche Fähigkeit, die zur Vertiefung in plastische Werke unumgänglich ist; das Verweilen in bloß anschaulichen Objecten und bei bloß sinnlichen Nuancen wäre ihm, wie Ruhe überhaupt, beschwerlich, langweilig gewesen. Erst seit ihm die Kunst als Veranlassung literarischer Discussionen, als Interesse der deutschen Lesewelt entgegentrat, betheiligte er sich auch an diesen Dingen mit der Lebhaftigkeit, die er in alles legte; aber selbst da war es ihm weniger um die Sache zu thun, als um die Theorien, die er daran knüpfte, um Berichtigung allerhand positiv-historischer Einzelheiten, endlich um den Kampf: er war sich, wie Rumohr bemerkt, wohl bewußt, „daß seine Kunstschriften überall nur aus Aufwallungen der Mißbilligung, oder des Widerwillens gegen bestimmte Einseitigkeiten oder Verkehrtheiten seiner Zeitgenossen, durchaus nicht aus einem positiven Beruf zur Kunst entstanden waren". Nachdem er versichert hat, daß er nicht für Maler schreibe, sondern über sie, fährt er fort: „Ich wickle das Gespinnst der Seidenwürmer ab, nicht um die Seide spinnen zu lehren, sondern aus der Seide für mich und meines gleichen Beutel zu machen; Beutel, um das Gleichniß fortzusetzen, in welche ich die kleine Münze einzelner Empfindungen so lange sammle, bis ich sie in gute wichtige Goldstücke allgemeiner Bemerkungen umsetzen, und diese zu dem Capital selbstgedachter Wahrheiten schlagen kann".

Der wahre Archäolog ist der, welcher über die Kunst philosophirt, vorgefundene Formen aus Principien deduciren kann: „ein anderer ist der Alterthumskrämer, ein anderer der Alterthumskundige. Jener denkt nur kaum mit seinen Augen, dieser sieht auch mit seinen Gedanken. Ehe jener noch sagt, „so war das!" weiß dieser schon, ob es so sein könne". Dem Liebhaber sind indeß diese Alterthumskrämer, im wörtlichen und abgeleiteten Sinn, viel zu unentbehrliche, mit seinen glücklichsten Lebensmomenten verwachsene Wesen, als daß er das Wort in jenem verächtlichen Sinne dem „Alterthumskundigen" entgegensetzen möchte; während ihm, sobald er vom „Sehen mit Gedanken" und Deductionen hört, die Erinnerung an so viel gedroschenes leeres Stroh angst und bange macht. Schon damals gab es übrigens manche, die glaubten, es gebe noch andere Wege als solche „gelehrte Rabbalgereien", um diese Sachen zu fördern, die bekannten, „nicht eine Stunde an der Theopneustie eines Homers gezweifelt zu haben, ohne sich deswegen an der Blindheit weder seiner Scholiasten noch Zoile zu ärgern".

Doch gerade weil Lessing kein befestigtes Ganzes eigener Geschmacksurtheile und daraus hervorgegangener Principien mitbrachte, konnte er auf Windelmanns durch das Ansehen der Griechen und eigene Anschauung gestützte Lehren mit jugendlicher Aneignungsfähigkeit eingehen. Ueberhaupt war Lessing, dessen aphoristische Einmischungen in die Zeitfragen sich nicht, wie bei den Zunstgelehrten, an ein ausgearbeitetes System anlehnten, ebendeshalb im Stande, sich einer neuen Erscheinung mit aller seiner Lebhaftigkeit zu überlassen, indem er jedoch alsbald begann, sie von ihrem eigenen Gesichtspunkt aus critisch zu behandeln und umzugestalten. Seine Theorie ist durchaus ein Reflex von Windelmanns Lehren, nicht ohne das Medium Mendelsohns; ein interessantes Gemisch gelehriger Hingabe und ganz eigenartiger Reproduction, logischer Ueberlegenheit und sachlicher Abhängigkeit, geschmeidiger Anbequemung an eines von der seinigen so bestimmt verschiedenen Mannes Denk- und Geschmacksweise, bei critischer Originalität. Er giebt den Begriffen des anderen eine schärfere Fassung, seinen Sätzen einen strengeren Zusammenhang, aber seine Dialectik, nicht durch die Anschauung in Schach gehalten, entleert sie auch von Inhalt, und er kommt auf ein System, das wenn es Einfluß hätte gewinnen können, eine geradezu außzehrende Wirkung auf die Kunst geübt haben müßte.

Lessing beginnt mit dem alten Begriff der Nachahmung der Natur, die er aber von jeder künstlerischen Bedeutung entblößt, als eine ganz mechanische Operation, ein bloßes Verdienst des Auges und der Hand sich vorstellt: ein „üppiges Prahlen mit der leidigen Geschicklichkeit"; selbst in ihrer höchsten Vollkommenheit kann sie nicht mehr gewähren, als „das bloße kalte Vergnügen an der getroffenen Aehnlichkeit", hat kein anderes als das kahle Verdienst der überwundenen Schwierigkeit.

Nachdem er das Verhältniß des Künstlers zur Natur zu einer ganz geistlosen Fertigkeit, den sinnlichen Lebensquell der Kunst zu einem gar nicht der Kunst selbst angehörigen Mittel erniedrigt hat: blieb ihm für das Künstlerische, für den Antheil des Genies, nur das „Ideal", oder die Schönheit übrig, da er ja die Spiele des allegorischen Witzes abgewiesen hatte. Aber sein Ideal ist von den moralischen und mystischen Ingredienzen des Winckelmannschen Begriffs gesäubert, es ist nichts als die Gattungsform, „der Mensch überhaupt", „das Bild wie es sich die plastische Natur — wenn es eine giebt (läßt er den klugen Conti diesem problematischen Begriff beisetzen) — dachte, ohne den Abfall, welchen der widerstrebende Stoff unvermeidlich macht; ohne das Verderb, mit welchem die Zeit dagegen ankämpft". Es ist Kants „ästhetische Normalidee" (S. 139 f.).

Lessing glaubt sich eine Deduction dieses Ideals nicht erlassen zu dürfen. Von dem Princip aus, daß der Endzweck der Künste Vergnügen sei, führt ihn eine Gedankenreihe zu dem Satz, daß Körper mit ihren sichtbaren Eigenschaften Gegenstand der Malerei seien; und zwar solche, die angenehme Empfindungen erwecken. Häßlichkeit aber beleidigt unser Gesicht, widerstreht unserm Geschmack an Ordnung und Uebereinstimmung, und erweckt Abscheu, ja Ekel. Folglich ist Schönheit das oberste Gesetz der Kunst. „Während heutzutage die Malerei als die Kunst, welche Körper auf Flächen nachahmt, in ihrem ganzen Umfang betrieben wird, so hatte der weise Grieche ihr engere Grenzen gesetzt, sie bloß auf die Nachahmung schöner Körper eingeschränkt. Sein Künstler schilderte nichts als das Schöne, selbst das gemeine Schöne, das Schöne niederer Gattungen war nur sein zufälliger Vorwurf, seine Uebung, seine Erholung. Die Vollkommenheit des Gegenstands selbst mußte in seinen Werken entzücken".

Ist die Schönheit oberstes Kunstgesetz, so wünschen wir zunächst nichts mehr, als zu wissen, was Lessing unter ihr sich gedacht habe. Seine Aeußerungen zeigen, daß er der Fachliteratur aufmerksam gefolgt, aber zu einem selbständigen Begriff nicht gelangt war, denn er bekennt sich nach und nach fast zu allen Definitionen, die es damals gab. Bald nennt er sie mit

Baumgarten metaphysisch „die sichtbare Hülle der Vollkommenheit", oder „die undeutliche Vorstellung" einer solchen; bald empirisch mit den Engländern „die übereinstimmende Wirkung mannichfaltiger Theile, die sich auf einmal übersehen lassen; wenn der Begriff der Einheit der stärkste sei, so ergebe sich Schönheit, wenn Mannichfaltigkeit, das Erhabene." Und als Hogarth hervortrat, begrüßte er die Theorie der Wellenlinie als den Weg, die verschiedenen Begriffe der Menschen von dem was schön ist, „auf etwas Gewisses zu bringen, und das elende Sprichwort, daß man über den Geschmack nicht streiten könne noch dürfe, aus dem Mund des Pöbels und der Gelehrten zu verbannen"; wobei er jedoch Hogarth die Originalität seiner Entdeckung bestreitet, die er schon bei Parent fand, und eine genaue Bestimmung der wahren mittleren Schönheitslinie mit Hülfe der höheren Mathematik fordert! —

Wie dem auch sei, jener oberste Grundsatz setzt den Critiker in Stand, für die Theorie der Kunst und den Geschmack ganz unanfechtbare, allgemeingültige Regeln zu erfinden, er braucht ihn nur in seine Consequenzen zu verfolgen. „Alles was sich mit der Schönheit nicht verträgt, muß ihr gänzlich weichen, und wenn es sich mit ihr verträgt, ihr wenigstens untergeordnet werden." Eine der nächsten Consequenzen ist der untergeordnete Werth des Porträts; denn es lasse wohl ein Ideal zu, aber die Aehnlichkeit müsse darüber herrschen; es sei das Ideal eines gewissen Menschen, nicht das Ideal eines Menschen überhaupt.

Von einem Ideal aber, und folglich von Betheiligung des Genies kann nur da die Rede sein, „wo die Natur sich selbst etwas bestimmtes vorgesetzt hat". Zwar sollte man meinen, daß Ideal bezeichne gerade das was der Geist des Menschen, sei es auch nur durch Wahl und Combination, zur Natur hinzubringt. So sah es Mengs an, der deshalb ein Ideal auch des Colorits, der Beleuchtung, des Ausdrucks und der Composition annahm. Lessings Begriff zwingt ihn, das Ideal und folglich das Schöne auf den engsten Raum, fast auf einen Punkt zu beschränken. Der Umstand, meint er, daß es ein Ideal körperlicher Schönheit nur im Menschen giebt, bei den Thieren „schon weniger", in der vegetabilischen und leblosen Natur aber „gar nicht" (hat die Natur hier keine Vorsätze?), „dieß weist der Blumen- und Landschaftsmalerei ihren Rang an", d. h. einen sehr niedrigen. Es beginnen hier jene, dem Kunstfreunde so fatalen und oft ganz albernen Ranglisten in der Kunst- und Geisteswelt; als wenn der Landschafter nicht ebenso gut die höchsten Qualificationen des Genies zeigen könnte, als der, für welchen nur Apollo und die drei Grazien vornehm genug sind. Wie unterscheiden sich denn Claude's und Poussin's von Prospecten und Vedutes? Als Vernet (1757) seine Seehäfen unternahm, tadelte man ihn in Paris, daß er vom

Nachahmer zum Copisten der Natur, vom Historienmaler zum Porträtmaler heruntergestiegen sei.

Zwar ein Nebenideal der Carnation und des permanenten Ausdrucks will Lessing zugestehn, aber ein Ideal des Colorits und des transitorischen Ausdrucks läugnet er.

In der Lehre vom Ausdruck konnte er Winckelmanns Sätze wörtlich herübernehmen, aber sie werden noch straffer angespannt. „Es giebt Leidenschaften und Grade der Leidenschaften, die sich in dem Gesicht durch die häßlichsten Verzerrungen äußern und den ganzen Körper in so gewaltsame Stellungen setzen, daß alle die schönen Linien, die ihn in einem ruhigen Stand umschreiben, verloren gehen. Dieser enthielten sich also die Künstler entweder ganz und gar, oder sie setzten sie auf einen geringeren Grad herunter, in welchem sie eines Maaßes von Schönheit fähig sind." Es soll also, wie Rumohr bemerkt, das geistig und sittlich Unerfreuliche durch eine gewisse Halbheit des Eingehens oder durch ein unvermeidlich widriges Schwinden und Beschönigen zu einem Ergötzlichen und Anziehenden umgewandelt werden. Allein, während doch Winckelmann dafür hielt, daß Schönheit und Ausdruck sich nicht entbehren könnten, daß jene allein „unbedeutend" sei, Handlung sogar das erste, zweite und dritte in der Kunst: so versteigt sich Lessing zu dem Einfall, „auf Historienmalerei sei man nur verfallen, um körperliche Schönheiten von mehr als einer Art hervorzubringen; die Handlung sei bloß ein Mittel, die letzte Absicht des Malers nicht der Ausdruck, sondern die Mannichfaltigkeit der Schönheit zu erreichen".

Aus dem Princip der Einheit der Zeit, an welches die bildende Kunst gebunden sein soll (ähnlich hatte schon Shaftesbury räsonnirt), schließt er nicht bloß gegen die Zulässigkeit einer Folge von Zeitmomenten in einem Gemälde, sondern gegen Bewegung überhaupt; selbst „Grazie oder Schönheit der Bewegung sei dem Maler weniger bequem als dem Dichter". „Schnelligkeit ist kein Vorwurf der Malerei".

Kaum ist wohl je ein Satz behauptet worden, dem die ganze Geschichte der Kunst ein so einstimmiges Dementi gäbe. Bewegung ist in der Malerei das mit stetig wachsender Entschiedenheit und Erfolg erstrebte Ziel; und wenn man alle poetischen und prosaischen Aeußerungen über Werke alter und neuer Zeit sammeln wollte, so würde sich wahrscheinlich ergeben, daß die Mehrzahl den Ausdruck der Bewegung preisen. Gerade die Art und Weise wie die Ruhe, die Stille gelobt wird, zeigt, daß es als Ausnahme erscheint, wenn der Kunst gelingt, auch diesen Zuständen einen hohen Reiz, einen höheren als Bewegung selbst, zu geben. Rumohr hat den Fehler aufgewiesen, der in der Argumentation Lessings steckt, die Verwechslung des Gegenstands der Darstellung theils mit den äußerlichsten, durch den rohen Stoff herbeiführten Bedingungen der Darstellung, theils mit den einzelnen zur Darstellung erforderlichen oder mitwirkenden Formen.

Die Helena des Zeuxis, eine nackte Figur ohne Handlung, war für Lessing das vollendetste Muster malerischer Behandlung. —

Wir erfahren von einem seiner Freunde, daß er auf Colorit und Helldunkel „soviel als nichts hielt". Er will die dreifache Beleuchtung in Raphaels Petrus nur loben, sofern der Maler von ungefähr auf sie gekommen sei, ohne daß sie seine vornehmste Absicht war. Trotzdem spricht er von den Bamboccianten, als ob die unedlen Formen und Scenen ihr specifisches Merkmal wären, und übersieht die unkörperlichen Elemente, den Humor der Auffassung, die malerischen Feinheiten, in welchen eigentlich ihr Reiz liegt. Pauson der Maler fehlerhafter und häßlicher Bildungen, der in der verächtlichsten Armuth lebt, Pyreikus, der Maler der Barbierstuben und schmutzigen Werkstätten, Esel und Küchenkräuter, der den Zunamen des Kothmalers (?) bekam, werden als die „Niederländer" des Alterthums verworfen. Das Colorit, weit entfernt, für diese feine, bescheidene Kleinmalerei als Eingangspaß zu gelten, scheint ihm vielmehr selbst den Wirkungen der hohen idealen Malerei eher hinderlich zu sein. Eine Stelle in der Richardson seine Handzeichnungen anpreist, gab Lessing folgende Auslassung ein — eine Art Traubenschutz gegen das Colorit:

„Wenn es wahr ist, daß der Künstler, wenn ihn die Schwierigkeiten der Färbung nicht zerstreuen, mit aller Freiheit der Gedanken gerade auf seinen Zweck gehen kann; wenn es wahr ist, daß man in den Zeichnungen der besten Maler einen Geist, ein Leben, eine Freiheit, eine Zärtlichkeit findet, die man in ihren Malereien vermißt; wenn es wahr ist, daß die Feder und der Stift Dinge machen können, welche dem Pinkel zu machen unmöglich sind; wenn es wahr ist, daß der Pinsel mit einem einzigen Liquido Tinge ausführen kann, die der, welcher mehrere Farben, besonders in Oel, zu menagiren hat, nicht erreichen kann: so frage ich, ob wohl das bewunderungswertheste Colorit uns für alle diese Verluste schadlos halten könne? Ja ich möchte fragen, ob es nicht zu wünschen wäre, die Kunst mit Oelfarben zu malen, möchte gar nicht erfunden worden sein". Und doch sollte (so dünkt uns) seiner Theorie zufolge, daß die Aufgabe einer Kunst in dem liege, was sie allein und ohne eine andere hervorzubringen im Stande sei, nicht in schönen Formen, die auch die Plastik bildet, sondern im Colorit und Helldunkel der Schwerpunkt der Malerei zu suchen sein.

Wenn man aber Lessings Räsonnement Bildworte der Alten entgegenstellte, von denen er ja erklärt hatte, „was ihre Künstler gethan, solle ihn lehren was die Künstler überhaupt thun sollten": so verlangte er, daß man unterscheiden solle zwischen Kunstwerken, woran sich zu merkliche Spuren

§ 140. Lessing.

gottesdienstlicher Verabredungen zeigen, wo die Kunst ein bloßes Hülfsmittel der Rede war, und solchen, wo Schönheit erste und letzte Absicht gewesen und denen man allein den Namen Kunstwerke beilegen dürfe". (Wieviele würden da übrig bleiben? Welcher Kunstrichter könnte diese Grenzlinie ziehen?) —

So hat Lessing, nachdem er, in edlem Eifer gegen die Fratzenhaftigkeit der Zopfzeit, der bildenden Kunst mit der einen Hand ihr liebstes und glücklichstes Feld, die Schönheit der sichtbaren Erscheinung wiedergegeben, ihr mit der anderen fast alles genommen, wodurch sie groß geworden ist, Ausdruck und Handlung, Bewegung und Composition, Individualität und Charakter, Farbe, Beleuchtung und Draperie. Er, der in demselben Werke über die Schwachheit der Deutschen spottet, „aus ein paar angenommenen Worterklärungen die schönsten Dinge von der Welt abzuleiten", der uns lehrte, „daß nur der allseitige Geschmack der wahre sei", der sonst der erste war wo es galt, mit eignen Augen zu sehen, Lessing glaubt hier als Gesetzgeber der Kunst aufzutreten, wie Aristoteles in der Poetik, indem er von ein paar allgemeinen Sätzen aus bilderstürmerisch mit ganzen weiten Feldern der Kunst ins Gericht geht; er wähnt den reinen, strengen, althellenischen Geschmack zu vertreten, indem er mit zugemachten Augen, blinden Begriffen blindlings folgend, die herrlichsten Blumen im Garten der Kunst ausrauft und auf den Untkrautshaufen wirft.

Seltsam! derselbe der in der Dichtkunst den kommenden Genies vorleuchtete, der furchtbarste Gegner des conventionellen Idealismus, operirt hier mit den kahlsten Abstractionen des eclektischen Manierismus. Aber man kann sich hier der Frage nicht erwehren. Sollte der Mann, der dort die Sprache der Natur und der Leidenschaft zu Ehren brachte, bis in das scheinbar Gemeine und Nachlässige hinein, der Shakespeare gegen Corneille erhob, der die Virginia aus dem antiken historischen Stil in das Costüm der Zopfzeit übertrug, der eine gesunde Posse einem schleppenden regelmäßigen Stücke vorzog, der das Experiment des bürgerlichen Trauerspiels befürwortete: sollte Lessing in jenen Sätzen mit seinem eignen Empfinden — wenn er sich Zeit dazu nahm — in Uebereinstimmung gewesen sein? Man stelle sich eine Kunst vor, die jenen Schönheitsgrundsatz streng befolgte, und frage sich, wen sie schneller gelangweilt haben würde als Lessing, der ja auch mit der ewigen Seligkeit die Vorstellung der Langeweile verband.

Es fehlt nicht an Spuren daß Lessing, wenn er einmal seine Theorie vergaß und sich von Eindrücken überraschen ließ, auch in der Kunst nordisch, malerisch empfand. So erzählt er z. B. in Briefen aus Hamburg, wie ihm unter den Gemälden des Bürgermeisters Greve ein schönes und mit außerordentlichem Fleiß gemaltes „Küchenstück" von Theodor Vallenburg, und allerliebste weibliche Figuren in einer Landschaft von Bockenburg aufgefallen sind. Jacobs Kampf von Wagenfeldt in der Johannisstirche heißt ein treffliches Gemälde, weil die Wirkung der Morgenröthe auf allen Theilen der Landschaft, die Action des Körpers, das Festhalten Jacobs und dessen Begierde, seinen Gegner zu kennen, sowie das Losreißen und die Bemühung des Engels, sich nicht erkennen zu lassen, in Handlung und Gesichtern ungemein schön ausgedrückt sei. Dann sah er recht gut, daß die „niedrigen, possirlichen und ekelhaften Gegenstände" bei Rembrandt nur eine Nebensache sind, daß sie gar nicht zu stofflicher Wirkung kommen, weil sie uns in seiner „wilden und unfleißigen Art" in jenem magischen Zwielicht erscheinen, „wo wir mit Vergnügen tausend Dinge sehen, welche deutlich zu sehen kein Vergnügen ist." „Ganz bezaubert" endlich hat ihn ein Stück von Huglenburg, dem Schlachtenmaler Prinz Eugens, die Entsetzung einer von den Türken belagerten Stadt. Aber nicht der „der Schönheit untergeordnete Ausdruck" hat ihn bezaubert; vergessen hat er daß der transitorische Ausdruck nie schön ist: „Welch ein Ausdruck der Affecte! ruft er, der Furcht, des Schreckens, der Wuth, des Schmerzes, der Todesangst! und welche Gradation in diesem Ausdruck!"

§ 141.

Weg der Kunstgeschichte durch Europa.

Die Bedeutung des Lessingschen Laocoon, der Zielpunkt seiner Dialektik lag nicht in der Kunst, sondern in der Dichtung, im Drama. Die „schöne Literatur" war so in den Vorgrund der geistigen Interessen getreten, daß auch diese Offenbarung der Griechenkunst zunächst fast allein der Poesie und dann der Philosophie zu gute kam. Frau von Stael fand, daß Windelmann in Teutschland mehr auf die Literatur als auf die Künste eingewirkt habe. „Seit jenem Werke, sagt Gervinus, schien erst das Reich des Schönen für Teutschland geöffnet; und jeder Künstler nicht nur, auch jeder Dichter, und alle die eine Ahnung von den mächtigen Anregungen einer Kunstwelt und der Natur eines südlichen Himmels hatten, wanderten seit Windelmann nach Italien. Dort, sagt Goethe, beginnt für jeden Empfänglichen die eigentliche Bildungsepoche. Sollte ein plastisches Element in unsre Dichtung zurückgeführt werden, so war es durchaus nöthig, daß sich neben der wiedergeborenen Musik, die so schwer auf Klopstock wirkte, die bildende Kunst gleichfalls neu belebte, und der Geschmack an ihr zurückgerufen werde, um in einer anschauenden Dichternatur, wie Goethe war, die entscheidende Gegenwirkung zu schaffen".

„Windelmanns Kunstgeschichte, schildert A. Schill im Herderalbum, glich der plötzlichen Ausgießung eines großen Tags, in welchem uns die Gestalten

§ 141. Weg der Kunstgeschichte durch Europa. 247

der griechischen Phantasie, die bisher vereinzelt im Halblicht oder Dunkel gestanden, vereinigt als eine ganze Welt des Genius, entfaltet als ein Olymp verklärter Menschheit zu schauen waren ... Wer nur aus unserer seltsam, zusammengesetzten und verschnörkelten Daseinsgestalt heraus nach dem sich sehnt, was man als Unschuld, Genügsamkeit, Natur bisher in Erziehungsidealen und in Idyllenspielen mehr gesucht als gefunden hatte, der sah es jetzt hervorgestellt in der Antike, in dieser aus lauteren Naturformen und rein menschlichen Grundzügen erwachsenen Idealwelt. Sie erschien als der völlige Spiegel eines in der Natur befriedigten Geistes, als die Verewigung der Jugendgesundheit der Menschheit ... der Götterfaal der griechischen Plastik wie ein Gesetzbuch des Schönen selbst, worin das Symbol des Bedeutenden, die Richtmaaße des Ausdrucks und die Rhythmen der Anmuth verzeichnet seien".

Nachfolger fand Winckelmann unmittelbar gar keine, und auch später nur für Bruchtheile seines Verdienstes. Was fehlte? Der Muth, seine Bahn zu betreten? Oder die stetige Richtung auf das höchste Ziel, unzerstreut durch die Lockungen der Bequemlichkeit wie der Geschäftigkeit? Oder die angeborene Disposition für den Gegenstand? Oder das Zusammentreffen von dem allen? Noch war kein Jahr seit seinem Tode verflossen, als der fromme Wunsch ausgesprochen wurde, „daß ein Lessing und Herder, anstatt den Herrn Geheimrath Klotz in dem so kurzen Genuß seines Lustri zu betrüben, ihre Muße und Talente vielmehr zu vollendeten Werken sammeln und die Verdienste eines Winckelmanns um den Ruhm seines Vaterlandes, um die Lauterkeit und Macht der deutschen Sprache, um die Wiederherstellung des griechischen und attischen Geschmacks an weiser Ruhe, sittsamem Nachdruck, sorgfältiger Nachlässigkeit, ungezwungener Würde u. s. w. übertreffen möchten". So stand geschrieben in der Königsberger Zeitung vom 6. Februar 1769.

Was die deutsche Philosophie anlangt, so hatte zuerst Moses Mendelssohn Winckelmannsche Elemente für seine Theorie benutzt, und die Lehre vom Ideal in seine Aesthetik verwoben. Schillers Gabe, wissenschaftliche Wahrheiten und Abstractionen mit poetischen Worten, Bildern und Klängen zu umkleiden, fand in manchen selbst schon poetisch angehauchten Ausfprüchen und Schilderungen Winckelmanns glückliche Motive, deren Benützung man einige der herrlichsten Lehrgedichte aller Zeiten verdankt, z. B. das Ideal und das Leben. Bald darauf verließ die Philosophie die letzten Höhen der Metaphysik und das enge Seelenzimmer der Psychologie, und unternahm es, alle Potenzen der neuaufblühenden Geistesbildung an sich zu ziehen und zu absorbiren. Die Auserwählten, welchen dieß Ineinanderspielen und Schillern von Speculation, Kunst, Religion und erotisch-geselligen Aufregungen für die Summe der Weisheit galt, trieben auch den Cultus der Antike.

„Winckelmann", so belehrte jene geistreiche Französin ihre Landsleute nach den Eingebungen ihres romantischen Cicerone, entwickelte die jetzt in allen Künsten angenommenen wahren Grundsätze über das Ideal, diese vervollkommnete Natur, deren Urbild in unserer Phantasie ist, und nicht außer uns. Die Anwendung dieser Grundsätze auf die Literatur ist ausnehmend fruchtbar. Die Poetik aller Künste wird in seinen Schriften unter einem Gesichtspunkt versammelt, und alle haben dabei gewonnen: Man hat die Dichtkunst besser begriffen durch die Sculptur, und umgekehrt, und man ist durch die Kunst der Griechen zu ihrer Philosophie geführt worden. Die idealistische Metaphysik hat bei den Deutschen wie bei den Griechen zur Quelle den Cultus jener Urschönheit, die nur unser Geist erfaßt und wiedererkennt: sie ist das Andenken des Himmels, unsres alten Vaterlands, diese wunderfame Schönheit; die Meisterwerke des Phidias, die Tragödien des Sophocles, die Lehren des Plato traten für uns in Harmonie, indem sie uns unter verschiedenen Formen dieselbe Idee gaben".

Der bei den Italienern herkömmliche Idealismus, dessen etwas veraltete metaphysische Vorstellungen von Windelmann durch einige bestimmt aufzuweisende Anschauungen neu belebt worden, ward von den Philosophen wieder in jene Nebelwelt zurückgeführt, indem sie aus seinen Goldkörnern für ihren Formelkram einigen Metallglanz gewannen. „Die Hervorbringung idealischer, über die Wirklichkeit erhabener Natur sammt dem Ausdruck geistiger Begriffe" der Kunst als Ziel gegeben zu haben, das ist nach Schelling der große Gedanke, wegen dessen er Windelmann das Lob singt, in der Rede über das Verhältniß der bildenden Künste zur Natur (1807). Auch soll ihm zuerst der Gedanke geworden sein, „die Werke der Kunst nach der Weise und den Gesetzen ewiger Naturwerke zu betrachten, da vor und nach ihm alles andere Menschliche als Werk gesetzloser Willkür behandelt wurde" (vgl. S. 200). Deßhalb gehöre er durch Sinn und Geist nicht seiner Zeit, sondern entweder dem Alterthum an oder der Zeit deren Schöpfer er wurde, der gegenwärtigen. „Windelmann stand in erhabener Einsamkeit wie ein Gebirg, durch seine ganze Zeit: kein antwortender Laut, kein Pulsschlag im ganzen weiten Reich der Wissenschaft, der seinem Streben entgegen kam". ——Windelmann würde sehr erstaunt sein, wenn er erlebt hätte, was für Leute sich für ihn echauffirten, indem sie ihm zugleich sein klares Wasser trübe machten, was dann „Tiefsinn" hieß. Jetzt sieht man allmählich ein, daß jener Tiefsinn (mit dem man sich damals über die Aufklärung erhob) oftmals nichts war als eine Redeweise, die, zu Klarheit gezwungen, auf Träume oder Gemeinplätze hinausläuft; und daß alle jene vermeintlichen Entdeckungen tiefer Kunst und Weisheit, wie sie z. B. Schleiermacher in Plato, die Romantiker in Shakespeare, und andere in der Dogmatik fanden, eitel Hirngespinnste waren.

§ 141. Weg der Kunstgeschichte durch Europa. 249

Das Werk hatte den für deutsche Bücher damals äußerst seltenen Erfolg, sogleich ins Ausland zu bringen, und nicht bloß zu Fachmännern. Die Franzosen zeigten, daß sie auch das Fremde, das ihr Selbstgefühl verletzt, bereitwillig anerkennen und sich aneignen, sobald es ihnen nur zugänglich und genießbar gemacht wird. Winckelmann selbst fand noch in seinem Todesjahr: „die Franzosen selbst applaudiren, wenn sie ein patriotisches Herz auch wider ihre Scribenten merken". Der Bildhauer Etienne Falconnet, dessen Bedürfniß, von Zeit zu Zeit durch heftige Auslassungen über Kunstangelegenheiten sein Gehirn von störenden Wallungen frei zu machen, wir eine Reihe von Bänden „Oeuvres" verdanken, drückt zwar auch die Verstimmung der Pariser Künstler über Winckelmanns Grobheit aus (in dieser Herabsetzung sei ebensoviel fausseté als indécence); bekennt jedoch, nichts besseres über das Schöne in der Kunst gelesen zu haben; seine Lehren gründen sich auf die einzige solide Basis; möge er nun diese Wahrheiten anderen Künstlern, oder eigener Beobachtung verdanken, jedenfalls habe er ins Ziel getroffen. Die Geschichte der Kunst sei voll von sehr guten Forschungen, einigen Vermuthungen und mehreren gewagten, zuweilen geschmacklosen Endurtheilen (décisions). Allein jene Ausfälle wurden von den Franzosen um so leichter verschmerzt, je bälder ihnen selbst die Sybaritenkunst ihrer Boucher und Coustou langweilig wurde, und sie zur Abwechselung — und zum Schrecken der Musen und Grazien — einmal herbe Spartiaten werden wollten, damals als die Römer Peter Corneille's vor den hohen Brettern ins Parterre des Lebens herabstiegen.

Unter den glänzenden Namen, deren damals Frankreich sich noch rühmte, war der geistvollste Denis Diderot. Unter den Malern und Bildhauern, welche den Salon im Louvre von 1765 bis 67 füllten, waren, sogar nach dem Urtheil der Gegenwart, wenig gute, die meisten arme Sünder; aber sie würden einen hinreichenden Zweck ihres Daseins gehabt haben, und was sie ihren Eltern und dem Staat gekostet, würde angewandt sein, wenn sie auch nichts gethan hätten, als den Salon von Diderot zu veranlassen; denn nie wieder hat sich soviel Feinheit und Witz in Ausstellungscritik verirrt. Diderot war der erste, der die eigenthümliche Originalität unsres Landsmanns bemerkte. Er stellt diesen liebenswürdigen Schwärmer (seel enthousiaste charmant) neben Jean Jacques. „Wenn solche Naturen einmal zufällig eine Wahrheit finden, so verkündigen sie dieselbe mit einer Energie, die alles zerbricht und umstürzt. In Paradoxen, wenn sie Bilder über Bilder thürmen, alle Kräfte der Beredsamkeit zu Hülfe rufen, Metaphern, kühne Vergleiche, Wendungen (tours), Bewegungen, wenn sie sich an das Gefühl, an die Phantasie wenden, Seele und Empfindungsvermögen an allen denkbaren Puncten angreifen — dann ist das bloße Schauspiel ihres Ringens schön.

Wodurch sind Glycon und Phidias zu ihren Werken gekommen? er antwortet dir: Par le sentiment de la liberté, qui élève l'âme, et lui inspire des grandes choses; les récompenses de la nation, la considération publique, la vue, l'étude, l'imitation constante de la belle nature, le respect de la postérité, l'ivresse de l'immortalité, le travail assidu, l'heureuse influence des moeurs et du climat et du génie. „Aber so wahr und bedeutend Winckelmanns Enthusiasmus ist, wo er uns die Kunst geschichtlich begreifen lehrt: so falsch und irrlichterisch ist er, wo er in die Praxis hinüberschweift". Diese Bemerkung machte Diderot schon im Jahre 1765, als der Stil à la grecque sich erst regte. „Fragt man ihn weiter, ob man lieber die Natur oder die Antike studiren solle, so antwortet er unbedenklich, die Antike — et voilà tout d'un coup l'homme qui a le plus d'esprit, de chaleur et de goût, tout au beau milieu de Tobose".

Als Frau von Stael ihr Buch schrieb, konnte man schon Winckelmanns Verdienst dahin präcisiren, daß er die Vermischung des antiken und modernen Geschmacks aus den Künsten verbannt habe. Und dieß geschah durch jene historische Vergegenwärtigung des Griechenthums, wie sie mit solcher Nähe und Treue hier ebenfalls zum erstenmal vorgekommen war. „Niemand hatte vordem sorgfältige, gründliche Untersuchungen mit so lebhafter Bewunderung vereinigt: aber nur auf diesem Wege versteht man die Künste. Phantasie und Wissenschaft gaben Winckelmann gleichmäßig ihr verschiedenes Licht: bisher glaubte man, sie vertrügen sich nicht miteinander. Nur durch Vertrautheit mit Land und Zeit kann man Kunst- und Dichterwerke lebendig machen: die Gelehrsamkeit muß der Einbildungskraft zu Hülfe eilen und sie womöglich zum Augenzeugen dessen machen, was sie schildern soll, zur Zeitgenossin dessen was sie erzählt. En s'aidant à la fois de l'imagination et de l'étude, on récomposée le temps, et l'on refait la vie". —

Italiens Eigenthum wurde die Kunstgeschichte schon vor ihrer Uebertragung durch den vom Verfasser selbst seinen Monument vorausgeschickten Auszug. (E. C. Visconti nennt sie ein classisches Werk, dessen ganz ungewöhnliches (singolariassimo) Verdienst sicher nicht verdunkelt werde durch seine kleinen Flecken (nei). Die Uebersetzer, Amoretti in Mailand (1779), Carl Fea in Rom (1783 f.) haben mit Fleiß diese Versehen und Ungenauigkeiten verbessert; in der Dresdener Ausgabe wuchsen die Noten zu einem fortlaufenden Commentar an (dessen weit bedeutendere auf die Kunst bezügliche Hälfte Heinrich Meyer — Goethes „Kunstmeyer" — lieferte), der die Brauchbarkeit des Buches um ein halbes Jahrhundert verlängert hat. Italien rühmt sich, die einzige vollständige Ausgabe von Winckelmanns Werken zu besitzen (Prato 1831—35 in zwölf Bänden). Dort pflegt man von der „Gelehrsamkeit und Phantasie" Winckelmanns, von letzterer mit einem skeptischen Accent zu sprechen: „war (bemerkt Cicognara, der Fortsetzer der Geschichte der Sculptur über die mittlere und neuere Zeit) sind seine Auslegungen nicht alle archäologische Canones geblieben, aber er hat die Denkmäler wieder der gebührenden Verehrung übergeben; wiewohl seine Schriften doch nichts großes, reales hervorgebracht hätten, wenn nicht, wirksamer als alle Vorschriften, das Beispiel Canova's hinzugetreten wäre".

Der archäologisch-historische Bestandtheil der Kunstgeschichte konnte in Winckelmanns Bahn und Geist nur auf Roms Boden fortgeführt werden, aber es geschah fast nur von deutschen Gelehrten. Die von ihm begründete Tradition historischer Untersuchung alter Kunstwerke ist bis auf die neueste Zeit auf deutsche Wissenschaft beschränkt geblieben. Italien, das allein mitzählt, kennt nur antiquarische Hermeneutik. Alles andere sind nur blasse Uebertragungen von Auszügen deutscher Arbeiten. An der Berichtigung der von Winckelmann angegebenen Stationen der Kunstgeschichte, an der Belebung der Strecken dazwischen durch Monumente, ist stetig, emsig und erfolgreich gearbeitet worden; was er als einzelner Mann allein auf seinen Schultern trug, das ist jetzt die Aufgabe eines ganzen deutschen Instituts, einer Colonie deutscher Wissenschaft auf dem Capitol selbst, eines lebendigen Schildhalters ihrer Ehre in der Fremde. Nur einmal wurde versucht das ganze Periodensystem in Frage zu stellen, den Stillstand der Kunst seit Ueberwindung des alten Stils bis Hadrian wahrscheinlich zu machen. Aber je mehr der Apparat sich vervollständigte, die Blicke in den Gang der Dinge deutlicher wurden, um so weniger finden wir Ursache, die Hochachtung einzuschränken für das, was er mit seinen Mitteln herzustellen vermochte. Noch heute kann gelten, was 1805 Millin schrieb, als er die Kunstgeschichte einem Tempel verglich, dessen Fundamente und Haupttheile so gut construirt sind, daß er für die Ewigkeit da zu sein scheint, und bei allen Verbesserungen und Zusätzen im einzelnen die Genauigkeit und Schönheit des Plans unansehbar bleibt. Auch A. W. Schlegel bezeugt (1812), das Werk sei classisch geblieben, ungeachtet seiner vielen Lücken und Irrthümer: dieß beweise seinen ungemeinen Werth. „Wie vor seinem Kunsturtheil der Künstler, schrieb 1842 Gervinus, so mag vor seiner genetischen Geschichte die archäologische Anatomie und Micrologie schweigen, die seitdem unendlich viel Material zusammengetragen hat, ohne daß einer gekommen wäre, dem es gelungen wäre ihm auf seinem Wege nachzugehen, und dem das Herz auf dem Fleck säße wo es ihm saß".

„Die Kunstgeschichte (sagt abschließend Eduard Gerhard 1858), die er als ein Ganzes hinstellte, werden bei so sehr erweitertem Umfang erst unsere Nachkommen würdig erneuern können; sie werden das aber nur auf Winckelmanns Grundlage vermögen"... Sein Verdienst war, „Gefühl und Verständniß des Schönen gewahrt und geschichtlich begründet, die Kunsthöhe des

Alterthums gezeigt, die geschichtliche Entwickelung der Kunst in Denkmälern nachgewiesen, die Denkmäler selbst im Zusammenhang von Kunst und Alterthum eingehend gewürdigt zu haben... Kunsturtheil, Kunstgeschichte und selbst die davon abhängige antiquarische Forschung haben im Schooße deutscher Gelehrsamkeit nur mangelhaft und einseitig sich entwickelt, so oft nicht Winckelmanns Schönheitsgefühl, seine philologische Bildung, sein critischer Blick für Echtes und Falsches, sein combinatorisches Talent und die dabei unerläßliche Fülle monumentaler Anschauung auch seinen Nachfolgern zu Gebote stand. Die Vereinigung so großer Eigenschaften hat längst ihn zum Musterbild echter Forschung gemacht... Zwar Erfolge zu erreichen, wie er sie gehabt, ist keinem seiner Nachfolger mehr möglich: dem ersten Gründer der Kunstgeschichte, dem nie verstummenden Herold der Kunst der Hellenen, dem jeder Abschwächung seines Ruhms früh vorausgeeilten Propheten und Märtyrer für Kunst und Alterthum, gebührt mehr als irgend einem der von seinem Haupt unzertrennliche erste Kranz".

§. 112.
Blick auf die Kunst der Zeit.

Als Winckelmann dieses Werk schrieb, hatte er den in seiner Erstlingsschrift vorangestellten Zweck, auf die Kunst der Gegenwart einzuwirken, völlig aufgegeben; die nähere Bekanntschaft mit deren jetzigen Vertretern hatte ihm die Hoffnungslosigkeit einer solchen Reform gezeigt. Daß aber die Befolgung der von ihm mitgetheilten Grundsätze der einzige Weg zum Heil sei, war nach wie vor seine Ueberzeugung. Wo er bei Künstlern Empfänglichkeit sah, sprach er sich etwa in der Weise aus, wie er Wiederholt schrieb:

„Suchet die edle Einfalt in den Umrissen und in der Kleidung, und stellet euch in Ermangelung der Köpfe der Niobe einen Kopf vor, dessen Umriß Raphael mit einem einzigen Zuge der Feder schnell, aber richtig und zur Ausführung bestimmt, unverbesserlich entwarf. So find jene Köpfe gearbeitet, die nicht gemacht, sondern geblasen scheinen, aber durch einen Hauch der Pallas, der den Menschen des Prometheus belebte. Fliehet die gelehrte Andeutung vieler Dinge des Michelangelo, und suchet (wie der Apostel sagt) nicht überweise zu sein. Erzeuget eine griechische Schönheit unter dem cimbrischen Himmel, die noch kein Auge gesehen, und erhebet dieselbe, wenn es möglich ist, über alle Empfindung, welche die Züge der Schönheit stören könnte. Sie sei, wie die Weisheit die aus Gott erzeugt ward, in dem Genuß der Seligkeit versenkt, und bis zur göttlichen Stille auf sanften Flügeln getragen".

§ 142. Einfluß auf die Kunst der Zeit.

Das höchste was von der Kunstgeschichte gesagt werden kann, ist, daß sie den Anfang einer Reihe macht, — in wörtlicherem Sinn als dieß von ähnlichen Erscheinungen in der Geschichte der Wissenschaften gesagt werden kann. Die Idee, der Plan, die Stoffsammlung, das alles kommt auf Rechnung des Autors, der nicht auf den Schultern seiner Vorgänger, sondern auf eigenen Füßen steht. Und doch hat er Zeit gehabt, seine Arbeit so reifen zu lassen, daß sie zugleich als literarisches Kunstwerk in die Welt ausging: und diese letzte Hand des Meisters ist für das Schicksal eines Buches entscheidend:

> Auch das beste was Ihr bildet, ist ein ewiger Versuch,
> Nur wenn Kunst es adelt, bleibt es stereotyp im Zeitenbuch.

Das Werk ist indeß nicht bloß ein Anfang, es kann, in einer andern Beziehung, auch betrachtet werden als Glied einer Kette, die sehr weit zurückreicht.

Was sich als der Markstein der Renaissance dem Bewußtsein der Folgezeit so tief eingeprägt hat, war bekanntlich nur der Sieg einer längst bestehenden Strömung, die durchs ganze Mittelalter von Zeit zu Zeit an die Oberfläche tritt, und bald in dieser bald in jener Kunst Formen des Alterthums an sich zieht. Was Niccolo Pisano als räthselhaften, dem Lauf der Jahrhunderte vorgreifenden Versuch an die Pforten der neueren Plastik gestellt, verlor sich bald wieder im Strom fremder Elemente; es schien für immer verschwunden in dem Jahrhunderte, welches die edle, harmonische, noch mittelalterlich empfundene Eleganz Ghiberti's und Donatello's kühner, rücksichtsloser Realismus beherrschte; aber es wurde im Einklang mit dem Zeitgeist und mit gereifter Kraft von den Cinquecentisten wiederaufgenommen. An zwei Punkten hauptsächlich hat die neuere Kunst die Antike an sich gezogen: da wo sie auf eignen Wegen zu einer Höhe des Formgefühls gelangt war, die über die Kluft der Jahrtausende hin die Antike als verwandt begrüßte; sodann in Zeiten der Erschöpfung, wo sie Nahrung und Erleuchtung von außen bedurfte und suchte. Die Elemente die sich Mantegna, Raphael, Tizian aus antiken Resten aneigneten, gehörten zur ersteren Art, es sind Details: zuviel Eignes hatte die moderne Malerei in ihrer lebendigen Zeit zu sagen, als daß sie auf eine förmliche Nachahmung der Antike hätte verfallen können, obwohl keine Zeit wie sie disponirt war, ihre unendliche Schönheit zu empfinden und sich zu assimiliren. Niemand kann weiter vom „Geschmack der Griechen" entfernt sein, als Michelangelo, der die Folgezeit mit dämonischer Macht in seine Bahnen trieb. Selbst in der Baukunst konnte sich der doctrinäre Purismus der Cinquecentisten nicht lange behaupten. Erst in der Zeit der Eclectiker fing die neuere Kunst an sich zu solcher Selbstverläugnung bereit finden zu lassen; seitdem werden antike Reminiscenzen häufiger; Guido nannte die Niobidenköpfe seine Visioni di angioli; man rechnete ihm nach, daß die besten Figuren in seiner Aurora von den borghesischen Tänzerinnen stammten. Am weitesten ging einer, der von jenseits der Alpen gekommen war, Poussin, der erste, dessen Stil in seiner Entstehung wesentlich durch die Antike beeinflußt wurde.

Um die Mitte des 18. Jahrhunderts war die italienische Kunst nahe daran zu versiegen. Erst jetzt drangen die antiken Formen mit Macht in die Phantasie ein, ohne Widerstand zu finden. Was man bisher für moderne Fortbildung der Antike gehalten, erschien als Entstellung, als widrige Vermischung; ihre vermeintliche Trockenheit und Kälte als der wahre plastische Stil. Zum erstenmale traten sich Modernes und Antikes als zwei grundverschiedene, feindselige Gestalten gegenüber: der Vergleich fiel durchgehends zum Nachtheil des Modernen aus. In zerrütteten Staaten entstehen die Utopien; in halbbarbarischen und aufgelösten Gesellschaften erheben sich Heroen, Propheten und Heilige; die Kindheit der Naturwissenschaft hatte den Genius der Naturphilosophie. Winkelmanns Lehre als practischer Vorschlag betrachtet ist eine künstlerische Utopie, wie der Staat Plato's oder der des Thomas Moore. Nationaleigenthümlichkeiten, persönliche Neigungen werden perhorrescirt, die Natur selbst ist eine Macht, die halb erleuchtend halb irreführend ist, und der man sich nicht ohne gehörige Präservative überlassen darf; „Einheit" ist ja das Schlagwort aller Schwärmer und Systemmacher; Farbe, Beleuchtung, Affect, das Sinnliche in der Kunst wird rigoristisch exilirt.

Die moderne Kunst hatte sich ausgelebt, und nichts war natürlicher, als daß man sie durch das Medium des letzten Verfalls sah. Es war eine Zeit der Epigonen, ermattet, niedergedrückt von der reichen Vergangenheit, ihre Stimmung das Gegentheil der eroberungslustigen Hingabe an die Natur in den schöpferischen Zeiten. Man erinnerte sich einer gemeinen Natur in den geistreich-cynischen Köbelscenen der sogenannten Naturalisten; man nahm auch die Hautfalten, Grübchen und sonstige stillose Minutien der Bildhauer für Naturalismus; man kannte das wilde, wunderliche Naturell holländischer und welscher Originalgenies; man sah immer derber in den Gemälden flämische, neapolitanische, hispanische und gallische Natur sich breit machen. Nun erschien von der Fackel der Wissenschaft beleuchtet, die Griechenkunst in all ihrer fernen Glorie. Sollte man annehmen, daß von der sich selbst und der Natur überlassenen Kunst ein Weg zu dieser Höhe führe? . . .

Und es sind Erscheinungen gekommen, welche dieser Predigt von der Nachahmung der Antike Recht zu geben schienen. Winkelmanns Lehre leuchtete der größten Epoche modern-hellenischer Kunst vor. Noch vierzig Jahre und man konnte zu Rom aus dem Atelier eines lebenden Meisters Marmorbilder hervorgehen sehn, die keine Copien waren, Werke eines Mannes der so gewaltig schön, so zart und poetisch erfann wie irgend ein Neuerer, und in dem doch alles, was man bisher als Monopol der Griechen betrachtet, wieder aufgelebt schien. Die Merkmale des Begriffs „modern" mußten völlig umgeworfen werden. Der Geist des Lebens war über das Feld voll Todtengebeine gekommen. Lange schon war der Geschmack der Antike herrschend, aber Werke ferner Vergangenheit bleiben uns allezeit fremd gegenüberstehen: Thorwaldsen setzte uns in den Stand, sie mit dem Reiz des Lebens, der Neuheit, der Gegenwart bereichert' zu genießen. Es war nordischer Ernst, Keuschheit, liebevolle Hingabe, die das Griechenthum wieder erweckt hatte; von der Rhetorik, der Sinnlichkeit, der Geziertheit des Romanenthums war keine Spur mehr übrig.

Es ist wahr, man konnte auch auf der Bemerkung verweilen, daß wohl noch nie die neuere Zeit sich beschieden hatte, so wenig eignes zu sagen, so wenig was an die Welt erinnerte, die auf die Götterdämmerung des Olymps gefolgt war. Diese Werke waren wie wunderbar geniale Supplemente zu dem großen Epos der Antike, vielleicht nicht ganz gleichlautend mit den verloren gegangenen Theilen, vielleicht ohne die Naturfrische, den Lebenshauch, das individuelle Gepräge der Urbilder, vielleicht auch reiner, zarter empfunden; aber ihrer Sprache, ihrer Kunstform vollkommen mächtig. Classische Schatten sind es, die in einer klareren, lichteren Luftschicht über dem Leben schweben. Aber ohne jene Selbstverläugnung hätte man solches nicht erreichen können. Ohne das Erlöschen der modernen Bildhauerei, ohne die Unterbrechung ihrer Tradition, ohne die gänzliche Abkehr vom Geschmack der letzten Jahrhunderte, endlich wohl auch ohne den Eintritt des Nordens, der ungehemmt durch eigne Kunstüberlieferung, frei, offen und kraftvoll die neuen von der Wissenschaft vorgezeichneten Aufgaben angriff — ohne dieß alles hätten wir das Wunder nicht gehabt.

Gesetzt aber selbst (wer weiß es?), es wäre unsrer Kunst nicht beschieden, diesen Kränzen noch weitere hinzuzufügen, weiterzugehen auf diesem Wege: brauchen wir denn nachzuahmen was wir herrlich finden, müssen wir werden, was wir bewundern? In jenen bedenklichen Reden vom „Hinausgehen über die Natur" kann auch der unwiderstehliche Zauber, die unerreichbare Höhe der Griechen ausgedrückt sein. Sie, welche der Kunst ihre Aufgaben so hoch wie möglich gestellt, belassen das Geheimniß, uns in sinnlichen Gestalten das Bild einer Menschheit zu zeigen, deren Anblick unsre Begriffe von der Größe und dem Adel der Menschennatur in der That erhöht. Diese Gestalten erscheinen uns wie Erinnerungen eines verlorenen Daseins, das dem göttlichen Ursprung unsres Geschlechts näher stand. Das Volk, in dem sie ihre lebendigen Muster hatten, ist für immer aus der Geschichte verschwunden, seine sittlichen Ideen, seine Gewohnheiten, sein Glaube, sein

Zustand sind ein Ganzes, von dem unsre Cultur sich immer weiter entfernt. Aber ihre Werke können für uns das höchste bleiben, was der menschliche Geist in sichtbaren Formen gedacht hat; und wir dürfen uns glücklich preisen, wenn wir wenigstens von außen, durch Studium und allmählich diese verlorene Welt aufschließen. Ihre Trümmer sind Reste einer Offenbarung, die, wenn sie ganz untergegangen wäre, keiner wiederfinden würde. Daher sind ihre kleinsten Reste unschätzbar; der beschränkteste Arbeiter an ihrer Entdeckung und Entzifferung darf stolz sein, an einem Werk der Humanität mitzuhelfen. Und von diesen Resten fällt denn auch ein unvergänglicher Glanz auf das Buch, dessen ausführliche Besprechung eben in dieser Bedeutung des Gegenstands eine Entschuldigung findet.

Drittes Capitel.

Nachträge und Nachklänge.

§ 143.
Das Jahr 1764.

Wollte man in der Kunstebbe des achtzehnten Jahrhunderts ein Jahr nennen, welches den tiefsten Stand und folglich den Wendepunkt bezeichnet (was doch bei der Vielheit der hier neben einander her-, aber nicht parallellaufenden Causalreihen strenggenommen nicht angeht), so würden manche Gründe für das Jahr des Erscheinens der Kunstgeschichte sprechen, also des Werks, das mehr als irgend ein anderes über die letzte Zeit den Stab gebrochen und die Augen für neue Wahrheiten geöffnet hat. Wie in nordischen Sommernächten die letzten Lichter der untergegangenen Sonne sich mit den ersten der aufgehenden verschmelzen, ähnlich ist es mit den Nächten im Culturleben der Völker.

Wir sehen in diesem Zeitpunkt eine Reihe Größen, welche der letzten Periode höfischer Kunst den Namen gegeben hatten, verschwinden. Der sächsische Churfürst, welcher Dresden zur glanzvollen Metropole der Künste in Teutschland gemacht, starb bald nach dem Ausgang des Kriegs (den 5. Oct. 1763); und wie mit ihm das „augusteische Zeitalter" Sachsens endigte, so war der Termin für das Zeitalter Ludwig XV der Tod der Marquise von Pompadour (15. April 1764). „Was bleibt von dieser Frau, schrieb damals Diderot, die uns Menschen und Geld ausgesogen hat, die uns ohne Ehre und Kraft zurückließ und die das Staatensystem Europa's umstürzte? Der Vertrag von Versailles, der solange dauern wird als er kann; der Amor Bouchardon's, den man ewig bewundern wird, einige geschnittene Steine Guay's, welche die Antiquare der Zukunft in Staunen setzen werden, ein hübsches Bildchen Vanloo's, dem man zuweilen einen Blick schenken wird, und ein Haufen Asche".

Ihnen folgte Graf Caylus (5. September 1765), über ein Menschenalter in Paris der Träger der Archäologie, in der historischen Betrachtung

Winckelmanns nächster Vorläufer; ferner Graf Algarotti (3. Mai 1764), dieß lebendige Band zwischen Italien und den nordischen Höfen, der August III so manche Perle verschaffte, der Tischgenosse Friedrich II; Carle Vanloo (15. Juli 1765), premier peintre du Roi — et de la nature, wie man damals sagte, tel roi tel peintre, wie es heute heißt; René Michel Slodtz, als Knabe wegen seiner Engelsgestalt mit blonden Haaren Michel-Ange genannt, woraus die Freunde später einen zweiten Michelangelo machten; von ihm war in St. Peter die Statue des h. Bruno zurückgeblieben. Er sollte die Chimäre des nun vergangenen Zeitalters verwirklicht haben, „die edle Wahrheit der Natur mit den schönen Formen der Alten und Bernini's verführerischer Grazie zu verschmelzen".

Aber zu gleicher Zeit erhoben sich neue Gestirne am Rande des Horizonts, ob zwar noch Niemand ahnte, welchen Glanz sie einst verbreiten würden. „In der Biblioteca Angelica, so erzählt das römische Diario vom 15. September 1764, am Donnerstag Vormittag, bestand Sig. Ennio Quirino Visconti, ein Knabe von 12 bis 13 Jahren, mit großer Geistesgegenwart und zur Bewunderung der nobeln, sehr zahlreichen Zuhörerschaft, eine öffentliche Prüfung in Trigonometrie, Kegelschnitten, Algebra, Integral-, Differential- und Exponentialrechnung; mit Freiheit für Jedermann, ihm Fragen vorzulegen oder die Auflösung und Demonstration der Theoreme und Probleme der ebenen Trigonometrie Wolffs, aber Grandi's Kegelschnitte und die Lösung aller 390 analytischen Probleme, die der genannte Wolff behandelt. Auf alle ihm von verschiedenen kundigen Leuten gestellten lateinischen Fragen antwortete er so gelehrt und gab so klare Beweise seiner großen Gaben, daß er den außerordentlichsten Beifall erntete, besonders von den Cardinälen Galli und Jantuzzi, welche das Examen mit ihrer Gegenwart beehrten, wie auch verschiedene Prälaten und Religiosen thaten, welche die höchsten Aemter in ihren Orden einnehmen."

In demselben Herbst 1764 wandelte ein 22jähriger Jüngling, ein Romagnole aus Santarcangelo, zum erstenmale staunend unter den Bogen des Colosseums, und sah hinauf zu den grandiosen, vertieften Zeilen der Ruinen, in welchen einst längst ausgebrochene Metallbuchstaben gebettet gewesen waren, Zeilen, für die er einst neue Lichter aufstecken sollte: Gaetano Marini.

Im selben Jahre erschien Beccaria's Werk von Vergehen und Strafen. „Nun, rief man triumphirend zu Paris, hat die philosophische Gährung die Alpen überschritten und rückt dem Herd des Aberglaubens nahe. Das Reich des Unsinns droht von allen Seiten den Zusammensturz, und wenn die Vernunft endlich ihren Platz einnehmen sollte, so müßte es uns leid thun, zu früh in die Welt gekommen zu sein".

§ 143. Das Jahr 1764. 259

In Paris hörte man die erhabenste Schöpfung des Genius Gluck's, den Orpheus; und der Capellmeister Mozart von Salzburg ließ seinen siebenjährigen Knaben Concerte geben, in welchen man, wie Grimm schrieb, „Mühe hatte zu glauben, was man mit eigenen Augen sah und mit eigenen Ohren hörte".

Aber der neue Tag der Kunst war noch fern: Canova war erst vier Jahr alt, Thorwaldsen noch nicht geboren, erst zehn Jahre später ist Louis David in Rom erschienen. —

Die Kunstgeschichte war dem Fürsten gewidmet, von dem man hoffte, daß er die Pflege der schönen Künste jenseits der Alpen in besonnenerer und erfolgreicherer Weise als sein Vater fortsetzen werde, mit dem seine Bildung in demselben Boden — einer italienischen Reise — wurzelte. Schon war durch Gründung der Academie unter Hagedorns Direction ein neues System der Kunstwirthschaft inaugurirt worden. Windelmann war zum Aufseher des Cabinets der Antiken bestimmt, die bisher ein todter Schatz gewesen waren, nun aber durch ihn ein wichtiges Bildungsmittel werden sollten. „Les Antiques (bemerkte Hagedorn in seinen gutachtlichen Réflexions sur l'état présent des arts en Saxe) exposées dans un Salon, personne ne leur pourroit faire plus d'honneur que l'Abbé W. à Rome, également versé dans la Science des Médailles". Auch sonst hatte Jedermann sich der Hoffnung überlassen, daß Friedrich Christian's Regierung bestimmt sein werde, die Wunden Sachsens zu heilen. Der Anblick der Zerstörung in Dresden, bei seiner Rückkehr von München am 30. Januar 1762, hatte auf ihn einen anunlöschlichen Eindruck gemacht.

Da kam als Neujahrsbotschaft die Kunde, daß Friedrich Christian nach nur zwei Monaten und zwölf Tagen Regierung von den Blattern hingerafft sei († 17. December 1763). „Ich weiß nicht, schreibt Windelmann den 4. Januar an Bieße, was ich zum neuen Jahre wünschen kann, da nichts zu hoffen ist, nach dem Fall des Prinzen, den Gott zum Heil seines Volks nur gezeigt hat," — eine Anspielung auf Virgils Marcellus, die man schon bei Marcel II gemacht hatte, der nur drei Wochen Pabst war (1555). „Gestern haben wir diese Nachricht erhalten, die mir wie ein Schwert durch Mark und Bein gegangen ist. Unersetzlicher Verlust! durch welchen ich zugleich auf immer von Sachsen getrennt bleibe, wohin mich mit heimlicher Verläugnung aller hiesigen Vortheile ein fast unüberwindlicher Zug rief, so daß ich alle meine Ruhe hätte verläugnen können, um in der letzten Hälfte meines Lebens wiederum einen Schulmeister und Kinderlehrer, was mein innerer Beruf war, abzugeben"... Ihm zu Liebe habe er jenes Opfer wohl bringen wollen; er habe eine überschwengliche Liebe zu dem göttlichen Prinzen gehabt, „welcher das ähnlichste Bild von dem gütigsten Wesen war... Hier ist nunmehr meine

17*

hätte aufgeschlagen, und nach Verlauf des anbetungswürdigen Prinzen, der zum Heil seines Volks von Gott erkoren war, ist fast alle Neigung für das Land ... verschwunden".

§ 111.
Blick auf die letzten Jahre.

Windelmann hatte nun das beste, das wichtigste, was er der Welt zu sagen hatte, gesagt. Ein Ton der Beruhigung mußte sich über die folgenden Jahre verbreiten, die ihm noch zugezählt waren im hohen Rom; wenige waren es; — hatten die Götter ihm den spätgebornen Griechen zu gefallen sich ihres altgriechischen Charakterschlers, des Neides wieder erinnert? Er durfte abwarten, daß das Echo dessen was er der Welt gesagt, das Echo des Ruhms zu ihm zurückkehre: es blieb nicht aus. Seine Stellung in Rom war befestigt; mit Sachsen war es vorbei, die Thür Neapels schien für immer verschlossen; für eine Reise nach dem Osten war er nun zu bequem. Jetzt war und blieb er Römer. Aber während er in Italien nun ganz heimisch wird und sich auch in der dortigen Lesewelt als Schriftsteller einführt, wird er zugleich im Baterland ein werther, hochgefeierter Name, alle deutschen Reisenden von Distinction, einige der geistig hochstrebendsten Fürsten suchen ihn im Palast an den vier Brunnen auf. Die nächsten drei Jahre — 1764, 1765, 1766 — waren leicht die glücklichsten, an menschlichen Beziehungen reichsten seines Lebens. Nach der letzten Aufspannung mochte er nun das Ruder beihängen und sich vom Strom, vom Wind hintragen lassen. „Ich habe, schreibt er an Marpurg den 13. April 1765, die Ruhe, in welcher einer von den sieben Weisen das höchste Gut setzt, nach vieler Arbeit hier erhalten, und da meine Wünsche allezeit sehr mäßig gewesen, so ist mir, was wenige sagen können oder wollen, das hohe Loos zugefallen, mich rühmen zu können, für mich nichts zu wünschen übrig zu haben". Wenn er sich dann in der Villa am See Albano's, und an myrtenbewachsenen Ufer des latinischen Meers, und dort vor dem Thor Salara angesichts des fernen Hochgebirges der träumerischen Wonne südlicher Natur überließ und „eine stolze Ruhe" genoß, dann sagte er sich, er lebe doch nun, „wie er es sich ehemals nicht in Träumen wünschen können"; er sah ein, wie hier in Italien „allein der einzige Hafen seiner Ruhe zu finden" gewesen. Dieß Gefühl der Sabbathruhe, der Abendfeier war so über diese letzten Jahre des noch thätigen Mannes verbreitet, daß er sich eine Andachtsstunde täglich aussetzte: „ich bringe eine halbe Stunde zu, ohne zu arbeiten, und dieses ist des Morgens, wo ich meinem Glück nachdenke. Bei dieser Betrachtung singe ich Lieder aus dem lutherischen Gesangbuch, wie mir dieselben einfallen, und bin in diesem Augenblick vergnügter als der große Mogul... Die Gedanken, die aber Zufriedenheit moralisiren, sollten zu mir kommen und lernen".

Diese keine Ruhe wäre indeß für manchen andern gleichbedeutend mit angestrengter Thätigkeit gewesen. Zwar glaubte er zuweilen, er werde nun die Feder feiern lassen. „Die Welt, schrieb er am Abend des 1763sten Jahres, ist glimpflicher mit meinen Sachen verfahren, als sie es verdienten, ich soll mich aber erinnern des

Solve senescentem mature sanus equum."

Aber wenn man nur seine eigne Vergangenheit loswerden kunnte! Die früheren Jahre hatten ihm so manches Project verekelt, daß das große Werk kaum abgethan war, so waren auch schon drei andere an seinen Platz gerückt, und nicht Parerga und Paralipomena. Quantitativ waren diese letzten Jahre die fruchtbarsten. Da war kein Ende abzusehen, der Tod allein konnte ein Ende machen. Zuerst kam ein noch in Deutschlands wurzelnder Plan an die Reihe. Von der Arbeit an der Kunstgeschichte hatte ihn die Absendung des Manuskripts keineswegs erlöst: ein solches Werk wird zum Schicksal: es wuchert im Geiste fort, besonders in einer günstigen Atmosphäre. Zwei Jahre nach ihrem Erscheinen folgte ihr schon ein zweites Manuscript, welches dem Publicum die nachgekommenen Einsichten mitzutheilen eilte. Damit nahm er von Deutschland Abschied: das nächste Buch — sein zweites Hauptwerk — war in italienischer Sprache, für italienische Gelehrte und Kunstfreunde geschrieben; es leistete ihm dasselbe für seine literarische Stellung in Welschland, was jenes für die Heimath.

Die Arbeit an diesen Werken war eine bequemere, leichtere, verglichen mit der Concentration, aus der jenes erste hervorgegangen war. Solche Ahnungen verlorener hoher Bilder der Kunst, solche Linien von Meisterhand, die aus den Trümmern und Nebeln, welche die Zeit übrig gelassen, eine Gestalt hervorholen, jenes Ringen mit dem Künstler in dichterischen Sprachformen, — diese höchsten Geisteskräfte waren hier wenig im Spiel; er fühlte daß der feine Geist, der ihn einst in Betrachtung der Kunst erhoben, verraucht war: die folgenden Werke sind Arbeiten eines Sammlers: Werke, wie sie dem Forscher, der ein großes unbekanntes Land sich erobert hat, nebenbei zufallen. Geschrieben wurden sie inmitten lärmender Villeggiaturen, in Stunden zwischen den Gixi mit großen Herren. Jene Sorge, ich will nicht sagen um die Richtigkeit der Einzelthatsachen und stilistische Vollendung, aber um strenge Auswahl des Bedeutenden, um künstlerische Ganzheit, sie tritt zurück. Er darf sich jetzt etwas Selbstgefühl erlauben; der Name des Verfassers sei überflüssig, bemerkt er bei einer Schrift, „da er hoffe, kenntlich genug in der Schrift zu sein". Er schreibt nicht mehr wie einer, der weiß, daß die Welt ihm auf Grund dieses Buchs erst seine Rangordnung in ihrer Meinung ertheilen wird.

So wenig seine äußere Stellung auch jetzt eine glänzende oder selbst sichere wurde, — „kaum habe ich das Nöthige erlangt, und wer weiß wie lange ich es genieße" (28. Januar 1764): so hatte er doch viel von dem was das menschliche Herz reelles und eiteles zu begehren pflegt. Ein Ruf der ihn noch einmal Rom zu entführen drohte, offenbarte wie sehr man ihn in Rom schätzte, bis hinauf zum Papst; neue hohe Gönner kamen zum Vorschein. Die Verbindung seiner amtlichen Stellung mit der schriftstellerischen Ruhm gab ihm eine internationale Stellung, als Führer der durch Stand und Geist ausgezeichneten Fremden aller Zungen. Monatelang waren deutsche Fürsten sein täglicher Umgang, seine Jünger in der Kunst. Eine französische Gesellschaft kam, die ihn bestimmte, seine Begriffe von dieser Materie von Grund aus zu reformiren; bald darauf beschloß er, daß sein Lebenswerk in der neuen Gestalt französisch erscheinen solle. Der größte Fürst der neueren Zeit wollte ihn in seinen Dienst ziehen.

Aber unser Freund hatte seine Lection in der Schule des Lebens zu gründlich durchgemacht, als daß ihm solche Erfolge hätten zu Kopf steigen können. Er hatte ein wenig gelernt, es so zu machen wie die artigen Kinder Epictets an der Tafel des Lebens. Die Scala der Güter, die er sich gebildet, war nicht die in der großen Welt angenommene. Der vertraute Umgang mit den Fürsten war ihm „eine große Schule der Zufriedenheit". Der Werth dieser Dinge erblaßte in der Nähe; nur der Freundschaft blieb er treu ohne Wanken; „Nunmehr habe ich weiter nichts übrig, und alle Dinge sind mir gegen die Freundschaft gleichgültig". Daß er ohne alle Familie dastand, schien für ihn nichts niederschlagendes gehabt zu haben. „Für meine Erben brauche ich nicht zu sorgen, und da wir eine unendliche Ewigkeit werden ernsthaft sein müssen, so will ich in diesem Leben nicht den Weisen anfangen zu machen, und vielleicht kommt es daher, daß ich nicht scheine zu veralten" (15. Mai 1764). Sein Glück glich einem sonnigen Herbsttag; die Sommerschwüle mit ihren Wettern war vorbei: — Ruhe der Resignation, Kühle der Vernunft, klare, farbige Landschaftsbilder.

§ 145.

Versuch einer Allegorie.

1. Entstehung und Aufnahme.

Die Arbeit des Jahres 1764 war der „Versuch einer Allegorie, besonders für die Kunst, der königl. großbritannischen Gesellschaft der Wissenschaften auf der berühmten Universität zu Göttingen zugeeignet". Es war von allen

§ 145. Versuch einer Allegorie. 1. Entstehung und Aufnahme. 263

seinen literarischen Plänen der älteste, er hatte ihn aus Dresden mit nach Italien gebracht; auch die practische Anwendung stimmt mit der Dresdener Schrift. „Ich habe auf dieses Werk gedacht, ehe ich nach Italien gegangen bin". In der „Nachahmung" § 163 begegnet uns die Idee eines solchen Werks für Künstler, einer aus dichterischen, philosophischen und artistischen Quellen aller Völker alter und neuer Zeit geschöpften, wohlgeordneten Allegoriensammlung, nebst Gebrauchsanweisung —, ein ungeheurer Plan, der hier freilich in sehr reducirter Gestalt zur Ausführung gekommen ist.

Zuerst im Juni 1759 macht er die Mittheilung von Studien zu einem „Versuch der Allegorie für Künstler", und zwar an einen Kunstmann des Dresdener Kreises, — aus dem ja diese Idee stammte. Hagedorn war auch der einzige, dem er später Einsicht in das Manuscript gestattete, weil die Schrift „allezeit dabei gewinnen werde". Auf Grund jenes Briefes hatte Hagedorn in seinen „Betrachtungen" (1762) Hoffnung gemacht, „dieser Kenner des Alterthums und des Schönen werde, so oft er wolle, wie ein Hannibal Caro vormals den Gebrüdern Zuccheri (!), die Erfindung und Mühe dem Künstler erleichtern können"; er erwartete von ihm eine Verbesserung der Ripa'schen Iconologie. Aber erst drei Jahre später erfährt man: „Ich habe jetzt angefangen, an eine Allegorie für Künstler zu denken" (27. November 1762). Nun, nach Vollendung der Kunstgeschichte, legt er ernstlich Hand an den Abschluß des Werks, das „viele Jahre hindurch eine Nebenbeschäftigung für ihn gewesen, — an das er neun Jahre gedacht, — an dem er, solange er in Rom sei, nach und nach gearbeitet habe". Unter solchen Umständen durfte man gewiß mindestens eine große Fülle von Material erwarten

Eine Veranlassung zur Beschleunigung lag vielleicht in der 1763 von dem Buchhändler Costantini in Perugia angekündigten und von dem Abate Cesare Orlandi aus Fermo, dem Verfasser eines Werks über die Städte Italiens (1772—1776) bearbeiteten, vermehrten Ausgabe des zuerst 1593, dann 1603 und oft erschienenen Ripa'schen Werks (Iconologia accresciuta d'annotazioni, e di fatti da C. O., in fünf Quartanten, Perugia 1764—1767), eine Thatsache, welche die Opportunität des Unternehmens beweist.

Die Bestimmung für Künstler war von Einfluß auf die Behandlung. Er glaubte, „nützlich, brauchbar und leicht" könne sie nicht durch „allgemeine Betrachtungen" werden, sondern „durch Anzeige der besten Bilder". Die Theorie der Allegorie schien ihm mit jener ästhetischen Leistung vom Jahre 1755 erledigt, das Sammelinteresse war vorherrschend, jede Vermehrung seines Registers war ihm damals interessanter, als eine Abklärung der Begriffe, oder selbst eine critische Gliederung des sehr bunten Stoffs. Er entschuldigte sich damit, daß „eine philosophische Betrachtung vom Wesen und Grund der

Allegorie die ganze Schrift mehr einer Abhandlung als Sammlung ähnlich gemacht haben würde"; wenn Franke den Stil „nicht so angenehm und aufgeweckt" fand, wie früher, so entgegnete er, „ein Lehrbuch müsse so sein: der Werth der Aphorismen des Hippocrates bestehe in der Kürze und Einfalt".

Im ersten Entwurf von Anfang 1763 war die Schrift „klein", zwei Capitel, von der Allegorie der Griechen überhaupt, und von der der Neueren. Er dachte sie Mengs zuzuschreiben, von dessen Urtheil und Beifall die Ausführung des „Embryo" abhängen solle. Als die Kunstgeschichte gar nicht erscheinen wollte, dachte er sie ins Italienische zu übersetzen und selbst zu verlegen. Er hätte es gethan, schreibt er Murray, „wenn nicht theils die Liebe des Vaterlands, theils eine kleine Eitelkeit der Bewegungsgrund gewesen", nämlich, „den Teutschen etwas zu geben, was unsere Nachbarn nicht aufweisen können".

Während seiner freiwilligen Einsamkeit in der tollen Villeggiatur des Sommers 1765 bringt er den Entwurf „in eine ganz andere Form, — so daß es jetzt ein beträchtliches Werkchen in Absicht der Größe ist".

In den wie immer äußerst häufigen Expectorationen während der zweijährigen Arbeit bemerkt man neben der entschiedenen Ueberzeugung von dem Werth seiner Leistung, fortwährende Klagen über die Beschwerlichkeit der Arbeit, — eine Uebellaunigkeit, die dem Buch kein gutes Prognosticon stellt und als Vorahnung der kühlen Aufnahme betrachtet werden kann. Er ist froh, das „mühsame Werk", „diese ihm sauer gewordene Arbeit, über der er solange gebrütet und gemartelt als er in Italien ist", sich „vom Hals geschafft zu haben". Zwar ist er überzeugt, nicht nur daß „unendlich viele Dinge in der Schrift erklärt seien", sondern daß sie „seine beste Arbeit" sei; besorgt aber, daß ihm das Publicum seine Mühe nicht gebührend danken werde. „Meine Arbeit ist übel angewandt". Er will mit diesem Buch von Teutschland Abschied nehmen. Empfindlich über das Ausbleiben des Dankes für die Berg'sche Zuschrift, zieht er die Widmung an Mengs zurück, ebenso giebt er es auf, sie (wie er im August 1764 beabsichtigte) „der in Sachsen neugestifteten Academie der schönen Künste zuzuschreiben". Mürrisch beruhigt er den Verleger in Bezug auf die vielleicht erwarteten Autorbelästigungen und hinkenden Boten: „Mit Anwünschung eines gesegneten neuen Jahres übersende ich Ihnen das Manuscript von der Allegorie, so daß nichts daran mangelt, und ich werde auch keine Zusätze einschicken ... der Titel wird gedruckt, wie ich ihn entworfen habe, und zwar ohne meinen Namen, welches ich mir ausdrücklich ausbitte, weil ich dazu meine Ursache habe, und weil der Name überflüssig scheinen kann, da ich hoffe, kenntlich genug in der Schrift zu sein. Es soll auch kein Kupfer weder vorn noch hinten angebracht werden, und wenn sich auch Jemand dazu erbieten wollte, soll Niemand Hand an die Schrift legen". Kurz vorher hatte er sich zu einer Widmung an die Göttinger Societät entschlossen. Auf die Ehre ihrer Mitgliedschaft, für die er am 30. März 1765 ein lateinisches Dankschreiben absandte, legte er keinen geringen Werth, er schätzt sich glücklich, „einigen Beifall eines öffentlichen Lehrers der schönen Wissenschaften in dem edelsten Sitze derselben erlangt zu haben". — Er erhielt 30 Zechinen Honorar und zwölf Freiexemplare, davon gebührte eines natürlich dem „würdigen Professor Oeser", ein anderes dem „rechtschaffenen" Franke, ein drittes C. Heyne. Erst im Juli wurde er beruhigt über die Furcht, „daß das Manuscript Moder oder Feuer verzehrt"; als im März 1766 die Exemplare eintrafen, war er anfangs über den schönen Druck „ungemein vergnügt", aber diese Freude verdarben die Druckfehler; der Corrector habe nicht griechisch lesen können, „was mich an einem Sachsen befremdet; denn sein Vaterland hat er verrathen durch Verwechselung des D und T. Es ist also alle Hoffnung verloren, schließt er bitter, Bücher ohne große Fehler in Teutschland zu drucken, da nicht leicht eine Handschrift deutlicher als die meinige sein wird"*).

Das Publicum benahm sich diesmal um so unsiebenswürdiger, da Winckelmann es bisher so verwöhnt hatte, indem er seine Erwartungen übertraf. Die Allegorie machte dicht hinter der Kunstgeschichte wirklich keine gute Figur, ganz ähnlich, wie sich in der Dresdener Erstlingsschrift die Oeser'schen Träumereien über die Allegorie „als dichteste Schattenpartie ans Ende lagerten". Niemand entging das Chaotische und doch Lückenhafte des aufgehäuften Vorraths, und kaum weniger am Tage lagen die so zu sagen constitutionellen Schwächen der Anlage.

Zwar meinte die Neue Bibliothek (III, 217), „noch Niemanden sei es geglückt, an einer Sammlung und Beurtheilung allegorischer Bilder mit so vielem Erfolg zu arbeiten"; und auch die Leipziger Neuen Zeitungen fanden was er geleistet, trotz allem, „doch weit schätzbarer als alles was man von dieser Art bereits gehabt habe"; allein ein so bestimmt begrenztes Lob klang doch etwas wie das Lob des Einäugigen unter Blinden. Die Allgemeine Teutsche Bibliothek (gez. P.) gab die Unzulänglichkeit und Unfertigkeit des Versuchs zwischen den Zeilen zu lesen: „Es enthält Materialien zur Allegorie für Künstler, von einem Gelehrten gesammelt, der zu sehen wußte, reiche Beiträge zu dem noch unvollkommenen System derselben, viele und mannichfaltige Berichtigungen von Irrthümern in dieser Wissenschaft, über deren Principien man sich bis dahin noch wenig Mühe gegeben, und endlich sehr große Aussichten und sehr vernünftige Rathschläge für denjenigen, der das fast unab-

---

*) Gereinigt von dielen Flecken und mit zahlreichen großen und kleinen Zusätzen vermehrt ist die Allegorie im Jahr 1867 von Dr. Albert Dressel in Rom aus Winckelmanns Handexemplar herausgegeben worden.

fehliche Feld der alten und neuen Allegorie einmal neu durchzuarbeiten Luft und Kräfte haben möchte".

Der wachsenden Neigung für alles aus dem Alterthum mußte ein solches Magazin natürlich willkommen sein. Der modernen Phantasie (die in den letzten zwei Jahrhunderten aus eigenen Mitteln einen Wust zu Tage gefördert hatte, dessen Anblick keinen andern Gedanken aufkommen ließ, als den Wunsch spurloser Vertilgung zum Besten der Nachkommen) schien keine gesündere Nahrung geboten werden zu können, als der „geläuterte, regelmäßige und ernsthafte Geschmack der berühmtesten Künstler des Alterthums, zu deren Bekanntschaft ihr einer der größten Kenner verhalf. Wieviel Fehler großer Meister, rief man, wären vermieden worden, wenn sie ihr Urtheil durch Muster geschärft hätten? Die Ausleger martern oft sich und die schönsten Stellen, weil sie die Kunst nicht kennen, weil sie aus Büchern und Nachrichten, nicht aus Bildern und Denkmälern erklären".

Da unser Zeitalter, wo alles auf abstracte Begriffe gebracht wird, der Allegorie ungünstig sei, so erschien diese Abhängigkeit als ganz natürlich. „Ihre Herrschaft auf der Welt waren diejenigen früheren Zeiten, da die Bildersprache die allgemeine Sprache war; aus diesen entlehnten bereits diejenigen Zeitalter, in denen die schönen Künste noch nicht von den abstracten Wissenschaften verdrängt waren und in denen man noch die Liebe zur Tugend durch die Schönheit derselben zu entflammen suchte. Diese feineren Zeitalter machten aus dem was vorher bloß abstracte Begriffe auszudrücken diente, sinnlich schöne Vorstellungen, verschönerten und veredelten zugleich die Allegorien, und so sind sie die Quelle sowohl als die Regel in der Allegorie für alle Zeiten" (Göttinger G. Anzeigen).

Doch bemerkte schon Klotz, daß es mehr lobenswerthe moderne Allegorien gebe, als W. zu glauben scheine, und Schlegel (der an Leonardo-Luini's Bescheidenheit und Eitelkeit, an desselben Christus unter den Pharisäern, an die h. Cäcilie erinnert) schließt: „Die Kunst der Neueren war ihm ein versiegeltes Buch, sonst hätte er sehen können, daß die großen Meister längst und weit über seine Begriffe geleistet hatten, was er von der Malerei begehrt, nämlich die Vorstellung unsichtbarer, vergangener und zukünftiger Dinge".

Noch weniger fehlte es schon damals an Stimmen, welche bezweifelten, ob der Kunst von der Allegorie überhaupt Heil erblühen könne: Cahles wollte aus den Principien der Klarheit und Präcision, dieser Basis aller Kunsttheorie, die Vermeidung aller Allegorie ableiten. Die Zahl der durch Gewohnheit vertraut und allgemein zugänglich gewordenen sei so gering, daß sie gegen jene allgemeine Ausschließung keine Instanz bilden könnten; jeder Verständige werde ihm beitreten. Die Göttinger fanden die Erwartung, welche er vom Gebrauch dieser Bilder hege, sogar mit seinem eigenen Princip in Streit: „insofern Schönheit der höchste Zweck der Kunst ist, ist die Allegorie gar kein Gegenstand der Malerei, sondern bloß insofern sie in die Grenzen der Schönheit eintritt".

War nun die Schrift für Künstler bestimmt, so hätte man nicht nur Beispiele, sondern auch Vorschriften für deren Gebrauch gehabt, aber gerade diese vermißte schon Klotz; es fehle eine feste Theorie ebenso wie Fülle der Darstellung. Winckelmann hatte aus einer Aeußerung Heyne's geschlossen, diese Recension der Acta litteraria (1766, III, 107—42) sei ein „ehrenrühriges Pasquill", nie war er so aufgebracht gewesen, er sah seine „Ehre und guten Namen, das edelste und eigenste Gut eines ehrlichen Mannes bedroht"; er klagte es dem Cardinal, der sich bereit erklärte, seine Ehre zu vertheidigen und den Bösewicht zu züchtigen, er erkundigte sich bei Stosch über die Wege, Klotz beim Könige zu belangen, er wollte sich an den Prinzen Albert zu Wien wenden. Bitter rief er: „Was habe ich dem Klotz gethan, da ich kaum dessen Namen gehört? Und sollte ich dergleichen von Deutschen erwarten, denen ich keine Schande gemacht habe? — Undankbares Vaterland!" Er konnte nichts bestimmtes erfahren; das aber stand ihm fest: „habe er sich in die Kunst eingelassen, da er nichts als sinesische Wutschelpuppen in Holland sehen kunen, so verdiene er una lavatura di capo senza sapone."

Die Recension gab hierzu keinen Anlaß; bei der „achtungsvollen Rücksicht", die man in Deutschland gegen ihn zu beobachten für Pflicht hielt, sprach sich Niemand öffentlich so aus, obwohl gewiß viele so empfanden wie Hamann, der den Versuch „mit wenig Genüge" hatte lesen können, und an Herder schrieb: „W. ist gar nicht der Mann seiner Jugend mehr. Seine historischen und practischen Einsichten mögen zunehmen, aber ich finde nicht mehr die philosophische Salbung und das Mark seiner Erstlinge". Auch Lippert schrieb: „Von einem Buch, daran er über zehn Jahre gearbeitet und gesammelt zu haben vorgiebt, habe ich mir mehr versprochen".

§ 146.
II. Allegorischer Zeitgeschmack.

Freilich war dieses Buch geschrieben unmittelbar nach einer großen Anstrengung, einer langdauernden Sammlung: ein Moment der Abspannung ist gleichsam in ihm fixirt. Zur Ermattung kam der Verdruß: die Kunstgeschichte war lange wie verschollen, es schien als wenn Deutschland seine Gaben nicht gebührend ehre. Er hatte unter der Hand gesammelt, alles was im allerweitesten Sinn unter diesen Titel zu gehören schien, eingetragen; als er nun daran ging ein Buch daraus zu machen, fehlte die Lust, wie der Angriffspunkt für eine denkende Gestaltung des Stoffes: es blieb bei Registerarbeit.

Ueberdieß glaubte er sich Künstlern gegenüber von „allgemeinen Betrachtungen" dispensiren zu dürfen. Das Allgemeine sei in allen Dingen leichter zu sagen, als das Einzelne anzugeben. Bisher sei der Kunst kein großer Vortheil aus allen diesen allgemeinen Betrachtungen erwachsen, denn das Allgemeine sei vornehmlich für den Verstand, das Einzelne aber mehr für die Ausführung, und aus diesem, nicht aus jenem werde die Anwendung gezogen. Er übersah, daß allein solche Principien Licht geben für die Beurtheilung und für den Gebrauch des chaotischen Materials, ja daß sie auch dem Autor allein zur Ordnung seiner Sammlungen verhelfen können, d. h. dazu aus einem Register ein Buch zu machen.

Auch glaubte er wohl in der Dresdener Schrift genug über Allegorie speculirt zu haben, nicht allzu glücklich vielleicht, oder wenigstens nicht sehr originell, jedenfalls fühlte er sich jenem Gedankenkreis entfremdet. Man sollte freilich meinen, daß er in Rom jene zum Theil ganz ketzerischen Sätze reformirt haben werde. Aber wie viele Gelehrte fangen mit Denken an und endigen mit Sammeln und Catalogisiren. Ideen kommen ihnen immer leerer und unsicherer vor; Zeit und Athem fehle ihnen, um allgemeine Gesichtspunkte in ihre reichen Vorräthe zu knüpfen.

Die „Allegorie in der Malerei" war damals ein vielerörtertes Thema ästhetischer Critik, und viele absorbirte ja damals manche sehr gescheidte Leute. Seitdem jene Pest des Manierismus die Kunst des 10. Jahrhunderts ergriffen, wetteiferte die Geschmacklosigkeit der Maler mit derjenigen der Gelehrten im goldenen Säculum der Pedanterie in Erfindung allegorischer Räthsel. Da die Großthaten der Maria von Medici und Louis XIV in historischer Weise selbst auf Flächen, wie die der Versailler Malerei und der Gallerie des Luxenburg nicht würdig zur Darstellung kommen konnten, so wurde die Allegorie bergerufen, um in einer Gruppe auszudrücken, wie der verdenamlooste Apollo sowiele flandrische Festungen, trotz hispanischer, erst verstedter, hierauf offener Allianz, erobert hatte. Diese gemalten Glorien gaben dann den Abbés Anlaß über die Allegorie nachzudenken. Während die meisten, z. B. Gerhard de Lairesse, ganz dem Cesare Ripa folgte, regte sich in anderen ein Protest des Geschmacks, etwa gegen Rubens' bizarre Vermengung spanischer Hostrachten und Hofattituden mit flämisch travestirten Mythologien. „Ihr wollt, riefen die Allegoristen, die Maler zu simplen Geschichtserzählern herabbringen, nicht ahnend, daß Erfindung und Poesie das Wesen ihrer Kunst sind; ihr wollt das Feuer auslöschen, trotz dessen man sie für göttliche Arbeiter achtet, um sie auf das Geschäft peinlicher Annalisten zu reduciren"? Die Gegner erwiderten: „Es gehört eine fruchtbarere und richtigere Phantasie dazu, die Züge der Natur im Ausdruck der Leidenschaften zu treffen, als zur Erfindung emblematischer Figuren".

Das damalige Orakel Teutschlands, Hagedorn, bemüht seine Stelle in der Reihe so großer Kunstlehrer sich ehrlich zu verdienen, und seiner deutsch gründlichen Schwere die länzelnde Leichtigkeit französirenden Stils einübend, läßt das Züngleein der critischen Wage mehrere Capitel hindurch hin- und her- schwanken, bekennt sich aber doch schließlich zum Geist der neuen Zeit.

Allerdings, „die bildende Kunst würde der Dichtkunst unähnlich und eines ihrer größten Vorrechte beraubt sein, wenn man ihr nicht vergönnen wollte, Dinge die nicht in die Sinne fallen, in sinnlichen Bildern vorzustellen". — Nur freilich, „pflegt die Vorstellung einer wirklichen wichtigen Begebenheit unser Herz leichter einzunehmen, als das sinnreichste Sinnbild es zu thun vermag". — Ganz gewiß, „auch der Liebhaber der Geschichte wird nichts dagegen haben, daß die Malerei nach erfülltem sinnlichen Eindruck des Ge- mäldes und nach erwekten inneren Empfindungen, in deren zufälligem Bei- werk auch dem Nachsinnen etwas überlasse". — Nur erinnern darf er wohl, „daß in Staffeleigemälden die Reichthümer der Allegorie sparsamer und wie Blumen-Ausschmückung eines jugendlichen Gesichts mit Mäßigung bedeu- tender angebracht, oder auch ohne Nachtheil vermißt werden". — Ja, „wenn alle sinnbildlichen Gemälde so deutlich wären, wie jenes Bild der Wahrheit und der Zeit!" — Aber freilich, „ob bei Wiederholung eines bekannten Gedankens viel dichterisches übrig bleiben würde?" — Wären nur „alle Ge- heimnisse der Alten entdeckt, und ihr allgemeiner Gebrauch den Künstlern geläufig!" — Indeß „würden solche Bilder dann auch fortfahren uns zu reizen?" Kurz, ich frage, „würden wir nicht am Ende der Sprache der Willkühr und Einkleidung überdrüssig, uns der ältesten und lebhaftesten Sprache der Leidenschaften überlassen, der Sprache, die für uns nie den Werth der Neuig- keit verliert?".

Winckelmann mochte denken, daß es seinem 47jährigen altmärkischen Kopf nicht anstehen werde, mit den Schaukelkünsten dieser übrigens echtgermanischen und zugleich durksächsisch höflichen Equilibristendialektik zu wetteifern, und daß er an einem Ort, „der wie nicht leicht ein Ort in der Welt Materie zu eigenthümlichen Allegorien geben konnte", zu etwas anderem berufen sei, als was du Bos in Paris und Sulzer in Berlin eben so gut machen konnten. Statt den Irrthum in seine Schlupfwinkel zu verfolgen, statt der Anatomie des Falschen, glaubte er, für modernen Ungeschmack gebe es keine passendere Buße, als einen Spaziergang im Athen des Pericles, im Rom des Augustus. Haben nicht die Franzosen selbst, neben Verständlichkeit und Nothwendigkeit, die Autorisirung von den Allegorien gefordert, für die gültigste Autorität aber die des Alterthums erklärt, weil sie unanfechtbar ist? (De Piles). War nicht das beste im Ripa was er aus alten Münzen gezogen? Du Bos unterschied zweierlei Allegorien: die vor vielen Jahren zur Welt gekommen sind, längst ihr Glück gemacht haben, auf vielen Theatern aufgetreten sind, so daß jeder Mann von Bildung sie an ihren Abzeichen kennt, kurz die in der Menschheit Bürgerrecht bekommen haben. Die andern, nachgeborene Söhne, vor hundert Jahren Malergehirnen entsprungen, sind obscur, gens sans aveu, keiner Erwähnung werth, Chiffern, deren Schlüssel Niemand hat und Wenige begehren.

Zu jenen autorisirten, eingebürgerten nun wollte Winckelmann der Kunst verhelfen, und zwar waren es die Schätze der Denkmäler, die er zu eröffnen gedachte. So wurden im goldenen Alter der Kunst, zu Raphaels Zeit, die Bilder zu Verzierungen aus alten Denkmälern genommen. Hierin soll der Vorzug seines Unternehmens vor allen früheren bestehen; „denn Pierio Valeriano in seinen Hieroglyphen hat nur einige Bilder der Griechen aus Schriftstellern gesammelt, und Ripa's Belesenheit ist theils aus jenem, theils aus Büchern von Sinnbildern entlehnt; die Bilder aber, die in seinem eigenen Gehirn erwachsen, sind dergestalt erdacht und entworfen, als wenn keine alten Denkmäler in der Welt wären". Ripa wurde wieder von Bonbard (1759) ausgeschrieben.

§ 147.
III. Theorie der Allegorie.

Was der Verfasser von „allgemeinen Betrachtungen" angestellt hatte, d. h. alles was nicht Register ist, läuft auf folgende Sätze hinaus.

Was den Begriff der Allegorie betrifft, so soll darunter verstanden werden „alles was durch Bilder und Zeichen angedeutet und gemalt wird"; weshalb die Abhandlung auch „Iconologie" heißen könne; denn Allegorie sei als „Andeutung der Begriffe durch Bilder eine allgemeine Sprache vornehmlich der Künstler". Danach ist freilich Allegorie im herkömmlichen Sinn nur ein Theilbegriff aus dem Umfang dieses viel weiteren Begriffs. Von den ägyptischen Hieroglyphen bis zu der Darstellung einer Idee, wie sie etwa im Torso des Herkules zu finden wäre, ist alles Allegorie, sobald nur irgend ein Gedanke, gleichviel durch welche willkürliche und zufällige Ideenassociationen daran geknüpft, dahinter errathen werden kann. Die neue Bibliothek tadelte diese Erweiterung der Namenserklärung weit über den bestimmten Sprachgebrauch hinaus: ein Schriftsteller, den man zum Muster machen müsse, solle in der Wahl der Hauptworte so sorgfältig sein als in der Sache selbst. Sie und die Göttinger hätten den andern Namen lieber gesehen, Iconologie, „Sammlung und Erklärung von Bildern".

Indeß die Erweiterung des Umfangs des Namens wäre nicht so schlimmes, wenn nur eine vollständige Eintheilung dieses Umfangs nachfolgte. Aber es fällt ihm nicht ein, daß hier specificirt werden könne: wie er in der Theorie

§ 147. 2. Theorie der Allegorie. 271

der Schönheit Züge beliebter Beispiele als Gattungsmerkmale verwendet und Beschreibungen von Individuen in die Definition des Begriffs trägt: so subsumirt er hier die Einzelfälle mit Ueberspringung der Arten unter die Gattung. Dieß ist das Grundgebrechen des Buchs. „Ohne leitende Grundsätze, bemerkt Schlegel, steuert er aufs Gerathewohl auf dem weiten Meere der schon vorhandenen oder möglichen Allegorieen umher. Das Wesen und die verschiedenen Arten der menschlichen Zeichensprache zu ergründen, die Anlage dazu in unserem Geiste und in der Natur nachzuweisen, hat er versäumt". Selbst im Gebrauch des Worts Allegorie glaubte Schlegel einen vierfachen Wechsel zu erkennen: Im Titel sei es Theorie der allegorischen Vorstellungsweise oder Repertorium der A.; „Allegorie der Begriffe" stehe für allegorische Einkleidung; „A. der Götter" für allegorische Abbildung; „A. der Alten" für Erfindung allegorischer Darstellungen.

Winkelmann fehlten die logischen Gaben der Specification und Distinction ebenso auffallend, wie sie Lessing in eminentem Grade besaß. Wäre er doch an des alten Wolff Auditorio nicht so ganz vorbeigegangen!

Einige Winke zur Lehre der Allegorie begegnen uns in den „Erinnerungen über die Gedanken zu neuen Bildern und über die Ausführung derselben". Auch Creuzer, der Winkelmann sonst in dieser Schrift, was Gelehrsamkeit wie Darstellung betrifft, unter sich selbst fand, gesteht, daß die hier geforderten drei Eigenschaften das Wesentliche der Theorie enthalten.

Die erste ist die Einfalt, d. h. daß das Bild mit so wenig Zeichen als möglich die zu bedeutende Sache ausdrücke und deren unterscheidende Eigenschaften in sich enthalte. Je einfacher das Zeichen, desto begreiflicher ist es. Ein Begriff sollte in einer einzigen Figur vorgestellt werden, die dann in allen möglichen Fällen angewendet werden kann.

Deutlich sind Allegorien, die, durch sich selbst verständlich (natürlich für nicht ganz Ungelehrte), keiner Beischrift nöthig haben, eine nahe Beziehung auf das Abgebildete, das nächste Verhältniß zu ihrem Begriff haben.

Endlich sollen die Bilder lieblich sein, nichts unanständiges, häßliches und fürchterliches haben, denn die Kunst, deren Endzweck ist zu ergötzen und zu belustigen, soll allezeit edle Bilder suchen. Daher kann sie z. B. keine Bilder der Laster geben. Schönheit und Einfalt finden sich meist beisammen: „die geschnittenen Steine von der schönsten Arbeit aus der besten Zeit sind allezeit leichter als die ältesten Steine zu erklären".

Indessen sollen diese Anweisungen keineswegs den heute lebenden in Stand setzen, auf eigene Hand Allegorien zu erfinden. Es sind vermuthlich „viele alte Bilder von großer Deutung und zum Theil unentbehrliche verloren gegangen; allein es ist so wenig erlaubt, diesem Mangel mit eigenen Gedanken abzuhelfen, als dem Mangel einer Sprache durch neugemachte Worte, wenn wir dort wie hier wollen verstanden werden. Die Absicht dieses Versuches ist die Allegorie der Griechen, deren Werke und ihre Nachahmung unserer Künstler Augenmerk sein sollen". Selbst bei den Anschlägen zu neuen Allegorien ist es doch das Alterthum aus dem wir sie entlehnen, wenn wir auch alten Bildern eine neue Bedeutung geben, wie man einen Dichtervers in neuem, unerwartetem Sinn anwendet; — oder indem wir Gebräuche, Sprichwörter, passende Fälle aus der Geschichte zu Allegorien benützen. Man möge irgendwo in Rom gelehrte Bilder als Wandgemälde anbringen und hernach stechen lassen, sie würden dadurch in Gebrauch kommen. —

Es war Winckelmann keineswegs entgangen, daß die Allegorie als natürliche Ausdrucksform des Menschengeistes der Vergangenheit angehöre. „Unsere Zeiten sind nicht mehr allegorisch wie das Alterthum, wo die Allegorie auf die Religion gebaut und mit derselben verknüpft war". Statt aber zu folgern, daß, wo kein Beruf zum Erfinden, da auch kein Bedürfniß des Gebrauchs sein werde, schloß er daraus, daß wir bei der Vergangenheit in die Schule gehen müssen.

„Die ältesten Zeichen der Gedanken waren muthmaßlich bildliche Vorstellungen . . . denn die Gedanken malen ist unstreitig älter als dieselben schreiben: somit war die Natur selbst der Lehrer der Allegorie, und diese Sprache scheint ihr eigner, als die nachher erfundenen Zeichen unserer Gedanken".

Er findet diese „in Bildern redende Natur und die Spuren von bildlichen Begriffen" z. B. in der Uebertragung der Geschlechter auf Worte, zur Bezeichnung der Verhältnisse des Mittheilens und Empfangens, des Wirkens und Leidens, wie bei Sonne und Mond, Himmel und Erde.

Bei den Aegyptern war die Allegorie „allgemeiner als unter andern uns bekannten Völkern"; die verständlichen Bilder (die sich freilich nicht auf Denkmälern finden) werden die ältesten gewesen sein; die Hieroglyphen — wohl ebenso willkührlich wie die ältesten Buchstaben der Sinesen — erklären zu wollen, „ist zu unseren Zeiten ein vergebener Versuch und Mittel lächerlich zu werden".

Auch unter den „Griechen wurde von den ältesten Weisen die Wissenschaft in die Bildersprache eingekleidet . . . und es verhüllte sich dieselbe wie die homerische Pallas in Nebel, um sich schätzbar zu machen. Auch die ersten Philosophen verkleideten ihre Meinungen, sonderlich diejenigen, mit welchen sie sich nicht offenbar wagen wollten, in Bilder; was Newton Attraction nennt, hieß Empedocles Liebe und Haß. Einst wurden auch dort die Begriffe der Schönheit den symbolischen Vorstellungen an denselben nachgesetzt; Schönheit war noch nicht der höchste Endzweck: es gab einen dreiäugigen Jupiter, einen achsenköpfigen Bacchus, einen vielköpfigen Apoll, eine kopflose Gerechtigkeit.

„Denn als die Weisheit anfing menschlicher zu werden und sich mehren mittheilen wollte, that sie die Decke hinweg, unter welcher sie schwer zu erkennen war: sie blieb aber verkleidet, doch ohne Verhüllung, so daß sie denen, welche sie suchten und betrachteten, kenntlich war. Als die Kunst eine schöne Gestalt bekommen hatte, war Homer die vornehmste Quelle, ihr höchster Lehrer: seine Ilias sollte ein Lehrbuch für Könige und Regenten, und seine Odyssee ebendasselbe im häuslichen Leben sein; der Zorn des Achilles und die Abenteuer des Ulysses sind nur das Gewebe zur Einkleidung. Er verwandelte in sinnliche Bilder die Betrachtungen der Weisheit über die menschlichen Leidenschaften, und gab dadurch seinen Begriffen gleichsam einen Körper, welchen er durch reizende Bilder belebte." —

Auffallend ist die gänzliche Zusammenhangslosigkeit dieser Theorie mit der Schönheitslehre, eine Zusammenhangslosigkeit, die ebenfalls schon in der Erstlingsschrift bemerklich war.

Diese Zerfällung seiner Gedanken über dieselben Gegenstände scheint ein Räthsel, sie hängt aber zusammen mit dem Fehlen des Begriffs der Erfindung in seiner Kunstlehre, und vielleicht mit einem Sinn für Sonderheit in Sonderung des Heterogenen. Was er Allegorie nennt, erinnert allerdings zum Theil an eine characteristische Eigenthümlichkeit, einen wesentlichen Vorzug alter Kunst. Hier wäre der Ort gewesen (wie Schlegel fordert), „die Frage zu erörtern, inwiefern die alte Götterlehre allegorisch war oder nicht", ein Wort darüber zu sagen, welchen weiten Spielraum die Griechen auch in der Historienmalerei den Personificationen und symbolischen Gestalten gaben, wie z. B. die Scenen pompejanischer Gemälde mit Berg-, Strom- und Landesgöttern, mit Sieges- und Schlafgenien, mit Eroten und Scopien bevölkert sind. Aber diese idealischen Wesen verdanken ihren Einlaß dem conträren Gegentheil dessen, worin nach Winckelmann der Werth der Allegorie liegt: nicht der Geheimthuerei oder dem Wunsch nach Uebung des Witzes, sondern gerade der Lust an Körperlichkeit, die allem was einen Begriff, ein Wort gefunden hat, auch zu einer Gestalt verhelfen, es Mensch werden lassen möchte.

§ 145.

IV. Allegorienregister.

Was nun die Wahl und Ordnung der gesammelten Vorräthe betrifft, so ist Winckelmann, der sonst nur „Systematisches" geben mochte, hier so genügsam, bloß ein alphabetisches Register herzustellen, das nicht einmal die Registertugend der Vollständigkeit hat. Er gesteht selbst seine Besorgniß, die Erwartungen nicht erfüllt zu haben: das beabsichtigte Repertorium auf alle Fälle für die, welche allgemein Bilder suchen, habe er nicht liefern können,

Deßhalb sei er auch mit keiner seiner Schriften furchtsamer gewesen hervorzutreten.

Fragt man nach den Bestimmungsgründen der Auswahl: so fällt das Auge gleich auf die Titelworte „für die Kunst". Diese Bestimmung gab das Recht zur Ausschließung aller außergriechischen, sowie der ganz alten und der späteren Zeiten des Alterthums, „da die Religion der Griechen und Römer im weitgesuchten Aberglauben anderer Völker umnebelt war", — ein Zeugniß, daß er bei allen seinen Wunderlichkeiten doch nichts gemein hatte mit unsern Symbolikern, die gerade im Trüben des Zeitalters der Religionsmengerei am liebsten fischten.

Aber für die Auswahl innerhalb dieser Zeit- und Ortsgrenze dürfte schwer ein Princip zu finden sein. Es bleibt dem Geschmack des Künstlers anheimgestellt, welche Allegorien er für Siegelringe, Schaumünzen, Stammbuchdevisen, Festdecorationen, Widmungsvignetten, Randarabesken, welche er für Historienmalerei benutzen will; ja es werden ihm Fälle genug aufstoßen, wo er dem Gelehrten seine Geschenke als ganz unbrauchbar zurückgeben wird, da dieser jenen Zusatz auf dem Titel offenbar vergessen hatte.

Winckelmann rechnet die Götter Griechenlands mit zu seinem Thema: der Mythus ist eine Art der Allegorie. Die Allegorie der Götter „sei dem Künstler unentbehrlich, theils Bilder aus der Fabel oder aus der Heldenzeit zu entwerfen, theils Bilder allgemeiner Begriffe aus derselben zu ziehen oder zusammenzusetzen". Aber sollte Winckelmann wiederholen was Bossius und seines gleichen gesagt hatten? Gewiß nicht, nur diejenige Abbildung der Götter ist er gesonnen zu geben, welche selten ist. Aber was in aller Welt soll der Künstler mit diesen seltenen Paralipomenis der Mythologie? Die Antiquitäten mögen diesen Wust von Attributen sammeln und wo möglich erklären, practisch sind sie, als auf längst verlorenen Ideenverbindungen ruhend, vollkommen werthlos. Sie stehen auch nur da, weil Winckelmann gern angebracht hätte, was von seinen Collectaneen in den Capiteln der Kunstgeschichte von der „Bildung" und dem „Begriff der Schönheit" der Götter, Göttinnen und Helden, dem künstlerischen Zweck gemäß, keine Verwendung finden konnte. Jene gelehrten Küchenabfälle, die andere in Anmerkungen ausgestreut hätten, bürdet Winckelmann dem zweiten Capitel der Allegorie auf. — „Daß durch dieses Werk, sagt Blankenburg zu Sulzer, das Bedürfniß der Künstler nicht befriedigt werde, ist bekannt. Der Verfasser hat sich mehr in Widerlegung und Berichtigung der Erklärungen und Meinungen anderer verloren, als daß er glückliche Bilder für die Darstellung aufgesucht hätte", —

Der Kern des Werks ist das dritte Capitel „von bestimmten Allegorien, vornehmlich allgemeiner Begriffe"; hier will er „alle ausbaren Allegorien sammeln". Es sind wenig über hundert Titel, alphabetisch geordnet, deren viele mehr als ein Bild enthalten. Die bunte Folge des heterogensten macht das Lesen dieses Capitels etwas unerfreulich, wie ein abspringendes Gespräch; der Ordnungssinn des Lesers kann sich nicht versagen, das Zusammengehörige in Classen zu gruppiren.

Allegorien im strengen Sinn sind die wenigsten. Eine Composition dieser Art ist die **Verläumdung des Apelles**, bei der man freilich das Pikante persönlicher Beziehungen und der unmittelbaren Gegenwart hinzunehmen muß; die Beschreibung hat schon Sandro Botticelli zu dem bizarren, zart gemalten Bildchen in den Uffizien gereizt. Allegorien vom reinsten Wasser sind ferner der **Tadel** mit seinen zwei Ranzen, „der voll eigener Fehler auf dem Rücken, der mit fremden Schwachheiten angefüllte auf der Brust". Die **Gelegenheit** nach Lysipp, ein Knabe mit Flügeln an den Füßen, „der mit den äußersten Zehen auf einer Kugel stand, in der rechten einen bloßen Degen, in der Linken einen Zaum, an den Seiten des Haupts mit langen Haaren, hinten kahl". Die **Zeit** als Greis mit Flügeln, auf eine Hacke gestützt und an den Beinen gefesselt, „die Zurückhaltung der flüchtigen Zeit anzudeuten".

Zahlreicher ist die am bequemsten herzustellende Art der Allegorie, Idealfiguren durch Attribute, Symbole, oder gar Inschriften, auf Täfelchen etwa, zu Bildern von Abstractis zu stempeln. Z. B. die Billigkeit mit Waage und Meßruthe; die Hoffnung mit der Lilie als einer der ersten Blumen, und weil die Blüte Frucht verheißt. Das Glück mit Steuerruder und Fruchthorn „weil die Reichthümer durch Schiffahrt kommen". Die Tugend mit einem Täfelchen μηδὲν ἄγαν beschrieben. Der Ruf mit Flügeln, die unterwärts voll Augen sind. Länder- und Städtefiguren, wie Africa, dessen Haupt mit dem Fell des Elephantenkopfs bedeckt ist.

Es kann sich aber so treffen, daß das Bild, welches etwas anderes hinter ihm stehendes anzeigt, auch als bloßes Bild Werth hat, als Hülle und Einkleidung so schön ist, daß es uns bei sich zu weilen einlädt, ohne das Bedürfniß des Weiterfragens sofort zu erwecken. Besteht nun zwischen dem einen und dem andern eine innere Beziehung, eine Analogie, ist ihr Band kein bloß zufälliges der Ideenverkettung, dann kann die Entdeckung des verborgenen Sinns, überraschend und einleuchtend zugleich, den Reiz des Bildes wie durch einen hinzukommenden Lichtschein aus der Geisterwelt noch erhöhen.

„Bedeutend und lieblich" ist das homerische Bild frühen Todes: Aurora die ein Kind im Arm forträgt. Die Nacht mit fliegendem Gewand voll Sterne über dem Haupt und mit umgekehrter Fackel ist eine Gestalt des erhabenen Schauspiels würdig, das sie bedeutet. Wie artig ist das Bild des Nil von den sechzehn Knäbchen umspielt, welche die 16 Fuß seiner Anschwellung bezeichnen. Die „Nachlässigkeit" oder „Sorglosigkeit" in einem Menschen, der ein Seil von Schiff dreht, das ein Esel sogleich abnagt, giebt ein artiges Genrebildchen. Die Meditation über die Unsterblichkeit, ein Philosoph in Betrachtung eines Todtenkopfs, auf dem ein Schmetterling sitzt, kann man sich im Stil Rembrandts denken. Die liebenswürdigsten Schöpfungen Thorwaldsen's, jene Reliefs in welchen reinster griechischer Formenadel mit moderner Gemüthsart in bisher nie geahnter Weise sich verschmilzt, gehören dieser Art der Allegorien an. Hier werden die allen vertrauten Figuren der Mythologie auf sinnige Art verwandt. Windelmann nennt als ein schönes Bild zu einem Begräbnißdenkmal „Woche, die mit gestütztem Haupte an dem Fuße eines Grabmals sitzt und weint".

Den Bildern, die nicht einen ihnen fremden Geist, sondern den bedeuten, welcher sich diese Körper selbst gebaut hat, nähern sich die Darstellungen der Gemüthsbewegungen durch Figuren, welche von denselben ergriffen scheinen. Leidenschaften theilen selbst den Begriffen und Namen, die wir für sie schaffen, etwas von ihrem Leben mit und schaffen sich einen lebendigen Leib. „Der Zorn, sagte Schwind, ist eine Person". Polygnots Furcht hält sich die Hand vor das Gesicht; die Ruhe legt einen Arm aufs Haupt; die Sicherheit legt Kopf und Ohr auf die rechte Hand, während der eine Fuß mäßig ausgestreckt ist. Die Schaamhaftigkeit zieht sich einen Schleier vors Gesicht; die Betrübniß sitzt mit den Händen ihr Knie umfassend.

Gar nichts einzuwenden wäre gegen solche Allegorien (aber freilich entfernt sich auch nichts weiter vom bestimmten Sinn des Worts), bei welchen „allegorisch" nur Angemessenheit zum Gegenstand bei Wahl von Ornamenten, in Baukunst und in Geräthen bedeutet. Windelmann würde was man heute Ausdruck der constructiven Function in einem Baugliede nennt, Allegorie der Baukunst genannt haben. In diesem Sinne sind ihm die Geräthe der Alten allegorisch von den Lampen an bis auf die Rüstungen. Z. B. der Kranz von Oliven um eine Lampe, oder Pallas die eine Olive ausdrückt, oder eine sitzende Figur die gegen die Oeffnung des Dochts bläst. Römische Helme mit der Delfin, Bilder auf Waffen, die in der folgenden Zeit Wappen wurden. Ja daß der Flußgott Eurotas von Eutychides „flüssige Umrisse" hat, scheint dafür zu sprechen, daß selbst die Zeichnung allegorisch sein kann. —

Aber man muß nicht glauben, daß diese Allegorien die Mehrzahl bilden, oder von dem Sammler besonders begünstigt werden. Weil die meisten gehören der Classe der Symbole, Embleme an. Unter diesen sind einige einfach, verständlich, ansprechend: in der Leier, in zwei ineinandergelegten Händen, im Hut, wird man gern den Dichter, die Eintracht, die Freiheit wiedererkennen. Die Wespe auf Archilochos Grab malt den beißenden Scherz.

§ 148. 1. Allegorienregister. 277

Viele aber sind weithergeholt, spielend, geschmacklos, ja läppisch. Der Bock bedeutet die Tragödie, der Storch die Liebe der Eltern zu den Kindern, der Hase Wachsamkeit, ein Knöchel Festigkeit, Hörner Macht und Gewalt, der Esel Unerschrockenheit. Andere sind mehrdeutig: der Mohnkopf bedeutet Schlaf und Fruchtbarkeit, die Rose Verschwiegenheit und Tod, das Heupferd Musik und schlechte Poeten, die Biene Beredsamkeit und eine Colonie. Was soll ein Maler mit der Verordnung Solons, vor der Brautnacht eine Quitte zu essen? „Zuweilen, bemerkt Schlegel, sollte man denken, es sei ihm nicht um Vorschläge für die Kunst zu thun, sondern um Erfindung einer neuen Hieroglyphenschrift; und einigemal wird man sogar an die abgeschmackten Rebas erinnert".

Die Bezeichnung von Denkmälern, Tempeln, Grabmälern durch Attribute der Personen, denen sie geweiht sind, gehört ebenfalls zur Allegorie. An Elpenors Grab setzt Homer ein Steuer; das der Amazone Hippolyte bei Megara hatte die Gestalt eines Amazonenschilds, auf den Giebeln der Jupitertempel standen Adler, ein Hirschkopf über dem Thor eines Dianentempels. Der Drache im Schild auf der Grabsäule des Epaminondas bedeutet seine Abkunft von der cadmeischen Drachenbrut; der Fußschemel in der Hand des Lais am Ufer des Peneus spielt an auf ihren Tod durch eifersüchtige thessalische Weiber. Selbst Amtsinsignien, z. B. der Censor mit Weihwassergefäß und Oelzweig. Das Bild kann sich auch bloß auf den Namen beziehen, wie der Löwe auf dem Grab des Leonidas, die Schildkröte auf Münzen der Stadt Chelone, die Biene als muthmaßliche Bezeichnung des Münzmeisters Melitos. Der gekrümmte Arm (ἀγκών) bezeichnet Ancona, es ist ein Bild der Lage dieser Stadt. Wunderlich ist der Hercules mit der Hydra von Eisen, als Anspielung auf die harten Arbeiten; die dunkle Farbe des Jupiter wegen der blitzschwangeren Luft, der Bacchus aus Wein- und Feigenholz.

Die meisten dieser Beispiele hat er aus Münzen, Gemmen und solchen Werken gezogen, wo die Kunst nur bei einer ihr fremden Zeichenschrift Gefälligkeitsdienste leistet, wie sie ja auch zur Verbesserung der Buchstabenformen herbeigezogen werden kann. Jene Zeichen sind so wenig Kunst, wie die Gedächtnißverse der Grammatiker Poesie sind. Da auch das echte Kunstwerk nicht selten zu seinem Verständniß historischer, gelehrter Kenntnisse bedarf, so kamen sie als kleine Beigaben, die eine große Composition recht wohl verträgt, der Erinnerung, den Gedankenverbindungen zu Hülfe kommen; wie aber dem Werk durch solche Beigaben ein „erhabener Geschmack des Alterthums" gegeben werden könne, vermögen wir nicht zu fassen. Selbst jene Gestaltenfreudigkeit der griechischen Kunst ist wohl Geschmack der Schönheit, aber nicht des Erhabenen, denn das Erhabene ist dem Unendlichen verwandt und liebt das Formlose.

Windelmann aber meint es nicht einmal so. Er empfiehlt die Mnemosyne oder Erinnerung durch eine Berührung des Ohrläppchens mit der Hand zu charakterisiren, weil die Alten das Ohr dessen berührten, dem sie bezeugen wollten, daß sie in seinem Gedächtniß zu bleiben wünschten. Diesem uns ganz fremden, gelehrter Noten bedürftigen Gestus giebt er den Vorzug vor der unendlich anmuthigen Darstellung der Mnemosyne auf der Apotheose des Homer „in einer Frau, die das Kinn mit der einen Hand stützt, wie in ernstlichem Nachdenken geschieht", er findet sie „nicht deutlich und bestimmt genug". Bei den glücklichsten aller allegorischen Scenen, den Grotenbildern, will er sich nicht aufhalten, weil sie zu denen gehören, „die zwar angenehm und witzig seien, aber keine merkwürdigen Begriffe enthalten". Er lobt den Cardinal Albani, daß er ein Zimmer in seiner Villa nicht „mit müßigen und leeren Landschaften" (es thut wehe, solche pedantische Abgeschmacktheit von Windelmann zu hören) wollte ausmalen lassen. Danach würde man Filippino Lippi's Dominicanerallegorie in der Minerva vor Raphaels Schule von Athen den Vorzug geben müssen.

Im zehnten Capitel ist er so gütig gewesen, „einige gute und brauchbare Allegorien der neueren" zu constatiren. Aber wie unvollkommene Lichter nur die Finsterniß zu offenbaren pflegen, so scheint dieses Verzeichniß nur zu bestätigen, „daß die Anzahl von guten neueren Allegorien sehr gering ist". Freilich wenn er „unter sehr vielen von Zuccheri im Palast der Villa Este zu Tivoli gemalten Sinnbildern" vergebens gesucht hat, so wird man sich nur wundern, daß er da gesucht hat. Danaiden auf einer holländischen Münze von 1633 bilden eine vergebene Arbeit. Holzer, ein würdiger Künstler, hat in einem Hause in Augsburg die brüderliche Liebe unter der Fabel des Castor und Pollux vorgestellt. Die Erziehung der Kinder hat Pietro von Cortona in einem Deckengemälde des Palastes Barberini durch einen Bären, welcher seine Jungen leckt, angedeutet. Der geschwinde Flug des Mercur ist von Giovan Bologna durch einen Windskopf vorgestellt, auf welchem die Figur mit einem Fuße steht. Der vierjährige Ludwig XIV auf einem von Frankreich und der Vorsehung emporgehaltenen Schild zeigt auf den Gebrauch der alten Franken, die ihre neuen Könige auf einem emporgetragenen Schild setzten und also dem Volke zeigten. Den trinkenden Hirsch auf Correggio's Jo hält er für „eins der schönsten Bilder in den Gemälden neuerer Zeiten: denn es malet dasselbe die Worte des Psalmisten: Correggio hat hier die Brunst in der Liebe ausgedrückt."

Bei einem Schriftsteller, der für die Praxis schreibt, wird man den Gebrauch, den er selbst von seinen Maximen und Beispielen macht, als eine

Probe der letzteren ansehen. Es wäre unbillig zu verlangen, daß Jemand was er lehrt auch machen Kann, aber wer am Schluß die schwere Rolle des Erfinders selbst übernimmt, von dem wird man denken, daß kein Versuch "neuer Allegorien", Cap. 11, das Tüpfelchen auf dem J sei.

Da Chambray's Malerei, "eine weibliche malende Figur, mit verbundenem Munde, als stumme Dichtkunst", nicht allgemein gefallen könne, so schlägt er vor, ihr eine junge schöne Larve auf den Kopf zu legen, und die Grazien wie eine Münze auf die Brust zu hängen und überdieß kleine Farbengefäße anzudeuten. "Einen Religionsspötter könnte Herkules bilden, welcher dem Apollo seinen Dreifuß nimmt... Dem Bild eines gerechten Richters könnte eine Figur ohne Hände zugegeben werden, wie die Statuen der Richter zu Theben in Aegypten waren... Der dumme Stolz über eine unverdiente Ehre, die man nicht der Person, sondern dem Titel erzeigt, ist in der Fabel des Esels, welcher mit der Statue einer Gottheit beladen ging, vorgestellt, die das Volk anbetet, der Esel aber eignet sich diese Ehre zu... Ein verfluchter Ort könnte angezeigt werden durch das Bild, wie kurz vor der Einnahme Trojas die Götter selbst ihre eigenen Bilder auf den Schultern davontragen... Ein Undankbarer könnte durch eine Figur, welche die Grazien aus einem Gefäß auf die Erde schüttet, sinnlich gemacht werden". Für Fürstengräber schlägt er vor die Apotheose des Antoninus und der Faustina auf Monte Citorio. Für eine hohe Vermählung wird ein bis auf die Farbe detaillirter Vorschlag nach dem Muster der Hochzeit von Peleus und Thetis auf dem Sarkophag der Villa Albani mitgetheilt. — Diese Vorschläge schmecken sehr nach Bücherstaub. Selbst in dem von ihm geringgeschätzten Halle schienen Kleider mit griechischen Buchstaben, ausgeschüttelte Grazien dem Geschmack etwas zu viel zugemuthet. Am Schluß ist die Beschreibung des Torso wieder abgedruckt, als habe er den üblen Geschmack des vorhergehenden durch diesen herrlichen Trank wieder hinuntergespülen wollen.

Winckelmann, der kurz vorher soviel neue Aufschlüsse gegeben hatte und auch sonst immer an die Zukunft sich wendet, blieb in diesem Punkte hartnäckig im Geschmack des Manierismus befangen. Wir werden auch hier wie bei der Schönheitslinie an seinen Zeitgenossen Hogarth erinnert, der ebenfalls seinen "Pinsel in Verstand tunkte", und in seinen Bildern eine Menge Geräthe, Wandbilder, Büchertitel aussäte, die alle eine erklärende, interessante, boshafte Beziehung haben auf den geheimen Roman, den wir aus dem Bilde selbst — seiner Illustration — kennen lernen.

Ein Werk, das mehr Register als Buch war, mußte im Stil der Trockenheit verfallen, und so stach die Allegorie auch in diesem Punkte merklich gegen seine andern Werke ab. Damit alles sich vereinige, so wimmelte sie von Druckfehlern, zum Theil fatalen; während die sonst freigebig gespendeten

Kupfer bisweilen durch Abwesenheit glänzten. Dagegen fing er an immer mehr Werth auf Register zu legen, zu dem der verbesserten und erklärten Stellen alter und neuer Scribenten (wobei unter den neueren Namen fast nur „Widerlegungen ungegründeter Vorgeben, irriger Auslegungen, Uebersetzungen, Versuche in Zeichnung, unrichtiger Meinungen und Bemerkungen" vorkommen), und zu den merkwürdigen Sachen, sowohl ein drittes der angeführten Denkmäler alter und neuer Kunst. Er rechnete schon darauf, seine Bücher in den Händen der Reisenden in Rom als Nachschlagebücher zu finden.

§ 149.
Die „Anmerkungen über die Geschichte der Kunst".

Mitten in jene vielbewegten Tagen, als der apostolische Antiquar zwei Prinzen und einen Herzog nebst einem Schwarm niederen Adels auf dem Halse hatte, fiel die Idee und Ausführung eines ganz stattlichen Buches, während gleichzeitig die letzten Sorgen für das italienische Werk einen ganzen Mann zu fordern schienen. Natürlich verräth das Buch diese Umstände seiner Entstehung; weitverzweigte Untersuchungen können in zufällig erbeuteten Freistunden nicht angelegt, neue Keime und Fermente der Erkenntniß dem Geist nicht geschenkt werden; aber eine früher begründete Gedankenreihe, ein schon ausgeführter Plan arbeitet im stillen fort, Details, wie sie fortwährend auf römischen Spaziergängen aufgejagt werden, fügen sich von selbst in die passende Stelle des Plans ein.

Glücklich der Autor, der mit dem Druck zugleich mit dem Gegenstande abschließt! Er allein kann auf seinen Lorbeern ruhn, in jedem Jahr scheint ihm sein Werk klüger und gelehrter als er selbst. Windelmann war eine solche Ruhe nicht beschieden. Seine Kunstgeschichte hatte die Gesammtheit des römischen Denkmältervorrathes zur Basis, jeder Fund eines neuen Werks, jede Beobachtung an einem alten modificirte diese Grundlage und was darauf stand. Ferner rückt ein Werk wie dieses den Autor selbst auf einen Standort, von dem er viel mehr übersieht, als auf dem welchen er vor und während der Abfassung einnahm. Dazu kamen die kleinen Fehler, — unter denen denn doch einige recht ärgerliche waren.

Auch Windelmann gehörte zu denen, die das was sie gemacht haben, nicht loslaßt. So schon bei der Dresdener Schrift. Diesmal hatte er seit Abgang des Manuscripts Zusätze gesammelt. (Welches Glück für den Drucker, daß zwischen Rom und Leipzig die Alpen lagen!) Die 64er Ausgabe der Kunstgeschichte war nur ein gewissermaßen zufälliger Einschnitt in eine stetige

Reihe der Forschung und Sammlung. „Daß seine Werke so wie sie dalagen (sagt Goethe) erst als Manuskript auf das Papier gekommen, und lebenn später im Druck für die Folgezeit fixirt worden, hing von unendlich mannichfaltigen, kleinen Umständen ab. Nur ein paar Monate später, so hätten wir ein anderes Werk, richtiger an Gehalt, bestimmter in der Form, vielleicht etwas ganz anderes".

Je unmittelbarer die Wiederaufnahme des Nachdenkens auf die Herausgabe folgt, desto nervöser pflegen Autoren gegenüber wahrgenommenen Mängeln ihres der Oeffentlichkeit überantworteten Erzeugnisses zu sein. Unbedeutende Versehen und Auslassungen scheinen ihnen das Ganze zu schänden; ein neuentdecktes Beispiel, eine bezeichnendere Wendung scheint daraus ein Buch höherer Rangordnung zu machen. So bedurfte es nur eines kleinen Anstoßes, um den dringenden Wunsch einer neuen Auflage aufzuregen, die alte ihm zu verleiden. „Wir sind heute klüger als wir gestern waren", bekannte er Heyne schon am 13. Juli 1765. „Sobald ich Luft bekomme, werde ich eine vollständigere Ausgabe der Geschichte der Kunst besorgen". Und er macht schon Anstalten dazu. Jenen Anstoß gab die gleich nach Casanova's Abreise gemachte Entdeckung des Betrugs mit den antiken Gemälden. Er schrieb, wie es scheint, an den Verleger, erfuhr aber, daß bei der sehr starken Auflage an eine zweite Ausgabe so bald nicht zu denken sei. Walther hatte 1200 Abzüge gemacht, von welchen die Buchhandlung noch bis zum Jahre 1824 auf Lager hatte. Er wollte nun eine „öffentliche Erklärung" ausgehen lassen; besonders da er von einer französischen Uebersetzung hörte (seit Anfang 1765), in Betreff deren er aber vergebens „einigen Unterricht" zu erhalten suchte, um vor dem Druck die nöthigen Aenderungen einzuschicken. Besonders wünscht er die Zurechtweisung Mariette's zu streichen, „weil er diesen liebenswürdigen Mann nachher persönlich kennen lernen, mit ihm kleine Reisen um Rom gemacht und das versöhnende Geständniß seiner „unzulänglichen Vorbereitung" erhalten hatte. „Ich habe sogar den Polizeilieutenant von Paris ersuchen lassen (wahrscheinlich durch La Rochefoucauld), die Erlaubniß zum Druck dieser Uebersetzung nicht zu ertheilen, bevor ich nothwendige Nachrichten zu derselben eingeschickt hätte; dennoch hat man in dem Land, wo die Höflichkeit soll jung geworden sein, die gewöhnliche Höflichkeit, dem Verfasser von der Uebersetzung seines Werks Nachricht zu geben, bei Seite gesetzt." Neujahr 1766 erfuhr er von Walther, diese Uebersetzung sei bereits fertig, am 11. Juli schickte ihm der junge Duc ein Exemplar. Der ehemalige Hallenser Professor Gottfried Sell, sein Lehrer, hatte sie für Robert de Chateauxxxxxxxxxxxxfertigt (Paris, Saillant; Amsterdam, Harrevelt).

Er mußte sich ganz einverstanden damit, daß Walther einen Nachdruck dieser Uebersetzung noch im Winter 1765 veranstalte. Dieser hatte gleich anfangs die abgedruckten Bogen einzeln übersetzen lassen wollen (22. März 1763), um das Werk in beiden Sprachen zugleich ans Licht treten zu lassen; aber er hatte keinen tüchtigen Uebersetzer gefunden. Winckelmann, der gemerkt hatte, wie unverhältnißmäßig eine französische Uebersetzung das Contingent seiner Leser vermehren werde, fand das Erscheinen seines Buchs „in dem Modekleide und in den deutschen Herrn ihrer Lieblingssprache" jetzt ganz in der Ordnung und bedauerte, daß es nicht eher geschehen. „Da Sie sich entschlossen, was freilich mit mehrerem Nachdruck zuerst von Ihnen hätte geschehen können, diese meine Arbeit unter den Deutschen selbst in einer fremden Sprache bekannter zu machen: so hoffe ich von Ihrer mir bekannten Denkungsart, daß Sie nicht ein bloßer Drucker sein wollen. Ist es Ihnen wahrer Ernst, daß Ihr Druck einen Vorzug vor dem Pariser haben soll, so will ich dafür sorgen, und soviel beträchtliche Zusätze und Aenderungen machen, daß der Unterschied nicht zweifelhaft sein soll... Ich mache diese Arbeit ungern, weil sie mir viel Mühe und Zeit kosten wird; aber weil die Franzosen mich in diese Nothwendigkeit versetzt, so will ich mein möglichstes thun" (4. Januar 1766).

Dieß ist der Ursprung der „Anmerkungen über die Geschichte der Kunst". Er hatte kaum zwei Wochen an solchen Einschiebseln gesammelt, als er die Idee unpraktisch fand. Der französische Text, über den die Verbesserungen hätten gemacht werden müssen, lag ihm noch nicht vor. Wiederum führte ihn die Arbeit weiter als er vorher gedacht. Walther werde nicht so lange warten wollen. Dagegen war es auch für ihn bequemer, die gesammelten Bemerkungen zu einem eigenen Ganzen zu verarbeiten, als sie mühsam in den Text zu verweben. Ferner sah er voraus, daß er hinfort nicht mehr vor seiner Nation in deren Sprache auftreten werde. Er war nun ein Schriftsteller für Europa. Das nächste Buch war italienisch geschrieben, früheres sollte (bei neuen Ausgaben) von jetzt an der Verbreitung wegen „in französischer Tracht" erscheinen. So fern stand Winckelmann der Bewegung der deutschen Literatur, daß er im Begriff war, von seiner Sprache abzufallen, in dem Augenblick, wo diese sich anschickte, ihren Raupenstand zu verlassen und ihren ebenbürtigen Platz neben den andern einzunehmen. Er wollte also in einem letzten deutschen Buche „von seinem Vaterlande Abschied nehmen." Es solle aber auch „das beste" werden, „was irgend aus seiner Feder gekommen". Die Deutschen hatten auf diese, wie es damals schien, letzte Hand des Werks, für das sie ihm so dankbar gewesen, ein Recht. Die französische, und eine erwartete englische Uebersetzung sollten „bleiben, wie sie waren". Nur vor den Casanova'schen Gemälden wollte er sie behüten. Dem Nachdruck kann Walther einen Vorzug geben durch Vervollständigung der Register, besonders des dritten der Denkmäler. Ein solches erhielten die

„Anmerkungen"; Reisende hatten sich in Rom selbst ein solches Register zur Kunstgeschichte gemacht.

Ostern 1766 sollte der zweite (historische) Theil schon zum Abgang bereit sein; der erste systematische war aus dem Gröbsten entworfen. Die Beschäftigung mit den „Fremden von Stande" kam störend dazwischen. Um ihn in Ruhe zu vollenden, ging er aufs Land. Diese Raschheit erklärt sich daraus, daß die Arbeit wesentlich nur Ordnung der sofort nach Absendung der Kunstgeschichte gesammelten Nachträge war. „Vier Jahre habe er auf diese Arbeit gedacht" (die ein Werk von vier Monaten schien) „und seine Gedanken zu derselben nach und nach kürzlich angemerkt". Doch erschienen die „Anmerkungen" nicht wie gehofft in der Michaelis-, sondern in der Neujahrsmesse. Die versprochenen Kupfer waren auf eine Titelvignette, eine ihm gehörige Münze Antigonus I, zusammengeschmolzen.

Er verlangte drei Zechinen oder Ducaten (13. April) für den Bogen, „weil es eine sehr wichtige, schwere, nöthige und nützliche Arbeit sei, da er alles selbst schreibe und die Register verfertige". Diese Forderung fand der Geh. Commerzienrath „übertrieben"; jener aber gab zu bedenken, „daß er nichts dabei gewinne und einen andern Stand erwählen müsse, wenn er auch in Deutschland von diesen vermeinten hohen Schreibegebühren leben sollte.... Gott weiß (!) wie sauer mir die Arbeit wird, ich wünschte daß ich reich wäre, um, wie ich es mit meiner ersten Schrift gemacht, alles selbst drucken zu lassen, und hernach verschenken zu können. Allein ich soll mich nicht überheben... Man giebt ja einem Uebersetzer zwei Thaler für den Bogen. Die Gütigkeit, mit welcher das Publicum meine Arbeit aufnimmt, läßt mich hoffen, man werde nach dem Druck den von Ihnen schon bestimmten Preis nicht zu hoch finden, in Erwägung, daß es Originalwerke sind." — Walther mußte sich für das übertriebene Honorar zu entschädigen, indem er das Buch so compreß druckte, daß die Seite fast ein Drittel mehr enthielt als die Kunstgeschichte (35 : 29), er beschnitt also jenes um zwölf Ducaten, beinahe ein Viertel. Nimmt man hinzu, daß die Noten unterm Text in der Kunstgeschichte ungleich mehr Raum wegnehmen, so ergiebt sich aus den Seitenzahlen (431 : 127), daß der Umfang der Anmerkungen die Hälfte der ganzen Kunstgeschichte beträgt, ein Umfang, mit dem freilich der Inhalt in keinem gleichen Verhältniß steht.

Dedicirt wurde das Werk Wilhelm Stosch, mit dem Motto Qui mores hominum multorum vidit et urbes, „um Gelegenheit zu haben, von unserer geprüften Freundschaft, die von höherer Natur ist, ein Zeugniß abzulegen".*)

---

*) Von Boerhave sagt Fontenelle: Il avoit du goût pour ces sortes de Dédicaces, et il aimoit mieux donner une marque flatteuse d'amitié à son égal, que de se prosterner aux pieds d'un grand, dont à peine peut-être étoit-il aperçu.

Ihre wachsende Stärke in der Abwesenheit nach kurzem persönlichem Genuß ist ein Zeugniß ihrer Wahrheit; mit Herz und Geist ist er ihm auf allen Reisen gefolgt: nur eine Last haben sie nicht genossen: den Freund zu bilden und zu schaffen. „Denn wir waren einer für den andern bereits erschiene Freunde, wie der erste Mensch ward, oder wie ein hoher Gedanke und ein erhabenes Bild nicht stückweis, sondern auf einmal in seiner Größe und Reife entsteht".

1. Der willkommenste Bestandtheil in diesen Nachträgen waren die neuen Denkmäler, die als weitere Beispiele der Stile aller Kunst aufgefunden worden waren: in diesem Punkt war ja die Armuth der Kunstgeschichte am empfindlichsten.

Was den älteren Stil betraf, so fand er dessen „deutlichste Merkmale" in der seitdem vom Cardinal Albani erworbenen (archaistischen) Pallas, deren Kopf die sogenannte hetrurische Bildung habe, ja, wenn er von Basalt wäre, für eine ägyptische Arbeit gelten könnte. Vermuthlich sei die Diana von bemaltem Marmor aus Pompei ebenso alt. Dann der „unbekleidete Ringer" im Palast Farnese (der eine aus der Gruppe der Tyrannenmörder Harmodius und Aristogito). Während der (niemals abgelöste) Kopf eine bestimmte Person andeute und den alleraltesten auf Münzen ähnlich sehe, „offenbarte sich in der ganzen Figur soviel Wissenschaft mit meisterhafter Arbeit ausgeführt, daß dieselbe der schönsten Zeit der Kunst würdig sein könnte." Endlich die große Muse im Palast Barberini (jetzt in München). Die Falten hingen allerdings noch senkrecht, wie in der alten Zeit, aber die Gesichtsbildung hat regelmäßige Züge der Schönheit, sie wird also „auf dem Wege der Kunst zur Vollendung" gemacht worden sein, „den Ageladas, als der wahrscheinliche Meister derselben, betreten hatte". — „Ich will nicht entscheiden, ob die Statuen des Castor und Pollux von Hegesias gearbeitet, die ehemals vor dem Tempel des Jupiter tonans standen, ebendieselben sind, die in colossalischer Größe auf dem Campidoglio stehen; gewiß aber ist, daß dieselben an diesem Hügel gefunden sind. Es könnte eine gewisse Härte, die der Arbeit des Hegesias eigen war, zu einiger Muthmaßung führen". —

Sehr verschiedenes ist hier zusammengestellt: wer könnte daraus den Begriff eines Stils sich bilden? Pallas und Diana sind archaistische Cultusidole; der Ringer eine schöne Copie der Gruppe der Mörder des Hipparch von Kritios, welche die von Xerxes entführte Gruppe des Antenor ersetzen sollte; die zweite Figur, der ein später Kopf aufgesetzt worden ist, entdeckte Winckelmann erst nach dem Druck. Die Muse ist ein majestätischer Apollo Citharoedus, der uns eher den Begriff „hoher Grazie" versinnlichen würde; nach der Ungleichheit der Arbeit, die am Gewand ziemlich handwerksmäßig ist, wird er doch wohl eine Copie sein.

Eine sehr problematische Bereicherungen der folgenden Periode ist die Zurückdatirung des Myron, der lange vor Phidias gesetzt wird, auf Grund einer plinianischen Bemerkung über seine alterthümliche Behandlung der Haare, und über die Sitte, seinen Namen auf einem nackten Theil der Statue anzubringen. Ganz ähnlich wie er früher bei Scopas eine vereinzelte Einschleichung seines Namens bei Plinius gegen alle übrigen Nachrichten dieses und anderer Schriftsteller in die Wagschale warf, um jenen Bildhauer zu einem Zeitgenossen des Phidias zu machen: so ist es hier ein angebliches Epigramm der Erinna über die Kuh, auf Grund dessen er gegen alle Zeugnisse den Myron mit Eladas und Ageladas gruppirt.

Zwei thönerne Canephoren bei Cavaceppi sollen als Copien der bronzenen des Polyclet gelten können, die Verres aus Messina wegnahm, und zwar wegen „einer gewissen Härte, sonderlich im Wurf der Kleidung und in den Falten"; ebenso sei die Figur eines Knaben im Palast Barberini, der in den Arm einer anderen, verlorenen Figur heißt, möglicherweise eine Copie der Knöchelspieler desselben Meisters, vielleicht Patroclus, der als Knabe im Streit über dieß Spiel seinen Freund Clysonymus unversehens tödtete.

Da Pythagoras der erste war, welcher die Haare mit mehr Fleiß ausarbeitete, so würden Werke mit sogenanntem hetrurischen (gezwungen gearbeitetem) oder mit dem wenig ausgearbeiteten Haupthaar (wie die Niobiden) nicht nach seiner Zeit gesetzt werden dürfen.

Das Ringerspmplegma der Tribune wird (wie schon auf dem Kupfer von 1557) zur Niobegruppe gerechnet; es sei an demselben Orte ausgegraben worden, die jüngern Söhne sollten ja beim Ringen getödtet sein, und es erscheine „klärlich" aus der Arbeit in Köpfen und Haaren, daß es von demselben Meister sein müsse. In der Meinung, daß die Niobe ein Werk des Scopas sei, bestärkt ihn außer den Haaren der Abguß eines von Rom verschwundenen Niobekopfs. Einige welche in diesem „wahrhaftig schönen" Kopf „mehr Rundung (z. B. am Augenknochen) bemerkten, auch den Mund besser gebildet fanden", wollten schließen, er sei von dem wahren Kopf abgenommen, und der jetzt auf der Statue sitze, sei eine alte Replik von einem geringeren Künstler. Sie wüßten nicht, daß dem hohen Stil die Rundung noch nicht völlig eigen war, und daß die mehrere Weiche dieses Kopfs auf spätere Zeiten deutet; man könnte ihn für eine Wiederholung der Niobe aus dem schönen Stil und vielleicht für ein Werk des Praxiteles halten. Die Vergleichung beider Köpfe lehre den Unterschied des hohen und schönen Stils.

Einen Begriff von der zweiten oder gefälligen Grazie soll man sich aus den Köpfen der Leucothea im capitolinischen Museum machen. Der eine (Zimmer des Faunus rosso 25) ist ein Ariadnekopf, fein, sehnsüchtig, vornehm; mit besonders schöner Einrahmung des Ovals durch die Haarlocken. Der bedeutendste, für jene „rundlich gehaltenen Formen" besonders lehrreich, ist der bereits in der ersten Ausgabe angeführte wunderfame Bacchuskopf (S. 200 f.) wo jene unerschöpfliche Lebenskraft, die bei untergeordneten Naturen in braufender Erregung hervortritt, in faft beschauliche, göttliche Ruhe überfetzt ift. Die Fülle der kraus gelockten Haare, die etwas gefenkten Augenlider, der etwas geneigte Kopf geben einen Zug von Schwere: ein Er- füulfein des Bluts und der Phantafie vom Geift des Weins, von Bildern nachklingender Luft.

Einem mindeftens fehr perfönlichen Gefchmack überläßt er fich, wenn er von dem coloffalen Antinouskopf zu Mondragone verfichert, „er fei von fo großer und hoher Kunft, daß es keine Kezerei fcheinen follte, zu fagen, es fei diefes Werk nach dem Apollo und Laocoon das Schönfte was uns übrig ift; die Haare und ihre Ausarbeitung hätten im ganzen Alterthum nicht ihres gleichen, ja man könne fagen, der Kopf fei eines der fchönften Dinge in der Welt".

2. Eine Entfchädigung für die geringere fachliche Bedeutung diefer Mis- cellen gewährt uns ihre lebendige, zum Theil perfönliche Färbung, der Puls des gegenwärtigen Augenblicks. Das Ich des Verfaffers tritt mehr als in früheren Schriften hervor: er weiß jetzt, daß es eine Gemeinde giebt, die feiner Belehrungen harrt, und für die es ein fchwerwiegender Grund ift, daß ein Satz von ihm kommt. Er macht Geftändniffe über den Gang feiner römifchen Studien, feine Einweihung in die Myfterien der Schönheit, über feine literarifchen Verfuche, feine Methode und feine Grundfätze. Er fährt noch kecker als früher nicht nur über die moderne Sculptur, fondern über die größten Maler her; er wirkt für feine Monumenti, für fein Reifeprojeet nach Elis; er bringt die im Befitz feiner Bekannten (wie Caraceppi und Rombanini) und der von ihm geführten Reifenden (Anhalt) befindlichen Stücke an.

Für Schilderungen bedeutender Statuen fcheint die Ader vertrocknet; nur der jüngftentdeckte fchöne Faunskopf hat noch einen fchwachen Nachhall erweckt. Diefen „Faun" hatte Caraceppi im April 1763 erworben; Wincel- mann fand ihn „von fo hoher himmlifcher Schönheit, daß er alles übertrifft, was ich gefehen und was ich kann. Beftändig, fagt er, denke ich an den- felben, und die Nacht träume ich davon". Er fürchtet, „daß er wohl endlich einem Britten zu Theil werde. Wer will und kann dergleichen außer diefer Nation bezahlen? Soviel ift indeffen gewiß, daß ich, folange es möglich ift, verhindern werde, daß diefer Kopf aus Rom gehe". Und fo kauft man ihn denn zwei Jahre fpäter als deffen glücklichen Befitzer; er follte die Reife nach Berlin mitmachen, war aber diesmal „der Gefahr eines unfreund- lichen Clima's entgangen" (fpäter wanderte er nach München). „Es ift

§ 140. Die Anmerkungen über die Geschichte der Kunst.

mein Ganymed, den ich ohne Aergerniß nel corpetto di tutti i santi küssen kann". Der Künstler habe sich über die gewöhnliche Faunsidee erhoben und das Bild einer hohen Schönheit gegeben, aber welches sich eine unansprechliche Süßigkeit ergieße, wie sich denn sonderlich in dem halbgeschlossenen Mund eine sanfte Entzückung zu äußern scheine. Man würde nimmermehr einen Faun in ihm erkennen, ohne die kleinen hervorkeimenden Hörner. Wirklich hat dieser interessante Kopf einen eigenthümlichen, von dem sinnlichen Lebensgefühl des berühmten Satyrs z. B. sehr verschiedenen Typus. In dem länglichen Oval, dem träumerischen Ausdruck, der seitlichen Neigung, liegt ein Hauch sehnsuchtsvoller Melancholie, von Einsamkeit inmitten der Welt, in der er sich nicht heimisch zu fühlen scheint.

Einer der neuesten Sammler Roms war der dem Cardinal nahestehende Marchese Rondanini, dessen Palast am Nordende des Corso auch die Gräfin Cheroffini bewohnte. Er ließ 1764 seinen Cortile in der Weise der Höfe Mattei und Giustiniani, freilich mit viel schwächeren Mitteln, zu einem kleinen Museum von Reliefs, modern ergänzten Torsen, Grabinschriften und Granitschäften herrichten; überrascht ist man, hier die unbegreiflich mißlungene, letzte Pietas Michelangelo's zu finden. Es seien nicht leicht vollkommnere alle Bildnißköpfe zu sehen, als drei Köpfe dieses Marchese, darunter zwei von demselben Meister, eines wohl der ältere Cato, von „fast unnachahmlicher Kunst". Derselbe besitze „den schönsten Kopf des jüngeren Brutus"; „eine von den beiden (die andre ist im Capitol) wahren Statuen des Augustus"; endlich „die einzige wahre Statue Alexanders (keine sonst hat den Kopf eigen); deren überdem ganz unverletzter Kopf nie vom Körper abgetrennt gewesen" u. s. w. —

Ueber die neuere Sculptur spricht er im Ton herausfordernder Geringschätzung. „Die welche glauben, daß ein Michelangelo, ein Puget, ein Fiammingo, ohne sich verkriechen zu dürfen, neben einem Apollonius, oder einem Agostas auftreten können, mögen zum Probierstein dieses Vergleichs die Schönheit nehmen. Man fange an, die besten Köpfe der Helden (!) neuerer Kunst zu betrachten; man lege ihnen vor den schönsten Christus von Michelangelo, den berühmten Kopf der Klugheit auf dem Grabmal Pabst Paul III von Guil. della Porta, des vorigen Schüler, ferner den Kopf der beschrieenen h. Susanna von Fiammingo, und den von der h. Bibiana des Bernini". Den Christusköpfen Michelangelo's schrieb er eine „niedrige und pöbelhafte Gestalt" zu. Algardi's h. Agnese sei vielmehr häßlich als schön.

Aber auch Raphael wird nicht verschont. „Die Idee des Kopfs seiner Galathea ist gemein, und es finden sich an allen Orten schönere Weiber, und über dieses hat er seine Figur so gestellt, daß die Brust, der schönste Theil des Weibes, durch den einen Arm völlig verdeckt wird, und das eine sichtbare Knie ist viel zu knorpelicht für ein jugendliches Alter, geschweige für eine göttliche Nymphe". —

Schlegel hat sich sehr ereifert über die Rathschläge, welche Winckelmann der christlichen Kunst zu ertheilen sich unterfängt. „Keine Löwe, meinte dieser, wären unseren Künstlern bessere Modelle zu Figuren geheiligter Jungfrauen gewesen, als die der Amazonen, und dennoch ist es Niemanden eingefallen. Der Blick der Amazone ist nicht kriegerisch noch wild, sondern ernsthaft und doch mehr als es Pallas zu sein pflegt". „Wir führen, bemerkt Schlegel, diesen abenteuerlichen Vorschlag Winckelmanns nur an, um zu zeigen, wie so gar keine Ahnung von dem Wesen der christlichen Ideale er gehabt". Er würde Juno schicklicher finden. Hier aber hat der „heidnische" Winckelmann einen richtigeren Takt gezeigt, als sein christlich-romantischer Criticus. Es scheint fast, dieser habe mehr an moderne mit dem Wort Amazone verknüpfte Bilder (etwa aus Rubens) gedacht, als an Statuen wie die verwundete Amazone des Capitols und des Brazzio nuovo. Diesen gegenüber erscheint der Vorschlag gar nicht so abenteuerlich. Wenigstens steht dem christlichen Sujet kein alter Typus näher. Der königliche Stolz der Juno, der strenge Tiefsinn der Pallas, überhaupt das über menschliche Schranken erhabene der Göttinnen, paßt nicht für eine „geheiligte Jungfrau"; wohl aber (natürlich vorbehaltlich einer christlich-künstlerischen Taufe) das reine, strenge Heldenmädchen, die es verschmäht, als schöne Ergänzung dem starken Geschlecht sich anzuschließen, die, von Begeisterung hingerissen, welche ihre einfältige Natur ganz ausfüllt, im männlichen Kampf sich stürzt, scheitert, und todesmatt, von Schmerz übermältigt, nun unter der Gestalt des Mitleids wieder Gegenstand der Sympathie, der schmelzenden Empfindungen wird, die sie unter der Gestalt der Liebe verschmähte.

Ebenso ist es ein durch die altchristliche Darstellung des Erlösers unter dem Dioscurentypus zu entschuldigendes Lob, daß Hannibal in seiner Pietà zu Neapel (die man freilich über den Ribera's vergißt) „den Heiland als einen jungen Helden ohne Bart gebildet, und, demselben eine hohe Idea gegeben, die er von den schönsten Köpfen der Alten genommen habe, um den Schönsten der Menschenkinder vorzustellen. Wie im Zeus der Bart, das ehrwürdige Haupthaar allein Zeichen des Alters ist: ebenso würdige Begriffe von der Gottheit, als welche keinen Wechsel der Zeit annimmt, hätten unsern Künstlern noch mehr als den Alten eigen sein sollen, und wir sehen gleichwohl in den mehrsten ihrer Bilder des ewigen Vaters einen betagten Greis mit einem kahlen Schädel".

3. Nicht die letzte Stelle unter diesen Miscellaneen behaupten endlich die antiquarischen. Für Erklärungen dunkler Denkmäler waren freilich die gleichzeitig gesammelten Monumente bestimmt; doch fand einiges auch hier Platz:

§ 149. Die Anmerkungen über die Geschichte der Kunst. 289

z. B. die Deutung des sogenannten Cincinnatus (einer Figur, welche sich den einen Schuh zubindet), der aus Villa Negroni nach Versailles kam, auf Jason; des sterbenden Fechters auf einen Herold, und zwar den Anthemocritus, welcher von den Megarensern ermordet wurde. Die Umtaufung der Venus des Agoracritus zur Nemesis erklärt er aus dem möglichen Doppelsinn des gebogenen Arms, mit dem die Figur ihr Gewand vor der Brust in die Höhe hält; diese Action soll bei Venus „die Züchtigkeit und Scham anzeigen"; im andern Fall aber als Anspielung auf das Maaß der Griechen (πηχών, cubitus) das richtige Maaß der Vergeltung symbolisiren, deren Göttin Nemesis ist. Das palestrinensische Mosaik stelle die Begebenheiten des Menelaos und der Helena in Aegypten dar.

Ueber das bis zum Ekel abgehandelte Räthselwort Polycletis, wonach sich die größte Schwierigkeit im Arbeiten äußere, „wenn der Thon sich unter den Nägeln setze", bemerkt er: die Modelle in Thon wurden wie jetzt mit einem Modellirstecken gearbeitet ... die Künstler aber nahmen auch die Finger mit zu Hülfe, und sonderlich die Nägel, einige feine Theile anzugeben und mit mehr Gefühl nachzuhelfen. Diese feinen und empfindlichen Drucke habe er gemeint.

Was die Glättung der Statuen betrifft, so hält er es für „mehr als wahrscheinlich, daß einige alte Künstler nach der Endigung mit dem Eisen und dem Uebergehen mit Bimsstein die Muße und Geduld gehabt haben, ihre Werke von neuem zu übergehen, indem sie dieselben sanft mit dem Eisen nachgearbeitet, theils um ihnen selbst die letzte Hand zu geben, theils dadurch die Oberfläche des Nackenden sanft zu machen und die Kunst in ihr völliges Licht zu setzen". Dagegen der Glanz welcher bei unseren Statuen durch die Reibung mit Tripel und Blei entsteht, auf die beleuchteten Theile einen so grellen Schein werfe, daß dadurch vielmals der mühsamste Fleiß unsichtbar werde und nicht bemerkt werden könne, weil das starke zurückprallende Licht unser Auge verworren mache". — „An Köpfen sei die Seite, welche abgewandt ist, mehrentheils glatter gehalten, als die andere, z. B. an der Niobe". —

Diese Stellen geben uns eine Vorstellung davon, wie Winckelmann hier in seinen Untersuchungen weiterschritt, und dort bei kleinen Zusätzen zu dem früheren stehen blieb.

Viertes Capitel.

Hohe Gäste und Schüler.

§ 150.
Der Antiquario nobile.

Die Jahre, in welche unsere Erzählung fällt, waren in Bezug auf die Alterthümer eine Zwischenzeit, wo die römische Regierung weniger als früher oder später Zeit und Sorge übrig hatte für solche Dinge; sie sind die Pause, welche der größten Epoche päbstlichen Sammeleifers und römischer Museumschöpfung vorausging. Fast das einzige Ereigniß dieser Art, welches die Annalen Clemens XIII verzeichnen, war die Aufstellung der beiden Centauren des Aristeas und Papias im Capitol. Zu diesen im Jahr 1737 vom Bildhauer Neapolione restaurirten Prachtstücken kamen noch die beiden in derselben Hadriansvilla gefundenen Mosaike, die Tauben und ein Blumengewinde. Sie galten für das vollkommenste in dieser Gattung Vorhandene. Der glückliche Besitzer, der Prälat Furietti war durch diese Funde zu einem Werke De musivis (1752), dem vollständigsten dieser Art, angeregt worden. Benedict XIV hatte ihn am 16. April 1741 im Monte Citorio besucht und großes Verlangen bezeigt, beide Meisterstücke für sein Capitolsmuseum zu bekommen. Furietti hielt sein Taubenmosaik für das von Plinius beschriebene des Sosus in Pergamus, das Hadrian in seine Villa mitgenommen haben sollte, blind gegen die Thatsache, daß (ungeachtet der 160 Steinchen auf einem Quadratzoll) von zarten Farbenübergängen, dem Schatten der Vögel im Wasser, in dem seinen wenig zu sehen war. Benedict XIV hatte dem Prälaten nie den heiligen Purpur gewähren wollen, den dieser längst verdient zu haben glaubte (32 Bücher zählte er auf [1757], deren 7 ihm dedicirt seien, 25 ihn loben, — onde ben vede quant' onore a me si fa). Aber auf einen ihm gegebenen Wink meint er, „dieß wäre wohl im Stande, mir den Purpur zu kaufen, aber ich kenne die Stadt, ich will nicht der Cardinal Centauro heißen". Erst Clemens XIII gab ihm 1759 das Cardinalat von S. Quirico und S³. Giulitta. Aber er wurde bald kindisch und starb den 14. Januar 1764. Der Pabst wollte nicht, daß solche Raritäten aus Rom

§ 150. Der Antiquario nobile.

gingen: er beauftragte den Cardinal Albani mit ihrer Erwerbung für das Museum der Baticanischen Bibliothek; nach einer von den Bildhauern Bracci und Cavaceppi gemachten Taxirung zahlte man dem Neffen 13000 Scudi. Sie wurden am 20. Mai im Capitolsmuseum aufgestellt, welches von nun an als geschlossen galt. —

Bei so wenig Amtsgeschäften konnte Windelmann hoffen, nun ganz seiner Muße zu leben. Aber man hat die Bemerkung gemacht, daß Zufall und Wechsel sich mehr mit unseren festen Plänen zu schaffen machen, als mit unseren lockeren Einfällen. Wer das Unerwartete, Ungeahnte erleben wolle, solle nur den Versuch machen, die Zukunft in eine unvermeidliche Gestalt zu zwingen; dann komme das Unvorhergesehene und breche außern Plan in Stücke. Wie oft, wenn man ein Verhältniß, eine Beschäftigung endlich aufgelöst zu haben glaubt, kommt ein Ereigniß welches dasselbe unaufloslich macht. Wie oft war der außersehene und erwartete Hafen der Ruhe erst der Ausgangspunkt des Hauptcyclus der Irrfahrten.

Der gegenwärtige Antiquar der apostolischen Kammer hatte in würdevoller Ferne vom Ciceronenthum von nun an ganz höheren Zwecken zu leben gehofft. Mancherlei Erfahrungen hatten ihn belehrt, „wie wenig Menschen das Opfer seiner Zeit verdienten". Wie leer und nutzlos waren die bisherigen Beziehungen zu Vornehmen (wie Brühl, Perg) gewesen!

Aber nach dem Abschluß des Hubertsburger Friedens thaten sich die Schleußen des Fremdenstroms aus Teutschland auf, und überflutheten die Einsiedelei, in die er sich hatte zurückziehen wollen. Seitab zu treten von diesem Strom war nicht möglich. Es war das erstemal, daß ihm, seit acht Jahren, Teutschland wieder nahetrat. „Ich habe, schreibt er den 30. März 1765 an Murray, beinahe in zehn Jahren nichts aus Teutschland gesehen, theils weil hier gelehrte Waaren aus Ihren Gegenden selten sind und spät anlangen, theils weil ich bisher bloß unter Todten und unter Steinen gesessen bin, und es ist kaum ein Jahr, da ich zuerst einige meiner Kleinigkeiten … gedruckt gesehen habe".

Dann aber war es doch auch etwas, soviele bedeutende Leute aller Zungen zu sich kommen zu sehen, dort wo sie die Formen abzulegen pflegen, unter denen sie sich daheim verstecken, ihre Eindrücke über alle die hohen Dinge unmittelbar zu vernehmen, ihren Geschmack zu bestimmen und zu bilden und so seinen Grundsätzen den weitesten Einfluß zu verschaffen, — das alles aber bei voller Freiheit, das Spiel jeden Augenblick zu verlassen. „Hier, sagt ein Reisender jener Jahre, genießt jeder Fremde die Freiheit, nach seinem Sinne zu leben, er hat eine stillschweigende Erlaubniß, manche Wellconvenienzen bei Seite zu setzen, die er in jeder anderen großen Stadt nicht ohne Anstandsverletzung vernachlässigen dürfte; Absonderung ist ihm gestattet, ohne daß er ein Sonderling scheint; vor allem aber hat er den Vortheil, sehr oft einer beträchtlichen Zahl ausgezeichneter, interessanter Personen aus allen Ländern zu begegnen". Die Schattenseite war nur, daß solche angeknüpfte Bande bei der Abreise gewöhnlich für immer aufgelöst wurden. „Der Weg hierher, sowie in die Ewigkeit, wird insgemein nur einmal gemacht"!

Aus seinem damaligen Leben erhält man einen lebhaften Eindruck der ganz kosmopolitischen Bildung der höheren Stände, sowie der internationalen Stellung die er selbst einnahm. Er verkehrte zu gleicher Zeit und gleich vertraulich mit einem schlesischen Junker, einem französischen Duc, einem englischen Demagogen und einem polnischen Cardinal; er schwebte zwischen Berlin und Rom; er schrieb ein Buch in italienischer Sprache und dachte sein Hauptwerk in französischer Bearbeitung neuherauszugeben; er plante Reisen nach Neapel und nach Deutschland, ja selbst vor Griechenland und Aegypten war er noch immer nicht sicher.

Manche illüstre Namen erstiegen damals die hohen Treppen des Palasts Albani, und klopften an jenes Zimmer im letzten Stock, dem man gleich ansah, daß dessen Insasse mehr an seinen Ruhm, als an seine fortune dachte. „Homer, Euripides und einige andere Griechen waren seine Bibliothek; aber er hatte ja die Albani'sche zu seiner Verfügung, nach der sonst Niemand fragte. Seine ganze Garderobe bestand aus zwei schwarzen Habits und einem großen Pelz, den er aus Deutschland mitgebracht hatte und im Winter gegen die Kälte brauchte, denn Feuer machte er nur für seine Chocolade. Er hatte Niemand zur Bedienung. Sein Mobiliar entsprach dem übrigen, das einzige Stück von Werth war ein Faunskopf der später im Schlafzimmer des Cardinals in der Villa stand".

Nach solchen Schilderungen der Reisenden hielt man ihn daheim für einen armen Schlucker, und die deutschen Professoren sahen darin die Strafe für seine Abschwörung der lutherischen Religion*).

Ein deutscher Landsmann in Rom, in einem öffentlichen Amt, eine literarische Celebrität, und beide — Amt und Celebrität — auf das sich beziehend, was die Fremden nach Rom führte, was von Jahr zu Jahr mehr zur höheren Bildung gerechnet wurde, ein solcher konnte kein gelehrtes Einsiedlerleben führen. Aber wenn auch, so müßte man bezweifeln, ob Winckelmann, wie Cortesius, der Mann gewesen wäre sich mit seinen Meditationen vor der Welt zu verstecken. Ihn führte ein rednerisch=pädagogischer Mit-

---

*) Vivit ibi satis tenui conditione, saepe conditione *Ciceronis*. Vocant autem Itali *Cicerones* homines antiquitatis peritos, qui deducunt homines peregrinos in loca antiqua. Habemus libros multos in hanc artem scriptos. Talem Romae agit vitam, ut saepe esuriat, nisi forte veniat aliquando princeps, qui pro officio sibi praestito det ei aliquot aureos. J. M. Gesner Isagoge § 7**. Göttingen 1774.

theilungstrieb immer wieder unter Menschen; „der Schulmeistertrieb meldete sich".

Doch war der Verkehr mit den Großen für ihn kaum eine Versuchung. Auch giebt es keinen Ort, wo man dieser Eitelkeit leichter widersteht, als Rom, keinen wo man weniger gestimmt ist, andere als real-persönliche Vorzüge gelten zu lassen. Er nennt den vertrauten Umgang mit den hohen Herren „eine große Schule der Zufriedenheit, wenn man es sonst sein könne, oder wolle". Die wahre Fröhlichkeit sei nicht ihr Antheil, ja sie müßten unglücklich sein, weil sie das höchste menschliche Gut, die Freundschaft, nicht schmecken könnten. „Dieses, meint er, ist eins von den, obgleich nicht merklichen Gegengewichten, die Gott auf die andere Waagschale, der Hoheit gegenüber, gelegt hat, und hat diesen hohen Genuß den Weisen ohne Hoheit vorbehalten. Denn Freundschaft ist nur unter Menschen von gleichem Stande".

§ 151.
Nordische Edelleute.

Will man einen Anfangspunkt setzen für jenen Fremdenstrom aus dem Norden, so wird es der Winter sein, in welchem Winkel mit seiner Gesellschaft nach Rom kam. Zuerst begegnen uns mehrere Edelleute, die in verschiedenem Sinn Sachsen heißen können, — chursächsische, angelsächsische, niedersächsische.

Im December 1763 erschien zu Rom ein junger Mann von hoher schlanker Figur, mit lebhaften geistvollen Augen, „ein sehr würdiger Cavalier". Es war Joachim Godske, der jüngste, aber zum Erben bestimmte Sohn des dänischen Oberhofmarschalls, seit diesem Jahre auch Ministers Friedrich V, Adam Gottlob Grafen Moltke. Er brachte als Geschenk neun Bände der „Bibliothek der schönen Wissenschaften" mit, in denen Winckelmann nicht nur seine „kleinen Lumpen" zum erstenmale gedruckt sah, sondern auch die Recensionen, besser Elogen, seiner Schriften; „er könne sich nicht beklagen, gestand er, daß ihm Unrecht von den Journalisten geschehen; sie seien alle sehr glimpflich mit ihm verfahren; diese ihm rühmlichen Beurtheilungen müßten mehr Aufmerksamkeit erweckt haben, als die Schriften selbst, welche in jenen mit einem Lobe angekündigt seien, woran die Freundschaft mehr als der eigne Werth Antheil habe".

Der junge Moltke (1746 † 1818) hatte die begonnene militärische Laufbahn aufgegeben, und eine fünf Jahre dauernde Reise ins Ausland unternommen. In Leipzig war er Gellert und Ernesti nahegetreten, welchem letzteren er bei dessen Arbeiten half und dafür die Collegienausgabe des zehnten Buchs des Quintilian dedicirt erhielt. Eine deutsche Uebersetzung desselben Buchs von seiner Hand hat J. H. Schlegel 1770 in Kopenhagen herausgegeben. Im Hause seines Vaters fehlte es nicht an künstlerischen Anregungen. Der alte Moltke, der als armer mecklenburgischer Edelmann nach Dänemark gekommen war, und als des Landes reichster Gutsherr starb, galt als thätiger Förderer der Künste und Wissenschaften. Er veranstaltete Niebuhrs arabische Reise sowie mehrere Nordlandsfahrten; durch ihn erhielt Klopstock beim Könige Zutritt und jene Pension, die ihm unabhängig sich und den Musen zu leben gestattete. In seinem Hause gingen die Maler und Bildhauer Kopenhagens, meist Fremde, aus und ein, und er sammelte jene ausgewählte Gallerie niederländischer Meister, die noch jetzt eine Zierde dieser Hauptstadt ist. In dieser Gallerie bemerkt man auch eine Anzahl von Gemälden, welche der junge Moltke während der Reise kaufte, auf welcher wir ihn hier treffen. Er fügte den Namen Ruysdael, Teniers und Van der Werff die Namen Dietrich, Greuze und Mengs hinzu.

Moltke unterhielt nach seiner Rückkehr die Verbindung mit den römischen Gelehrten. Er überraschte ihn aus England mit der höchst prachtvoll gedruckten Glasgower Prachtausgabe des Homer, mit Clarke's Text, vier Bände in Folio (1756—58), bei dessen Anblick die alte Schwärmerei für schöne griechische Drucke wieder auflebte; er schrieb: „Ich habe ein wahres kindisches Vergnügen über dieses herrliche Geschenk; und da ich dasselbe beständig vor mir liegen habe, so belustigt sich Auge und Gemüth ohne Unterlaß; und wenn ich auch nicht Muße habe zu lesen, so schaue ich wenigstens den prächtigen Druck an".

J. G. Moltke wurde in der Folge selbst dänischer Minister (1781—84, und 1813—15). Er war Staatsmann, vollendeter Edelmann und ehrlicher Mann; im Umfang der Schenkungen für Schulen und gelehrte Anstalten ist ihm kein Privatmann nachgekommen: ihr Gesammtwerth belief sich auf 300,000 Thaler. —

Im Februar 1765 erfuhr Winckelmann mit höchster Ueberraschung, daß ein deutscher Fürst von seiner Kunstgeschichte „gegen alle Menschen rede", als dem ersten Buch, das er in vernünftigen Jahren gelesen. Bisher glaubte er, alle deutschen Fürsten dächten wie jener, der „nicht begriff, wie man deutsch, und im Deutschen gut schreiben könne"; es werde ihnen übel, wenn sie nur Deutsch lesen hörten. Es war der Prinz Ludwig Eugen Johann von Würtemberg (1731 † 93), der zweite Sohn Carl Alexanders und jüngere aber ungleiche Bruder des bekannten Herzogs Carl Eugen. Er war anfangs Soldat gewesen, und auf einer Reise in die Netze des verfailler Hofs gefallen, hatte dort Dienst genommen und u. a. im siebenjährigen Krieg als Volontär gegen Friedrich gekämpft. Dann gab er das Kriegshandwerk auf,

§ 151. Nordische Bekannte. 295

vermählte sich mit Sophie Albertine Gräfin von Beichlingen und wurde (wie Windelmann sagt) „ein weiser Mann"; zog sich auf ein Landgut bei Lausanne zurück, wo er sechs Jahre mit dem dortigen Celebritäten verkehrte und der Erziehung seiner drei Töchter lebte. Spät, in der Zeit der Revolutionskriege, ist er doch noch aus dieser langen Muße auf den Thron erhoben worden. Er war ein redlicher, gütiger, sehr leutseliger Herr, den Geschäften abgeneigt, und den Freuden der Tafel ergeben. In Lausanne war es, wo Riedesel seine Bekanntschaft machte. „Ich hätte, schreibt ihm Windelmann zurück, nimmermehr geglaubt, daß ein deutscher Prinz ein systematisches deutsches Buch lese, wenn Sie es nicht wären, der es schreibt. Dieses zeigt, außer dem Begriff einer hohen Würdigkeit, den Sie mir von diesem Herrn geben, zugleich einen Patriotismus unserer Nation an. Ich darf es also wagen, Sie zu ersuchen, meine Wenigkeit diesem durchlauchtigsten Prinzen unterthänigst zu empfehlen. Ich wünschte daß ich dieses selbst persönlich in Rom, in Ihrer Gesellschaft thun könnte". —

Diese deutsch loyale Aufwallung läßt für die im Herbst des Jahres bevorstehende Invasion von Serenissimi Besänftigung republicanischen Trotzes hoffen. Dieser Invasion kam ein Irrstern vorausgeschwärmt. Windelmann sollte zum erstenmale einen jener Volkstribunen und Tyrannenmörder in Fleisch und Blut kennen lernen, mit denen er von jeher, aber nur aus weiter Ferne sympathisirt hatte.

John Wilkes (1727 † 97) war in jenem Zeitalter unangefochtener Cabinetswirthschaft ohne Zweifel das hervorragendste Exemplar des Demagogen in Europa. Er befand sich damals in einer Art Verbannung. Dieß, sowie daß er in Rom „allein an ihn gewiesen war" (wahrscheinlich durch Firmian in Mailand), bestimmte Windelmann zu dem Vorsatz, diesen „Feind der jetzigen Regierung in England ... und zweiten Milton" (!) „so zu unterrichten — wenn er Gefühl habe — wie ein solcher Mann es verdiene". Wilkes hatte sich in London classische Bildung erworben, und selbst anacreontisch-catullische Lieder herausgegeben und übersetzt.

Wilkes war nur durch die ungeschickte Verfolgung einer unbeliebten Regierung (den siebenjährigen Krieg der Regierung Englands mit Wilkes nennt es Lord Mahon) der Freiheitsmann und Brutus geworden, zu dem ihn weder Character, noch Talent, noch Principien qualifizirten: denn er ist eine von den Celebritäten, die lediglich durch politische Verfolgung geschaffen werden. Als Mensch war er zwar nicht durchaus achtbar, aber sehr interessant. Er war ein Wüstling, dabei ein warmer Freund, von unerschöpflichen Lebensgeistern im Umgang, und im Streite mit Rechtsgründen, Sophismen und Pasquillen wie mit dem Degen von kaltblütiger Verwegenheit, dabei ein gutmüthiger Mensch. Obwohl er, wie er selbst sagte, der häßlichste

Mann in England war, so „vergaß doch manche Schöne über dem Zauber seiner Unterhaltung sein sinistres Schielen und seine unglückliche Physiognomie"; er sagte cynisch, „he wanted nothing to make him even with the handsomest but half an hour at starting". Ja während von seinem Blättchen, seinen Processen und Duellen Niemand mehr weiß, verdankt er jener Häßlichkeit seine Unsterblichkeit — durch die bekannte Caricatur Hogarths.

Nach einer stürmischen Jugend, deren Scenen auf dem Landsitz Medmenham Abtei (wo Rabelais' Fay ce que voudras über dem Thor stand) spielten, mußte es ihm wünschenswerth erscheinen, einen einträglichen Posten zu bekommen, etwa als Gesandter in Constantinopel oder als Gouverneur von Canada. Seine Bewerbungen scheiterten, wie, er glaubte durch den Premier, Lord Bute. Als der Rücktritt seines Gönners Temple und Pitt's allen seinen Aussichten ein Ende machte, „beschloß er ein Patriot zu werden". Er gründete 1762 The North Briton, der durch seine unerhörte Heftigkeit und die Bezeichnung der Minister und Seiner Majestät mit ausgeschriebenen Namen populär wurde. Die Critik eines königlichen Parlamentsabschieds in Nr. 43 (23. April 1763), ein schaales und giftiges Machwerk, veranlaßte seine Verhaftung; die jedoch alsbald aufgehoben werden mußte, weil Wilkes Parlamentsmitglied war. Er verklagte den Unterstaatssecretär; aber bei Wiedereröffnung der Session (15. November) erfolgte ein zweiter Angriff wegen eines frechen Gedichts, einer Parodie von Pope's essay on man und des Warburton'schen Commentars dazu. Diesen essay on women hatte er zum Hohn dem Lord Sandwich dedicirt, der Bischof von Gloucester sollte ihn commentirt haben. Das Parlament verurtheilte die Nummer 43 zur Verbrennung durch den Henker, stieß ihn aus dem Parlament, der Gerichtshof ächtete ihn. Das Volk verhinderte die Execution mit dem Ruf: Wilkes und Liberty for ever! In einem Duell schwer verwundet, zog er sich nach Frankreich zurück, wo er seine zärtlich geliebte Tochter in einem Kloster erziehen ließ.

Auf dieser Continentsreise kam er nun auch nach Rom, und zwar während des Carnevals, am 14. Februar 1765. In acht Tagen hatte Winckelmann Gelegenheit, „sehr genau mit ihm bekannt zu werden": „mich däucht, ich habe ihm gefallen, denn er legte allen republicanischen Stolz ab und bat mich inständig, denselben Tag bei ihm zu essen, welches ich ihm aber abgeschlagen habe". Nicht nur Bekanntschaft, sondern „ich kann sagen Freundschaft" hat er mit dem weltbekannten Wilkes geschlossen.

Am 21. reiste er nach Neapel. „Dieser zweite Milton . . . wird von der Liebe dergestalt beherrscht, daß er eine schöne Person aus Venedig, die sich Corradini nennt . . . von Paris mitgenommen, um mit derselben einige Zeit in Neapel zu leben". Nach einem andern Brief ist sie aus Parma, nach einem dritten aus Bologna. „Schade, daß das schöne Kind eine Tänzerin abgegeben hat (auch in Wien und Stuttgart). Sie hat das mehrste beigetragen, den englischen Consul in Venedig fallit zu machen. Sie hat eine eigene Equipage und lebt wie eine große Dame, aber alles auf Wilkes' Kosten, also ist dieses ein theurer Bissen. Sie gingen mit vierzehn Postpferden von hier nach Neapel".

Man schlug Winckelmann vor, mit nach Neapel zu kommen, und er gesteht, daß er in Versuchung gewesen. „Es hat mir dieselbe viel Vertraulichkeit gemacht... Es könnte geschehen, daß ich ihm und seiner Schönen im Herbst einen Besuch machte. Beide wollen Zimmer für mich in Neapel bereit halten... Er hat daselbst ... ein bequemes Haus auf einer angenehmen Höhe, von dem Geräusch entfernt, auf ein Jahr genommen, um seine Geschichte von England, from the revolution, zu endigen und eine neue Ausgabe von Churchills Werken zu besorgen". Jene Geschichte nannte er das Werk für seinen Ruhm und für den Geldbeutel. Churchills Werke waren ein Vermächtniß des verstorbenen Freundes. Er wollte der Welt zeigen, wie er Churchill geliebt, und welche Macht die, welche er geliebt, auch noch ihrem Hingang über ihn besaßen. Beim Abschied hatte ihm Winckelmann eine Alabasterurne geschenkt, auf die Wilkes eine lateinische Inschrift zu Ehren Churchills setzte und die er der Westminsterabtei bestimmte (Carolo Churchill | amico jucundo | poetae acri | civi optime de patria merito. | P. | Joannes Wilkes). In Briefen an seine Tochter beschreibt er sich als von Morgen bis Abend mit Buch und Feder in der Hand, auf das Wohl des Kindes leert er täglich ein Glas vor ihrem Bildniß.

Aber es mit englischen Ministern, Parlamenten und Tribunalen aufnimmt, ist darum noch nicht einer venezianischen Tänzerin gewachsen. In Rom erzählt man sich, die schöne Corradini sei plötzlich verschwunden und gleichzeitig sämmtliche Handschriften ihres Freundes, mit denen sie schon auf dem Weg nach London sei. Ein junger Schotte von Winckelmanns Bekanntschaft, B... O habe dabei geholfen. Aber Wilkes, der am 27. Juni nach Marseille absegelte, stellte alles in Abrede. Noch 1767 sandte er von Paris „eine schreckliche Schrift wider Lord Chatham". Später ist er noch dreimal ins Unterhaus gewählt und dreimal für untüchtig erklärt worden, drang doch endlich hinein, ja er wurde Alderman und 1774 Lord Mayor von London, welches Amt er mit Beifall, immer aber im Geist rücksichtsloser Reform verwaltete. —

Nach diesem Beispiel von schnell erworbener Freundschaft, Bereitwilligkeit zu „Unterricht", Reisekameradschaft und Geschenken darf man indeß nicht glauben, daß Winckelmann so leicht zu haben gewesen sei. Nein, solche Fälle waren eine ganz specielle Gunst, eine seltene Ausnahme von grundsätzlicher Zurückhaltung. Windelmann machte sich damals bereits sehr kostbar. Den meisten Fremden war er unzugänglich, vielen wurde er es nach der ersten Audienz. Sehr schlimm lief z. B. bei ihm an der von Bianconi empfohlene Graf von Callenberg (1744 † 1795), Erbherr auf Muskau (seine Tochter war es, die den Grafen Pückler heirathete). Callenberg war keiner von den schlimmsten, er reiste doch mit Virgil und Horaz in der Tasche, statt mit Rousseau und Crebillon, er wurde in Florenz Academiker bei den Apatisti, er überließ sich ganz Italiens Reizen. Aber sein Vergehen war freilich das unverzeihlichste. „Mir ist kürzlich begegnet, was Cicero von sich sagt, da er als Quästor aus Sicilien zurücklauf. Ein junger sächsischer Graf kam zu mir ... er hatte allererst in Bologna erfahren, daß ich in der Welt sei und etwas geschrieben habe, er wußte nicht was; er glaubte aber, es sei alles in lateinischer Sprache, und hiermit hatte die Unterredung ein Ende... Mit solchen Leuten kann ich nur einmal reden". Bianconi war seit 1764 in Rom als churfächsischer Gesandter; denn da mit dem Tode August III die Churfürsten nicht mehr Könige von Polen waren, so hatte die Vertretung Sachsens durch den Cardinal-Protector jener Krone aufgehört. Er lebte aber meist in Siena, wo seine Töchter erzogen wurden, bei der geistreichen und liebenswürdigen Marchesa Chigi.

Für solche gab es geduldigere Cicerones, und einer dieser Art hatte sich kürzlich in Rom aufgethan, ja war dort durch Windelmann selbst eingeführt worden, der ihn in der Folge öfters als seinen Stellvertreter empfahl (27. Juni 1767). Johann Friedrich Reiffenstein (aus Ragnit in Lithauen 1719 † 1793) kam als Begleiter des nachherigen dänischen Kammerherrn Friedrich Ulrich Grafen Lynar 1762 nach Rom und faßte bald den Entschluß, sich in Rom bleibend niederzulassen, und zwar, wie Windelmann als auffallend bemerkt, „ohne die Religion verändert zu haben". Sein Name begegnet uns in allen Correspondenzen der folgenden dreißig Jahre; kein Mann von Stande, kein Künstler, der nicht mit Dank seiner Gefälligkeit als Führer, als Commissionär bei Kunstankäufen, als Vermittler bei Copien, und vor allem seiner so freundschaftlichen wie „väterlichen, uninteressirten Verwendung" für aufstrebende Talente gedächte. Dabei copirte er selbst in Pastell, und stellte mancherlei technische Versuche an, z. B. mit Glaspasten für Cameen von vielfarbigen Lagen, enkaustischer Malerei, kurz, er war ein vielgeschäftiges Männchen: „der ehrliche Reiffenstein, meint Windelmann, verliert sich in Kleinigkeiten, unternimmt vieles und bringt nichts zu Ende".

Endlich im Herbst 1761 begrüßte Windelmann in Rom seinen ersten preußischen Landsmann, den Freiherrn, später Grafen Friedrich Wilhelm von Schlabrendorf (geb. 1743 zu Breslau † 1803), der mit seinem Hofmeister, Herrn von Klöber von England kam. Ein Brief Wille's brachte den erſten Riß in ſeinen Entſchluß, „mit keinem aus dem undankbaren Deutſchland mehr eine Stunde zu verlieren". „Die beiden Reiſenden ſollen den guten Erfolg Ihres Briefes erfahren, ohne welche ich ihnen ſchwerlich meine Zeit gewidmet haben würde". Er leiſtete ihm „alle möglichen Dienſte", wofür ihm der Vater, dirigirender Miniſter von Schleſien, 34 Scudi ſchickte. Obgleich die anima beata del nostro amato S. in der Folge wenig Lebens- zeichen von ſich gab, ſo wollte Winckelmann doch dießmal zufrieden ſein, von dem „würdigen", dem „theuren und werthen" Mann wenigſtens „die Ver- ſicherung guten Andenkens" zu erhalten, und dieſes war bei Schlabrendorf keine Phraſe. „Ich bin voll von Sachen, ſchreibt Winckelmann den 10. Oct. 1766, die ich in Ihren Schooß ausſchütten, aber nicht ſchreiben kann". Schlabrendorf wurde ſpäter Kammerherr und Erboberlandbaudirector in Schleſien. Als er, der erſte ſeines Standes, den wunderlichen Titulaturen förmlich entſagte (1795), fragte man, was er für andere als jacobiniſche Gründe gehabt haben könne; er antwortete: Warum fragt man mich nicht, weßhalb ich bei meinen vielen neuen Gebäuden die alten abgeſchmackten Schnörkel verbanne?

Eine ſeiner letzten Bekanntſchaften, wo nicht die letzte, war der Basler Chriſtian von Mechel (geb. 1737), „Kupferſtecher des Raths und der Univer- ſität Baſel", der ſieben Jahre in Paris gearbeitet hatte (von wo er ein aller- liebſtes Blättchen, Amour menaçant nach Banloo mitbrachte) und im Sommer 1766 nach Rom kam, um für ein Werk über die Münzen ſeines Landsmanns Hedlinger zu ſammeln (erſchienen 1776). „Es iſt derſelbe ein begüterter Mann und reiſt mit vieler Würdigkeit in Italien". Er ſtach Winckelmanns Porträt nach Angelica in groß Folio. Später errichtete er in Baſel eine Kunſthandlung, eine Zeichen- und Kunſtſchule, gab Holbeins Werk, einen räſon- nirenden und figurirten Catalog der Düſſeldorfer Gallerie heraus und ordnete die Gallerie des Belvedere. „Unter dem engen Altar der Freundſchaft, ſchreibt ihm Winckelmann, iſt unſere Verbindung von mir beigelegt, wo derſelben ein immerwährendes, reines Feuer unterhalten wird, unter der Aufſicht der Tugend".

§ 152.

Beziehungen zu Preußen.

Im Juli 1765 ſchrieb die anima beata einen Brief in ſehr wenig beater Stimmung aus Halle a. S., der Winckelmann in große Heiterkeit verſetzte. Bilder ſeiner Studentenjahre ſtiegen vor ihm auf: welcher Schick- ſalshumor, daß Schlabrendorf, nachdem er alles das genoſſen, wonach er, Winckelmann, damals in dunklen Wünſchen getrachtet, nun hinterher die acbemifche Speife verbauen follte, die Windelmann, der aus feiner alten Mark doch einen robuften Appetit mitgebracht hatte, zwifchen den Zähnen hängen geblieben war.

Der König hatte es übel vermerkt, daß fein Geheimer Staatsminifter des Söhnchen ohne feine „ausdrückliche Erlaubniß" auf die große Tour gefchickt hatte. Er befahl, ihn, „zur Kränkung", auf die Univerfität zu fenden. „Selig find Sie, tröftet ihn Windelmann am 9. Auguft, nach den Lehren des Evangelii: wenn ihr nicht werdet wie die Kinder, fo werdet ihr nicht in das Himmelreich kommen. Wenn diefes Ihr ὕστερον πρότερον dazu hilft, wünfche ich Ihnen zu der Folge Glück, bedaure aber den Weg dazu. Außer dem Vergnügen, mich fchriftlich mit Ihnen zu unterreden, erfordert die Pflicht der Menfchlichkeit, Sie in ihrer academifchen Verweifung zu tröften, und weil andere Gründe fehlen, däucht mich, es erhebe, der erfte fein an einem Orte, ... und in einem Lande (verzeihen mir´s die Herren Profefforen) der Blinden alleinfehend zu fein.... Predigen Sie in Ihrem Zimmer den Profefforen, deren Sinne nicht erhärtet und verftockt find, die Schönheit alter und neuer Werke..."

Der Schreiber diefer Worte ahnte nicht, daß noch in demfelben Monate eine Stimme aus jenem Lande kommen werde, die ihn felbft beinahe in des „heil. römifchen Reichs Streufandbüchfe" zurückgelockt hätte, wenn auch nicht an die Academie von Halle.

Wie fern lag die Zeit fchon, wo er, ein dreißigjähriger Mann, fein Vaterland, ohne Schmerz, für immer verlaffen hatte! Nie hatte er das dort erduldete vergeffen, nie ohne Bitterkeit von dem Lande gefprochen, wo er „auf jedem Schritt das defpotifch harte Joch gefühlt". Diefe Bitterkeit war aufs höchfte geftiegen, als die Kriegsflamme Sachfen, fein zweites Vaterland verheerte, fie wandte fich auch gegen den großen König, den „Verheerer", der „als ein Heroftrat unferer Zeit fich durch Vernichtung der Alterthümer in Dresden habe merkwürdig machen wollen"*).

Bei allen diefen churfächfifch infpirirten Ausfällen ift doch offenbar, daß Windelmann fich als geborener Preuße immer noch gewiffermaßen als Angehörigen des Königs fühlte, daß ihm zu wiederholten Malen der Wunfch auffieg, von dem größten Menfchen „in der Kunft feines gleichen zu regieren" (Hamann) — alfo auch fie zu placiren — fich anerkannt zu fehen, nicht um

---

*) Cl capitò la nuova del mal immaginato sconfitto di quel distruttore del genero umano, e l'allegria ne fu universale, e ognuno ci riconosce la mano superiore la quale può sommergere il tiranno quando è giunto all' ultimo segno del suo oltraggio. 30. Juli. Si vede evidentemente che Dio è in ajuto degl' oppressi da un tiranno scellerato. Dià si angura il smembramento de' suoi stati e non gli restar niente che la Marchia an nova e sterile.... I Ducati di Magdeb. e Halla stand possono indennizare il Rè [di Polonia]. (An M. A. Bianconi).

äußeren Vortheils willen, nur um „dem großen Mann zu zeigen, daß ein gebor'ner Unterthan etwas würdiges hervorgebracht habe" (17. Dec. 1763).

„Einen großen Mann, schrieb er Stosch den 25. August 1759, ja den größten Mann unglücklich zu sehen, muß der mehrsten Menschen Mitleiden erwecken, geschweige denn derer, die ihm als dessen geborne Unterthanen gleichsam eigen sind". Und am 7. October: „Ich freue mich über der Preußen unerwartetes Glück". Doch sieht man auch an diesem Fall, daß die Geringschätzung welche Friedrich gegen deutsche Dichtung und Wissenschaft an den Tag legte, keineswegs entmuthigend wirkte. „Er blieb, sagte man damals, seiner eigenen Nation fremd, und hatte an der Veredlung derselben, welche sein Zeitalter ebenso ehrwürdig machte, wie das Zeitalter Ludwig XIV gewesen, keinen andern Antheil, als daß er Deutschland zur Eifersucht reizte, sich durch eigene Erhebung an seiner Verachtung zu rächen". —

Zu drei verschiedenen Zeitpunkten griff der Gedanke an Berlin in Winckelmanns römisches Leben ein. Zuerst 1761 beim Ankauf des stoschischen Museums.

1. Die nordischen Fürsten hielten sich bekanntlich damals nicht bloß politische, sondern auch literarische Correspondenten. Warum sollte es nicht der Mühe werth sein, auch in Rom, wie in Paris, einen solchen zu haben? Friedrich sollte „einen gewissen Gleim (— Grimm), einen deutschen Poeten in Paris, mit einer anständigen Pension unterhalten, um ihm alle nova literaria et artificialia zu berichten" (7. Dec. 1764). Wie wenn sich der König von ihm römische Briefe hätte gefallen lassen? — Diesen Einfall hatte er, als er eine Beschreibung der Villa Albani an Stosch in London schickte, die er für die „Berlinische Bibliothek" geeignet hielt. Der König hatte „mit vielem Lob von der Description gesprochen und den Besitzer um den Preis dieses Musei fragen lassen"; bei allen seinen Unruhen hielt er noch immer römische Künstler, z. B. Steinschneider in Athen, er hatte eben eine Diana malen lassen. Winckelmann dachte sich, daß dem königlichen Käufer des Musei „Anmerkungen, Erklärungen und Verbesserungen über den Catalog in italienischer Sprache" nicht unwillkommen sein würden. „Ich kann nicht umhin, den großen Mann, der nach der Geburt das größte Recht an mich hätte, zu verehren; und ich erbiete mich, diesem Monarchen Berichte von Entdeckungen der Alterthümer in italienischer Sprache, mit Betrachtungen über dieselben, sowohl in Absicht der Kunst als der Alterthümer insbesondere zu übersenden, und dieses ohne alle Absicht, von was für Art dieselbe auch sein könnte. Nur müßte ich gewiß sein, daß diese Schriften unmittelbar in seine Hände selbst kämen, und daß mein Hof nichts davon erführe. Ich versichere Sie, es sollte Ihnen keine Schande machen, denn da ich die Freiheit dieses Herrn kenne, so würde ich dieser gemäß zu schreiben suchen, und ich glaube, daß ich sogar

dessen Geschmack in der Kunst verbessern und gewiß machen kann. Ich verlange nur ein zuverlässiges Zeichen, daß dergleichen Aufsätze demselben angenehm sein würden, so würde ich damit anfangen; und nachher ein anderes Zeichen, daß ihm das erste zu Händen gekommen, so würde ich fortfahren. Der Grund davon ist die Eitelkeit, der ich nicht gänzlich entsagen kann".

Es ist nicht bekannt, ob der König dieß Erbieten mitgetheilt erhielt; „man hatte damals keine Zeit, an Sachen der Kunst zu gedenken"; vielleicht steht doch der folgende Vorschlag nicht ohne Beziehung dazu.

Mit eifersüchtiger Verachtung sah Windelmann auf Gozkofsty, den „betrügerischen" Unterhändler, dessen sich der König bei Gemäldeläufen bediente. Der erste Vorschlag, den Windelmann gemacht hätte — des mengsischen Ganymed — wäre freilich eine schlimme Inauguration seines Commissariats gewesen.

2. Es war im Februar 1763, kurz nach der Rückkehr aus Ostia (S. 191), als Usteri über seine Gesinnung im Fall eines Antrags vom Berliner Hof bei ihm anfragte. Daß eine solche Anfrage aus Zürich kam, hing so zusammen. Sulzer (1720 † 79), seit 1750 Mitglied der Berliner Academie, hatte zur Herstellung seiner Gesundheit einen Urlaub in die Schweiz erhalten: ein Lungenleiden und der Gram über den Tod seiner geliebten Willy hatte begonnen seinen athletischen Körper zu unterminiren. Dort in der Heimath war zwischen ihm und den Zürcher Freunden viel von Windelmann die Rede. Dieser hatte in Rom noch keine Anstellung, und man kannte seine Bereitwilligkeit, eine gute Stelle in Deutschland anzunehmen. Bei nahbevorstehendem Frieden begann man in Berlin wieder, an Berufungen zu denken. Sulzer „ließ ihm seine Hochachtung und sein Verlangen, ihn bald wieder aus Italien zurückzusehn, in den verbindlichsten Ausdrücken bezeugen".

Dieser allgemein wegen seines Characters hochgeschätzte und wegen seiner Unterhaltungsgabe beliebte Schweizer stand zwar dem König nicht persönlich nahe, — derselbe hatte ihn, so sehr er ihn schätzte, nie gesehen, erst kurz vor seinem Tode, als er ihn zum Director der philosophischen Classe machte, am Sylvester 1777, ließ er ihn rufen*). Dagegen übte Sulzer, auf mittelbare Weise, durch den englischen Gesandten Mitchell und durch den Marquis d'Argens auf Berufungen Einfluß, er brachte mehrere seiner Landsleute an Berliner Lehranstalten und in die Academie, z. B. Merian und Lambert, überhaupt bildeten in der letzteren seit dem Mathematiker Leonhard Euler die Schweizer ein Hauptelement. Es lag in Sulzer der Trieb, alles strebende zu fördern, alles deplacirte an seinen Posten zu bringen. Theolog von Pro-

---

*) Il lui restait encore une honneur à recevoir et un plaisir à goûter, avant que de voir disparaître la scène de ce monde. Éloge de Sulzer.

§ 152. Beziehungen zu Preußen.

session, Naturforscher durch Neigung, war er erst als Hauslehrer zu Magdeburg in die poetischen Bestrebungen der Zeit hineingezogen worden, und zwar durch den Kreis jener gemüthvollen Freunde und Sänger (z. B. Gleim), die sich in Lamblingen, an den arcadischen Ufern der Saale, um den Pfarrer Lange und seine Doris sammelten. Sulzer, ein ganz encyclopädisch und teleologisch angelegter Kopf, von academisch-administrativer Richtung, vermochte auch der Dichtung und Kunst, wie bisher seiner Naturwissenschaft, nur durch moralische und gemeinnützige Gesichtspunkte Werth abzugewinnen. Er studirte nicht nur in Bibliotheken und im Buch der Natur, er fand Lehrstühle der Philosophie auch in den Werkstätten und Ateliers, in den Comptoirs und Regierungscollegien, bei Gärtnern und Bauern. Als er nun sein lange erstrebtes Ziel, die Academie, durch Maupertuis' vom Kirchenrath Sack gewonnene Fürsprache erreicht hatte, machte er „die feinere Zergliederung der Seele" und die Erforschung des Keims der Künste in ihr zum Mittelpunkt seiner Forschungen. Seit 1756 war er durch Combe's Dictionnaire des Beaux-Arts auf den Gedanken einer „Theorie der schönen Künste" gekommen, eine Aesthetik und Poetik, dem Zeitgeschmack gemäß aufgelöst in ein Lexicon (seit 1771), die Frucht freier Pausen der leidensvollen zweiten Hälfte seines Lebens. Vielleicht wünschte er Winckelmann für die Kunstartikel (wie Bodmer für die poetischen) zur Seite zu haben. Er hatte ein klares Bewußtsein von der Würde der Kunst und von ihrer Bestimmung, ein Theil des Nationallebens, ein Element der öffentlichen Erziehung zu sein. So war es in Griechenland, wo die Gesetzgebung um die Beförderung des guten Geschmacks und die Abwehr des schlechten sich bekümmerte. Wie er in der Rede De l'énergie dans les ouvrages des B.-A. ausführt, die er in demselben Jahr las, wo Winckelmann den Ruf erhielt, wird die Kunst durch den Zweck bloßen Vergnügens, oder, wie zu seiner Zeit, als Dienerin der Prachtliebe, degradirt und statt (wie wir sie jetzt sehen) zu einem bloßen Schatten dessen herab, was sie sein sollte. Wenn die Philosophie uns über die moralischen Bedürfnisse erleuchtet, so soll die Kunst, welche Phantasie und Herz ergreift, jenem Licht die Kraft hinzufügen, welche die nackte Wahrheit nicht hat. Die großen Muster jeder Vollkommenheit, welche der Moralist mit Mühe dem Verstand vorführt, giebt der Künstler dem Auge zu sehen. Die Plastik bildet die Seele in Marmor und Erz, denn der Leib ist die sichtbar gewordene Seele, und die Seele ist ein Bild des höchsten Wesens. Aber nur die Griechen haben gefühlt, daß nicht bloß menschliche, sondern sogar göttliche Eigenschaften dem Auge empfindbar gemacht werden können. Der Reiz für die Anstrengung des Genies sei die Ehre, etwas zur Erhebung einer ganzen Nation beizutragen.

Dieser Gesichtspunkt war gewiß richtig und gesund, er verliert nichts von seinem Werth dadurch, daß Sulzer, wie Göthe sagte, „ins Land der

Kunst nur gereist, nicht aber darin geboren und erzogen war, nie darin gelebt, gelitten und genossen hatte". —

Auf Windelmann, der eben aus der besten römischen Gesellschaft bei seinem neuen Gönner Spinelli zurückkam, machte diese Eröffnung einen gemischten Eindruck. „Ich kann nicht läugnen, schreibt er zurück, daß mir bei Ueberrechnung des salzerischen Vorschlags allezeit ein kleiner Widerwille wider mein Vaterland aufsteigt... Die Wahrheit zu sagen, es zieht mich kein starker Magnet nach Deutschland". Der vornehmste Grund sei die Liebe zur Freiheit: „ich bin ein wildes Kraut, meinem eignen Triebe überlassen aufgewachsen, und ich glaubte im Stande gewesen zu sein, einen anderen und mich selbst aufzuopfern, wenn Wörtern der Tyrannen Ehrensäulen gesetzt würden". Der römische Staat, „ein Land, wo Niemand befiehlt und Niemand gehorcht", war gewiß der Antipode von Preußen! Was den Dresdener Hof betrifft, so sei er demselben „ebensowenig als Preußen verbunden, da das wenige was er in Rom genossen, nämlich seit vier Jahren jährlich hundert Thaler, eine Beisteuer des Beichtvaters sei, den er deshalb, und dies sei sein einziges Bedenken, sehr beleidigen würde"; aber hier sagte er nicht die Wahrheit, denn er wußte (an Berendis 29. Januar 1755 u. a.), daß jene Pension aus der Privatschatulle des Königs kam. — Er fürchtete die Sparsamkeit Friedrichs, die ihn nöthigen werde, „eine geringe Figur zu machen".

Das fatalste an Berlin waren ihm die dort dominirenden Franzosen. „Was würde ich in Berlin für eine schlechte Figur machen, wo kein Gelehrter eine machen kann, zumal gegen d'Alembert, welchen der König jetzt kommen läßt, und gegen andere Franzosen, die in der Academie daselbst herrschen und den Ton angeben!" Die mathematischen Wissenschaften, die in jener Academie obenan standen, die Philosophie der Belle Wolfianne Formey's, ihres Secretärs, hatten wenig verlockendes. Der dortige Pariser Geschmack in Malerei und Sculptur war aller Italienern ein Dorn im Auge. Sonst galt Berlin in Rom für die schönste deutsche Stadt, der junge Principe D. Bartolomeo Corsini, der 1753 dort war, erzählte, Theater, Arsenal und Schloß würde man auch in Rom bewundern.

Einen kleinen Kreis von Verehrern hätte er wohl an der Spree gefunden. Moses, Nicolai („geschätzte Namen"), Sulzer, Merian („theure Männer") verehrten ihn als Kunstautorität, und indem sie sich in seine Lehren hineinzudenken suchten, schöpften sie aus ihnen Anregungen zum Nachdenken über ästhetische Probleme. Von des „werthen" Moses Schriften läßt er sich ein Bündchen (den Phädon) kommen: er nennt ihn „eins von den besten Büchern, welche ich gelesen habe. Schade, daß er ein Teutscher ist! würde der potsdamische Hexe sagen" (11. September 1763).

Windelmann meint, wenn Sulzer's Anschlag sich verwirkliche, so „müsse

§ 152. Beziehungen zu Preußen. 305

die erste Sache in Berlin sein, den Marquis d'Argens für einen unwissenden Esel aufs höflichste zu erklären; solche Leute seien ein Schandfleck aller gelehrten Gesellschaften"; er dachte dabei an den Wisch über die Malerschulen (S. 42). Dieß wäre indeß übel angebracht gewesen gegenüber einem Mann, der sich fast dreißig Jahre lang Friedrichs Gunst zu erhalten gewußt hat, der bei völliger Unerfahrenheit in Hofmanövern, fern von Cabalen, nur seinen literarischen Verlieben lebte; als Schriftsteller freilich nur ein amüsanter, begabter Schwätzer, bei dem die Feder, die er einst aus Noth ergriffen, nicht wieder zur Ruhe kommen wollte, und der alle seine Kenntnisse aus Bayle holte. Von dem wilden Abenteurer im Abend- und Morgenland war wenig mehr übrig geblieben in dem kränklichen hypochondrischen Gelehrten, als die Lebhaftigkeit seiner funkensprühenden Conversation, sonst war er „gut bis zur Schwäche, arglos bis zur Leichtgläubigkeit, ein bonhomme am Hof", aber (nach Formey) der redlichste, dienstfertigste Freund der Schriftsteller. Ihm verdankte Sulzer jenen Urlaub, und Ernesti, Rabener, Gellert, Reiske ihre Audienzen in Sanssouci. —

3. Lieber verweilte Winckelmann bei dem Gedanken, daß Friedrich II den Einfall haben möchte, selbst nach Italien zu kommen, und daß er dann auf ihn als Cicerone angewiesen sein werde." Ich hoffe noch, schreibt er den 15. Mai 1764, den König in Preußen hier genau kennen zu lernen, denn er hat an d'Alembert geschrieben, daß ihn nur die jetzigen Umstände von Wesel verhinderten, nach Italien zu gehen". Er hatte diese Nachricht von Watelet, dem d'Alembert eine Abschrift des Briefs geschickt. Der König war nicht nur des Krieges, sondern zuweilen auch der Politik müde*).

Nach des Königs eignen Aeußerungen sollte man glauben, daß Italien nicht soviel Reize für ihn besessen habe, um ihn ernstlich an eine Römerfahrt denken zu lassen. Als seine Schwester, die Marfgräfin von Bayreuth, diese Reise macht, schreibt er nach Florenz, wie er sich Italien vorstellt, vergleicht sich indeß mit dem Fuchs in der Fabel, und mit dem alten Galeerensclaven, der von seiner Ruderbank die freien Leute mit Geringschätzung betrachtet. Italien ist eine alte Coquette, die sich noch für schön hält und allerdings durch einige Schönheitsreste zu ahnen giebt, was sie einst gewesen. Außer den Spuren römischer Größe, außer den Schätzen die frommer Betrug und Aberglaube Europa abgepreßt, und außer den Meisterwerken augusteischer und leoninischer Zeitalter, gebe es heute nur noch die Soprani, schlechte maestri, elende Maler, Bildhauer, die noch unter ihnen sind, einen Pabst der zum Almosenier der Könige geworden, ohnmächtige Kleinstaaten, viel Arglist, Witz,

---

*) Am 4. November 1765 schreibt er an Marie Antonie: Ah! Madame, que V. A. R. continue de cultiver les arts: c'est le seul bien réel dont on puisse jouir dans le monde. Il faut dire du reste, comme Salomon: Tout est vanité.

Justi, Winckelmann. II. 2. 20

aber keinen Genius, ein Volk, bestimmt für das Sclavenjoch des ersten Eroberers, ein göttliches Clima, schlechte Gesellschaft, viel Reichthum bei Geizigen, Mönche und Pfaffen aller Sorten, viel Zelotismus und keine Religion, viel Unwissenheit und Vorurtheil: kurz das Italien von heute gleiche dem Leo's X wie eine schlechte Kreidezeichnung einem Gemälde Guido's.

Nach Rom, meinte er, werde wohl das übrige Italien keinen Vergleich aushalten; er könne sich denken, wie seine Denkmäler und den Welteroberer-zeiten nahe rückten, so daß dort ihr Ruhm, ihre Denkweise auf uns übergehen scheine. Aber wenn Frankreich, Deutschland, Spanien, England und Polen die Geschenke der Vorfahren zurückforderten (schreibt er an die Schilderung der Osterwoche), so würde der heilige Vater mit sammt dem heiligen Colleg in den Ruinen des Campo Vaccino wohnen, Kirchen mit Strohdächern haben, und Leier mit saquebuts die einzige Musik sein.

Der König liebte italienische und noch mehr deutsche Musik; er fand Geschmack an den Baumeistern des Cinquecento; nur in den bildenden Künsten fühlte er ganz französisch. Der Baron von Knobelsdorf, der Erbauer des Opernhauses, hatte auf seiner italienischen Reise (1736) entdeckt, daß die Franzosen mehr Talent für die Sculptur als für die Malerei hätten, er verehrte Vanloo und de Troy, von Italienern sei nur Solimena noch der alten Zeiten würdig. Bouchardon, Adam und Pigalle hätten die Sculptur zur Vollendung gebracht. Die Feldherrnwalhalla auf dem Wilhelmsplatz wurde solchen Helden übertragen. Was würde der König gesagt haben, wenn er unter dem Titel „unverschämte Urtheile" das Urtheil eines Russen von Stande über seinen Mercur von Pigalle gelesen hätte, ein Geschenk Ludwig XV. Winckelmann wünschte in der Freiheit Roms einmal zu dem König in solchem Ton sprechen zu können. „Ich wollte hier, wo ich mit Freiheit sprechen kann, in 24 Stunden einem Prinzen, sonderlich aus Teutschland, wo alle, die nicht Ausländer sind, zittern, mehr Wahrheiten sagen als derselbe, ich will nicht sagen gelesen, aber gehört. Sie glauben aber nicht, wieviel mehr Eindruck eine ungewohnte Sprache einem Prinzen macht, als eine Postille. Wollte Gott ich könnte hier den Prinzen sehn, mit welchem ich außer seiner Kriegsschule zu sprechen wünsche". Im Jahre 1755 fand der König zu seinem eignen Erstaunen, daß er eine große, gute Gemäldesammlung in Potsdam aufgestellt hatte, eine angenehme Promenade für ihn bei schlechtem Wetter. In der Rotunde daselbst stand die Familie des Lycomedes, das Rothsche Museum und die Münzen. Das Polignacsche Cabinet hatte er 1742 für 20000 Thaler gekauft; auf ein Compliment Voltaire's schrieb er wörtlich zurück:

> Pourquoi remuer à grands frais
> Les décombres de Rome entière,

> Ce marbre et cette antique pierre?
> Et pourquoi chercher les portraits
> De Virgile, Horace, et d'Homère?
> Leur esprit et leur caractère,
> Plus estimables que leurs traits,
> Se retrouvent tous dans Voltaire.

Später ließ er durch Bianconi (27) Statuen und Brustbilder aufkaufen (25. Juli 1767), Cavaceppi hatte sie zu ergänzen.

Das Sulzer'sche Project war schwerlich bis vor des Königs Ohren gebracht worden, und überhaupt scheinen keine weiteren Schritte gemacht zu sein; Winckelmann sah es als beseitigt an, besonders nach seiner Anstellung, warf es sogar weit von sich, und nicht ohne Bitterkeit. Die Berg schrieb, ging im Herbst 1763 in sehr guten Berliner Häusern die Rede — „der König in Preußen lasse mich für seine Academie kommen, und ich sei bereits unterwegs, woran gleichwohl der König sowenig, als ich Lust dazu bezeigt hätte, gedacht haben wird, zumal ich ein Deutscher bin, der ihm nur zum Erschießen gemacht zu sein scheint". Besonders ärgerlich war ihm der dabei gebrauchte „pöbelhafte" Ausdruck, „daß er darum suppliciret habe". Da er besorgt, diese „ungegründete Rede" möchte nach Dresden bringen, so bittet er Franke, aus seinem Munde das Gegentheil zu behaupten. „Mit was für einem Herzen, ruft er aus, würde ich mich von dem höchsten Freunde (Albani) trennen können!" In Berlin, wo ein französischer Despotismus in der Academie herrsche, könne er nicht hoffen, wie in Göttingen, deren Mitglied zu werden; eben habe der König wieder für die neue Kriegsschule lauter Franzosen verschreiben lassen, wie Toussaint. „Wenn mir auch vom Könige selbst ein Ruf käme, schreibt er den 16. Juli 1764, so glaubte ich so eitel zu sein, mich aus übriger Liebe gegen Sachsen zu bedanken". Er schätze die Luft mehr, als Essen und Trinken.

§ 153.

Ruf nach Berlin.

Inzwischen arbeiteten dort oben ohne sein Wissen Freunde in seinem Interesse. Im Jahre 1765 starb der königliche Bibliothecar, der Geheimerath Gaullier de la Croze, mit dessen Amt auch die Aufsicht über das Cabinet der Alterthümer und Medaillen verbunden gewesen war. Die Bibliothek war in den letzten Jahren des kränklichen alten Herrn sehr in Unordnung gerathen und auch von dem König gänzlich vernachlässigt worden; so wurde, wie Wille mittheilt, seit 1749 bei jedem Jahresschluß ein bedeutender Ueberschuß von dem Curator zur Disposition des Königs und meist gegen dessen eigenhändige

Quittung an den Hofstaatsrentmeister abgeliefert. Die Bibliothek stand noch immer (seit 1661) im Seitengebäude des Schlosses nach dem Lustgarten zu, in dem großen Saal über der Holapotheke, denn der Platz, wo der jetzige Palast steht, wurde erst 1771 gekauft, und der als „des Königs alte Commode" bekannte Bau von Boumann, nach einem Entwurf Fischers von Erlach für das Eingangsgebäude der kaiserlichen Burg, 1750 vollendet.

Der König beabsichtigte nun jene beiden Stellen zu trennen; eine Cabinetsordre vom 24. Juli 1765 überträgt das Custodenamt dem seit elf Jahren an der Bibliothek beschäftigten Hofrath Stosch, der selbiges schon seit 1761 besorgt hatte; er befahl ferner am 25. Juli dem Staatsminister Dorville, „einen gelehrten und zur Aufsicht und Unterhaltung einer öffentlichen Bibliothek recht sehr capabeln und in den Wissenschaften geübten Mann in Vorschlag zu bringen und allenfalls in Holland aufzusuchen". Ohne aber den Eingang des Berichts (der am 29. Februar 1766 erfolgte) abzuwarten, erging jene Anfrage bei Winckelmann; wahrscheinlich war es Stosch, der die Sache bei solchen, die der König hörte, angebracht hatte. Der bekannte Obrist C. Icilius (Winckelmanns Commilitone aus Halle) war es, der ihm durch den Buchhändler Friedrich Nicolai schreiben ließ. Es hieß, der König habe ihm die erledigte Stelle des Aufsehers der Bibliothek und des Münz- und Alterthümercabinets zugedacht. Diese Stelle, welche nur 500 Thaler trug, wolle er mit einer außerordentlichen Pension „Winckelmann annehmlicher machen"; er könne, schrieb Nicolai, „die beträchtlichsten Bedingungen machen, weil der König ihn hochschätze und längst zu thun gewünscht, was er jetzt thut. (Der König wußte, daß Winckelmann kein Pedant war. Denn als 1770 eine verwandte Stelle besetzt werden sollte, schrieb er an den Rand eines Berichts, der Heyne nannte: „Ich will keinen Pedanten"). Er giebt mir ferner zu verstehen, daß der König 1500 Thaler bis zu 2000 zu geben entschlossen sei". Wie er vermuthete, verwechselte ihn der König mit einem ehemaligen Auditeur vom Prinz Heinrichs-Regiment aus Spandau, Ewald, einem Dichter von Epigrammen, „einem irren Menschen", der ihn „nackt und bloß" 1750 in Rom aufgesucht und viel geplagt, endlich gar verführt hatte, um ihm aus seiner Noth zu helfen, „sich in das Belehrungsgeschäft zu mengen"; es war kein erster und wie es scheint auch letzter Missionsversuch.

Auch wenn man sich erinnert, daß Anträge in Gestalt von Problemen eine ganz andere Beurtheilung erfahren, als solche, welche die Entscheidung wirklich in unsre Hand legen, so ist man doch überrascht, Winckelmann, der am 13. April geschrieben, „es seien weder Anscheinungen noch Gründe, Rom gegen sein Vaterland zu verwechseln", als nun wirklich jener Brief am 20. August 1765 in Rom eintraf, so ohne jegliches Bedenken zugreifen zu sehen. Ob eine kleine Belästigung, die er kurz vorher vom heiligen Offiz erfahren, mit im Spiel war? Er bekennt, damals zum erstenmale in Rom bei übler Laune gewesen zu sein; denn „bei seiner schweren Arbeit sei ihm auf Befehl des Pabstes von der heil. Inquisition nach vorhergegangener Vereidigung, eine schwere und höchst verdrießliche Arbeit, die in kurzer Zeit geendigt werden müsse, aufgetragen worden (ein Index); aber dem Befehl des Tribunals dürfe man nicht widersprechen". Wie dem auch sei, er vergaß von Stund an nicht bloß die Franzosen der Academie, das despotische Joch und die märkische Sandwüste, sondern auch die ewige Stadt, seinen alten Cardinal und seine eignen Pläne. Schon am 31. schrieb er zurück: „Ich habe den hohen Ruf überlegt und nehme ihn an". Der „erhabenste und redlichste Freund", der ihm „alles in allem war", der „in seinem hohen Alter in seinen Armen zu sterben gewünscht hatte", konnte zwar „diese besorgliche Trennung nicht verschmerzen", er „wünscht ihm abzurathen"; „allein die Ehre und Vortheile sind allzu überwiegend, als daß eine Einwendung stattfände: er steht der Liebe des Vaterlands in mir nach". Von dem italienischen Monumentenwerk hatte der Abdruck einer Platte schon begonnen, alles wurde nun unterbrochen, es sollte in Berlin ans Licht treten. Plötzlich entdeckte er in sich einen bisher schlummernden Patriotism: „Ich empfinde jetzt mit einem Male, wie mächtig die Liebe des Vaterlands ist, in welches ich mit den größten Ehren zurückgerufen werde, ... die mir vorher unbekannt war und sein konnte, da es mir außer dem Vaterland wohl gegangen ist, sonderlich in Rom". Doch meldeten sich auch Stimmen der Pflicht: sein innerer und natürlicher Beruf sei, ein Lehrer der Jugend zu sein, und dieß wollte er nun werden mit Hintansetzung aller seiner Zeit und Bequemlichkeit, er „wünscht nichts eifriger, als allgemein und einem jeden insbesondere nützlich sein zu können".

Was endlich die Bedingungen betrifft, so war es, als ob er die Berufung schon in der Tasche habe, und der öconomische König ihm hätte sagen lassen: Fordere nur! „Damit durch Hin- und Widerschreiben keine Zeit verloren gehe", nahm er gleich das in Aussicht gestellte Maximum, 2000. Dazu die nöthigen Reisekosten, und zwar sollten sie „nicht bloß versprochen, sondern wirklich übermacht werden"; ferner Aufschub bis zum Frühjahr, Ankunft im Mai, um nicht, verwöhnt durch zehn Jahre Aufenthalt unter einem gütigen, sanften Himmel, in der strengsten Kälte reisen zu müssen. Er verlangt endlich die eigenhändige Unterschrift des Königs unter seine Bestallung, zum ungezweifelten Beweis für den Pabst. Er sieht das stolzische Cabinet schon „unter seinem Schlüssel"; die Aussicht auf das an Stolch' Seite zu genießende Vergnügen, ist ohne Ende. „Was wird mit meinem Glück können verglichen werden!" Er wünscht Nachricht, wie er sich in der ersten Unterhaltung mit dem Könige zu verhalten habe; „denn auf die erste Figur, welche ich erscheinen lasse, wird sehr viel ankommen. Das Unglück ist, daß derselbe wird gezwungen sein, deutsch mit mir zu sprechen". Anfang October rechnet er ungesäumt abzugehn. Ja er hofft schon, Rom nach dem Druck des Werks „wenigstens auf einige Monate wiederzusehn". —

Windelmann hatte vom sächsischen Residenten Piamoni den Auftrag erhalten, einen Diamantschmuck für die Churfürstin Wittwe mitzunehmen, der auf dem Monte di Pietà versetzt gewesen und für tausend Scudi eingelöst worden war.

Dieser Zustand dauerte sieben Wochen: fünfzig Tage lang sah sich Win= delmann an als Bibliothecar Friedrichs, als Nachfolger Lorenz Begers im alten Schloß an der Spree. Da kam am 18. October ein Brief, der diesen Bau der Zukunft mit einem Schlage zertrümmerte. Der König, als der Vortrag aus Windelmanns Brief geschehen, hatte sich an der Forderung von 2000 Thalern gestoßen, und gesagt, „für einen Teutschen sind tausend Thaler genug". Die Oeconomie hatte den Handel zerrissen. Der König hatte damals an den Wunden des Kriegs zu heilen, er wollte der Stadt Berlin die russisch=österreichische Brandschatzung, zwei Millionen, bezahlen, er ver= wandte nach und nach vierzig Millionen auf die Herstellung seiner ausge= sogenen, verödeten Lande.

Windelmann fühlte sich um so tiefer verletzt, da ihm die Forderung von Nicolai, als eine Sache, worüber sich der König bereits erklärt habe, in den Mund gelegt worden war. Nach dem offenen Jubel hatte die Enttäuschung etwas tief Beschämendes; er empfand es als Zurücksetzung seiner Person, seines Metiers und seiner Nation. Gegen Nicolai: „Che man einen Mann qual mi son io, auffprengt, hätte man seiner Sache sollen gewiß sein". Gegen C. Jcilius: „Er wird sich vielleicht schämen zu schreiben, weil er mich nicht genau kennen kann". Gegen den König: „Er weiß nicht, daß man einem Menschen, welcher Rom gegen Berlin verläßt, und sich nicht anzutragen nöthig hat, wenigstens soviel geben müsse, als Jemand welcher von Peters= burg gerufen wird... Ich verlasse nicht das Eismeer, wie Euler, oder die Froschpfützen von Holland, wie Rall, sondern den schönsten Ort der Welt... Doch sollte er wissen, daß ich mehr als ein Algebraist nutzen schaffen kann, und daß die Erfahrung nur von zehn Jahren in Rom weit kostbarer sei, als eben soviel Jahre Ausrechnung von Verhältnissen von parabolischen Linien, die man zu Todeslst so gut als in Smyrna machen kann... Ich kann mit eben soviel Recht sagen, was ein Castrat in einem ähnlichen Fall in Berlin sagte: Ebbene! faccia cantare il suo generale!" .

„Ich nahm den Ruf aus Liebe zum Vaterlande, an... Der König hätte versichert sein können, einen eifrigen Patrioten an mir zu haben, dem der Unterricht der Jugend am Herzen gelegen hätte... Wenn des Königs Absicht wäre, einen Samen des wahren Geschmacks bei sich auszustreuen, wer einen zuverlässigen Richter über Sachen, welche die Kunst betreffen, in der Nähe zu haben, so sollte man erwägen, daß ich einzig in dieser Art kann angesehen werden. Denn es werden sich nicht leicht, wie es bei mir geschehen, alle Umstände vereinigen, einen Deutschen in Rom zu bilden, und dieses kann mit allen Schätzen der Welt nicht bewirkt werden. Der König müßte betrachten, wieviel es gekostet hätte, einen Menschen in dieser Absicht reisen zu lassen, welcher dennoch halbgebacken zurückgekommen sein würde. Hätte er mir wenigstens 1500 Thaler geboten". —

Danach traten freilich Erwägungen hervor, welche die Ueberraschung und der Rausch nicht hatte zum Wort kommen lassen. Wie hatte er vergessen können, daß seine Entwürfe nur in Rom auszuführen waren, daß es eine Lebensbedingung seines täglichen Denkens und Forschens war, im Riesenbuch römischer Museen und Villen zu blättern, daß er zu spät dort oben gewahr geworden wäre, wie man nicht ungestraft unter Palmen wandelt, ein Jahrzehnt römischer Freiheit genießt! Kurz, daß er schon viel zu tief eingewurzelt war, um noch eine Verpflanzung vertragen zu können. „Daß ich einem blendenden Schein ausgewichen bin, schreibt er Heyne (1. März 1766), würde Sie weniger befremden, wenn Sie Rom wie ich kennten". — „Gott führe mir allezeit die Freiheit zu Gemüthe, die ich hier genieße!" (21. Januar). — „Ich hätte eine Thorheit begangen". Und er wußte nicht einmal, daß er simpler Bibliothecar, ohne Museum, geworden wäre, daß er zu der Beschäftigung zurückgemußt hätte, an der er soviele schmerzlich beklagte Jahre verloren, gegen die er sich in Rom so beharrlich gesträubt hatte.

Zwar die Freunde, z. B. Stosch, gaben die Hoffnung noch nicht verloren; aber im Mai 1767 wurde die Stelle besetzt. „Es wird ißo bei euch bekannt sein, daß der König den Preußen einen völlig unbekannten französischen Frate Benedictinerordens zum Oberbibliothecario in Berlin kommen läßt, zur Kränkung der Deutschen, wie sie es verdienen; unterdessen schmerzt es mich, dergleichen zu hören. Der König hat diesem Pfaffen die Erlaubniß sogar von hier aus auswirken müssen, und der Weihbischof von Breslau hat des französischen Königs eigenhändigen Brief hierüber an ihn geschrieben, an den Pabst geschickt".

Das schönste war, daß dieser neue Bibliothecar nur ein Mißverständniß war. Der König hatte mit Interesse die Lettres philosophiques sur les physionomies (1748) des Lyoner Domherrn Jacques Pernety gelesen, und bei einem Finanzier dieses Namens sich nach selbigem erkundigen lassen; dieser behauptete, es sei sein Bruder; sofort erhielt er den Auftrag, ihm die erledigte Stelle anzubieten. Dieser Bruder aber war der Benedictiner Anton Joseph,

Verfasser eines Werks über ägyptische und griechische Mythologie. Des Klosters satt, nahm er den Ruf an und erhielt seine tausend Thaler Gehalt aus den Geldern der Academie. Er fand sich deplacirt und wurde von Stosch so lange gequält, bis er seinen Abschied nahm (1753) und nach Paris zurückkehrte († 1501). —

Das ist die Geschichte der Beziehungen Winckelmanns zu dem großen König. Es stand geschrieben, daß beide wenigstens einmal auf ihren Bahnen sich berühren sollten, wenn auch nur wie die Atome, mechanisch mit der Oberfläche. Der Schöpfer von Sanssouci wurde eines Tages auf den Gedanken gebracht, den Lehrer der Kunst in seine Hauptstadt zu ziehen, er ließ ihn fallen, weil jener sich zu hoch tarirte. Er verwechselte ihn mit einem verrückt gewordenen Auditeur und Vagabunden, und berief an seiner Stelle in Folge einer Namensverwechslung einen französischen Mönch.

§ 154.
Der Cardinal Stoppani.

Man kann sich denken, daß Winckelmann den Antrag des großen Königs vor den neugierigen Römern nicht geheim hielt. Da er sofort annahm, so kann er zuerst nicht daran gedacht haben, ihn als Hebel zur Ausbesserung seiner diesseitigen Verhältnisse zu benutzen, „dem Hofe etwas abzudringen"; in der Folge aber diente er ihm für diesen Zweck. Er sah, wie „fast ganz Rom Theil an seinem Entschluß nahm", wie man dort „mehr als irgend geschehen war, eine Achtung gegen ihn merken ließ, die er kaum erwartet hatte". „Ich hoffe, schrieb er den 26. October, aus dieser mißlungenen Sache Nutzen zu ziehen, da sogar diejenigen Personen, denen ich wenig glaubte bekannt zu sein, meine Abreise von hier zu hintertreiben wünschten". Er glaubt, daß u. a. seine genaue Kenntniß römischen Grundes und Bodens hierzu beigetragen habe.

Daß S. Heiligkeit etwas für ihn thun werde, stand um so weniger zu erwarten, da sie den Kopf voll Sorgen und Kummer hatte für ihre Schmerzenskinder, die Jesuiten. Aber Albani besprach sich mit dem einflußreichen Stoppani, Cardinalbischof von Palestrina, und dieser erklärte sich bereit, Winckelmann noch eine Pension von 100 oder 120 Studi „aus seinen eignen Mitteln" zu zahlen.

„Man hat gesucht, schreibt er den 10. October Riedesel, mich hier zu behalten, und der würdigste unter allen Cardinälen, Stoppani, hat mir durch den Cardinal Alexander eine ansehnliche Pension angetragen. Ich kannte denselben vorher wenig, und habe zu Palestrina … nach gedachtem Antrag Freundschaft mit demselben gemacht. Denn Sie Bekanntschaft mit einem

§ 154. Der Cardinal Steppani.

Cardinal suchen, wird dieses der einzige für Sie sein; machen Sie sich alsdann auf einige Stellen aus Horaz gefaßt, denn er kann ihn auswendig". Bei dem Besuch in Palestrina entdeckte er in der Villa Barberini ein altes Kriegsschiff, das er auf's genaueste zeichnete (Monumenti 207).

Auch Clemens XIII ließ ihm unter der Hand vortheilhafte Anträge thun; eben jene Anwartschaft auf die vaticanische Custodenstelle nebst Pension sowie auf des abgelebten Chevalier Vettori (der ihn aber überlebte) Stelle über die Alterthümer in der Vaticana (die 1770 Amaduzzi erhielt) und endlich das nächste Canonicat am Pantheon, welches nach Abzug einer Pension für den alten Herrn, der es abtreten würde, etwa 140 Scudi eintragen sollte und bloß zum Sonntag verpflichtete. Dies alles zusammen würde seinen jetzigen Gehalt (320) auf 500 Scudi gebracht haben. „Sollte eine Stelle bei der Vaticana völlig offen kommen, hätte ich 200 mehr, folglich 760 Scudi".

Joh. Franz Steppani, der letzte in der Reihe der Windelmann befreundeten Cardinäle (seit 1753), geboren aus Mailändischem Adel 1695, früher Nuntius bei Carl VI, hatte sich seit 1717 in der Presidenza von Urbino, dann als Legat hier und in Ravenna den Ruf eines gerechten und freigebigen Statthalters erworben. Die Wissenschaft dankt ihm die Gründung des Inschriftenmuseums (Museo lapidario) zu Urbino. Der große Palast der alten Herzöge, seit dem Tode des letzten vom Stamme der della Rovere, Franz Maria's II 1623, leer gestanden, schien ihm der geeignete Raum, die in Stadt und Land zerstreuten und zusehends zu Grunde gehenden Inschriften anzunehmen. Den Anstoß zu dieser Idee gab die Sammlung des berühmten Fabretti, die sich noch zu Urbino in den Händen seiner Erben, vier Damen, befand; diese machten dem Legaten eine förmliche Schenkung. Am 17. Juni hatte er die ganze Fabretti'sche Collection beisammen.

Der Urbinate Raphael Fabretti (geb. 1619, † als Präses des vaticanischen Archivs zu Rom 1700, begraben in der Minerva) hatte einst die Landschaft Latiums zu Pferde nach Inschriften durchzogen, Höhlen durchkrochen, Felsen erklettert, ja man erzählte, daß sein treues Roß gelernt hätte, wenn antiquarisch bemerkenswerthe Gegenstände sich zeigten, den Reiter durch Stehenbleiben zu avertiren. Er war zu seiner Zeit der erste Antiquar Roms, obwohl er in der Kunst (nach Windelmann) wie die früheren überhaupt, „bei aller Gelehrsamkeit wenig Einsicht" zeigte.

Es war im Jahre 1754, als Steppani dem G. B. Passeri zu Pesaro seinen Plan mittheilte, die geschriebenen Steine aus der ganzen Legation zu sammeln und in dem Bergnest (metropoli de' sassi) würdig aufzustellen; letzteres sollte jener Gelehrte besorgen. Beide schrieben nun an Bekannte und Freunde in und außerhalb der Provinz; die Urbinaten gaben alles her was sie hatten; in namenlosen Oertchen fand man Basen von Kaiserstatuen, ihrer die einst dem spurlos verschwundenen Pitinum und Urbinum Metaurense angehört hatten. Vier Basen, die der Erzbischof zu Pilastern der Domkathedrale verwenden wollte, erwarb der Legat für 25 Scudi.

Die Disposition dieser kostbaren Zeugnisse der Vorzeit (deren Zahl sich bald auf 640 belief) geschah an den Wänden der Gallerie des Cortile, die durch Pilaster in 22 große Specchi getheilt wurden. In der ersten Gallerie befanden sich die 88 Basreliefs alter militärisch-mathematischer Maschinen, die einst Valturio für Herzog Friedrich gearbeitet; Stoppani ließ 17 hinzufügen. Die Classen waren christliche Grabinschriften, symbolische Reliefs des 5. und 6. Jahrhunderts; unter den profanen unterschied man Votivinschriften, kaiserliche und consularische, militärische, bauliche, Amts-, Ehren- und Grabinschriften. Auf 30 Marmortischen standen Urnen und Votivaren, Basen zwischen Säulen, Torsen in Nischen, im Hof ragte der Coloß des Jupiter aus S. Lorenzo in Campo (Suasa).

Wie überrascht ist der Reisende, mitten zwischen diesen abgelegenen Bergen, in die ihn vielleicht nur der Cultus Raphaels hinausgelockt, hinter den massigen Thürmen mit den weiten luftigen Loggien dazwischen, jene Arkadenpracht des Cortile sich öffnen zu sehen, eines der herrlichsten aus der herrlichsten Zeit der Renaissance, und darin ein solches gelehrtes Museum, das ganz das Werk von Provinzialkräften war. —

Winckelmann baute große Hoffnungen auf seinen neuen Gönner; diese Verbindung trug sehr dazu bei, ihn von dem Gedanken an eine „Aenderung" abzubringen. Schon damals hieß es in Rom, „daß der Cardinal aller Wünsche zum künftigen Besitz des heiligen Stuhls habe". Auch der kaiserliche Agent schreibt Kaunitz, er habe die Herzen von ganz Rom. Stoppani galt für sehr geschickt, fähig zu regieren, er kannte die Höfe und ihre Interessen, er sprach sehr gut, in Conversationen pflegten sich sogleich die Ersten um ihn zu sammeln. „Wir sehen", schreibt Winckelmann im Februar 1768, die Wendung der Dinge prophezeiend, die sich dann an den Namen Ganganelli knüpfte, „dem Tode des Pabstes entgegen, welcher eine erstaunende Veränderung in dem ganzen Systema der Verhältnisse der Staaten gegen den römischen Hof, und sonderlich in der Religion, so wie die Sachen jetzt stehen, hervorbringen muß; und alle Wünsche gehen auf den würdigsten Cardinal, Stoppani, meinen Wohlthäter". Er glaubte, dieser werde die Kosten zu einer Unternehmung auf Elis hergeben, diesem Lieblingsprojekt der letzten Jahre Winckelmanns, für das er auch den Herzog von La Rochefoucauld zu gewinnen suchte, und das er gelegentlich dem Interesse des Publicums empfahl. Er war überzeugt, daß diese Expedition an einen Ort, wohin noch kein Gelehrter oder Kunstverständiger gedrungen war, unsere Kenntnisse in der griechischen Kunst wie in der Gelehrsamkeit und Geschichte dieser Nation erweitern werde. Die Reise müßte unternommen werden mit einer Vollmacht der Pforte, wie sie Fourmont hatte, an allen Orten graben zu lassen. Fourmont habe in den Trümmern von Amyclae, die er von fünfzig Leuten aufgraben ließ, seltene, ja die ältesten bekannten griechischen Inschriften entdeckt. Was sei aber in Absicht der Werke der Kunst das ganze Lacedämonische gegen die einzige Stadt Pisa in Elis, wo die olympischen Spiele gefeiert wurden. Hier waren Statuen aller Helden und berühmten Personen der Griechen aufgestellt. „Ich bin versichert, daß hier die Ausbeute über alle Vorstellung ergiebig sein, und daß durch genaue Untersuchung dieses Bodens der Kunst ein großes Licht aufgehen würde".—

Wirklich fehlten Stoppani im Conclav von 1769 nur wenige Stimmen an der vorgeschriebenen Zahl. Aber die antijesuitische Strömung ging damals so hoch, daß ihm sein früherer Beitritt zum Breve gegen Parma (1768) den Verdacht der Begünstigung dieses Ordens und die französische Exclusive brachte. Seitdem lebte er zurückgezogen und starb den 18. Novbr. 1774, der letzte seines Stammes.

§ 155.
La Rochefoucauld und der Graf von Stargardt.

Der vom alten Fritz seine 2000 Thaler werth geachtete Gelehrte hatte wenig Zeit seiner Verstimmung nachzuhängen. Statt daß er nach dem fernen deutschen Hof hinaufreiste, kamen, wenn auch nicht der König, so doch eine Reihe anderer Fürsten zu ihm nach Rom und begehrten seine Dienste. Und so trat er doch, wenn auch in freier Weise, in den nächsten Umkreis von Fürsten, erhielt einen Geschmack von Hofwesen und Herrendienst. Mit den Studien war es freilich vor der Hand aus: es kostete Mühe die schon in Bewegung gesetzten Arbeiten nur keinen Stillstand erleiden zu lassen. Doch war es nicht der Stand und der Gewinn allein, der ihn bestimmte, sich der zeitraubenden Rolle des Antiquario nobile zu bequemen, ja für ein Jahr fast ganz in ihr aufzugehen. Sein Genius schickte ihm Exemplare, zu denen man auch als Menschen Beziehungen haben konnte. Jedermann, sogar wer den Tempel des Ruhms oder die Gelehrtenlexica bezieht, pflegt auch Mensch zu sein; und da man als Mensch seit Homers Zeiten nicht nur viel Leiden erdulden, sondern auch vieler Menschen Städte sehen und ihre Sinnesweise kennen lernen soll: so war dieses unruhige Jahr vom October 1765 bis zum October 1766 immerhin eine nicht wohl zu missende Episode in unseres Mannes Wallfahrt.

Es war noch keine Woche vergangen seit dem Brief von Berlin, da erschien, am 26. October, Monseigneur Melon im Palast Albani, um Winckelmann einen Schwarm von reisenden Franzosen zuzuführen. „Es war der junge Louis Alexander, Herzog von La Rochefoucauld-Enyon (1743 † 1793), ein Neffe des Cardinal Frédéric Jerome, mit Begleitung: ein Secretär Morellet, der Mineralog Desmarest, Aufseher der Kn. Manufacturen, Verfasser der Conjectures sur les tremblemens de terre, mit dem Winckelmann noch später über antike Steinarten correspondirte; endlich ein junger Lyoner Maler. Zum Glück waren sie „ihrer Nation, wie er sie kannte, nicht völlig ähnlich". Er suchte den jungen Tuc in seiner Wohnung bei Trinità de' monti auf, und fand in dem ihm „sehr warm empfohlenen" den „süßesten, gesittetsten und gelehrtesten jungen Mann, den er je kennen gelernt".' Sogleich äußert sich „sein angeborener seltener Schulmeistertrieb, er findet daß er nie vergnügter ist, als wenn er unter den Reisenden würdige Menschen nach seinem Sinn findet"; er beschließt nun, soviel es immer die Zeit zuläßt, „aus demselben einen Antiquar zu machen, der wenigstens mehr lernen solle, als Watelet, das Organ des Herrn von Hagedorn und anderer Deutschen". „Franzosen von diesem Schlage ziehe ich allen Engländern vor". Wirklich dauerte diese Verbindung über des jungen Mannes Römerfahrt hinaus. Er brachte ihm von Neapel Zeichnungen neugefundener Bilder (der Jo) mit; dagegen die ihm ans Herz gelegte Expedition nach Velia (von Pästum aus) betreffend, bewies er seinem Lehrer, „daß die Neugier die Kosten nicht trage, da nur noch Stadtmauern übrig seien, und aus Mangel gebahnter Wege die fünftägige Reise zu Schiff gemacht werden müsse". Dagegen ließ er ihm im Februar hundert Scudi zur Unterstützung der Monumenti zurück, beförderte deren Vertrieb in Frankreich, und erbot sich (1767), wenn Winckelmann nach Paris kommen wolle, eine Gesellschaft für die griechische Reise zusammenzubringen, von der jener die Hauptperson sein solle, und zwar auf Kosten des Hofs.

La Rochefoucauld wurde 1782 Mitglied der Academie der Wissenschaften; bei der Versammlung der Notabeln und der Generalstaaten war er als Vertreter der Stadt Paris einer der ersten, welche sich dem dritten Stand anschlossen. Er brachte am 27. Juni 1789 die Frage von der Freiheit der Neger auf die Tagesordnung, stimmte für Abschaffung der Orden, aber für Beibehaltung des Katholicismus als Staatsreligion. Später mit der Umsturzpartei zerfallen, wurde er auf dem Wege nach den Wassern von Forges im Angesicht seiner Mutter und Frau ermordet, der man vorher 20,000 frcs. für sein Leben abgepreßt hatte.

Als Winckelmann am 14. November dieser Gesellschaft die Villa zu Castello zeigte, kam eine andere, Tags zuvor eingetroffene Caravane dazu, die sich um einen Grafen Stargardt, kaiserlichen Offizier, schaarte. Unter diesem Namen war der Prinz Georg August von Mecklenburg-Strelitz (1748 † 1785) verborgen, der jüngste Bruder des regierenden Herzogs Adolf Friedrich, und der Königin Sophie Charlotte von England. Ihn hatte wie alle seine Geschwister Winckelmanns Jugendfreund, der Probst Genzmer in Stargardt erzogen. Graf Mollke, dem er einen Brief und ein Geschenk seiner Schwester aus England nach Paris überbrachte, hatte ihm jenen Glasgrauer Hermes mitgegeben. Besonders hoch nahm es Winckelmann auf, daß der „liebenswürdige" 17jährige Prinz ihn gleich nach seiner Ankunft und gar in der Villa aufgesucht habe, und daß er Rom „ein ganzes Jahr genießen" wollte. Dieß „allerliebste Kind" hatte (nach einem im Besitz des Herrn Spalding in Neustrelitz befindlichen Miniaturbild) eine schlanke, schmächtige Figur, ein sanftes blaues Auge, ein freies, nicht gerade gefälliges Gesicht.

Der Cardinal entließ ihn seiner Arbeit in der Vaticana, der Prinz war „bei ihm wie dessen Sohn"; und Winckelmann kam nun allmorgendlich nach der Strada della Croce in das Haus des Bankiers Barazzi, um den Prinzen zum Giro abzuholen. „Ich sehe, schreibt er, diesen durchlauchtigen Zögling an als ein Pfand, das mir von denen, welche mir ihn empfohlen, und von allen, die an demselben theilnehmen, anvertraut ist... Er ist mir Freund, Sohn, Schüler und Spießgeselle. Ich kehre mit denkselben zu meiner verflossenen Jugend zurück, und der Unterricht geschieht in Lachen und Scherzen". Der Königin von England wurden nun Winckelmanns Schriften von Dresden aus übersandt. „Es ist eine Dame von erhabenen Eigenschaften, die beständig liest und eine wahre Patriotin ist". Kästner machte für ihr Bild die Verse:

> Der Jugend Bild, das Menschen froh beglückt,
> Das ist das Bild, das hier entzückt.
> Stolz fühlt Germanien bei ihr:
> Der Brite hat sie doch von mir.

Gleich in den ersten Tagen, bei einer Fahrt vor Porta Salara, hatte der Prinz das „seltene Vergnügen", mit Winckelmann einen Tags vorher gemachten Fund noch auf der alten Stelle zu sehen. Es war im Weinberg Berospi, in den salustischen Gärten, „wo man jedesmal wenn gegraben wurde, Alterthümer gefunden hatte". Auf ovalen Sockeln sah man zwei junge Mädchen in halber Lebensgröße, leider ohne Köpfe, in einem sehr dünnen leichten Gewand, halb liegend, die eine Hand auf den Boden stützend, die andere vorwärts gestreckt, wie wenn sie Würfel ausgeworfen hätten. Der Marmor war der feinste parische, die Figuren von „hoher, anziehender Schönheit", vielleicht Werke der besten Zeit. Da von den Würfeln keine

Sport zu leben war, wohl aber ein Bogen, so verfiel Windelmanns Phantasie auf die Idee zweier Amazonenkinder, die anfangen, sich mit dem Bogen zu üben und jetzt nach der Uebung ausruhen und spielen. Später freilich erinnerte er sich, daß sie den Knöchelspielerinnen des Cardinal Polignac (jetzt in Berlin) in Größe, Lage und Kleidung vollkommen ähnlich sahen; auch zwei Kinder fielen ihm ein, die vor drei Jahren Lord Hope erstanden hatte, wo das verspielende betrübt neben dem gewinnenden stand, das voller Fröhlichkeit dasaß; er hatte Amor und Ganymed darin vermuthet (Apollon. Argon. 3, 117). — Taneben kam ein großer Leuchter zum Vorschein, auf der dreieckigen Basis waren Zeus und der junge Hercules in Relief; diesen Marmorcandelaber laufte der Prälat Zelada, ein neu aufsteigendes Gestirn unter den römischen Sammlern. Die Mädchen, sowie die Gruppe Amor und Psyche (S. 26) erwarb der damals in Rom weilende General von Walmoden aus Hannover, der Sohn der bekannten Gräfin von Yarmouth. Er hatte schon viel Geld an alte Denkmäler gelegt, die ihm Abbacini und Cavaceppi ergänzten. Windelmann meint, er werde der erste sein, welcher dergleichen in seinem Lande sehen lasse. Unter den vielen geschnittenen Steinen, die er zusammengesucht, war auch der schöne Cameo mit dem Kopf des Caligula (S. 230). Walmoden rühmte Windelmanns „Gefälligkeit gegen lernbegierige Freunde der Künste des Alterthums".

Acht Monate währte der Besuch des Prinzen, während deren Windelmann täglich mit ihm ging und aß — eine lange Zeit, wo er denn doch endlich merkte, „daß es nicht angewandt sei". Und als der Prinz von seinem Abstecher nach Florenz zurückkam, wollte er nicht mehr mit ihm gehen und erschien höchstens noch zur Tafel — Dieser Prinz starb früh, als östreichischer Feldmarschall, unvermählt, seine Leiche wurde erst vor einigen Jahren aus Ungarn nach dem Erbbegräbniß zu Mirow gebracht (nach Mittheilungen von Hermann Kindt in Neustrelitz).*)

§ 156.

Der Fürst von Dessau.

Keine unter den Begegnungen der letzten Jahre hat Windelmann inniger beglückt, freudiger aufgeregt, als die am Schluß des Jahres 1765 mit dem Fürsten von Dessau. Er war der erste und einzige regierende Fürst,

---

*) In der großherzoglichen Bibliothek in Neustrelitz befindet sich noch das, dem Prinzen geschenkte Exemplar der „Description", mit der Beischrift aus Hesiods Werken und Tagen (361 f.)

Κἢν [Statt εἰ γὰρ καὶ καὶ] σμικρὸν ἐπὶ σμικρῷ καταθεῖκε [Statt καταθεῖο]
Καὶ θαμὰ τοῦτ' ἔρδοις, τάχα κεν μέγα καὶ τὸ γένοιτο].

§ 156. Der Fürst von Dessau.

dem er nahe treten sollte. Schon ein Halbjahr hatte er ihn mit Spannung erwartet: „ich kann demselben, da er aus einer unvergleichlichen Schule kommt, Geschmad und Lust zutrauen". — „Indem ich dieß schreibe (28. December), kommt der würdige regierende Fürst von Anhalt Dessau, welcher gestern hier angelangt ist, in mein Zimmer. . . . Es war des Abends ziemlich spät, er kam, von einer einzigen Person begleitet, zu Fuß zu mir um unerkannt zu sein, allein mit einem Stabe in der Hand, und wartete in des Cardinals Vorkammer, bis ich mich von diesem losgemacht hatte. Ich bin von Dessau sagte er, und habe Ihres Beistandes nöthig, lieber Windelmann. Hundertmal küßte ich ihm die Hände auf diese Worte, denn ich erkannte ihn aus dem Bilde seines Vaters".

Es war ein 25jähriger Mann von hoher kräftiger Gestalt, „scharfbezeichnenden Zügen, voll natürlicher durch eigenthümliche Güte gemilderter Lebhaftigkeit". Der Vater, dessen Gesicht sich Windelmann erinnerte, war ein Sohn des alten Dessauers, Leopold Maximilian, einer von fünf Brüdern, die sämmtlich preußische Generale waren. Er eroberte Glogau, focht bei Mollwitz, überrumpelte Breslau und wurde auf der Wahlstatt von Cyaslau Feldmarschall. Er war früher ein Genosse des Tabakscollegii gewesen, wo er als Nichtraucher, aus Wahrheitsliebe, keine Pfeife zum Schein in den Mund nehmen wollte, und wenn der König für den Tabak disputirte, so verfocht er die Prädestination gegen den alten Herrn.

Der Sohn Leopold Friedrich Franz (1740 † 1817) hatte einen Theil des siebenjährigen Krieges als Freiwilliger an der Seite des Onkel Moriz mitgemacht, aber nach der Schlacht bei Collin wegen Krankheit oder weil er an Friedrichs Glück verzweifelte, den Dienst verlassen, und nach der Volljährigkeitserklärung durch den Kaiser mit zwanzig Jahren die Regierung übernommen. Dieser Entschluß kam ihm und seinem Lande theuer zu stehen; das kleine Land wurde wie Feindesland behandelt und hatte bis auf eine Million Kriegssteuern zu zahlen. Der Fürst bezahlte sie selbst, wobei er seine ererbten Juwelen sammt dem Silberzeug verkaufte. Dann aber beschloß er ein Friedensfürst zu werden, und da die ihm vom Oheim Dietrich gegebene Erziehung — eben eine fürstliche Erziehung nach damaliger Schablone war, so unternahm er es, sich selbst zu seinem Beruf zu erziehen. Er gehörte zu den Fürsten, welche die Heilung der Wunden des Kriegs, die Hebung der Volksbildung und Milderung der rauhen Sitten durch Künste und Wissenschaften als ihre Mission betrachteten, und die sich zu dem vorhergegangenen Geschlecht nach dem Typus August des Starken etwa verhielten wie die Klavier und Antonine zu den Juliern. „Das Schöne mit dem Nützlichen" war sein Wahlspruch. Als Lehrer seines Lebens verehrte er Rousseau, Gellert und Lavater. Im Park zu Wörlitz befand sich eine

Pappelinsel, dem Genfer Bürger geweiht, „der den Jüngling zum gesunden Verstand, den Wollüstling zum wahren Genuß, die irrende Kunst zur Einfalt der Natur, den Zweifler zum Trost der Offenbarung mit männlicher Beredsamkeit zurückwies". Unter Gellerts Büste stand: „Heil dir, du hast mein Leben, die Seele mir gerettet du".

Zu diesem Plan fürstlicher Selbsterziehung gehörte auch die große Reise, welche er unter dem Namen eines Grafen von Zanderöleben machte. Begleiter waren sein jüngerer Bruder, Hans Jürgen, der Oberhofmeister von Behrenhorst, ein natürlicher Sohn des alten Dessauer, und der junge sächsische Baron Friedrich Wilhelm von Erdmannsdorf (1736 † 1800), sein „einziger Vertrauter, Rathgeber und Herzensfreund". Da die Reise der Absicht dienen sollte, „den Wohlstand des Landes durch bessere Cultur zu heben", so wandte man sich zuvörderst nach England, das vom volkswirthschaftlichen und gewerblichen Gesichtspunkt studirt wurde. Oester nannte er es sein zweites Vaterland. Er schöpfte dort die Vorliebe für schöne Gartenkunst und für Gothik, welche er später in mancher kleinen Kirche seines Landes anbrachte, während auf Erdmannsdorf die eben erschienenen vielbesprochenen Prachtwerke über Palmyra und Athen einen solchen Eindruck machten, daß er seine bisherige behagliche Indolenz abschüttelte und die alte Baukunst zur Aufgabe seines Lebens erkor, das sich fortan zwischen Bereisung der vorhandenen Reste und einer Uebersetzung des Vitruv theilen sollte. Von der letzteren brachte er nur drei Bücher fertig, sie ging an seinen Freund A. Rode über.

Die zweite Reise ging nach Italien. Erdmannsdorf kannte es schon seit 1761, wenigstens bis Florenz. Er hatte Winckelmann einen schönen Toute mit nach Rom nehmen sollen, den ihm L. Usteri in Venedig übergeben; er hatte sich aber, wie jener erfuhr, „in Florenz dermaßen in Schulden gesetzt, daß er ausweichen müssen;" der Kammerherr von Berther rettete das Buch unter den zurückgebliebenen Sachen. Damals war ihm, der gewohnt war, „sich gebieterisch von den Umständen leiten zu lassen und an diesem Gängelband so froh und ungezwungen einherzugehen, als wenn sein freier Wille ihn führte", „ein Jahr verflogen, schwelgend im Genuß der Wunder der Kunst, in der lieblichen italienischen Literatur und in den Vergnügungen der wollustreichen Hauptstadt Toskana's". Er gehörte zu denen welche für alles Schöne, Edle, Große in Natur und Kunst sich begeistern können; leicht sich hingebend und doch offen und freimüthig, ein treuer, fester, hülfreicher Mensch.

Der Herzog war der erste, welcher Rom ganz nach Winckelmanns Herzen sah, „ein Phönix der Prinzen", „das Muster der Prinzen und Menschen". Schon weil er die ewige Stadt acht Monate werth achtete. „Er reiset nach Art der alten Weisen .. Dem ärmsten Maler, welcher nach Rom kommt, kann derselbe ein Beispiel sein, jeden Augenblick zu nützen. Er ging in die geringsten mythologischen Kleinigkeiten hinein und erhob sich bis zum Erhabenen der Kunst... Er hat hier keinen Augenblick verloren zugebracht, so und nicht anders als wenn er den strengsten Aufseher über sich gehabt hätte". Er und Erdmannsdorf schienen von den Ergebnissen ihrer Studien einst ihr Brot verdienen zu wollen. Ein solches Beispiel riß die Begleitung mit fort, — Hans Jürgen, „ein Bild der ächten deutschen Redlichkeit und des alten Schlags, ehe wir Bastarde und Affen wurden", that dasselbe; als dieser später nach Paris ging, mußte er auf Winckelmanns Erinnerung feierlich versprechen, „nicht auszuarten". Selbst das Prinzchen „gewann durch ihn, sein Aufenthalt wurde ihm angenehmer und nützlicher.... Ich bin stolz über die Ehre, die er mir erwiesen, und über unsere Nation, die einen so seltenen, weisen Prinzen aufzuweisen hat".

„Winckelmann kam (nach einer Schilderung Erdmannsdorfs) täglich um neun Uhr früh, den Fürsten zu begleiten. Er war nicht zu ermüden, auch erfreute er sich einer viel besseren Gesundheit als in den ersten Jahren seines italienischen Aufenthalts. Manche Orte haben wir mit ihm durchstreift und stets sprach er von allem Beachtenswerthen mit derselben Lebhaftigkeit. Wir dehnten unsere Ausflüge gewöhnlich bis drei oder vier Uhr Nachmittags aus; dann blieb er bei uns, oder wir speisten alle bei'm Prinzen von Mecklenburg. Sehr oft war das Tafelgespräch die Repetition der Lection vom Morgen. Wenn ich das Tagebuch durchblättere, das ich damals eilig hinwarf, so begegnen mir tausend interessante Dinge aus seinem Munde. Der Fürst, dem er innig ergeben war, hatte ihn ganz zutraulich gemacht (mis tout à fait à son aise), sodaß er stets in der allerbesten Laune war, wobei er uns durch seine munteren schlagfertigen Erwiderungen ebenso erheiterte, wie er durch seine gelehrten Bemerkungen unterrichtete. Ganz glücklich, in unserer Gesellschaft sein zu dürfen, wollte er bei allen Partien in die Umgegend mit sein; in den albanischen Villen zu Castello, Nettuno, wo sein Cardinal die Artigkeit hatte, den Fürsten zu logiren und mit allem möglichen zu versehen, mußte er die Honneurs des Hauses machen, und er kannte kein größeres Vergnügen, als sich uns zu verbinden. Liebenswürdig war er durch Herzensgüte und einfache, natürliche Sinnesart. Voll Freimüthigkeit, sobald er keinen Grund zum Mißtrauen zu haben glaubte, war er mit Freunden ohne Zurückhaltung; er hätte sich aufgeopfert, ihnen zu dienen." Dabei war er sich selbst „Magd, Diener, Schreiber und Bote".

Diese Schilderung Erdmannsdorfs wird ergänzt durch die Heinrich Füßli's. „Er war von mittlerer Größe, ohne sich besonders durch eine wohlgestaltete Figur auszuzeichnen. Seine Gesichtsfarbe war bräunlich, die dunkeln Haare fingen 1756 an sich etwas zu lichten. Er hatte eine niedrige Stirn, eine etwas gebogene spitze Nase, und kleine, schwarze, tiefliegende Augen, die ihm auf den ersten Anblick etwas düsteres gaben; aber um seinen Mund, obgleich er etwas starke Lippen hatte, schwebte ein anmuthiger Zug. Wenn sein Gesicht durch ein anziehendes Gespräch oder durch frohe Laune belebt wurde, so war der Ausdruck desselben angenehm und harmonisch. Er hatte eine zwanglose aber edle Haltung, und eine rasche Bewegung. Er schnupfte Tabak und war dabei sehr reinlich in seiner Kleidung ohne sichtbare pedantische Aengstlichkeit. Das Teutsche sprach er in sächsischer Mundart, zog aber in Rom das Italienische vor, wenn er damit nicht Jemand in Verlegenheit setzte. Seine Stimme war laut, rein und deutlich; die Rede floß schnell von seinen Lippen, außer wenn er lehrte, erklärte oder beschrieb. Er gerieth leicht in Hestigkeit, und bei Gegenständen seiner Bewunderung in Pathos".

Windelmann, der sich "einen römisch gewordenen Preußen" nannte, hatte sich manches von dem Benehmen und der Ausdrucksweise der höheren römischen Classen angeeignet. "Schwerlich, schreibt er seinem alten Schulfreunde (15. Mai 1764) wird ein Mensch eine von der alten Gestalt so verschiedene angenommen haben, als in mir, ohne Künstelei, nach und nach durch Umgang mit großen Leuten und vornehmen Personen geschehen ist".

In Rom erschien er in dem schwarzen Abatenanzug, auf der Villa "in gefärbten Kleidern mit Gold besetzt und mit einer schwarzen Binde", doch ohne Degen. Er bestellt sich Canevas zu Sommercamisolen aus der Schweiz, weil der römische, der von Augsburg komme, zu grob sei und selten weiß genug werde. Im Sommer trug er Strohhüte, die er wohl mit schwarzer Seide überziehen ließ, und eine Brille di prima vista, hinter den Ohren befestigt, zur Dämpfung des Lichts; seit 1760 konnte er ohne Brille nicht mehr lesen. —

Obwohl er, wie man auch aus seinen Leistungen schließen mußte, weit stärker studirte als in Deutschland, z. B. im Winter 1759 um vier Uhr aufsteht, obwohl er sich auch jetzt "keiner behutsamen Diät unterwerfen" wollte, so hatte sich seine Gesundheit doch in Italien befestigt. Schon 1757 bemerkte er, daß er zugenommen habe. Die Nachtschweiße waren verschwunden. Er schlief "wie ein kleiner Junge, tapfer und ohne aufzuwachen". "Der Wein ist mein Fehler". Aber "Zuviel trinken", welches manchmal geschieht, ist mir eine Arznei". Er klagt, daß er zuweilen zuviel esse, manchmal aber wünscht er auch etwas besser zu essen; "indessen ist die Freiheit, welche ich genieße, der Zucker, welchen ich über alles streue, auch über ein paar Stauden Salat, welche ich mir zuweilen des Abends mache", denn er stehe ungemein gut mit seinem Appetit. "Ich würde, schrieb er 1757, das schöne Land noch mit mehrer sinnlicher Wollust genießen, wenn mich meine Begierde zu lernen ruhen ließe". Aber zuweilen widmet er "eine Stunde, und wenn es ihm

§ 186. Der Fürst von Dessau.

kommt, auch einen Tag der Lust und Freude". „Du mußt wissen, daß ich zuweilen artige Essen zu geben gelernt habe (15. Mai 1761). Für meine Erben habe ich nicht zu sorgen, und da wir eine unendliche Ewigkeit werden ernsthaft sein müssen, so will ich in diesem Leben nicht den Weisen anfangen zu machen, und vielleicht kommt es daher, daß ich nicht scheine zu veraltern, wie die Leute mir wollen glauben machen". Er ließ sich dann gern gehen, machte sich „über seine Zufälle selbst lustig"; denn: „in meinem Leben sind lustige Streiche vorgegangen"; so sehen wir ihn in Casanova's Gesellschaft erscheinen im Familienkreise des Ergoudoliers Momolo, des Scopatore santissimo, und bei Polenta, Schweinerippe und römischem Landwein kein Spielverderber sein. Aber (erinnert er gelegentlich einer vermeintlichen Satire) „demohngeachtet ist nichts Lächerliches in meinem Leben". Doch konnte er 1764 den Lagrima nicht mehr so trinken wie 1755, sein Kopf war „zu schwach", — „das Gewebe meines Gehirns ist nicht mehr wie es war; es ist noch närrisch genug, aber es ist auch etwas weiser geworden". Im Jahr 1766 glaubte er „aus untrüglichen Kennzeichen den Eintritt ins Alter zu empfinden", doch machte ihm dieß keine unruhigen Nächte . . . .

Windelmann, der gelegentlich ein Stück mit der Unterschrift „Ex Museo auctoris", z. B. für das Titelblatt der „Anmerkungen" stechen ließ, hatte in dem engen Raum, wo er „eingekerkert lebte", außer schönen Gypsen auch einige ganz hübsche Originalstücke beisammen, die fast sämmtlich Geschenke des Cardinals waren. Die Perle war der Pansskopf (S. 286 f.), der aber im August 1767 noch nicht aufgestellt war, weil er keine Handbreit Raum fand. Ferner der Kopf eines schönen jungen Helden mit zwei Löchern für Hörner, angeblich Hercules' Sohn Hyllus. Zwei Köpfe von grünlichem und schwarzem Basalt glaubte er als „das höchste Ziel der Kunst in so stahlhartem Stein" ansehen zu dürfen, von so außerordentlicher Glätte, daß sich keine Rinde angesetzt hatte, und in den Haaren von fast unnachahmlicher Kunst." Die in den Monumenten bekannt gemachten Reliefs des Philoctet (120), des indischen Bacchus (57) und des Ajax mit der Cassandra (141) gehörten ihm ebenfalls. Von kleinen Sachen begegnet uns eine etruskische Patera mit Epheuornamenten, eine große Silbermünze Antigonus I, deren Kopf er für Pan hielt, eine Glaspaste mit Hercules und Jole, ein Agathonyx, Theseus überfallen von Centauren, das Carneolfragment einer Victoria mit dem Namen des Solo, und eine Anzahl Terracotten, Mosaik- und Gemäldestücke; letztere schenkte er Mechel, aus dessen Nachlaß sie nach Berlin kamen. Im dortigen Antiquarium steht man eine anmuthige Gypstafel, in welche neun solche Fragmente eingelassen sind und welche die Aufschrift hat: Fragments de basreliefs, de stuc, de peinture, et de mosaïques antiques donnés par l'Illustre Winckelmann à son ami Chr: de Mechel à Rome en 1766.

Der Fürst schloß sich ihm ganz auf, theilte ihm alle seine Gedanken, die Wünsche, Pläne und Entwürfe zur Verschönerung seines Landes mit, und er, Freudenthränen vergießend und sich Glück wünschend, einem solchen Fürsten nahegekommen zu sein, gab sich ihm ganz und mit der unbefangensten Offenheit hin. „Wir wurden, erzählte der Fürst, so heiter und gehprächig, als wenn wir schon lange miteinander umgegangen wären". Sie blieben bis nach Mitternacht beisammen; sie wurden eins und schlossen einen Freundschaftsbund.

Der Fürst war verlobt mit der Markgräfin Louise Henriette Wilhelmine von Brandenburg-Schwedt, der Tochter seiner Tante Leopoldine Marie, und da diese bei Friedrich in Gunst stand, so hoffte man von nun an versöhnlichere Gesinnungen. „Die ihm verlobte Schönheit, schreibt Windelmann, welche ich aus ihrem Bilde kenne, kann sich versichert halten, einen Gemahl an ihm zu haben, sowie ich ihn als Freund und Menschen kenne. Ich habe vor Freude geweint, einen so edlen Zweig aus einem wilden Stamm, und einen Fürsten und patriotischen Teutschen zur Ehre unsres Volks zu kennen. . . . Ein Prinz der ein Kaiser sein sollte, sowie er ein Menschenfreund ist. . . . Er ist von Natur geschaffen, ein würdiger Bürger und Freund zu sein, und diesen Endzweck der Natur erfüllt er und erhöht ihn durch seine Geburt, durch seine Gestalt und durch seine einnehmende Herablassung. Er ist nicht im Stande lasterhaft zu sein. . . . Kein edler Herz kann, in einem sterblichen Leibe wohnen, die Gottheit selbst würde in seiner Gestalt und Seele eingekleidet nichts verlieren; ja man könnte sagen: von Gott selbst gezeugt, aus Gott geboren, gottähnlich, denn alle menschlichen Tugenden sind im höchsten Grade in dessen edler Seele vereinigt".

Mit Ankäufen ging es diesmal sparsam; er ließ sich malen; aber „als strenger Wirth glaubt er, sein eignes Vergnügen gereiche zu Nachtheil seines Landes". Die den Lustsitz zu Wörlitz zierenden Statuen und Gemälde, Erinnerungen an Rom und Pompei, Kaiserbüsten und Copien von Cavaceppi stammten von einer zweiten Römerfahrt (1770). Eine schöne Vase, eine Statuette des trunkenen Hercules, die Albani schenkte: das war alles. „Er sagte: „In England kann man ein ordentlicher Mensch werden, in Frankreich geht man unter, in Italien sind es Natur und Kunst, das Alterthum in seinen herrlichen Gebilden und die Ruinen einer untergegangenen Welt, was den Geist erhebt und nährt, wenn auch das Herz leidet".

Zu diesem Kreise gesellte sich ein Engländer, der für uns interessanter ist als die sämmtliche bestexate Gesellschaft, ein Schriftsteller, dessen Romane ihm mehr als irgend einem Anspruch auf den damals vielbegehrten Namen des „Originalgenies" gaben. Der eine war schon in die Welt ausgegangen und man pflegte ihn mit Fragen darüber zu quälen, er versicherte dem Fürsten,

§ 116. Der Fürst von Dessau.

daß er ihn selbst nicht verstünde. Zu dem anderen gab die Reise, auf der wir ihn hier treffen, die Inspiration: es ist Dorid. Als er den Tristram Shandy vollendet, war er durch Blutspeien dem Tode nahegekommen, die Aerzte schickten ihn nach Neapel. „Ich habe, schrieb er den 20. December 1763, mein Tintenfaß geleert und richte mein Antlitz — nicht nach Jerusalem, sondern nach den Alpen. Ich sehe wohl, ich muß noch einmal von dem Tod ausreißen, solange ich die Kraft habe; ich werde nach Neapel gehen und sehen, ob die rasige Luft meine arme baufällige Hütte wieder in Stand setzt". Der Herzog hatte Sterne schon in England kennen gelernt, er kam mit ihm nach Rom; aus Florenz schrieb er den 18. December: „In fünf Tagen werde ich den Vatican betreten und allen Heiligen im Pantheon vorgestellt werden". Neapel that ihm so wohl, daß er bald „neuen Lebensstoff in sich fand", und „hoffte, zehn Jahre seines Lebens zugelegt zu haben". Bei den Kirchenfesten brachte er die Gesellschaft durch seine humoristische Indiscretion oft in nicht geringe Verlegenheit.

Am Neujahrstag kam die englische Colonie in Bewegung durch einen Todesfall, bei dessen Kunde man sich wunderte, daß er erst jetzt eingetreten sei. Der König von England, Jacob III, geboren im großen Jahr 1684, war gestorben. Bei der Todtenfeier im Gesù las man über der Thür die Worte: Religionis ergo | ab avitis regnis exulare coactus | exul ipsa Religio | parental. Eine Congregation von Cardinälen beschloß, seinen Erstgeborenen, den Prinzen Carl Eduard, nicht anzuerkennen. Nur zwei Cardinäle, Orsini und Guglielmi, außer den Gesandten von Frankreich und Malta, besuchten ihn, als „Baron Douglas", nur Guglielmi nannte ihn „Maestà". Die Römer aber waren darüber empört, daß ein Pabst sei, der diesem Hause, dem tragischen Opfer der Religion, den letzten Stoß gebe; sie riefen der Carosse des Grafen Douglas nach: Evviva il Rè d'Inghilterra! Vostra Maestà stia sicura che Dio può più del diavolo. Als der Prätendent pro rege Carolo III Messe lesen ließ, verbannte der Pabst alle Directoren der Kirche. Die Jesuiten riethen hierzu, weil ihre englischen Missionen damals guten Fortgang hatten. —

Um jene Zeit war unser Freund, wie er selbst sagt, „der geplagteste Mensch in Rom.... Der Prinz von Mecklenburg will ohne mich nicht aus dem Hause gehen; ich muß zwei Stunden essen, da ich mit einer Viertelstunde fertig werden könnte.... Alle (Jener, Dessau und der Franzose) wünschen, daß ich um jeden den ganzen Tag wäre. Mein Herr und Freund will seinen Antheil an mich auch nicht fahren lassen und alle Fremden (denen man wenigstens einige Gefälligkeit erzeigen muß) kommen mit Briefen an mich, und auf soviel andere muß ich des Wohlstands wegen antworten. Ich behalte sehr wenig Zeit für meine eigne Arbeit übrig, welche gleichwohl alle meine Zeit erfordert". Er machte damals auch die Bekanntschaft des toskanischen Gesandten Baron von S. Odile, bei dem er zuweilen aß.

Und doch, als diese achtmonatliche Gewohnheit abgebrochen werden sollte, wäre er am liebsten mit „seinem Fürsten" fortgezogen. „Hätte mich nicht der leidige Teufel geritten, ein italienischer Antor zu werden, ich wäre gewiß mit demselben aus Rom gegangen". Und da ein Besuch in allernächster Zeit in Aussicht genommen wurde, so fürchtete er, „seine Knochen zwischen Berlin und Dessau zu lassen".

Der Fürst schrieb an ihn wie an einen Freund, — von seinem Glück als Bräutigam, als Gatte. So am 8. August, zwei Wochen nach der Hochzeit: „Ich schließe diesen Brief in Gegenwart meiner Prinzessin. Sie ist schöner als alle alten Köpfe, und in ihrem Character, welcher stets das vorzüglichste ist, übersteigt sie das höchste Ideal. Ich kann mich hierbei des Ausdrucks bedienen, den Sie über die Kunst beim Apollo angebracht haben: wenn man was zu gut beschreibt, fürchtet man gemeiniglich es dem zu zeigen, der es beurtheilen soll; ich freue mich aber um so mehr, Sie einstens hier zu sehen, damit Sie an dem Glück, welches ich mit meiner Prinzessin genieße, Antheil nehmen können". — Diese Ehe galt gleichwohl nicht für glücklich, weil, bei aller Verehrung und zuvorkommenden Erfüllung der Wünsche, „die Charactere nicht zusammenpaßten". Die Wahrheit ist, daß sie nicht seine erste Liebe war. Er hatte vorher ein Verhältniß gehabt mit einem schönen, liebreichen, sanften, anspruchslosen bürgerlichen Mädchen. Er wollte die Regierung seinem Bruder abtreten und nach England gehen. Friedrich (den er viel mehr gefürchtet zu haben gestand als Napoleon) war dazwischen getreten.

Sein Begleiter Erdmannsdorf hatte die römischen Monate benutzt, sich von Clérisseau in die antike Baukunst einführen zu lassen. Wörlitz wurde nach seinem Plane gebaut (1769), der Fürst wäre im Stande gewesen, ein gothisches Schloß aufzuführen. „Er trat, sagt A. Kube, mit allen Künsten in Bund, diesen sumpfigen, unansehnlichen Ort, welcher bis dahin nur ein düsteres Jagdschloß hatte, zu einem Aufenthalte umzuschaffen, der über Deutschland hinaus mit Bewunderung genannt wurde". Carl August und Goethe kamen oft hierher zu Hoffesten und Jagden. „Er ist eine der schönsten Seelen die ich kenne, schrieb der letztere, so rein und lauter, man wird besser bei ihm". An Goethe fand der Herzog auszusetzen, daß er Kunst und Natur über die Menschheit sehe, nur die sinnliche Seite am Menschen hervorhebe und um die sittlich-religiöse Bildung des Volks sich gar nicht bekümmere.

Als er den Tod Winckelmanns erfuhr, sagte er zu der Herzogin: „Louise, ich habe einen einzigen Freund verloren, und du einen Anbeter, der nicht zu erſehen iſt"; und Erdmannsdorf die Hand reichend: „wir wiſſen was wir an ihm hatten". Von Niemand ſprach er lieber, und wie ein dankbarer Schüler, „mit einer Art frommer Begeiſterung".

Der Fürſt Franz regierte 50 Jahre lang. Er war ſo glücklich, ſein Land im Ruf der Aufklärung, des Glücks und Wohlſtandes vielen andern voran zu ſetzen. Aber er überlebte alle ſeine Brüder und Kinder, und es war ihm beſchieden, am Abend ſeines Lebens eine viel furchtbarere Heimſuchung ſeines Ländchens durch die Kriegsgeißel zu erleben, als die, deren Anblick ihm einſt ſeinen Lebensplan eingegeben hatte. Wieviel mal iſt das anhaltiſche Bataillon aufgerieben worden! Noch einmal verkaufte er ſein Silbergeſchirr, ſchloß Theater und Capelle. Seine feſte Würde nöthigte dem Corſen Achtung ab, den er in Hofuniform und mit dem ſchwarzen Adlerorden empfing. — Noch im Sterbejahre, als er ſich alt und lebensſatt nach Luiſium zurückgezogen hatte, ließ er ſich aus Winckelmanns Schriften vorleſen und erzählte von ihm.

§ 157.
Der Erbprinz von Braunſchweig.

Kurz vor der Abreiſe des Friedensfürſten wurde ein weniges Jahre älterer deutſcher Prinz in Rom angekündigt, der aber bereits „auf der Schaubühne der Geſchichte eine glänzende Rolle geſpielt hatte". Es war Carl Wilhelm Ferdinand (1735 † 1806), der Schweſterſohn Friedrich II. Oft hatte man ihn im letzten Kriege im heißeſten Kugelregen geſehen; ermahnt, als der künftige Regent ſich zu ſchonen, hatte er geantwortet: Mein Vater hat noch mehr Söhne, die einſt regieren können. Bei Haſtenbeck hatte er mit dem Degen in der Hand eine Batterie wiedergenommen. Da gab ihm der Oheim das Zeugniß, er habe gezeigt, daß ihn die Natur zum Helden beſtimmt:

> O vous, jeune héros, dans un âge débile,
> Comment avez-vous pu dans ce siècle stérile,
> En tout abâtardi,
> Vous élever tout seul à côté des Turennes,
> Des Weimars, des Condés, et des grands capitaines
> Par un vol si hardi ....
> Ce héros, dont l'esprit unit dès sa jeunesse
> Le solide au brillant, l'ardeur à la sagesse,
> Est de mon propre sang.

Er hatte Friedrichs große blaue Augen, ſeine muſikaliſchen Neigungen, ſeine Sparſamkeit und ſeine Vorliebe für franzöſiſche Bildung.

Auf der großen Tour, die er nach dem Frieden unternahm, fesselte ihn in Italien besonders die Musik, in der er Virtuos war: in den Concerten zu Sanssouci spielte er die erste Geige. Auch ein vollkommener Schauspieler war er: auf dem Liebhabertheater des Prinzen Heinrich in Rheinsberg machte er die französischen Comödianten eifersüchtig. In Braunschweig war eine italienische Oper, die sich mit der Dresdener messen konnte. Er hatte seinen Musiklehrer Petsch auf der Reise bei sich und lud sich Nardini nach Braunschweig ein.

Die Reise ging über Paris und Turin. In Florenz hatte er „sich zufrieden bezeigt, daß Winckelmann ihn führe". Er reiste unter dem Namen eines Grafen von Blankenburg, aber mit dem Aufwand eines regierenden Fürsten: „der Glanz des Braunschweiger Hofs, sein Name, die Verwandtschaft mit Friedrich II bestimmte die ganze Form dieser Reise: der Prinz empfing Huldigungen auf derselben, die dem Empfang eines Königs glichen." Am meisten gefiel er sich in Paris, wo er vom Hof und der Crème des Adels fetirt wurde, der Held großer Jagdpartien und fêtes champêtres — er konnte sich der Sprache der Galanterie bedienen, wie ein petit marquis. Als einst bei einem socratischen Symposion in Helvetius' Salon Jemand seine Aehnlichkeit mit dem Prätendenten Stuart bemerkte, äußerte Marmontel: avec quelques traits de plus de cette ressemblance le prince Édouard auroit été roi d'Angleterre, über welches sein Compliment der Prinz erröthete.

Am 15. October 1766 traf er in Rom ein. Der Hof erwies ihm alle ersinnliche Aufmerksamkeit, die einem protestantischen Fürsten bezeigt werden konnte, besonders wegen seiner Beziehungen zu England. Im Vatican tractirte ihn der Majordomus, Monsignor Rezzonico, und überreichte ihm bei Besichtigung der Mosaikfabrik eine musikische Copie der Galathea Raphaels, eine Büste Scipio's, und zehn Bände Piranesi. Der Pabst bestimmte ihm zum Begleiter den Marchese Massimi, für den er sich aber mit vielen Artigkeiten bedankte, und Winckelmann vorzog. Die römische Chronik erzählte von „grandiosen Conversazionen und altri signorili trattenimenti", die ihm zu Ehren der hohe Adel veranstaltete. Der Cardinal Albani, als Plenipotenziario des Reichs gab ihm am 23. October in der Villa ein Diner, „das der Prinz bewunderte, aber noch mehr die Schätze der Villa". Seine schöne kraftvolle Gestalt, die seinen französischen Manieren, auf deren Correctheit er soviel Gewicht legte, die gründliche Kenntniß, die er zeigte, sein Interesse an den römischen Sachen, die Zechinen, so er mit vollen Händen ausstreute (generosità), eroberten ihm aller Herzen. Die Italiener glaubten in ihm eine eingewurzelte Abneigung gegen die Franzosen zu lesen; aber schon Mirabeau (der ihn „keinen gewöhnlichen Menschen" nennt) bemerkte seine

§ 157. Der Erbprinz von Braunschweig.

Finesse: er war ein Zögling des geistlichen Hofmanns Jerusalem, der sein ebenso leidenschaftliches wie zurückhaltendes Wesen einem Feuer verglich, das in einem feuerfesten Gewölbe eingeschlossen sei. —

„Kürzlich, schreibt Windelmann am 4. November, habe ich ein paar Wochen beständig um den braunschweigischen Achilles (auch Thseus nennt er ihn), den Erbprinzen sein müssen.... Es sind ihm hier alle Ehrenbezeigungen widerfahren, die dessen Ruf, Stand und persönliche Eigenschaften heischen". Er kam regelmäßig alle Morgen, erzählt Peckels, um mit ihm seine antiquarische Wanderung zu machen. Diese Spaziergänge dauerten bis zum Nachmittag, und auch dann noch blieb er bei dem Prinzen, speiste täglich mit ihm, und das Gespräch betraf fast immer die schöne Kunst. „Ich bin, fährt jener fort, ziemlich weit in der Bekanntschaft mit demselben gekommen, sodaß, da er sich merken lassen, Lust am Laufen zu haben, einer den anderen müde zu machen gesucht hat, und wir haben zuweilen vor Müdigkeit in einer Stunde nach einem langen Lauf nicht essen können". So eifrig war er, daß man ihn (wie der Cardinal an Kaunitz schreibt) kaum zu sehen bekam; „vom Tagesgrauen bis zur Mahlzeit, und von da weiter zum Abend, streift er mit sehr wenig Gefolge umher, weil wenige von seiner zahlreichen Dienerschaft gleichen Schritt mit ihm halten können. Er geht zu Fuß, sieht alles im einzelnen an und ist unermüdlich". Der Prinz war ein guter Beobachter, und empfand neue Eindrücke lebhaft, das gewöhnliche wie das auffallende regte eine Menge Gedanken in ihm auf.

Bisher war er mit solchem Aufwand gereist, daß die vom alten Herzog Carl ausgesetzte große Summe nicht ausreichte. In allen großen Städten wurden Lohnlakaien in Menge gemiethet und mit der braunschweigischen Livree bekleidet, dabei wurden sehr reichliche Douceurs gegeben, und das meiste in Zechinen bezahlt. So ging es in Rom natürlich nicht fort; sobald er sich als Prinz zeigte, sah er sich augenblicklich von gemeinen und vornehmen Bettlern umringt; Windelmann rieth ihm, einen Civilanzug anzulegen; und in diesem sieht er sich damals malen, „in weißlichem Rock, mit schwarzer Soubise, rother Weste und schwarzen Beinkleidern". —

Ungeachtet dieses Eifers blieb seines Führers Stimmung gegen den Braunschweiger stets kühl, vielleicht kühler als er verdiente. „Ich glaube, schreibt er Stosch in einem Briefe, den er „keiner menschlichen Seele" zu zeigen bittet, daß er mich leiden könne, und ich bin in dessen Bekanntschaft so weit gekommen, als es dessen zurückhaltendes Wesen und dessen zurückhaltender Sinn erlauben.... Wir haben Reisen zu Fuß von 7 bis 8 Stunden in einem Striche gemacht, wo nothwendig muß geredet werden, und wo ich mich nicht enthalten können, diesem Herrn vielmals zu wiederholen, daß ich meinen Zustand mit dem seinigen nicht verwechseln wolle. Unterdessen sind

mit und vier Personen von Tivoli (wo er unter Führung Monsignor Car-
rara's die Villa Hadrians drei Stunden lang mit dem Plan in der Hand
betrachtet hatte) „zurückgefahren, ohne daß Jemand nur eine Silbe gesprochen
hätte, und auf dem Heimwege war alles Ja und Nein. In Lustbarkeiten
die ihm zu Ehren angestellt wurden, und wo alle Weiber von Stande eingeladen wurden, hat keine einzige einen guten Abend von ihm gehört. Das
Herz ist gut, aber nicht empfindlich, und die Seele weiß nichts von Fröhlichkeit. Der Weg ihn aufzumuntern scheint der Widerspruch, welches mir
beim Essen mehrmals gelungen ist; aber ich muß fürchten, mit meinem
hitzigen Kopf zu weit zu gehen. So sind eure Helden! Gedankt sei unserem
Geschick, daß weder Sie noch ich nöthig haben, ihnen zu dienen". Er reiste
von Rom nach Neapel, aber keine Stadt gefiel ihm mehr als Venedig und
Mailand. Nach seiner Rückkehr, schreibt jener weiter, „und um ihm den
letzten und Gnadenstoß zu geben, und zu machen daß er in etlichen Tagen
kein Wort spricht, wird er gezwungen sein, in einer feierlichen Versammlung
sein Lob vorlesen und absingen zu hören".

Als er fortging, er war der letzte der Fürsten, war Winckelmann dieses
Verkehrs herzlich müde. Er will seinen Zürchern Briefe Bogen lang schreiben, aber „nicht etwa Nachrichten von Unterredungen mit Prinzen, die nicht
die Beschäftigung freier Menschen sein sollen"; „zehn Fürstenkinder, ruft er
Mechel zu, wägen in ihr Nichts zurückgehen für einen einzigen würdigen
freien Basler Bürger, Künstler und Freund"!

Carl Wilhelm Ferdinand war nicht der Mann, Vertraulichkeit, Freundschaft einzuflößen. Er verachtete die Menschen, wie sein Ohm, und sah im
Glauben an ihre Redlichkeit mehr Gutmüthigkeit als Weltkenntniß; die Liebe
eines Volks gegen einen Fürsten nannte er eine leere Grille; Fürsten können
keine Freunde haben; die ihm nahegetreten waren (wie Behtzenhorst) hielten
ihn keiner Liebe fähig. Aber er verbarg seine eisige Kälte unter den aus-
gesuchtesten geselligen Formen, die an Affectation streiften: wer ihn nicht
kannte, konnte seine tiefen Verbeugungen und Complimente für Spott halten.
Goethe fand, daß er mit Präcision, ja Eleganz spreche, aber man merke
seine Absicht, so zu sprechen, und das rechte Wort fehle ihm oft. Dabei
theile er sich wenig mit: Il a les meilleurs façons du monde, mais aussi
ce ne sont que façons. Während er sich sonst von den nobleren Passionen
(Sport, Spiel, Saufen) in rühmlicher Weise frei hielt, opferte er destomehr
der Liebe. Nachdem er vor der Reise seine Frau nach London geführt, um
dort ihre Entbindung abzuwarten, brachte er nach der Geburt des Erbprinzen aus Rom die schöne Gräfin Branconi mit, die auch sein Vater noch
bewunderte, Goethe „gar lieblich" fand, und deren Gunst Lavater in hohem
und höchstem Grade genoß. Aber mit dieser und den folgenden Mätressen

§ 157. Der Erbprinz von Braunschweig.

verkehrte er auf dem Fuß der strengsten conventionellen Decenz. In seinem Naturell lag eine Mischung von Tapferkeit und Galanterie, wie beim Marschall von Sachsen oder bei Heinrich IV (Mirabeau nennt ihn einen wahren Alcibiades), aber ohne das Genialische in beiden, denn er war ein Pedant der Galanterie wie des Dienstes. Für alle die nicht von Hinduah in diese Förmlichkeiten hineingewachsen waren, war der abgemessene Gang des Lebens an seinem Hof von tödtlichster Langweile. Goethe schildert, immer auf französisch, was er und sein Herzog ausstehen mußten unter den langen Sitzungen in der Oper, an Tafel, auf Bällen, wo man über Nichts Nichts sagte, und der Geist allmählich verdumme.

Die Schule Roms und Winckelmanns ist dem Lande Braunschweig wenig zu gute gekommen. Da er sich es zur ersten Aufgabe gemacht hatte, die von seinem Vater dem Lande vermachte Schuldenlast von zwölf Millionen abzutragen (er übte sein Regentenamt nach strengen Pflichtbegriffen), so mußte er die äußerste Einschränkung üben. Er lernte, sich beharrlich in Braunschweig zu langweilen, und brachte seine Finanzen wirklich in Ordnung. Aber die prächtige Gallerie von Salzdahlen, eine Schöpfung Anton Ulrichs (1691) verfiel, die Bilder verschenkte er, „die Lustschlösser werden durch spärliches Ausflicken gleichsam nur hingehalten".

Winckelmann hat der Prinz stets ein gutes Andenken bewahrt. Er nahm ihm seine Offenheit wohl auf; denn Winckelmann pflegte bei solchen Gelegenheiten „den Fürstenkindern Wahrheiten zu sagen"; er hatte „diesem würdigen Prinzen oft wiederholt, daß nicht ich, sondern er unglücklich sein könne, — unglücklich, weil große Herren das höchste menschliche Gut, die Freundschaft, nicht schmecken können". Der Prinz schrieb ihm eigenhändig aus Venedig und verlangte die Fortsetzung des Briefwechsels. Er ließ sein Porträt in der Gallerie zu Salzdahlen aufstellen, und sein Tod machte einen tiefen Eindruck auf ihn. Noch im höchsten Alter erinnerte er sich dieser Reise bis auf Kleinigkeiten; er ließ sich gern Neues von Italien erzählen und gab Reisenden Anweisung, was sie in Italien und wie sie es zu sehn hätten. —

Wie er einst als Jüngling an der höchsten Glorie Preußens thätig theilgenommen, so war ihm beschieden, von dessen großem Fall persönlich am schrecklichsten betroffen zu werden, sein langes Leben ward durch einen Schluß der erschütterndsten Tragik gekrönt, als der unglückliche Feldherr nach der Schlacht bei Jena „mit den Scherben des Haupts" flüchtig herumirrte, und nicht einmal in seinem Lande ruhig sterben durfte.

§ 158.
Besuch der Frau Mengs.

Unter den vielen Gestalten, die wie die halberhabenen Figuren am Postament einer Statue, sich um die Hauptpersonen unserer Erzählung sammeln, befinden sich, zum Leidwesen des Chronisten, fast gar keine Frauen.... Wir merken, daß wir uns in der Nähe des Vatican befinden, in dem nur selten Personen dieses Geschlechts theils von ungewöhnlichen Reizen, theils von außerordentlichem Verstand sich behauptet haben. Das 18. Jahrhundert hat seine Rosa Panoya und seine Olympia Pamphili.... Einmal aber geschah es doch, daß in die Nähe unseres Abate, fast bis in den Rayon seines Herzens eine Frau sich vordrängte. Die Geschichte ist nicht besonders erbaulich, sie könnte ohne Schaden ungeschehen geblieben sein; doch da sie einmal da ist, so muß sie erzählt, nicht aber gelesen werden, namentlich nicht von schönen Leserinnen, und noch weniger was sich daranhängt.

In jenem ersten Jahre, als Windelmann das Mengsische Haus wie sein eigenes ansah, hatte die schöne, damals 25jährige Frau auch ihren Antheil an dieser Anziehungskraft der Casa des Pincio. Manche die in Rom gelebt haben, gedenken gern der theilnehmenden, wohlthuenden Sorge, welche Frauen des römischen Mittelstandes selbst für vorübergehende Gäste übrig haben. In der Beschränkung der Frau auf die Wirkungssphäre des Hauses, in der unbedingten Hingabe an Gatte und Kinder, merkt man dort noch Reste Jahrtausende alter italischer Tradition. Auch Mengs' Frau gehörte zu denen, die nach des Apostels Wort selig werden durch Kindergebären. Diese Heirath war eine rechte Künstlerheirath. Es war bei jenem zweiten Besuch in Rom, im Jahre 1748, er suchte ein Gesichtsmodell für eine Madonna, als ihm eines Tags ein wunderschönes armes Mädchen begegnete, bei dessen Anblick er rief: Ecco la Madonna cho tavio cereo. Es war Margarita Guazzi, eine Gestalt ähnlich jenen, die Raphael bei seinen Madonnen und in den Nebengruppen des Heliodor und des Constantinzimmers als Muster dienten. Noch hatte sie nicht Modell gesessen; sie kam in Begleitung der Mutter; zwischen dem 18jährigen Mädchen und dem 20jährigen deutschen Maler wurde nicht früher von Liebe als von Hochzeit geflüstert. — Zwei Heroen der Malerei waren seine Namenspatrone gewesen, die Kinderstube eine Zeichenschule, der Eintritt in die Gemäldegallerie sein Eintritt in die Welt; Freiheit, Ehre, Theilnahme am Leben hatte er sich ermalt: so war auch das erste Frauenzimmer, das er kennen lernte, ein Modell, und dieß erste Modell ward seine erste und letzte Liebe, seine Frau (1749).

Bei der Abreise nach Florenz hatte Windelmann versprochen, ihr ein-

§ 155. Besuch der Frau Mengs. 333

mal zu schreiben. Ein Entwurf des ersten Briefs, des ersten wie er sagt, den er überhaupt an das schöne Geschlecht schreibt, in fehlerhaftem Italienisch, ist der einzige Rest dieser Correspondenz. Auch der Gegenstand des Briefs sind die toskanischen Schönen; die hübschen Mädchen von Siena und die Anmuth ihres sanften Dialects gefiel ihm weit besser als das gerühmte bel sangue der Florentinerinnen, ihre gorgia und ihr libertinaggio.

Frau Mengs war im Herbst 1761 mit Mann und Kindern nach Spanien gereist. Ende 1763 kam sie plötzlich, unangekündigt zurück. Veranlassung der Reise war die Herstellung ihrer in Madrid gefährdeten Gesundheit in der heimathlichen Luft. Er empfand als Zeichen der Freundschaft, daß der Gatte sie unter seine besondere Obhut gestellt, in vorkommenden Fällen seinem Beistand empfohlen hatte. In Dingen von Discretion diente er ihr, statt des gewöhnlichen Schreibers, als Geheimsecretär, denn bei all ihrem gusto delicato e raffinato konnte sie nicht schreiben. Die schöne (jetzt Petersburger) Camee mit Perseus und Andromeda, ein Präsent ihres Gatten, scheint ihn anfangs beinahe soviel zu beschäftigen, wie die Besitzerin: „der schönste Stein auf der Welt ... von so hoher Schönheit, daß ihm das schärfste Glas nichts nimmt, sondern die Figuren werden zu schönen Statuen ... er kostet aber tausend Zechinen, die der Maler bezahlet, weil er dem Könige von Spanien zu theuer war". Am 15. Mai steht er im Begriff, „mit einer schönen Frau, der Ehegenossin meines Mengs ... auf einige Zeit auf das Land zu gehen". Doch am 24. ist er schon wieder zurück, und einen Monat später (23. Juni) ist sie „völlig hergestellt". Aber einige Wochen darauf (13. Juli) „hat die Mengs von neuem einen Anstoß von Melancholie, welches mir meine beste Zeit verlieren macht; doch hoffe ich dieselbe in der letzten Hälfte des folgenden Monats zurück nach Spanien zu schicken". Sie reiste Mitte September wirklich mit ihren vier Töchtern ab und kam glücklich in Madrid an, „nachdem sie (sagt er spöttisch hinzu) ihm hier und auf der Reise Ehre gemacht, auch darin, daß sie ihn in der Verschwendung zu übertreffen sucht".

Wie wenig gleichgültig ihm aber ihr Kommen und Gehen war, geht daraus hervor, daß ihn nur der verheißene Besuch ihres Gatten „über die Abreise seiner Mengs getröstet habe". Die Folge des Besuchs war ein lebhafter Briefwechsel mit der Frau und eine engere Anziehung des Freundschaftsbandes mit dem Gatten: „die schöne Römerin" war „der gemeinschaftliche Knoten ihres Bandes". „Es begegnet sich (26. Juli 1763) von dieser Zeit an alle Postlage ein Brief mit dem ihrigen an mich, in welchem ihr geliebter Mann den Schluß schreibt.... Mit meinem Mengs ist die alte Freundschaft, durch dessen Frau nicht allein wiederhergestellt, sondern scheint den höchsten Grad der Vertraulichkeit erreicht zu haben, sodaß er wünscht, das Liebste was er hat mit mir theilen zu können. ... Die Zahl meiner Freunde ist nunmehr auf drei Personen eingeschränkt, auf Sie (Riedesel), auf Stosch und auf Mengs und dessen Frau, die ich beide als eins betrachte".

„Ueber jene Theilung des Liebsten" verräth er uns später folgende seltsame Dinge. „Ich wurde damals zu allererst in das weibliche Geschlecht verliebt; und wie hätte ich einer so hohen Schönheit wie meine Freundin ist, und die mir allein auf meine Seele befohlen war, widerstehen können? ... So schön sie ist, habe ich dieselbe vorher sehr gleichgültig angesehen, bis ihr Umgang, welcher durch den Freund selbst auf mich allein eingeschränkt war, Vertraulichkeit erweckte, die, den letzten Genuß ausgenommen, nicht größer sein kann; sodaß wir außer Rom mehr als einmal auf eben dem Bette Mittagsruhe hielten." Dann erfährt man, daß Mengs auf die Nachricht von ihrer Unpäßlichkeit Vermuthungen über deren Ursache gehabt hatte und ihr „das höchste Zeugniß seiner Liebe" geben wollte, indem er dem Freunde „alle seine Rechte auf dieselbe abtrat, mit dem Verlangen, die Keuschheit dem Leben nachzusetzen". Ein Glück für alle drei war die „Tugend" des Freundes und die Genesung der Frau: von der Vollmacht, die, wie Winckelmann selbst besorgt war, „ihn nothwendig zuweilen getreu haben müsse", wurde also nie Gebrauch gemacht. Das wunderliche an der Sache aber ist, daß der Gatte nach der Rückkehr Margarethens, und nachdem er die zärtlichen Briefe jenes an sie („wie an eine Liebste") gelesen, auf eine Erneuerung des seltsamen Vertrags für die Zukunft bestand. „Es hat die Freundin voraus gewisse Artikel, die eine hohe und vielleicht nicht bekannte und niemals geübte Freundschaft betreffen, unterschreiben müssen, und ich habe mich verpflichtet, nicht aus Rom zu gehen, was mir auch für Erbietungen gemacht werden. ... Numehro will er, daß die Frau an mich wie an ihren Liebsten schreibe, und er selbst wünschte, daß er die geheimsten Wollüste mit mir theilen könne, worin die Frau selbst ihm ein heiliges Versprechen thun müssen; und dieß soll geschehen, wenn er zurück nach Rom gehen wird, welches man binnen zwei Jahren hofft". Aber kurz darauf wurde in Folge der Entdeckung des Gemäldebetrugs aller Briefwechsel aufgehoben; „dieser Argwohn auf Mengs ist die Ursache eines ewigen Bruchs".

Die Ausdrücke, in denen er von diesem Zustand spricht, fallen durch ihre Kälte, ja Fadheit auffallend ab gegen den Ton, in welchem er von männlichen Freunden zu reden pflegt. Das Herz hatte daran gewiß wenig Antheil. Es war eine Erregung der Einbildungskraft, aufgedrängt durch die Einsamkeit und Muße einer sommerlichen Villaggiatur. Es ist deshalb nicht wahrscheinlich, daß die Sehnsucht nach dieser Frau es war die ihn von der bald zu erzählenden Reise über die Alpen zurücktrieb. — Als jener Zustand abgelaufen war, hatte er ganz vergessen, daß er geliebt habe. „Da viele Leidenschaften ihre Stärke selbst im Stillschweigen ausdrücken, und es also auch vermuthlich in der Liebe, die ich nicht kenne, geschehen kann, so schließe ich als ein Unerfahrner aus der Kürze auf die Stärke derselben in euch" (0. Juli 1787). Sonst wäre diese Geschichte auch gar zu niederschlagend. Bei seinem ersten und letzten Erlebniß in Frauenliebe hätte als Peitho nicht Aphrodite, oder Minerva, oder selbst Mercur fungirt, sondern — Aesculap. —

Es ist in dieser Geschichte etwas abstoßendes, das es aber auf dortigem Boden vielleicht weniger war. Der Italiener unterscheidet sich noch heute, wie in früheren Zeiten, vor dem celtischen Romanen durch Sinn für Ehe und Familie; aber seine Behandlung dieses Verhältnisses berührt uns noch fremder, als das gallische Wesen: jene geistige Verklärung der Liebe, die das Mittelalter gebracht, ist an ihm, wie die ganze Romantik, rasch und ohne tiefe Spuren vorübergegangen. Ueber das sinnliche Bedürfniß und über den durch verschiedene äußere Rücksichten bestimmten Vertrag ging man dort selten hinaus. Auch darin verläugnete der Italiener seine Ahnherren nicht, daß er sich unbedenklicher als andere jener Art von Sprache bediente, deren Gewohnheit neben anderem einen misanthropischen Philosophen darauf brachte, „Schamlosigkeit" als Grundzug des italienischen Characters zu bezeichnen. So liest man noch in Windelmanns Briefen von Scheidungsprocessen in den höchsten gesellschaftlichen Classen, die diesseits der Alpen schon seit mehreren Generationen die öffentliche Delicatesse in Abgang gebracht hatte. Diese Processe gehören mit zu dem noch immer tief mittelalterlichen Gepräge Roms. Im Jahre 1740 processirte die einzige Tochter des reichen Doria in Genua, verheirathete Turfi, nach zwölfjähriger Ehe gegen ihren Gatten, gewann in einer Congregation von 21 Cardinälen mit 11 gegen 7 Stimmen den Proceß, und es ward rekribirt: Consulendum Sanctissimo pro dispensatione matrimonii rati et non consummati. Der Sacristan der Kirche des Angelo Custode, wo sie die Messe zu hören pflegte, ließ die Festglocken läuten; die Tamboure zogen vor ihre Wohnung im Palast de Angelis, nach dem Haus ihrer Eltern u. s. w. Als sie darauf ihre geistlichen Exercitien machte, fand sich das Kloster S. Egidio belagert von Werbern, die unternehmen wollten, im Hinblick auf ihre Mitgift, die grundhäßliche Jungfrau-Wittwe zu trösten. So erzählt der Abate Palesio in seinem römischen Tagebuch.

Auch eine der früheren Geliebten des Cardinal Albani, die berühmte Antiquarießa, Anna Grimaldi, geborene Gozzadini, aus Bologna, war zur Zeit des Besuchs des Churprinzen Sollicitantin eines solchen Processes. Ein necrisches Unstern wollte, daß jetzt, ein Vierteljahrhundert später, der erhabene Greis und erste Cardinaldiacon mit dem lächerlichsten aller Ehescheidungsproceffe in Verbindung kam, der felbft in Rom je erlebt worden ift. Die schöne Vittoria, die erfte Tochter einer alten Geliebten, der Gräfin Cherra Cheroffini, die auch im Mengfifchen Parnaß einen Ehrenplatz bekommen hatte, drohte feit 1763 nicht mehr fo schön zu bleiben. „Auch Vittoriuccia, meldet Windelmann Riedefel im April 1763, fängt an zu fallen . . . ihre Züge werden grob; die Backenknochen, welche bei ihr von Natur ftark find, werden fichtbarer, und es wird mit der Zeit nichts bleiben, als die Augen und der Mund". Da fand fich noch zur rechten Zeit eine fehr vortheilhafte Partie, eine Mesalliance freilich, Joseph Peyri, Appaltatore generale della Camera pontificale. Er war „der artigfte, redlichfte Menfch", zwar ohne Geburt, aber er hatte fich in Gefchäften ein Vermögen von einer Million hunderttaufend Scudi gemacht, und durch Anleihen bei verfchiedenen Gelegenheiten die päpftliche Regierung verpflichtet. Später hören wir, daß der römifche Adel den Parvenu nicht in feine Cirkel laffen wollte, und der Pabft fich ins Mittel legen mußte, indem er die Gräfin fich zum Fußkuß vorftellen ließ und ihr einen Carneolrofenkranz mit Goldmünzen verehrte, was nur Standesperfonen zu Theil wird. Die Hochzeit wurde im Carneval 1764 gefeiert. Sechs Monate darauf reifte Peyri plötzlich nach Benedig, Vittoria ging zu ihrer Mutter, und ein Proceß begann. Diesmal ging aber die Forderung der Scheidung vom Manne aus: die Frau gab die Klage zurück; doch man war überzeugt, daß fie beidemale grundlos war, man argwöhnte, daß die Varona heimlich einen anderen liebte, nur feltfamer Weife einen Sänger, bei welchem der dort arglistig herbeigeführte Schein offenkundige Thatfache, und fogar canonifches Ehehinderniß war. Diesmal wurde entfchieden, daß beide ein Ehepaar bleiben follten. — —

Windelmann galt bei vielen für einen Weiberfeind. Daß er im 48. Jahre zum erftenmale in das weibliche Gefchlecht verliebt gewefen, ift gewiß ein merkwürdiges Factum, angethan, auf Wefen und Leben eines Menfchen, der es von fich fagt, ein eigenthümliches Licht zu werfen. „Ich bin, rechtfertigt er fich felbft gegen jenen Vorwurf den 15. Januar 1766, niemals ein Feind des anderen Gefchlechts gewefen, wie ich ausgefchrieben werde; aber meine Lebensart hat mich von allem Umgang mit demfelben entfernt. Ich hätte mich verehlichen können, und vielleicht wäre es gefchehen, wenn ich mein Vaterland hätte wiederfehen können, wozu nunmehro alle Hoffnung verfchwunden ift. Aber verehlicht würde ich niemals fo weit gekommen fein. Doch jetzt fällt mir es kaum ein, und diefe Enthaltfamkeit macht, daß ich der vielen Arbeit und dem emfigen Fleiße gewachfen fein kann".

Das lebhafte Freundfchaftsgefühl, das ihn oft fo unendlich beglückte, wie nur Liebe vermag, war gewiß Urfache, daß ihm feine Einfamkeit in der Welt felten zum Bewußtfein kam. Die rührende Stelle in einem Brief an

§ 168. Besuch der Frau Rengl.

Stosch steht ziemlich allein: „in Ihnen habe ich zugleich den liebreichen Vater, den getreuen Bruder, und was sonst bis ans Herz geht (Ilias 6, 429 f.), da ich keine Anverwandten auf der Welt übrig habe, welches vielleicht ein einziges Exempel ist" (2. April 1767). Obwohl ihm die Freundschaft kein dauerndes, ruhiges Glück verschaffte, denn die Freunde hatte er nur vorübergehend bei sich, und sein reizbarer Sinn machte dieß Gefühl oft mehr zur Leidens- als Freudenquelle. „Diejenigen, klagt er, die zur Freundschaft geboren sind und in derselben die höchste menschliche Glückseligkeit finden können, wie sie es ist, setzen sich Phantasien in Weg". Er bekennt, daß das Stillschweigen seiner wenigen Freunde ihn gleich grundlos besorgen mache, — „daß ein böses Herz ihnen ich weiß nicht was wider mich eingegeben, im Stande gewesen; denn Furcht ist die Gefährtin der Liebe". Und wenn er die „geringsten Gefälligkeiten" aufs Lebhafteste empfand (15. August 1766), so konnte ihm doch auch bei der unbedeutendsten Vernachlässigung der Vorsatz entstehen, „in der Ueberzeugung daß Freundschaft ein Wort ohne Begriff sei, zu vergessen und vergessen zu werden".

Gewiß hatte jene Gleichgültigkeit gegen die Weiber nicht bloß ihren Grund in seiner Lebensgang, sie hing zusammen mit einer entschiedenen, ästhetischen wie sinnlichen Bevorzugung männlicher Schönheit vor der weiblichen. Seine Beschreibungen antiker Kunstwerke beziehen sich sämmtlich auf männliche Gestalten. Nur männliche Schönheit vermag ihm den Enthusiasmus des Schönen einzuflößen. In der Kunstgeschichte war er an diesem Problem vorbeigegangen; in einem Brief deutet er an, auf wie breiter Begründung sein Urtheil ruhe. „Der Beweis kann von den Thieren anheben, unter welchen ohne Widerspruch das männliche schöner als das weibliche ist; und in Absicht auf uns hat uns die Erfahrung gelehrt, daß in jeder Stadt mehr schöne junge Leute als schöne Weiber sind, und ich habe niemals so hohe Schönheiten in dem schwachen Geschlecht, als in dem andern gesehen. Was hat denn das Weib schönes, was wir nicht auch haben? Denn eine schöne Brust ist von kurzer Dauer, und die Natur hat diesen Theil nicht zur Schönheit, sondern zur Erziehung der Kinder gemacht, und in dieser Absicht kann es nicht schön bleiben. Die Schönheit ist sogar Männern noch im Alter eigen, und man kann von vielen alten Männern sagen, daß sie schön sind; aber Niemand hat eben dieses von einer alten Frau gesagt. . . . Hätte ich anders gedacht, wäre meine Abhandlung von der Schönheit auch ausgefallen, wie sie gerathen ist".

Am ehelichen Glück seiner Freunde nahm er den lebhaftesten Antheil. Als ihm Berg von seinen Flitterwochen schreibt, versichert er, „ich würde im Stande, einig Tagreisen zu machen, um Zeuge von allem zu sein"; und ebenso, als ihm alter Berendis „glücklicher ist, als er es verdient".

Man darf jedoch nicht glauben, daß Winckelmann ein Asket gewesen sei. Schon seine vertrauten Beziehungen zu Stosch junior, Montagu, Casanova, Hancarville, Wilkes u. a. würden schließen lassen, daß er in diesem Punkte, wie man zu sagen pflegte, kein Pedant war. In den zwei letzten Dritteln seiner römischen Zeit eignet er sich ganz die romanische Leichtigkeit in Behandlung solcher Verhältnisse an. Er bekennt (3. October 1761), „zuweilen verliebt zu sein"; ja er unterhält den Cardinal von seinen „Amours". Es war alte Sitte, bei berühmten schönen Hetären Conversation zu machen. „Ich habe, schreibt er Schlabrendorf den 5. Juni 1766, der schönen Biscioletta (Meine wilde Kirsche), die ich öfters, aber in allen Zuchten besuche, gesagt, daß einer meiner Freunde, da er aus Rom gegangen, nichts mehr bedauert, als eine so hohe Schönheit nicht mit Bequemlichkeit sehen zu können, oder vielleicht gar nicht gesehen zu haben". Sie begegnet uns auch in Casanova's Memoiren, der sie einem Cardinal abspenstig machte.

Man hat allerdings auch behauptet, die Ursachen jener Gleichgültigkeit gegen das andere Geschlecht hätten bei ihm tief in die Sinnlichkeit und ihre Irrthümer hinabgereicht, und er habe auch hierin an der griechischen, auch in neuerer Zeit gewissen Städten und gewissen Ständen zugeschriebenen Sitte oder Unsitte theilgenommen. Man beruft sich auf jene wunderlichen Offenherzigkeiten, wie daß er „sogar Jemand gefunden habe, mit dem er von Liebe rede, einen jungen schönen blonden Römer von sechszehn Jahren, einen halben Kopf größer als ich; aber ich kann ihn nur einmal die Woche sprechen: den Sonntag Abend speist er bei mir" (29. Januar 1755). Er hatte ein griechisches Profil. Oder wenn er im Jahre 1760 sucht, durch Stosch und die Duchessa Salviati seinen Peräquierjungen, „einen hübschen, sehr wohlgestalteten Menschen" in eine gute Kammerdienerstelle bei Mgr. Salviati, dem Bruder jener Dame, zu bringen, denn „ich würde denselben dadurch los und käme einen Schritt näher zur Weisheit, die ich als ein vierzigjähriger Mann muß anfangen zu suchen.... Ich weiß vor jetzt und zu meiner Ruhe keinen andern Weg.... Besser Herz und Gemüthe kann der Monsignore schwerlich finden. Seine Sitten sind so rein, wie seine Hand ist und sein wird". Er schäme sich fast, Stosch dergleichen antragen zu müssen; doch interessirten sich in Rom Cardinäle und Damen in dergleichen Händel. Aber 1763 richtet er wieder „die Augen auf einen wohlgebildeten Knaben, welchen er gedenkt zu sich zu nehmen und zu erziehen, um sich in demselben eine Gesellschaft zu bilden" (12. October). Und im August 1766 will er in Castello „allein in einer schönen Gesellschaft eines Individui wohnen, — weil ich von Schönheit schreiben will, nach einer lebendigen Schönheit. Niemand kanzelt mich darüber ab, und Niemand fragt: was macht Ihr? sondern ich thue, was mir einfällt, und ich suche soviel als möglich ist, meine

§ 156. Besuch der Frau Menge.

verlorene Jugend zurückzurufen". Die uns unverständliche Parteilichkeit für die weiblichen Körperformen der Castraten (S. 173) gehört mit zu diesem welsch-römischen Dunstkreis. „Heute speist ein wunderschöner junger Castrate bei mir, welcher mit mir deine (Berendis) Gesundheit trinken soll" (28. September 1761). Der Enthusiasmus für solche Sänger, die in Rom auch die Damenrollen spielten, z. B. „der schöne Venanzio" im Theater della Balle im Carneval 1764 (11. Januar), ist bekannt, und dieser Birtuosencultus war nicht bloß ein Cultus der Stimme. Es werden uns Scenen aus den Boudoirs solcher Birtuosen geschildert, in welchen selbst hohe Geistliche nicht fehlen, die an die antiken Gemälde der Hermaphroditentoiletten erinnern.

Doch zuviel hiervon! Es giebt Dinge die aufs tiefste in Schicksale, Character und Denkweise der Menschen eingreifen, und sich doch der geschichtlichen Ergründung entziehen. Sie aus Delicatesse ganz übergehen kann man nicht, weil ihre Wirkungen zu sehr in die lichten Regionen des geistigen und bewußten Lebens hinaufsteigen.

Fünftes Capitel.

Die Monumenti.

§ 159.
Die Anfänge der Monumenti.

Während der Fürstenbesuche hatte der vielbegehrte apostolische Antiquar jeden freien Tag, jede einsame Stunde an die letzten, zeitraubenden Mühen für ein großes Werk verwandt, das ihn nun schon seit fünf Jahren nach mehreren Richtungen hin auf's Lebhafteste in Anspruch nahm. Die Keime dieses Werks fallen in die Zeit nach jener Arbeit, die ihn in die archäologische Hermeneutik hineingeworfen hatte, dem Stoschischen Catalog. Während der bewegten Jahre, in welche die zwei Reisen nach Neapel, die neue Bearbeitung der Kunstgeschichte, der bunte künstlerisch-antiquarische Verkehr um die Villa Albani fielen, war dies Werk das Ziel seiner Wünsche gewesen, für dessen gelehrte Ausstattung er von neuem eine Unzahl von Büchern durchgelesen, für dessen künstlerische Ausstattung er „keine Kosten gespart und kümmerlich gelebt hatte". Retardirende Ursachen verschiedener Art, besonders seit dem Beschluß, jedem Capitel ein Kupfer beizugeben, hatten den Termin des Erscheinens wiederholt hinausgerückt. Abhandlungen sind oft schneller geschrieben, als Platten gestochen. Jedesmal hatte sich dabei der Plan erweitert: um den neuen, eigenthümlichen Kern, die antiquarischen Inedita, krystallisirten sich nach und nach die Quintessenzen früherer Werke, der Gemmenbeschreibung, der Schönheitslehre, der Kunsthistorie, sodaß dieß Werk der Brennpunkt wurde, in dem alle seine Forschungen und Betrachtungen sich sammelten. Es wurde fertig in dem Jahr, wo er sein 50stes Lebensjahr vollendete, und er hatte die bestimmte Ahnung, daß dieß sein vollständigstes Wort an die Welt auch sein letztes sein werde, sein Abschied, nach dem er in sich selbst einkehren werde; schon Ende 1763 sendet er Stosch die Ankündigung dieser „seiner letzten Arbeit in dieser Welt".

Das Werk unterscheidet sich, besonders in seinem Kern, dadurch von allen bisherigen — und macht eine neue Epoche in seinem literarischen Leben —,

§ 160. Die Anfänge der Monumenti.

daß es in vollständigerem Sinn als irgend ein früheres die Frucht des italienischen Bodens war, auf dem sein Verfasser sich nun ganz acclimatisirt hatte. Freilich war auch bei jenem andern der Stoff lediglich vom dortigen Lande geliefert worden, aber der Geist der Behandlung war von jenseits der Alpen mitgebracht. Dieses Werk dagegen war nicht bloß in welscher Sprache geschrieben; auch in Denkart, gelehrten Sitten, wissenschaftlichem Geist war er ganz auf italienisches Wesen eingegangen.

In der Geschichte der Kunst war des Autors eigenthümliche Begabung und Bildung, unterstützt von der Gunst der Umstände zu voller Wirkung gekommen. Dort wo Arbeit und Erfolg ihm so reich erblüht waren und noch in Aussicht standen, hatte er ein Land gefunden, von dem er sagen durfte:

hier ist mein Reiseziel, mein Unterplatz,
die fernste Seemark für mein ruhend Schiff!

Nach der Maxime, daß man seine Sphäre zu finden, und in ihr zu beharren suchen soll, nicht aber sich verlocken lassen in das was uns schwer wird, hätte er getrost anderen überlassen können was sie besser besorgen konnten. So würde er es gemacht haben, wenn er seinem Trieb hätte folgen können. Aeußere Gründe zogen ihn in andere Bahnen; nachdem er mehrere ohne Erfolg zu gehen versucht, führten sie ihn endlich doch in eine neue breite Straße des Ruhmes.

Es gab Theile der philologischen Wissenschaft, für die Winckelmann weder Geschick noch Geschmack besaß. Sein lateinischer Stil hatte sich weder die goldne Zeit zum Muster genommen, noch von Soläcismen u. a. Flecken reingehalten. Die römische Topographie schien ihm ein erschöpftes Feld, eine Penelopearbeit. Um Inskriften hatte er sich wenig bekümmert*). In der Vergleichung von Handschriften und Conjecturalcritik hatte er sowenig Uebung wie Methode. Selbst Münzen und Mythologie interessirten ihn wenig.

„Die Alterthümer der Orte, der Lagen, Gegenden und alten Ueberbleibsel der Gebäude" habe er absichtlich bei Seite gelassen, „weil vieles ungewiß ist, und weil das was man wissen und nicht wissen kann, von mehr als einem Scribenten hinlänglich gründlich abgehandelt worden"; da diese Kenntniß auch ohne alles Genie erlangt werden könne, so habe er nur soviel auf seinen Wege mitgenommen, als er selbst finden und untersuchen konnte.

Aber gerade solche Dinge, viel mehr als seine glorreiche Kunstgeschichte, waren es, durch die man in der literarischen Republik Bürgerdiplome, Titel und Würden erwarb. Zwar in Deutschland, wo eben menschlichere Begriffe von wissenschaftlichem Werth und academischen Monopolen aufkamen, ward

---

*) Je ne sais par quelle fatalité les inscriptions, qui sont les pièces les plus authentiques et les plus nécessaires pour l'histoire des monumens, se trouvent presque toujours plus dégradées que le reste des éditeurs. B. an Clérisseau.

ihm eine Anerkennung so unbedingt wie er nur wünschen konnte. In der italienischen Gelehrtenwelt dagegen waren historische Ideen, künstlerische Beurtheilung, Geist und Geschmack noch unbekannte Größen; nur mit entlegener Gelehrsamkeit, durch Herbeischaffung massenhaften Rohstoffs aus dunklen Schachten, durch schwierige Künste konnte man es zu Ehren bringen.

1. In Rom erwartete man schon in den ersten Jahren, daß Winckelmann sich mit etwas Griechischem zeige, um sein durch Zeugnisse eines oder zweier gelehrten Freunde beglaubigtes Ansehn zu besiegeln. So hörten wir von Projecten zur Herausgabe von Handschriften der Vaticana, z. B. des Libanius, „um den Großsprechern in Rom das Maul zu stopfen", und zugleich, um sich eine feste Stellung zu gründen, falls „sich die Umstände in Sachsen nicht änderten". Gewiß gab es keinen günstigeren Gegenstand, den Italienern zu imponiren, denn es fehlte an Gelehrten seiner Art, es stand in der griechischen Literatur dort schlechter, als man auswärts glaubte, ja „die critische Kenntniß der griechischen Sprache bestand nur allein in ihm". In dieser Richtung lag das Unternehmen von Glossaren zu griechischen Dichtern, wovon das angefangene zum Aeschylus noch vorhanden ist, ferner eine begonnene Abschrift aus dem palatinischen Codex der Anthologie. Aber er fand, daß er „damit unendlich viel Zeit verlieren" werde, er hatte andere Dinge zu thun. Als er fünf Jahre später den Posten an der Vaticana erhielt und von dem Register der Griechischen Codices die Rede war, hätte er freilich „hinter diese Geheimnisse" kommen können; noch einmal hofft er, „künftig auch mit etwas griechischem in der Welt zu erscheinen" (4. Juni 1763).

Offenbar weigerte sich sein Genius, ihn zu diesen Lorbeern behülflich zu sein. Da ging ihm plötzlich ein Licht auf (Sommer 1763), wie er sein Gelüste, auch etwas zu holländern, befriedigen könne, ohne vom Weg der Kunst abzugehen, ja gerade durch sie. Ohne große Mühe schien sich eine reichliche Ernte von Erklärungen und Verbesserungen der alten Griechen durch Denkmäler zu eröffnen, auf einem Wege, der vielleicht bestimmt war, das Collationiren der nachgerade erschöpften Codices abzulösen, dem einzigen Weg vielleicht, die Schriftsteller zu verstehn und neue Entdeckungen bezüglich der Gebräuche der Alten zu machen. Bald gab es „fast keinen alten Scribenten der nicht an verschiedenen Orten verbessert und in ein neues Licht gesetzt war durch Hülfe der alten Werke, welche ich lesere"; es seien einige hundert Stellen der Art. So eingenommen war er von diesen sehr problematischen Entdeckungen, daß er sie in der Vorrede als den zweiten und gewichtigeren Grund der Veröffentlichung seines Werks bezeichnete.

2. Mit den Münzen hatte er sich anfänglich gar nicht einlassen mögen, theils weil es schwer sei, noch jetzt neue Entdeckungen in denselben zu machen, theils weil er gesehen, daß Menschen ohne alle Wissenschaft eine große Kenntniß

in diesem Fach erlangten. Das von Benuti beschriebene Münzcabinet der Vaticana fand er „schlecht". Noch am 20. November 1757 rechnet er Münzen zu den Dingen, um die er sich nicht bekümmere, wie überhaupt um alles was „kein sonderliches Licht der Zeichnung giebt". Dieß änderte sich plötzlich, als ihm der Zufall den Nutzen der Münzen für die Kunstgeschichte aufschloß. In demselben Winter taufte ein junger Maler von einem Bauer für etliche Bajocchi zwei sicilianische Münzen mit zwei Köpfen, „die wunderbar und göttlich schön sind". Bei dem Hierokopf war merkwürdig, daß Augenlicht durch ein Loch, und den Stern durch eine erhabene Linie bezeichnet zu sehen. Von da an datiren seine Münzstudien. Archinto mußte „viel Anläufe ausstehn, ihm die Gelegenheit zu einigen eigensinnigen römischen Prinzen zu machen". Im Mai 1755 sitzt er ganze lange Tage über dem farnesischen Münzcabinet auf Capo di Monte. Er läßt nach griechischen und sicilischen Münzen bis auf Alexander, nach ägyptisch- oder syrisch-griechischen nach dessen Zeit suchen. Bald traute er sich zu, auch hier „Richter sein zu können", d. h. in griechischen Münzen, wo es auf Schönheit ankommt, „denn er trieb dieß Studium nur, insofern es zum Schönen der Kunst, zur Zeichnung und zum Stil der Zeiten, besonders dessen Chronologie gehörte". „Auch in diesem Studio wird man sich nicht in Kleinigkeiten verlieren, wenn die Alterthümer betrachtet werden als Werke von Menschen gemacht, die höher und männlicher dachten als wir". Ein eigentlicher Münzkenner ist er nie geworden. Wenn der gelehrte Theil dieser Disciplin aus Büchern zu erlernen sei, so bestehe doch das Meiste in praktischer Erfahrung, die sich nicht auf dem Papier entwerfen lasse, und darin schäme er sich nicht zu bekennen, daß er nicht allezeit richtig urtheilen könne; nun aber sei der Betrug nicht in griechischen Münzen, sondern in kaiserlichen. Er hielt z. B. die Gonzaga'sche Münze mit dem Kopf des Virgilius Maro und dem H EPO für alt. Doch fand er zuweilen (September 1759), „daß er in Münzen, die ihm zur Erklärung gebracht wurden, klüger sei als andere, die ihr Wert daraus machen wollten".

So beschloß er, auch diese bisher bloß als Hülfswissenschaft der Geschichte geltende Disciplin mit der Kunst in Verbindung zu setzen. Er kündigt eine Abhandlung über Münzen an, aus der Bartholemy etwas lernen werde. Im Juni arbeitet er an einer lateinischen „Erklärung von alten und niemals bekannt gewordenen griechischen Münzen", die übrigens alle in gedruckten Schriften untergebracht worden sind. Er ließ dergleichen zeichnen; Nachträge zu den stoßischen Gemmen, wo ihm „verschiedene merkwürdige Sachen entwischt waren", sollten sich anschließen. Diese Schrift sollte als Vorläufer der Kunstgeschichte dienen, „um in derselben an vielen Orten, wo ich gar zu gelehrt erscheinen müßte, mich kürzer zu fassen".

3. Dann waren es die Ernennungen zum Mitglied der Academien von

Cortona und Londen, die ihn auf eine gelehrte Abhandlung in einer andern als der deutschen Sprache denken ließen. Den Hetruriern glaubte er am willkommensten „schwere und theils unbekannte Punkte der Mythologie" zu bringen (zuerst den 27. März 1761). „Es kommt, schreibt er am 3. Juni, nur noch auf ein Werk an, mich öffentlich hier insbesondere zu zeigen, alsdann werde ich die allgemeine Achtung erlangen, die ich hoffe". Dieß mußte natürlich in italienischer Sprache geschehn; überhaupt werde er, wenn er länger in Rom lebe, für die Zukunft das Teutschschreiben, auch beim besten Willen, aufgeben müssen. Seine Sprache werde ihm fremd. Er sei, bekennt er Weiße (April 1761), nicht sehr regelfest. „Ich habe keine deutschen Schriften gelesen; gut zu reden habe ich eben so wenig Gelegenheit, und man wird mich mit meinem Plunder unter die Sprachverderber setzen". Sollte ich (rust er den 3. März 1762) noch fünfzig Jahre leben, wollte ich nach meinem großen Werk kein anderes deutsches Werk in Italien anfangen. „Der Herr, heißt es in jenem Briefe weiter, dem ich diene, ist sehr empfindlich daß ich fortfahre, in meiner Muttersprache zu schreiben. Dum vivis Romae, sagt er, und er hat nicht Unrecht. Ich habe versprochen, mit der Kunstgeschichte aufzuhören".

Da nun die welschen Academien sich viel mit Bekanntmachung von Funden beschäftigten, so konnte er sich jener Pflicht in Rom in einer für ihn sehr bequemen Weise entledigen. Er erzählt Gessner (20. Juni 1761) von einer in einigen Monaten erscheinenden kleinen Schrift „Nachrichten von Entdeckungen der Alterthümer in Rom, die während des Aufenthalts des Verfassers gemacht worden, mit einigen Kupfern".

Auch die Abhandlung über die Schönheit eignete sich zu einer Dedication an Italiener. Er faßt den Gedanken (April 1763), eine Uebersetzung derselben dem Cardinal Rezzonico zuzuschreiben.

Für die Londoner Academie hätte er eine lateinische Abhandlung schreiben müssen. Er will (April 1761) in einer (schon entworfenen) lateinischen Schrift von der Kunst vor den Zeiten des Phidias, d. i. von den ältesten Zeiten der Griechen, der englischen Gesellschaft der Alterthümer seinen Dank abstatten. Vielleicht fällt sie zusammen mit der in Paris (1257) und in Savignano aufbewahrten Dissertation de ratione delineandi Graecorum artificum primi artium saeculi ex nummis antiquissimis dignoscenda. Auch die am letzteren Ort erhaltene critische Abhandlung Conjectanea in aliquot Graecorum auctores et monumenta war für diesen Zweck geschrieben.

§ 160.
Ausführung der Monumenti.

Indem alle diese Entwürfe zusammenflossen, sich um einen Mittelpunkt crystallisirten, entstand das zweite große Hauptwerk Winckelmanns, die Monumenti. Die Idee des illustrirten Münzwerks verband sich mit der einer Mittheilung neuer Funde. Jede Münze sollte zur Erklärung mit einem noch nicht bekannten Bassoriliero begleitet werden, eine vorläufige Dissertation über die Kenntniß des Stils vor Phidias vorangestellt werden.

Es war ein Werk in italienischer Sprache, bestimmt für Italiener, ein Tribut der Dankbarkeit gegen das Land, dem er einen großen Theil dessen, was er hier lehrte, schuldete, bestimmt, ihnen den Ertrag seines wissenschaftlichen Lebens, Neues und die Summe des Alten in einer für sie genießbaren Form darzubieten; ein Werk, entstanden unter den Augen seines Cardinals und mit dem Beistand gelehrter römischer Freunde. Auf sie war berechnet die Auswahl der „dunkelsten Mythologie", der schwersten Punkte in den Gebräuchen und der alten Geschichte, der „seltenen Vorstellungen", solcher in denen „eradizioni" steckte, mit Zurückstellung des bloß künstlerisch Werthvollen. Daher die Bevorzugung der Denkmälerclassen, welche der Hermeneutik mehr Räthsel aufgeben.

Dieser Plan gewann feste Gestalt gegen Ende des Jahres 1761. Am Vorabend seines 44. Geburtstags kündigt er den Entwurf eines italienischen Werks an, mit über hundert Kupfern, unter dem Titel „Erklärung schwerer Punkte in der Mythologie, den Gebräuchen und der alten Geschichte, alles aus unbekannten Denkmälern des Alterthums, welche hier zum erstenmale erscheinen werden". Am 1. Mai berichtet er, die Anlage zu der antiquarisch-mythologischen Schrift in welcher Sprache habe sich geändert und erweitert; jeder Artikel bekomme sein Kupfer: „folglich wird es ein kostbares Werk, in Absicht auf mich, werden". Die Hälfte war schon entworfen, aber der Plan erweiterte sich mit merkwürdiger Raschheit. Im Mai sind es 50 Kupfer, im December über hundert, im Juni 1763 wenigstens 150, Ende 1765 200. Das Erscheinen war erst auf den Herbst 1763 angesetzt, dann auf Ostern 1764; da kam eine Störung.

Diese fortwährenden und in der verschiedensten Beziehung vorgenommenen Erweiterungen geschahen nicht ohne den Antrieb des Beifalls, welcher den Entwürfen von maßgebender Seite zu Theil wurde. Er hatte den Geschmack der Italiener vollkommen getroffen. „Man sagt mir, daß niemand anders dergleichen zu machen im Stande sei". Der Cardinal, dem er die Abschnitte nach und nach vorlas, erbot sich im ersten Eifer, den Druck, exclusive der Kupfer, auf seine Kosten zu besorgen (1. Mai 1762). Noch Jahre später war er dieses „Zeitvertreibs" nicht müde geworden. „Mein Freund macht mit aller Strenge den Censor, doch bittet er bei jedesmaliger Erinnerung um Vergebung". Auch Contucci und dem 72jährigen Baldani wurde es vorgelesen, als „einem großen Gelehrten, von feiner Einsicht und einem scharfen Richter, il quale cerca il pelo nell' uovo." Einmal, es war in Castello im August 1763, brach der kranke, alte Herr in die Worte aus: Sentite! gl' Inglesi vi metteranno una statua: cosa più bella, e insigne non è comparsa nell' antichità. Dann sollten noch Bottari und Giacomelli für die letzte Feile (l'ultimo raffinamento) aufgeboten werden. Sogar der Pabst fand großes Wohlgefallen an einem ihm vorgelesenen Stück (S. Santità gradì infinitamente questa lettura). — Der Gedanke an dieß dem Lesepublicum vorausgehende hörende Publicum kann nicht ohne Einfluß auf die Haltung des Buchs geblieben sein.

Sehr wichtig für die Ueberwältigung der ersten und größten Schwierigkeiten eines so gewaltigen Unternehmens war die Betheiligung eines Freundes und Malers mehr als drei Jahre lang. Zanetto Casanova, von venezianischen Eltern zu London 1722 geboren († 1795), ein Bruder des Abenteurers, hatte in Dresden, wo schon der Vater im Dienst des Hofs gearbeitet, unter Silvestre und Dieterich seine Studien gemacht und war 1762 mit einer Pension von 300 Thalern für drei Jahre, zu seiner Vervollkommnung unter Mengs' Leitung, nach Rom gegangen. Er galt dort für den besten unter dessen Schülern, ja für den besten Zeichner in Rom, besonders durch seine gründliche Kenntniß der Anatomie. Ueber seine Befähigung als schaffender Künstler gab man sich selbst damals keinen Einbildungen hin, Hagedorn, der ihn nach Dresden berief, meint, seine Werke würden wohl nie in den ersten Gallerien gesucht werden; dagegen war er der Academie-Professor wie er sein soll. Auch Winckelmann, der ihn seinen Freund nennt, empfahl ihn für Dresden aufs wärmste. „Ich stelle Ihnen nur zu überlegen vor, daß er der beste Zeichner in Rom ist, welches sehr viel gesagt ist; ein Mann der seine Wissenschaft geometrisch versteht, der das Geheimste der Kunst durchgeschaut hat, und den sein großes Talent zu allem was er will geschickt macht... Ein einziger Casanova kann mehr Nutzen schaffen, als alle die armen Ritter, welche durch Heineden nach Dresden gezogen und unverdient unterhalten worden sind". Er empfahl ihn (z. B. Heinrich Füßli) als Führer in Gallerien, „um ihm nach dessen großer Kenntniß das Verständniß der Gemälde zu öffnen". Er hatte eine Copie der Transfiguration im Auftrag Lord Baltimore's geliefert, die zum Geschenk für den König bestimmt war und neben den Cartons zu Hamptoncourt aufgestellt wurde. Im Jahre 1763 zeichnete er Winckelmanns Profil, im September wollten sie zusammen nach Urbino reisen.

Casanova war für die Zeichnung der Monumente gewonnen worden, und schoß einen Theil der Kosten des Stichs vor, auch in den Gewinn wollten sie sich theilen. „Die Zeichnungen, schreibt Winckelmann den 12. October 1763, sind alle von Casanova, folglich können dieselben nicht anders als gut werden". Als er den Ruf an die Dresdener Academie erhielt, hatte er, „der mit aller Bequemlichkeit zu arbeiten liebte", etwa die Hälfte fertig. Er riste im September 1764 mit seiner hochschwangern Frau (der leichtfertigen Tochter Rolands, des französischen Gastwirths am spanischen Platz) ab, ohne sich bei dem Freunde sehn zu lassen. „Er hat aber, wie ich höre, Verfügung gemacht, daß was er nicht zeichnen könne oder wolle, von anderen gemacht und ihm geschickt werde".

Räthselhaft und wohl nur aus jener von Machiavell geschilderten uneigennützigen Lust an Betrug (Si soave è l'inganno ec. Mandragola III) erklärlich ist, daß Casanova, während er seinem gelehrten Freund so wichtige und kostspielige Dienste leistete, die doch ein Interesse an dem Unternehmen voraussetzten, zu gleicher Zeit ihn durch jene angeblichen antiken Gemälde lächerlich zu machen suchte (S. 213). Und selbst unter seinen Beiträgen zu den Monumenti mußte Winckelmann „viele Sachen ausmerzen, Betrügereien, die der Schelm mir aufgehängt hatte, vertilgen". Wie vieles wurde ihm nun verdächtig. Die Zeichnungen schienen überhaupt fatti come Dio vuole. Einige Stücke von geringer Erheblichkeit wurden ausgeworfen; viele Platten von neuem gezeichnet und gestochen. Natürlich wurde „der zum Schelm gewordene oder vielmehr dazu geborene Casanova" nun von dem Werke ausgeschlossen. Dieß war ein harter Stoß für das Unternehmen. Er war nun ohne Zeichner. Die Kosten lagen auf ihm allein.

Unter diesen Umständen erfüllte es ihn mit einer Art Schadenfreude, als sich bald nach Casanova's Abgang eine sehr ärgerliche Anklage gegen den bisher ganz unbescholtenen Maler erhob. Er hatte von Bologna aus einen Wechsel, eine Schuldverschreibung ausgestellt von Belisar Amidei über 3550 Scudi, nach Rom gesandt. Belisar protestirte den Wechsel und verklagte Casanova bei dem Senator wegen Fälschung. Eine öffentliche Vorladung vom 15. December 1766, bei Vermeidung entehrender Strafe, sich an locum carinae notum zu begeben, zu einer Zeit als Casanova schon zwei Jahre im Dienst des churfächsischen Hofs stand, konnte nur die Absicht haben, wie der churfächsische Minister schreibt, d'assurer le désbonneur de Casanova; denn dieser erfuhr davon erst Monate später und gerüchtweise. Winckelmann spricht außerdem von mehreren Diebstählen. „Diese schönen Thaten haben sich nach seiner Abreise nach Dresden entdeckt, wo er enge Frist genießt, bis der Proceß von hier wird dorthin übermacht werden". Er wurde am 18. Mai wirklich verdammt. Das Urtheil in 10 Jahre Galeren wurde in einer gedruckten Aufkündigung an den vornehmsten Plätzen Roms angeschlagen. Eine Aufklärung dieser Sache habe ich nicht finden können; der Minister Bianconi legte beim Senator Protest gegen das Verfahren ein, da der alleinige Richter Cafanova's der Churfürst sei, er fordert die Caffation des Urtheils; aber der Staatsfecretär wollte sich auf nichts einlassen. Wie Boden an Lippert schreibt, pflegte Cafanova in Dresden Windelmann in der schlimmsten Weise zu schildern.

Dieser Zwischenfall kam schließlich dem Werke zu Statten; ihm verdanken wir die Monumenti in ihrer jetzigen Gestalt. Ein in allen Beziehungen so trefflich in Gang gekommenes Unternehmen kann ein äußerer Stoß nicht scheitern machen; vielmehr wird die Gegenwirkung gegen die Hemmung den Eifer verdoppeln. Mengs trug ihm seine Hülfe an; aber obwohl er einmal allen Muth verloren hatte, — „hätte ich es lieber ins Feuer geworfen, als zu jener Zuflucht zu nehmen". Er glaubte, daß Mengs mit Cafanova sich zu jenem Betrug vereinigt habe; wenigstens der Ganymed war ja Mengs' Werk. Windelmann sah sich nun auf eigene Füße gestellt: „ich muß sehen, wie ich es mit eigenen Kräften bestreiten mag". Bald schreibt er: „Ich und das Werk verliert nichts dadurch, sondern es gewinnt und wächst ... alle Tage an Kupfern und an Gelehrsamkeit". Statt es zu kürzen, wenigstens im artistischen Theil, sieht man ihn gleich am Anfang des neuen Jahres beschäftigt, „neue Denkmäler zu suchen und zeichnen zu lassen". Im Anfang des Sommers arbeiten drei, später vier Kupferstecher und zwei Buchdruckpressen; Ende August konnte zum Abdruck der ersten Platte geschritten werden, als der Ruf nach Berlin eine Suspension veranlaßte. Die Platten, die er hätte mit über die Alpen schleppen müßten, machten fast drei Centner. Seit dem September arbeiteten zwei Kupferpressen, zunächst wurden nur 400 Exemplare abgezogen. Die Zahl der Tafeln stieg endlich auf 218.

Aber auch in den Erklärungen ging es nun etwas umständlicher. Das Lesen der alten Scribenten begann „zum zweiten oder dritten male", um sich nichts entgehen zu lassen; und er verwunderte sich selbst über die verborgene Gelehrsamkeit in dieser Arbeit. Der Text sollte im Herbst druckfertig sein: im Juni war beschlossen worden, zwei Folianten daraus zu machen. In der typographischen Ausstattung konnte er sich zum erstenmale ganz seiner Liebe zur Pracht überlassen: Folio, verschwenderischer Rand, Schriften ähnlich denen der schönen Basler Frobenschen Drucke. Er meint, das Papier (für die beabsichtigte Auflage von 1000, die auf 630 herabgesetzt wird) betrage allein 1000 Scudi. Der Preis wurde auf vier Ducaten oder

§ 140. Ausführung der Monumenti.

Zeichnen gelegt, die im März 1766 auf 3 bis 6, und in der letzten Stunde, im Januar 1767, auf 4 erhöht wurden.

Zum erstenmale am 25. Juli 1766 wird die Absicht ausgesprochen, den Monumenten eine neue bündige Bearbeitung der Kunstgeschichte vorauszuschicken, unter dem Titel Il trattato preliminare del disegno e della bellezza. Ein neues Hemmniss erhob sich in der Sprache. Das Italienische erwies sich als so mangelhaft, dass die zwölf ersten Bogen umgedruckt werden mussten, ein Verlust von über hundert Scudi; Bianconi hatte bei seiner Revision wahrscheinlich zuviel auf den Inhalt geachtet. Nun wurde ein „Sprachverständiger Florentiner, ein sehr guter Bekannter noch aus Dresden her" für zwei Zechinen wöchentlich engagirt, den Text in Absicht der Sprache durchzusehen, von neuem abzuschreiben und die Correctur zu besorgen; mit ihm arbeitete der Verfasser unter Seufzen täglich einige Stunden, „alles bis aufs Härchen durchzusehen".

Die Schweizer wünschten sein Bildniss gegenüber dem Titel zu sehen, aber dies wurde abgelehnt: „Mein Bildniss kann mein Werk nicht zieren; es würde mir billig als eine thörichte Eitelkeit ausgelegt werden, da ich selbst der Verleger bin".

Der Ausgang wurde endlich auf Ende Januar 1767 bestimmt, aber der praktische Theil des Antinous, dessen Zeichnung allein sechs Zechinen kostete, brachte noch eine letzte Verzögerung — bis zum April. In diesem italienischen Monumenand sah er das Schmerzenskind denn endlich vor seinen Augen und erstaunte selbst, „dass er ein so grosses und weitläufiges Werk auf seine Kosten ohne Subscribenten habe zu Stande bringen können". Freitag nach Ostern wurde es Seiner Heiligkeit überreicht.

Wer eine Ahnung hat von den Schwierigkeiten, dem Zeitaufwand und den Kosten eines solchen literarisch-artistischen Unternehmens in grösstem Maßstab, wird immer wieder mit Goethe staunen, daß er „als ein armer Privatmann leistete, was einem wohlgegründeten Verleger, was academischen Kräften Ehre machen würde".

Auch hier steht man wieder an einem merkwürdigen Beispiel, was in allen civilisirten Ländern längst bestehende Stellung der Kunst in Rom ignorirt werden konnte. Daß der Autor zugleich sein Verleger sein muß, ist dort etwas ganz gewöhnliches. Aber im außerordentlichsten Maßstab sieht man hier einen einzigen Mann leisten, was sonst nur das Zusammenwirken gelehrter Gesellschaften, des Staats, des Handels und der Forschung des Einzelnen zu Stande bringt.

Nicht ohne Falz hatte man freilich die Musen und Kenner, die Vorlage an Zeit für die vielen Dinge nur wahren, die der Autor über sich ergehen ließ. Störung war das Tags ist in jedem Brief erwähnt, aber

war, um von solchen Sorgen zu erzählen, die jedem Autor abgenommen werden sollten. Selbst die Schriftstellerarbeit hatte er sich durch die Uebersetzung ins Italienische verdoppelt. Der bloße gelehrte Stoff, die Forschung würde für ein Lebenswerk reichen: in wie wenigen Jahren wurde er zusammengebracht! Aber ebensoviel Arbeit anderer Art muß die vollendete Rundung des Vortrags, die Präcision und Klarheit des Ausdrucks in der fremden Sprache gekostet haben. Denn der Fremdling hatte alle einheimischen Schriftsteller in dieser Materie weit hinter sich gelassen.

Aber ebensosehr wie seine Arbeitskraft und sein Geschick muß man auch die Gunst der Umstände anerkennen, die nie vorher und nachher bei einem ähnlichen Werk in solcher Weise zusammengewirkt haben. Die seit langer Zeit aufgehäuften Inedita, die falschen Begriffe, welche die Auslegung bisher irregeführt hatten, die günstige Stellung bei dem Cardinal und als päbstlicher Antiquar, das Interesse so zahlreicher in allen Ländern Europas zerstreuter Freunde — alles kam ihm entgegen. Der Selbstverlag hatte das Gute, daß er ganz frei waltete, mit keinem bedenklichen Verleger (und welcher hätte hier die Geduld behalten) über seinen fortwährend sich ändernden, wachsenden Plan zu verhandeln brauchte.

Heute würde ein Mann von gleichem Talent und Kenntnissen, in ähnlicher Stellung, und mit viel größeren Mitteln dort kein solches Resultat erzielen können.

Was den Selbstverlag betraf, so hatte ihn der kluge Kranke gleich anfangs gewarnt. Man befürchtete einen holländischen Nachdruck; der Cardinal bemühte sich durch seine Freunde in Holland und Frankreich um ein Privileg gegen eine französische Uebersetzung. Von keinem deutschen Buchhändler hatte er Commission, „er wolle nicht durch dieser Krämer Hände gehen". Aber jenes Bedürfniß, jede aufblitzende Idee eines Buchs oder einer Aenderung in dessen Plan am nächsten Posttag in alle Länder, wohin er Briefe schrieb, auszuposaunen, erwies sich hier, wie Offenheit meist, als politisch. Die Freunde fingen an, sich so für das Buch zu interessiren, daß er bald fast in jedem Lande einen hatte, der den Vertrieb bereit war in die Hand zu nehmen. Die Anziehungskraft des Gegenstandes, die durch das eben ausgegangene historische Werk hochgesteigerte Meinung von der Leistungsfähigkeit des Verfassers, die Theilnahme für seine bescheidenen Umstände, machte seine an sich schwer abzuweisenden Bitten unwiderstehlich. Viele steuerten zu den Kosten des Drucks bei. La Rochefoucauld ließ bei seiner Abreise ein Geschenk von hundert Scudi zurück. Stosch sandte im Juli 1766 auf seine Bitte hundert Zechinen, die bereits im Mai zurückgezahlt werden sollten. Der „würdige" Hollis ließ durch Jenkins um ein Exemplar bitten, mit dem Befehl sofort zehn Guineen auszuzahlen. Die deutschen Fürsten kamen in einem sehr gelegenen Moment.

Schon im November 1763 sandte er gedruckte Anzeigen in die Schweiz und bat, Liebhaberlisten zu sammeln. Im Juni 1763 läßt er durch Barthélemy in Paris Nachricht von dem Werk geben; dieser und Testmoreft übernahmen die Besorgung für Frankreich. Die Züricher nahmen 11, Basel bestellte 14 Exemplare, im ganzen sandte er 40 in die Schweiz, die er selbst mit der größten Sorgfalt packte. Hamilton, der seine Dienste zum Vertrieb des Werks in England antrug, und es in einem eben erscheinenden Kalenderwerk herausstreichen ließ, meinte, er müsse wenigstens 300 Exemplare auf England rechnen und den Preis auf vier Guineen setzen. In England war die italienische Sprache bekannt. Er wolle an Adam schreiben, daß er beim Empfang jener Exemplare 1200 Guineen mit einemmale auszahle (was aber Winckelmann auch von einem Freunde nicht verlangen zu dürfen glaubte); am besten sei es, er gehe selbst nach England, um mit einem male ein Capital zu machen. In Berlin sollte erst Schlabrendorf „den Ruffiano machen". Stosch that es für Preußen und die Sachsen, wo der Verfasser „wichtige Ursachen hatte, seine Niederlage zu machen". Als sich in Berlin Schwierigkeiten wegen des Vertriebs herausstellten, bot er Nicolai auf neun Exemplare ein Freiexemplar zu (auf 10 war gerechnet), aber durch Stosch „unsägliche Bemühungen und nimmer zu verdankende Gefälligkeit" wurde alles gut. Die Liste welche die Exemplare für den König mit einem kurzen deutschen Schreiben, für den Prinzen Heinrich „welcher es verlangt hat" und Stosch enthielt, sandte er sammt des Kneens, von wo sie Monatelang über Venedig und Augsburg reiste. Stosch überreichte dem König das Werk „und alles was ich gesammelt habe", in rothen Corduan gebunden. Friedrich hatte weitläufig mit dem Herzog von Anhalt über ihn gesprochen. Auf dem Landhause des Prinzen Ferdinand bei Berlin, wo Stosch im Sommer 1767 zu Gast ist, war viel von dem Werk die Rede gewesen. Herr von Bielefeld wollte für den Vertrieb in Deutschland sorgen. In Copenhagen bestellte Wedewelt 14 Exemplare, Moltke sechs. Münchhausen in Hannover erbat drei, u. Berg in Liesland nahm „großen und ganz artigen Antheil". Aus Brüssel verlangte Graf Cobenzel das Werk durch die Post. Sogar nach Constantinopel wurden einige abgesetzt.

Er glaubte, alles mögliche thun zu müssen, den größten Vortheil das erste Jahr zu machen. Er hatte große Erwartungen, „er habe ein Capital von 10,000 Stück gemacht". Für den Absatz sei ihm nicht bange. Das Buch müsse sich für alle Gelehrten nothwendig machen; wer die gelehrten Alterthümer und die zur Kunst gehören, lernen wolle, jeder werde ein Buch wünschen. „Der Gewinst dieser schweren Arbeit soll das Capital auf mein

Aber sein, welches ich getrost noch nicht empfinde". Er hofft nun sein Leben in Rom beschließen zu können, es möge ihm absterben wer da wolle; auch den Posten an der Vaticana glaubt er nun aufgeben zu können.

Die Hoffnungen auf schnellen Absatz erwiesen sich freilich als etwas voreilig. Schon im Juni 1767 klagt er über Langsamkeit des Vertriebs. Anfang 1768 hatte er sich schon darein ergeben, daß kein starker Abgang zu erwarten sei; es sei ein Buch, welches sich vielleicht nur nach zehn Jahren verlaufen werde.

Zwar mit dem Nachdruck blieb er verschont; aber sonst wurde ihm keines der Leiden erspart, die ein Nichtkaufmann bei einem solchen Abgriff über sich nimmt. Welche Frachtunkosten, welcher Schneckengang der Sendungen, welche Mißverständnisse! Ihm fehlte das Temperament und die Methode des Geschäftsmannes; er verlangte stets zu viel oder zu wenig; da er fast nur mit Freunden zu thun hatte, so übte er entweder oder beansprüchte zuviel Edelmuth, als in solchen Dingen angebracht ist. Ein seltsamer Verleger, der "das Geld so wenig achtet als seine Schübel". Welche Zeitverluste er mit "Collationiren" der Exemplare: "Ich zerreiße andere Exemplare, schreibt er den Züricher, um Euch den Ausfallenden unseres Exemplars, so viel an mir ist, etwas Jndereßantes zu stellen". Sanft besänftigt der Vater der besorgende Kaufmann Parosi in Sta S. Croce, sein Nachgeber im Geschäftlichen. Aber er schickte auch mehr Exemplare als bestellt waren, z. B. Wickenreith 10 statt 14, "als einige sich vielleicht noch meldende Liebhaber, —— weil ist in dem Kasten annoch Raum sind". Die nachträgliche Erhöhung des Preises, ohne Zustimmung der Subscribenten, machte ihm große Angst; er sei durch andere "Albertheit" andere; während nur die Freunde glauben, "der Fleiß sei durch das Werk bezahlt", "der Nutzen aus demselben hätte dem hohen Preise die Waage". Indeß hier konnte er getrost sein. "Die Schweizer sind mit mir zufrieden, die Franzosen noch mehr; also hätte ja auch werden es die Dänen meine ältesten Freunde sein".

Auch er selbst war mit sich zufrieden; und diese Zufriedenheit hat ihm als Zeichen von einem gewissen (z. B. angenblicklichen) Werth der Arbeit. Bis zu dieser Vollendung hatte er seine Freunde gebeten, ihm des Lobs anzuhalten. Es löste das Denkmal sein des großjährigen Wallens auf dem Boden der ewigen Roma, der Suera Italia, sein Kugel tutanibersum.

§ 161.

Entstehungsart der Auswahl.

Das Werk besteht aus zwei Theilen. Wie der erste, dessen Anfang am Schluß des andern berührt, ward erst ganz spät in den Plan mit aufgenommen und in der Fassung des Titels nicht einmal berücksichtigt. Es war eine neue Bearbeitung eines ältern, an Inhalt und Geist ganz verschiedenen Werks, der Kunstgeschichte, so daß also den Italienern in diesem Buch das gesammte wissenschaftliche Lebenswerk Winckelmanns mit einemmale mitgetheilt ward.

Jene historisch-ästhetische Arbeit war ein Gedanke seiner ersten römischen Jahre, der Zeit des Eintritts, einer freien, contemplativen, ideenreichen Zeit, der Zeit der Verachtung der Büchernweisheit und besonders der italienischen Alterthumskunde: Schönheit und Kunst war der herrschende Gesichtspunkt. Nachdem er in Florenz mit der archäologischen Auslegungskunst vertraut geworden war und ein fruchtbares Princip gefunden hatte, kam er in dem Verkehr des albanischen Hauses auf dieses Werk, das in reichen, bewegten, zerstreuungsvollen Jahren reifte. Während in der Description die antiquarische Erklärung nur die critische Revision einer vorgefundenen fremden Arbeit war, und die Bemerkungen über Stil und Schönheit, gleich eingesprengten Goldadern zwischen anderen Metallen, das Originelle, so war hier die gelehrte Erklärung das Neue und Eigene, während er in der Abhandlung über die alte Zeichenkunst nur sich selbst copirte.

Aufmerksame Leser seiner früheren Werke waren erstaunt, ihn in einer so ganz neuen Rolle auftreten zu sehen. Denn was er sonst als seine Specialität und seinen Vorzug vor allen Schriftstellern des Fachs bezeichnet hatte, die Beurtheilung der Denkmäler vom Gesichtspunkt der Kunst, wird förmlich abgelehnt; ja es wird gerade als Vorzug seiner Sammlung bezeichnet, „daß während die bisherigen nur leicht zu erklärende Denkmäler aufnahmen, und durch die Gefälligkeit der Composition und Eleganz der Zeichnung bestimmt wurden, hier nur schwer erklärbare, ja von andern Gelehrten als unauflösliche Räthsel aufgegebene ausgewählt sind, und zwar in der Absicht, den dargestellten Gegenstand ins Licht zu setzen und die darin verborgene Erudition zu enthüllen".

Selbst Unedirtes, dessen Verdienst aber bloß in der Zeichnung oder in der Vollendung (Animento) der Ausführung bestand, blieb ausgeschlossen. Sonst (bemerkt er) würde das Werk auf das Doppelte des jetzigen Umfangs gekommen sein. Daher machen die Basreliefs über die Hälfte aus (112), ein Viertel und mehr die Gemmen (60). Der Rest vertheilt sich unter Statuen, Büsten, Statuetten und Gemälde (von allen diesen je sieben); sechs Mosaiken, elf Vasen, ein Silbergefäß, zwei Spiegel und eine Münze.

Allerdings schließen sich beide Gesichtspunkte nicht ganz aus. Es konnte nicht fehlen, daß mancherlei Proben aus allen Epochen der Zeichnung mit unterliefen. Wir erhalten altägyptische und neugyptische Werke, etruskische Gemmen, altgriechische und archaistische Reliefs, Werke des hohen und des schönen Stils u. s. s. Deutsche Leser fanden in den Kupfern mit Dank „die Belege und Urkunden zu seinen bisherigen Schriften". „Das Lesen der deutschen Schriften Winckelmanns (bemerkt Heyne) war bisher sehr beschwerlich. Man sah W. eine Menge Kunstwerke in und außer Rom nennen, rühmen, beschreiben, darüber urtheilen und daraus folgern, ohne daß man Vorstellungen davon, wenigstens in Kupfer hatte. Sein Werk befriedigt unsere Wünsche". Indeß war es ein Zufall, wenn die gesammelten Denkmäler einen solchen Dienst leisteten; denn nicht einmal die Stücke, auf welche er die Stilcharacteristik in der Einleitung gründete, so wenig deren auch waren, wurden aufgenommen. Nur in einem Punkte hat Winckelmann seinem alten Princip, der Schönheit, ein Opfer gebracht. Einige seiner Lieblingswerke, Werke des schönsten Stils hat er in reicher Grabstichelmanier stechen lassen: es ist das Antinousrelief der Villa Albani, der Antinouskopf der Villa Mondragone (179 f.), der ihm selbst gehörende Pansskopf (60), der „Leucothea"-Kopf des Capitols (55), der sterbende Alexander (115) und eine Statue: der Sanstozwaos (40). Es sind Erholungspunkte für das Auge. Einmal wenigstens in seinem Leben wollte er das was er von der Griechenschönheit bezeugt hatte, würdig illustriren; und so hat er was ihm schon im ersten römischen Jahre vorschwebte, als er die Statuen des Belvedere stechen lassen wollte, im letzten vollbracht vor sich gesehen.

Dieß war aber auch alles. Sonst hat die Kunst an den Monumenti keinen Antheil. Gleich beim Erscheinen des Werkes wunderte man sich allgemein, wie es Winckelmann möglich war, über die Kunst in zweihundert alten Werken ein so complettes Schweigen zu beobachten. War es deshalb weil sich „sein deutscher Kopf nicht theilen konnte", daß er in einem der gelehrten Auslegung gewidmeten Werke blind sein mußte gegen das andere? Aber der andauernde Verkehr mit diesen Werken scheint ja solche Bemerkungen selbst wider Willen aufzudrängen. Sogar Archäologen von ausschließlich gelehrter Richtung wie Zoega und Visconti sind in dieser Beziehung reicher.

Die Sammlung enthielt z. B. sehr vollständige Proben der antiken Reliefmanieren, von den ägyptischen en creux und den ältesten griechischen an, wo das Relief nur eine mit Hülfe der Sculptur wiedergegebene Umrißzeichnung ist. Es waren da hieratische aller Nüancen, einige der hohen Zeit, darunter eines werth dem Parthenonfries an die Seite gestellt zu werden, dann Kleinode voll zartester Vollendung; in Plastik übertragene Gemälde; Compositionen von processionsartiger Einfalt bis zu den überladenen Werken der Kaiserzeit, mit runden, vom Hintergrund losgelösten, neben- und hintereinander sich drängenden Figuren vollgestopft. Wie interessant und wie leicht zu schreiben wäre hier ein Capitelchen über den Reliefstil gewesen, und wie

§ 161. Gesichtspunkt der Auswahl.

passend damals, wo man die malerische Manier im Relief aufs äußerste getrieben hatte.

Die Mehrzahl dieser Reliefs gehörte zu Sarcophagen: dem Kern nach waren die Monumenti eine Sarcophagen-Collection; und für diese Kunstgattung ist Rom, wo sie zur Ausbildung kam, Hauptort. Aber aber die Beziehung ihrer Scenen auf die Bestimmung des Sarcophags findet sich nicht eine Bemerkung; für Motive in der Kunst scheint ihm der Sinn zuweilen ganz zu fehlen.

„Wir Deutsche, schrieb man 1766 von Göttingen, hätten es ihm Dank gewußt, wenn er uns die Kunst an den Werken mehr entwickelt, und besonders an denen in erhobener Arbeit über die Anlage, die Ausführung, die Anordnung und Zusammensetzung und selbst über die Zeichnung sich mehr herausgelassen hätte... Unrichtige Zeichnungen der alten Künstler sind in den Beschreibungen nirgends bemerkt, auch nicht Urtheile über die Stellung und den Ausdruck der Figuren, Anordnung und Zusammensetzung, so ungeschickt und abentheuerlich sie oft ist".*)

Ueberblickt man nun die nach solchen Gesichtspunkten gemachte Auswahl von weit über zweihundert Denkmälern, so muß freilich jeder Archäologe solchen Reichthum des Inedirten und Unerklärten mit Neidesaugen betrachten.

Glück ist bei derartigen Unternehmungen immer eine unerläßliche Bedingung. Die letzte Sammlung römischer Bastreliefs waren P. S. Bartoli's Admiranda Romanorum antiquitatis, 1693; die von ihm übersehenen und die im Lauf des achtzehnten Jahrhunderts zu Tage gekommenen Werke waren für Winckelmann reservirt geblieben. Soviel hatte sich aufgesammelt, daß er von den in seinen Jahren entdeckten und sonst doch begünstigten Werken (obwohl fast kein Monat ohne ein solches Geschenk verging) kaum ein Dutzend aufzunehmen Anlaß fand. Dazu kam die Bequemlichkeit der Benutzung, „die Gewohnheit täglichen Umgangs". Lessing und Goethe haben den Verdacht der Parteilichkeit für die Werke seines Herrn ausgesprochen; die Zahl der Albanischen Denkmale, die das Register aufweist, beträgt allerdings 114, während das Capitol mit 62, die Villa Borghese mit 50 auftritt. Auch wird jedes Albanische Alterthum, wenn sich irgend ein Anknüpfungspunkt

---

*) Nehmlich Klotz Acta lit. V, 115 ff.: Quis enim non a W. imprimis expectabat judicium de ingenio artificum, de linearum indole, de manuum elegantia? aut quis melius de his omnibus judicare poterat, eo viro, qui tot monumentorum sapienti contemplatione oculorum aciem quasi exerceret, ingeniique in spectandis operibus et pulchritudine sentienda et judicanda elegantia optimis praeceptis et exemplis confirmaverat? Sed ejusmodi disputationes fere frustra quaesivimus. Parcissime attingitur ratio ea, quae artificio conjunctior est. Nihil quidem videtur vir praestantissimus Italorum studiis inserviisse, quibus copiosae eruditionis speciem magis placere constat ingenium illa et amoena venustate.

auftreiben läßt, wenigstens einmal genannt, jene mehrmals unternommene Beschreibung der Villa ist in dieses Werk übergegangen; indessen sind unter den publicirten nur 45, und bekannt ist der Reichthum dieser Sammlung an gelehrten Werken. Winckelmann hatte diese Schätze seit seinem Eintritt ins Albanische Haus eifersüchtig für sich gehütet (s. S. 136).

Für die Ordnung konnte natürlich nur der Grundsatz der Auswahl maßgebend sein: der Gegenstand bildete den Eintheilungsgrund; wie bei den Gemmen folgen sich: Mythologie der Götter, historische bis zur Heimkehr des Odysseus; Geschichte Griechenlands und Roms; endlich Sitten, Gebräuche und Künste. Auch dieses Werk suchte er systematisch zu machen; ja u. a. gestützt auf einige zusammenhängende Erörterungen ganzer Capitel aus den Antiquitäten (wie der Bühnenalterthümer Cap. 9 zu N. 159—196, und der Schiffsalterthümer zu Nr. 207) glaubte er, „wer die gelehrten Alterthümer und die zur Kunst gehören, lernen wollte, habe nun weiter kein Buch vonnöthen, wer aber künftig von dergleichen schreiben wolle, müsse einen höhern Flug nehmen".

§ 162.
Die Kupfer.

Der am wenigsten glänzende Theil der Publication war das was am meisten Geld und Zeit, Sorge und Aerger gekostet hatte. Freilich hatte Winckelmann keinen Wille und Schmidt, keinen Morgen und Strange zur Verfügung. „Die Kupferstecher in Italien, schreibt er den 16. November 1758, sind fast alle mittelmäßig". Doch nicht bloß die Eleganz des Stils, auch die Genauigkeit der Zeichnung ließ viel zu wünschen übrig.

Winckelmann forderte hier die Critik selbst heraus, da er im Buche ungenaue Zeichnungen seiner Vorgänger streng rügte (z. B. 130), und in der Genauigkeit des Sehens einen Vorzug seiner Erklärungen fand. Heyne rügte sogleich, „daß die Größe und Beschaffenheit der Denkmäler nur zuweilen etwas genauer bestimmt sei"; schlimmer, und befremdlich bei dem Verfasser einer Schrift von Ergänzungen, war die Nichtangabe der restaurirten Theile in den Stichen. Zoega fand, daß das Werk hierdurch einen großen Theil seines Nutzens einbüße, besonders da dieser Mangel nicht durch Beschreibungen ersetzt werde, die für den gelehrten Gebrauch größtentheils statt der Abbildungen dienen können.

In dem Albanischen Relief der Hochzeit des Cadmus und der Harmonia (28) stammt die ganze irrige Erklärung (Mars und Venus) aus der Aneignung der Idee des Restaurators, wobei dann die sich aufdrängenden Gegeninstanzen aus den Launen des Künstlers erklärt werden. Die von

§ 162. Die Kupfer.

ihm auf der herrlichen archaistischen dreiseitigen Ära der Villa Borghese (15) entdeckte Juno Martialis, deren Zange eine Evolution antiker Taktik bedeuten sollte, war Vulcan, dessen langer Mantel den Ergänzer verleitet hatte, eine weibliche Gottheit daraus zu machen. Auch den kriegerischen Bacchus (6) hat der Ergänzer auf dem Gewissen, der (und Winckelmann nach ihm) die Nebris für einen Panzer nahm.

In einigen wird die große Ungenauigkeit entschuldigt durch die Unmöglichkeit, das hoch an einer Casinofaçade eingelassene Relief in der Nähe zu betrachten. Bei dem Borghesischen Prometheus- und Pandorarelief (52), wo Winckelmann erst mit dem Glase die Ergänzungen bemerkte und auch dann seine Erklärung nur zweifelnd gab, ist der Stich so falsch, daß er gar keine Vorstellung vom Original giebt; Welcker erkannte darin die Verbindung von Vulcan und Venus. Ebenso untreu war das wohlerhaltene Relief daselbst (135), die Zurückführung von Hectors Leiche nach Troja, das vielmehr die Bestattungsfeierlichkeit darstellt. Die Inschrift Zethos, Antiope und Amphion auf dem Borghesischen Orpheusrelief (85) konnte Zoega erst bei der Herabnahme von der Mauer des Casino im Jahre 1805 als modern erkennen, womit diese ganze Deutung zusammenfiel. —

Was die Stiche betrifft, so sind sie der Mehrzahl nach mittelmäßig. Es macht einen kläglichen, fast komischen Eindruck, nach den hohen Worten im Text diese Bilder anzusehen, die jene doch eingegeben haben sollen. Man hat es ihnen nachgerühmt, daß sie von der zopfigen Grazie französischer Zeichner frei seien. Dieß ist richtig; aber sie sind auch ohne die Grazie der Antike. Sie bleiben weit hinter dem Maßstab selbst damaliger Zeit zurück.

Allerdings müssen sie unter seiner speciellen Aufsicht gemacht worden sein; sehr deutlich angegeben ist z. B. das griechische Profil (in einer Anzahl hat die Linie eine convexe Krümmung), die tiefen großen Augen, der schmale Mund, das volle Kinn; auch in der Gewandung, bei sachlich wichtigen Gerberden, in einigen Stilcharacteristiken (z. B. des archaistischen) ist seine Leitung offenbar. Die ganz verschiedene weiche, warme Manier in den nach Bartoli wiedergegebenen Gemälden (114. 115.) beweist, daß die malerische Manier den Stechern geläufig war, und daß man sie absichtlich vermied, wo sie nicht paßte, — wofern dieß nicht alte Platten waren.

Aber man sieht es den Stechern an, daß sie ohne eigenes Gefühl des antiken Stils, nach Vorschriften, jene Details nachgeahmt haben, während sie sich in der sonstigen Ausführung der Formen ganz ihrer Routine überließen.

Verschiedene Hände sind sehr deutlich zu unterscheiden. Winckelmann ließ einmal gleichzeitig vier Stecher für sich arbeiten. Im allgemeinen nimmt der Werth ab mit der Größe der Figuren. Die Mehrzahl der Reliefs und Gemmen (1—7. 9—13. 15 u. s. f.) sind bloß contourirt, ohne Schattirung auf horizontal schraffirtem Grund; die Muskeln sind mit leichten Nadelstrichen angedeutet. Die Linien sind hart, starr, ohne allen Fluß, die Zeichnung bekommt dadurch etwas zerknittertes und zerzaustes (ebissonné). Dabei hat der Stecher die Erklärung, die ihm mitgetheilt war, auf die Reproduction oft in seltsam täppischer (grosso) Weise einfließen lassen: eine Munterkeit in Wendungen und Gesten, ein grimmiger, kläglicher, drohender, süßlicher Blick entfließt seiner Nadel.

Eine andere Hand ist in Stücken wie 50, 57, 95, 116, 124, 134, 193 und in den meisten Vignetten erkennbar. Die Figuren sind mit leichter kräftiger Nadel ausgeführt, sie runden sich, mit Hülfe starker Schlagschatten gut ab, und der Stecher hat sich eine Manier in Reproduction des antiken Typus gebildet, bei der nur gewisse höchst wunderliche Verzeichnungen stehend sind, z. B. Verkleinerung der Extremitäten fast bis zur Verschrumpfung (72). Eine sehr breite und elegante Nadel zeigen 57, 105, 127, 141.

Bei einigen besonders hochgeschätzten Reliefs sind die Figuren mittelst dreifacher Schraffirung und Punkten in feiner Abstufung schattirt. So die Niobide 150, Capaneus 109, Diogenes 72 f., Juno 54. — In sehr wenigen ist der Character des Marmorreliefs ohne die sonst durchgängige und immer etwas flaue Stilisirung, mit Zauberkeit und Schärfe nachgeahmt, z. B. bei dem neapolischen Relief der Helena (115); vgl. 21, 31, 183. Es wäre möglich, daß er hier fertige Platten vorfand. Von Zwisch erhielt er, wie es scheint, deren acht.

Die schon erwähnten, bloß ihrer Schönheit wegen aufgenommenen und im größten Maßstab mitgetheilten Köpfe und Statuen sind von Niccolo Mogalli (geb. 1723), einem talentvollen, seit 1750 in Rom lebenden Kupferstecher, der auch für die Gallerien von Florenz, Portici und für das Licherianum arbeitete. Es scheint derselbe zu sein, den Winckelmann in seinem beständigen Solde hatte (13. Januar 1767). Sie sind allerdings sorgfältig gezeichnet und nicht übel gestochen; doch überstieg es das Vermögen jener Zeit, sich der ganz an dem verschwommenen flauen Wesen der letzten Schulen herangebildeten Manier radical zu entäußern, und der Marmorstrenge und Marmorblässe gleichzustellen. Ueberall fehlen charakteristische Züge, z. B. bei dem Leucotheakopf (85) die Schwellung des Stirnknochens und die Horizontalfalten des Halses.

Sonst aber waren alle diese Blätter für den gelehrten Gebrauch zu ungenau und für die genießende Betrachtung, als Einladung zu näherer Bekanntschaft (was z. B. die herculanischen so trefflich erfüllten) zu abstoßend ungefällig, zum Theil bis zum Rohen.

§ 163.

Grundsätze der Auslegung.

Außer dem Glück war es die Methode, der das Werk seinen Erfolg verdankte. Auf die Methode war er gekommen bei der Bearbeitung des Stoschischen Verzeichnisses. Die Description setzt ihn in den Stand, in diesem zweiten hermeneutischen Werke sich ganz auf eigene Füße zu stellen, lauter Erklärungen darzubieten, die ganz auf eigenem Boden gewachsen waren.

Die erste Maxime war, „daß die Alten in ihren Werken, sonderlich Reliefs von mehreren Figuren, keine müßigen oder „bloß idealischen" Bilder entworfen haben, d. h. solche die keine bestimmte, bekannte Geschichte vorstellen. Nicht als wenn Erfindungen, Spiele der Laune (cose inventate a capriccio) ganz fehlten. Bacchanale, Tänze u. s. f. seien auszunehmen. Aber es müssen unverkennbare Anzeichen solcher Phantasien da sein. Da die Malerei nach Simonides eine stumme Dichtkunst ist, und nach Plato ihr Wesen die Fabel (μῦθος), so muß der Künstler, der als Dichter auftreten will und der dichterischen Begeisterung freien Spielraum geben, ebenfalls Gegenstände der Fabel wählen. Die Sujets antiker Bildwerke sind also im mythischen Cyclus von der Theogonie an bis zum Ende der Odyssee zu suchen. Auch durch die Angaben öffentlicher Kunstwerke im Pausanias fand Winckelmann die Maxime bestätigt, daß die Quelle der Künstler Homer war. Nur hat man in der Folge den Zusatz nöthig befunden, daß sie allezeit der ihrer Zeit nächstliegenden Wandlung der Sage, z. B. der tragischen, oder der alexandrinischen sich anschlossen; „daß sie keineswegs die homerischen oder epischen Sitten darzustellen beabsichtigten".

Eine Ausnahme machen die Thaten Alexanders, die öffentlichen Kaiserdenkmäler, die sagenhafte römische Urgeschichte und die Bilder der Münzen.

Diese Maxime bedeutet für die damalige Archäologie, besonders die italienische, eine förmliche Revolution. Viele Scenen, die heute Jedermann so geläufig sind, wie die biblische Geschichte, waren bis dahin durch ein festgewurzeltes Vorurtheil mehr noch als durch die geringere Bekanntschaft mit griechischer Sage, auf die wunderlichste Art mißdeutet worden. Man suchte die Gegenstände der römischen Reliefs allgemein in römischer Geschichte und Sitte.

In dem Raub der Töchter des sicyonischen Königs Leucipp durch die Dioskuren auf einem Sarcophag der Villa Medici (61) sah man den Raub der Sabinerinnen. In der großen capitolinischen „Urne des Septimius Severus" mit einer symmetrisch gehaltenen Darstellung des Achill auf Scyros sah Piranesi dasselbe Ereigniß nebst dem darauf folgenden Friedensschluß zwischen Romulus und T. Tatius; derselbe fand in dem stehenden Priamus (134) den Triumph des Romulus über König Acron und des letzteren Todtenklage. In der Ermordung der Polyxene durch Neoptolemus (144) sah jener abenteuerliche neapolitanische Charlatan, der Basilianermönch Joh. Chrysostomus Scarfò, Lucrezia und Tarquin. Eine Gruppe des Mars und der Venus mit römischen Köpfen galt für Coriolan, der den Bitten seiner Mutter nachzugeben im Begriff steht. Nur in einem Fall mußte eine Scene nach vielfachen Wanderungen innerhalb der griechischen Welt der römischen Sage zurückgegeben werden: die Hochzeit des Peleus und der Thetis im Palast Mattei (110), die eine Zeitlang für einen besonders guten Griff Windelmanns galt (da dieß gefeierte Ereigniß bisher noch auf keinem Denkmal bemerkt worden war), ist neuerdings mit Wahrscheinlichkeit „Mars und Rhea Sylvia" benannt worden.

Eine Reihe glücklicher Erklärungen, die sich sofort ergaben, zeigte wie ein richtiges Princip ohne große Mühe auf eine Menge Wahrheiten führen kann, während man bei einem falschen mit allem Scharfsinn, Phantasie und Gelehrsamkeit nur Irrthum auf Irrthum häuft.

Zu jenen gehört die Entdeckung der Geschichte des Protesilaus und der Laodamia auf dem Barberinischen Sarcophag (123), wo Beyer die Geschichte der Alcestis gesehen hatte. Eine gute Intuition war der vom Blitz getroffene Capaneus auf einem Albanischen Relief (109), die später durch eine Gemme mit dem am Hinterkopf sichtbaren Blitz bestätigt wurde. Aehnliches Lob verdient ein kleines sehr vollendetes Fragment im Besitz des Auslegers, wo er (nach Zoega) „mit ungewöhnlichem Scharfblick" den Triumph des Bacchus über die Indier ahnte, ohne die vollständig erhaltene Replik im Collegio Inglese zu kennen, welche jetzt im Museo Chiaramonti steht. Besonders einleuchtend war die Erklärung des Corsinischen Silbergefäßes (nach Paciaudi die Befragung des Orakels der Fortuna zu Antium) als Urtheil des Areopag über Orest (32). Nennenswerth sind auch das Fragment mit dem Frevel an Castandra (141), das letzte Opfer des Oedipus (104), die Geschichte der Medea im Hof des Palastes Lancelotti (90 f.), und die (vollständigste) Darstellung der taurischen Iphigeniensabel im Palast Accaromboni (149). Die gelehrteste von allen Erklärungen aber war die Entdeckung der Fabel der Alope auf dem Sarcophag an der Vorhalle des Casino's in Villa Pamfili (92), in der Beyer Cephalus und Procris gefunden hatte; nach Welcker „die einzige bis jetzt bekannte Darstellung der Fabel der Alope, und wir schöpfen diese Fabel aus einer einzigen Erzählung des Hygin".

Andere Funde waren schon durch frühere Schriften vorweg genommen, besonders auf geschnittenen Steinen (S. 267). Zwei Gemmen, die schon herausgegeben waren und deren Erklärung er vielleicht erst nach Abschluß der Kupfer fand, kommen im Eingangstractat vor, der angebliche Tantalus mit Ganymed (LVI), und Hercules mit Omphale, sonst Ptolemäus Auletes genannt (LVIII). Den herrlichen Carneol mit dem Kampf um den Leichnam des Patroclus (125) lieferte ihm das ludovisische Cabinet, zu dem er allein in Rom im Jahre 1703 einen Zugang gefunden hatte, und das ihm selbst die florentinische und farnesische Sammlung zu übertreffen schien. Die Camee mit Achills Klage um seinen Freund (129) gehörte der Chevussini. Der Typus der Nemesis (25) und die gequetschten Pantaliasten aber waren bereits in der Description und in der Allegorie bekannt gemacht worden. —

Diese und einige andere Erklärungen hatte die Criti3 im Auge, wenn sie rühmte, „wieviel Erläuterungen ungemein glücklich gerathen seien und das Gepräge des Genius hätten. Es sei ein Vergnügen wahrzunehmen, wie auf einem erhabenen Werke, nach einmal errathenem Sujet, gleich als an einem Faden sich alles nach und nach in seinen kleinsten Nebenfiguren ganz natürlich entwickelt". „Mit schnellem Blick, sagt Heider, mit hoher Einsicht in das Alterthum in seinen verschiedenen Weisen und von großer Belesenheit, bei großem Vorrath, worin die unklaren Stücke selbst durch die Gesellschaft oft verständlich werden, und bei der Gelegenheit täglichen Umgangs mit den meisten der Werke, die er ebiren wollte, erwarb sich W. ohne Zweifel das Verdienst Verständniß und Schätzung der Basreliefs eröffnet zu haben".

Man denkt hier wieder an Goethes Wort, wie oft zu einem wissenschaftlichen Erfolg die Erbschaft eines Irrthums gehöre. Es kam nur an auf Belesenheit in griechischer Sage: mit einem treffenden Einfall war die Hauptsache gethan: kunstvolle philologische Operationen waren selten nöthig. Es war noch die Zeit glücklicher Abenteuer in der Archäologie, eine Epoche der Conquistadoren. Die römischen, geschichtlichen und novellistischen Deutungen hat dieß Werk zuerst angegriffen und zugleich ganz und gar beseitigt. „Heute, sagt der genannte Forscher, weiß Jedermann wie selten in den Bildwerken des Alterthums das Geschichtliche ist, wie selten insbesondere Scenen des Lebens der berühmtesten Privatpersonen oder auch die Begebenheiten der außerordentlichen und romantischen Art unter unbekannten Personen, seltsame und rührende Fügungen des Zufalls, wie sie die griechischen Epigramme häufiger dem Andenken bewahrten, sich dargestellt finden". Dieser Umschwung ist Windelmanns Werk.

§ 164.
Fehler in der Methode.

Mit der Zeit wird es immer schwerer, sich die Bedeutung und Wirkung eines so epochemachenden Buchs angemessen vorzustellen. Seine Wahrheiten erscheinen immer weniger als Thaten der Erkenntniß, weil sie Gemeingut und Gemeinplatz geworden sind; seine Fehler erscheinen immer mehr als grobe, leicht zu vermeidende Sünden, weil die Zeiten eben durch den, der sie begangen, weiser geworden sind. Es ist lehrreich auch für die heutige Wissenschaft, die Ursachen dieser sehr zahlreichen Fehler zusammenzustellen.

Die Quelle hermeneutischer Fehler kann schon in der Theorie selbst liegen; diese kann durch irgend eine schiefe Fassung, einen falschen Beisatz ebenso fruchtbar an Irrthümern wie an Wahrheiten werden; freilich auch schon durch den bloßen Systemgeist. Winckelmann hat die Forderung, die Kunstwerke aus der Mythologie zu erklären, überspannt (obwohl er sie selbst nicht unbedingt hinstellte); er suchte bestimmte Mythusscenen auch in Bildern aus dem täglichen Leben und wiederkehrender Cultushandlungen, auch da wo kein bestimmter Zug seiner Deutung einen Anhalt verlieh. Schon Klotz durfte ihm entgegenhalten, daß viele der von Plinius aufgeführten berühmten Statuen nach einem bloßen Genremotiv hießen, — der Schaber, der Speerträger, der Scheibenschleuderer, die Knöchelspielerinnen u. s. w. Zoega hat gerade im Gegensatz zu den oft gesuchten und willkürlichen Deutungen seines Vorgängers die Maxime der Frequenz von Scenen aus dem gewöhnlichen Leben zur Geltung gebracht.

Wie er in der aldobrandinischen Hochzeit die des Peleus und der Thetis erblickte: so muß ein schönes griechisches Grabrelief mit dem Abschied eines Kriegers (72 im Palast Rospoli) Jason und Medea, oder Auge und Telephus vorstellen, wobei es ihm gelingt, eine Reihe Einzelzüge der hyginischen Fabel darin wiederzuerkennen. „W. bemerkt schon (zu 120) die neue Bibliothek der schönen Wissenschaften, verschwendet viel Mühe und Gelehrsamkeit, um einen Philoctet zu finden, da wo die einfachste allegorische Vorstellung in die Augen fällt: Opfer eines Kriegers für glückliche Rückkehr". In Bildern eines Mahls, die so häufig auf Grabreliefs wiederkehren und unnöthig auf Leichenmahle gedeutet worden sind (19 f.), brachte ihn ein Pferdekopf auf das Roß Arion, und die beiden Gatten werden zu Ceres und Neptun, die in Roßgestalt jenes Wunderthier erzeugten. Eine Gruppe tanzender Frauen (147) ist Electra, von Klytämnestra gezwungen, den Jahrestag von ihres Vaters Tod zu feiern. Auf einem erotischen Vasengemälde, wo der Jüngling dem Mädchen einen Apfel reicht (99), findet er Theseus mit dem Knäuel und Ariadne mit der Tänie. Das alte Wandgemälde eines Opfers in der Villa (177) wagt er auf Grund des Funds am Palatin und nach einer vagen Aehnlichkeit mit dem Gesicht der Livia, der Gemahlin, und der Octavia, Tochter Augusts, für das Marsopfer bei Horaz (Od. III, 14, 5) zu erklären.

Solche Auslegungen veranlaßten alsbald den seitdem unzählige male wiederholten Tadel, „daß sich W. durch seine glänzende Phantasie zuweilen

§ 164. Fehler in der Methode.

verfahren laſſe" (Bibl. des sciences. à la Haye 1767 p. 169 ff.). Bekanntlich wird dieſer Vorwurf gewöhnlich da erhoben, wo man vielmehr den Mangel an Phantaſie tadeln ſollte. Die Phantaſie, welche über wenig Thatſachen verfügt, (wie z. B. die von Schwärmern, Sectenhäuptern Syſtemmachern, Parteifanatikern und andern Monomanen) iſt in ihren Combinationen beſchränkt und folglich zu ewigen Wiederholungen verdammt; ſie hat viel weniger Chancen, das Wahre zu treffen, als eine Phantaſie, die über einem reichen, geordneten Material waltet. Aber bei dieſer vergißt man, daß die Combination ihr Werth iſt, weil das was ſie herausbringt, mit der Wirklichkeit zuſammentrifft.

So heißt ſich Windelmann ſo zu ſagen, in gewiſſe Details, Characteriſtica feſt, die ihm als Schlüſſel der Erklärung gelten. Bekannt iſt das Diadem der Leucothea, welches die Göttin dem Ulyß nach dem Schiffbruch bei den Phäaken ſchenkt, ein breites Band, das um die Stirn gehe. „Es würden ſich allzuviele Leucotheen finden", bemerkte ſchon die Allgem. Deutſche Bibliothek. Dieſes κρήδεμνον aber war (nach Bisconti) keine ausſchließliche Eigenthümlichkeit der Leucothea, und (nach Zorga) überhaupt keine Binde, ſondern eine weibliche Kopfbedeckung, eine Art Schleier. Er ſteht in dem Fußſchemel ein Zeichen übermenſchlicher Würde, obwohl ſich derſelbe bei Figuren jeder Rangclaſſe findet. Die wichtige Entdeckung der Pantraliaſirenohren verführt ihn, ſolche auch da zu ſehen, wo ſie nicht ſind; darauf gründet ſich die Erklärung des griechiſchen Grabreliefs (62) als Pollux' Kampf mit Lynceus, obwohl die kegelförmige Mütze des Dioscuren fehlte. „Die Ohren, bemerkt die A. D. B., ſind weder zerriſſen, noch ſtumpf, noch gequetſcht, nur ein wenig beſtoßen, platt, und von runder, faſt gar nicht charakteriſirter Geſtalt".

In vielen Fällen hat Windelmann ſich die Erforderniſſe eines hermeneutiſchen Beweiſes nicht vergegenwärtigt. Der Reiz eines Originaleinfalls, der Glaube, einer ſeine antiquariſche Phantaſie gerade beſchäftigenden Scene oder Figur in Marmoren begegnen zu müſſen, die Ideenaſſociation einer ihm vorſchwebenden Dichterſtelle mit irgend einem Zug im Bilde (die höchſtens als erſter Impuls zu einem neuen Löſungsverſuch gelten konnte): dieß alles kann kein Urtheil endgültig beſtimmen, präoccupiren: von da an wird alles gewaltſam unter die Hypotheſe gebeugt. Obwohl er den Unterſchied zwiſchen Erklärung „und einer Conjectur, die mehr ſinnreich als wahr iſt", im allgemeinen wohl kannte (S. 110).

Gerade auf ſolche Funde aber, durch einen glücklichen Zufall legt er beſonderen Werth. „Durch das einzige Wort Ἀπορρώων in dem Scholiaſten des Pindar fand ich die wahre Bedeutung der irrig ſogenannten Statue des Q. Cincinnatus und in derſelben den Jaſon". Aber was ſoll man ſagen, wenn er in der Büste eines Hercules als Olympiasieger (171), bloß wegen des Alters, des großen Stils, der aria nobile und eines Oelkranzes den Xenophon erkennt, weil dieser, da er im Opfern begriffen den Tod seines Sohnes Gryllus bei Mantinea erfuhr, den Kranz abnahm, ihn aber wieder aufsetzte, als man hinzu setzte, daß er den Heldentod gestorben sei? Eine Probe, wie er im Stande war, in eine complicirte Scene, die ihm aus mehreren anderen Darstellungen sehr geläufig war, mit merkwürdiger Verblendung eine ganz fremde Geschichte hineinzulesen, ist die Deutung der Entbedung des Achill in Skyros in der Villa (57) auf Meleager, der nach hartnäckigem Sträuben den Bitten einer Göttin Cleopatra nachgiebt, die von seinen Oheimen belagerte Stadt zu vertheidigen. In der Hochzeit des Cadmus und der Harmonia (25), der ersten menschlichen Hochzeit, bei der die Götter erscheinen, sieht er die Liebschaft des Mars. Ebenso wunderlich findet er in einem Basenbild (159), wo die Friedenspallas dem wilden Hercules den Götterrank reicht, Ulyß, der von Pallas in einen runzligen, zitternden und gekrümmten Greis verwandelt wird. Die Maxime, daß es nichts ungewöhnliches sei, eine ganz fremde Gruppe in die Mitte einer Composition einzufügen (mittelst der er diesen schweren Theil des Alopesarcophags beseitigen will), gründet sich auf Mißkennung von vier Denkmälern.

Die Phantasie, die in den vorherangeführten Beispielen so leichtbeflügelt schien, zeigte sich bei andern Gelegenheiten eigenthümlich blind und schwerfällig. Wie mochte ihm nicht einfallen, daß die Gemme mit dem Namen des Teukros (Tratt. prel. XCI) Demosthenes war, dessen kürzlich in Herculaneum gefundenes antheutisches Bildniß er selbst herausgegeben hatte! Wie konnte er die natürliche und naheliegende Erklärung des Nilhauptes (51) nennen, und doch an die abenteuerliche Erklärung als Prometheus sich klammern, bloß wegen des Worts ΠΡΟΝΟΙΑ. Sehr nahe stand er der Entbedung des Menander in dem Marius der Villa Negroni: er nennt die Statue seines Pendants, des Posidipp, daselbst bei Gelegenheit jenes Dichters; vielleicht brachte Visconti diese Stelle auf seine Entbedung.

Manche Irrthümer waren jedoch nicht dem Mangel der Methode zuzuschreiben, sondern bei der Unzulänglichkeit des damaligen archäologischen Apparats unvermeidlich. In vielen Fällen kann nur die Uebersicht sehr vieler Wiederholungen Licht geben; eine große Praxis in den typischen Darstellungsweisen der Sagenkreise, der Gattungen, Arten, Unterarten und Individuen. „Die Manier die verschiedenen Momente, bemerkt Welcker, Nebenpersonen und Nebenumstände auszudrücken und anzubringen, ist sehr eigen und ... in sehr vielen Dingen, in dieser Entfernung, wie hieroglyphisch und mußte erst durch eine Menge erstaunend getroffener Umstände und Daten faßlicher werden, so wie die Sitten, worauf sich die Vorstellungen beziehen, fester zu-

§ 154. Fehler in der Methode.

zusammengestellt, "in einem Bilde gesählt, und ein gehäufterer Vorrath von den nicht in einzelnen Classen von Schriftstellern, sondern überall zerstreuten Winken und Lehren der Alten, und dabei aus so vielen Winkeln und so verstreuten Stellen zusammengetragen werden, ehe man fordern durfte, daß Sicherheit im Erklären und nicht zu Erklärenden stattfinden sollte".

So verschwendet Winckelmann viel Gelehrsamkeit, um in der großen Herculesschale (64 f.) die weiblichen Figuren zwischen den Abenteuern zu erklären. Es sind nur Personificationen der Oertlichkeiten jener Kämpfe; die Attribute fehlen, weil der Ort des Abenteuers sie hinreichend bestimmt; sie sollen die Felder der einzelnen Scenen auseinanderhalten.

Zoega blieb es vorbehalten, in den angeblichen Horen der dreiseitigen albanischen Ara (47 f.) tanzende Hieroduln zuentdecken, Visconti fand in der archaistischen Venus des barberinischen Candelabers die Spes (301, im Plato mit Schmetterlingsflügeln (169) Morpheus, in Achill und Penthesilea auf der farnesischen Gemme (97) Thekus der die Helena raubt, in Orest und Pylades zu S. Ildefonso Schlaf und Tod.

Eine andere Reihe von Irrthümern hatte freilich keinen anderen Grund als Flüchtigkeit. Man erinnere sich der Zeit und der Umstände, unter denen dieß Riesenwerk compilirt und geschrieben wurde. Zoega meint, manche Irrthümer in so wichtigen Dingen ließen sich nur aus der Ungeduld erklären, mit der er, auf das große Ziel der Erleuchtung des gesammten Alterthums hinstrebend, seine Werke schrieb.

Ein sehr fataler Streich passirte ihm mit Cybele (5) im Capitolsmuseum, die schon 1737 vom Abate Giorgi richtig als verschnittener Erzpriester (Archigallus) herausgegeben worden war. Drei moderne Gemmen ließ er sich aufbinden, den Zorn des Achill (126), den Satyr des Teukros (p. XIV, Descr. II, 1494, der von Stosch an Guay und dann an Carlisle kam) und den Chalcedon mit dem Reißspieler, eine Arbeit Johann Pichlers, mit dem sein damaliger Besitzer Jacob Byres nicht nur Winckelmann betrog, sondern auch einen reichen Käufer, wozu Visconti bemerkt: la memoria di sì fortunata impostura merita conservarsi (vgl. S. 273 f.).

Ein halbes Jahrhundert nach dem Erscheinen des Werks zählte C. Cardinali vierzig irrige Erklärungen auf; dazu kamen dreißig theilweise Berichtigungen und Zusätze, welche fünfzehn andere zweifelhaft machen. (Effem. di Roma 1822 S. 305). —

Die Methode Winckelmanns war hiernach wenig mehr als die Einschränkung der Phantasie des Interpreten auf die griechische Götter- und Heldensage; aber innerhalb dieses Bezirks bewegte sie sich ziemlich frei und planlos. Belesenheit und Errathen, das war alles. Nicht Muster critischhermeneutischer Kunst aufzustellen, nicht haarscharfe Genauigkeit ist sein Ehrgeiz, sondern Gelehrsamkeit zeigen. Gelehrsamkeit (eruditione) war der Paß zum Eintritt in das Werk; je trauter der Part am Schlüssel, desto besser; je entlegener und öder der Ort des Schriftwerkes wo er gefunden, desto kostbarer die Entdeckung. Besonders wohl ist ihm, wo er mehrere Auslegungen von verschiedener Wahrscheinlichkeit ausstellen kann. Vorgänger werden angeführt, nicht zu zeigen, wie die Wahrheit sich Bahn bricht, wie aus Dämmerung Tag wird, sondern um jene niederzuschlagen, sich mit den Spolien ihrer Irrthümer zu schmücken. Ein Alterthumsforscher kann zwar nicht zu gelehrt sein; aber Gelehrsamkeit darf nicht (wie das Schöne ist, und alle höchsten Dinge) zwecklos sein. Zwar hatte er kurz vorher sehr gut gesagt: „Die Gelehrsamkeit soll in Abhandlungen über die Kunst der geringste Theil sein, wie denn dieselbe, wo sie nichts wesentliches lehrt, vor nichts zu achten ist, und alsdann wie bei seichten Rednern oder bei schlechten Saitenschlägern das Husten zu sein pflegt, nämlich ein Zeichen des Mangels." Der Antiquar wie der Literator seien Beschäftigungen, die dem Müßiggang und der uns angebornen Trägheit zum eignen Denken schmeicheln. Auch versichert die Vorrede, „der Verfasser habe mit seinen Materialien einen viel größeren Bau aufführen können, wenn er die Gelehrsamkeit statt mit den Fingern, mit dem Sacke ausstreuen gewollt"; aber selbst wohlwollende und noch gelehrtere Leser als er fanden in seinen besten Artikeln „viele und schöne gelehrte Sachen ohne strengen Zusammenhang mit dem Gegenstand" (Zoega II, 65). Windelmann hatte eben den Geschmack der Italiener im Auge; aber deutschen Gelehrten konnte er damit nicht imponiren. „Er ist (bemerkte die K. B. d. s. W. VI, 1, 76) zwar von der unglücklichen Gewohnheit der italienischen Antiquare, platte Wiederholungen von trivialen mythologischen und antiquarischen Dingen anzustellen, weit entfernt; seine Gelehrsamkeit, die er beibringt, hat allezeit das Gepräge des Seltenen, Sonderbaren, und meistens auch das Eigenthümliche; aber doch nähert er sich dem Geschmack der Italiener zuletzt in Aufhäufung und Aufthürmung einer zuweilen fruchtlosen Gelehrsamkeit, welche an und für sich nichts erläutert, viel eher die Aufmerksamkeit zerstreut, dem Scharfsinn und der Beurtheilungskraft schädlich ist, einer lebhaften und herumstreifenden Einbildungskraft durch Darbietung sovieler Gegenstände, unter denen sich immer irgend einiges Verhältniß und eine Verbindung zeigt, nachtheilig wird und wenigstens zu einer gelehrten Eitelkeit oder zu einer gelehrten Schwelgerei verführen kann". „Gleich als wenn die Luft Italiens, schrieb Heyne in der Lobschrift, diesen Einfluß hätte, ergriff ihn die Krankheit der Zeichendeuterei und Wahrsagekunst in der Alterthumskunde; er fing an, nicht mehr zu erklären, sondern zu rathen, nicht ein Ausleger des Alterthums, sondern ein Seher zu sein". Lippert fand etwa 50 bis 60 kleine Fehler

§ 164. Fehler in der Methode.

darin, „die aber alles nichts gegen die großen und ganz neuen Gedanken, deren wohl tausend sind, gerechnet werden können".

Am wenigsten Beifall erntete er daheim in dem, worauf er sich in merkwürdiger Selbsttäuschung am meisten einbildete: der Erklärung und Verbesserung alter Texte durch Denkmäler. Die Acta litteraria fanden sie unnöthig und gewaltsam; die Göttinger urtheilten, „daß er zu sehr den Sprachgebrauch und andere Auslegungs- und critische Regeln einem Einfall oder einer Vorstellung aufopfere, die aus einem einzigen, oft zweideutigen und ungeschickten Denkmal geschöpft sei. Die Begierde, aus Monumenten und Steinen erklären und verbessern zu wollen, ist zu sichtbar und ebenso sichtbar ist die Wirkung davon, daß ihm alles entwischt, was seiner Muthmaßung selbst die Wahrscheinlichkeit nimmt, wenigstens sie schwächt". —

Bei einer Sammlung, deren Gesichtspunkt und Eintheilungsgrund im Gegenstand lag, sollte man eigenthümliche Theorien des Verfassers über Mythologie erwarten. Aber man kann nicht sagen, daß Winckelmann ein mythologisches System gehabt habe. Er war ganz bei der alten leblosen Auffassung stehen, ja sogar hinter seiner Zeit zurückgeblieben. Die Mythologie ist ihm, wie Plato, eine Märchensammlung für große Kinder, alterthümliche Novellen zur Ergötzung und noch mehr zur Belehrung der Vorwelt von klugen Leuten ersonnen; und wo er aus diesem Caput mortuum etwas herauszieht, sind es Allegorien. Die Allegoristerei, die uns bis dahin nur unkünstlerisch erschien, tritt nun auch als Irrlicht der Auslegung auf. In dem Miltopf (84), den er zu Prometheus macht, sollen die hinaufkletternden Putten (die ihm doch aus der Statue des Belvedere bekannt waren), Symbole derer sein, welche aus verwegener Neugier die geheimen Beschlüsse der Vorsehung zu ergründen wagen". Psyche, die sich müde auf eine Hacke stützt (34), bedeutet die Gemüthsruhe beim Ackerbau, als der nützlichsten, edelsten Beschäftigung, die der Seele Fähigkeit und Raum giebt für Betrachtung und Belehrung; und ähnliche Spielereien.

Schon Heyne wunderte sich, daß Winckelmann die alten Schriftsteller so ganz unterschiedslos gebrauche, in einem Athem Orpheus und Seneca, Homer und Apulejus; ohne die älteste sinnbildliche Vorstellungsart, die wirkliche Götterlehre und die philosophische Allegorie späterer Zeiten auseinanderzuhalten. Von den bei Entstehung der Götterlehre wirksamen Kräften hat er keine Ahnung; ebenso wenig von der gänzlichen Verschiedenheit einer Naturanschauungen in durchsichtigen Personificationen verkörpernden Urzeit, der gestalt- und farbreichen epischen Zeit, sodann der den Niederschlag der Mythenbildung nacherzählenden, systematisirenden und zuletzt mit der ursprünglich feindseligen Philosophie vermengenden Spätzeit. So trägt er das Zusammenschmelzen der Gottheiten aus dem Zeitalter wüster Religionsmengerei in die Mythologie zurück, z. B. des Bacchus und Mars (21). Für das beste neuere mythologische Werk erklärt er Henning's genealogischen Schauplatz. Bezeichnend ist es, daß er das Werk mit einem Capitel von geflügelten Gottheiten eröffnet. Alle Götter seien ursprünglich geflügelt und mannweiblich. „Denn die Natur und das Wesen der Gottheit, als von der Materie abgezogen und entfernt, ist über unsern begrenzten Verstand erhaben, der sie vermöge seiner Einschränkung auf Vorstellungen sinnlicher Dinge nur begreifen kann unter Symbolen, die das unerschaffene und unbegreifliche Wesen mit so zu sagen greifbaren, den Sinnen angepaßten Formen bekleiden; daher die ersten Dichter der falschen (!) Religionen und ersten Philosophen, welche Dichter waren, um sich dem rohen Verstand der ungebildeten Völker anzubequemen und ihm ein höchstes Wesen zu lehren, welches sich zu den Menschen herabläßt, es in menschlicher Aehnlichkeit darstellten. Sie statteten jene Wesen mit Kräften aus, welche sie Thieren und verschiedenen Wirkungen der Natur entnahmen". Hiergegen bemerkt Gerhard, daß man aus dichterischen Bemerkungen nicht auf den Kunstgebrauch schließen dürfe; daß die Bezeichnung geistiger Erhebung, unsteten Wesens und anderer ethischen Eigenschaften durch Flügel der Kunstsprache ebenso fremd sei, als der Dichtersprache natürlich. Erst als aus dem Orient dieser thierische Zusatz der Menschengestalt nach Griechenland eingewandert war, habe man Fabelthiere damit ausgestattet, Schreckenshämonen, wunderbare Schnelligkeit dämonischer Wesen dadurch bezeichnet, und hie und da auch wohl Götterbilder damit versehen, welche Sitte dann von Corinth nach Etrurien überging. —

Diese vielfache Unlebendigkeit des Inhalts konnte nicht verfehlen, sich in der Trockenheit des Stils etwas fühlbar zu machen. Nach dem Fegefeuer so vieler Revisionen mußte sein Product zwar sehr geläutert, aber auch zum das Bild zu sehen) etwas abgeschliffen und verwaschen herauskommen. Die italienische Sprache gestattet weniger Kühnheit des Ausdrucks und Freiheit der Bewegung, als die deutsche; ihr Geschmack ist in Darstellung und Stil etwas furchtsamer. Ferner, einem Publicum im fernen Vaterland gegenüber, von dem er nicht nur unabhängig war, sondern nicht einmal etwas hörte, konnte er sich so ungebunden wie möglich bewegen. Die Monumenti waren für römische Leser bestimmt, sie passirten den Censor der Minerva und Magister S. Pal. Aple. Man glaubt es dem Buch anzumerken, daß es Monsignoren, Cardinälen und dem Papste selbst vorgelesen worden ist. Er nennt einmal die Gelehrten troppo arditi, welche die Cherubim von den ägyptischen Flügelwesen ableiteten; die alten Religionen „falsche Religionen"; gebraucht Ausdrücke wie monumenti del culto ridicolo de' gentili (12 f.), lobt die decenza in einer Darstellung der Liebschaft des Mars, „die auch das scrupulöseste Schamgefühl nicht verletzen kann" spricht von „Menschengedanken,

§ 164. Fehler in der Methode.

die weiter gehen als unsre Lage verstattet, statt sich dem zu ergeben, der uns regiert". Der Stil hat weder die körperliche Fülle, noch die schwungvollen Episoden, noch das lebendige Memoirencolorit der deutschen Schriften; es ist etwas darin von der wasserklaren, gefälligen, leichten, abgemessenen, etwas trockenen, ein wenig zopfigen Eleganz der prachtvoll gedruckten Texte zu Galleriewerken.

Die stattlich angelegten Register gehörten auch etwas zu dem welschen Trompeten mit Gelehrsamkeit. In diesem Stück bemerkt man einen beständigen Fortschritt. In der Dresdener Schrift war noch kein Register, im Stoschischen Catalog ein sehr unvollständiges; in der Kunstgeschichte kommen zwei über verbesserte und erklärte Stellen und citirte Werke hinzu; in der Allegorie noch ein viertes über die Denkmäler; die Monumenti enthalten außer der Disposition der Eingangsabhandlung, die bis in die neunte Unterabtheilung herabgeht, vier Register auf 51 enggedruckten Folioseiten. Sie waren freilich auch bestimmt für die Bequemlichkeit und für die welche das Buch nicht zusammenhängend durcharbeiten wollten („man muß doch auch auf die Müßiggänger in der Welt denken", 22. Juli 1767): aber sie sind zugleich das Siegel eines Buchs, das von knappest zusammengepreßter Gelehrsamkeit strotzt, in dem kaum ein Satz zu finden ist, der nicht dem Index irgend ein Citat, eine antiquarische Curiosität, einen widerlegten Autor, eine verbesserte Stelle, eine angeführte Anticaglie liefert.

Kurz, während sonst in Büchern dieser Art die Untersuchungen mit Sorgfalt und Geduld geführt, aber in breiter und verworrener Form der Welt vorgelegt wurden: so ist in Winckelmanns Werk die Handhabung der wissenschaftlichen Werkzeuge flüchtig, die Wiedergabe der Denkmäler, die Anführung der Schriftsteller ungenau, aber die darstellende und stilistische Arbeit, die Disponirung und Registrirung, endlich Papier und Druck mit äußerster Sauberkeit und Eleganz besorgt.

„Doch genug über den Pantoffel an der Venus des Apelles!" so schloß die A. B. ihre lange Recension. Denn es ist zu beachten, daß der Ton, in dem das Werk so eben besprochen wurde, von Anfang an der herrschende gewesen ist, wenigstens in Deutschland. In Italien hatte es, wie zu erwarten, (nach Parifet) einen succès d'enthousiasme. Sie schienen ihre eignen Leistungen dagegen staubiger, meschiner, leerer Plunder! Der Cardinal versicherte, „daß wir bis auf diese Arbeit gleichsam blind gewesen seien in den Alterthümern". Paciaudi nennt die Denkmäler bewundernswerth und selten, die Erklärungen sinnreich und gelehrt. Schon vorher hatte er „die Ehre gehabt, zu Castel Gandolfo S. Heiligkeit in einer großen Gesellschaft ein Stück, den Tod Agamemnons, vorzulesen, — welches ganz ungewöhnlich ist. Ich stand neben demselben, und erhielt seinen gewöhnlichen reichen Segen". Der Pabst „wollte ihm sehr wohl". Die Teutschen bemerkten nicht ohne Eifersucht, daß er vieles gethan, „um den Beifall und die Bewunderung italienischer Gelehrten sich zu erwerben". Doch auch in Teutschland hatte man daraus zu lernen; begierig wurde der reiche Inhalt eingesogen; aber während man sich gegenüber den früheren Schriften (mit Ausnahme der Allegorie) nur empfangend und bewundernd aussprach, las man dieses sogleich mit fortlaufender Critik. Es waren ja nicht mehr Aufschlüsse über Geheimnisse der Kunst, aus Denkmälern die man nicht kannte, es waren Antiquitäten, gottesdienstliche, kriegerische, Costüm, Schriftstellercritik und Exegese, hierin war man competent; und für die Auslegung der Kunstwerke hatte man in den Kupfern die Mittel zum eignen Urtheil in Händen. Die höchste Verehrung des Verfassers, in die es hineinkam, störte die deutschen Gelehrten nicht in ihrer guten critischen Manier, diese seine Leistung von Anfang bis zu Ende mit ganzen, halben und Viertelsschnitzern anzustreichen, wenn man sich auch schließlich gestand: „wir merken sehr wohl, daß wir mit unserer frostigen Bedächtlichkeit nie zu soviel anderen herrlichen Entdeckungen gelangt sein würden, zu welchen W. seine Mühe, feurige Einbildungskraft und sein, auch da wo wir uns ruhig verhalten würden, nachgrübelnder Verstand geführt hat".

Ein größeres Lob als alle Urtheile der Meister spricht dem Werke die Wirkung, die es ausgeübt. Erst seit dem siegreich durchgeführten Grundsatz, daß die Darstellungen der römischen Denkmäler griechischer Mythe und Sage entstammen, „kann man (nach Welcker) der archäologischen Erklärung eine gewisse Grundlage zugestehen". Das unterrichte Meisterwerk archäologischer Auslegung, Zoega's Bassirilievi (1807 ff.) ist aus einer Revision der Monumenti hervorgegangen, mittelst exacterer Befolgung der Winckelmannschen Methode, die Zeichnungen der Reliefs zu sammeln und dann alle Schriftsteller durchzulesen. „Alle Denkmale des Werks fast ohne Ausnahme, sagt Welcker, sind mehr oder weniger im Stich wiederholt oder in der Erklärung berichtigt oder werden zur Erklärung anderer Monumente und zur Vergleichung in unzähligen Stellen angeführt, sodaß vielleicht nie wieder ein ähnliches Buch eine so ausgedehnte und eingreifende Wirkung äußern wird". Viele treffende Erklärungen der nach ihm Gekommenen haben wir hauptsächlich der von ihm gegebenen Anregung zu danken, dem Stachel, den seine sinnreichen, aber unhaltbaren Vermuthungen ihrem Nachdenken gaben.

§. 165.

Trattato preliminare.

Der erste Theil des Werks, durch römische Paginirung als Einleitung und als außerhalb seines Thema's stehend bezeichnet, wurde erst sehr spät in

§ 108. - Trattato preliminare.

den Plan aufgenommen; einen „glücklichen Vorsatz" nennt es Götze, „in der vorausgeschickten Abhandlung das Werk über die Kunstgeschichte; das ihm schon im Rücken lag, stillschweigend zu verbessern, zu reinigen, zusammenzudrängen und vielleicht sogar theilweise aufzuheben" (7).

Er hatte bei der Kunstgeschichte schon ganz zu Anfang eine gleichzeitige italienische Ausgabe ins Auge gefaßt. Im Frühjahr 1757 sprach er von dem Plan, alles in Rom nach und nach zu übersetzen und dann durch Verständige verbessern zu lassen; im November hat er bereits den Anfang gemacht. Eine Nebenabsicht sei, „das Stadium der elenden Antiquariorum in Rom über den Haufen zu werfen. . . . Man könne von Kunst nicht original schreiben, ohne diesen Schwarm (quella schiera de' scartabellatori di parole) auf dem Halse zu haben, welche dort die beste Schrift herunterwerfen könnten". Da aber diese Antiquare, „wenn die Sachen außer den Grenzen der Mythologie gingen, nicht zu Hause waren": so war für jenen Zweck das mythologische Werk geeigneter, welches sie auf ihrem eignen Terrain angriff und mit ihren eigenen Waffen schlug. Im Herbst 1758 wollte er, wie er Heineden schreibt (25. October) „besondere Anmerkungen in italienischer Sprache über die ägyptischen und persischen Steine des Stoschischen Cabinets drucken lassen, weil sie zu abstract für den Catalog gewesen sein würden".

Sechs Jahre später, im Sommer 1763, taucht der Plan wieder auf, „die Abhandlung von der Schönheit mit den besten Stellen aus der Kunstgeschichte ins Welsche zu übersetzen"; wird aber erst drei Jahre darauf, doch ohne die beabsichtigte Dedication an den Cardinal Rezzonico, und jetzt als Einleitung der Monumenti ausgeführt, Il Trattato preliminare del disegno e della bellezza heißt der Titel in der ersten Ankündigung. Er wollte ihn später besonders in Octav abdrucken lassen und eine französische Uebersetzung desselben in Rom besorgen.

Dieser Plan war der Zwillingsbruder der „Anmerkungen", die im ersten Halbjahr 1766 verfaßt wurden. Jene Zusätze, die er am liebsten in einer neuen Ausgabe der verpfuschten Pariser Uebersetzung entgegengestellt hätte, fand er hier Gelegenheit, für seine italienischen Leser wenigstens mit der Hauptsache des alten Werks zu verweben.

Der Tractat ist eine Zubereitung der Kunstgeschichte zunächst für römische Leser, für italienischen Geschmack und italienische Bedürfnisse. Wie der Titel andeutet, ist es eine Zusammenfassung jenes Werks zu einer' bündigen Abhandlung. Was nicht zur Einsicht in die Zeichnung dient, ist gestrichen, z. B. die Abschnitte über das Mechanische in der Kunst (das Material) und über die Gewandung, über die Ursachen des Zurückbleibens der Völker in den Künsten. Wiederholungen sind vermieden: das Capitel vom Wachsthum und Fall der Kunst ist mit der Erzählung ihrer „äußeren Umstände" verschmolzen.

Die Abschnitte über die Phönicier, Hebräer und Perser, die Samniter, Osker und Campaner, sowie über die Römer, die doch nur constatirten, daß über den eigenthümlichen Stil dieser Völker nichts zu sagen war, sind billig weggelassen. Freilich auch die herrlichen Beschreibungen. In den übrigbleibenden lehrhaften Theilen (z. B. gleich im ersten Capitel, wo von der Unförmlichkeit, aber Unabhängigkeit der Anfänge der Kunst bei allen Völkern gehandelt wird) hat der Vortrag mehr Zusammenhang, Eleganz und Bequemlichkeit (z. B. durch logisch-rhetorische Bindeglieder) als in dem deutschen Werl. Da die Idee war, das frühere Mahl für welsche Gaumen zuzurichten, so wurde das menu vereinfacht, wie ja die Italiener auch in Dramen und Romanen die germanische Fülle der Episoden und Nebenrollen nicht lieben, der starke Wein der Dithyramben mit Wasser verdünnt, zwischen die kräftigen Fleischportionen allerhand vegetabilische Beigerichte und Zwischenspeisen eingeschoben. Einst hatte er aus Studien von Jahren eine Kunsthistorie von einem Finger dick machen wollen; dieß scheint er nun, nach dem Durchgang durch jene zwei Quartanten, doch noch versuchen zu wollen.

Indeß ganz aus einem Guß wurde der Tractat doch nicht. Statt der hinausgethanen alten Stücke kam eine Menge neuer Zusätze und Episoden am andern Ende wieder herein, nämlich fast sämmtliche „Anmerkungen". Sie stehen weder dem Umfang noch dem Gehalt nach zu dem Urtext im Verhältniß. Von der Beschreibung des Torso z. B. ist nichts aufgenommen, wohl aber eine Abhandlung über das ω in dessen Inschrift. Der Apollo und Laocoon werden mit ein paar Zeilen über die Action abgethan, dagegen wird bei Gelegenheit des Tauretoross breit über pubertas gehandelt. Eine Ironie des Zufalls war, daß er, der früher Mainville verhöhnt hatte, weil er den Stier am farnesischen Stier das für Kenner Schönste daran genannt hatte, nach zehn Jahren nun selbst von der Kunst in jener Gruppe fast nichts weiter zu loben weiß, als „die große Fertigkeit und Freiheit des Meißels in Nebensachen, wie dem Tedellerb und dem darüber geworfenen Mantel".

Die schwebende Frage über das Verhältniß des etruskischen zum altgriechischen Stil ist wenig gefördert. Da er entdeckt hatte, daß Werke mit den angenommenen Merkmalen des etruskischen Stils altgriechisch oder archaistisch seien, so war die dringende Aufforderung gegeben, eine strenge Scheidelinie zu versuchen. Aber er hat keine finden können: „ich unterstehe mich noch jetzt nicht (1. September 1764), unwidersprechlich zu behaupten, daß einige erhobene Arbeiten, die hetrurisch scheinen, nicht von dem ältesten Stil der Griechen sein können". Indessen obwohl Literatur (lettere) und Mythologie den Etruskern von den Griechen gekommen seien, wie man denn die griechische Göttersage aus etruskischen Denkmälern besser als aus ihren eignen verfolgen könne, so hält er doch die Kunstblüte jener für älter als die hellenische.

Etwas skeptischer ist er geworden: es giebt in Rom keine altetruskische Statue mehr; die Annahme eines dritten, durch Nachahmung griechischer Werke verbesserten etruskischen Stils wird, mit sammt den ihm angeblich zugehörigen drei Florentiner Bronzen, fallen gelassen; aber das altgriechische Leucothearelief, die borghesische (15) und die capitolinische Ara (35) gelten noch für etruskisch. Für die Schilderung des Stils sollen freilich nur die Gemmen gebraucht werden, sie sind wie das von einem abgetriebenen Wald übriggebliebene Buschwerk; diese scarsezza der Denkmäler ist ein Appell an die Nachsicht: aus wenigen Brettern eines gescheiterten Schiffs läßt sich kein Boot bauen. Das Gemälde des Characters dieses Volks, das den Italienern vielleicht unangenehm sein konnte, ist gestrichen, und dafür eine werthlose Erzählung von den Wanderungen der Pelasger und der Griechen zur Zeit des Theurg eingeschoben. — Die Vasen waren schon früher den Etruskern abgesprochen worden; seit kurzem hatte er ihnen ein tieferes Studium zugewandt, elf waren in dem Werke selbst publicirt; warum fehlt also in einer Abhandlung von aller Zeichenkunst jede Bemerkung über ihre Zeichnung, d. h. das vollkommenste was wir aus der Blütezeit griechischer Malerei und deren Vorstufen besitzen?

In der griechischen Partie kann man sehen, wie rastlos Winckelmann seit dem Erscheinen der Kunstgeschichte bemüht gewesen war, die Leere der Denkmäler auszufüllen; doch auch Irrthümer haben sich eingeschlichen. Neu ist die Aufstellung einer Uebergangsperiode, die von der 60. Olympiade bis auf Phidias gehen soll (un' epoca dell' avviamento e del passaggio dell' arte del disegno allo stato della perfezione, S. 66). Dieser Uebergangsstil knüpft sich besonders an Myron (S. 255).

Die Beispiele, welche diesen Uebergangsstil veranschaulichen sollen, zeigen eine Reihenfolge. Am alterthümlichsten schien ihm die Pallas Albani (17); dann die zwei farnesischen Ringer (denn seit den „Anmerkungen" hat er den zweiten, bisher durch den späteren Kopf unkenntlich, hinzugefunden). Es folgte die sogenannte barberinische Muse, die Dioscuren der Capitolstreppe, endlich eines der seltenen ungezweifelhaft altgriechischen Werke in Rom, die giustinianische „Vestalin" oder Hestia.

Wie soll man sich aber den Unterschied dieser Uebergangszeit von der Blütezeit vorstellen, wenn Winckelmann (freilich, wie er selbst meint, etwas kühn) in zwei steifen alterthümelnden Canephoren Cavaceppi's (70) den Stil Polyclets findet? Und warum hat er die Pallas Albani gestrichen, und das griechische Grabrelief (62) übergangen?

Damals schien es noch leichter als heute, Werke berühmter griechischer Meister wiederzuerkennen. Winckelmann glaubte mit mehr oder weniger Wahrscheinlichkeit die Muse des Agelades, die Dioscuren des Hegesias, den

Hermaphrodit des Polykles, wenigstens eine sehr genaue Copie des praxitelischen Sauroctonos (in Villa Borghese) und ein Silbergefäß des Zopyrus (57) aufgefunden zu haben.

Die mehr geahnten als induktiv nachgewiesenen Begriffe der beiden Grazien glaubt er nun durch Denkmäler, und zwar Frauengestalten exemplificiren zu können. Da er für den hohen herben Stil vor Phidias die barberinische Muse hatte, so schien sich ganz in der Nähe, in einer andern Muse des Criminalgartens (jetzt im vaticanischen Museum), ein Gegenstück zu bieten; leider war es ein ganz unbedeutendes Werk der Kaiserzeit. —

Die Theorie der Schönheit gehörte zu den Erzeugnissen, die so tief in dem geistig-physischen Character ihres Urhebers gegründet waren, daß man wesentliche Aenderungen des einmal festgestellten nicht erwarten kann. Daraus darf man auf keine Verändverung der Gedanken schließen: an Werken eines genialen Wurfs gehört sichs nicht, hinterher zu modeln. Daher er auch in dieser letzten Bearbeitung meist bei denselben Vorstellungen, Wendungen und Worten beharrt. Schönheit ist nicht Vollkommenheit, weil diese das menschliche Vermögen übersteigt; die höchste Schönheit ist in Gott, daher Einheit ihr Grundbegriff; durch Einsatz wird Schönheit erhaben; die Einheit wird Unbezeichnung (l'indefinito) d. h. Idealität und Affectlosigkeit. Von den Linien heißt es diesmal, si dipartono dalla rettitudine, e si convertono in elittiche, formate da tante parabole, che tendono a diversi altri centri. Die Linienlehre wird mit der Lehre vom Ausdruck als Urbegriff der Schönheit zusammengestellt und bellezza materiale, o lineare, im Gegensatz zur bellezza morale genannt.

Die Modificationen sind sehr merkwürdig, obwohl kaum als Verbesserungen zu bezeichnen. Eine steigende Abwendung vom Idealismus scheint sich kundzugeben in der hier zum erstenmal ausgesprochenen Behauptung, daß Niobes und Apolle auch heute noch unter uns herumgehen (S. 169', „daß gewisse Köpfe von Gottheiten, die entsprungen zu sein scheinen in einem von der Beobachtung der Natur abgezogenen Geist und wie zur Beschämung der Natur selbst (che a taluno sembrano possano concepite con l'intelletto sultratto dall' osservazione della natura, e ritratte come per isvergognar ciò di che la natura fa mostra), vielleicht nichts sind, als Bildnisse von Personen, die vor alten Zeiten gelebt haben"; — ein gewagter Satz, denn es handelt sich hier nicht bloß um vollkommene Verhältnisse mächtiger „Gewächse" u. dgl., sondern um dichterisch-mythische Charactere, die nach und nach im Lauf der Zeiten künstlerische Darstellungsformen an sich herangezogen haben; der Zufall, daß diese irgend einmal mit einem Individuum zusammengetroffen sein sollten, kann nicht für wahrscheinlich gelten.

Auch die schwungvollen Ausdrücke der deutschen Schrift, die denen, welche

§ 185. Trattato preliminare.

nicht trunken waren von demselben Wein, als göttliche Thorheit erschienen, wurden hie und da herabgestimmt. Der Vergleich der Schönheit mit dem „aus der Materie durchs Feuer gezogenen Geist, welcher sich suche ein Geschöpf zu erzeugen nach dem Ebenbild der im Verstand der Gottheit entworfenen ersten vernünftigen Creatur", würde dem Magister des h. apostol. Palastes vielleicht als bedenkliche Herabziehung des Logos in eine Rede von falschen Göttern erschienen sein. Die Worte von des vernünftigen Geistes ursprünglichem Verlangen, sich über die sinnliche in die geistige Sphäre der Begriffe zu erheben, was ihm in der „zweiten Schöpfung" der Kunst gelingt, die den harten Stoff besiegt und begeistet, nachdem ihr die religiösen Dichterbegriffe Flügel geliehen; — solche hohe Worte würden den Italienern vielleicht zu germanisch geklungen haben. Daher der mehr am Boden des Wirklichen hergehende Ausdruck, daß der Instinct der Menschen die Mängel der Natur ergänzen (supplire) möchte, sich über sein Loos erheben und was jene unvollendet läßt, verbessern, wobei die „vom Aberglauben erhitzte (riscaldata) Phantasie der Heiden" mithelfe.

Daß aber Winckelmanns Geschmack in diesen letzten Jahren doch nicht, wie man auch aus seinem Vorsatz, zu physicalischen Studien überzugehen, schließen könnte, in der Bewegung nach einem gesunden Naturalismus hin begriffen war, beweisen die am Schluß wieder auftauchenden epicureischen Götterphantome, wo das Ideal wörtlich zu einem metaphysischen Schemen wird und in Worten geschildert, bei denen jedem griechischen Bildhauer, wenn er den Galimathias verstanden hätte, geschaudert haben würde*).

Noch in einem andern Punkt steht man ihn einem bedenklichen Zug seines Formgeschmacks nachhängen.

Während er bisher bei Betrachtung der Typen mit den Satyrn, dem Apoll, dem borghesischen Genius, dem Mercur begann, und die Zwitterformen in zweite Linie stellte, so rücken jetzt die schönen Eunuchen an erste Stelle. Die jugendliche Form (d. h. die Einheit der Umrisse) wurde von den großen Künstlern noch verfeinert (raffinata) und fixirt (a rende costante appo loro) durch Beobachtung von Personen, deren Blüte durch Wegnahme der Samengefäße länger erhalten wurde (mantenuto). Der erhabenste Begriff jugendlicher Schönheit kommt also den Formen des Bacchus und Apollo zu, welche uns, nach der ihnen auch von den Dichtern ertheilten Verbindung beider Geschlechter, eine gemischte und zweideutige Natur zeigen, die sich durch

---

*) La sublime idea di quegli artefici era sopra di crearsi dell' umano dotato di sufficienza astratta e metafisica, la superficie della quali serviva di corpo apparente ad un essere eterno condannato agli estremi suoi punti, e rivestito di sembianza umana e non senza partecipare della materia di cui è composta l'umanità nè de' suoi bisogni.

Billigkeit und stärkere Ausschweifung der Hüften und durch die zarten und rundlichen Glieder der Verschnittenen den Weibern näher.

Man sieht, das Neue dieses Tractats besteht nur in sehr wenigen Zusätzen und leisen Nüancirungen des Inhalts der „Anmerkungen".

§ 166.
Porto d'Anzo.

Die Anstrengungen und Aufregungen des Jahres 1766 hatten Winckelmann arg zugesetzt. Die so verschiedenartige, eintönige und aufreibende Arbeit an dem Buch, von dem immer wieder erneuten Lesen der Scribenten und Nachschlagen an, bis zu den Durchsichten für Sprache, Stil und Druck, die angewohnten Sorgen des Verlags, alles dieß mußte gleichzeitig getrieben werden mit Fremdenführung und einer Correspondenz, die ihm nachgerade über den Kopf wuchs. So fand sich im Anfang 1767 sein nun 50jähriger Kopf etwas angegriffen. Wieder hatte sich das alte Uebel eingestellt, er war „mit öfteren Schwindeln befallen". Darum soll er sich auf dem Land erholen, „die sanfte Meerluft genießen". Der Betrieb, der ihn später wieder an Rom fesselte, konnte wegen des noch rückständigen Stichs des Antinous vor April nicht beginnen. Für „das schönste Gestade an dem ganzen mittelländischen Meer" hielt er die Küste von Nettuno.

Porto d'Anzo war das gewöhnliche Ziel der Familie Albani unmittelbar nach dem Carneval, in den Tagen vor Ostern; denn im Sommer wurde diese Küste wegen der von den pontinischen Sümpfen heranbringenden Fieberluft unwirthlich. Seit 1761 war Winckelmann alljährlich auf einige Tage, vier bis fünf, acht Tage, zwei Wochen dort erschienen; er pflegte dann der alten Prinzessin Therese Gesellschaft zu leisten. Sie war die Wittwe Carl Albani's († 1724), eine geborene Borromeo, Tochter des Grafen Carl von Arona, Vicekönigs von Neapel, und einer Barberini; die Mutter Orazio's, des Stammhalters, durch dessen Heirath mit Marianne Mathilde Cybò-Malaspina die Albani mit den modenesischen Este's verschwägert wurden, — und des Cardinals Johann Franz.

Damals wurde die Seevilleggiatur zum erstenmale auf mehrere Wochen ausgedehnt, zum erstenmale genoß er diese „elysische Gegend," weil er „sich selbst vollkommen genoß". „Meine Beschäftigung, schreibt er den 2. April, besteht hier in beständigem Lesen alter Scribenten, in Absicht auf den dritten Band (der Monumenti). Des Morgens stehe ich vor Tage auf, mache Feuer im Kamine von Myrthenholze, welches hier das häufigste ist, und alsdann die Cioccolata; lese drei Stunden, gehe längs dem Ufer der See, und in den angenehmen Villen auf der Höhe des Ufers. Zu Mittag wird gut gegessen, in Gesellschaft einer alten Frau („meiner alten Prinzessin"), die aber für allerlei Gesellschaft geschaffen ist. Meldet sich der Schlaf, wird Mittagsruhe gehalten"....

„Dieses ist der Ort meiner Seligkeit, und hier wünschte ich Sie (Franke) zu sehen, und mit Ihnen längs dem stillen Ufer der See, unter dem mit Myrthen bewachsenen hohen Gestade, sorgenlos zu schleichen, und auch, wenn das Meer wüthet und tobt, dasselbe unter einem Bogen des alten Tempels des Glücks, oder von dem Balcon meines Zimmers selbst, ruhig anzuschauen. Ein solcher monatlicher Aufenthalt und Geist und Herz stärkender Genuß der schönen Natur und der Kunst überwiegt den Glanz aller Höfe und ihres geräuschvollen Getümmels". —

Die ehemalige latinische Hafenstadt Antium mit ihrem Fortunaoracle und Neseulaptempel war ein Lieblingsaufenthalt der römischen Kaiser. Hier hatten Cicero und August ihre Villen, und Nero, der wie Claudius da geboren war, legte eine höchst großartige an, deren Reste auch nach der Zerstörung, die sogleich über alle seine Anlagen erging, und durch die Trümmer der Severischen Villa, die in sie hineingebaut wurde, erkennbar geblieben sind. Antium erlag im Mittelalter, wie Ostia, den Raubzügen der Saracenen. An der Stelle weithin verstreuter, leichter Landhäuser erhoben sich nun über Stätten der Verwüstung Burgen und Thürme. Auf den Substructionen einer Villa, wie man glaubt Cicero's, steht im Wasser Astura, wo die Herren des Colosseums, die Frangipani hausten, und Conradin verrathen wurde. Es ist das Schloß, welches am südlichen Ende der weiten Curve des Ufers jenseits der crystallenen Fläche hervorragt. Hieher machte Winckelmann im Frühjahr 1764 einen Ausflug mit Matelet. — In denselben dunkelen Zeiten nisteten sich in den Trümmern des auf hohem Cap gelegenen Neptuntempels neapolitanische Fischer ein, und bis auf den heutigen Tag haben die Frauen von Nettuno ihre buntfarbige, gold- und silbergestickte, von den neapolitanischen Inseln stammende Tracht bewahrt.

Le Donne do Nettuno vede sul lito
In gonna rossa col turbante in testa. (Tassoni).

Schon in den Tagen Alexander VI, der das Castell baute für seinen Sohn Roderich, begann man in den nordwärts gelegenen Ruinen der Hafenstadt zu stöbern und fand den Apollo, welchen der Neffe Sixtus IV, der Cardinal Julius della Rovere, in seinem Palast am Apostelplatz aufstellte und dann mitnahm in das Belvedere des Vatican. Seitdem bauten sich in dem engen, nur durch ein Thor zugänglichen Städtchen die Cesi, Pamfili u. a. kleine Paläste. Unter Paul V Borghese wurde der sogenannte Fechter entdeckt; die Pamfili, welche den Hafen wieder herstellten, zogen von dorther den

Antiraufchmand ihrer Villa di bel respiro auf dem Janiculus. Öftlich von der Villa Doria bauten sich die Colzaguti, auf den Trümmern des Capitols von Jarium, ihre geräumige Villa (jetzt Borghese). Dabei fand man ein solches Chaos von lostbarren Marmoren, großen Säulen, Bronzelampen, Münzen und Statuen, daß sich die Rede erhielt, diese Villa ruhe auf einem Fundament von Statuen. Merkwürdig war die vollkommene Erhaltung aller am dortigen Ufer ausgefischten Metallsachen, z. B. der Mithridatesvase im Capitol, des corsinischen Silbergefäßes; man schrieb sie der Feinheit und Tiefe des Sandes zu, in welchen die Gegenstände einsinken.

Noch mehr kam Porto d'Anzo in Aufnahme seit der Pabst Innocenz XII Pignatelli einen neuen Hafen, östlich vom alten, herzurichten versucht hatte, den Zinaghi baute. Diese Anlage (die sich freilich als verfehlt erwies) wurde feierlich inaugurirt durch eine päbstliche Heimsuchung im Jahre 1700. Rom schien damals, trotz des schlimmen Wetters, verödet; die aufgeweichten Straßen bedeckten alle Arten Gefährte; sie mußten oft durch Büffel aus dem Schlamm herausgearbeitet werden; ein meilenlanger Zug von Prälaten, Damen, Studenten, Curialetti, Abaten, Mönchen und Malern, meist zu Fuß, mit Regenschirm und bis übers Knie in den Koth sinkend... Der Pabst nebst fünf Cardinälen wurde von den Doria's fürstlich bewirthet; die Serenaden improvisirte der lustige Cardinal Ctrofoni. Der alte Herr aber saß stundenlang auf der Ringbiera des Palostes und schaute wie das Meer bald seine Wogen gleich Reitergeschwadern gegen das Land führte, bald aber dieselben gleich einem wilden Herenfabboth durcheinanderjagte.

Die fünf Cardinäle lustwandelten am flachen Ufer, wo die Brandung an der reich mit Myrthen, Oelfträuchern und Acanthus bewachsenen Terrasse eine Sandfläche angespült hatte, die so fest und glatt ist wie der gestampfte Reitplatz eines Parks, und besprachen unter dem rhythmischen Rauschen der andringenden Wogen die Chancern des neuen Conclavs, wenn der König von Spanien sterben würde. Plötzlich sahen sie sich Angesichts einer Schaar von Büffeln, die gereizt durch ihre Scharlachmäntel sich zum Angriff ordneten. Ein hübsches Motiv, diese Scene eiliger Flucht, auf welche jene Mäntel nicht berechnet waren.

Unter diesen Cardinälen war auch Johann Franz Albani, der noch im selben Jahre mit der Tiara aus dem Conclave hervortam. Ihn begleitete Msgr. Franz Bianchini, der apostolische Antiquar. Das liebliche Gestade blieb dem Pabste in der Erinnerung, und seinem Prälaten die weiten Ruinen selbst nebst den Erzählungen der Leute von den gemalten Sälen, Mosaitböden und Marmorfiguren, die dort beständig gefunden und zerstört würden. Die Albani erwarben nun dort ein Grundstück, und der junge Alexander baute eine Villa (1711), zu deren Porticus die Ruinen Säulen lieferten. Sie

§ 166. Porto d'Anzo.

lag in der Nähe des Theaters, wo Nero gespielt hatte; es fand sich noch die Scene und Orchestra mit ihrer kostbaren Marmorbekleidung, die später zum Glanz der Villa vor Porta Salara beitrug, die schwarzen Statuen des Jupiter und Aesculap, die Basis mit den Namen der Künstler des Laocoon u. a.. Ihm folgten die Corsini (1713), deren Villa auf den Trümmern des Fortunatempels zu liegen scheint.

Auf der Thurmplatte der Villa, deren Façade treppenartig sich verjüngt, genießt man den Blick über die ganze Küste; wie eine Riesenschlange legt sich das Meer in weitem Halbkreis um das Land, von den Volskerbergen bis zur Tibermündung hin. Gegenüber „das mährchenhafte Cap der Circe, welches als Insel wie ein großer Saphir homerisch-sagenvoll herüberfunkelt, die fernen kleinen Ponzaeilande, die ihre blauen Gipfel wie Blumenglocken kaum aus den Wellen erheben, hundert weiße Segel, welche kommen, gehen und dahinschwimmen, der melancholische Gesang der Fischer, Flöten und Harfen-klänge"... (Gregorovius).

Hier war es, wo Winckelmann Erholung suchte und Stärkung zu neuen Unternehmungen. Nach der einen Seite konnte er sich in dem Gerölle der Kaiservillen verirren, in Grotten träumen, wo die Brandung unablässig wiederhallt, im Arco muto, einem Durchstich, wo man einst geschwelgt hatte, geborgen vor der Sonnenglut, und um die Reste des alten Molo schwimmen und rudern, die wie das Wrack eines längst gestrandeten Schiffs aus dem Wasser hervorragen. Oder er wanderte am flachen Ufer nach Osten, wo meilenweit, bis Astura, Villentrümmer sich reihen, deren Mauern zuweilen, wie saubere Grundrißzeichnungen, sichtbar sind unter dem Spiegel des Wassers, das fortwährend farbige Marmortäfelchen, Muscheln, Mosaikstifte und Mosaikfragmente auf den Sand spült.

Sechstes Capitel.

Vierte Reise nach Neapel.

§ 167.

Neue Beziehungen im Süden.

Seit jenem Pasquill (§ 89) hatte es Winckelmann aufgegeben, je wieder nach Neapel und Portici zu kommen. Er war nicht nur gewiß, die Thüren des Museums und die seiner „guten Freunde" verschlossen zu finden, er fürchtete auch für seine Knochen. Von Don Rocco besorgte er „eine Tracht Schläge, wo nicht was ärgeres; im letztern Falle schwiege der Kläger, und im erstern behält die Prügel, der sie bekommen hat... Dieß könnte außer Neapel begegnen, und mehr als einer würde auf mich lauern" (4. August 1767). „Verstohlener Weise" aber wollte er nicht kommen; „es würde einer Thorheit ähnlich sehen, als ein Verbrecher, unter fremdem Schutze, dahin zu gehen, wohin mich weder Pflicht noch Nothwendigkeit rufen".

So nahm er denn auch auf die Neapolitaner keine Rücksicht weiter. Im Trattato hatte sich mehr als eine Gelegenheit geboten, den Verfasser des Pasquills, den Marchese Bernhard Galiani, zu „striegeln". Verleitet durch die plinianische Notiz von einem Hercules des Myron in aede Pompeji Magni hatte er den Myron zu einem Zeitgenossen dieses Triumvirs gemacht, der jene Statue für einen von ihm geweihten Herculestempel bestellt habe. (Vgl. auch a. a. O. S. LXIII).

Ebenda wurde der Werth der neapolitanischen Gemälde mit rücksichtsloser Schärfe heruntergesetzt. Der größte Theil rühre von Freigelassenen her: diese Entwürdigung (avvilimento) der Malerei im römischen Reich aber sei mit Ursache ihres Verfalls gewesen; deshalb habe die Malerei der Kaiserzeit tiefer als die Bildhauerei gestanden; deshalb dürfte Petron klagen, in den Gemälden seiner Zeit finde sich nicht die mindeste Spur der ehemaligen Meisterschaft mehr.

Gerade jetzt aber traten ihm mehrfach persönliche und sachliche Aufforderungen nahe, nach Neapel zu kommen; unerwartet ebneten sich die Wege durch eine Person, die seit der letzten Reise am dortigen Hof erschienen war; und auch außerhalb der verschütteten Städte thaten sich antiquarische Anziehungspunkte auf.

Der neue englische Gesandte, Sir William Hamilton (1730 † 1803) war in wenigen Jahren (seit 1764 nicht nur eine höchst einflußreiche Person bei Hofe und bei dem jungen König geworden, sondern auch ein Mittelpunkt des antiquarischen Commerz. Trotz der Strenge, mit der man noch immer Privatausgrabungen wehrte, hatte sich bereits ein ansehnliches Museum im britischen Gesandtschaftshôtel zusammengefunden. In erster Linie standen Denkmäler einer Gattung, für die das Königreich der ergiebigste Boden war, die aber Winckelmann auf den drei ersten Reisen wenig beachtet hatte. Als Winckelmann mit Sir William in Beziehungen trat, waren dessen Vasen schon gezeichnet, und der Stich hatte begonnen.

Diese Beziehungen wurden vermittelt im October 1766 durch den Prinzen von Wallerburg. Doch kannte ihn Hamilton längst aus den Erzählungen eines Franzosen, der seit einiger Zeit bei ihm lebte und die Herausgabe des Vasenwerks besorgte. Sein Interesse für den Vertrieb der Monuments in England war vielleicht nicht ohne die Nebenabsicht, Winckelmanns Mitwirkung für die Beschreibung und Erklärung der Vasen zu gewinnen.

Dieser Franzose, dessen wirklichen Namen und Geburtsort Niemand von seinen dortigen Freunden kannte, hieß Pierre François Hugues, geboren zu Nancy 1719 († zu Padua 1805). Er gehört zu jener Species der Abenteurer die, wie Stosch und Montagu, mit den allgemeinen Merkmalen ihrer Gattung einen leidenschaftlichen Hunger nach Gelehrsamkeit sowie Kunstsinn verband*). Er hatte sich schon in Deutschland, Frankreich und Spanien herumgetrieben, als er Ende der funfziger Jahre auch in Rom erschien. Wie Lessing erzählt, hatte er sich in Berlin 1750 für einen Grafen von Ducourt ausgegeben und vom französischen Gesandten bei Hofe vorstellen lassen, war aber von Frankfurt aus, Schulden und falscher Wechsel halber, verfolgt, als ein Kaufmannssohn aus Marseille entlarvt und auf die Hausvogtei gesetzt worden, wo er seine Politique calculée drucken ließ. „Der Prinz von

---

*) O Peinture, Art vraiment divin! c'est à toi que je dois la consolation, la seule consolation que j'éprouvai dans ces tristes jours où, jouet du caprice de la fortune, des basses intrigues des courtisans et de l'ambition des princes, je voyais comme Damocles l'épée fatale continuellement suspendue sur ma tête. . . . Tu sus en répandant tes charmes sur tant d'inquiétudes, me faire goûter quelque repos, dans la salutaire obscurité, qui me cacheoit à tous les yeux, et tu m'aurais appris à mépriser la vaine ambition, si le cœur qui s'y est une fois livré pouvoit échapper aux chaines presenteuses qu'elle impose. Collection II. p. 9. Im Eingang zur Schilderung der Stanzen Raphaels, die er sich die Freiheit nahm, hier auf Hamilton's Kosten anzubringen.

Würtemberg befreite ihn, bezahlte für ihn und nahm ihn zu sich. Dieser wollte später um die Princessin von Brasilien anhalten, und zu dem Zweck Corsica mit Gold unterwerfen. Der Abenteurer ging von Paris mit Vollmacht und Creditbriefen dahin ab. Seine Mätresse verrieth das Geheimniß. Der König sandte Mr. de Pusieulx zu dem Prinzen, der sich schämte und einen Vertrauten abschickte, der jenen in Marseille festhielt". Darauf erschien er in Rom unter dem Namen du Hon. Winckelmann hatte einiges aus seiner Gemmensammlung im Catalog angeführt; er erfuhr nun, jener sei eigentlich ein Comte de Grafenegg. Er verfaßte eine Beschreibung der Stanzen Raphaels, besonders der Schule von Athen, in der er den Character der einzelnen griechischen Philosophen und ihrer Lehren finden wollte. Plötzlich wurden seine Sachen versiegelt und versteigert; 8000 Scudi Schulden hatte er gemacht, seine Baronie war ein Luftschloß; er entwich nach Livorno. Später hieß es, man habe ihn auch aus Venedig ausgewiesen, die angebliche Frau sei mit einem Mönch durchgegangen; er heiße d'Hancarville und sei aus der Normandie; nun sei es mit ihm aus. Winckelmann spricht von ihm wie von einer verflossenen Größe: „das ist das Schicksal dieses Menschen von großen Talenten".

Plötzlich, im October 1763, taucht er in Neapel auf, anfangs „in betrübten Umständen"; bald aber hat er sich bei dem gutmüthigen Sir William eingenistet. Er brachte ihn auf die Idee des Basenwerks, dessen Herstellungskosten 40000 Ducaten betrugen. Hamilton vertraute ihm dessen Herausgabe an, mit der einzigen Bedingung, für Schönheit der Ausführung und Treue der Zeichnung zu sorgen. Er eilte damit, weil er bei dem Transport nach England für diese zerbrechliche Waare Schaden besorgte. Den Gewinn überließ er dem Baron, er soll sich auf 26000 Pfund belaufen haben. Vorläufig erschienen nur die Kupfer; d'Hancarville wünschte für den Text Winckelmanns Bemerkungen zu benützen. Im März sandte er die ersten Abdrücke nach Porto d'Anzo, damit jener „seine Erinnerungen über dieselben gebe"; und sofort erhielt er „alle Kupfer, so wie dieselben abgedruckt wurden" (27. Juni 1767). Dieser erste Band kostete zwölf Ducaten*). Winckelmann war sehr überrascht, zum erstenmale Figuren wie Zierathen „mit dem höchsten Fleiße und mit dem wahren Verständniß in der Zeichnung der Alten genau nachgeahmt" zu sehen; überdieß war jedes Gefäß mit dessen eigenen Farben abgedruckt, dergestalt daß hier ein Schatz der griechischen Zeichnung und der deutlichste Beweis der Vollkommenheit ihrer Kunst zu finden sei. „Dieses

---

*) Collection of etruscan, greek and roman antiquities, from the cabinet of the honble. Wm. Hamilton. Naples 1767. Aus zwei Bänden wurden vier, und jeder doppelt so groß, als anfangs beabsichtigt war.

Werk übertrifft an Pracht alles was bisher von alten Denkmalen in Kupfer erschienen ist".

Anfangs schral er zurück vor dem Gedanken, sich mit diesen Vasen herumschlagen zu sollen, die doch ganz andere Nüsse zu knacken gaben als die Caravaggage, — während er noch im Begriff war, sich von seinen 200 Monumenti zu erholen. Wenn er nach Neapel ging, so sollte es geschehen, „um den Anschlag in England, auf was Art es sein kann zu befördern" (Januar 1767). „Wenn ich mich in eine solche Arbeit einlassen wollte, käme ich in Ewigkeit aus der Märtelei nicht heraus". So schrieb er am 24. Stosch; aber am 29. erklärte er sich schon Riedesel gegenüber „nicht ungeneigt, sich in eine Erklärung dessen Gefäße einzulassen". Nach Ostern wollte er kommen, um sich mit dem Engländer darüber zu besprechen. Diese Reise wurde vertagt, weil ihn der Vertrieb noch an Rom band, auch wollte Hamilton selbst im November nach Rom kommen.

Der nächste Gewinn der neuen Verbindung war, daß eine Aussöhnung mit dem Hof, d. h. mit Tanucci zu Stande gebracht wurde. Die Uebersendung eines schön gebundenen Exemplars der Monumenti vor das Siegel derselben. Der Minister a ciglia lepide antwortete „sehr höflich"; und da Windelmann mit zwei Worten den Angriff der dortigen Pedanten berührte, sagte er sich mit einer leichten diplomatischen Wendung von diesen und ihren schaalen Pasquillen los (le inimicizie ercolanesi, le lascio essere, ma ricevo etc.). Auch Lady Orford, eine Dame von 45000 Scudi Renten, hatte wirksam für ihn gesprochen; „es wird dieselbe zu meiner Achtung bei ihm nicht wenig beitragen". Am dringendsten waren die Einladungen des „Arcentiner". Erst glaubte Windelmann Anstands halber etwas spröde sein zu müssen. Der Briefwechsel mit ihm sei in Absicht des englischen Ministers unvermeidlich, aber seine Briefe seien „so feurig gewesen, daß auch ein frostiger katholischer Schottländer freundlich auf dieselben hätte antworten müssen". Er sandte auch „sehr richtige Zeichnungen der letzten pompejanischen Entdeckungen", und so schien sich sogar nach dieser Seite hin der Horizont etwas aufzuhellen. Schon sieht er im Geist eine „Nachricht von den neuesten pompejanischen Entdeckungen und dem Hamilton'schen Museum" vor sich, die unter Freunde vertheilt und Stosch dedicirt werden soll, die Dedication werde endigen mit den Worten: Du allein bist mir statt tausenden. Nun heißt jener „mister d'Hancarville"; doch hält ihn die Betrachtung seines noch nicht wieder erlangten guten Namens zurück, die Einladung anzunehmen: er hätte nicht umhin gekonnt, bei ihm zu wohnen; aber: „ich merke, sein Herz ist nicht böse, und er fühlt Freundschaft und nöthigt zu derselben".

§ 168.
Der Freiherr von Riedesel.

Noch stärkere Lockungen nach dem Süden kamen von einem „würdigen deutschen Pilgrim", der seit Anfang 1767 seine „beständige Fürsprache" bei dem Minister war. Johann Hermann Riedesel, Freiherr zu Eisenbach und auf Altenberg (1740 † 85), ein Sohn des preußischen Generallieutnants Joh. Vollrecht, war später Kammerherr; er wurde von Friedrich II seiner diplomatischen Geschicklichkeit wegen geschätzt, und starb als außerordentlicher bevollmächtigter Gesandter am kaiserlichen Hofe; Bamberg nennt ihn in seinen Memoiren estimable à tous égards pour l'esprit et pour les moeurs.

Die Beziehungen zu ihm waren erst aus der Ferne Freundschaft geworden. Winckelmann hatte ihm Ciceronendienste geleistet; aber als er später erkannte, welchen warmen Verehrer er sich in dem jungen Edelmann erworben, wie treu und fein er auf seine Denkweise eingegangen war, machte er sich Vorwürfe, „daß er ihm nicht genug Vertraulichkeit bezeigt, daß er sich um ihn weniger verdient gemacht habe, als um andere". Seine Antworten zeigen eine gerührte Ueberraschung über diese ihm neuen, Herz und Selbstliebe in gleicher Weise berührenden Bekenntnisse des Barons. „Sie lassen sich soweit unter sich selbst und unter mich herunter; daß ich wahrhaftig nicht weiß, wie ich antworten soll... Wie soll ich Ihnen und mir selbst ein Genüge thun auf ein Schreiben, das mich mit ungewöhnlicher Freundschaft beseligt. Briefe wie die ihrigen sind, habe ich noch von Niemand erhalten".

Winckelmann bezeugt ihm, daß er die Schönheiten Roms mehr als andere schmecken und empfinden gelernt; er sei einer von den seltenen Reisenden, einer unter lauter Taukaben, der das Schöne gleichsam von Natur kenne. Sein erster Brief aus Florenz war ganz aus jener Seele geschrieben über das Trockene, Harte und Uebertriebene toscanischer Malerei. Auch hatte er zu Niemanden „mit so ungebundener Freiheit" sprechen können, z. B. Kennerbetrachtungen anstellen über „schöne junge Männer". Kurz, ähnliche Constitution des Empfindungsvermögens und verehrungsvolle Unterordnung Winckelmanns eigenthümlichem Genius gegenüber waren die Basis dieser Freundschaft. „Er ist mein Freund, und mein Herz wallt ihm entgegen, so oft ich an ihn gedenke... Er ist ein Patriot nicht weniger als ich, ob er gleich von Franzosen erzogen und zu Paris geraume Zeit gewesen ist".

Wenn nun Winckelmann fand, daß seine Neigung zu Riedesel in der Abwesenheit zunahm, was ein Merkmal der wahren Freundschaft sei: so merkte auch Riedesel bald, daß er von jener Reise Eindrücke davongetragen, die ihn nach dem Süden zurückriefen. Reime empfangen, die zu ihrer Entfaltung einen zweiten, aber viel weiter auszudehnenden Besuch verlangten. Sicilien, Athen, die Levante waren nun sein Ziel. Im Sommer 1764 kündigte er seine Rückkehr an; Windelmann umschwebten Bilder von tausend reizenden Vergnügungen in seiner Gesellschaft; er mochte an Neapel gar nicht denken, ohne sich da in Riedesels Gesellschaft zu sehen. Mengs' Platz sollte, bis er komme, unbesetzt bleiben. Ihn werde er finden als den Alten, vielleicht mit ein paar Runzeln mehr, aber „der Freude geweiht im Schooße der Freundschaft". Einige Sachen außer Rom, die er von neuem betrachten wollte, verspart er mit Fleiß auf jenes Aufunft. Diese Briefe haben einen eigenen warmen, getragenen Ton; diesmal hat sich die Empfindung nicht (wie man früher zuweilen bedauerte) im Gegenstand vergriffen.

„Warum denn solange geschwiegen? ... Es ist wahr, mein letztes Schreiben erforderte keine Antwort; Sie haben mich aber bereits verwöhnt, und da man beständig besorgt ist um das was man liebt, so befürchte ich, daß Sie sich nicht wohl befinden; denn ich glaube nicht, daß Ihr Stillschweigen andere Gründe haben könne. Zuweilen erneuert sich mein gewöhnlicher Traum, daß Sie auf dem Wege sind, und bald mündlich antworten werden; denn wenn man mit offenen Augen träumt, verfliegen die Bilder nicht so leicht, wie in dem Uebergang von träumendem Schlafen zum Wachen geschieht; sonderlich ein so angenehmer Traum, wie jener ist, den ich unterhalten will, solange ich nur die geringste Möglichkeit sehe" (19. December 1764).

Als aber Riedesel durch Rom kam, war der andere in Porto d'Anzo: so reiste er nach Sicilien, ohne ihn gesprochen zu haben, obwohl die gelehrte Vorbereitung zu der Reise nach dessen Rathschlägen gemacht war.

§ 109.
Sicilien.

Als Windelmann vor sieben Jahren über alle Baukunst schrieb, glaubte er, außer den Trümmern von Girgenti habe die Zerstörung alle sicilianischen Bauwerke weggefegt. Von Alterthümern anderer Art scheint er nie vernommen zu haben. Eine sicilianische Reise war damals keine Kleinigkeit. Fahrbare Wege gab es nicht: man reiste zu Pferd und in Sänften; der Staat unterhielt Soldaten zum Schutz der Reisenden. Riedesel war der erste, welcher diese Insel von dem Gesichtspunkt der neugeschaffenen Kunstwissenschaft aus bereiste, betrachtete und für die Welt entdeckte. Auf Windelmanns Bitten sandte er von jedem Ort seines Aufenthalts eine ausführliche Beschreibung, „und zwar in deutscher Sprache, welches ihm besser im Französischen gelungen wäre". Diese Briefe offenbarten Windelmann ein unbekanntes Land. Sie kamen von einem Manne, der dasselbe suchte, liebte und empfand, wie er. Schon die Nachricht vom Zeustempel zu Girgenti, über den Winckelmann selbst einst die Beschreibung Mylne's bekannt gemacht hatte, zeigte, daß „er mehr und gründlicher als andere sehe...: wollte Gott, ich hätte Sie begleiten können". Ueber alle Erwartung fand er seine Ahnung bestätigt, „daß in Sicilien sehr viel zu entdecken sei, was d'Orville als ein bloßer Schriftgelehrter nicht finden können, und auch dem welschen Mönch (Pancrazi) unentdeckt geblieben".

Ganz andere Erfahrungen als die Engländer machte Riedesel über sicilianische Gastfreundschaft, die er zu den „Ueberbleibseln der Griechen" rechnet. Er fand bei denen, welchen er empfohlen war, „Reichthum, guten Tisch, Höflichkeit und Freundschaft ohne Zwang, mit vieler Aufrichtigkeit begleitet". In allen Städten entdeckte er irgend einen oder mehrere der Ortsalterthümer kundige, die ihn überall hinführten. So in Girgenti Don Ettore, Baron von Sant' Anna, der die Zeichnungen und Erklärungen im Pancrazischen Werk gemacht, und sich nun dort ehelich und niedergelassen hatte. Von Gio. Picani, dessen herrliche Bewirthung, Begleitung und Fürsorge zur Fortsetzung der Reise er rühmt, veranlaßte der deutsche Freiherr eine Summe von hundert Scudi jährlich vom Stadtrath zur Erhaltung der Alterthümer zu erwirken. In Syracus trifft er im Conte Gaetani einen im Griechischen und in der Stadtgeschichte wohlerfahrenen Mann, der den Theocrit mit feinstem Geschmack ins Italienische übersetzt hat. Der Bischof von Catania, Pintimiglia, hat seine Bibliothek öffentlich gemacht, sie enthält sämmtliche Werke von Voltaire, Rousseau, Helvetius.

Riedesel hatte ganz Winckelmanns Augen genommen. Getreulich referirt er über die Schönheit der Weiber; und als er die Frauen von Monte Trapani sieht mit ihrer weißen Haut, ihren feurigen schwarzen Augen und griechischem Profil, da versteht er, warum auf dem Berge Eryx Venus verehrt wurde. Aehnliche Formen entzücken ihn in Girgenti, Syracus, am Aetna, an der ganzen südlichen und östlichen Küste, so daß also in Sicilien, umgekehrt wie im Neapolitanischen, das weibliche Geschlecht vor dem männlichen den Vorzug hat. Die Ansicht Winckelmanns von dem feinen, scharfsinnigen, talentvollen Wesen der mittäglichen Völker findet er bestätigt, doch vermißt er das Phlegma: der Himmel scheine hier schon nicht mehr in den gemäßigten Grenzen zwischen Wärme und Kälte zu wirken.

Der dorische Tempel zu Segesta, die drei Ruinen von Selinunt, die unter der Lava verborgenen Gebäude Catanias werden untersucht und gewiesen. Jener Geschmack, der Winckelmann Pästum gegenüber aufging, war auch der seines Freundes: er fühlt deutlich die Schönheit der edlen Einfalt und der Sparsamkeit in Zierathen, wo das Auge nur durch die Ueberein-

§ 169. Sicilien.

stimmung der wenigen aber edlen und harmonischen Theile zum Ganzen entzückt wird. Wenn er den Riesentempel von Agrigent in seiner einstigen Herrlichkeit sich vorstellte, die Größe der Säulen, die zierliche Form, die Festigkeit in den Pilastern, die schöne Bildhauerarbeit, so scheint er ihm ein viel edleres Gebäude als S. Peter gewesen zu sein, und das prächtiger und schöner in die Augen gefallen sein müsse. Die Herrlichkeit der nun viel besungenen Blicke vom syracusischen Theater über die Steinbrüche, vom Theater Taormina's, vom Augustinerkloster zu Girgenti hat er zuerst entdeckt und in tiefempfundenen Worten ausgedrückt. Wenn er da von Syracus statt Tempeln und Tyrannenhäusern nichts sieht als eine leere Küste und einen dem Meere gleichen Hafen, und wenn er vom Aetna bis nach Calabrien hinüberblickt, dann ruft er: „ein glücklicher Tag in diesem Leben ist besser als hundert Tage des Ruhms nach dem Tode; und ein Freund im Leben mehr werth als hundert Bewunderer unserer Nachkommen. — Glücklich ist nur wer frei und ungezwungen wenigstens auf der Erde seinen Aufenthalt sich wählen kann und denselben ohne Kummer genießt, da soviele Menschen als Sclaven an güldenen Ketten ihre Lebenszeit zubringen".

Am meisten reizten Windelmann die Nachrichten von den dortigen Museen. Riedesel fand eine Vasensammlung im Jesuitencolleg zu Palermo, eine Münzsammlung beim Bischof Lucchesi in Girgenti nebst vier güldenen Schalen; dreihundert Vasen bei den Benedictinern in Catania; für das vollständigste und schönste Museum aber in Italien, vielleicht in der Welt, hielt er das des Prinzen Biscari ebenda. Vierhundert Vasen, viele, fast alle würdig, gezeichnet und beschrieben zu werden. Dieser Prinz hatte das, wie Herculaneum, unter der Lava verborgene Catania entdeckt und durchforscht; im Amphitheater war er völlig herumgegangen; eine Beschreibung aller Alterthümer mit Kupfern hatte er unter der Feder.

Riedesel erklärt ihn für den vollkommensten Menschen in Sicilien. „Er ist einer der seltensten Menschen, welche Geburt, Vermögen und Kenntniß nur um der Seinigen und anderer Nebenmenschen willen, nicht aber für sich allein erhalten zu haben glauben; sein Umgang ist angenehm und unterrichtend, er ist ernsthaft, ohne trocken zu sein, und entscheidet mit Gründen, unter dem Schein nur seine Meinung zu sagen... Die Prinzessin ist das Ideal einer Hausfrau; die zwei Söhne und die Tochter vortrefflich erzogen, höflich, musicalisch, französischredend. Ganz Catania betet die Familie an; die Armen finden Trost und Schutz, die Reichen Gesellschaft und, wenn sie es verdienen, Freundschaft in dem Hause: diese Familie allein verdient die Reise nach Sicilien".

Dieß alles, besonders aber die Vasen, bestimmte Windelmann zu der beabsichtigten neapolitanischen Reise einen Anhang zu machen. Die Reise

25*

briefe rieth er ab in der Bibliothek der schönen Wissenschaften erscheinen zu lassen, sie würden zerrissen werden; er das sie mit einer Vorrede in der Schweiz herausgeben zu dürfen, wo sie auch 1771 in Zürich erschienen. Aber er wollte Riedesels Spuren nun selbst nachgehen. In Sicilien war noch jungfräulicher Boden. Auch Hascarville ging damals mit einer alten und neuen Geschichte Siciliens um. Winckelmann wünschte Zeichnungen von den besten Gefäßen zu haben; aber wie waren Zeichner zu bekommen? „Ich kann Ihnen nicht verhalten zu sagen, daß mir die Lust erweckt wurde, wenigstens einen Theil von Sicilien zu sehen, und dieses würde die sichere Seite sein, wenn der Prinz Biscari die Erlaubniß ertheilte, einige von dessen Gefäßen abzeichnen zu lassen. Denn von den Benedictinern zu Catania hoffe ich dieselbe von hier aus zu erhalten". Ende September sollte es fortgehen, anfangs bloß von Messina bis Catania und Syracus, dann auch nach Girgenti. Er beschloß, seinen eigenen, seit zwei Jahren von ihm unterhaltenen Zeichner mitzunehmen, der ihm ja nichts als das Leben koste, von jeder Stunde Rechenschaft gebe und in einer Stunde mehr mache, als andere in einem Tage. „Dieser Mensch, schreibt er, wäre bereit, auch in den Tod für mich zu gehen, wie ich davon Proben habe". Ist es der im Testament bedachte Abate Pirami, oder der Zeichner des Antinousreliefs, R. Mosman, oder der im handschriftlichen Verzeichniß der Monumenti Gio. Antonio genannte? Nachdem er ausgelesen was ihm „dienlich" war von den Baken, „die besten und schwersten", wollte er nach Neapel zurückkehren, und jenen dort lassen. „Ich glaube diese Kosten können wie auf Interessen gelegtes Geld angesehen werden".

Dieser Plan wurde damals vereitelt durch die Nachricht von der Reise Kaiser Joseph II mit dem Großherzog von Toscana und der Königin von Spanien nach Rom. Als dieselbe wieder aufbestellt wurde, war es schon zu spät; man vertagte die sicilische Fahrt auf das Frühjahr 1769. Winckelmann war bestimmt gewesen, den Kaiser zu führen, der in der Villa Albani wohnen wollte.

§ 170.

Sir William Hamilton.

Am 18. September also war es endlich soweit, daß Winckelmann zum viertenmale nach dem Süden abfuhr. Anfangs hatte er, um die Nachtrast in Piperno und Fondi zu vermeiden (il morboso aero di Fondi), und auch „dem Courier seine Knochen nicht preiszugeben", einen Weg durch die pontinischen Sümpfe ausgedacht, einen Weg, „der gleichsam mit Blumen bestreut ist", von Terracina zu Pferde oder zu Fuß bis Mola di Gaeta. „Wegen der Fahrt durch die Sümpfe, die etwa zehn Stunden dauert, habe ich alles bereits richtig gemacht, und man wird mich auf der halben Fahrt mit frischen Fischen daselbst bewirthen". Schließlich nahm er doch die Post.

Hamilton und Hancarville, Riedesel und Lady Orford hatten ihn eingeladen, bei ihnen einzukehren. Er wohnte und aß bei dem solchen Baron. „In Neapel habe ich bei einem der größten Avanturiers eine eigene Kammer, die mit sogenannten hetrurischen Gefäßen, welche mir eigenthümlich gehören, ausgeziert ist, und von demselben für mich vermehrt werden".

Dieser letzte Besuch in Neapel war der längste, er währte zwei Monate. Auch der heiterste und reichste war es. Er ist nicht, wie früher, „behängt mit anderen Reisenden". Der Aufenthalt verlief ihm „sehr ruhig, angenehm und nützlich; diesmal habe er Neapel völlig nach seinem Sinne genossen". Auch nach der Heimkehr (als sein römischer Schneider „einen Unterschied von zwei Finger breit im Umkreis" fand) glaubte er sich niemals besser befunden zu haben.

Viel trug dazu bei das Hamilton'sche Haus, das schon ein neuer Zug in Neapels Leben geworden war, ein Mittelpunkt des Fremdenverkehrs und „die größte Quelle der Unterhaltung und Belehrung" in jener Stadt (Drayall). Es war allabendlich für Fremde jeder Nation offen, und Windelmann erschien so oft er konnte. Fast jedesmal war Concert da, wo die Lady (nicht die zwanzig Jahre später dort auftretende schöne Hetäre), mit dem Beifall selbst der Einheimischen, das Piano spielte. Luclos, der im selben Jahre dort war, fand hier das glücklichste junge Ehepaar, ein wahres Gemälde patriarchalischen Lebens. Hamilton, seit 1755 mit ihr vermählt, verdankte ihr seinen Reichthum, denn er hatte nichts als seinen großen Namen, und er liebte dieß zu sagen. Sie starb 1782.

Sir William war ein schlanker, hagerer Mann, von dunklem Haar, sehr starker Adlernase; ein Reisender vergleicht seine Erscheinung mit der des Rolando im Gil Blas. Sein Gesicht fesselte durch ein intelligentes, distinguirtes Wesen, dabei war er ein Mensch von glücklichstem Temperament, und sehr leicht zu amüsiren. Er war ein Milchbruder des damaligen Königs von England. Er hatte die Schlacht von Fontenoy (1745) mitgemacht. Sein Eifer für Wissenschaften und der für den Sport waren gleich lebhaft. Tagelang brachte er in den Forsten des Reichs zu mit dem tollsten und robustesten Jäger Europas, dem jungen König Ferdinand, bei dem kein Gesandter ein solches Ansehen genoß. Stundenlang fischte er in der Sommersonnenglut bei Castellamare. „Die Gabe, sich jedem gefällig zu zeigen, bemerkt Tischbein, der die Herausgabe seiner zweiten Vasensammlung veranstaltete, besaß er im höchsten Grade, und mit seiner offenen Grobheit zog er alle Menschen auf eine so einnehmende Art an sich, daß in der großen Zahl seiner Bekannten jeder sein bester Freund zu sein glaubte. Von Großen und Geringen wurde er geliebt und geschätzt; auch gehörte er wirklich jedem an und gab sich freundlich hin. Er erzählte sehr launig und lachte über die Verkehrtheiten in den Meinungen und im Betragen der Menschen. Was er sagte, war sehr fertig und fast immer nur im lustigen Gesellschaftston".

Schon damals erklärte ihn Duclos für den kundigsten Cicerone Neapels; er finde für alles Zeit, ein genauer Beobachter der Alterthümer, der Natur und der Künste. Er hatte den Aetna und die liparischen Inseln in Begleitung eines Malers Pierre Patris wissenschaftlich bereist. Auch Windelmann machte mit ihm und dem Abenteurer kleine Reisen. Er hatte sich schon in Rom auf seinen Umgang gefreut: er sehnte sich nach Jemandem, „mit dem man vernünftig über das Alterthum sprechen könne, der nicht Gewissensscrupel und Religionsbetrachtungen in die Quere hineinbringe, wie jener, den wir kennen, der Brausewind": es ist der Cardinal, der seit kurzem Anzeichen gab, „fanatisch und bigott" werden zu wollen, was ihm bei einem Kopf von 75 Jahren zu vergeben gewesen wäre, obwohl es ihm nie gelang. Er hatte Windelmann eine Warnung zukommen lassen, dieser fürchtete schon von dem heiligen Uffiz heimgesucht zu werden, „dem fürchterlichsten Gericht über Menschenkinder"; es stellte sich aber heraus, daß es sich um eine Verletzung der Fastengesetze handle. Er nennt Hamilton „den größten Bilderkrämer unter allen Lebenden". Aber seinen Vorschlag, ein Werk „aller merkwürdigen geschnittenen Steine" zu unternehmen, das ihn vielleicht ein ganzes Jahr beschäftigt haben würde, lehnte er ab. Im Februar 1768 kam Hamilton mit seiner Frau nach Rom; Windelmann führte ihn aber nur an die vornehmsten Orte; dagegen gab er zu gleicher Zeit Lord Stormont, britischem Gesandten in Wien, wöchentlich zwei Tage.

Goethe giebt uns einen Blick in das „geheime Kunst- und Gerümpelgewölbe Sir Williams". „Da steht es ganz verwirrt aus; die Producte aller Epochen zufällig durcheinandergestellt: Büsten, Torse, Vasen, Bronze, von sicilianischen Achaten allerlei Hausgeräth, sogar ein Capellchen, Geschnißtes, Gemaltes, und was er nur zufällig zusammenkaufte. In einem langen Kasten an der Erde, dessen aufgebrochenen Deckel ich neugierig bei Seite schob, lagen zwei ganz herrliche Candelaber von Bronze. Mit einem Wink machte ich Hackerten aufmerksam und lispelte ihm die Frage zu, ob diese nicht ganz denen in Portici ähnlich seien? Er winkte mir dagegen Stillschweigen; sie mochten sich freilich aus pompejischen Grüften seitwärts hieher verloren haben. Wegen solcher und ähnlicher glücklichen Erwerbnisse mag der Ritter diese verborgenen Schätze nur wohl seinen vertrautesten Freunden sehen lassen".

Unter allen diesen Antieaglien aber hatte er eine besondere Gunst den Vasen zugewendet. Diese zeigt er am liebsten, „indem er die Einfachheit und doch so große Innigkeit der Darstellung rühmt". Tischbein sah ihn einst, in voller Gala, vom Hof kommend, mit großem Ordensband und Stern, einen Korb voll Vasen tragen. Ein zerlumpter Lazzarone faßte das eine Ohr des Korbes, und der englische Minister das andere. Die Guineen setzten die Schatzgräber in Bewegung, alle verflaubte Familienstücke suchten das Tageslicht; einst brachte ihm ein Priester aus Apulien eine ganze Sammlung. „Sie können sich nicht vorstellen, schreibt Mortorelli im Mai 1766 an Olivieri, was für köstliche Sachen dieser Minister kauft, Denkmale unseres griechischen Vaterlandes, wie sie Athen selbst nicht hat; so beraubt uns Geldgier dieser Schätze!"

So angesehen er indeß bei Hofe war: bei Ausgrabungen mußte auch er Vorsicht gebrauchen. Im August 1766 wird Tanucci ein attentato assai grave angezeigt. Mitten in den tifatischen Gebirgen, zehn Miglien oberhalb Capoa, wohin man nur durch ungebahnte Wege gelangt, in dem Orte Formicola, sind auf Antrieb reicher Fremden Scavi gemacht, und etrurische Vasen von ausnehmender Schönheit und Seltenheit gefunden worden. Es ergab sich, daß Hamilton mit seiner Frau incognito dort angekommen war, und zwei Tage bei einem Carlo da Pisa gewohnt hatte. In Casale di Treggbia, dem alten Trebia, wo man schon vor sieben Jahren beim Graben nach Bausteinen Grüfte mit Vasen gefunden hatte, die jener Carlo besaß, „ließ Hamilton in seiner Gegenwart Gräber eröffnen, theils um die Bauart derselben zu sehen, theils um zu versuchen, ob sich auch in Gräbern an so unwegsamen Orten dergleichen Gefäße fänden". Man fand ein Grab mit dem ausgestreckten Gerippe; aber dem Haupte hingen Vasen an Nägeln, andere standen zu Füßen und zu Häupten des Todten. Das Grab zeichnete Hamilton (Collection II, S. 57), die Vasen nahm er mit; im Juli kam er in einem einspännigen Calessino zurück, und wiederholte an verschiedenen Orten diese Untersuchungen. — Da Pisa wurde nun verhaftet, und nur auf wiederholte Fürsprache des Gesandten freigelassen; dieser erklärte, er habe bei einem Landaufenthalte, aus Interesse für etrurische Geschichte, nach solchen Denkmalen gefragt, und ein Bauer habe ihm solche, wie man sie oft beim Ackern finde, gezeigt, es seien aber nur Knochen, Eisenringe und ganz ordinäre Gefäße darin gewesen.

§ 171.
Die Vasen.

Ueberrechnete man, wie viel von diesen kostbaren Resten im Lauf der Jahrhunderte von Bauern gefunden und zerschlagen worden war, weil sie Schätze darin vermutheten, so könnte einem ganz wehe zu Muthe werden.

So häufig kamen sie zu Tage, daß sie auf die Formen der gewöhnlichen Gefäße dortiger Töpfer, deren Eleganz allen Fremden auffiel, einen sichtbaren Einfluß geübt haben.

In der Stadt waren sie immer, seit diesem Jahrhundert mehr als früher, geschätzt worden, sie dienten als Zimmerschmuck; einige vom Adel hatten förmliche Sammlungen angelegt. Die älteste bekannte war die des hochgeehrten Hauses Valletta (litterarum quasi restauratores nennt sie Martorelli), das wegen Verarmung im Jahre 1720 seine Statuen an einen englischen Arzt für 1100 Ducaten, die Bibliothek nebst 45 Vasen an die Oratorier für 14000 Ducaten, und zuletzt seine große Vasensammlung an den Cardinal Gualtieri verkaufte.*) Sogar die Fälschung hatte sich derselben bemächtigt; von jenem Venezianer Pietro Fondi liefen eine Menge nachgemachte umher (S. 214).

Bisher war es in Neapel Niemand eingefallen, diese Schätze zu veröffentlichen oder wissenschaftlich zu behandeln. Daß dieß möglich und wünschenswerth sei, ahnten die Neapolitaner erst, als die Toscaner sie als Denkmäler ihrer etruskischen Vorzeit sich zu vindiciren anfingen, also seit Bonarroti's Ausgabe der Etruria Regalis, und noch mehr seit Gori alle Gelehrten Italiens für sein Museum Etruscum in Bewegung setzte. Bottari fand 1734 in Neapel so viele, daß er nicht das Herz hatte, mit Zeichnen anzufangen, hundert und aber hundert in einem einzigen Hause; aber Matteo Egizio war der einzige, der etwas davon verstand. Sie waren eine beliebte Zierath guter Häuser, man stellte sie auf Consolen, über die Thürstürze, in Glasschränke, wie Porzellan und böhmisches Crystall. Regelmäßig sah man sie in den Zimmern der Musiker und der Advocaten. Am geschätztesten waren die von Nola, wegen ihrer leichten Form (leggierezza) und des schwarzglänzenden, sammetartigen Firnißes; die von Capos und Calvi sollten im Rustico der Arbeit den toscanischen gleichen.

Auf den früheren Reisen hatte Windelmann die Sammlungen des Grafen Felice Maria Mastrilli und des Hauses Porcinari gesehen. Jene enthielt 342 Stück von ausgezeichneter Erhaltung, fast alle figurenreich, jede hatte ihr Gegenstück in Größe, Form und Qualität. In der großen Gallerie des Hauses Mastrilli sah man zwölf große eiförmige Wandgemälde in vergoldeten Rahmen, von denen nach allen Seiten feingeschnitzte Arme mit Consolen ausgingen, mit den Vasen darauf. Die größten standen auf Vasen, abwechselnd mit Büsten und Bronzen. Diese Sammlung hatte der Marchese Giuseppe di Palma geerbt, und bat sie dem König schenken zu dürfen; da

---

*) Ein Excerpt Bs. Ex Ms. Stachiano mit der Ueberschrift Iter Neapolitanum enthält die Notiz: Ibidem in domo Consului de Bernardo Vasorum genera antiqua circa CXLVIII parva magnaque.

§ 171. Die Vasen.

man aber die Absicht des verarmten und mit den Erben processirenden Barons merkte, so antwortete man mit Maßregeln gegen ihre Ausführung aus dem Lande. Hamilton, der auch die Porcinarische Sammlung kaufte, stand damals wegen 75 derselben in Unterhandlung.

Wäre das Sammelinteresse des Königs nicht ganz durch Herculaneum in Anspruch genommen worden, so würde zwischen 1735 und 59 gewiß eine Vasensammlung entstanden sein ebenso grandios wie die des bourbonischen Museums. Carl III besaß schon 1735 ein kleines Cabinet; er hatte Marcel Venuti aufgefordert, etwas darüber aufzusetzen; auf die Bemerkung, daß schon Gori einen Band darüber gemacht habe, hatte er gesagt: Ebbene, voi ne farete un altro. Als aber später (1752) Pajardi den Ankauf von dreihundert, darunter sehr große, und scenische Vasen, vorschlug, lachte man ihn aus; man hielt sie für eine Verunstaltung des Museums.

Die Balletta'sche Sammlung fand von Rom aus ihren Weg in die Oeffentlichkeit durch die Werke von Montfaucon und Gori. Clemens XII, der sie 1737 erwarb, hatte sie in der Vaticana aufstellen lassen, auf des Marchese Capponi Vorschlag, der schon 1734 an zweihundert in abgelegenen Zimmern des Palastes entdeckt hatte; vielleicht die, welche aus Chiusi stammten und ein Geschenk des Bischofs Borgagli waren. Der Cardinal Quirini ließ 1744 ein Zimmer für die Vasen herrichten. —

Winckelmann hatte früher die Beziehungen dieser Thongemälde zu Griechenland geahnt; aber er war zusehr beschäftigt mit den römischen Sculpturen und dem Museum von Portici, um sie so gründlich zu studiren, daß sie Resultate für die Geschichte griechischer Zeichnung hätten liefern können, deren vollständigste und authentischste Urkunden sie waren. Mengs, dessen künstlerischer Blick ihren hohen Werth schnell erkannte, hatte seinen kurzen Aufenthalt in Neapel im Jahre 1759 benutzt zu Erwerbung eines Schatzes von 300 Stück, der später auch in die Vaticana kam. Alle Unbefangenen erkannten die griechische Arbeit, aber Niemand verfiel auf die Thatsache, daß sie aus den Manufacturen des Mutterlandes in Italien eingeführt seien. Bei den Italienern war das Vorurtheil des etruskischen Ursprungs schwer auszurotten.

Schon in der ersten Ausgabe der Kunstgeschichte sprach Winckelmann sie den Etruriern ab, denen sie die Toskaner „zur Ehre ihrer Nation zuzueignen gesucht hatten". Auf keiner habe man bis jetzt etruskische Schrift gefunden, und die unverhältnißmäßige Mehrzahl stamme aus dem Neapolitanischen; wenn man an die uralte Verbreitung der Etrurier erinnere, so überlege man, daß die Richtigkeit der Zeichnung und die den Zeiten des Apelles eigene Anmuth (nach Bonarroti) nur zu den späteren Zeiten der Kunst passe. Da sie nun meist in Campanien gefunden waren, so bringt er sie bei der Kunst dieses italischen Stammes unter. Diese Campaner waren „ein Volk, denen ein sanfter Himmel, welchen sie genossen, und der reiche Boden, welchen sie bauten, die Wollust einflößte". Die Griechen, als sie sich dort niederließen, führten auch ihre Künste ein; „sie werden, fügte er später hinzu, die Campaner, ihre Nachbarn mitten im Lande, belehrt haben".

Auch die Neapolitaner wollten von dem etruskischen Ursprung nichts wissen. Mastrilli nannte sie campanische, Martorelli griechische, der Sicilianer Don Salvatore di Blasi zu Palermo bemerkte schon 1745 gegen Gori, daß man sie, wenige ausgenommen, graeco-siculi nennen müsse, und zwar auf Grund der griechischen Inschriften, wegen der Colonien in Unteritalien und ihrer Münzen, und wegen der Uebereinstimmung der neapolitanischen Vasen mit den ihrigen.

Seit der Herausgabe der Kunstgeschichte waren viele neue zum Vorschein gekommen, und man war aufmerksamer gewesen, sie zu sammeln. In den „Anmerkungen" spricht Winckelmann bestimmt aus, daß er sie zum Theil für campanische, zum Theil für griechische Arbeit halte, die in Großgriechenland verfertigt war (S. 27 f.).

Im Trattato weist er das Argument zurück, welches die Etruscologen aus der angeblichen Uebereinstimmung einiger mit den hetrurischen Opferschalen von Erz (den Spiegeln) hergenommen hatten, z. B. in den Figuren der Faunen mit Pferdeschwänzen. Diese Uebereinstimmung gelte nur von Vasen der ordinärsten Art; sonst sei der Stil ganz entgegengesetzt, Svelthheit, zuweilen bis zum Langen und Magern (scarnito), während der etruskische Stil starr und übertrieben sei (risentito e caricato). Ueber die gutbezeugten Funde bei Viterbo und Corneto erklärt er, da er sie nie gesehen, sich des Urtheils enthalten zu müssen.

In den letzten, der posthumen Ausgabe der Kunstgeschichte einverleibten Bemerkungen, für die er die Hamilton'sche Sammlung bereits benutzt hatte, giebt er zu, daß der Stil der archaischen Vasen dem hetrurischen ähnlich sei, und daß sich in ihnen „die Zeichnung der Tyrrhenier oder ältesten Hetrurier, als deren Nachkommen die Campaner anzusehen seien", erhalten haben könne. Wolle man aber die Ehre von vielen dieser, auch der vollendeten, Arbeiten den Campanern lassen, so werde es letzteren nicht nachtheilig sein, sie als Schüler der griechischen Künstler anzusehen". Riedesel nahm an, die sicilischen Griechen hätten die Vasenmalerei von den Etruskern und Campanern gelernt, wie wir die Porzellanmanufactur von den Chinesen; die etruskische Thonerde sei Mode gewesen wie heute die Meißner; aber sie hätten die Zeichnung verbessert: denn alle Gegenstände seien griechischer Sage und Geschichte entnommen, und durchgängig zeigen sie den guten Geschmack, die edle Einfalt und Zierlichkeit der alten Griechen, ja einige den Stil der besten Zeit.

§ 171. Die Vasen.

Sein letztes Wort ist (KO III, 4, 33), „daß die mehrsten vermöge ihrer Eigenschaften griechischen Meistern zugewiesen werden dürfen. Da wir nun oft an Zeichnungen deutlicher als an ausgeführten Gemälden den Geist der Künstler, ihre Gedanken, nebst der Art dieselben zu entwerfen, wie auch die Fertigkeit wahrnehmen, mit welcher die Hand ihrem Verstande zu folgen und zu gehorchen fähig gewesen ist, als wohin die Absicht kostbarer Zeichnungssammlungen gerichtet sein soll: so wird diese Absicht noch edler erreicht mit solchen bemalten Gefäßen, indem diese wirkliche Zeichnungen ... die einzigen aus dem Alterthume noch übriggebliebenen Zeichnungen sind". —

Außer der meisterhaften und zierlichen Linienführung, (es giebt Figuren, die „in einem Disegno Raphaels einen würdigen Platz haben könnten") ist „die Rasche it, mit der die Linien mit dem Pinsel endgültig gezogen [mit einem spitzigen Instrument leicht eingeritzt] werden müssen, der größte Beweis von der allgemeinen Richtigkeit und Fertigkeit auch dieser Künstler in der Zeichnung. Da man insgemein keine Absätze oder angesäugte und von neuem angesetzte Linien findet, auch in dieser Arbeit keine Aenderung oder Verbesserung stattfindet, so muß eine jede Linie des Umrisses einer Figur unabgesetzt gezogen sein, welches in der Eigenschaft [bei der Beschaffenheit] dieser Figuren beinahe wunderbar erscheinen muß".

„Diese Gefäße sind, wie die kleinsten geringsten Insecten die Wunder in der Natur, das Wunderbare in der Kunst der Alten, und sowie in Raphaels ersten Entwürfen seiner Gedanken der Umriß eines Kopfes, ja ganze Figuren mit einem einzigen unabgesetzten Federstrich gezogen, dem Kenner hier den Meister nicht weniger, als in dessen ausgeführten Zeichnungen zeigen: ebenso erscheint in den Gefäßen mehr die große Fertigkeit und Zuversicht der alten Künstler, als in den andern Werken. Eine Sammlung derselben ist ein Schatz von Zeichnungen."

In den letzten Jahren vor dieser Reise nach Neapel hatte Winckelmann die Vasen vom antiquarischen Gesichtspunkt aus zu behandeln begonnen. Unter den in sehr ungenügenden Zeichnungen veröffentlichten elf Vasen der Monumenti mag etwa die Hälfte richtig erklärt sein: Theseus, Sinis und Pirithous (96), Theseus, der Minotaur und Ariadne (100), Thetis dem Achill die Waffen bringend (131), Orest und Pylades (146), Zeus und Hermes vor dem Fenster der Alkmene (190). Nr. 22 ist nicht Helios und Selene, sondern Helios und Eos, aus deren Stirnband der Zeichner Hörner gemacht hatte. Nr. 99 „Theseus und Ariadne" ist eine einfache erotische Scene (S. 362). Nr. 113 „Astyanax und Andromache" ist Archemoros' Leiche im Schooß der Mutter; über Nr. 159 s. S. 364; was er in der „Ara traforata" (181) für Löcher hält, sind Blutflecke. In dem Gelage Nr. 200 nimmt er für einen Candelaber was ein Kottabosständer war (vgl. H. Heydewenn Annali d. I. 1865 p. 217 ff.). Die in der Kunstgeschichte (III, 4, 86 ff.) erklärte Vase des britischen Museums stellt einen Raub der Leucippiden dar, sie ist seit der Auffindung der Inschrift durch Gerhard unter dem Namen der Vase des Meidias bekannt.

Was ihre Bestimmung anlangt, so nennt er Opfer, sonderlich der Vesta, Bewahrung der Asche der Todten, Siegespreise, Zierrathen wie unser Porzellan, und Kinderspielzeug (für die kleinsten Gefäße).

Zu einer eingehenderen critischen Benutzung der Vasen für die Erkenntniß der Stilfolge griechischer Kunst ist Winckelmann nicht gekommen; aber es ist wahrscheinlich, daß er sie unternommen haben würde, wenn ihm ein längeres Leben beschieden gewesen wäre. Darauf führen uns Andeutungen des d'Hancarville'schen Textes, in welchem er sonst als der unerreichbare Meister der Kunstgeschichte gefeiert wird.*) Hier wird es als der eigenthümliche Werth dieser Sammlung vor allen ähnlichen von Marmoren, Bronzen, Münzen und Gemmen bezeichnet, daß sie die successiven Fortschritte der Malerei und der Zeichnung anzeige, vom Beginn bis zu ihrem Fall. Wie auf einer geographischen Karte kann man ihren Gang sehen und so zu sagen alle Schritte verfolgen, die der Kunstfleiß in dieser angenehmsten aller schönen Künste gemacht habe. Er macht den Versuch, diese Schritte an der Hand unserer Nachrichten über die griechische Malerei festzustellen.

Auch sonst sind in dem Text dieses Werkes die uns bekannten Winckelmannschen Ansichten mit denen des Herausgebers verwoben, in welchen man aber zuweilen Spuren seiner mündlichen Mittheilungen vermuthen möchte. — d'Hancarville legt die ältesten Vasen mit den Thierfiguren vor die Gründung Roms; die Epoche der Vollendung reiche bis zur Eroberung Capua's; als Endtermin dieser Manufactur gilt ihm die Eroberung Corinths, weil durch die reiche griechische Beute das kostbare Material in Gefäßen ausstarb. Er glaubt, daß die Thongefäße, welche nach Plinius so hoch bezahlt wurden, höher noch als die murrhinischen, nicht aus den damals bestehenden Manufacturen (wie der zu Arezzo) hervorgingen, sondern aus Gräbern, und mit unseren großgriechischen identisch waren, die man eben nicht nachahmen konnte, weil ihre Technik seit Jahrhunderten verloren war, und deren Seltenheit also nicht zu repariren war. Ihrem Ursprung aus dem Mutterland ist er nahe auf der Spur; wie Mythologie, Geschichte, Costüm und Sitten griechisch

---

*) C'est là que les Curieux peuvent lire une infinité d'observations importantes, appuyées d'exemples les plus choisis, vus avec le goût qu'on peut désirer, et montrés avec l'intelligence et l'érudition qui peuvent les rendre utiles et intéressans pour les Amateurs, les Artistes et les Gens de lettres. Ceux qui trouveront que nous n'avons pas assez fait, ou fait assez bien, et qui ne connaîtront pas les ouvrages dont nous parlons, nous auront au moins l'obligation de leur en avoir indiqué de meilleurs que les nôtres.

fand, so läßt auch ihr Stil stets dessen jedesmaligen Zustand in Hellas spüren. Sie beweisen aber allen Zweifel den ununterbrochenen Verkehr zwischen Groß- und Kleingriechenland seit dem Beginn der Malerei bis zu der Zeit wo Italien den Römern unterthan wurde. —

Durch Hamilton wurden die Neapolitaner mehr als irgend zuvor auf die Kostbarkeit dieser Denkmäler aufmerksam; die Vasen wurden förmlich Mode. „Etwas prachtvolleres, schrieb Martorelli den 10. Mai, hat man in Europa noch nicht gesehen, in jedem Betracht: was für antike Schönheit, was für eine Zeichnung, welch ein Ausdruck! Solche Schätze schenkt nur unsere Campagna"! Der Duca di Carasa Noja begann auch diesen Kunstzweig seiner reichen Sammlung hinzuzufügen; er brachte etwa dreißig zusammen, die er stechen ließ, aber aus Geldmangel nicht herausgeben konnte; als der Druck endlich bis Seite 52 gelangt war, starb er (1769). Der Hof kaufte sein Museum und ließ es nach Capo di Monte bringen. Das schönste und gelehrteste Stück stellte den Kampf um den Leichnam des Patroclus in einigen zwanzig Figuren dar. „Jetzt, schreibt Martorelli, kleiden sich hier Cavaliere und Damen all' etrusca und alla greca; auch die Wagen und die Zimmer- verzierungen müssen in diesem Geschmack sein."*)

§ 172.
Pompei im Jahre 1767.

Diesmal war Winckelmann nach Neapel gegangen nicht zu längerem Aufenthalt, sondern um die sicilianische Reise ins Werk zu setzen. Aber als sich unerwarteter Weise die Menschen wie die Alterthümer gar nicht so un- zugänglich zeigten wie er gefürchtet, so wurde dieser Plan vertagt. „Da ich die Schwierigkeiten, die ich mir sonderlich in Absicht des Zutritts zum Museo und den pompejanischen Entdeckungen vorzustellen hatte, nicht unüberwindlich fand, zeigte ich mich bei Hof, wo ich gnädig aufgenommen wurde.... Da ich wider mein Vermuthen ein gutes Aufscheinen sah, Frieden zu machen sowohl mit dem Hofe, als mit anderen Personen, die beleidigt schienen, stand ich ab

---

*) Zwischen der Herausgabe des ersten und zweiten Bandes des Hamilton'schen Werks fiel Winckelmanns Tod. D'Hancarville ließ zum Andenken des Freundes eine Kupfertafel stechen, die G. Bracci zeichnete: ein Columbarium mit runder Lichtöffnung im Gewölbe, in der Mitte ein Marmorsarcophag mit zwei Löwenköpfen und der Inschrift:
D. M.
IOAN. WINCKELMAN
VIR. OPT. AMIC. KARISS.
PET. DHANCARVILLE.
DOLENS. FECIT.
ORCO. PEREGRINO.

von der weiteren Reise". Tanucci fand er über alle Erwartung seinen Wünschen geneigt. Er ließ es bei einem leichten Verweise bewenden, „Er hielt mir in Gegenwart aller ausländischen Gesandten, die bei ihm gegessen hatten, jedoch mit lachendem Munde, dasjenige vor, was in dem Sendschreiben anzüglich ist, und versagte mir die Fortsetzung des herculanischen Werks", — die er aber doch später erhielt.

Am tiefsten verletzt schien Martorelli wegen der überaus beißenden (mordacissima) Satire gegen sein noch immer nicht freigegebenes Dintenfaß; ob er solche wirklich sächsische Verläumdung (tanta maledicenza sassona veramente) verdient habe, fragt er Olivieri. Und noch dazu habe jener ihm Freundschaft geheuchelt und sein Buch übertrieben gepriesen. Natürlich vermochte er nun in den ihm geschenkten Monumenti durchaus nichts Neues zu finden; etwas unglücklicheres habe er nie gesehen; nichts dankbareres könne es geben, als dagegen zu schreiben. — Aber auch er ließ sich beschwichtigen. Wenigstens sehen wir, wie er wieder pompejanische Notizen nach Rom schickt; und Winckelmann, der ihm übrigens ungelogen das Zeugniß ausstellen konnte, „daß er in Neapel das Griechische rege zu machen gesucht habe", und daß sein Buch über die Colonien in Neapel „eine erstaunende Gelehrsamkeit und ganz neue fremde Critik enthalte", Winckelmann spricht in einem Brief an ihn vom 5. Januar 1768 die Hoffnung aus, „daß seine neue Kunstgeschichte nicht weniger des Neapolitaners Beifall finden werde, wie die Monumenti", und bedauert (om S.), daß ihm „ein Martorelli fehle, um sich mit ihm über seine Erklärungen alter Stellen zu besprechen, und die von jenem gegebenen zu vernehmen".

Freilich wurde ihm doch mehr als früher aufgelauert; er mußte „sehr behutsam gehen"; man argwöhnte, er sei gekommen, wieder etwas zu schreiben. „Ich muß mich stellen, als wenn ich nichts mit sehr großer Aufmerksamkeit ansehe, welches aber dennoch geschieht. Es kostet aber mehr Zeit; indem ich nach Portici gehe, unter dem Vorwand, mir Bewegung zu machen und meine dortigen Bekannten zu besuchen, und spreche alsdann wie im Vorbeigehen im Museo an.... Die thörichte Eifersucht geht so weit, daß man mir nicht erlaubte, mit gemessenen Schritten zu gehen, weil man glaubte, daß ich Maße nähme, wie ich in der That nahm. Ich war daher nicht zu bewegen, ihnen die Bedeutung einer ganz ausnehmend schönen und zugleich gelehrten Statue zu sagen; sie kann ewig nicht ergänzt werden, ohne deren Bedeutung zu wissen, die schwerlich jemand andres angeben wird. Ich hätte es aber gethan, wenn man mir erlaubt hätte, einen bloßen Contour von derselben zu nehmen... Ich lasse Sie nunmehr urtheilen, schreibt er Franke, ob ich bei meinen deutschen Schriften etwas gewinnen können, nur allein in Betracht der letzten neapolitanischen Reise; es hat mir dieselbe mehr gekostet,

§ 172. Pompei im Jahre 1767.

als alles was mir der Buchhändler gegeben hat. Ich bin nur allein wenigstens zwanzigmal in Portici gewesen; ... die Reise nach Pompeji habe ich viermal gemacht, der anderen Reisen nach Cuma, Baja, Caserta u. s. w. nicht zu gedenken". —

In Pompei spürte man seit einem Jahre das Walten einer geschickten Hand, La Vega's, der nach Webers Tode eingetreten war. Man arbeitete an einem Punkte, wo die äußersten Enden, die Anfänge und die letzten Zeiten der Stadt, und zugleich des classischen Alterthums dicht beisammenlagen, wo sich im kleinsten Raume die disparatesten Charakterzüge und Eindrücke zusammendrängten, welche eine griechisch-römische Stadt darbieten konnte.

Zu verwundern ist, daß man erst nach sechzehn Jahren darauf kam, an dieser Stelle zu schärfen. Die Mauer, mit der das Theater sich an die Burg lehnt, ragte in der Bigne des Vincenzo Graffi ziemlich hoch aus dem Boden hervor. Am 25. Juli 1764 zeigte sich, daß man in einem Theater war; man stieß auf den wenige Fuß unter der Erde verborgenen obersten Umgang mit seinen Pilastern, und erkannte den halbkreisförmigen Abfall der Sitzreihen. Den Herbst über suchte man nach der Bühne; man fand Anzeichen einer im Gang gewesenen Restauration, wurde aber durch die moseta am Vordringen zur Orchestra gehindert; am 1. December kam die marmorbekleidete Scena mit Königsthor und Nischen zu Tage.

Hinter und über diesem Theater der römischen Colonie erhob sich die Acropolis der alten oscisch-hellenischen Stadt, mit den Trümmern ihres dorischen Tempels. Dieser Tempel lag, wahrscheinlich seit dem Erdbeben unter Nero, in Trümmern; es hatte an Geld und Lust gefehlt ihn wiederaufzurichten; aber ganz in der Nähe war in den letzten Jahren vor der Katastrophe ein modernes Heiligthum erstanden, ein alterthümelndes neben dem alten, ein Isistempelchen, voll fremder, orientalischer Symbole, bilderreich-zierlich, überladen und bunt, "wie's frömmelnder Geschmack sich lieben mag". Dort gewaltige Tuffquadern und -Trommeln, ohne Mörtel aneinandergefügt; hier Ziegel mit Stucküberzug, Stuckreliefs; dort ein Rechnen für die Jahrtausende, hier ein Bau wie die Decoration für ein Kirchweihfest. Dort der altdorische Geist ewiger Gesetzmäßigkeit und Harmonie, hier das barocke Spiel einer ganz neuer Reizmittel bedürftigen Andächtelei.

Schon im Juli 1765 kannte man den Porticus des Forum triangulare; aber erst im October 1767 hört man wieder von Aufdeckung der Stufen des eigentlichen Tempels und dem Brandopferaltar. Man glaubte, dieser Tempel sei, wegen der dünnen Bedeckung, von den Bauern beim Pflanzen der Bäume zerstört worden, eine gründliche Ausgrabung sei nicht der Mühe werth. —

Seit Mitte December 1764 bewegte man sich in der Umgebung des

Isernia; im October 1766 war dessen Ausgrabung vollendet. Zuerst fand man Theile vom Tempelhof oder Peristyl, mit Stuckbekleideten, cannellirten Säulen und sehr ausgedehnter Wandmalerei. Da das Abräumungssystem noch immer bestand, so ließ Canart im März fünfzehn Stück dieser „Arabesken" herausschneiden, nachdem sie Johann Casanova vorher an Ort und Stelle aufgenommen hatte. Mitten im Peristyl fand man eine mit Stuckpilastern, Fries und Ziegeldach versehene Capelle, in der eine Isisstatue mit vergoldetem Kranz und Armbändern, reichbemaltem Saum stand; davor war ein großer Altar; zwei kleine zwischen den Säulen des Porticus. Die Gemälde waren im allerneuesten Geschmack: die Nilansichten mit Crocodilen und Pygmäen, der Knabe Harpocrates wiesen auf Aegypten hin. Im Mai erschien ein ähnlich verziertes Capellchen, das, wie man vermuthete, für Einweihungsriten bestimmt war. Die hübschen Reliefs der Außenseite — Venus und Mars, Mercur und die Nymphe — brachten endlich die Idee zum Durchbruch, dieß so wohlerhaltene Ganze an Ort und Stelle zu erhalten, per la curiosità dei forestieri; La Vega bestimmte den Minister, von dem unbedingt lautenden Gebot, alles wegzunehmen, in diesem Fall abzustehen. Man rechtfertigte diese Verkürzung des Museums mit der Werthlosigkeit jener Arbeiten. Canart befestigte die Stuckflächen im October 1785 mittelst sechzig Schwalbenschwänzen.

In der That war alles was man hier fand, seltsam genug (singolare). Flüchtig, led, wie das leicht zu hanthierende Material einlud, war das neuägyptische Sanctuarium zur Erbauung so verwöhnter Leute aufgebaut worden, sofett wie ein neugothisches Capellchen mit seinem stilgemäßen Flitterkram. Konnte man sich früher schon in die lustigen Paläste der „Grotesken" nicht hineinfinden, so gab es hier noch härtere Bissen zu verdauen. Die Grotesken waren auch da, aber in Stuckrelief. Man fand in einer Nische der Hintermauer der Cella einen weinbekränzten Bacchus mit gefärbten Augen und vergoldeten Haaren, Hals- und Armbändern, Stiefeln und Fell; eine Venus die beim Steigen aus dem Bad sich die Haare ausdrückt, mit gelben Haaren, Vergoldungen am Körper, und dunkelblauem Gewand; ferner grünemaillirte Idole mit blauen Brauen und Wimpern und eingesetzten Augen. Zwei flach erhabene Gypsfiguren der Isis im Purgatorium hielt Winckelmann für die ältesten Nachahmungen ägyptischer Werke unter den Römern. „Selten" schien es ihm, daß der Künstler des Gypsreliefs Perseus und Andromeda „sich einfallen lassen, die Hand jenes Helden, die das Haupt der Medusa hält, völlig freistehend zu arbeiten", wie das noch vorhandene Eisen zeigt. Mitten auf dem großen Schpilaster des Tempels war eine kleine Giebelfaçade nebst Seitennische aufgeklebt. Das merkwürdigste war ein Xtrolith, ein Holzkörper mit Marmorextremitäten. Man fand einen weiblichen Kopf, einen

§ 172. Pompei im Jahre 1767.

linken Arm, eine rechte Hand mit Bronzefiftrum, und zwei Füße. Diese Theile waren nicht abgebrochen, sie lagen an ihrer richtigen Stelle, der Körper aber war verschwunden, — verfohlt.

Man sah, wie die Katastrophe des Vesuv die Hexenküche dieser heiligen Gaukler in voller Thätigkeit überrascht hatte. Auf dem Altar lagen verbrannte Knochen, in einem viereckigen Loch des Hols Reste frommer Gaben, welche die Priester verspeist hatten, Feigen, Datteln, Pinienäpfel, Nußschalen. Niemand durfte hoffen die Bestimmung dieser Geräthe zu ergründen, von Bronze, Blei, Eisen, Thon, Alabaster, Glas und Knochen, aller dieser Lampen, Dreifüße, Eimer, Becken, Kessel, Kochtöpfe, Vasen, Näpfe, Schälchen, welche zum Comfort der eingewanderten Götter des Ostens nöthig gewesen waren.

Auch in Winckelmanns Hände verloren sich fünf von den kleinen grünglasirten Osirisidolen. „Es halten diese Figuren in der kreuzweis auf die Brust gelegten Händen in der linken einen Stab, in der rechten, nebst der gewöhnlichen Peitsche, ein Band, woran hinten auf der linken Schulter ein Täfelchen hängt, das auf größeren [für besonders begnadete Gläubige bestimmten] Exemplaren mit Hieroglyphen bezeichnet war".

Das Erfreulichste waren zwei Wandgemälde in den an den Tempel stoßenden Zimmern, vielleicht Priesterwohnungen. Die „Ankunft der Jo in Aegypten" wurde am 23. November 1765 in Gegenwart des jungen Königs aufgedeckt; das zweite, eine Scene zwischen Jo, Mercur und Argus war geringer. Diese Gemälde erfüllten nach Winckelmann den Wunsch, „nach jenen kleinen und ausgeführten Bildchen auch größere Stücke von einem freieren Pinkel und lockerer Manier zu sehen". Sie zeigten, daß die damaligen Devoten wenigstens nicht gespenstisch-hagere, aschfarbige und scheinheilig sich geberdende Figuren für Kirchenstyl hielten. Sie sind gemalt mit einem feurigen, markigen und luftigen Pinsel; gewählte, plastisch reine Formen darf man freilich nicht suchen. —

Als Winckelmann Pompei besuchte, war man gerade mit der Aufdeckung eines großen Gebäudes beschäftigt, welches vor dem Theater am Abhang des Hügels lag, auf dem die Stadt erbaut ist. Seit dem October 1766 hatte man hier eine Reihe von Zimmern entdeckt, die an einen großen viereckigen Peristyl lagen, mit rothstuckirten Tafffäulen. Darin fanden sich Gerippe von Menschen, die Reste einer Frau in einem mit Gold durchwirkten Zeug; in einem Kerker Fußeisen für zehn Gesangene und vier Skelette; ferner ein Pferdestelett mit seinem ganzen Zeug; Arm- und Beinschienen, Wehrgehänge, vor allem prachtvolle Bronzehelme. „Diese Helme haben mit denjenigen, die uns bekannt sind, gar nichts gemein. Sie sind alle mit erhabenen Figuren verziert, und auf einem derselben sieht man, was zu Troja in der Nacht nach der Eroberung dieser Stadt vorgegangen". — Die Reapolitaner hielten das Gebäude für eine Caserne, Windelmann für ein Gymnasium, andere für eine Markthalle, seit Garrucci gilt es als Gladiatoren-Caserne.

Im September 1766 fand man noch eine zweite Capelle, merkwürdig durch Erhaltung zweier thönerner Cellenbilder, etwas über Lebensgröße, mit bemalten Kleidern; zwischen ihnen, auf demselben Podium, eine Pallaskiste und eine Flasche, davor ein Altar. Man nannte sie Jupiter und Juno, Windelmann hielt sie für Aesculap und Hygiea. —

Mit dem allen durfte er nun vor der Hand nicht hervorkommen, so schwer es ihm ankam. „Ich muß vor jetzt alles auf dem Herzen und Magen behalten, um mir nicht künftig den ferneren Zutritt zu verscherzen... Ich muß wohl den Pythagoräer machen, um nicht aus Portici gejagt zu werden". „Zu seiner Zeit" würden alle diese Dinge erscheinen;' dann — „wenn ich ferner keine Lust haben werde, nach Neapel zu gehen". Denn was in Neapel in den letzten Jahren zum Vorschein gekommen, war so bedeutend und vielverheißend, daß er beschloß, „von nun an alle Jahre zweimal die Reise nach Neapel zu machen" (6. Februar 1768).

§ 173.
Der Ausbruch des Vesuv.

Noch um einige Tage wurde der diesmalige Besuch in Neapel verlängert in Folge der großen Vesuveruption. Seine Gefährten auf den Excursionen in der Umgegend ließen alles im Stich, um Zeugen zu sein dieses im laufenden Jahrhundert in solcher Furchtbarkeit noch nicht vorgekommenen Phänomens. Das Museum wurde geschlossen.

„Ich habe das Glück genossen, den schrecklichen Ausbruch des Vesuv zu sehen, und vier verschiedene Nächte auf dem Berge selbst nicht ohne Gefahr zu betrachten. Dieser einzige Ausbruch des Vesuv würde die Reise bezahlt machen; denn wer es nicht gesehen, kann sich von diesem schrecklich schönen Schauspiel keinen Begriff machen".

In Sachen des Feuerbergs war Sir William in Neapel Autorität. Der Hof hatte mehr als einmal mit der Abfahrt nach Portici oder dem Ausbruch von da gewartet, bis er über den Eintritt und die Richtung des Ausbruchs sein Gutachten abgegeben. Duclos, mit dem er den Berg zum 22stenmale erstieg, zeigte er eine Sammlung sämmtlicher vesuvianischer Producte; jener meinte, er könne Professor der Naturgeschichte sein.

Nach einer fünfjährigen Pause hatte seit dem Januar 1766 ein neues Drama begonnen. Die bis zur obersten Oeffnung angesammelte Lava haltete an mehreren Stellen des Gipfel; am 28. März gegen Sonnenunter-

§ 173. Der Ausbruch des Vesuv.

gang war nach Torrev und Erdbeben ein Strom hervorgebrochen, der fünfzehn Schritte in der Stunde machte, aus 30. folgte ein Nachschub, wobei
der Krater Steine bis zu 200 Fuß Höhe emporschleuderte. Täglich stieg
Hamilton hinauf, die Nacht des 28. brachte er ganz oben zu; am 12. April
waren Volande und Boscovich mit; am 10. November der Herzog Carl
Wilhelm Ferdinand. Nach dem Geschichtsschreiber dieser Ereignisse, della
Torre, war es die 26. Eruption seit der unter Titus.

Vom Ende 1766 bis zum März 1767 hatte der Krater in seinem
Schlund fortwährend Lava und Steine emporgeworfen, aber außen nur die
Rauchsäule gezeigt. Seitdem aber trat der Eruptionskegel (montagnuola) am
Gipfel hervor, und war von nun an in fortwährendem Wachsen begriffen.
Anfang October war die Lava bis oben hinausgetreten, ein dumpfes Tosen
im Schooß des Bergs, hörbar in den Ortschaften, kündigte das Drängen der
eingeschlossenen Masse nach einem Ausgang an.

Am 19., Montags früh, als Windelmann gerade mit dem Baumeister
Vanvitelli nach Caserta gegangen war, trat die Katastrophe ein, deren Erzit-
terungen sich bis zu jenem Lustschloß hin erstreckten: „es krachte alles in
unserem Hause, da der Auswurf geschah, und das ganze Land war mit Asche
bedeckt, welche wie Steingries ist, und dem schwarzen Streusande ähnlich
sieht". Um die 20. Stunde italienischer Uhr vernahm man bis Neapel
dumpfe Schläge im Berg, ähnlich einer Canonade; eine ungeheuere schwarze
Rauchpinie erhob sich aus der Mündung und zog vom Levante getrieben nach
Sorrent und den Inseln zu. Gegen Anbruch der Nacht war die Lufterschüt-
terung so stark, daß selbst in Neapel die Fenster zitterten, geschlossene Thüren
aufschlugen und aufgingen; dabei spürte man einen brenzigen Geruch. Gegen
Mitternacht spaltete sich der Berg von oben herab, ein Lavastrom trat hervor
und theilte sich in zwei Arme, nach Ottajano und Resina zu. Hamilton,
der sich gerade im Thal zwischen Vesuv und Somma, dem Atrio del Cavallo
befand, war genöthigt sich in vollem Lauf vor der aus dem Riß hervorstür-
zenden und das Thal mit wenig verminderter Schnelligkeit durcheilenden
Lava zu retten.

In der Richtung, welche die Lava diesen und den folgenden Tag nahm,
nach San Jorio (Giorgio) a Cremano zu, hatte der Marchese Berio ein
hübsches Casino, das seit fünf Jahren Lady Orford mit ihrem Florentiner
Cavalier, Don Giulio Mozzi bewohnte. Hier stellte der Pater della Torre
seine Beobachtungen an. Auch Windelmann hatte öfters da gegessen und
übernachtet; aber am Morgen des 20. wurde es der Lady unheimlich. Sie
eilte nach Gaeta, und wollte Windelmann in Caserta abholen. Zum Glück
verfehlte sie ihn, er hätte sonst mit gemußt; er reiste am anderen Morgen
in der Frühe ab, ohne von ihrer Ankunft gehört zu haben.

An diesem Tag verdunkelte sich die Sonne, der Berg hüllte sich in Dampf, in dem die Feuerlinie der Lava durchschien. Um drei Uhr Nachts vernahm man ein fürchterliches Rollen (gorgogliamento) wie von einem ungeheuren Kessel siedenden Pechs, in den man Wasser gießt. Jedermann glaubte, erzählt della Torre, der Berg werde von den eingekerkerten glühenden Massen in Stücke zerrissen und in die Luft geschleudert werden. Wirklich riß er um sechs Uhr Nachts von oben bis zur Mitte auseinander, und ein viel stärkerer Strom trat hervor, ging über den alten weg und überholte ihn. Es war am Piano delle Ginestre, wo sich auch 1812, 22 und 55 der Vesuv öffnete.

Am Tag nach dieser schrecklichen Nacht ging Winckelmann nach Neapel zurück, und Abends noch nach Portici, in Gesellschaft Riedesels und d'Hancarville's, „nebst drei Bedienten mit Fackeln und Führern". Die Sonne stand glanzlos (pallido e smorto) am wolkenlosen Himmel, das unterirdische Getöse hatte sich gelegt; Nachts war der Berg ruhig. Aber die Lava setzte ihren Weg rasch fort. Ein Arm, der sich nach Torre del Greco abzweigte, kam bald zum Stillstand; der Hauptstrom ging nach dem Meere zu, füllte ein achtzig Palmen tiefes Thal aus, sandte zwei Nebenflüsse nach Portici und Resina zu, rückte dann auf S. Jorio los, schloß die Capelle S. Vito ein, und machte vor dem Casino Halt. „Die feurigen Ströme sind dermaßen schrecklich, daß, wenn sie sich nicht getheilt hätten, wäre es um Portici und um das Museum geschehen gewesen".

In dieser Nacht ergriffen die Bewohner von Resina die Flucht. Man erinnerte sich, daß die Lusthäuser von Portici und Granatello auf dem Hauptarm der Eruption von 1631 erbaut waren, die bis ins Meer vordrang. Ein Arm des jetzigen Stromes ging zwischen jenen zwei alten Thürmen her. „Wir waren dieselbe Nacht der Gefahr entgegengezogen, und tranken fröhlich auf dem Schloßplatz zu Portici unter dem Getümmel der Flüchtenden, weil wir in den Häusern, die bebten und krachten, nicht sicher waren".

„Wir hatten, um bis zur Mündung zu kommen, über schreckliche Berge von alter Lava zu klettern, bis wir an die neue Lava gelangten, die wir unter der oberen verhärteten Rinde laufen sahen. Endlich aber, nach dem allerbeschwerlichsten Weg von zwo Stunden, den ich als ein guter Fußgänger in meinem Leben gemacht habe, mußten wir ... die brennend heiße Lava übersteigen, welches unser Führer sich weigerte zu thun, und da kein Mittel war, ihn zu bewegen, nöthigte ihn der Stock, und du Han ging mit einer Fackel voran, und wir folgten mit zerplatzten Schuhen, sodaß uns auch die Sohlen unter den Füßen verbrannten. Da wir an die Mündung kamen, fanden wir dieselbe mit glühender Lava vermischt, sodaß die Oeffnung nicht kenntlich war. Hier war ich der erste, welcher sich auszog, um mein Hemde zu trocknen, und meine Begleiter thaten desgleichen. Während dieser Zeit leerten wir ein paar Flaschen Rosoli aus und brieten an dem feurigen Flusse Tauben, und Windelmann hielt wie die Cyclopen nackend seine Abendmahlzeit; und da wir trocken waren, suchten wir den Rückweg, welcher aber gefährlicher war, als der Hingang".

Am 22. Donnerstags wiederum Gebrülle, Rauchpinie, rothglühende Sonne und Bimssteinregen. Windelmann vergleicht dieses Getöse „der Beschießung einer Festung mit dem allergröbsten Geschütz; es regnete zu Neapel kleinen Bimsstein so dick als Schneeflocken, sodaß die Sonne verfinstert war". Die Nacht auf den 23. brachte er zum zweitenmale oben zu. „Gestern (den 23.) war der Berg ruhig; aber heute fällt unaufhörlich ganz feiner Bimsstein, und wir befinden uns wie in einem dicken Nebel; doch so, daß man an dem dicken Rauch, welcher von den Oeffnungen aufsteigt, sehen kann, wo die feurige Lava herunterfließt". — —

Dies war das Schlußtableau der Fahrten nach Neapel. Damals hoffte er noch gar oft wiederzukommen. Aber noch vor Ablauf eines Jahres war er nicht mehr im Lande der Lebendigen. Es war sein letzter großer Eindruck italienischer Natur. Dort als er am Verderben bringenden Höllenfluß stand, sorglos, lebensfroh wie je, ging der Todesengel an ihm vorüber, der ihn wenige Monate später plötzlich, im tiefen Frieden der Natur, heimsuchte.

Siebtes Capitel.

Letzte Entwürfe und letzte Reise.

§ 174.
Neue Aussichten.

Denkt man sich in den Zustand eines Mannes hinein, der die alte Kunst gewissermaßen als seine Domäne betrachten konnte und das ganze Gebiet ihrer Denkmäler überwachte, der sich sagen durfte, daß er allein befriedigende Aufschlüsse zu geben vermöge, und auch dafür angesehen werde, eines Mannes ferner, der auf diese Denkmäler ein System, ein allumfassendes Werk gegründet hatte, und folglich keine Novität sehen konnte, ohne an die Stelle zu denken, die er ihr im kunsthistorischen Fachwerk zu geben habe, an die beweisende, exemplificirende, modisicirende Bedeutung, die sie für jenes Ganze haben werde: einen solchen Mann mußte dieses Jahr und diese Reise in einen wunderlichen Zustand versetzen.

Bisher galt ihm Rom als Metropole von Kunst und Alterthum, aber als Metropole, die wie das alte Rom zugleich der Staat war, und außer der es nur Provinz gab. Das Inventar römischer Villen und Museen hatte er als fast alleinige Basis seiner Lehren angesehen. Jetzt thaten sich neue Länder auf, deren Flora und Fauna von den römischen Familien und Arten ganz verschieden war: die dorisch-griechische Baukunst in Sicilien, hinter der in ahnungsvoller Ferne Athen, Elis standen; die großgriechischen und sicilischen Vasengemälde, die Stadt Pompei. Hier war statt einer verschwindend geringen, zum Theil zweifelhaften Auswahl griechischer Originalwerke eine reiche Folge echthellenischer Zeichnungen in wünschenswerthester Continuität von ihren kleinasiatischen Wurzeln an bis auf den blühenden Stil der Grazie und Schönheit. Welche Fülle seltener Sagen, eigenthümlicher Sitten und Gebräuche, gegenüber dem zusammengeschmolzenen und durch den Sinn der Spätzeit alterirten Vorrath römischer Sarcophage und Wandgemälde. Dem gegenüber am andern Ende nun das ausführlichste Detailbild des Kunst- und Formenwesens der Kaiserzeit, ihres Luxus und Aberglaubens, ihre Villen, Theater, Tempel. Noch nie hatte man Römisches und Griechisches, Hellenisches und Hellenistisches in so scharfem Contrast sich gegenübertreten sehen. Zu diesen starkcolorirten, realistischen Zeitbildern verhielt sich das was man sich bisher über alte Kunst aus der großen Marmorarchitectur und Museumsplastik der Hauptstadt gesolgert hatte, wie die platonische Idee zu der Erscheinung.

Mit einer etwas gemischten Empfindung muß er doch diesen sich nachträglich aufthuenden embarras de richesses betrachtet haben. Er hatte sich früher überredet, daß von Pompei nichts rechtes zu erwarten sei; Sicilien hatte er sich als Büstenei vorgestellt. Und nun öffneten sich ganz neue Welten:

Ich das Leben ist am Ziele,
Und die Kunst noch kaum begonnen!

Aber wenn er auch zuweilen von Wünschen nach Ruhe sprach, man darf glauben, daß er vollkommen rüstig und bereit war, alle Arbeit auf sich zu nehmen, die zur Ausbeutung dieser neuen Schächte erfordert wurde. Wenn er auch gewollt hätte, er hätte es nicht fertig gebracht, als unthätiger Zuschauer da zu sitzen. Wer sich öffentlich über eine Sache ausgesprochen hat, nimmt neue Taten mit ganz anderer Lebhaftigkeit auf, als wem dieses persönliche Interesse an der Sache fehlt. Daher der Trieb, alles Neue was ihm zu Gesicht gekommen, oder worüber ihm auch nur geschrieben worden war, sogleich zu veröffentlichen.

Von den Neapolitanern war ja ohnehin keine vollständige Beschreibung ihrer Entdeckungen zu hoffen, er kannte keinen, „der sie dort zu geben im Stande wäre". Die dortigen Vasen hatte zwar schon ein Anderer mit Beschlag belegt; aber Sicilien war noch nicht occupirt. Doch er brauchte gar nicht einmal zu reisen: in Rom selbst that sich genug auf, um seine forschende und edirende Thätigkeit stets in Athem zu halten: er durfte kaum suchen, nur sich besinnen.

Es waren die Bahnen der archäologischen Journalistik, in die wir ihn einlenken sehen. Seine jetzige Behandlung dieser Sachen hätte offenbar ihren angemessensten und bequemsten Niederschlag in Bulletins, Annalen gesunden. Welche seltsame Linie hatte also seine gelehrte Laufbahn beschrieben! eine Spirale von Innen nach Außen. Als er begann, stand ihm noch kein Denkmälerapparat für historische Uebersichten und ästhetische Theorien zu Gebote; ehe er eine anschauliche Kenntniß der Kunst hatte, unternahm er den Malern seiner Zeit die griechischen Werke zu schildern und zur Nachahmung vorzuhalten. Dann, im Lande der Kunst angekommen, ließ er die Beziehung auf Gegenwart und Praxis fallen und schuf, mit unzureichendem Material, halb ahnend, ein geschichtliches Bild. Und jetzt, als dieß Material sich einzustellen, als die Fülle des Echten ein sichereres Auftreten zu versprechen schien, fing das Einzelne an, ihn bloß als solches zu interessiren; das System aber blieb, wie es einmal Gestalt gewonnen hatte. Die Impulse aus der Kunst seiner Zeit, aus der Gedankenwelt seiner jugendlichen Studien verflogen und verlangen allmählich; der Ort brängte ihm seine Sitten auf. Winckelmann endigte also, wird mancher sagen, wo er hätte anfangen sollen. Mit allgemeinen Sätzen, mit dem „Wesentlichen der Kunst", dem „Systemo", der Quintessenz begann er, mit Sammlungen und Beschreibungen, mit dem Körper und Buchstaben endigte er.

Aber so ist der Gang menschlichen Erkennens. Man beginnt mit den Systemen der Natur, mit gesellschaftlichen Utopien, mit Ideen und Entelechien, man endigt mit der Induction und der Mechanik. Später könnte man ein ganz anderes System aufbauen, präcisere Linien ziehen, reichere Farben auftragen; aber es ist zu spät, das Interesse an jenen freien Phantasien der Vernunft, die man Metaphysik nennt, ist vorbei, und sie sind auch entbehrlich geworden. —

Nur behielt Winckelmann ein Widerstreben gegen das Miscellenhafte, gegen die Zersplitterung des gelehrten Gazettiers. Seine alten Pläne ließen ihn nicht los, sie nöthigten das Neue, sich ihnen einzufügen. Dieß war auch durch äußere Rücksichten empfohlen. Da der Rempler Hof „durchaus nichts geschrieben haben wollte", so bot eine neue Ausgabe der Kunstgeschichte einen Platz, wo derartige Mittheilungen „nicht sogleich in die Augen fielen". In ihre dehnbaren Capitel sollte alles neue eingeschoben werden. Bei dem anderen großen Werke brauchte man solche Einschiebungen nicht einmal zu machen, man konnte einfach Fortsetzungen folgen lassen. Die sicilischen Posen hätten gewiß einen dem ersten Band der Monumenti ebenbürtigen Reichthum seltener und gelehrter Vorstellungen geliefert; aber er hatte keine Geduld zu warten, bis die verschobene Reise sich realisirte; er brachte auch aus dem, was ihm zur Hand war, bald ein neues Hundert heraus.

Diese Productivität bekommt nach und nach etwas kurzathmiges, fieberhaftes. Jene Sammlung des Geistes, die aus der unmittelbaren Thatsache erst nach langwierigen, verschwiegenen Ueberlegungen, durch vielfältige Zwischenglieder, das gewinnt, was sie ausspricht und mittheilt, — sie ist vorbei: Entdeckungsreisen, Zeichnen, Stechenlassen, Blättern nach gelehrten Schlüsseln, darum dreht sich jetzt alles. Es ist ein Zeichen geistiger Ueberreizung, wenn die Gedanken auch nach gemachtem Abschluß, unwillkürlich und unaufhaltsam fortarbeiten. Zu den drei Werken, sammtlich Bearbeitungen und Fortsetzungen alter, die ihn gleichzeitig beschäftigten und Sorgen sehr verschiedener Art verlangten, kam noch eine bisher immer im Wachsen begriffene Correspondenz („er fertige mehr Briefe ab, als eine ganze Universität in corpore"), endlich Reiseprojecte nach Sicilien, Neapel, Griechenland und Deutschland, die ihn fortwährend nach verschiedenen Richtungen hin- und herzogen. In diesem sonderbaren Zustand befand sich Windelmann im letzten Jahre seines Lebens: nichts schien auf ein Ermatten oder gar auf's Ende hinzuweisen; sein Leben, seine Thätigkeit schien von nun an eine gesteigerte Bewegung anzunehmen. „Wieviel wichtige Projecte gehen mit ihm verloren!" schrieb Lippert. „Ich habe nicht leicht einen Brief von ihm erhalten, worin er mir nicht von einem neuen Vorhaben geschrieben, wozu er die Materialien bereits liegen hatte".

§ 175.
Der dritte Band der Monumenti.

Ein Vierteljahr vor dem Erscheinen der Monumenti, als der Druck im vierten Register war, und dem Autor zum erstenmale wieder frei stand, „die Brust zu erweitern und Athem zu schöpfen", tauchte plötzlich der Gedanke eines dritten Bandes auf. Kein Wort war bisher gefallen, daß noch ein weiterer Band in Aussicht stehe, nichts ist in den zwei ersten, was diese eines Zusatzes bedürftig erscheinen ließe. Aber der einmal in starke Bewegung gesetzte, aus so verschiedenen Thätigkeiten zusammengesetzte Mechanismus konnte nicht sofort stillestehen, als der äußere Anlaß aufhörte. Windelmann konnte nun keinen Gang durch einen Palast oder eine Villa mehr machen, ohne eine Nummer für weitere monumenti inediti zu entdecken. Auch der Geist buchhändlerischen Geschäfts war über ihn gekommen. Endlich hatte er sich treffliche Zeichner und Stecher herangezogen. Der Beifall, den das Werk fand, ermunterte zu dessen Fortsetzung.

Im Januar 1767 stand der Plan einer solchen Nachlese zu dem antiquarischen Werke fest, die künstlerisch dieses weit übertreffen, „mit aller möglichen Pracht erscheinen" sollte. Einige Denkmäler, die hierzu einluden, mögen die erste Veranlassung gewesen sein. In der Weise der schönen Stiche Mogalli's im zweiten Band sollten eine Reihe römischer Juwelen, auch solche die gerade keine neue Erklärung darboten, in würdiger Weise gestochen werden. Solche Stücke waren die ficoronische Cista aus Palästrina im Jesuitencolleg; die Barberinische, jetzt Portland-Vase sammt der großen capitolinischen „Urne des Septimius Severus", in der sie gefunden war; die Marmorschale mit der Ruhe des Hercules in der Villa Albani; eben da die Aesopbüste; das grandiose griechische Relief des Palastes S. Croce mit 'der Hochzeit des Neptun und der Amphitrite (in München); die Urne mit Action in Villa Borghese.

Die Reise nach dem Süden versprach eine gute Ernte: die „schönsten und

|ſchwerſten" Baſen von Catania ſollten die Maſſe des Werks bilden. Als die ſiciliāniſche Reiſe vertagt wurde, wurde das Unternehmen nicht vertagt. Aus Neapel brachte er manches mit, vor allem einige der ſchönſten Vaſen der Sammlungen Porcinari (Oreſt von den Furien verfolgt) und Hamilton. In der Villa des Vedius Pollio am Poſilipp fand er ein „außerordentlich ſchönes erhabenes Werk von ſeltenem Inhalt" (?). In Pozzuoli ließ er die große von aſiatiſchen Städten dem Kaiſer Tiberius geweihte Baſis aufnehmen; in der Kirche S⸱ Chiara das als chriſtlicher Sarcophag dienende Relief des Proteſilaos und der Laodamia. Della Torre geſtattete eine Copie der Schale von Achalouph im farneſiſchen Muſeum, die aus dem Mauſoleum Hadrians ſtammte und nach Uhden (1535) Aegypten im Schmuck der Fruchtbarkeit nach der Ueberſchwemmung darſtellt.

Die unerſchöpfliche Villa Albani gewährte noch eine Nachleſe von unge= fähr 25 Stück; darunter war die bedeutende Pallas, welche noch jetzt die eine Spiegelniſche der Galleria nobile ſchmückt; die Trophäen über den Thüren, das Relief des Morpheus, der Atlas, die Kaiſercollocution, die Weinbereitung, Hercules bei den Hesperiden u. a. In verödeten Villen, auf ſtaubigen Trep= pen und in düſtern Höfen römiſcher Paläſte ſuchte er ſelten vergebens. Beſonders in Villa Pamfili wurde viel gezeichnet, z. B. ein Basrelief mit Hecuba. Im Belvedere von Fraskati wurde die Apolloſtatue aufgenommen. Die Kunſthändler, Beliſar, Jenkins, Dehn ſteuerten bei. Die Vatica= niſche und die Albaniſche Bibliothek lieferten noch Zeichnungen nach alten Gemälden, darunter von Ghezzi. San Lorenzo vor den Mauern entnahm er den Sarcophag des Cardinals Guglielmo Fieſchi mit dem dem dritten Jahrhundert angehörenden Relief der Vermählungsfeier. Auswärtige Freunde verſprachen Beiträge; ſo findet man u. a. die vier Goldſchalen des Biſchofs Lucheſi zu Girgenti, den betenden Knaben der Terraſſe von Sansſouci, die Amazonen=Vaſe in Wien und zwei bacchiſche Vaſen daſelbſt. Von der in den Beſitz des Dr. Mead gekommenen Terracotta mit dem Bilde des Demoſthenes fand ſich noch ein Gypsabguß.

Die Vorbereitungen dieſes dritten Bandes beſchäftigten Winckelmann ununterbrochen bis an ſeinen Tod. Er wollte „all ſein Vermögen daran wenden". Die Mehrzahl war ſicher bereits aufgenommen, Mogalli hatte die Zeichnungen erhalten und in Angriff genommen. Sogar die Vignetten oder Fregi (Gemmen, Trophäen) waren ſchon feſtgeſtellt. In Porto d'Anzo wurden die alten Scribenten durchſucht. Der Band ſollte „an Wichtigkeit dem erſten nichts nachgeben"; ja die etwa im Druck und in der Arbeit nicht erfüllten Erwartungen, „das was er aus Mangel an Kräften nicht hatte reichen können", erſetzen. Er wollte „nichts von Gelehrſamkeit in Alter= thümern auslaſſen, damit dieſes Werk ein Inbegriff von allen möglichen

§ 178. Der dritte Band der Monumenti. 411

Sachen werde", und er hoffte, daß durch dasselbe „diese Wissenschaft ein ganz neues System bekommen werde. . . . Ich muß mich selbst wundern, schreibt er Heyne den 13. Januar 1768, über die seltenen und mehrentheils schwer zu erklärenden Werke, die sich noch immer finden".

Winckelmann wollte die Zahl hundert nicht überschreiten, im Mai hatte er etwa dreißig aus der dreifachen Zahl seltener und unbekannter Denkmäler ausgelesen. Es sind noch vier Verzeichnisse übrig, die sich in den französischen Kriegen auf die Bibliothek der Ecole de médecine zu Montpellier verloren haben, von wo sie mir durch die Güte des Herrn Professor Eduard Reuß in Straßburg mitgetheilt wurden. Unter den anfangs ausgewählten und dann wieder ausgeschiedenen befinden sich: die Büste des Isocrates, die Bronze von Sansfouci, der Satyrkopf im Capitol (Galleria 11 — ein lebhafter alter Kopf mit drohendem Blick); der Carneol mit dem Kopf des S. Pompejus und dem Namen des Agathangelos, der Polyphem im Palast Mattei, das Tempelrelief und die Schmiede in Villa Negroni, die sogenannte Electra der Villa Pamfili, die Serapisara, welche als Basis des rothen Fauns im Capitol dient, die Spitze des Barberinischen, jetzt im vaticanischen Garten befindlichen Obelisken; die sogenannte Leda auf dem Schwan bei Strozzi, welche aber Cyrene sei, u. a. m.

Zuletzt standen über neunzig Denkmäler fest. Im Manuscript ist jedem ein Quartblatt gewidmet, mit einer italienischen Ueberschrift, die aber oft so unbestimmt ist (z. B. 19 Sepolcri, 52 Scagliare il giavelotto, 77 Terra cotta del S. Morison, 23 Ornamenti, 40 Cameo di Jenkins), daß man nicht herausbekommen kann, was gemeint ist. Eine sachliche oder historische Ordnung ist nicht vorhanden. Auf diese Blätter sind dann Stellen aus alten Schriftstellern eingetragen, von einer einzigen bis zu zwanzig; Bemerkungen sind selten. — Daß das Werk die Archäologie in ähnlicher Weise wie die ersten Bände gefördert haben würde, dieß war eine Selbsttäuschung des Verfassers. Die merkwürdigsten Stücke waren die farnesischen Cameen, ferner die aus den Katakomben in seinen eigenen Besitz gekommene (auf achtzig Zechinen geschätzte), Theseus von den Centauren im Schlaf überfallen, eine dritte mit der Geschichte der Hypsipyle, und die Hamilton'sche Vase mit dem Raub der Leucippiden (S. 396), die auch „das allerhöchste der Zeichnung" sein sollte „von dem was uns irgend in den Werken des Alterthums übrig geblieben ist". Sonst sind aus jenen Stellen kaum bemerkenswerthe Erklärungen heraus zu finden; von den Denkmälern gelang mir etwa siebzig festzustellen.

§ 176.
Neue Ausgabe der Kunstgeschichte.

Aber dieses Unternehmen war nur eine Erholung neben der anderen Arbeit, die sich seit dem Frühjahr 1767 seiner man möchte sagen bemächtigt hatte. Auch nach Neapel begleitete sie ihn. Ein unwiderstehlicher Trieb war aber ihn gekommen, sein bestes, eigenstes Werk, — das in dem er einst alle Strahlen seines Deutens und Forschens gesammelt hatte, neben dem alles sonst nur Parerga waren, in einer der durch fünfjährige, unausgesetzte Forschung und Erfahrung erweiterten Einsicht angemessenen Gestalt der Wissenschaft zu übergeben. Es war unerträglich, sich die Kunstgeschichte mit allen Mängeln, Lücken und Flecken, die ihm nach und nach aufgestoßen waren, in der Welt umlaufend zu denken. Die Anmerkungen, d. h. die Vorboten einer neuen Auflage, hatte er sich nicht enthalten können, voranlaufen zu lassen; aber diese Erleichterung war nur palliativ; ebenso die der italienischen Epitome. Wieder war es die Kunde von einer Uebersetzung, die ihn veranlaßte, an das alte Buch Hand anzulegen. Der Maler Heinrich Füßli hatte die „Gedanken über die Nachahmung" und die „Abhandlung von der Empfindung des Schönen" ins Englische übersetzt; im April 1767 schrieb man von Zürich, daß er nun auch die Kunstgeschichte vornehmen wolle.

Sofort fing Winckelmann an, „Anmerkungen über dieselbe" für jene Uebersetzung aufzusetzen; erklärte sich „erbötig, ganze Capitel umzuarbeiten". Im Juni ist diese „Ausbesserung und Vermehrung der Kunstgeschichte" schon seine „vornehmste Beschäftigung", „ihn däuchte, daß endlich etwas Vollkommenes ans Licht treten könne". Die englische Uebersetzung kam nicht zu Stande, ich weiß nicht warum; aber der Autor war einmal in Bewegung. Der dringende, unabweisliche Wunsch reifte, eine zweite Originalausgabe herzustellen. Er war nicht mehr Herr seiner Productivität. „Da ich in meiner Kunstgeschichte von neuem gestöret, um dieselbe zu einer kritischen Uebersetzung zuzurichten, ist es mir ergangen, wie dem der ein Gebäude ausbessern will, wo anstatt tausend Thalern Anschlag hunderttausend erfordert werden; denn wenn man anfängt, den Bau nur im geringsten zu bewegen, erschüttert das ganze Werk". Er wartete nicht einmal, bis die bereits erschienenen „Anmerkungen" in Rom ankamen (November 1767), die doch in die neue Ausgabe verwebt werden mußten. Viel mehr, als er geglaubt hatte, floß ihm aus den Beobachtungen der letzten Jahre zu. „Ich wundre mich selbst, schrieb er Riedesel den 7. Juli, über die seltenen Abhandlungen, die sich mir darbieten".

Aber ein schwer zu beseitigendes Hinderniß stellte sich dem Plan entgegen: das Recht des Verlegers der ersten Ausgabe und der Anmerkungen. Er wußte, daß Walther einen großen Theil der ersten Auflage noch auf Lager

§ 176. Neue Ausgabe der Kunstgeschichte. 413

hatte. Dieser mußte umgangen werden. Zuerst wandte er sich an die Zürcher. Er erbot sich (27. Juni), „ein völlig durchgearbeitetes Exemplar ohne Entgeld zu überschicken, mit dem Beding, anstatt der meisten Kupfer andere aus dem italienischen Werk stechen zu lassen, oder nach andern von ihm besorgten Zeichnungen". Allein es wäre eben doch ein Nachdruck gewesen. Winckelmann machte zwar geltend, daß er sie, noch ohne die einzuschaltenden „Anmerkungen", fast um das Drittheil vermehrt habe, und die Zusätze seien nicht leichter als der Einschlag; mußte aber doch zugeben, daß aus der Einfügung der „Anmerkungen", ohne die sie nichts Vollständiges sein könne, „der größte Handwerksverdruß erwachsen müsse". Er schreibt den 22. Juli 1767 an F. Usteri: „Unseres Füßli Besorgung (-niß) über eine neue Ausgabe der Geschichte sehe ich sehr wohl ein, denn Walther ist mächtig in dem Reiche der Buchhändler; unterdessen wird es aber lang oder kurz zu einem zweiten Drucke kommen müssen".

Er machte hierauf einen Versuch bei den Berlinern, durch Stosch (18. Juli). „Ich bin so verliebt in diese Arbeit, daß ich dieselbe niemals aus der Hand lege . . . Ich will die „Anmerkungen" einschieben, Kupfer dazu stechen lassen und neue Register verfertigen; und also zubereitet soll eine neue Ausgabe erscheinen. Diese wünschte ich auf meine Kosten drucken zu lassen, und zwar in Berlin, wo ich bei meiner Anwesenheit die Anstalten dazu machen könnte. Zur Ausführung dieses Anschlags würde ein Buchhändler unentbehrlich sein, welchem man einen Theil des Honorars zuschlagen müßte, damit derselbe der Besorgung des Drucks als auch des Vertriebs sich unterzöge. . . . Walther wird sich dem Teufel ergeben; er kann sich aber zufrieden stellen, und hat Zeit genug gehabt, seinen Druck zu verkaufen, und da er mich schändlich hintergangen hat im Honorar für diese Arbeit, so will ich weiter weder mit ihm, noch mit einem andern Buchhändler mich auf eine solche Art einlassen".

Ohne die Antwort von Berlin abzuwarten, schrieb er an dem Buch „unermüdet"; ließ Kupfer stechen; „sein ganzes Herz hing ja daran"; in der Julihitze „beschäftigte ihn die Arbeit dergestalt und mit so vielem Vergnügen, daß er einmal binnen acht Tagen keinen Fuß aus dem Hause setzte". Die Ausgabe wuchs auf zwei starke Quartbände an.

Die Antwort, die Stosch im September sandte, war nicht tröstlicher als die Zürcher. Auch in Berlin fürchtete man, Walthers Privileg möchte sich selbst auf eine „ganz und gar umgearbeitete Auflage erstrecken", auf eine „die ein ganz ander Werk sein werde".

Aber er war nun schon zu weit gegangen. „Ich kann sagen, die Welt würde etwas verlieren, wenn dieses Vorhaben nicht ausgeführt werden sollte". Es ist, als hätte ihm geahnt, daß er keine Zeit zu verlieren habe; als habe er sein Haus bestellen, das Werk, welches sein bleibendes Denkmal war, um jeden Preis so, wie er es als Scheidender billigen konnte, der Nachwelt vermachen wollen.

So entschloß er sich denn, mit bitteren Klagen über die in Deutschland herrschende Tyrannei, die den Lauf der Wissenschaften hemme, aber „Gildenzunft", selbst den Verlag zu übernehmen, und sollte auch kein einziges Exemplar auf der Leipziger Messe verkauft werden dürfen. Die Druckkosten berechnete er auf fünfhundert Thaler. Da er aber „wohl einsah, daß er ohne durch die Hände jener Gildenzunft zu gehen, nicht am besten fahren werde", so sollte die Absicht dieser Ausgabe auf Länder gehen, „wo keine Gilden sind und wo Bücher einen freien Lauf haben"... Eine französische Uebersetzung sollte in Berlin gemacht werden, der Druck aber (nachdem Holland aufgegeben war) in Rom, in der Propaganda unter seinen Augen geschehen. Er wünschte auch die Pariser Uebersetzung zu verdrängen, an die er nicht ohne Ekel gedenken könne, denn nicht leicht sei je eine Schrift in der Uebersetzung übler gemißhandelt worden. Ganz neue, große und schöne Kupfer sollten sie zieren. Aber er konnte sich nicht gedulden, bis man dort einen Uebersetzer gefunden hatte; er entschloß sich (es ist unglaublich!) ihr eigenhändig das „Modekleid" zu geben, „sie aus dem größten zu übersetzen und viele Arbeit nachher von mehr als einer Person in Italien übersehen zu lassen".

Das war freilich eine starke Geduldsprüfung, eine wahre „Marter". „Zu dieser Dolmetschung (9. December) meiner eigenen Gedanken fühle ich in mir keinen sonderlichen Beruf, aber hier in Rom ist kein anderer Weg. Es ist ein bitterer Bissen auf lange Zeit". Der Anfang wurde gemacht; „aber außer der Schwierigkeit, die ich wegen weniger Uebung finde, traue ich mir selbst in der Länge die Geduld nicht zu: so viel Geduld ich auch immer besitze, fehlt es mir hier an derselben, und es ist für mich verlorene Zeit, die ich weit nützlicher verwenden könnte". Ungeduldig ruft er aus: „Bald werde ich die Feder in der Hand zerstauchen; so sehr fängt mir an das Geschäft des Autors lästig und unangenehm zu werden, ein Geschäft, das bei Gott niemanden leicht seil machen wird".

Es kam noch ein Vorschlag von Meckel in Basel, aber er hatte sich schon mit dem Gedanken des Selbstverlags vertraut gemacht. „Es sei kein anderer Weg, den Vortheil seiner sauern Arbeit selbst zu genießen... Der höchste Preis, auf den sich der vorgeschlagene Verleger einlassen werde, würde drei Zechinen sein, die ihm Walther zuletzt bezahlt habe, — die Schreibergebühren! Die griechischen Citate (es seien mehr als hundert alte Scribenten von neuem erklärt und verbessert) und die Register forderten seine Gegenwart bei dem Druck selbst".

Da warf er endlich die widerwärtige Arbeit von sich, und bat Stosch

§ 177. Characteristik der zweiten Kunstgeschichte.

inständig, ihm einen geschickten Mann in Berlin (utriusque linguae doctum) auszumachen, der die Uebersetzung auf des Autors Kosten übernehme. Die Arbeit solle ihm angenehm sein, da er hundert verschiedene Dinge lernen werde. Ostern hoffte er einen Theil der Handschrift zu schicken. Es war die Rede von dem Academiker Toussaint, dem Verfasser der Moenra, der an der Ecole militaire stand; auch an Merian und Sulzer dachte man; Stosch' Vetter, der Königliche Bibliothekar, erbot sich zum Beistand. Die Citate werde er in Rom zurückbehalten, „damit nicht etwa ein Copist des Uebersetzers eine Abschrift heimlich nach Holland schicke, denn diese Verweisung der angeführten Schriften könne nur Gott allein angeben, wenn sie ausgelassen seien". Es scheint, daß diese Uebersetzung nach Windelmanns Tode begonnen wurde. *)

Obwohl das Werk keineswegs, wie er behauptete, so „umgeschmolzen" war, „daß von dem gedruckten nichts bleibe", denn die alten Abschnitte blieben meist unverändert stehen: so fand es der Verfasser doch nöthig, das Ganze umzuschreiben. Da mögen wir ihm wohl glauben, daß es ihm eine „unglaubliche, erstaunliche Arbeit gekostet". Er hoffte es vor der Reise zu endigen. Bald schien er sich in der ersten Ausgabe „nichts geleistet zu haben . . . . Das Werk ist wie völlig neu anzusehen . . . . Ich schlage (6. Februar) das Buch zuweilen nur auf, um fröhlich zu sein; denn ich bin völlig mit mir zufrieden. Ich verstand noch nicht zu schreiben, da ich mich an dieselbe machte; die Gedanken sind noch nicht geleitet genug; es fehlt der Uebergang von vielen in diejenigen die folgen, worin die größte Kunst besteht. Die Beweise haben nicht alle mögliche Stärke, und ich hätte hier und da noch mit mehr Feuer schreiben können. Diese Mängel hat mich das große italienische Werk gelehrt, da das Theater weit gefährlicher war, wo ich aufzutreten gedachte, und der Höchste hat Segen und Gedeihen gegeben".

§ 177.

Characteristik der zweiten Kunstgeschichte.

Daß diese zweite Kunstgeschichte das Doppelte des Umfangs der ersten bekam, und insofern allerdings „ein ganz anderes Werk" geworden war, kann nicht Wunder nehmen. Ein Werk, das nach einem so systematisch-umfassenden Plan angelegt ist, das kein Abschluß, weder der persönliche eines Forscher-

---

*) Merian schreibt an Raspe in Cassel den 25. Januar 1769: On fait ici une nouvelle traduction françoise de l'Histoire de l'Art de feu Abbé W., sur un manuscrit de l'auteur, qui a heureusement échappé à cet Archange etc.

Lebens, noch der historische einer wissenschaftlichen Periode ist, das vielmehr das Studium eröffnet, ist selbst einer der größten Impulse zur Erweiterung seiner Wissenschaft. Zahllose Beobachtungen in Denkmälern und Büchern, die sonst auf die Erde fallen würden oder in Miscellen und Fundberichten zerstreut, werden nun von Theilen eines gegliederten Ganzen angezogen und assimilirt. Der Zustand des Verfassers nach der Vollendung des Werks ist das Gegentheil von bequemer Ruhe: die in die Welt geworfenen Gedanken arbeiten fort in seinem Geiste, nur ein zweites, geschäftigeres Stadium der Arbeit beginnt nach dem Druck. Winckelmanns römisches Leben war nichts anderes als ein Fortarbeiten an der Kunstgeschichte, als der centralen Form seiner Kunstlerkenntniß.

Das Verhältniß des neuen Werks (das leider in einer schlechten Ausgabe (1776), auf welche sich die Dresdener (1809—1815) gründen mußte, weil das Original nicht mehr aufzufinden war, in die Hände des Publicums kam) zu dem alten ist nicht ganz so, wie es nach Winckelmanns Aeußerungen scheinen sollte. Als neue Lösung der Aufgabe von richtigerer, höherer Einsicht aus, oder als Reproduction der ersten Ausgabe von einer denkenden Beherrschung des wesentlich erweiterten Stoffs aus, ja selbst bloß als Verarbeitung und Verschmelzung der neuen Zusätze mit dem früheren Kern kann das Werk nicht bezeichnet werden. Das Neue wird nur in das Fachwerk des Alten an passenden Stellen eingeschoben, obwohl der Zusatz oft umfangreicher ist als der Kern. Winckelmann hat sein altes Haus nicht abgebrochen, und mit den alten und neuhinzugekommenen Steinen ein neues aufgeführt nach schönerem Plan: sondern er hat sein etwas eilig eingerichtetes Haus reich mit Mobilien, Gemälden, Blumen auf den Balcons, Statuen in Nischen und auf Balustraden ausgestattet.

Die Erweiterung ist theils eine stoffliche, theils betrifft sie die Ausführung, Darstellung und Illustration der Gedanken. Modificationen dagegen, die nicht schon in den „Anmerkungen" und den „Trattato" vorlägen, dürften kaum nachzuweisen sein. Die stoffliche Erweiterung überwiegt. Es sind archäologische Punkte und Paragraphen, aus denen, wenn er so fortgefahren hätte und ihnen Vollständigkeit und Gleichmäßigkeit gegeben, ein Lehrbuch der Archäologie geworden wäre; dabei wurden neue Entdeckungen parteiisch bevorzugt. So wird die in der ersten Ausgabe nur leicht angelegte und nur zur beispielsweisen Erläuterung des antiken Schönheitstypus herangezogene Characteristik der idealen Typen durch eine Reihe neu beobachteter Beispiele erläutert. Z. B. der indische Bacchus, der edelgeformte alte Silen (Satyr mit dem Bacchuskind), die subalternen zeusartigen Typen der Meergötter, der Centauren; ferner die Venus (von Capua), die Roma, Ceres und Proserpina auf syracusischen Münzen, die Amazone, die Parcen.

§ 177. Charakteristik der zweiten Kunstgeschichte.

Es sind ferner hinzugekommen Paragraphen und Ausführungen über die Composition und deren Gesetz der Sparsamkeit und Ruhe, gegen den modernen Tumult und Contrapost (V, 4, 14—16); über provincielle und coloniale Kunst und deren Inferiorität (VIII, 3, 12 f.); über die Stellung mit übereinandergeschlagenen Beinen als Zeichen der Ruhe oder auch Betrübniß (V, 3, 10); über geschlossenen und offenen Mund (V, 5, 26); über einzelne Theile, z. B. Knie (V, 6, 5); gegen Vitruvs Ableitung der Baurverhältnisse von denen des Menschen (V, 4, 5); über Parenthyrsos (V, 3, 23); auch Vorschriften über Betrachtung alter Werke werden ertheilt (VIII, 3, 19).

Eine innere Weiterbildung, der ästhetischen wie der historischen Sätze, hat kaum stattgefunden. Die Abschnitte über Schönheit und Grazie, die Charakteristik der Stilnüancen ist wörtlich stehen geblieben; die Beschreibungen der Meisterwerke sind nicht vermehrt worden; — obwohl die monumentale Anschauung reicher geworden war. Einiges gehört der logischen und rhetorischen Darstellung an.

In logischer Beziehung bemerkt man hie und da Anläufe zu schärferer Fassung der Begriffe und zusammenhängenderer Aneinanderfügung der Gedanken. Er wirft die Frage auf, ob der analytische oder synthetische Gang in der Lehre vom Schönen vorzuziehen sei, und entscheidet sich für das Fortgehen von den Theilen oder den Formen des Einzelnen aufs Ganze im mündlichen Unterricht, in der Wissenschaft aber für das umgekehrte (V, 5, 2). Der Begriff des Ideals wird als der höhere dem des Schönen übergeordnet; es giebt auch ein Ideal im Häßlichen (IV, 2, 25). Das Wort „Wohlstand" wird angenommen zur Bezeichnung der Angemessenheit des Ausdrucks und der Handlung an Würde (V, 3, 10). Das Verhältniß der Schönheit, als des höchsten Zwecks der Kunst, zu Proportion und Ausdruck wird bestimmt formulirt: die Proportionen sind die unerläßliche Vorbedingung (die „Gründe") der Schönheit, aber an sich nicht Schönheit; wie Gesundheit noch nicht Glückseligkeit ist, aber eine ihrer Bedingungen. Ausdruck und Schönheit, Leben und Form fordern sich gegenseitig, wie Liebe und Haß nach Empedokles die Welt bilden (S. 163). Für das Reizende wird der Ausdruck „Lieblichkeit" gewählt.

Mancherlei Zusätze sind wie die letzten Pinselstriche, mit welchen der Maler das vollendete Bild liebkost. Zwar kein neuer Zug kommt durch sie hinein, aber sie nehmen Härten weg, kommen dem Auge entgegen, machen die Wirkung frappanter. Die Kunst des älteren Stils war streng und hart, wie die Gesetze Draco's, welche auf das geringste Verbrechen den Tod setzten, und wie die alte Heldendichtung, deren Lob nicht mit der sanften Leier stimmt (VIII, 1, 17). Hier steht das Wort von der Einpflanzung edler und erhabener Gesinnungen durch die Freiheit, als der Mutter großer Begebenheiten, die miterlebt zu haben dem Eindruck der Meeresfläche und der Brandung verglichen wird (S. I, 221). Unter den fördernden Ursachen wird der „fröhliche Sinn" mehr betont, aus dem die Nationalspiele abgeleitet werden, die wieder so viele Ehrenstatuen veranlaßten. „Die Großmuth ist nach der Ansicht griechischer Künstler gepaart mit der Einfalt; Achill zeigt mitten im jähen Zorn und in der Unerbittlichkeit eine offenherzige Seele ohne alle Verstellung und Falschheit; auf dem Gesicht der Helden zeigt sich kein spitzfindiger, leichtfertiger oder listiger, noch weniger höhnischer Blick, sondern die Unschuld schwebt mit einer zuversichtlichen Stille auf demselben". „Die Kunst hat mit Athen immer einerlei Schicksal gehabt". „Die Tyrannei und die Kunst stimmen nirgends zusammen". Der einzige Krieg, in dem die Künste nicht gelitten, ja sich mehr als je hervorgethan haben (Olymp. 80, 1) wird verglichen mit „den kleinen Zwisten, die bei der Liebe zu entstehen pflegen, indem diese mehr verfeinern und verbinden". (IX, 2, 3).

In der Lehre vom Ideal tritt noch bestimmter hervor, daß es keineswegs ein Durchschnittstypus der Gattung ist; der Künstler erscheint noch mehr als früher ganz frei schaltend in Auswahl und Zusammensetzung von Theilen, die in den Naturwesen getrennt sind. Die weibliche Form wird als die unvollkommnere erwiesen nach dem Satz des Aristoteles; und, wie schon im Trattato, das durch Beimischung der Formen von Verschnittenen erzeugte jugendliche Ideal dem reinmännlichen vorangestellt. Der Hermaphrodit heißt ein hohes Ideal.

Die Ruhe im Ausdruck wird begründet durch den Satz von der leichtern Erkennbarkeit der wahren geistigen Beschaffenheit im Zustand der Stille. An Medea und Klytämnestra in Vollführung ihrer Schreckensthaten wird gezeigt, wie die Frauen bei den Alten nie aus der Eigenschaft ihres Geschlechts gehen (V, 3, 16); am Bilde der Hecuba, daß man Schönheit mehr als Wahrheit im Auge hatte; an Kaisermonumenten, daß man auf öffentlichen Werken keine ausgelassenen Leidenschaften darstellte.

„Es verhält sich hier, wie mit den Leidenschaften selbst, die, wie Chrysippus der Stoiker lehrte, dem Lauf von jähen steilen Orten ähnlich sind, welcher, wenn man einmal ins Laufen gekommen, sich weder aufhalten läßt, noch zurückzukehren verstattet; denn da, wie Horaz sagt, die Seelen selbst in den elysischen Feldern weniger auf die zärtlichen Gedichte der Sappho als auf die des Alcäus aufmerksam sind, weil dieser von Schlachten und von verjagten Tyrannen singt, sind wir von Jugend auf mehr vom wilden Getümmel und vom tobenden Geräusch, als von friedlichen Begebenheiten und vom stillen Wandel der Weisheit eingenommen; daher der junge Zeichner williger vom Mars in das Schlachtfeld, als von der Pallas zu einer stillen Gesellschaft der Weisen geführt wird. Die Lehre der Ruhe und Stille in

§ 172. Charakteristik der zweiten Kunstgeschichte. 419

Entwerfung der Bilder ist diesem, wie aller Jugend die Lehre der Tugend, widerstreitig, aber nothwendig; und sowie nach Hippocrates die Genesung des Fußes die Ruhe ist, muß dieselbe auch bei solchen Künstlern bei der Ruhe anlangen".

Ueberall sieht man, wie sich Winckelmann seiner Idiosyncrasie in Auffassung des Alterthums, in der Wahl der von ihm gelebten Züge überläßt, man erkennt die Hinneigung zum Sanften, Weichen, Lieblichen. Als practische Folge solcher Theorie erwartet man eher Gemälde zu sehen, wie die Guido's und der Angelica, und Statuen wie die Canova's, als solche, die irgend in Wahlverwandtschaft mit der männlichen Kunst der Zeiten des Pericles und Julius II stehen. —

Die umfangreichen Einschiebsel der Geschichte der Kunst im engern Sinne gehören mehr dem allgemeinen politischen Hintergrund und dem aus Schriftstellern geschöpften Theil der Künstlergeschichte an, als dem monumentalen, obwohl alle bemerkenswerthen, seit der ersten Ausgabe entdeckten Denkmäler irgendwo angebracht sind. Der Apparat zur Stilgeschichte ist gegen die „Anmerkungen" und den „Trattato" so gut als gar nicht vermehrt worden.

Der bedeutendste Zusatz ist die Besprechung der großen Maler, nämlich der Gruppe Pamphilus, Euphranor, Zeuxis, Nicias und Parrhasius; und der Gruppe Apelles, Aristides, Protogenes, Nicomachus. Ferner die Erörterung des hieratischen Stils (VIII, 1, 19—24). Die sogenannte Muse des Agelades (S. 254) soll zeigen, wie man sich den Stil des Canachus vorzustellen habe, der seinen Meister Polyklet nicht erreichte (alle die Weise der vorausgehenden Generation repräsentirt), „weil er entweder nicht an die Vollkommenheit seines Meisters reichen konnte, oder aus Eigensinn bei der harten Manier der vorigen Künstler geblieben sei". Die Epoche des Phidias ist „die Zeit, wo man in der Kunst weniger die alten als neuen Werke schätzte, wovon das Gegentheil unmittelbar nach gedachter Künstler Zeit, und mit Recht geschah"; der olympische Zeus heißt „das größte und vollendetste Werk der Kunst". Polyklet ist der „erhabene Dichter in der Kunst, welcher die Schönheit seiner Figuren über das wirkliche Schöne in der Natur zu erheben suchte". Bei Gelegenheit der Niobe ist die Qualification dessen, der die mediceische Gruppe für eine Copie hält, als „Jemandes der nicht Kenntniß genug hat", gestrichen. Der seltsame Bronzeapoll der Villa Albani soll „für eben das Werk (den originalen Sauroctonos) des Praxiteles gehalten werden können". Als Typus der silenischen oder Faunen-Grazie wird die Bacchantin der Villa angeführt, „weil ihr Kopf für keine Abbildung einer bestimmten Person gehalten werden kann, und also unter die idealen Schönheiten zu rechnen wäre, dem ohnerachtet aber ein gefeiltes Profil, hinausgezogene Augen ... und die Winkel des Mundes hinabgezogen habe". Alexanders

27*

Regierung war der Zeitpunkt der höchsten Verfeinerung der Kunst: an die Stelle der Freiheit traten Einfluß und Freigebigkeit. Neu ist der Abschnitt über Alexanders Bildnisse (X, 1, 27—83).

Das Werk, wie es im Wesentlichen vollendet war, als der Tod den Verfasser ereilte, konnte hiernach kein Kunstwerk aus einem Guß sein. Es sind mehrere Stilarten darin, wie in einem Bau, an dem Jahrhunderte gearbeitet haben. Die Theile sind ungleich, — nach Quantität und Qualität. Die neuen Einschiebsel nehmen oft mehr Raum ein, als sie neben dem alten Kern verdienten; das Nahe drängt das Entfernte zurück. Das erste Werk war eine Quintessenz, ein Geschichtsbild gegründet auf die in drei Jahrhunderten angesammelte Denkmälerwelt Roms, dem Einzelnen war sein Raum angewiesen nach einem und demselben Maßstab des Werthes. Was jetzt hinzukam, war zum Theil das archäologische Journal der Gegenwart. Dort hatte der Geist des Geschichtschreibers aus Materialien, die bisher noch in keines Kopf zusammengekommen waren, und an deren Gebrauch für solchen Plan noch niemand gedacht, ein Ganzes geschaffen, das den Trieb des Wachsthums in sich selbst trug. Das Werk war geschrieben noch im Nachzittern der ersten Berührung, in der Begeisterung erster Erkenntniß, mit genialer Intuition; dagegen das äußerlich Thatsächliche war rasch zusammengerafft und nicht sehr solid construirt. An dieses Werk traten nun Geistesthätigkeiten anderer Art heran: die eingehende Beobachtung, mit der Reife des durch Erfahrung gewonnenen Kennerblicks, mit jener Ruhe, die von dem nun festbegründeten Ganzen absehen darf und sich im Einzelnen verlieren. Man erinnert sich Bayle's und seiner Weise, an kurzen bündigen Text lange Noten und Digreststonen anzuhängen. Aber jemehr sich Windelmanns Productivität den antiquarischen Rapporten, Briefen, Miscellen zuwandte, desto entschiedener sträubte er sich gegen diese bequeme „Modeform", und erließ sichs nicht, jede Notiz einem complicirten systematischen Plan einzufügen.

Was indeß das Buch an Ebenmäßigkeit und Rundung verlor, gewann es nicht bloß an Reichthum und Vollständigkeit, sondern auch an Lebendigkeit. Neben jenem schöpferischen Hauch, der durch den stehengebliebenen alten Kern geht, haben wir in den Zusätzen die Frische und Freude der neuen Entdeckung; wir begleiten den ruhelosen Forscher in den letzten Jahren seines Lebens durch Rom und seine Campagna, durch Neapel und Pompei, bis zur letzten Reise; es fehlen darin selbst die letzten Zeilen nicht, die er schrieb, als ihn schon der Mörder umschlich. Und so ist das Werk nach Goethe's Worten „ein Lebendiges für die Lebendigen geschrieben, ein Leben selbst".

Und unter was für Umständen hat er sich dieses Denkmal errichtet, unter welchen Zerstreuungen entstand dieses Werk, in dem so wenig Zerstreutheit ist, so viel Sammlung, ein solcher Geist der Ordnung! In kosmopolitischer Stellung lebt er zwischen Römern und wechselnden Fremden, ein päpstlicher Beamter im Haus des Cardinals; kein Geist daheim in Griechenland und seinen Schriftstellern; ein deutscher Forscher und Schriftsteller, dessen Umgang Italiener, Franzosen und Engländer sind. Das Werk wird unternommen für eine englische Uebersetzung, die ein schweizer Maler in London besorgen will. Weil es weder in Leipzig, noch in Zürich, noch in Berlin verlegt werden kann, entschließt er sich, das deutsch gedachte Buch französisch herauszugeben; die Uebersetzung soll in der preußischen Residenz gemacht werden, der Druck aber in der römischen Propaganda stattfinden. Das hinterlassene Manuscript kommt nach Wien und erscheint hier durch fremde Hand Jahre nach seinem Tode. „Vielleicht geht ein Jahrhundert vorbei, schrieb er Volkmann 1764, ehe es einem Teutschen gelingt, mir auf dem Wege, welchen ich ergriffen, nachzugehen, und welcher das Herz auf dem Flecke hat, wo es mir sitzt."

§ 176.
Teutsche Reisepläne.

Die Umstände, unter welchen Windelmann sein Ende ereilte, sind so seltsam, daß es vielen geschienen hat, er sei von einem übernatürlichen Verhängniß verfolgt und ins Verderben getrieben worden. Die letzte Reise ist und bleibt räthselhaft: man begreift weder, was ihn zwei Jahre lang — denn so lange bemerkt man die fieberhafte Erregtheit bei der Vorstellung derselben — mit solcher Gewalt nach Teutschland zog, noch was ihn dann noch unwiderstehlicher und noch grundloser zurücktrieb.

Indeß dieser Mann war so offen in Mittheilung seiner Vorsätze und Empfindungen, daß man gewiß sein kann, wenigstens die Triebfedern, welche in den Bereich des Bewußtseins fielen, zu erfahren. Thatsache ist, daß er sich in den letzten Jahren von der lebhaftesten Sehnsucht ergriffen sah, das Land wiederzusehen, das ihm nur als „Land der Märtelei" in Erinnerung stand, von dem er bis dahin nie in versöhntem Ton gesprochen hatte, wo ihn kaum etwas anderes interessiren konnte, als hier und da ein in Rom gefundener Freund. In Rom dagegen hatte er alles was er liebte und bedurfte. Die Liebe zur Heimath war es also nicht; gestand er doch selbst bei dem Berliner Ruf, daß er jetzt zum erstenmale die Stimme der Liebe des Vaterlandes in sich höre, die ihm zuvor unbekannt gewesen sei.

Seine Stellung in Rom, so angesehen und unangesochten er dort war, so sehr sie seinem Geschmack, seinen poetischen und wissenschaftlichen Bedürfnissen entsprach, war doch weder materiell gerade bequem, noch selbst sicher für die Zukunft. „Es gehört mehr zur Nothdurft, als satt werden und nicht nackend gehen" (15. Juni 1761). Daher ließ er deutschen Einladungen allezeit ein williges Ohr. Er stand dicht vor den Fünfzigen. Da kommt die Zeit, wo „Ruhe das höchste Gut" wird; „wo wir was Guts in Ruhe schmaußen mögen". Der Gedanke an das über kurz oder lang zu erwartende Ableben seines greisen Albani verband sich wiederholt mit dem Gedanken „alles in Rom aufzugeben". Davon spricht er schon im Sommer 1764; er gedachte wohl noch einige Reisen zu machen und dann „in Zürich sein Leben zu beschließen". Als er Präsident der Alterthümer geworden und sich nun klar war darüber, daß er seine Tage in Ruhe in Rom beschließen wolle, setzte sich sofort die Idee fest, nun sein Vaterland wenigstens auf einer Urlaubs- und Besuchsreise noch einmal wiederzusehen (22. Mai 1763).

Je dunkler und dürftiger sein Leben in Teutschland gewesen war, um so menschlicher war der Wunsch, nun mit einem Namen, als Celebrität, als Hofbeamter, dahin zurückzukehren, wo er einst als Schulmeisterlein bei einem Superintendenten vergebens antichambrirt hatte. Wie es wahr ist, daß man im Glück nicht ungern vergangener Mühsal sich erinnert (aus demselben Grunde wie Lucrez' Suave mari magno): so sieht der hochgestiegene Mann von Zeit zu Zeit gern den Ort wieder, wo er mit den Bauernkindern unter der Linde gespielt und dem Pastor den Chorrock nachgetragen hat.

Gewiß ist, daß durch die Beschäftigung mit diesen Anträgen, die er zum Theil acceptirt hatte, durch die Monate andauernde Voraussetzung naher Heimkehr, der Gedanke an Teutschland für seine Phantasie ein Ferment, und zuletzt fast eine Monomanie geworden war. Er mußte realisirt werden, auch als kein Ruf in der Schwebe, kein ernsthafter Zweck auf dem Tapet war.

Dieser Gedanke gewann dadurch noch an Reiz, daß er sich immer tiefer in sehr beschwerliche Arbeiten verwickelt sah, an deren Ende er eine Erholung verdiente und bedurfte. Die Uebersetzung, der Selbstverlag des großen Kupferwerks machte die Arbeit der Monumenti viel ermüdender als die früheren schriftstellerischen Unternehmungen. „Die viele Arbeit macht mich stumpf" (10. September 1766). „Daher er fortwährend nöthig hat, das Bild jener Reise als Lohn aufzurufen, „wenn er sich diese Last vom Halse geworfen haben wird". Sie ist „das Schloß, woran er baut". Diese Reise liegt ihm mehr am Herzen, „als aller Ruhm, den er sich aus dem Werke versprechen könnte: — ich will dieses mir bevorstehende Vergnügen statt aller Vergeltung meines mühsamen Lebens ansehen; ja ich wünschte sonst nicht gelebt zu haben ... Ich sterbe vor Ungeduld, diese Zeit zu erleben, wo ich sie erlebe" (27. Mai 1767).

Die literarischen Pläne, die sofort nach Beendigung der Correctur auftauchten, bewiesen schlagend, daß in Rom für ihn keine Ruhe zu finden sei. „Ich komme nicht eher zur Ruhe, als bis ich blind werde; von einer Märtelei in die andere" (25. Juli 1767). Eine solche Arbeit ohne Rast und

§ 179. Deutsche Reisepläne.

Ruhe, vor der man nicht mehr Herr ist, gewährt keine innere Befriedigung mehr, denn sie verzehrt und reibt auf, obwohl dieß im fieberischen Zustand nicht zum Bewußtsein kommt. Er ruft: „es ist die höchste Zeit, mich selbst und mein Leben zu genießen" (4. November 1766). Er will sich erholen, „es mag auf der Reise nach Basel oder unter die Türken geschehen, damit der Appendix vom Leben nicht beklagt vorbeigehe" (5. August 1767).

Eine eigene Müdigkeit, eine Abendstimmung ist zuweilen bemerklich, in der dann Bilder der Ruhe jenseits der Alpen durcheinanderspielen mit Bildern der andern, allein wahren Ruhe. „Bei meiner schweren Arbeit hebe ich die Augen auf gegen die Berge, wo wir hoffentlich bei Euch auf einige Zeit wohl sein soll; sowie der arme Indianer jenseits der Gebirge Ruhe zu finden hofft". Dann sollen ihm die Alpen „aus Verlangen kleine Hügel scheinen". „Endlich wird die Ruhe kommen an dem Orte, wo wir uns zu sehen und zu genießen hoffen, woran ich ohne die innigste Bewegung und ohne Freudenthränen nicht gedenken kann. Dahin will ich, wie ein leichter Fußgänger, so wie ich gekommen bin, außer Welt gehen. Ich weihe diese Thränen, die ich hier vergieße, der hohen Freundschaft, die aus dem Schooß der ewigen Liebe kommt" (6. Februar 1768, an Franke). —

Seltsam, diese Ruhe sucht er auf einer für jene Zeit sehr anstrengenden Reise, die er größtentheils im Postwagen zubringen mußte, auf kurzen Besuchen in so vielen Städten, wo er fort mußte, wenn er kaum angefangen hatte, die Reiseabspannung loszuwerden und sich der ungewohnten Lebensweise anzubequemen. Aber da mischten andere Bilder sich ein, Bilder des Wiedersehens. Vor allen war es Stosch, der ihm so manche Beweise der Freundschaft gegeben, und zuletzt noch durch sein Verlangen nach ihm, in jenen Bemühungen, ihn nach Berlin „zu sich zu ziehen", ihn „über alles erfreut hatte". Er könne nicht ruhig sterben, ohne ihn gesehen zu haben (19. December). Er malt sich hundert schöne Bilder, „unter welchen die Umarmung meines Freundes das lebhafteste und schönste ist". Daher ist Berlin das erste Ziel dieser Reise. Nicht Dresden, nicht Sachsen, sein zweites Vaterland, nicht die Schweiz. „Sich dem großen Könige darzustellen, sagt Goethe, war sein Stolz". Nach Berlin kam Dessau, wohin auch Stosch vom Herzog eingeladen werden sollte. „Diesen göttlichen Mann wiederzusehen und zu genießen, ist einer von den Gründen, die mich reizen, eine Reise nach Berlin zu thun". War er doch schon in Versuchung gewesen, mit Herzog Franz aus Rom zu gehen. Beim Abschied hatte dieser gebeten, ihn in Dessau zu besuchen, um Zeuge von der Anwendung der erlangten Einsichten, Kenntnisse und Erfahrungen zu sein, welche er zur Verschönerung seines Landes, zum Wohl seiner Unterthanen zu machen gedachte. Von Dessau aus sollte dem Erbprinzen von Braunschweig in Salzdahlen ein Besuch abgestattet werden. Eine seiner letzten brieflichen Bekanntschaften war der Minister von Münchhausen, der ihn nach Hannover einlud, und so wollte er denn auch in Hannover „anbeten gehen"; dem „Vater und Erhalter deutscher Wissenschaft wollte er die Hände küssen, unserem würdigsten Vater der Musen, dem, den alle deutschen Zungen als den höchsten Erwecker, Beschützer und Belohner der Talente unserer Nation besingen". Und dann war Göttingen zu nahe, um an Heyne vorbeizugehen. Den Prinzen von Mecklenburg sollte er in dessen Quartier zu Wien besuchen, dieser gedachte ihn über Dresden und Berlin zu begleiten. Unbequem war es, daß Sachsen auf dem Wege lag, nicht bloß wegen des Commerzienrathes, dem er auf dieser Reise einen so schlimmen Streich zu spielen gedachte. Erst wollte er die Reise durch Sachsen eilfertig machen, ohne Dresden zu sehen; oder er wollte über Dresden nur „hinlaufen". Nur an Frankf konnte er nicht vorbeigehen.

Wie unfreundlich war er hier gegen seine alten Freunde! Goethe, der damals in Leipzig war, erzählt, wie er und seine Bekannten mit Jubel vernahmen, daß der große Windelmann unterwegs bei Oesern eintreten und also auch in ihren Gesichtskreis kommen werde. „Wir machten keinen Anspruch mit ihm zu reden; aber wir hofften ihn zu sehen, und weil man in solchen Jahren einen jeden Anlaß gern in eine Lustpartie verwandelt, so hatten wir schon Ritt und Fahrt nach Dresden verabredet, wo wir in einer schönen durch Kunst verherrlichten Gegend, in einem wohl administrirten und zugleich äußerlich geschmückten Lande, bald da bald dort aufzupassen dachten, um die über uns so weit erhabenen Männer mit eigenen Augen umherwandeln zu sehen. Oeser war selbst ganz exaltirt, wenn er nur daran dachte".

Den Schweizer Freunden endlich war der Rückweg bestimmt, welcher vielleicht über Brüssel und Paris genommen werden sollte; Stosch hatte sogar von England gesprochen. An Wechel, den jüngsten Freund in Basel, gedenkt er „beständig mit offenen und geschlossenen Augen" (21. Januar 1767). Den abziehenden P. Usteri wünschte er „von ganzem Herzen in das Vaterland der Tugend, Freundschaft und Vernunft begleiten zu können ... Sie und Ihr Gefährte haben das Verlangen nach demselben unaussprechlich gemacht, und ich stehe auf und lege mich nieder mit dem Bilde zwei so werther Freunde. ... Wird Gott meinen letzten Wunsch mit Erfüllung krönen, so soll in Zürich ein sechsseitiger Altar der Freundschaft aufgerichtet werden, mit eben so viel Namen bezeichnet; bei demselben wollen wir zugleich dem Genius opfern, und ich will demselben von meine Pflicht bezahlen". Besonders wohlgethan hatte ihm das Lob des „pindarischen" Fragmentisten (Herder), den er nach der Schreibart für einen Schweizer hielt, und für einen Freund, „weil er der Freundschaft zuviel eingeräumt"; das Lob, für das er sich „allerverbindlichſt" bedankt, ſei „ſchön gedacht, es möge der Wahrheit ähnlich ſein oder nicht".

Im Gefühl, daß ſeine arbeitsvolle Pilgerſchaft dem Ende zueile, wollte er ſich alſo einen kleinen Triumph gönnen, das Echo des Ruhms hören, welches die nach und nach ausgeſandten Schriften geweckt hatten. „Es iſt ihm Weihrauch genug geſtreut worden", ſchrieb Lippert damals. Und endlich nach dem bewegten Jahre 1760, nach dem vertrauten, oft warmen Verkehr mit ſo manchen lebhaften, geiſtreichen, vornehmen Männern, war es in Rom ſehr einſam und leer geworden, beſonders als eine Verſtimmung mit ſeinem beſten Freunde, dem Cardinal eintrat. „Ich bin ſo einſam wie ein Eremit, um mir den bevorſtehenden Genuß zu vergrößern" (27. März). Solche abgebrochene vorübergehende Bekanntſchaften pflegen eine Sehnſucht zurückzulaſſen, die nur ein wenn auch kurzes Wiederſehn heilen kann.

Noch einmal ſchien die Waage zu ſchwanken. Riedeſel lud ein zur Reiſe nach Griechenland und Kleinaſien. Dieſer Gedanke war kurz vorher wieder angefacht worden durch einen jungen Marſeiller Kaufmann Guys, der Griechenland durchwandert und in Conſtantinopel gelebt hatte, „wo er ſich mehr mit Büchern als mit Rechnungen abgegeben". „Er erbietet ſich, zu ſolcher Reiſe alles was er kann beizutragen. Er hört nicht auf, mir von den hohen Schönheiten zu ſchreiben, er wünſcht, daß ich dieſelben ſehen und beſchreiben möchte". „Ich bin getheilt, ſchreibt er Riedeſel (17. Juni 1767) zwiſchen Ihnen und dem entfernten Freunde, zwiſchen Griechenland und dem väterlichen Himmel; in dieſem großen Streite tauſend reizende Bilder ſchnell in mir vorüber".... Jedenfalls hofft er, bei einem von beiden Freunden, „die Welten und Monarchien nicht erſetzen noch vergüten können, ſein Leben, fern von Begierden, von Kummer, von Ehrſucht zu beſchließen". Aber die Bequemlichkeit ſiegte: „es würde thöricht ſein, in den Jahren, wo man Ruhe ſuchen ſoll, ſich, ohne Dank zu verdienen, ſoviel Mühſalen auszuſetzen zu wollen" (21. October). Am 10. Mai 1768 ſchiffte ſich Riedeſel allein zu Neapel auf einem engliſchen Fahrzeug nach Smyrna ein.

Einige Schwierigkeit ſtand auch vom Hof wegen des Urlaubs in Ausſicht. Die Erlaubniß zur griechiſchen Reiſe könne er mit einem Worte erhalten, ja die Erlaubniß nach Aegypten zu reiſen würde „weniger ſchwer als nach Berlin hin halten; aber hier befürchtet man irrig, ich werde nicht zurückkommen". Es war ihm ſchwer, den Cardinal „in ſeinem hohen Alter auf ein Jahr zu verlaſſen". Aber dieſe Schwierigkeiten dachte er ſchlimmſten Falls, wenn ſie nicht zu heben ſeien, „durchzubrechen", denn er habe wenig zu verlieren. „Es wird eigenmächtig geſchehn, was nicht mit guter Art kann erlangt werden" (13. Jan. 1768). Die Berliner Ausgabe der Ausſigeſchichte und die Förderung der Unternehmung auf Alls waren für den Hof und die Römer die oſtenſiblen Zwecke.

Da kam am 23. März 1768 unvermuthet die „uneingeſchränkte Erlaubniß" zur Reiſe. Er meldet es ſofort Schlabrendorf, dem Fürſten von Anhalt und Stoſch, letzterm „mit wahrer Wolluſt und gleichſam trunken von Freundſchaft, mit unbeſchreiblicher Sehnſucht, ihn im Vaterland zu umarmen". „Niemals habe ich Ihnen (Francke) mit mehr Fröhlichkeit der Seele geſchrieben". Man erfährt jetzt auch, daß ſich ein Gefährte gefunden hat in Bartolomeo Cavaceppi, der die Reiſe theils ihm zu Liebe mitmachen wollte, theils zum Beſten ſeiner Geſundheit; wie er ſelbſt ſagt, „aus Neigung, fremde Länder und neue Gegenſtände zu ſehen"; und nebenbei um in Berlin und Deſſau Geſchäfte mit ſeinen reſtaurirten oder copirten Statuen zu machen. „Ich bringe ihn mit mir, wenn ich Sie (Francke) in Nöthnitz beſuche, um Ihnen einen wahrhaftigen ehrlichen Römer zu zeigen".

Auf den 10. April, einen Sonntag, wurde die Abreiſe feſtgeſetzt. Die Linie war Venedig, Verona, Augsburg, München, Wien, Prag, Leipzig; doch wollte man an keinem dieſer Orte mehr als ein paar Tage bleiben. Nach Mitte Mai wollte er in Deſſau ſein, Ende Juni in Berlin, und ſpäteſtens im Herbſt in der Schweiz.

Am Vorabend der Abfahrt beſprach er ſich mit dem Cardinalnepoten und Kämmerling Carl Rezzonico wegen ſeines interimiſtiſchen Stellvertreters im Commiſſariat der Alterthümer. Er ſchlug ihm ſeinen Freund, den Abate Giovan Battiſta Visconti vor. Von dieſer Empfehlung gab er dieſem noch kurz Nachricht in einigen mit Bleiſtift auf ein Kartenblatt geſchriebenen Zeilen. Sie lauten:

Nell' anguatia del tempo che preme Gio. Winckelmann prende egli con queſto congedo dall' Ill.mo Sig. A.[bate] Viſconti pregandolo di preſentarvi all' Em.o Camerlengo il quale è inteſo di tutto.

Dieſes Billet wird noch heute von der Familie Visconti als theure Reliquie aufbewahrt, denn es bezeichnet den Uebergang des von nun an zu früher nie geahnter Wichtigkeit emporſteigenden Commiſſariats in dieſe Familie, die es bis heute auf ihre Angehörigen vererbt hat. Der Stellvertreter wurde auf die Nachricht von jenem Tode ſofort ſein Nachfolger.

§ 179.
Letzte Reiſe.

„Wir nahmen, ſchreibt Cavaceppi, unſeren Weg zunächſt nach Loretto, wo wir nach Verrichtung unſerer Andacht den Teſoro beſahen. Als zwei Männer, deren einer nur auf gelehrte Unterſuchungen, der andere nur auf die Schönheiten ſeiner Kunſt ausging, fanden wir wenig Vergnügen an dem

§ 179. Letzte Reise.

Betrachten der erstaunlichen Zahl von Diamanten, Perlen u. dgl. Kostbarkeiten; dagegen fesselten uns die vielen schönen, kunstreichen Cameen, unter welchen sich indeß nur wenige wirklich alte Steine befinden. Mein Reisegefährte würde vielleicht einige derselben beschrieben und erklärt haben". Sonderbar, daß der Bildhauer mit keiner Silbe eines der bedeutendsten Werke italienischer Sculptur der besten Zeit gedenkt, des äußeren Marmorschmuds der Casa santa, von Sansovino, Tribolo u. a.

Sie setzten ihren Weg nach Bologna fort, wo Cavaceppi, ebenso blind für die Arca des hl. Dominikus von Nicola Pisano mit dem Engel Bonarroti's und für die Reliefs des Domportals, nur bemerkt, „daß hier die Malerei, vielleicht zu stolz auf ihren Ruhm, die Schwesterkunst fast gänzlich verdrängt zu haben scheine; denn eine einzige Gruppe Algardi's ausgenommen, habe er nichts bemerkenswerthes gefunden". Desto reichere Nahrung der Wißbegierde finden sie, als sie einige Tage später in Venedig ankommen, — in den Alterthümern des Vorsaals der Bibliothek, in den ehernen Rossen der Façade von S. Marco. Die im wahren erhabenen Stil und in der besten Zeit der Kunst gearbeitete Statue des M. Agrippa im Hofe des Palastes Grimani sei dieselbe gewesen, welche Agrippa auf das Pantheon setzen ließ, wie Cavaceppi durch eine Vergleichung des Maakes des Piedestals auf diesem Gebäude mit der untern Fläche der Statue feststellte; sogar die Löcher der Zapfen paßten.

„Von Venedig begaben wir uns nach Verona, wo es unser erstes Geschäft war, das berühmte Museum Maffei zu besichtigen. Aber die Wahrheit zu sagen, fand ich hier in Ansehung der Kunst wenig bedeutendes, und ich wunderte mich, wie man verschiedene Sachen für alt ausgab, welche sicher von neueren Betrügern gemacht waren. Doch wurde uns dieser Aufenthalt noch angenehm und unterhaltend, als wir in dem Hause Bevilacqua Büsten und Köpfe fanden von erstaunlicher Kunst, einen todten Niobiden, welcher an Schönheit dem in der Villa Medici gleichkam, und endlich vier antike Kinder, „von so schöner und weicher Arbeit, daß sie schon allein das Vorurtheil gegen die Kinder der Alten widerlegen konnten". Diese Notizen enthalten Erinnerungen an Winckelmanns letzte Kunstgespräche, diese kleinen norditalienischen Museen sind die letzten Antiken, auf welchen seine Augen verweilten.

Or incominciau lo dolorosi nota. Als die beiden Reisenden eine Stunde in die Tyroler Berge eingefahren waren, bemerkte Cavaceppi plötzlich, daß Winckelmanns Züge einen ganz veränderten Ausdruck angenommen hatten. dieser rief: Sehen Sie, mein Freund, was für eine entsetzliche, schaurige Landschaft! Diese unermeßlich emporsteigenden Berge! Und bald darauf: O welch eine abgeschmackte Bauart! Sehen Sie nur diese spitzzulaufenden Dächer! Solche Ausrufe erfolgten mit einer Heftigkeit des Tons, die nicht bloß beleidigten Geschmack, sondern den tiefsten Ekel und Abscheu verrieth. Und dieß alles kam so brüsk, daß der Wälsche anfangs glaubte, jener wolle sich einen Scherz machen. Er redete ihm nun entgegen, und nicht ohne auf den sonderbaren Rollentausch anzuspielen, daß er, der Italiener, gegen den Teutschen den Tyroler Bergen und den spitzen Dächern (die doch lange nicht so spitz sind wie z. B. in der Altmark) eine ästhetische Schutzrede halten müsse, sprach er von den Gefühlen der Größe und Majestät, von der Angemessenheit der Spitzdächer an Klima und Schnee. Er zeige sich mit solcher, das Reisevergnügen störenden Verstimmtheit nicht als Philosoph, bemerkte er weiter, und citirte catullische Verse gegen Grillenfängern. Daß aber hier aller Spaß aufhöre, merkte er, als jener ästhetischen Controverse auf einmal die Erklärung folgte, „er habe keine Ruhe, wenn er die Reise fortsetze", und die Bitte, nach Welschland umzukehren. Und davon vermochte ihn weder Tadel noch Ermunterung abzubringen; unter „verdrießlichen und fast kindischen Gesprächen" ging die Fahrt fort bis Augsburg und München: so räthselhaft war Caracceppi sein Zustand, daß er, der doch Tagelang ihn anhörte und beobachtete, mehrmals sich fragte, ob nicht eine Geistesstörung vorliege. Die stehende Antwort war: Laßt uns nach Rom zurückkehren! „Wir wollen, sagte ich, wieder dahin gehen, aber zu seiner Zeit. Rom ist unendlich schön, und wir wollen wie Verliebte nach ihm seufzen, um nachher den Genuß desto lebhafter zu fühlen".

In München war es zum erstenmal, daß er wo nicht Freunde, doch Verehrer traf; man konnte hoffen, der Verkehr mit Menschen werde seine Melancholie verscheuchen; man erwies ihm mancherlei Ehren, das Geschenk einer Gemme machte ihm viel Vergnügen; aber der Zustand wollte nicht weichen. Verstimmt, mit allem unzufrieden, ließ er sich noch bis Regensburg mitschleppen. Hier aber sprach er seinen festen Entschluß aus, Caracceppi zu verlassen und allein zurückzureisen. Nun wurde dieser aufgebracht und redete ihm ins Gewissen: er dürfe einen Freund nicht im Stich lassen, der ihm zu Liebe die Reise in ein fremdes Land unternommen habe, dessen Sitten und Sprache ihm ganz unbekannt seien; welchen Schwierigkeiten und Verlegenheiten setze er ihn aus. Winckelmann aber rechtete nicht mehr; in gänzlicher Erschlaffung wiederholte er bloß, „daß er wohl einsehe, wie unrecht er thue, er fühle aber einen übermächtigen Zug in sich, dem er nicht widerstehen könne; er vermöge von seinem Sinn nicht abzugehen". Er schrieb nun dem Cardinal seine Rückkehr und deren Gründe, und bat Mogalli, ihm seine Wohnung in Stand zu setzen. Noch einmal suchte ihn Caracceppi, als die Briefe schon fort waren, bei der Ehre zu fassen, zog alle Saiten auf, bittere, zärtliche, ernste; erreichte aber nur, daß jener sich entschloß, ihn noch nach Wien zu begleiten, freilich ein großer Umweg. Winckelmann hatte Briefe des Cardinals an die Kaiserin und den Grafen Kaunig. Er erhielt eine Audienz bei der Kaiserin in Schönbrunn, der er jene Schreiben ihres Geschäftsträgers überreichte; sie beschenkte ihn mit einigen goldenen und silbernen Denkmünzen. Wie Pippert erfuhr, mußte er ihr versprechen, übers Jahr wiederzukommen, ihr Cabinet in Ordnung zu bringen. Er sah auch den sächsischen Residenten von Pezold, der ihm Pipperts Werk zeigte, und „er hat (schreibt Pippert) alles gebilligt und sagte, daß ich einer seiner alten und besten Freunde sei, den er von Herzen liebe und hochschätze, und wenn er übers Jahr wiederkäme, wolle er mich in Dresden besuchen". Der stolze Fürst Kaunitz, der die schönen Künste liebte, Künstler auszeichnete und förderte und besonders vor ihm neuen technischen Ausdrücken Respect hatte, ließ sich herab, in seiner langsamen bedächtigen Weise ihm vorzustellen: „wie können Sie das Herz haben, Ihren Freund zu verlassen, der mehr um Sie als um sich selbst in Sorgen ist. Bedenken Sie, daß er nun allein weite Länder durchreisen soll, deren Sitten und Sprache ihm unbekannt sind". „Als wir aber sahen, wie er unbeweglich auf seinem Vorsatze blieb und blaß, mit erloschenen Augen, zitternd, stumm und verwirrt dastand, scheuten wir uns, ihn noch mehr zu ängstigen. Ich reichte ihm die Hand und sagte: Lieber Freund, Sie thun übel; aber weil es Ihnen so gefällt, so tragen Sie nur Sorge für sich selbst, Gott befohlen". Er hatte darauf einen Fieberanfall, und hütete einige Tage das Bett.

In Briefen bekennt er, „mit einer großen Schwermuth befallen zu sein, die mehr als einen Grund habe. Er habe sich die größte Gewalt angethan, vergnügt zu sein; — aber mein Herz spricht nein, und der Widerwille gegen diese weite Reise ist nicht zu überwältigen". Er sei (an M. A. Bianconi, 5. Mai) infastidito del lungo penoso viaggio e della Germania medesima. Er schreibt an Stosch und den Herzog „mit der innersten Wehmuth. Da mir dieser sehnlichste Wunsch vergällt ist, so bin ich überzeugt, daß für mich außer Rom kein wahres Vergnügen zu hoffen ist".

Forscht man nach den Ursachen dieses bedauernswerthen Zustands, so bieten sich mehr als eine mit Wahrscheinlichkeit dar. Zu Grunde lag ohne Zweifel eine tiefe nervöse Abspannung, die sich seit lange vorbereitet hatte, aber bei einem bestimmten Anlaß zum Ausbruch kam. Im März 1768 war er wieder „sehr mit Schwindeln befallen", die ihn erinnern, „sein Haus zu bestellen". Die Augen nöthigten ihn zur Schonung. Der Magen sei „so schwach durch die außerordentliche Anstrengung des Winters, daß er etwas besänftigen müsse, wenn er die Reise nicht bald antreten könne".

Selbst bei jener Trunkenheit im Vorgefühl der vermeintlichen Wonnen, denen er entgegenging, ist nervöse Ueberreizung mit im Spiel. Würde ihm nun der Gegenstand, welcher jene fieberhafte Thätigkeit unterhielt, plötzlich entzogen, so mußte bei dem geringsten Gegenstoß einer beabsichtigten Ursache der Umschlag erfolgen. Dieser Chor waren die Reisestrapazen. Sie waren dazu angethan, einen Menschen in jenen Zustand stumpf zu machen gegen jeden Genuß. Ehe er irgend einen seiner Freunde begrüßen konnte, mußte er sich Wochenlang in Postkutschen zusammenrütteln lassen. Er selbst verweilt hierauf am meisten, auf der „beschwerlichen Reise". „Es sei nicht möglich, mit der benöthigten Bequemlichkeit die Reise zu machen und fortzusetzen, folglich sei sie kein Genuß. Der Genuß der Ruhe würde bei Ihnen, mein Freund (Stich), nur von kurzer Dauer sein, und ich müßte auf meiner Rückreise in hundert Städten anhalten, und ebenso oft von neuem zu leben anfangen". So verzweifelt er, irgend welches Vergnügen zu finden, „weil er es mit tausend Beschwerlichkeiten erkaufen müsse".

Es ist also die Unterbrechung der ruhigen, bequemen römischen Lebensgewohnheiten, das römische Heimweh; und es sind mir ähnliche wunderliche Paroxysmen bekannt, in die deutsche Künstler, die sich dort acclimatisirt hatten, beim Uebertritt über die Alpen verfielen. Je unbehaglicher sein früheres Leben gewesen war, desto inniger hatte er sich mit tausend kleinen Wurzelfasern in dortige Zustände und Umgebungen festgeheftet, desto tiefer trat ihm sein deutsches Leben in den Schatten eines langen Märtyrthums zurück, obwohl er sich in klaren Augenblicken wohl gestand, daß er damals gar nicht so unzufrieden gewesen sei. Das physische Unbehagen, welches in der schönen italienischen Frühlingslandschaft und in jenen kunstreich-alterthümlichen Städten nicht fühlbar wurde, trat sogleich hervor, als der Eintritt in die Einsamkeit und Rauhheit der Tyroler Pässe die Vorstellung Norden, Deutschland plötzlich zur räumlich-gegenwärtigen Thatsache machte. Rom, römisches Leben und Glück war in unermeßliche Ferne gerückt, Deutschland, an das er stets mit unvermindertem Widerwillen gedacht, hatte ihn wieder. Es war wie der Schauder des Genesenen vor den Oertlichkeiten, Geräthen und Beschäftigungen seiner langwierigen Krankheit; wie der Abscheu des von düsterer Schwärmerei geheilten, dem der Wahn in einem seiner Opfer und in dessen wunderlich widriger Denk- und Sprechweise wieder begegnet; wie das Grausen des von unseligen Banden der Leidenschaft befreiten, der ihres unwürdigen Gegenstandes wieder ansichtig wird. Das Vaterland, das er so oft gescholten, schien ihn, als er es wieder betreten wollte, zürnend von sich zu stoßen.

Wie anders, wie gesund, wie selig, wie thatenlustig hätte er sich jetzt befunden, wenn er Riedesels Einladung gefolgt wäre! Dann hätte er sich jetzt auf südlichen Meeren geschaukelt, die Odyssens durchstrichen, und die griechischen Inseln aus blauen Spiegeln aufsteigen sehen.

Zugeben muß man, daß die angeführten Ursachen keine ganz befriedigende Erklärung geben. Es bleibt etwas räthselhaftes zurück. Ist es die

Ahnung einer auf dieser Reise drohenden Gefahr, eine Stimme, die ihm zuraunt, daß er Rom nur verlassen habe, um seinem Untergang entgegenzugehen? Er muß nach Rom zurück, wie Orest nach dem heiligen Haag zu Delphi; da läuft er, ganz im Sinn der alten Schicksalsidee, dem Verhängniß in die Arme.

§ 160.
Ende.

„Ich suche, schreibt Winckelmann den 14. Mai an Stosch von Wien, in einigen Tagen mit der Landkutsche auf Triest, und von da zu Wasser nach Ancona abzugehen". Wahrscheinlich kam dann jener Fieberanfall; wenigstens fuhr er erst am 28. ab, und kam am 1. Juni, eine Viertelstunde vor Mittag, ganz allein mit der Postkutsche in Triest an, wo er im großen Gasthof am Petersplatz abstieg und im zweiten Stock das Zimmer Nr. 10 bezog. Zwei Fenster hatten die Aussicht auf den inneren Hafen, Mandrachio genannt, eines in den Hof. Sieben Schritt von seiner Thür war der Eingang zu einem kleinen Nebenzimmer Nr. 9; hier war vor zwei Tagen, zu derselben Stunde wo Winckelmann Wien verließ, ein Mensch ohne Geld und Gepäck aus Venedig eingekehrt. — sein Mörder.

Winckelmann setzte sich gleich nach seiner Ankunft mit zur Wirthstafel. Zu seiner Seite fand er einen Italiener, im Anfang der Dreißig, in sehr abgeschabtem Anzug, doch einen Gentleman, wie es schien; mit Zopf; zwischen schwarzen Haaren, die an der Seite in Papilloten, sah ein dickes, rundes, bräunliches Gesicht, mit niedrer Stirn und kleiner Nase hervor; aus grauen Augen musterte er neugierig den Ankömmling.

Dieser erkundigte sich sogleich beim Wirth hinsichtlich einer Schiffsgelegenheit nach Venedig; der Italiener mischte sich ein und nannte den Schiffer Stephan Ragusini. Winckelmann bat, ihm dessen Fahrzeug zu zeigen, was der Italiener von der Tafel vom Fenster aus thun wollte; auf jenes weitern Bitten geleitete er ihn nach dem Hafen. Der Padrone Stefano hatte noch seine volle Ladung nicht; aber man erfuhr von einem anderen, Piezzoli, der segelfertig sei, er war nicht zugegen; so gingen sie zurück und hielten Siesta. Gegen fünf Uhr kamen sie wieder und fanden ihn; Winckelmann versprach ihm zwei Ducaten, wenn er Sonnabend den 4. oder spätestens Sonntag in See gehe. — Beide sprachen dann im Café vor, machten vom Gasthof aus einen Gang durch die Stadt, und der Gelehrte verplauderte die Dämmerstunde auf dem Zimmer des Italieners, wo er auch sein Abendessen, aus Brot und Wein bestehend, einnahm.

Nachdem auf diese Art die Bekanntschaft eröffnet war, schloß sich Winckelmann ganz dem glatten Welschen an, der ihm allerlei Gefälligkeiten erwies und Dinge für ihn that, nicht um Gottes willen. Täglich — eine ganze Woche lang — gingen sie frühmorgens spazieren, dann ins Café, saßen zusammen bei Tafel, trafen sich zum zweitenmal im Café, machten ihre Abendpromenade, und jedesmal nahm Winckelmann sein Vesperbrot auf des anderen Zimmer.

Dieser, Francesco Arcangeli, ein Toscaner, aus Campiglio bei Pistoja, war ein ganz gemeiner Mensch. Seit dem 16. Jahre Koch in Florenz, dann in Wien, wo er seinen Herrn bestahl, seit einem Jahre von einer dreijährigen Eisenstrafe im Quadenstockhaus zu Wien losgekommen, hatte er sich eine öffentliche Person aus Wien zugesellt und in Venedig niedergelassen; er war jetzt zum zweitenmale in Triest, wahrscheinlich ging er auf Gaunerstreiche aus.

Man hat gefragt, wie es Winckelmann möglich gewesen, einem Menschen dieser Stufe nicht nach dem ersten Gespräch den Rücken zu kehren, einem Lump, der sich in der Untersuchung ganz als eine „enervirte, lascive Bedientenseele" enthüllte, ohne jede Bildung und ohne irgend eine Spur von moralischen Begriffen.

Winckelmann wollte in Triest incognito sein, er empfand keine Sehnsucht, Triester Notabeln zu begrüßen und von ihnen Complimente entgegenzunehmen. Es verlautet von kein Wort mehr von fortdauer krankhafter Zustände, aber man darf nach jenem Fieber eine Reconvalescentenmattigkeit annehmen. In diesem Languor nach der Hetze der letzten acht Wochen, wo alle seine Gedanken auf Rom gerichtet waren, war ihm die bequemste, dunkelste Gesellschaft die gelegenste, einer mit dem man sich in der Unterhaltungssphäre der Barbierstuben und Spezereien bewegte. Italienische, besonders römische Geistliche, Prälaten, Principi, Cardinäle, selbst Päbste bedürfen solcher Kammerdiener, Friseure, Köche, mit denen sie auf dem Fuß vollkommener Familiarität leben, die ihnen durch detaillirte Kenntniß ihrer Bedürfnisse und geschmeidige Dienstfertigkeit unentbehrlich werden, die ihre kindische Neugier nach dem was der Nachbar, der Fremde thut, was man auf der Piazza ausschreit oder sich zuflüstert, befriedigen; Sclaven, Haustiere, die sie auch so behandeln, deren Verlust sie aber oft mehr erschüttert, als der ihrer nächsten Verwandten und Freunde. Von der Distanz, die bei uns den Gebildeten von dieser Classe trennt, ist dort keine Spur. — Man hat auch bemerkt, „daß geistreiche Männer auf Reisen nicht immer wählerisch im Umgang sind, daß es mit zum Reiz des Reiselebens gehöre, in Bekanntschaften zu wechseln, und in alle Kreise sich hinabzulassen und zu erheben" (Häring).

Wählerisch war Winckelmann also nicht, die Accommodation trieb er sehr weit, doch nicht so weit, daß er sich zu erkennen gegeben hätte. Er wollte jenem schlechterdings nur in seiner generischen Eigenschaft als Reisender bekannt sein, von Namen, Stand, Amt sollte er nichts erfahren. Sein eigentliches Selbst sollte sozusagen unausgepackt stehen bleiben. Es scheint als habe es ihn etwas amüsirt, dem neugierigen Kerl (dessen Neugier er nur zu harmlos auslegte) Räthsel aufzugeben. Dieser mußte etwas Besonderes in ihm wittern, für dessen Errathung ihm aber die Data fehlen; in seiner Bedienererfahrung war nichts, das ihn befähigte, jenen zu classificiren. Ein Buch in einer ihm ganz unbekannten Schrift (es war Homer) machte ihm Signor Giovanni verdächtig. Er entschloß sich endlich, ihn geradezu nach seinem Namen zu fragen, angeblich auf Antrieb des Wirthes. Windelmann versicherte ihm, er sei kein uomo sospetto, nè di mal affare; er zeigte ihm seinen Diener Paß und Empfehlungsbriefe an Bankiers in Görz und Venedig. Als habe er dem Welschen recht als geheimnißvolle Person erscheinen wollen, ging er soweit ihm von seiner Audienz bei Maria Theresia zu erzählen. „Er sei nach Wien gesandt worden, um dieser eine Cabale zu entdecken; man habe ihn dort sehr gut aufgenommen, in eben der Kleidung, die er anhabe, sei er zu der Kaiserin über die Hintertreppe und durch das Frauenzimmer vorgelassen worden und habe mit ihr ganz allein gesprochen; Kaunitz habe ihm eine goldene, die Kaiserin eine goldene und zwei silberne Schaumünzen geschenkt".

Der Gauner, nachdem er ihn drei Tage lang umschlichen und beobachtet, hatte endlich den Zielpunkt eines Anschlags gefunden. Am folgenden Morgen, auf der Promenade, den 5. Juni, lockte er ihm das Versprechen ab, ihn diese Münzen sehen zu lassen, was auch vor Tische geschah. Dieß machte Windelmann, der sein Gold sorgfältig vor ihm verbarg, wie allen Kunstfreunden das Zeigen ihrer Sachen, Freude.

Arcangeli war noch kein Mörder, und Goldmünzen von 10—17 Ducaten Gesammtwerth, scheinen kein hinreichender Beweggrund, zum Mörder zu werden. Aber alles was zwischen beiden vorging in diesen Tagen, schien wie ausgedacht, in dem Italiener jene stetige, zuletzt unwiderstehliche Hinwendung auf eine und dieselbe Vorstellungsgruppe herbeizuführen, welche die Monomanie des Verbrechens ist. — Gold und Raub sind im Kopf eines solchen Wesens engverknüpfte Vorstellungen. Im Verhör machte er wirklich geltend, daß sein Gefährte die größere Schuld trage, weil er ihm die Münzen gezeigt (e lui è più colpa che tutto coll' avermele mostrate). Es war eine höhnische Versuchung, eine verwegene Herausforderung, eine Verleitung zum Verbrechen, also ein Unrecht gegen ihn, der soviel für ihn gelaufen war. Geld, das höchste Ziel seiner Wünsche, glänzte ihm hier in einer vielleicht nie gesehenen Größe entgegen, es waren Goldstücke wie man sie nur von einer Kaiserin bekommt, unter mysteriösen Umständen, Gold gleichsam in der Cubikzahl; eine Gier sie sein zu nennen ergriff ihn, nicht so sehr aus Habsucht, als aus Liebhaberei (per vaghezza).

Daß Windelmann ihm als Object seiner Geschicklichkeit und Ueberlegenheit bestimmt sei, davon war er von Anfang an überzeugt. Nach der Art, wie jener sich benahm, wenn er Tabak kaufte oder sonst etwas bezahlte, kam er ihm als nicht besonders gewandt vor (uomo non troppo accorto). Die Art wie er ihm seine Hofgeheimnisse ausgeschwatzt, frappirte ihn dermaßen, daß er ihm seine Unklugheit vorgehalten haben will; eine solche bei Italienern seltene Indiscretion ließ ihn (trotz jener diplomatischen Mission) als uomo di poco conto erscheinen. Abenteurer, Spieler und Gauner, sowohl die welche mit der Polizei auf gespanntem, wie die welche mit ihr auf gutem Fuß stehen, betrachten Einfaltspinsel als die ihnen nach dem Naturrecht angewiesene Beute.

Das tägliche Beisammensein und das unaufgelöste Geheimniß nöthigte Arcangeli sich unablässig mit jener Person zu beschäftigen. Die Mission in Wien brachte ihn auf die Vermuthung, daß er ein Spion, die Münzen, daß er ein Jude sei, oder vielleicht gar ein Lutheraner, weil er nicht zur Messe gehen will und an Kirchthüren den Hut nicht lüftet. Lauter Charactere, mit denen man, in Betreff einer Coltellata, nicht so viel Umstände zu machen braucht, wie mit rechtschaffnen Leuten und Cristiani. Auch kennt ihn ja Niemand. Der gemeine Welsche von Arcangeli's Bildungsstufe (ehe der schäbige Aufklärricht den guten alten Sinn verdorben hatte) betrachtete jeden, der abweichende Sitten hat, ein Buch mit seltsamen Chiffern liest, eine andere Religion hat, mit Widerwillen und Haß. Auch wenn er selbst weder an Gott noch an die Madonna glaubt, fühlt er einen Beruf in sich, die welche sich z. B. eine protestantische Capelle bauen wollen, todtzuschlagen.

Erst sollte das Schiff den 5. abgehen; dann ließ er sich für den 7. vom Schiffer zehn Paoli Aufgeld geben. Warum aber nahm er nicht den Landweg, da er in Triest gar nichts zu thun hatte? Vielleicht war er das viele Fahren müde, er hatte sich auf eine Seefahrt piquirt. Deßhalb wartete er lieber einige Tage. Vielleicht hatte es ihn beruhigt, daß er sicher war, in einigen Tagen in Rom zu sein, daß sich nun kein Hinderniß, keine freundschaftlich hartnäckigen Vorstellungen mehr zwischen ihn und seinen Dunsch stellten. Er hatte das Meer vor sich, hinter seiner Fläche lagen Venedig, Ancona. Er liest im Homer, schreibt an der Kunstgeschichte, er kann sich denken, ehe der Mond sich fülle, werde er wieder so im Casino von Porto d'Anzo sitzen.

Die drohende Abreise trieb jenen zum Entschluß. Am Abend des 7. Juni kauft er Schlinge und Messer; doch bei Windelmanns zutraulichem Geplauder während des Besperbrods entfällt ihm der Muth, das Verbrechen an diesem Abend auszuführen. Aber am Morgen des 8. stärkt er sich durch einen einsamen Spaziergang und tritt dann zu ihm ins Zimmer. Windel-

§ 150. Ende.

mann hatte Oberkleider, Halsbinde und Perücke abgelegt, und saß am Schreibtisch; er hatte soeben Anweisungen für die neue Ausgabe der Kunstgeschichte geschrieben; aber Ordnung der vier Register, Druck der nomina propria nicht mit größeren Buchstaben, Setzung der Allegata untereinander, nicht einander gegenüber. Er erhob sich und ging ihm entgegen, die Rede kam auf die endlich heute Abend bevorstehende Abreise. Er war in gehobener Stimmung, daß endlich der Tag gekommen sei. Er sprach von Rom, und machte während des Gespräches schriftliche Bemerkungen. Er lud Arcangeli sogar dorthin ein, erzählte vom Palast Albani, den er ihm zeigen wolle; da werde er ihm beweisen, wer er eigentlich sei, und wie allgemein gekannt und geachtet. Zwei Mägde, die nacheinander ins Zimmer kamen, hörten ein Gespräch in heiter-freundlichem Ton. Dieser neue Vertrauensverguß bestärkte Arcangeli in seiner geringschätzigen Meinung von ihm. Er ging auf sein Zimmer, und kam mit Messer und Schlinge zurück, vorgebend, sein Schnupftuch vergessen zu haben. Er fragte ihn, ob er die Goldmünzen heute (wie er früher gesagt) an der Wirthstafel zeigen wolle? Windelmann antwortete, Nein, er wolle kein Aufsehen machen (non voglio fare pubblicità). Warum er denn nicht sagen wolle, wer er eigentlich sei? — „Non voglio farmi conoscere". Damit setzte er sich an den Tisch, Arcangeli den Rücken zulehrend. Dieser Tisch stand zwischen den beiden Fenstern nach der Seeseite zu. Jetzt war der Augenblick gekommen. Windelmann fuhr fort, an jener Anweisung für den Drucker zu schreiben: „5) Es soll"...

Da warf ihm jener plötzlich die Schlinge um den Hals und zog sie mit allen Kräften zusammen. Aber der andere sprang auf und stieß den Mörder fort, der nun mit gezücktem Messer auf ihn eindrang. Er faßte in das Messer, wobei er sich in die Hand schnitt, mit der anderen Hand packte er seinen Gegner an der Brust. So drängte er ihn bis über die Mitte des Zimmers der Thür zu. Und nun wäre er bei seiner überlegenen Größe und Stärke doch des Elenden Herr geworden, der vor Angst zitterte; aber sie glitten aus und Windelmann fiel unglücklich auf den Rücken. Jenem blieb das Messer frei, mit dem er nun seinem Opfer mehrere Stiche versetzte. Der Kellner Harthaber hörte unten im Speisezimmer Stampfen und einen schweren Fall, er lief hinauf und horchte: er vernahm ein Aechzen und Röcheln, er öffnet die Thür und sieht den Mörder auf einem Knie, beide Hände auf des anderen Brust. Sobald er des Dieners ansichtig wird (er kniete der Thür zugewandt), springt er auf, stößt jenen von der Thür fort, läuft ohne Rock und Hut eilig hinunter und davon.

„Die uns aufbewahrten Nachrichten über die nächstfolgenden Minuten", sagt Häring, „gehören zu dem Entsetzlichsten, was uns je in einem Criminalfall aufgestoßen ist". Harthaber ging auf den Verwundeten zu, um ihn zu helfen, dieser erhob sich, auf die Frage, was geschehen sei? öffnete er das Hemde und zeigte ihm die Wunden: guarda, guarda, cosa mi ha fatto. Leider bemerkte jener nicht den Strick, der ihm die Kehle zuschnürte, und mit den Worten, er möge auf dem Zimmer bleiben, bis er den Wundarzt rufe, eilte er fort. Windelmann allein gelassen, in Todesängsten, halb erdrosselt, aus fünf Wunden blutend, schleicht ins erste Stock hinab, auf die Wirthsstube zu. Das 10jährige Stubenmädel Therek, die in die Küche geht, hört eine leise, gedämpfte Stimme: Jesus! Jesus! Sie dreht sich erschrocken um, und sieht eine Schreckensgestalt mit blauunterlaufenem Antlitz, blutend an Brust und Händen, die ihr entgegenwankt, zuwinkt, und ihren Namen nennt. Aber es fällt ihr nicht ein, daß sie ihm helfen könne; sie läuft voll Entsetzen hinunter und erzählt, Windelmann breche Blut, rennt nach dem Arzt, dem Beichtvater, in die Messe, wo sie ihre Leute weiß.

Windelmann ging nun auf die Thür des Wirthszimmers zu, fand sie aber verschlossen; er kehrt um, und und mit der Linken das Treppengeländer umklammernd, steht er da, die Rechte an die Wunde pressend. Mägde kommen herauf und bleiben stehen, ihn voll Grauen anstarrend, sie glauben, er habe in einem Anfall von Wahnsinn selbst Hand an sich gelegt. Drei Männer, die nach und nach ankommen, machen es nicht besser: der eine stürzt wieder nach dem Beichtvater, dem folgenden wird übel und schwindlig; ein dritter, ein Bedienter, glaubt, die blutige Schlinge seien die heraushängenden Gedärme und läuft zu seinem Herrn hinauf. Es war ihm freilich nicht mehr zu helfen; aber welche unnöthigen Qualen der Angst, der Hülflosigkeit! Endlich kam ein vernünftiger Mensch, ein Kammerdiener, der ihm die Schlinge löste. Jetzt aber stellte sich die tödtliche Schwäche ein, in Folge des Blutverlustes. Man setzt ihn aufs Sopha, der Wundarzt kommt und legt den Verband an; er fragt, die Wunden betrachtend, ob sie tödtlich seien. Der Wundarzt antwortete, zwei seien es vorzüglich. Windelmann schwieg. Sie breiteten eine Matraze auf den Boden und zogen ihm seinem Wunsch gemäß Schuhe und Strümpfe aus.

Bisher war er in seiner Todesnoth nur von Mägden, Kellnern, Lakaien umgeben gewesen. Jetzt erschien ein gebildeter Mann, der Cavaliere Cajetau Bannucci aus Livorno, der zu seiner Seite niederkniete und Aufschlüsse zu erhalten suchte. Anfangs konnte der Verwundete vor Mattigkeit nicht sprechen; ein Riechfläschchen stärkte ihn, er sagte: mi ha assassinato quello che abitava accanto la mia stanza. Darauf wies der Ritter den anwesenden Bargello an, den Mörder verfolgen zu lassen. Ein Capuziner kam, hörte ihm Beichte und blieb bis zuletzt an seiner Seite. Hierauf erschien die gerichtliche Commission; und dann ein Priester mit den Sacramenten. Zuerst geschah die heilige Oelung, weil es zu Ende zu gehen schien; dann erholte er sich wieder und empfing die h. Eucharistie. Er verlangte Schreibzeug, konnte aber die Feder nicht führen. In Augenblicken der Kraft legte man ihm Fragen vor; auf die nach Namen, Stand und Alter erklärte er, er könne wegen Beängstigung nicht sprechen, deutete aber auf das Felleisen, wo man seinen Paß finden werde, daraus werde man erfahren, wer er sei. Dann wandte er sich nach der anderen Seite. Doch brachte er mit großer Mühe die wesentlichen Umstände des Mordes heraus; weitere Fragen nach seiner Person lehnte er ab mit den Worten, Lasciatemi, non posso parlare, dal mio passaporto lo rileverete.

Er dictirte nun sein Testament. Ueber all sein Vermögen, seine Rechte und Ansprüche solle nach dem Gutdünken des Cardinal Albani, seines gnädigsten Herrn und Gönners, ganz frei verfügt werden. Mit Ausnahme einiger Legate: 350 Ducaten, um die der Sänger Annibali wisse, für den Kupferstecher Mogalli, hundert, die bei dem Maler Maron deponirt seien, für den Abate Biremei, zwanzig für den Armenfond in Triest, zehn Scudi für Todtenmessen und zwei Ducaten für Andreas Harthaber. Diese letzteren Legate ebenso wie der Eingang des Testaments, wo er seine Seele dem allmächtigen Gott, der heiligsten Jungfrau und allen Heiligen empfiehlt, waren ihm von dem Capuciner angegeben worden. Zu unterzeichnen vermochte er das Testament nicht. — Sechs Stunden, bis vier Uhr, dauerten diese Qualen, während die Sonnenglut des italienischen Junitags über Stadt und Meer lag, dann starb er. — — Die Section ergab, daß unter den fünf Brustwunden vier tödlich und zwei raschtödtlich waren. Außer der Verletzung der Lunge war das Zwerchfell zweimal durchschnitten, ein Theil des Magens war durch die eine Oeffnung gedrungen, auch der Magen war leicht verletzt. — Man fand bei ihm eine goldene Uhr, einen Goldring mit Carneol, ein paar Knöpfe ebenso, eine in Silber gefaßte Lupe, einen römischen Maßstab, zwei grünseidene Beutel, in einem 61 kaiserliche Ducaten, im andern 27 Goldstücke verschiedenen Gepräges. Außerdem fand man Briefe, von Tousfaint aus Berlin (20. Januar), vom Erbprinzen (28.), von Rollfe (10. Februar), von Münchhausen (27. April), zwei vom Prinzen Georg aus dem Lager (15. u. 19. Mai). Seine Reisebibliothek bestand in Homer, Plautus, Martial und dem durchschossenen Handexemplar der Kunstgeschichte, nebst einer Liste von zweiundsechzig Subscribenten auf die Monumenti. Die Leiche wurde am 9. ohne Trauergepränge in die Pfarrkirche gebracht und in der gemeinen Grabstätte einer Bruderschaft beigesetzt, von wo seine Gebeine in das allgemeine Beinhaus wanderten. Nicht einmal sein Staub konnte also von dem Loose alles Staubes, der Zerstreuung, für eine Weile zu Gunsten liebender Erinnerung abgesondert werden. Später errichtete ihm Rosetti in jener Kirche ein Kenotaph. — Der Mörder wurde bald darauf ergriffen, und endigte am 20. Juli an demselben Wochentag und zu derselben Tagesstunde auf dem Platz vor dem Fenster, wo er den Mord begangen, auf dem Rabe. — Gewiß ein schrecklicherer Lebensschluß kann nicht gedacht werden. Es ist peinlich, mit einer solchen Scene endigen zu müssen. Wenn man diese Geschichte in Rosetti's actenmäßiger Darstellung liest, so ist es immer wieder, als verbreite sich ein Schatten über das ganze Leben. Es sind nicht die körperlichen Schmerzen allein; es ist das Fallen von solcher Hand, es ist die Trostlosigkeit eines Endes in solcher Umgebung, in solcher Einsamkeit. Fern von allen, die ihn kennen und lieben; keine Macht der Welt vermag ein bekanntes Auge herbeizurufen, in welches das seinige beim Scheiden blicken kann. Bediente eines Wirthshauses, Gerichtspersonen die jede Minute wo die erlöschende Flamme noch einmal aufglimmt abpassen, ihn mit Fragen zu quälen, Schatten von Mönchen und Priestern, mit Symbolen einer Religion, die ihm Balsam hätten werden können; aber diese Religion war nur eine Maske für ihn gewesen, sie stand seinem Herzen fern. Zwar ihm ließen Schmerz und Schwäche keinen Raum für die reflectirten Qualen aus dem Bewußtsein seines Looses. Für uns aber scheint diese Pein noch zu wachsen durch die Betrachtung, daß der ihn umschleichende Mörder so lange sein täglicher Umgang war; „man entsetzt sich, sagt W. Alexis, daß ein solcher Lump es war, der, nicht einen Winckelmann ermordete, aber in dessen alleiniger Gesellschaft ein Winckelmann die letzte Woche seines Lebens verbringen mußte".

Es widerspricht unserm Sinn für Zusammenhang und Gesetz im Menschenleben, ein solches Ende einen unglücklichen Zufall zu nennen. Ein Leben, in dem man bisher soviel Zusammenhang zwischen innerer Anlage, äußeren Schicksalen, erreichten Zielen und vollbrachten Werken beobachtete, sollte es mitten im Lauf durch einen solchen blinden, brutalen Zufall seinen Schluß gefunden haben? Aber was für ein Zusammenhang kann da sein? Soll man, indem man die Oede dieser letzten Stunden betrachtet, daran denken, wie einsam Winckelmann überhaupt im Leben stand? Es war niemand übrig von seiner Familie, und nie hatte er neue Bande geknüpft; sein Vaterland hatte er aufgegeben, kaum knüpften ihn an dasselbe Bande der Treue auch nur in der Empfindung; die väterliche Kirche hatte er verhandelt gegen eine, der er nur äußerlich angehörte. Er war Weltbürger, er dachte, wenn er schrieb, an die Nationen Europa's, an die Nachwelt. Halb Deutscher, halb Italiener war er. Nun stieß ihn eine dunkle Hand zurück, als er sein Vaterland wiedersehen wollte, und ehe er sein geliebtes Italien wieder betrat, endete er an der Grenze beider Nationen, in einer welschen Stadt die zum Reich gehörte; — nicht, wie man ihm gewünscht hätte, in der hohen Stadt, wo sein Herz war, wie der, von welchem Shelley sang, sein eignes Schicksal ahnend, der „... dort hinkam,

§ 160. Ende.

> — and bought, with price of purest breath,
> a grave among the eternal.

Vielleicht aber können wir uns damit beruhigen, daß sein Leben am Ziel war. In Aeußerungen aus den letzten Jahren finden sich manche Worte, die ein Gefühl des nahenden Endes verrathen; solche Todesahnungen drängen sich in seine Briefe voll vom Vorgenuß der Freude des Wiedersehns. Am Abend vor seinem 47. Geburtstag stellte er sich „höchstens noch ein zehn Jahre in Aussicht, bis er zu seinen Vätern gehen werde". „Wir sind ein Schatten des Nichts!" (5. August 1707). Immer spricht er von Ruhe, als seinem höchsten Gute, während er sich immer neue Arbeit, Sorge und Bewegung schafft. Er arbeitet heftig, sein Lebenswerk in würdiger Gestalt zu hinterlassen. So erhält man den Eindruck, daß eine Katastrophe bevorstehe, welche die Macht, die unser Leben formt, auf die eine oder andere Art herbeiführen werde. Wer den wirklichen Ausgang nicht kennte, würde nach aufmerksamer Betrachtung der letzten Jahre wohl ein natürliches Erlöschen seines Lichts erwarten.

Jene Macht, die über dem Menschenleben waltet — wie wir sie auch nennen mögen —, die allgegenwärtig ist in den äußeren Zufällen und in den Bewegungen des tiefsten Innern, sie hatte ihn erst unter Hemmungen aller Art erzogen, dann aber, nach fast vierzig Prüfungsjahren, alles von Gütern und Preisen des Lebens was sie ihm bestimmt, und dessen seine Natur fähig war, ihm reichlich gewährt, erfüllte Wünsche, Erkenntniß, Schaffen, Achtung, Ruhm, Freiheit, Lebensgenuß, Freundschaft, alles drängte sich in dreizehn Jahren zusammen. Dieß Maaß war nun voll, nach dreizehn Jahren war das letzte Sandkorn verronnen. Und wie er damals aus Dunkelheit und Dienstbarkeit mit einem Schritt in ein neues, freies, reiches Leben hineinversetzt worden war, in dem er, wie in einer neuen Geburt, sich erst anzufangen schien zu leben: so sollte nun auch der Uebergang von dieser Sonnenhöhe des Lebens in die Nacht, wo Niemand mehr wirken kann, ein kurzer sein, und wiederum knüpft er sich an eine Reise über die Alpen. Jener unwiderstehliche innere Zug, der ihn einst nach Rom trieb, seiner Bestimmung, seinem Glück entgegen, er trieb ihn jetzt in die Netze des Todes.

Die Menschen alter Zeit hätten in diesen Wechselfällen seines Lebens die räthselhafte Macht verehrt, welche jetzt wie mit mütterlicher Sorge ihren Günstling bildet, erzieht, die Schachsteine des Zufalls für ihn zurechtstellt, ihn bewahrt, um ihn zu läutern und zu kräftigen. Die dann aber wie ein unbarmherziger Feind dasselbe Gebilde zur Zielscheibe ihres Hasses macht, (wie es Hiob erschütternd ausmalt) gegen ihn anstürmt, ihre Dämonen ihn verfolgen heißt, ihre Bluthunde auf ihn hetzt, seine Asche in den Wind streut und sein Andenken selbst vertilgt.

Indeß diese ernsten und zu keinem Ziel führenden Betrachtungen können wir uns vielleicht ganz ersparen. Das waren jene schreckensvollen Stunden mehr als ein Traum, ein Delirium, das kaum noch zu seinem Selbst gehörte, ein Nichts verglichen mit dem herrlichen, was er gelebt, gekannt und gedacht hatte. Mit dieser versöhnenden Betrachtung schloß Goethe.

„So war er denn auf der höchsten Stufe des Glücks, das er sich nur hätte wünschen dürfen, der Welt entschwunden. Ihn erwartete das Vaterland, ihm streckten seine Freunde die Arme entgegen, alle Aeußerungen der Liebe, deren er so sehr bedurfte, alle Zeugnisse der öffentlichen Achtung, auf die er soviel Werth legte, warteten seiner Erscheinung, um ihn zu überhäufen. Und in diesem Sinn dürfen wir ihn glücklich preisen, daß er vom Gipfel des menschlichen Daseins zu den Seligen emporgeflogen, daß ein kurzer Schrecken, ein schneller Schmerz ihn von den Lebendigen hinweggenommen. Die Gebrechen des Alters, die Abnahme der Geisteskräfte hat er nicht empfunden, die Zerstreuung der Kunstschätze, die er, obgleich in einem andern Sinn vorausgesagt, ist nicht vor seinen Augen geschehen, er hat als Mann gelebt, und ist als ein vollständiger Mann von hinnen gegangen. Nun genießt er im Andenken der Nachwelt den Vortheil, als ein ewig Tüchtiger und Kräftiger zu erscheinen: denn in der Gestalt, wie der Mensch die Erde verläßt, wandelt er unter den Schatten".

Und die Theilnahme, die Liebe, die ihm nachgefolgt ist, die Wirkungen dessen was er gelehrt und geschaffen, gehören sie nicht auch mit zu seinem Selbst? War es ein eitler Wahn, daß er strebte, unser, der Nachwelt würdig zu denken, zu schreiben? Wie man sich erkennende Wesen vorstellen könnte, denen was wir ein Individuum nennen, nur wie ein Weltkörper, ein Aggregat von Millionen Wesen erschiene, und die Einheit nur als ein hinzugethanes, undeutliches Bild, so könnte man sich auch Geister denken, welchen die Wirkungssphäre eines Mannes, auch soweit sie jenseits seines Lebens hinanreicht, die Menschen die er gebildet, die Gedanken die ihm nachgedacht werden, die Einrichtungen die er gegründet, die Liebe die er noch immer erweckt, wie mit zu seiner bewußten, empfindenden Existenz gehörig erschienen. —

Windelmann glaubte an eine Freundschaft, „die aus dem Schooße der ewigen Liebe stammt". Dieses Gefühl, das er so oft, und oft ohne Erfolg, auf Sterbliche übertrug, ist ihm auch nach seinem Tod gewidmet worden; seiner ist mehr gedacht worden, als vieler, die gleichen und mehr Anspruch auf das Andenken der Nachwelt hatten. Er lebt in Gott, dem Urquell des Schönen, dessen Abglanz er hier gesucht und geahnt hat.

www.ingramcontent.com/pod-product-compliance
Lightning Source LLC
Chambersburg PA
CBHW022142300426
44115CB00006B/306